Curso de DIREITO das SUCESSÕES

www.editorasaraiva.com.br/direito
Visite nossa página

Carlos Alberto Dabus Maluf

Professor Titular de Direito Civil da Faculdade de Direito da Universidade de São Paulo. Mestre, Doutor e Livre-Docente em Direito Civil pela USP. Conselheiro do Instituto dos Advogados de São Paulo – IASP. Advogado.

Adriana Caldas do Rego Freitas Dabus Maluf

Mestre e Doutora em Direito Civil pela Faculdade de Direito da Universidade de São Paulo. Professora Fundadora do Programa de Formação em Bioética e Biodireito – Curso online. Membro da Comissão de Bioética e Biodireito do Hospital do Coração de São Paulo – HCor. Membro do Instituto dos Advogados de São Paulo – IASP. Advogada.

Curso de DIREITO das SUCESSÕES

3ª edição

2021

saraiva jur

saraiva EDUCAÇÃO | saraiva jur

Av. Paulista, 901, Edifício CYK, 3º andar
Bela Vista – SP – CEP 01310-100

SAC | sac.sets@saraivaeducacao.com.br

Diretoria executiva Flávia Alves Bravin
Diretoria editorial Renata Pascual Müller
Gerência de projetos e produção editorial Fernando Penteado

Planejamento Josiane de Araujo Rodrigues

Novos projetos Sérgio Lopes de Carvalho
Dalila Costa de Oliveira

Gerência editorial Isabella Sánchez de Souza
Edição Marisa Amaro dos Reis
Produção editorial Daniele Debora de Souza (coord.)
Daniela Nogueira Secondo

Arte e digital Mônica Landi (coord.)
Camilla Felix Cianelli Chaves
Claudirene de Moura Santos Silva
Deborah Mattos
Guilherme H. M. Salvador
Tiago Dela Rosa

Projetos e serviços editoriais Daniela Maria Chaves Carvalho
Kelli Priscila Pinto
Marília Cordeiro
Nicoly Wasconcelos Razuk

Diagramação Join Bureau
Revisão Amélia Ward
Capa Guilherme P. Pinto
Produção gráfica Marli Rampim
Sergio Luiz Pereira Lopes

Impressão e acabamento

DADOS INTERNACIONAIS DE CATALOGAÇÃO NA PUBLICAÇÃO (CIP)
VAGNER RODOLFO DA SILVA - CRB-8/9410

M261c Maluf, Carlos Alberto Dabus

Curso de direito das sucessões / Carlos Alberto Dabus Maluf, Adriana Caldas do Rego Freitas Dabus Maluf. - 3. ed. - São Paulo : Saraiva Educação, 2021.
648 p.

ISBN 978-65-5559-813-1 (Impresso)

1. Direito. 2. Direito civil. 3. Sucessões. 4. Hereditário. 5. Inventário. 6. Partilha. 7. Herança. I. Maluf, Adriana Caldas do Rego Freitas Dabus. II. Título.

2021-1474 CDD 347
CDU 347

Índices para catálogo sistemático:

1. Direito civil 347
2. Direito civil 347

Data de fechamento da edição: 9-6-2021

Dúvidas? Acesse www.editorasaraiva.com.br/direito

CL 606627 CAE 773096

Aos nossos pais e avós.

A César e Alberto do Rego Freitas Dabus Maluf.

Aos nossos queridos amigos.

Sumário

Capítulo 3

Capítulo 4

Capítulo 5

Capítulo 11

Capítulo 12

Capítulo 13

Capítulo 14

Capítulo 15

Capítulo 16

Capítulo 17

Capítulo 18

Capítulo 19

Capítulo 20

Capítulo 24

Capítulo 25

Capítulo 26

Capítulo 27

Capítulo 28

I – Introdução

A família desempenhou um papel fundamental na vida do homem, representando-o em suas relações sociais e patrimoniais. O decorrer do tempo histórico redesenhou-lhe as funções, adaptando-a aos novos paradigmas da vida moderna.

Sua proteção, entretanto, advinha tanto do estreito elo de afetividade que ligava os membros de uma mesma família como também da perpetuação da propriedade que garantia o esteio necessário para a sobrevivência física e a personalidade de seus componentes.

A estes relacionou-se intrinsecamente a sucessão hereditária, que, apesar das críticas, transporta para outros tempos os feitos dos ancestrais, fazendo assim com que a propriedade móvel e imóvel se perpetuasse na mesma família, passando de geração a geração, garantindo-lhe a sobrevivência.

Assim sendo, visando um estudo mais aprofundado do tema, realizaremos uma retrospectiva histórica do instituto da sucessão, desde a antiguidade, passando pela concepção romanista, pela influência da medievalidade e do direito canônico, chegando à época moderna, momento de maior valorização do homem, e, posteriormente, à pós-modernidade, onde a revolução biotecnológica e dos costumes trouxe novos atores e paradigmas para o universo sucessório.

Desta forma, tendo em vista a importante função social que desempenha o direito das sucessões, abordaremos a questão da morte e seus desdobramentos, fonte inicial e principiológica do direito das sucessões; a eleição dos herdeiros – legítimos e testamentários; as formas de transmissão da herança; as modalidades de herança; a estipulação dos quinhões hereditários; a nova ordem da vocação hereditária nos diplomas legais; a análise das diversas modalidades de testamento e as consequentes disposições testamentárias; os legados; além da parte processual que envolve o inventário e a partilha de bens, visando, principalmente, buscar a proteção jurídica, econômica, social e moral do ser humano, para que possa este, segundo o pensamento de Hanna Arendt, "sentir-se em casa no mundo".

Capítulo 1

Direito das sucessões – noções introdutórias

1.1. Conceito de sucessão

Sucessão, embora seja um termo de amplo conceito, pode ser entendida como o "ato pelo qual uma pessoa toma o lugar de outra, investindo-se, a qualquer título, no todo ou em parte, nos direitos que lhe competiam"[1].

Representa a transmissão do patrimônio de uma pessoa a uma ou mais pessoas vivas, denominadas herdeiros. É ainda um modo de aquisição de propriedade a título universal, ou seja, referente à totalidade dos bens deixados pelo autor da herança, ou mesmo de uma quota-parte do conjunto do patrimônio[2].

No âmbito do direito das sucessões, emprega-se o vocábulo num sentido mais restrito, para designar tão somente a transferência da herança, ou

---

1 MONTEIRO, Washington de Barros; PINTO, Ana Cristina de Barros Monteiro França - *Curso de direito civil*, 37. ed., São Paulo: Saraiva, 2009, v. 6, p. 1; FRANÇA, Rubens Limongi. *Instituições de direito civil*, São Paulo: Saraiva, 1988, p. 893.

2 HUBRECHT, Georges; VERMELLE, Georges. *Droit civil*. 15. ed. Paris: Sirey, 1993, p. 209.

do legado, decorrente da morte de alguém, ao herdeiro ou legatário, seja por força de lei, seja em virtude de testamento (*hereditas nihil aliud est quam successio in universum jus, quod defunctus habuit*). Assim sendo, "todas as vezes em que um direito muda de titular, sem que a relação jurídica sofra uma transformação, está-se diante de um caso de sucessão"[3].

Em matéria de direito das sucessões, tem-se por pressuposto a morte do autor da herança. Antes desse evento, o titular da relação jurídica é o *de cujus* (*de cujus hereditatis agitur*). Após sua morte, o herdeiro torna-se titular, sucedendo-lhe, e, assim, convertendo-se no sujeito ativo de todas as relações jurídicas que àquele pertenciam.

Nesse sentido, o herdeiro substitui o falecido, assumindo os direitos e obrigações que outrora a este pertenciam. Em matéria sucessória não vige, portanto, o velho preceito *mors omnia solvit*. O termo sucessão pode designar, ainda, a universalidade dos bens deixados pelo *de cujus*, ou seja, o próprio acervo transmitido pelo falecido. "Emprega-se ainda, como sinônimo, tanto numa como noutra acepção, o vocábulo herança"[4].

1.2. Modalidades de sucessão

Quanto às modalidades de sucessão, estas podem ser: ***inter vivos***, quando decorrer de um ato entre pessoas vivas, como nos casos em que o comprador de uma casa sucede o vendedor quanto à propriedade, ou mesmo no que tange ao cessionário que sucede o cedente no tocante ao direito de uso; ou ***causa mortis***, que decorre da morte do autor da herança, havendo a consequente transferência da herança ou legado ao herdeiro ou legatário. Esta pode ainda ser a título universal, quando se transmite a totalidade do patrimônio do *de cujus*, ou a título singular, quando apenas alguns bens do montante do *de cujus* – determinados – são destinados ao herdeiro particularmente.

---

3 SAN TIAGO DANTAS, Francisco Clementino de. *Direitos de família e das sucessões*. Rio de Janeiro: Forense, 1991, p. 443. Pode nesse sentido ocorrer a sucessão cada vez que numa relação jurídica se operar a transferência do domínio, como na compra e venda, na doação, na cessão de crédito ou de débito. Pode então ocorrer tanto por ato *inter vivos* como *causa mortis*.

4 SAN TIAGO DANTAS, Francisco Clementino de. *Direitos de família e das sucessões*, p. 444.

1.3. Espécies de sucessão

As sucessões podem ser classificadas quanto à **fonte** pela qual deriva e quanto aos **efeitos** que provoca.

Quanto à fonte, a sucessão pode ser **legítima** ou **testamentária**. No que tange à sucessão legítima, ou *ab intestato*, esta é resultante de lei, e por meio dela os bens do *de cujus* passarão a pertencer às pessoas designadas, observada a ordem da vocação hereditária, nos casos em que haja ausência de testamento, nulidade, anulabilidade ou caducidade do mesmo.

À luz do disposto no art. 1.786 do Código Civil, "a sucessão dá-se por lei ou por disposição de última vontade"; e do art. 1.788 do Código Civil, "morrendo a pessoa sem testamento, transmite-se a herança aos herdeiros legítimos; o mesmo ocorrerá quanto aos bens que não forem compreendidos no testamento; e subsiste a sucessão legítima se o testamento caducar, ou for julgado nulo".

Já a sucessão testamentária decorre do testamento válido ou disposição de última vontade. Entretanto, devido à limitação que incide sobre o direito de testar, mormente quando da presença de herdeiros necessários, como preveem os arts. 1.845 e 1.846 do Código Civil, o testador só poderá dispor de metade de seus bens, uma vez que a outra metade constitui a legítima daqueles herdeiros, disposição esta contida na regra do art. 1.789 do Código Civil.

O patrimônio do *de cujus* vem dividido em duas partes iguais: **a legítima** - ou reserva legitimária -, parte que cabe aos herdeiros necessários, salvo se forem deserdados, à luz do art. 1.961 do Código em vigor, e que corresponde a 50% do patrimônio, e a **parte disponível**, aquela que poderá ser livremente disposta a seu bel-prazer, respeitadas as exceções previstas no art. 1.805 do Código Civil, que se refere aos outros 50% do patrimônio, independentemente do número de herdeiros.

É válido ressaltar que uma das limitações que encontra a liberdade de testar vem do fato de o autor da herança ser casado pelo regime da comunhão universal de bens, prevista no art. 1.667 do Código Civil, e, assim, metade dos bens do acervo pertence ao outro consorte; logo, para calcular a legítima e a porção disponível, deve-se considerar somente o *quantum* correspondente à meação do testador. Assim, a absoluta liberdade de testar, ou seja, de dispor da totalidade de seu acervo patrimonial, só ocorrerá quando o testador não tiver herdeiros necessários.

De forma sintética, podemos aduzir que no direito pátrio predomina a sucessão legítima, tendo em vista a influência marcante do elo de proteção à família. Esta passa a ser, então, a regra, enquanto a testamentária, a exceção. Coexistem, pois, sob as luzes do Código Civil atual ambas as modalidades, estando presentes "o elemento familiar, definido pelo parentesco, e o elemento individual, caracterizado pela liberdade de testar", elementos basilares do direito das sucessões.

Podem ainda coexistir ambas as modalidades sucessórias simultaneamente, à luz do que dispõe o art. 1.788 do Código Civil; se o testamento não abranger a totalidade dos bens do falecido, a parte de seu patrimônio não mencionada no ato de última vontade é deferida aos herdeiros legítimos, de acordo com a ordem da vocação hereditária. Da mesma forma, tal como prevê o art. 1.966 do mesmo diploma legal, quando o testador só dispuser de parte de sua metade disponível, entende-se que institui os herdeiros legítimos no remanescente. Neste caso, se não houver herdeiro legítimo, arrecadar-se-á como herança jacente a fração da quota disponível não distribuída no testamento, como regula o art. 1.819 do Código Civil.

Quanto aos **efeitos,** a sucessão pode ser a **título universal** ou **singular**. No primeiro caso, há a transmissão da totalidade ou de parte indeterminada da herança, tanto no seu ativo quanto no seu passivo, para o herdeiro. No segundo caso, há a transmissão de objetos certos e determinados para o beneficiário.

Assim sendo, a sucessão legítima se dará sempre a título universal, transferindo-se a totalidade dos bens ou uma fração ideal do patrimônio do autor da herança. Já na sucessão testamentária, podem subsistir as duas modalidades. Será a título universal se for instituído o todo ou uma quota-parte da herança, e a título singular quando for determinado um bem em particular, denominado legado.

1.4. Evolução histórica

O direito sucessório remonta à mais alta Antiguidade, e, segundo o entendimento de Planiol, este se prende à comunidade da própria família, da qual constituiria um prolongamento natural.

Com o passar dos tempos, o direito sucessório foi o ramo do direito que mais se modificou. Suas mudanças vêm ocorrendo desde os primórdios dos povos primitivos, representados por forças religiosas que eram a base da formação da família na época.

Mostrou-se, também, como um dos institutos jurídicos mais discutidos, tendo sofrido persistentes ataques dos jusnaturalistas e escritores da escola de Montesquieu e Rousseau, e também dos socialistas.

Assim, ao se afirmar que a sucessão, como a propriedade, constitui uma criação do direito positivo, pode ser facilmente eliminada em face do interesse social. Poderia ainda, à luz da visão socialista, "a sucessão contrariar princípios de justiça e interesse social, uma vez que permite a concentração de riquezas nas mãos de uma parcela da população, gerando a desigualdade entre os homens"[5].

Completamente diferente é a visão de Cunha Gonçalves, para quem, "abolindo a herança, suprime o socialismo um dos mais poderosos estímulos da atividade humana, o desejo de transmitir à prole os meios necessários ao seu conforto e bem-estar; a supressão aniquila o espírito de poupança e de capitalização, favorecendo o desperdício e fomentando a prodigalidade. Desaparecerá o interesse pela economia, ninguém mais se preocupará com a acumulação de bens, se obrigado a deixá-los à coletividade após sua morte; estanca uma das mais apreciáveis fontes de renda do erário público, a arrecadação do imposto de transmissão *causa mortis*; elimina uma das bases de coesão familiar, condenando seus membros ao individualismo; espolia a família, em proveito da comunidade; não é verdadeira a afirmativa de que o Estado faça melhor aplicação dos haveres, pois, infelizmente, repetem-se os casos de malversação do dinheiro público; finalmente, a abolição da herança, preconizada pelos socialistas, pode ser facilmente burlada: como não existe herança, o indivíduo faz doação em vida aos herdeiros, mediante reserva de usufruto. Ou ainda, a supressão da herança pode incitar o *de cujus* a simular dívidas que absorvam seu patrimônio, favorecendo dessa

---

5 MONTEIRO, Washington de Barros; PINTO, Ana Cristina de Barros Monteiro França. *Curso de direito civil*, p. 5; ENGELS, Friedrich. *A origem da família, da propriedade privada e do Estado*. Tradução de Leandro Konder. 17. ed. Rio de Janeiro: Bertrand Brasil, 2005, p. 2; FRANÇA, Rubens Limongi. *Instituições de direito civil*, p. 893 e s.

forma os seus descendentes. Isto sucedeu-se em Roma, com a Lei Vocônia, e na Rússia, quando se baniu a herança"[6].

Podemos assim aduzir que, sem a herança, tornar-se-ia incompleto o direito de propriedade, uma vez que, "inexistindo a possibilidade de transmissão *causa mortis* desta, não passaria o proprietário, em última análise, de mero usufrutuário vitalício".

Originariamente, valorizava preferencialmente o filho varão. Assim sendo, no caso de subsistirem, como herdeiros, filhos homens e mulheres, estas não herdavam. Sua exclusão era ditada por lei ou em virtude de renúncia, que se lhes impunha, forçadas à aceitação de um simples dote.

Tal como leciona John Gilissen, "a história do direito das sucessões inscreve-se na evolução entre os dois tipos conhecidos de sucessão: a *ab intestato* e a testamentária; sendo que nas sociedades arcaicas ou feudais a sucessão era exclusivamente *ab intestato*, determinada pois pelas regras do direito costumeiro, ou legais, mais excepcionalmente. É válido ressaltar que na época a vontade do testador era respeitada, as regras legais eram apenas supletivas da vontade do *de cujus*"[7].

Pensamos, pois, com Inocêncio Galvão Telles que, "ao estabelecer a sucessão legítima, a lei visa salvaguardar interesses relevantes, mas não a ponto de retirar totalmente a autonomia da vontade daquele que transmite seus bens, assim, somente no tempo e no espaço, sempre considerando o

---

6 CUNHA GONÇALVES. *Tratado de direito civil*: comentários ao Código Civil português. Coimbra: Coimbra Ed., 1929, v. 1, p. 13 e s.; MONTEIRO, Washington de Barros; PINTO, Ana Cristina de Barros Monteiro França. *Curso de direito civil*, p. 5 e 6. Lecionam Washington de Barros Monteiro e Ana Cristina de Barros Monteiro França Pinto que "na extinta URSS, depois de abolir a herança, logo após a Revolução de Outubro (Dec. de 27-4-1918, art. 1º), voltou atrás, permitindo inicialmente sua transmissão, desde que o respectivo *quantum* não ultrapassasse dez mil rublos ouro como previu o art. 416 do Código Civil. Os bens excedentes a essa cifra pertenceriam ao Estado, como prevê o seu art. 417. Por fim, a Constituição de 5 de dezembro de 1936, art. 10, restabeleceu o direito de suceder. Portanto, em todas as dezesseis repúblicas socialistas subsistiu o direito hereditário, sob as duas formas, sucessão legal e sucessão testamentária, como nos países de 'direito burguês'".

7 GILISSEN, John. *Introdução histórica ao direito*. 2. ed. Lisboa: Fundação Calouste Gulbenkian, 1995, p. 674.

momento histórico vigente e a evolução dos costumes podemos apurar se prevalece a sucessão legítima ou a testamentária"[8].

Na realidade, aspectos sociais e econômicos - além dos culturais e de segurança - permeiam o instituto da sucessão, no sentido de viabilizar a existência humana, da família, ou mesmo do homem individual, dando continuidade às relações perpetradas no seio da família, no seu *continuum* de existência após a morte de um dos seus membros.

Entendemos, pois, que a importância do direito das sucessões é inconteste, assim como é necessária à sua adequação aos tempos atuais, uma vez que novas formas de família e filiação se descortinam nos tempos da biotecnologia, mas seu âmago permanece o mesmo, a perpetuação dos bens, da memória, das realizações, da história pessoal, possibilitando mesmo a segurança, a viabilidade e a estabilidade da família e das realizações existenciais da pessoa humana.

1.4.1. A sucessão na Antiguidade

Desde um período muito remoto da existência humana tem-se que a sucessão vem regida pelo costume.

Na era paleolítica, os mortos eram enterrados ou queimados com seus pertences pessoais, que eram praticamente os seus únicos bens. Isto perdurou, como bem prevê John Gilissen, "até que os homens se deram conta da perda econômica que derivava de tal costume"[9].

A **religião** representou o primeiro fundamento para a sucessão. Esta consistia na tomada do lugar do varão na condução do culto doméstico, pelo herdeiro, que, por outro lado, não recebia os bens deixados, uma vez que estes não pertenciam ao morto, mas a toda a família, gerida pelo filho mais velho, varão, descendente direto dos deuses domésticos.

Traduz Fustel de Coulanges que a origem da família antiga não se encontrava unicamente na geração. Os membros da família ocupavam funções desiguais. O irmão e a irmã não se igualavam em condições, a filha

---

8 TELLES, Inocêncio Galvão. *Direito das sucessões*: noções fundamentais. 6. ed., reimpr. Coimbra: Coimbra Ed., 1996, p. 138.

9 GILISSEN, John. *Introdução histórica ao direito*, p. 677.

casada deixava de fazer parte da família originária. Tampouco se encontrava a base da família no afeto natural. Nem o direito grego nem o direito romano valorizavam esse sentimento.

Isto posto, temos que o antigo direito sucessório encontrava-se em flagrante contradição com a ordem de nascimento e com o afeto natural. Por outro lado, o poder paterno ou marital situava-se no cerne das relações de família no mesmo período.

Em face do caráter sagrado da família e da propriedade, valorizado na Antiguidade, o lar era inviolável, pois ali a família se reunia e cultuava o Deus doméstico. O culto aos mortos também representava grande importância na época, fazendo, por conseguinte, com que a família desenvolvesse uma grande afinidade com o solo habitado[10].

Vemos, assim, que o sentimento amoroso não fazia parte dos requisitos iniciais da formação da família na Antiguidade. Ligava-se esta à descendência nobiliária deixada pelo varão, como na Grécia antiga; sendo o bom matrimônio aquele considerado bom para o Estado[11].

Já no Código de Hamurabi, apresentado no II milênio a.C., havia previsão legal para o direito sucessório, ante a necessidade de regramento para transmissão de patrimônio aos sucessores. Sob sua égide, em época em que o homem vivia em grupo, as *gens*, o direito sucessório servia para regular, principalmente, a continuidade dos deuses familiares. Por isso, nessa época, imperava a varonia e primogenitura, sendo as mulheres e os demais herdeiros excluídos do rol sucessório, uma vez que estes seguiram as instruções daquele que detinha o poder patriarcal. Os direitos sucessórios foram regulados nos arts. 178 a 184 do Código de Hamurabi[12].

---

10 COULANGES, Fustel de. *A cidade antiga*. São Paulo: Martins Fontes, p. 69 e s.; MALUF, Adriana Caldas do Rego Freitas Dabus. *Limitações urbanas ao direito de propriedade*. São Paulo: Atlas, 2010, p. 13; HIRONAKA, Giselda Maria Fernandes Novaes. Direito das sucessões: introdução. In. HIRONAKA, Giselda Maria Fernandes Novaes; PEREIRA, Rodrigo da Cunha (Coords.). *Direito das sucessões e o novo Código Civil*. Belo Horizonte: Del Rey/IBDFam, 2004, p. 2 e 3.

11 MALUF, Adriana Caldas do Rego Freitas Dabus. *Direito das famílias*: amor e bioética. Rio de Janeiro: Campus/Elsevier, 2012, p. 245 e 253.

12 *Código de Hamurabi, Código de Manu e Lei das XII Tábuas*. 2. ed. São Paulo: Edipro, 2002, p. 29 e 30.

No Código de Manu do século XII a.C., estavam presentes os regulamentos para a sucessão nos arts. 521 a 636. Dispunha sobre a partilha, as sucessões, valorizava a primogenitura, onde o filho mais velho tornava-se o titular de todo o patrimônio deixado por seus pais.

Na hipótese da inexistência de filho homem do *de cujus*, incumbida ficava sua filha na missão de ceder um descendente do sexo masculino para integrar a sucessão, tal como dispunha o art. 543 do referido Código: "aquele que não tem filho macho pode encarregar sua filha de lhe criar um filho, dizendo: que o filho macho que ela puser no mundo se torne meu e cumpra em minha honra e cerimônia fúnebre".

Havia dispositivos, que tratavam da sucessão da mulher casada sem descendentes, casada segundo as leis de Brahma, quando os bens deviam retornar ao quinhão do marido; dependendo da forma de celebração do casamento, os bens aquinhoados deveriam pertencer aos ascendentes.

Havia ainda no Código de Manu dispositivos que tratavam da proibição sucessória, como o art. 617, que dispunha: "os eunucos, os homens degradados, os cegos e surdos de nascimento, os loucos, idiotas, mudos e estropiados não são admitidos a herdar"[13].

Retrata Fustel de Coulanges que o culto e a propriedade de uma mesma família viviam estreitamente ligados na Antiguidade, sendo inseparáveis, e, nesse sentido, "o cuidado e os sacrifícios passam a ser de responsabilidade daquele a quem a herança se reverter".

Assim, temos que na Antiguidade a hereditariedade não derivava das convenções celebradas entre os homens, mas sim de suas crenças e sua religião.

O pai não tinha a obrigação de fazer testamento, o filho herdava de pleno direito, *ipso jure heres exsistit.* Era mesmo herdeiro necessário. O filho não tinha que aceitar ou renunciar a herança, pois a continuação da propriedade assim como a do culto era para o filho uma obrigação e um direito.

A Lei das XII Tábuas, de 451 a.C., que teve inestimável importância para a Antiguidade, podendo ser considerada fonte de todo o direito público e privado da época, dispôs sobre a sucessão na Tábua Quinta,

---

[13] ALTAVILA, Jayme. *A origem dos direitos e dos povos.* São Paulo: Ícone, 2001, p. 95; *Código de Hamurabi, Código de Manu, Lei das XII Tábuas*, p. 99-109.

fragmentos 1 a 8, estando presente no fragmento 1 que "as disposições testamentárias de um pai de família sobre os seus bens ou a tutela dos filhos terão força de lei", reconhecendo assim a sucessão testamentária e regulando a sucessão legítima[14].

A Lei Vocônia, inspirada por Catão, estabelecida na Roma antiga em 169 a. C., visou colocar um freio à dissipação da herança e à independência das mulheres, proibiu sua instituição como herdeiras, mesmo se fosse esta filha única ou solteira; vedou a instituição de legado à filha mulher de mais da metade do patrimônio deixado pelo *de cujus*. Representou um retrocesso no tempo, remetendo às leis antigas. Vigorou num certo período do direito romano, pois privava as mulheres da capacidade testamentária passiva. Entretanto, essa lei, que contrariava a equidade e a própria natureza, logo foi revogada[15].

Como aduz Fustel de Coulanges, a referida lei nada dispôs sobre a sucessão *ab intestato*, silêncio que não podia ser interpretado que a filha fosse herdeira legítima. Na realidade, podemos concluir que essa inferioridade da mulher em face do homem derivava da religião.

Na antiga legislação ateniense, tendo em vista que a filha não podia ser herdeira, facultava-lhe o direito de desposar o herdeiro, mesmo que seu irmão. Para tanto, o requisito advertido pela lei é que não houvessem nascido da mesma mãe. O irmão podia assim, à sua escolha, casar-se com a irmã ou dotá-la. Da mesma forma que se o pai tivesse apenas uma filha podia adotar um filho e dar-lhe sua filha em casamento. Podia ainda instituir por testamento um herdeiro que se casasse com sua filha.

Diversas possibilidades havia no direito antigo para, em conformidade com a religião, proteger a herança da mulher: autorizava-se o casamento entre irmãos e entre tio e sobrinha – uma vez que no direito antigo, no caso

---

14 *Código de Hamurabi, Código de Manu, Lei das XII Tábuas*, p. 126 e 127.

15 Introduzido pelo Q. Voconius Saxa com sustentação de Cato. Esta lei proibiu as pessoas com posses de fazer a uma mulher sua herdeira. A intenção desta legislação de acordo com Gellius era limitar a riqueza disponível às mulheres. A legislação sob Augustus, no detalhe *Lex Papia Poppaea*, relaxou a primeira provisão concedendo direitos hereditários às mulheres casadas que eram mães de três ou quatro crianças, se nascidas. Disponível em: <http://web.upmf-grenoble.fr>, p.1; COULANGES, Fustel. *A cidade antiga*, p. 74.

de o pai deixar apenas uma filha, quem o sucederia era o seu parente mais próximo, ficando este na obrigação de casar-se com a filha do autor da herança. Essa obrigação se mantinha mesmo que a filha já fosse casada ou até se o herdeiro também já estivesse casado, casos em que se procederia ao desquite. Lembra Fustel de Coulanges que "no direito antigo, para estar em conformidade com a religião desconheceu a natureza"[16].

Podia ainda, a exemplo do que ocorre sob a égide do Código de Manu, observar-se outro subterfúgio para satisfazer a religião e proceder à proteção da mulher: possibilitar ao pai adotar o filho homem de sua filha, o que faria dele o herdeiro único, a cuja herança se habilitava quando da assunção da maioridade, ainda que vivos o pai e a mãe.

Ou seja, como na Antiguidade, o herdeiro era aquele que continuaria o culto doméstico familiar e a religião não permitia o parentesco pela via feminina, estavam automaticamente excluídas da sucessão natural as mulheres em geral.

Tampouco existia nos primórdios o direito à sucessão testamentária, pois encontrava-se esta em conflito com as leis religiosas, base do direito de propriedade e do direito de sucessões, pois era princípio reconhecido nas sociedades antigas que toda propriedade devesse ficar na família à qual a religião a havia ligado. Antes da Lei das XII Tábuas, não se conhece nenhum texto legal proibindo ou permitindo o testamento.

O pai não possuía a livre disposição dos seus haveres, nem se permitia ao testador enquanto vivo que guardasse segredo em relação à sua última vontade. A faculdade de testar não lhe tinha sido plenamente reconhecida, mormente enquanto vivesse sob a égide da religião. Na crença das idades antigas, o homem enquanto vivo era apenas o representante por alguns anos da sua família. Possuía apenas o depósito do culto e da propriedade, direito que cessava com a sua morte.

E assim, aquele que deserdasse sua família deveria fazê-lo publicamente, sendo ainda necessária a aprovação da autoridade soberana para tal feito[17].

---

[16] COULANGES, Fustel. *A cidade antiga*, p. 74 e 75.

[17] COULANGES, Fustel. *A cidade antiga*, p. 80 e 81.

Como leciona Itabaiana de Oliveira, "a personalidade humana consiste na união de dois elementos distintos: o físico e o psíquico. E assim, estabeleceram-se relações afetivas entre os homens, que devem ser reconhecidas e protegidas pelo direito, entre as quais se destaca o direito à sucessão hereditária"[18].

1.4.2. A sucessão no direito romano

O **direito romano** conheceu intrínsecas peculiaridades no que tange ao direito das sucessões.

Concebem Alexandre Correia e Gaetano Sciascia que "a origem da sucessão hereditária se apresenta intimamente conexa com os direitos de família, sendo que a sucessão *mortis causa* se apresentava como a perpetuação da própria família"[19].

Leciona José Cretella Jr. que, "no direto romano, o herdeiro (*heres*) não é um mero sucessor dos bens do *de cujus* (*persona de successione cujus agitur*) mas sim, é o sucessor de sua pessoa jurídica". Assim sendo, completam essa concepção Alexandre Correia e Gaetano Sciascia: "a herança compreende todas as relações jurídicas atinentes ao *pater* falecido – de caráter patrimonial e não patrimonial, inerentes à organização familiar".

Pode assim perceber que "em Roma o intuito principal do direito das sucessões era assegurar a continuidade da família – não apenas da parte patrimonial – mediante a sucessão do *heres* que está *in locum defuncti*", mas também no aspecto subjetivo[20].

Nesse sentido, aduz Moreira Alves que, "entre as modificações sofridas pelos direitos subjetivos, destaca-se a sucessão, que consiste na substituição de uma pessoa por outra em determinada relação jurídica"[21].

Completa Carlos Maximiliano: "o direito hereditário surge e se afirma na sociedade como um complemento natural da geração entre os homens;

---

18 OLIVEIRA, Arthur Vasco Itabaiana de. *Tratado de direito das sucessões*. 3. ed. Rio de Janeiro: Livraria Jacintho, 1936, v. I, p. 42.

19 CORREIA, Alexandre; SCIASCIA, Gaetano. *Direito romano*. São Paulo: Saraiva, 1949, v. 1, p. 339.

20 CRETELLA JR., José. *Curso de direito romano*. 4. ed. Rio de Janeiro: Forense, 1970, p. 326; CORREIA, Alexandre; SCIASCIA, Gaetano. *Direito romano*, p. 339.

21 ALVES, Moreira José Carlos. *Direito romano*. 6. ed. Rio de Janeiro: Forense, 2003, v. II, p. 351.

esta é a causa de sucessão interminável na vida da humanidade. A mesma cadeia ininterrupta que une as gerações, constitui o nexo sucessório civil, a continuidade na vida implica logicamente na continuidade do gozo dos bens necessários à existência humana"[22].

Concebe Bonfante que "a *hereditas iacens* romana era o patrimônio de uma pessoa falecida ainda não aceita por aquele que é chamado a sucedê-la na qualidade de herdeiro"; ou seja, refere que, no lapso de tempo entre a morte do *de cujus* e a aceitação da sucessão pelo herdeiro, a herança jaz sem dono, ou seja, é a herança jacente[23].

Ainda no que tange à herança jacente, entendia-se preferencialmente no direito romano que "a vida do *de cujus* se prolonga até o momento da aceitação da herança pelos herdeiros"[24].

Leciona Moreira Alves que havia no direito romano duas formas principais de sucessão: a *inter vivos* e a *causa mortis*, que podem ser a *título universal* dos bens ou *singular*, quando abrange somente uma parte dos bens do *de cujus*.

A sucessão universal *inter vivos* é rara e vem expressa em lei. Três são as causas principais: a *adrogatio*, que pode ocorrer no caso de o *pater familias* ser adotado por outro, fazendo-o tornar sucessor universal daquele; a *conuentio in manum*, na qual o mesmo sucede quando uma mulher, *sui iuris*, submete-se à *manus* do marido ou de seu *pater familias*, e pela *redução à escravidão*. A transmissão universal *inter vivos* faz com que se cessem os débitos do *de cujus*, ou seja, as dívidas se extinguem[25].

Quanto à sucessão *causa mortis*, ela pode ser universal ou singular. A primeira refere-se ao objeto da herança; a segunda, ao legado.

Havia em Roma duas classes de sucessões: a legítima, também denominada *ab intestato*, e a testamentária.

---

22 MAXIMILIANO, Carlos. *Direito das sucessões*. 5. ed. Rio de Janeiro: Freitas Bastos, 1964, v. I, p. 21.

23 BONFANTE, Pietro. *Instituciones de derecho romano*. Madrid: Ed. Reus, 1925, p. 70.

24 ARANGIO-RUIZ. *Instituciones de derecho romano*. Buenos Aires: ARG Ediciones de Palma, 1986, p. 84; RIPERT, Georges; BOULANGER, Jean. *Tratado de derecho civil segun el tratado de Planiol*. Buenos Aires: ARG la Ley, Tomo II, v. 1, 1963, p. 5.

25 ALVES, José Carlos Moreira. *Direito romano*, v. II, p. 354.

Defluem do direito romano dois princípios básicos em matéria de sucessões: a superioridade do testamento sobre a sucessão *ab intestato* e também que ninguém pode morrer testando uma parte e deixando outra parte sem ser testada, "*nemo partim testatus, partim intestatus decedere potest*".

A sucessão legítima, ou de acordo com a lei, é aquela que se dá sem a intervenção do *de cujus*, ou seja, *ab intestato*. "Seu ponto de partida reside numa noção comum a todos os povos indo-europeus: a copropriedade familiar"[26].

O antigo direito romano, tal como advém da Lei das XII Tábuas, referia-se a três ordens de herdeiros: os ***sui heredes*** – que são os que se encontravam sob a *potestas* do autor da herança e se tornaram *sui iuris* pela sua morte. São eles os filhos e filhas do *pater familias*, a esposa sujeita à *manus marital*, eventualmente os netos, nos casos em que seu pai houvesse falecido anteriormente aquele. Não havia privilégio nem de masculinidade nem de primogenitura, ou seja, os filhos herdavam em pé de igualdade; os ***agnatus proximus***: os quais, na falta dos *heredes sui*, eram os herdeiros mais próximos, ou seja, os parentes mais próximos do *de cujus* por parte dos varões. Distinguiam-se dos *cognatos*, que eram parentes do lado feminino; e, finalmente, os ***gentiles***, que eram os membros da *gens*, ou seja, do grupo familiar em sentido lato, aparecendo em terceiro lugar na sucessão[27].

Este esquema de ordens vai subsistir no direito romano até o período justinianeu, no século VI, salvo algumas modificações realizadas em virtude do desuso, pelo direito pretório ou pelos *senatus consulta*. Os direitos dos *gentiles*, por exemplo, caem em desuso no século I a.C., no final da República, uma vez que a *gens* deixou de desempenhar algum papel na organização social romana da época.

Nesse sentido, os direitos das gentes passaram para o tesouro público, que recolhe as sucessões na falta de herdeiros. Os pretores, por sua vez, atribuíram a posse dos bens a diversas categorias de pessoas que estavam excluídas da sucessão: os filhos emancipados, os cognatos até o 6º ou 7º grau, além do cônjuge sobrevivente. Introduziram também os direitos de sucessão entre mãe

---

[26] CRETELLA JR., José. *Curso de direito romano*, p. 318-320.

[27] GILISSEN, John. *Introdução histórica ao direito*, p. 674 e 675. Os ascendentes ao excluídos da sucessão, mesmo porque somente os *sui iuris*, os que não têm ascendentes varões, podiam possuir bens no antigo direito romano.

e filho, reconhecendo à mãe o direito de herança desde que ela tivesse tido pelo menos de três a quatro filhos, como previu Tertuliano. Com Orficiano, chamam-se os filhos à sucessão de sua mãe antes dos agnados.

A grande reforma do direito de sucessão *ab intestato* data das Novelas 118 e 127 de Justiniano, de 543 d.C. e 548 d.C., respectivamente: unificaram o sistema *ab intestato*, introduzindo quatro classes de herdeiros – dando origem a um novo sistema que muito se assemelha ao atual: os *descendentes*, estando ou não sob a *potestas* do seu ascendente, admitida a representação; os *ascendentes*; os *colaterais privilegiados* – os irmãos e irmãs do *de cujus*, ou seus filhos por representação, tanto da linha paterna quanto da materna; os irmãos e irmãs consanguíneos; os *colaterais ordinários* – demais colaterais, seja do lado paterno ou materno, até o sétimo grau. Os mais próximos excluem os mais afastados. Na falta dos colaterais, o cônjuge sobrevivente pode ser beneficiário da sucessão. Por último, o Fisco tem direitos sucessórios sobre os bens vacantes. É válido ressaltar que, em cada classe, os herdeiros são chamados à sucessão pela proximidade do grau[28].

Tratou a Novela 53 da situação da mulher, melhorando-a mediante a criação da quarta do cônjuge pobre, pela qual se reconhece à viúva sem recursos o direito de receber, da fortuna do marido, uma parte fixada até no máximo um quarto – mesmo havendo herdeiros de ordens mais próximas[29].

Já a sucessão testamentária decorre expressamente da última vontade do *de cujus*, que por seu turno tem o poder de dispor do patrimônio que lhe pertence.

Concebe Ulpiano que "testamento é a manifestação justa de nossa mente, de modo solene, para que tenha valor após a nossa morte" – *Testamentum est mentis nostrae justa contestatio, in id sollemniter, ut post mortem nostram valeat*[30].

Para Modestino, "testamento é a legítima disposição de nossa vontade a respeito daquilo que alguém quer que seja feito depois de sua morte" – *Testamentum est voluntatis nostrae justa sententia, de eo, quod quis post mortem suam fieri velit*[31].

---

28 GILISSEN, John. *Introdução histórica ao direito*, p. 675; CORREIA, Alexandre; SCIASCIA, Gaetano. *Direito romano*, p. 325 e 326.

29 CORREIA, Alexandre; SCIASCIA, Gaetano. *Direito romano*, p. 326.

30 ULPIANO – Regulae, 20, 1. Apud CRETELLA JR., José. *Curso de direito romano*, p. 328.

31 DIGESTO. 28,1,1. Apud CRETELLA JR., José. *Curso de direito romano*, p. 328.

O testamento era, portanto, um instituto importantíssimo no direito romano. Sem apresentar analogia com outras figuras conhecidas, assume relevante importância na consciência social da época, tendo em vista que visava perpetuar a unidade da família sob o novo chefe, com raízes profundas na antiga colocação individualista do direito e da sociedade para quem a certeza de impor a própria vontade além do túmulo era considerada como consolação da morte.

É válido ressaltar que a sucessão testamentária era a regra no direito romano, sendo bastante raro o *pater* que morria sem deixar testamento.

Dispõe José Cretella Jr. que "o testamento romano apresentava características especiais: é um ato *juris civilis*, permitido apenas aos cidadãos romanos; é ato personalíssimo, não admitindo intermediário ou representante de qualquer espécie; é ato formal; solene; unilateral; *causa mortis*; revogável. É ato solene de última vontade"[32].

Assim, dada a função originária na herança romana, a importância do testamento se concentra na *heredis institutio,* ou seja, na instituição do herdeiro que deverá suceder ao autor da herança, ato pelo qual o testamento adquire força jurídica. Pertence ainda aos primórdios do direito romano o direito de escolher o herdeiro entre os *filius familias* ou, na falta destes, entre os *agnatos* mais próximos, pois existia em Roma uma absoluta prevalência do testamento sobre qualquer outra forma de vocação hereditária; conhecida era a regra *nemo pro parte testatus pro parte intestatus decedere potest.*

Entretanto, o direito absoluto de testar do *pater familiae* foi decaindo com o passar do tempo, sendo assim paulatinamente instituído o regime da *portio legitima*. "Assim, na sucessão legítima real, deve o testador deixar uma quota-parte dos bens aos parentes mais próximos, os quais no período pós-clássico serão definitivamente nomeados: descendentes, ascendentes, irmãos e irmãs".

Justiniano determinou que os ascendentes e descendentes deveriam necessariamente ser instituídos herdeiros, limitando outrossim a deserdação a casos específicos, "o que trouxe uma grande exceção ao dogma da absoluta prevalência jurídica do testamento; e ainda uma derrogação à regra que proíbe simultaneamente a sucessão *ab intestato* e a testamentária".

---

32 CRETELLA JR., José. *Curso de direito romano*, p. 328 e 329.

Em suma, no direito romano, a morte de alguém abre-lhe a sucessão hereditária que pode ser recebida pelo titular dos *ius delationis*, aquele chamado a suceder, e é necessário que este tenha capacidade para suceder, o que implica ainda a aceitação da herança[33].

1.4.3. A sucessão no direito intermédio

Houve no período medieval uma recuperação dos textos do direito romano, talvez "pelo interesse da Cúria Pontifícia em restabelecer a herança imperial da Sé romana", mas a cultura medieval foi, primordialmente, uma cultura de valorização do passado[34].

Assim, temos que no período intermédio continuou-se a aplicar o direito romano em matéria de sucessões *ab intestato*: havia a sucessão por duas linhas – a materna e a paterna –, o sistema de parentesco manteve-se o mesmo, assim como a igualdade entre os varões, sendo, pois, a inclusão das filhas precisa e ilimitada.

O texto mais importante relativo à sucessão franca *ab intestato* deriva da Lei Sálica, de acordo com a qual são chamados a suceder em primeiro lugar a mãe, em seguida os irmãos e irmãs, depois o irmão da mãe, e finalmente os parentes mais próximos por parentela. Fixa, por sua vez, como ordem principal os direitos hereditários dos parentes maternos, fazendo-se crer que os francos conheceram o matriarcado, ou mais provavelmente como reação ao excessivo patriarcalismo do direito romano.

As filhas continuam excluídas da sucessão das terras, pois permanecia a ideia de distinção entre os bens próprios e os da comunidade familiar.

No curso dos séculos VI e VII vê-se uma certa limitação da exclusão das filhas à sucessão da terra, sendo chamadas a suceder na falta de filhos e antes dos irmãos[35].

Preleciona John Gillissen que três princípios vigeram no panorama do direito das sucessões: o **direito de primogenitura** – que representou o direito

---

33 CORREIA, Alexandre; SCIASCIA, Gaetano. *Direito romano*, p. 339 e s.

34 LOPES, José Reinaldo de Lima. *O direito na história*. 3. ed. São Paulo: Atlas, 2011, p. 98 e 99.

35 GILISSEN, John. *Introdução histórica ao direito*, p. 679; MALET; ISAAC. *L'histoire*. Paris: Marabout, 1995, p. 100 e s.; LE GOFF, Jacques. *The birth of Europe*. USA: Blackell Publishing, 2005, p. 32 e s.

de o filho mais velho ficar com a totalidade dos bens ou pelo menos com uma parte maior do que os demais herdeiros do mesmo grau. O direito de primogenitura teve origem feudal, uma vez que a indivisibilidade tornou-se regra em decorrência da proteção do próprio senhor, tendo em vista o desempenho também da função protetiva do feudo.

Retratam Malet e Isaac que os soberanos merovíngios partilhavam o reino com todos os filhos. E, na época da dinastia merovíngia, o fizeram em busca de proteção dos súditos que lhes pareciam advir como adversários perigosos. Na época carolíngia, também o reino era partilhado entre os herdeiros, embora, em comparação com a dinastia anterior, esta tenha sido uma fase bem mais próspera, mas marcada por muitas guerras e expansão do território. O costume da primogenitura vigeu na França até o final do século XVIII, não tendo, todavia, desaparecido completamente na Inglaterra[36].

O **direito do mais novo**, privilégio concedido ao filho mais novo, que tinha o direito de herdar um quinhão maior do que seus irmãos mais velhos, ou pelo menos com o direito de ficar com uma parte maior, foi menos difundido do que o direito de primogenitura, aplicando-se raramente aos feudos, mais geralmente aos censos e aos bens móveis.

O **privilégio da masculinidade**, em franca utilização na medievalidade, consagrou a desigualdade entre os gêneros no que tange à sucessão hereditária.

Os feudos passaram à sucessão feminina em meados do século X na França e no século XI na Alemanha. Aos feudos femininos, denominados feudos de roca, era necessária a atribuição da defesa militar e da organização política a um homem.

Entretanto as mulheres só eram chamadas à sucessão na falta de herdeiros homens correspondentes. O privilégio da masculinidade aplicava-se também aos costumes, aos censos, e mais raramente aos alódios[37].

Interessante princípio vigia na medievalidade: a distinção dos bens da linha paterna e da linha materna. Referia o antigo direito costumeiro que,

---

36 GILISSEN, John. *Introdução histórica ao direito*, p. 682; MALET e ISAAC. *L'histoire*, p. 106.

37 GILISSEN, John. *Introdução histórica ao direito*, p. 681 a 685; MALET; ISAAC. *L'histoire*, p. 151-155.

no caso em que não houvesse herdeiros descendentes, esforçava-se por fazer voltar os bens à família que os tinha adquirido.

Desde a época franca, distinguiam-se os bens próprios dos bens adquiridos. Os próprios eram denominados bens de família, e os bens patrimoniais eram os adquiridos pelo *de cujus*, por sucessão ou título equivalente, como a doação de um parente.

Os bens próprios deveriam voltar de onde tinham vindo: os bens do lado do pai destinavam-se aos parentes deste ramo, observada a linha de sucessão; os bens do lado da mãe destinavam-se aos parentes mais próximos do lado materno.

Esse princípio aparece no século XI, sendo, pois, desconhecido no direito romano, como bem retrata John Gilissen, sendo "em contrapartida estabelecido em conformidade aos princípios gerais do direito franco que chamava à sucessão os parentes materno ao lado dos paternos".

Na baixa Idade Média, os costumes aplicavam a investigação da origem dos bens próprios com maior ou menor rigor. Eram basicamente quatro os costumes atinentes ao direito sucessório no período: **os costumes de troncalidade**, mais rigorosos, que impunham que para herdar um bem próprio era necessário ser descendente daquele que tinha feito o bem entrar no patrimônio da família, *o bem tornava ao tronco.* O sistema mostrou-se, entretanto, muito complexo e exigia o estabelecimento de diversas árvores genealógicas, pois tantos seriam os bens quantos fossem os cálculos genealógicos de origem destes; **os costumes de lado e de linha**, vigentes e disseminados em território francês, exigiam a comprovação de quem tinha feito o bem entrar na família, sendo este devolvido a um de seus descendentes ou colaterais; os **costumes de simples lado**, que apregoavam a simplificação da sucessão: os bens oriundos do lado paterno a seus herdeiros voltavam, indo para o parente mais próximo; os bens vindos do lado materno iam também para o parente mais próximo do lado materno; os **costumes de dupla distinção**, em que se formavam quatro massas: avô paterno, avó paterna, avô materno e avó materna, escolhendo-se para cada massa o herdeiro mais próximo[38].

---

[38] GILISSEN, John. *Introdução histórica ao direito*, p. 687; PAILLOT, P. La representation successorale dans les coutumes du nord de la france, Paris: Lille, Domat-Montchrestien, 1935, p. 686; MALET; ISAAC. *L'histoire*, p. 211 e s.; LE GOFF, Jacques. *The birth of Europe*, p. 36 e s.

Deriva deste período o **princípio da *saisine***, oriunda da praxe de ser devolvida a posse dos bens, por morte do servo, ao seu senhor, que exigia dos herdeiros um pagamento para autorizar sua imissão. E assim, na hipótese de defendê-los dessa imposição, a jurisprudência baseada no velho direito costumeiro francês, notadamente do costume de Paris e dos costumes de Orleans, veio a consagrar a transferência imediata dos haveres do servo aos seus herdeiros, tendo em vista a fórmula: *le serf mort saisit le vif, son hoir de plus proche.*

Assim sendo, a doutrina fixou, por volta do século XIII, diversamente do modelo romano, que não o previa, o direito de *saisine*, que prevê o imediatismo na transmissão dos bens deixados pelo *de cujus* aos seus herdeiros[39].

Lecionam Ruggiero e Maroi que tal dispositivo estava também presente na legislação alemã, cuja fórmula proclamada, idêntica, estabelecia: *der Tote erbt den Lebenden.* Essa norma vem repetida no BGB, arts. 1922 e 1.942, que, seguindo o direito medieval, dispõe que o patrimônio do *de cujus* passa *ipso iure*, por efeito direto da lei, aos herdeiros[40].

No antigo direito pátrio, prevalecia a sistemática romana, que foi alterada pelo Alvará de 9-11-1754, que, com o escopo de impedir os abusos cometidos na tomada de posse em heranças abertas, dispõe que se transmita aos herdeiros, desde a abertura da sucessão, a posse civil dos bens deixados pelo *de cujus*, com todos os efeitos de posse natural.

Posteriormente, o Assento de 16-2-1776 instituiu a transmissão imediata aos herdeiros até o décimo grau, contanto que tivessem direito certo e indubitável à sucessão, prevalecendo assim, o direito de *saisine*. Representou, desta forma, o referido alvará um importante marco na evolução do direito sucessório brasileiro, como bem leciona Caio Mário da Silva Pereira[41].

---

39 PEREIRA, Caio Mário da Silva. *Instituições de direito civil.* 17. ed. Rio de Janeiro: Gen/Forense, 2009, v. VI, p. 15.

40 RUGGIERO; MAROI, Istituzioni, v. I, § 78.

41 PEREIRA, Caio Mário da Silva. *Instituições de direito civil*, p. 15 e 16.

1.4.4. A sucessão no direito moderno

Sob o influxo das Ideias Iluministas, abrangeu a modernidade no seu aspecto filosófico e jurídico o desenvolvimento de uma visão individualista, em que o homem passa a ocupar outro *locus*, senhor de si mesmo. As modificações decorrentes da forma de pensar e da estrutura política e jurídica refletiram em diversos ramos do conhecimento, entre eles, o direito das sucessões.

Assim sendo, conheceu o direito sucessório uma dinâmica própria nesse período. Até a Revolução Francesa, a sucessão *ab intestato* foi quase exclusivamente regida pelo direito consuetudinário. O direito romano e o direito canônico exerceram uma certa influência nesse período.

Em face da diversidade dos costumes havia uma grande diversidade de regras, e quase tantos sistemas sucessórios como costumes territoriais diferentes. Assim, alguns princípios gerais daí defluem: o princípio da pluralidade das sucessões - em que, devido à influência do direito germânico e do direito franco, são aplicadas regras diferentes quando se tratar de bens móveis ou imóveis, e também conforme derivem estes de bens patrimoniais do pai ou da mãe, e ainda de acordo com a natureza dos direitos reais; feudos, censos e alódios. "Cada um dos bens aqui compreendidos na massa sucessória constituía-se de objeto de exame particular para determinar a qual dos herdeiros ele deveria pertencer"; excluíam-se dos direitos sucessórios os filhos naturais, tendo os filhos legítimos direitos exclusivos à herança; os sistemas sucessórios da época eram agrupados em quatro tipos: o sistema de parentelas; o sistema de graus; o sistema ligure (aquele que não foi submetido nem aos ditames do direito romano, nem aos ditames do direito germânico, onde os ascendentes só são chamados à sucessão na falta de colaterais), e o sistema da distinção, segundo o qual os próprios bens voltam ao ramo de que provêm[42].

A Lei Sálica contemplava apenas os varões na distribuição da propriedade imobiliária e excluía do trono francês as mulheres e seus descendentes. Foi introduzida na Espanha com a dinastia dos Bourbons e revogada em 1830. Na Alemanha, da mesma forma, restringiu a sucessão à linha varonil[43].

---

42 GILISSEN, John. *Introdução histórica ao direito*, p. 680 e 681.

43 GILISSEN, John. *Introdução histórica ao direito*, p. 680.

O primitivo direito sucessório apresentava ainda características bastante peculiares: o antigo direito francês estabelecia regimes diversos para a transmissão hereditária de fundos nobres e plebeus; cada região possuía um direito hereditário próprio, só sendo uniformizado com o Code Napoléon de 1804. Na Inglaterra, antes de 1925, deparavam-se mais de cem ordens diversas de sucessão, distinguindo-se duas modalidades sucessórias, como aduzem Arminjon, Nolde e Wolff: a real e a pessoal.

Além disso, imbuído do propósito de fortalecer a autoridade paterna, contemplava o antigo direito sucessório numerosas causas de deserdação, algumas despidas de qualquer relevância.

Nesta fase, a desigualdade dos sexos na sucessão subsistiu apenas na Escócia, na Sérvia e no direito islâmico, neste último, o herdeiro varão continua a receber a porção de duas mulheres.

Mesmo entre os homens, é válido ressaltar que havia injustos privilégios hereditários, em face da primogenitura, que encontrou sua mais forte expressão no direito feudal, impregnada pelo desejo de manter toda a unicidade da propriedade nas mãos de um só ramo de descendência, o que fazia com que o filho mais velho permanecesse na opulência e os demais na total miséria. Via de regra, o segundo deveria forçosamente abraçar a carreira religiosa. Tais prerrogativas de desigualdade entre os sexos em matéria de sucessões não mais prevalecem nas legislações contemporâneas.

Com o influxo de novas ideias mais generosas e justas o direito moderno procurou igualar e uniformizar a sucessão hereditária, fazendo desaparecer pouco a pouco as restrições feudais e os privilégios sucessórios. As causas de deserdação, fundadas exclusivamente em razões graves, tornam-se taxativas, sendo mesmo o instituto excluído de várias legislações. Houve, portanto, uma unificação do direito sucessório.

A própria ordem de vocação hereditária retrai-se com o tempo. Enquanto no antigo direito inexistia qualquer limitação – por mais afastado que fosse o grau de parentesco, o parente, o familiar, tinha direito de suceder, na falta de outros mais próximos –, a evolução dos tempos fez protrair esse direito.

Desde o início da Revolução Francesa, a tendência para a igualdade levou à supressão da maior parte dos privilégios que decorriam do Antigo Regime – sejam eles de origem medieval ou de interesse da comunidade familiar. Decretos de 1790 e de 1791 abolem o direito de primogenitura e de masculinidade.

Sob o período da Convenção, governo provisório revolucionário eleito para dar à França uma nova Constituição, foi realizada uma reforma radical pela Lei de 17 do Nivoso do ano II (6 de janeiro de 1794), suprimindo o sistema de pluralidade de sucessões, estabelecendo assim a unidade da sucessão, e não reconhecendo qualquer diferença na natureza dos bens ou na origem destes para regular sua transmissão, princípio oriundo do direito romano, prevendo, pois, a igualdade entre os herdeiros do mesmo grau, sem distinção de sexo ou idade. Entretanto, o cônjuge supérstite perde qualquer direito, inclusive de ganho de sobrevivência.

A referida lei do Nivoso recebeu muitas críticas pelo conteúdo e pelo efeito retroativo de que dispunha, e que devia ser aplicado a qualquer sucessão aberta depois de 14 de julho de 1789.

O Código Civil de 1804, em seu art. 733, retomou os ditames da referida lei, embora a investigação sobre a origem dos bens tenha parecido ao governo revolucionário demasiado evocadora do regime feudal, sendo influenciado sobretudo pelo direito romano e pelo direito dos países do direito escrito. Manteve a unidade da sucessão em seu art. 732, a igualdade entre todos os herdeiros do mesmo grau, no art. 745, e substituiu o sistema de parentelas da referida lei pelo sistema de devolução da Novela 118, que tinha sido aplicada no sul da França.

Estabeleceu uma distinção entre herdeiros e sucessíveis, sendo estes apenas os parentes do *de cujus* e seus herdeiros. A ordem de sucessão hereditária foi regulada pelos arts. 731 e s.; inicialmente vinham os filhos e seus descendentes; após, os ascendentes privilegiados e os colaterais privilegiados (irmãos e seus descendentes); por último, os outros descendentes, seus colaterais.

O Código Napoleão restringiu o círculo dos sucessíveis, fixando-o no 12º grau (art. 755). O Código Italiano de 1865 baixou-o para o 10º grau (art. 742). Os Códigos posteriormente promulgados delimitaram-no ainda mais, havendo alguns, como os da Romênia, Bélgica e Países Escandinavos, que o situaram no 4º grau, para não se mencionar a Rússia, que só admite à sucessão parentes até o 3º grau[44].

---

[44] DEJACE, A. *Les règles de la dévolution sucessorale sous la révolution (1789-1794)*. Bruxelles: Émile Bruylant, 1957, p. 688; GILISSEN, John. *Introdução histórica ao direito*, p. 688 e 689. MALET; ISAAC. *L' histoire*, p. 627 e s., e 705; MARSEILLE, Jacques. *Histoire*. Paris: Nathan, 1992, v. 2, p. 66 e s.

Tal como aduz Michel Grimaldi, o Código Civil de 1804 beneficiou o direito de família e os regimes matrimoniais, uma vez que modificou o panorama do direito das sucessões, anteriormente ligado a concepções muito antigas, já em desuso[45].

Assim sendo, retrata John Gillissen que três princípios desapareceram do panorama do direito das sucessões: o **direito de primogenitura**; o **direito do mais novo**; e o **privilégio da masculinidade**.

Persistiram na modernidade o instituto da representação e a distinção entre bens paternos e maternos, quando o Código Civil de 1804, em seu art. 733, retomou os ditames da lei do Nivoso do ano II, embora a investigação sobre a origem dos bens tenha parecido ao governo revolucionário demasiado evocadora do regime feudal[46].

Sob a égide das Ordenações do Reino, em Portugal, as filhas já concorriam na sucessão em igualdade de condições com seus irmãos quando da morte de um dos pais, situação que se perpetuou até a publicação da Lei Mental.

No Brasil Colônia, o direito das sucessões era regido pelas Ordenações do Reino, que o disciplinava em vinte e seis artigos (Títulos LXX ao CVII), tanto no que tangia à sucessão legítima quanto à testamentária. A regra geral era o testamento. "Quem fazia testamento não era apenas o grande proprietário, também aquele de menor fortuna." Além dos bens materiais, também era hábito privilegiar-se o acerto de dívidas financeiras e morais. Preservava-se, entretanto, a natureza romana de testar, entendido como "a justa manifestação da vontade do testador"[47].

Nas Ordenações do Reino, o cônjuge só herdava *ab intestato* após os colaterais. Coube à Lei Feliciano Pena, Lei n. 1.839, de 1907, trazer a modificação até hoje vigente na ordem vocacional hereditária para preferir o

---

45 GRIMALDI, Michel. Sucession et contract. In: FENOUILLET, Dominique; SOMMIÈRES, Pascal Vareilles (Direction). *La contractualisation de la famille*. Paris: Economica, 2001, p. 199.

46 GILISSEN, John. *Introdução histórica ao direito*, p. 681-688; MALET; ISAAC. *L'histoire*, p. 151-155; MARSEILLE, Jacques. *Histoire*, v. 2, p. 114.

47 SAN TIAGO DANTAS, Francisco Clementino de. *Direitos de família e das sucessões*, p. 448; NALINI, José Renato. *Reflexões jurídico filosóficas sobre a morte:* pronto para partir? São Paulo: Revista dos Tribunais, 2011, p. 185.

cônjuge sobrevivente aos colaterais. Aos poucos, o direito contemporâneo enveredou-se em melhorar a posição do cônjuge, em razão da ordem de vocação hereditária.

Permanece até a atualidade o instituto da substituição dos herdeiros, previsto no Livro IV, sendo previstas cinco espécies de substituições: a vulgar, a recíproca, a pupilar, a exemplar e a compendiosa[48].

O princípio da *saisine* constou no art. 978 da Consolidação das Leis Civis, de Teixeira de Freitas, e do art. 1.572 do Código Civil de 1916, filiando-se, pois, ao sistema franco-germânico.

A Lei n. 1.839, de 1907, inverteu a posição do cônjuge sobrevivente com os colaterais, limitando o direito destes ao 6º grau, limite que foi mantido pelo Código Civil de 1916.

O Código Civil brasileiro de 1916, por sua vez, posteriormente, restringiu para o 4º grau a ordem de vocação hereditária, mas por força do estatuído no Decreto-Lei n. 9.461, de 15 de julho de 1946, não ia além do 4º grau, na linha colateral ou transversal. O Código Civil de 2002 manteve essa gradação, como se percebe do disposto no art. 1.829, IV, combinado com o art. 1.839.

Essa progressiva limitação representou uma tentativa de avanço legislativo para as sociedades modernas. Concebe Bonfante que a sucessão dos colaterais constitui um anacronismo, que se não mantém se não por puro espírito de conservação.

Pode-se assim concluir que "o moderno direito das sucessões foi o produto de um embate prolongado entre o direito romano e o antigo direito germânico, com certa influência do direito canônico"[49].

Efetivamente, caracterizou-se o primeiro pelo absoluto respeito à liberdade de testar, compreensiva de todo o patrimônio do testador, herança do direito romano, que tinha verdadeiro horror pela morte sem testamento. Em sua concepção, nenhuma desgraça superava a de falecer *ab intestato*. O velho direito

---

48 ALMEIDA COSTA, Julio. *História do direito português*. 3. ed. Coimbra: Almedina, 1999, p. 85; CÂMARA, José Gomes Bezerra. *Estudos jurídicos e de história*. Rio de Janeiro: Barrister's Editores, 1987, p. 186 e s.

49 MONTEIRO, Washington de Barros; PINTO, Ana Cristina de Barros Monteiro França. *Curso de direito civil*, p. 19.

germânico desconhecia, porém, a sucessão testamentária. Nele predominava a concepção de que os herdeiros são feitos por Deus. Só os herdeiros pelo vínculo de sangue são verdadeiros e únicos herdeiros (*heredes gignuntur, non scribuntur*). O direito moderno conhecia bem as duas formas.

1.4.5. A sucessão na pós-modernidade

É sabido que o direito das sucessões não é um terreno fértil para a realização de inovações de grande porte, mas encontra-se intimamente ligado à família e à propriedade, e é compreensível que receba influência das intrínsecas transformações por que estes dois institutos passaram.

Com a consequente e inexorável evolução dos tempos, "a segunda metade do século XX assistiu a um processo sem precedentes de mudanças na história do pensamento e da técnica, que levaram a uma alteração paradigmática no modo de se pensar a sociedade e suas instituições". Outra não foi a repercussão no direito das sucessões.

Nesse sentido, entendemos que "convivem princípios e regras jurídicas, visando a aplicação do direito em prol da justiça, da valorização dos direitos humanos, uma vez que aqueles passam a condicionar a atividade do intérprete na sua busca pela formulação da regra que venha a preencher o caso concreto"[50].

À luz do pensamento de Carlos Maximiliano, o direito de dispor da própria fortuna por ato de última vontade surge com o progresso do individualismo. E assim, à medida que o indivíduo se afirmava em face da família e da sociedade, a sucessão testamentária se tornava a modalidade de sucessão por excelência, sendo que a sucessão legítima, na medida em que representa a vontade presumida do testador, o substitui de forma tácita.

Com toda a condição evolucionista e ideológica que o homem conheceu, temos que "liberdade do indivíduo vem condicionada pelas necessidades e conveniências sociais, visando acima de tudo, cimentar os vínculos familiares, manter a união familiar, a solidariedade, o afeto e o amor entre os componentes da família"[51].

---

50 MALUF, Adriana Caldas do Rego Freitas Dabus. *Novas modalidades de família na pós-modernidade*. São Paulo: Atlas, 2010, p. 25 e 28.

51 MAXIMILIANO, Carlos. *Direito das sucessões*, p. 28

E assim concebe José d'Aguanno: "não se impeça o testamento, limite-se, porém, a faculdade de dispor, desde que haja descendentes e ascendentes"[52].

Entretanto, continuaram a conviver instituições antigas e modernas em matéria sucessória, e assim, no convívio de ambas as concepções: os parentes, herdeiros pelo sangue, são os sucessores legítimos, se não houver testamento, ou se este não prevalecer, além do cônjuge e do companheiro, que concorrem com estes à luz das disposições do Código Civil atual.

Por outro lado, se houver testamento, acatar-se-á a vontade do *de cujus*; mas, tal como prevê a regra contida no art. 1.845 do Código Civil, quando se têm herdeiros necessários, o autor da herança só poderá dispor da metade de seus bens, quota disponível, porque a outra metade, legítima de direito, pertence aos referidos herdeiros.

Apresentam-se duas espécies de sucessão: a legítima e a testamentária. Nesse sentido, vê-se que o direito das sucessões procura tutelar a família, garantindo-lhe o patrimônio e, assim, sua segurança, dignidade e preservação[53].

Muitas estruturas, entretanto, sobreviveram à passagem do tempo. A influência do direito canônico manifestou-se pelo instituto da representação, que implica a substituição do herdeiro falecido pelos respectivos sucessores, e perpetua-se na pós-modernidade.

Como aduz Michel Grimaldi, na pós-modernidade, a sucessão hereditária apresenta um caráter contratual, que se erige no termo ou condição de morte de uma das partes. Apresenta esse caráter numa de suas principais justificativas, a forma de manifestação de coesão familiar, "um símbolo da permanência do grupo familiar", que perpassa gerações.

Embora ungida às normas de ordem pública, apresenta a sucessão hereditária espaço para a liberalidade das partes, notadamente aos acordos de vontade, à realização de doações em vida, à renúncia à herança, à imposição de cláusulas restritivas, à transação, à realização de testamento. Pode-se, ainda, em estipulação voluntária instituir-se fideicomisso, condomínio, além de disposições que abranjam o usufruto e a nua propriedade.

---

52 D'AGUANNO, José. *La génesis y la evolución del derecho civil*: según los resultados de las ciencias antropológicas e histórico-sociales. Madrid: La España Moderna, n. 207 e 298.

53 No passado, já se sustentou a ideia de que o direito das sucessões faria parte do direito de família, pois administra-lhe o patrimônio.

Assim sendo, abandonou a sucessão um caráter hermético, unilateral, impositivo e excludente de outrora, para beneficiar o indivíduo e a família, tendo em vista o acordo de vontades e o respeito das liberdades fundamentais das partes[54].

A Lei n. 8.971/94 e a Lei n. 9.278/96 regularam o direito de sucessão entre os companheiros. A Lei n. 10.050/2000 acrescentou o § 3º ao art. 1.611 do Código Civil de 1916, atribuindo ao filho deficiente incapacitado para o trabalho o direito real de habitação, direito igualmente concedido em seu § 2º ao cônjuge casado pelo regime da comunhão universal de bens.

O Código Civil atual trouxe inúmeras inovações no campo do direito das sucessões, tendo em vista a evolução dos costumes, dos valores, do momento histórico vigente, da valorização dos direitos humanos e da dignidade humana.

Como principais inovações no campo do direito das sucessões impostas pelo Código atual podemos apontar: a inclusão do cônjuge supérstite no rol dos herdeiros necessários; a alteração da ordem de vocação hereditária, possibilitando ao cônjuge sobrevivente concorrer, em certos casos onde não tenha a meação, com os descendentes, e, em qualquer caso, em igualdade de condições com os ascendentes; a regulamentação dos direitos sucessórios dos companheiros, no art. 1.790; a simplificação do ato de testar, sem a consequente diminuição da segurança necessária à sua validade; a exigência da justa causa para o exercício do direito do testador em estabelecer as cláusulas de inalienabilidade, incomunicabilidade e impenhorabilidade sobre os bens da legítima; a revisão do instituto do fideicomisso, prevendo-se, inclusive, o caso de sua conversão em usufruto; a instituição da herança vacante, simplificando a complexa casuística do diploma de 1916; alterou-se o panorama da deserdação, dispondo no art. 1.964 que somente com expressa declaração de causa pode esta ser ordenada em testamento; suprime qualquer diferença entre os filhos outrora denominados legítimos ou ilegítimos, reconhecendo, sem qualquer restrição, o direito sucessório aos filhos adotivos; a cessão de direitos hereditários ganha regramento próprio, nos arts. 1.793 a 1.795; dispôs sobre a legitimação para suceder do nascituro e do concepturo, estabelecendo prazo

---

54 GRIMALDI, Michel. Sucessions et contract. In: FENOUILLET, Dominique; SOMMIÈRES, Pascal de Vareilles (Direction), *La contractualisation de la famille*, p. 197-199.

razoável para a consolidação da herança nos arts. 1.798 a 1.800; instituiu mais uma forma de testamento especial, o aeronáutico; sistematizou o direito de acrescer entre herdeiros e legatários, nos arts. 1.941 a 1.946; compatibilizou com o diploma processual civil as normas atinentes ao inventário e à partilha[55].

Em síntese conclusiva, podemos perceber que, assim como a família, a história do direito das sucessões, entre os diferentes povos, vem a ser, quase exatamente, a história de sua organização social e de suas instituições políticas.

Formas novas de herdeiros subsistem com a revolução biotecnológica – a sucessão do nascituro e a do embrião pré-implantatório são temas bastante discutidos no cenário atual em sede de direito das sucessões.

1.5. Evolução constitucional do direito das sucessões no Brasil

No Brasil, assim como o direito de propriedade, o direito das sucessões é garantido constitucionalmente desde o período imperial. As Ordenações do Reino, normas jurídicas que vigoraram em Portugal e no Brasil imperial, preservavam uma noção romana da propriedade e foram largamente marcadas pelas ideias feudais vindas da formação visigótica do povo português, como bem elucidou Luiz da Cunha Gonçalves[56].

A **Constituição do Império do Brasil** de 1824 foi a primeira Constituição brasileira. A carta constitucional foi encomendada pelo imperador Dom Pedro I (até então príncipe real do Reino Unido de Portugal, Brasil e Algarves), proclamador da independência do Brasil (1822) e fundador do Império brasileiro. Tendo sido outorgada[57].

Embora não tenha tratado explicitamente do direito das sucessões, estabeleceu regras ao direito sucessório especificamente destinadas ao direito sucessório dos Imperadores. Tratou do tema nos arts. 117 a 120:

---

55 GONÇALVES, Carlos Roberto. *Principais inovações no Código Civil de 2002*. São Paulo: Saraiva, 2002, p. 87-101; GONÇALVES, Carlos Roberto. *Direito civil brasileiro*. 5. ed. São Paulo: Saraiva, 2011, p. 29-31.

56 GONÇALVES, Luiz de Cunha. *Tratado de direito civil em comentário ao Código Civil português*. Coimbra: Coimbra Ed., 1936, v. 11, t. 1, p. 248-249.

57 BONAVIDES, Paulo; PAES DE ANDRADE. *História constitucional do Brasil*. 9. ed. Brasília: OAB Editora, p. 99.

À luz do art. 117, "Sua Descendência legítima sucederá no Trono, Segundo a ordem regular da primogenitura, e representação, preferindo sempre a linha anterior às posteriores; na mesma linha, o grau mais próximo ao mais remoto; no mesmo grau, o sexo masculino ao feminino; no mesmo sexo, a pessoa mais velha à mais moça". Art. 118. "Extintas as linhas dos descendentes legítimos do Senhor D. Pedro I, ainda em vida do último descendente, e durante o seu Império, escolherá a Assembleia Geral a nova Dinastia". Art. 119. "Nenhum Estrangeiro poderá suceder na Coroa do Império do Brasil". Art. 120. "O Casamento da Princesa Herdeira presumida da Coroa será feito a aprazimento do Imperador; não existindo Imperador ao tempo, em que se tratar deste Consórcio, não poderá ele efetuar-se, sem aprovação da Assembleia Geral. Seu Marido não terá parte no Governo, e somente se chamará Imperador, depois que tiver da Imperatriz filho, ou filha".

Vê-se assim que, ao outorgar a Constituição de 1824, o constituinte brasileiro importou, de Portugal, regras bem definidas acerca do direito das sucessões, mas não garantiu expressamente a sucessão hereditária.

Na mesma linha, a primeira **Constituição Republicana de 1891**, redigida por Rui Barbosa, inspirada no modelo norte-americano, vigorou durante toda a República Velha e sofreu apenas uma alteração em 1927.

Em relação ao direito das sucessões, ligado ao direito de propriedade, previsto em seu art. 72 *caput*: "A Constituição assegura a brasileiros e a estrangeiros residentes no país, a inviolabilidade dos direitos concernentes à liberdade, à segurança individual e à propriedade nos termos seguintes", vem a sucessão tratada no § 26 do referido artigo: "Aos autores de obras literárias e artísticas é garantido o direito exclusivo de reproduzi-las pela imprensa ou por qualquer outro meio mecânico. Os herdeiros dos autores gozarão desse direito pelo tempo que a lei determinar". Vê-se, pois, que expresso está o direito hereditário à reprodução exclusiva das obras de arte e literárias.

Prevê, ainda, que é de competência privativa dos Estados decretar impostos sobre a transmissão da propriedade à luz do art. 9º: "É da competência exclusiva dos Estados decretar impostos: (...) 3º) sobre transmissão de propriedade". Esta pode ser, por seu turno, *inter vivos* ou *causa mortis*, o que leva ao direito das sucessões.

Também à luz do art. 61 vem regulamentado o direito à sucessão: "As decisões dos Juízes ou Tribunais dos Estados nas matérias de sua competência porão termo aos processos e às questões, salvo quanto a: (...) 2º) espólio de estrangeiro, quando a espécie não estiver prevista em convenção, ou tratado".

A **Constituição de 1934**, que incorporou uma concepção de intervenção do Estado na ordem econômica e social, dedicou um título exclusivo à ordem econômica e social, e trouxe em seu corpo uma importante inovação em face dos diplomas anteriores: pela primeira vez, uma Constituição brasileira afirma que a propriedade não poderá ser exercida contra o interesse social ou coletivo[58].

Foi redigida "para organizar um regime democrático, que assegure à Nação, a unidade, a liberdade, a justiça e o bem-estar social e econômico", segundo o próprio preâmbulo.

Dispõe em seu art. 8º: "Compete privativamente aos Estados: I – decretar impostos sobre: (...) *b*) transmissão de propriedade *causa mortis*; *c*) transmissão de propriedade imobiliária *inter vivos*, inclusive a sua incorporação ao capital da sociedade".

A **Constituição de 10 de novembro de 1937**, outorgada pelo presidente Getúlio Vargas, consagrou o mesmo princípio da Carta de 1934, assegurando, no seu art. 122, § 14, "o direito de propriedade, salvo a desapropriação por necessidade ou utilidade pública, mediante indenização prévia", mas estabelecendo que "o seu conteúdo e os seus limites serão os definidos nas leis que lhe regularem o exercício"[59].

Havia a previsão expressa acerca da transmissão da propriedade *causa mortis* no art. 23: "É da competência exclusiva dos Estados: I – a decretação de impostos sobre: (...) *b*) transmissão de propriedade *causa mortis*; *c*) transmissão da propriedade imóvel *inter vivos*, inclusive a sua incorporação ao capital de sociedade".

A **Constituição de 18 de setembro de 1946**, elaborada para a fase pós-ditatorial do Estado Novo, e surgida justamente quando mais se acentuaram,

---

58 GOMES, Luiz Roldão de Freitas. O estatuto da propriedade perante o novo ordenamento constitucional brasileiro. *Revista Forense*, Rio de Janeiro, ano 86, n. 309, p. 28, jan./mar. 1990; SILVA, José Afonso da. *Curso de direito constitucional positivo*. 22. ed. São Paulo: Revista dos Tribunais, 2003, p. 82.

59 MALUF, Carlos Alberto Dabus. *Limitações ao direito de propriedade*. 2. ed. São Paulo: Revista dos Tribunais, 2005, p. 91 e 92.

com o findar da Segunda Grande Guerra, as ideias e princípios de natureza econômico-social que vinham há muito modificando a estrutura jurídico-política do mundo ante o surto de reformas e progressos que assinalam a idade contemporânea do direito, configurou uma evolução jurídica que já iniciara seu traçado básico nas Constituições de 1934 e 1937, no que concerne ao instituto da propriedade. O grande fato político que antecedeu a promulgação da Carta de 1946 foi a redemocratização do País, em 1945.

Regula o direito sucessório no art. 19: "Compete aos Estados decretar impostos sobre: (...) II – transmissão de propriedade *causa mortis*; III – transmissão de propriedade imobiliária *inter vivos* e sua incorporação ao capital de sociedades. (...) § 2º Os impostos sobre transmissão de bens corpóreos (n. II e III) cabem ao Estado em cujo território estes se achem situados. § 3º O imposto sobre transmissão *causa mortis* de bens incorpóreos, inclusive títulos e créditos, pertence, ainda quando a sucessão se tenha aberto no estrangeiro, ao Estado em cujo território os valores da herança forem liquidados ou transferidos aos herdeiros".

A **Constituição Brasileira de 1967** ressalvou vários princípios fundamentais da ordem econômica e social, entre eles a propriedade e daí deflui o direito à sucessão.

Dispõe o art. 150: "A Constituição assegura aos brasileiros e aos estrangeiros residentes no País a inviolabilidade dos direitos concernentes à vida, à liberdade, à segurança e à propriedade. (...) § 33 – A sucessão de bens de estrangeiros, situados no Brasil será regulada pela lei brasileira, em benefício do cônjuge ou dos filhos brasileiros, sempre que lhes não seja mais favorável a lei nacional do *de cujus*".

E o seu art. 24 determina: "Compete aos Estados e ao Distrito Federal decretar impostos sobre: I – transmissão, a qualquer título, de bens imóveis por natureza e acessão física, e de direitos reais sobre imóveis, exceto os de garantia, bem como sobre direitos à aquisição de imóveis; (...) § 2º – O imposto a que se refere o n. I compete ao Estado da situação do imóvel, ainda que a transmissão resulte de sucessão aberta no estrangeiro; sua alíquota não excederá os limites fixados em resolução do Senado Federal por proposta do Poder Executivo da União, na forma prevista em lei federal, e o seu montante será dedutível do imposto cobrado pela União sobre a renda auferida na transação. (Redação dada pelo Ato Complementar n. 40, de 1968)".

A **Constituição de 1967 recebeu em 1969** nova redação conforme a Emenda Constitucional n. 1, decretada pelos "Ministros militares no exercício da Presidência da República". É considerada por alguns especialistas, em que pese ser formalmente uma emenda à Constituição de 1967, uma nova Constituição de caráter outorgado.

A Constituição de 5 de outubro de 1988 trouxe duas importantes disposições em relação ao direito sucessório: uma prevista em seu art. 5º, XXX: "é garantido o direito de herança", que inclui o direito à herança entre as garantias fundamentais; e a outra prevista no art. 227, § 6º, que assegura a paridade de direitos, inclusive sucessórios, a todos os filhos[60].

Nesse sentido, sob a perspectiva constitucional, temos que o princípio da dignidade da pessoa humana, previsto no art. 1º, III, da Constituição Federal permeia também o direito sucessório, uma vez que a transmissão da herança deve ocorrer em observância aos princípios constitucionais.

Quanto aos princípios constitucionais atinentes ao direito das sucessões previstos na Carta Magna, podemos apontar: o princípio da dignidade da pessoa humana, previsto no art. 1º, III; o princípio da solidariedade, previsto no art. 3º, I; o princípio da pluralidade das formas familiares, previsto no art. 226; o princípio da igualdade entre os filhos, previsto no art. 227, § 6º; e o princípio da reciprocidade entre pais e filhos, previsto no art. 229.

60 A Constituição Federal, ao assegurar o direito à sucessão em seu art. 5º, XXX, e o direito à propriedade, em seu art. 5º, XXII, está protegendo a família e ordenando a economia do Estado.

Capítulo 2

Da abertura da sucessão

No que tange à abertura da sucessão, o art. 1.784 do Código Civil de 2002 impõe regra de suma importância: aberta a sucessão, a herança transmite-se, desde logo, aos herdeiros legítimos e testamentários.

À luz do direito romano, como leciona Carlos Maximiliano, "a posse dos bens da herança não passava aos sucessores enquanto não a apreendiam pessoalmente. Assim, a doutrina da transmissão em consequência do falecimento, penetrou no direito pátrio com o Alvará de 9 de novembro de 1754, corroborado pelo Assento de 16 de fevereiro de 1786, sendo posteriormente consolidada pelo Código Civil de Beviláqua em seu art. 1.572"[1].

A existência da pessoa natural termina com a morte, como prevê a regra do art. 6º do Código Civil, "a existência da pessoa natural termina com a morte; presume-se esta, quanto aos ausentes, nos casos em que a lei autoriza a abertura de sucessão definitiva", e assim, uma vez verificado esse evento, abre-se a sucessão, operando-se a transmissão da herança, ainda que os herdeiros ignorem o fato do falecimento.

[1] MAXIMILIANO, Carlos. *Direito das sucessões*. 5. ed. Rio de Janeiro: Freitas Bastos, 1964, p. 55.

Antes da morte, o titular da relação jurídica é o *de cujus;* com a morte do autor da herança, o titular passa a ser o herdeiro, legítimo ou testamentário. Assim sendo, "é o próprio defunto que investe o sucessor no domínio e posse dos bens hereditários. Esse princípio vem expresso na regra tradicional do direito gaulês *le mort saisit le vif*. Quer dizer, instantaneamente, independentemente de qualquer formalidade, logo que se abre a sucessão, investe-se o herdeiro no domínio e posse dos bens constantes do acervo hereditário".

Oriundo desse princípio, surgiu o termo *saisine,* e, pois, *saesina juris*, pelo qual se assinalava a transmissão da herança[2].

Assim sendo, o herdeiro, legítimo ou instituído, adquire, automaticamente, o domínio e a posse dos bens deixados pelo *de cujus*, independentemente de qualquer ato seu. No tocante ao legatário, porém, difere a situação: se infungível a coisa deixada pelo *de cujus,* como prevê a regra do art. 85 do Código Civil, adquire-lhe a propriedade desde a abertura da sucessão; se fungível, só a adquire pela partilha. Em ambos os casos a posse só vem a ser adquirida pelo legatário com a partilha.

Assim sendo, dois são os pressupostos da sucessão: a **morte do autor da herança** e a **vocação hereditária**, estimando-se, desta forma, que lhe sobreviva o herdeiro. Há casos, no entanto, em que impossível se torna reconhecer se ocorreu ou não a sobrevivência do herdeiro. Assim acontece no caso de comoriência, disciplinado pelo art. 8º do Código Civil.

No que tange ao fim da personalidade da pessoa natural, esta se dá com a morte e com a ausência. O estabelecimento real do momento da morte guarda, entretanto, intrínsecas considerações.

2.1. A morte real do autor da herança

A **morte do autor da herança** determina a abertura da sucessão, uma vez que não existe herança de pessoa viva. Pode-se, entretanto, abrir a sucessão do ausente, presumindo a morte do autor da herança, como preveem

---

2 SAN TIAGO DANTAS, Francisco Clementino de. *Direitos de família e das sucessões*, p. 449; MONTEIRO, Washington de Barros; PINTO, Ana Cristina de Barros Monteiro França. *Curso de direito civil*, p. 24 e 25.

os arts. 26 e s. do Código Civil. Daí se depreende a importância da determinação do exato momento em que esta ocorre.

Na atualidade, o desenvolvimento da biotecnologia fez com que se alterasse o conceito de morte, e o momento da morte passou a ser seriamente debatido e estudado.

Durante muitos anos, como leciona Reinaldo Ayer de Oliveira, "a morte foi considerada uma ocorrência caracterizada pela interrupção total das atividades vitais, notadamente pela parada do coração, ou pela ocorrência de uma lesão irreversível do tronco cerebral e do córtex cerebral por injúria direta ou falta de oxigenação, por tempo em geral superior a cinco minutos em adulto em normotermia, caracterizando a morte encefálica".

Com o advento dos transplantes, introduziu-se um novo conceito de morte, o da morte encefálica, posto que há a retirada dos órgãos do indivíduo clinicamente morto, o *de cujus*, com o coração "ainda batendo", para a disposição dos órgãos e tecidos; tem seus parâmetros estabelecidos pela Resolução n. 1.480 do Conselho Federal de Medicina, inspirado no protocolo de Harvard, e vem regulada pela Lei n. 9.434/97, denominada Lei de Transplantes, que, entretanto, não conceitua o fenômeno da morte[3].

O art. 3º da Lei n. 9.434/97 dispõe que a retirada de órgãos ou partes do corpo humano destinados a transplante *post mortem*, ou tratamento, deve ser precedida de diagnóstico de morte encefálica, constatada e registrada por dois médicos não participantes das equipes de remoção e transplante, mediante a utilização de critérios clínicos e tecnológicos definidos por resolução do Conselho Federal de Medicina.

A Resolução n. 1.480/97 do CFM, ao declarar que a parada total e irreversível das funções encefálicas equivale à morte, conforme o já estabelecido pela comunidade científica mundial, indica ainda os seguintes critérios para a sua configuração: **critérios clínicos** (coma aperceptivo com arreatividade inespecífica, ausência de reflexo corneano, positividade do teste da apneia, entre outros) e **complementares** (ausência de atividade bioelétrica

---

[3] OLIVEIRA, Reinaldo Ayer de. Terminalidade da vida: dignidade da pessoa humana. In: MIGLIORE, Alfredo; SCALQUETTE, Ana Claudia; LIMA, Cíntia Rosa Pereira de; BERGSTEIN, Gilberto (Orgs.). *Dignidade da pessoa humana.* São Paulo: LTr, 2010, p. 250 e 251.

ou metabólica cerebral). É válido ressaltar que *as funções pulmonares e cardiovasculares podem efetivamente se manter por processos artificiais, incorrendo na chamada vida técnica.*

Leciona Leo Pessini que "a crescente aceitação da constatação de morte encefálica como critério da morte humana é decisiva não somente nos casos de necessidade de liberação do corpo para enterro, mas também de sua utilização como fonte de órgãos para transplante"[4].

E a partir daí completamos: **para fins de abertura de sucessão.**

Vemos, assim, que um tema de difícil conceituação é a determinação da morte encefálica. A morte é a ausência das funções vitais: cerebral, cardíaca e respiratória. Basta a ocorrência de um dano encefálico irreversível que impeça a manutenção das funções vitais para considerar a morte. O CFM em sua Resolução n. 1.480/97 estipulou os critérios para a sua determinação[5].

Nesse sentido, ocorre a morte encefálica com a morte das células do sistema nervoso central, com a parada das funções vitais; a única que pode permanecer é o batimento cardíaco porque o coração tem um sistema de controle diferente daquele. A morte não é um momento, mas um período que às vezes pode ser interrompido.

Para a escola de medicina de Harvard, a morte se atesta com: a inconsciência total, falta de estímulos do meio, ausência de respiração, reflexos e eletroencefalograma plano, sem ondulação cerebral. Além desses tem-se ainda a ausência de reflexos de córnea, de reflexo pupilar e de pressão arterial. Devendo ainda ser atestada a cessação das funções cerebrais e a consequente irreversibilidade dessas condições.

A literatura médica atesta a existência de três "tipos" de morte: a **morte clínica**, quando cessa o batimento cardíaco, que pode desaparecer com a reanimação; aqui se estabelece a luta entre médico/corpo clínico e paciente; a **morte encefálica**, já supramencionada, sendo válido ressaltar que são cinco os estágios do coma, que por sua vez indica a ausência total de respostas

---

4 PESSINI, Leo. Distanásia: algumas reflexões bioéticas a partir da realidade brasileira. *Bioética*, Brasília: Conselho Federal de Medicina, v. 12, n. 1, p. 49, 2004.

5 MALUF, Adriana Caldas do Rego Freitas Dabus. *Curso de bioética e biodireito*. São Paulo: Atlas, 2010, p. 217 e s.

com o mundo exterior: o coma grau I, grau II, grau III, grau IV – considerado estágio pré-terminal – e coma grau V – denominado "depassé" com a morte cerebral, e a **morte biológica**, que implica a destruição celular. De forma sintética, a morte vem caracterizada pela completa paralisação da atividade elétrica cerebral.

Na literatura jurídica, entretanto, esses conceitos se entrelaçam: há a **morte natural**, constatada pela atestação médica; a **morte ficta (presumida)**, definida pela declaração judicial; a **morte administrada**, que envolve os casos de terminalidade da vida, a morte aqui vista como um processo de morrer[6].

Nesse sentido, a morte pode ser entendida como um processo, uma sequência de eventos, "e passou a situar-se como polo de um processo de terminalidade". Com o desenvolvimento das ciências, da tecnologia, que culminou com a introdução de sofisticados equipamentos voltados para a recuperação e preservação de determinadas funções vitais, possibilitou-se uma verdadeira revolução no atendimento aos pacientes graves, concorrendo assim para a alteração conceitual do momento da morte[7].

No entanto, podemos entender que "a morte a que se refere o legislador é a morte natural, não importando o motivo que a tenha originado"[8].

Alguns questionamentos, entretanto, podem advir com o processo de terminalidade da vida, envolvendo "a morte administrada", tal como referiu Giselda Hironaka, e que trazem consignadas grandes consequências para o direito, como no caso em que um casal, unido pelo regime da comunhão

---

6 HIRONAKA, Giselda Maria Fernandes Novaes. *Morrer e suceder*: passado e presente da transmissão sucessória concorrente. Tese apresentada para concurso público de Professor Titular junto ao Departamento de Direito Civil da FADUSP, São Paulo, 2010, p. 90; COLTRO, Antonio Carlos Mathias. Transmissão do acervo hereditário. In: HIRONAKA, Giselda Maria Fernandes Novaes; PEREIRA, Rodrigo da Cunha (Coords.) *Direito das sucessões e o novo Código Civil*, p. 26 e s.

7 OLIVEIRA, Reinaldo Ayer de. Terminalidade da vida – dignidade da pessoa humana. In: *Dignidade humana*, p. 245 e 246. Como exemplos dos citados aparelhos e tecnologia introduzidos no âmbito hospitalar aponta Ayer: a criação das UTIs na década de 80, os ventiladores artificiais, os aparelhos de diálise, os marca-passos cardíacos, fármacos com ações mais específicas, entre outros.

8 GONÇALVES, Carlos Roberto. *Direito civil brasileiro*. 5. ed. São Paulo: Saraiva, 2011, v. 7, p. 33.

de bens e não possua descendentes nem ascendentes, o marido tenha a morte cerebral detectada, mas continue vivendo à custa de aparelhos – denominada vida técnica. Nesse meio tempo a esposa falece. Como se dará a sucessão? Se entendermos que a morte cerebral determina a extinção da personalidade, a esposa sobreviveu ao marido, herdou seus bens e transmitiu aos seus colaterais; mas se, por outro lado, entendermos que só se morre quando todo o organismo fenece, como o marido sobreviveu à mulher, ele herdou os bens dela e os transmitirá aos seus colaterais quando seu organismo parar por completo[9].

Vemos nesse caso exemplificativo, cuja incidência é frequente no ambiente hospitalar, no âmbito do direito sucessório, a determinação do momento da morte pode condicionar a vida (e o destino) de um número expressivo de pessoas.

Entretanto, como o conceito de morte encefálica é o conceito determinante de morte na atualidade, podemos entender que o marido faleceu primeiro que a mulher, transmitindo esta o quinhão hereditário a seus colaterais.

Outra não é a posição de Giselda Hironaka, para quem, no caso em tela, "a esposa sobreviveu ao marido"[10].

Sob o âmbito da bioética, deparamo-nos nesse caso com o direito de morrer condignamente, sem estar ungido à prática da distanásia, que envolve a obstinação terapêutica, o chamado tratamento fútil.

Adentramos ainda a seara da validade e da efetividade do testamento vital ou diretivas antecipadas de vontade, firmada pelo paciente, capaz para dirimir seus derradeiros momentos de vida.

Para José Renato Nalini, "morte é antônimo da vida, um encontro irrecusável, que continua a permear os estudos da metafísica existencial, problema irresolúvel", e que muitas vezes deixa problemas a serem resolvidos por aqueles que ficam, alguns dos quais podem ser feitos pelo direito das sucessões[11].

---

9 HIRONAKA, Giselda Maria Fernandes Novaes. *Morrer e suceder*: passado e presente da transmissão sucessória concorrente, p. 93 e 94.

10 HIRONAKA, Giselda Maria Fernandes Novaes. *Morrer e suceder*: passado e presente da transmissão sucessória concorrente, p. 93.

11 NALINI, José Renato. *Reflexões jurídico-filosóficas sobre a morte:* pronto para partir?, p. 18.

Nesse sentido, vemos que "o homem nasce já inconformado pela esfera indolor e inafastável da morte. Esta é, pois, um fenômeno natural inerente ao ser humano. Sua sina, seu destino, seu futuro"[12].

Logo, "por menos materialista que se pretenda desenhar o processo iniciado com a morte, que constitui disciplina mais espiritual do que jurídica, mais teleológica do que financeira, é impossível ignorar sua função transmissora de bens, sendo, pois, forma de aquisição derivada de propriedade e direitos", garantindo mesmo a sobrevivência digna da família[13].

Vemos, ainda, que uma outra concepção se descortina com o evento morte "essa coisa obscura que vem-nos retirar os entes queridos, que nunca deixa de ser atual e nos provocar em termos de vida, obrigando-nos a refletir sobre nossa própria finitude", tal como concebe Leo Pessini, são os "fundamentos psicológicos e sociológicos envolvidos na necessidade de perpetuação da história, das realizações pessoais e mesmo dos reflexos da alma do morto, cujos sucessores de tudo fazem para manter viva sua memória, representada pelos bens – materiais e imateriais – que conquistou, amenizando assim, o vazio de sua perda"[14].

Lecionam Washington de Barros Monteiro e Ana Cristina de Barros Monteiro França Pinto que a morte civil, *ficta mors*, admitida no direito romano e que persistiu na medievalidade, para os condenados a penas perpétuas e para os religiosos professos, foi acolhida pelo Código Napoleão, mas foi abolida, anos mais tarde, pela lei de 31 de maio de 1854; não mais subsiste no direito moderno. Assim abre-se a sucessão somente através do óbito do autor da herança, independentemente da causa da sua morte ser real ou presumida.

---

12 MIGLIORE, Alfredo Domingues Barbosa. *Direito além da vida*: um ensaio sobre os direitos da personalidade *post mortem*, São Paulo: LTr, 2009, p. 24.

13 TELLES, Inocêncio Galvão. *Direito das sucessões*: noções fundamentais, p. 26.

14 PESSINI, Leo. Vida e morte: uma questão de dignidade. In. MIGLIORE, Alfredo Domingues Barbosa; SCALQUETTE, Ana Claudia, LIMA, Cíntia Rosa Pereira de, BERGSTEIN, Gilberto (Coords.). *Dignidade humana*. São Paulo: LTr, 2010, p. 287; DOMINGUES, Claudia do Nascimento. *A prole futura e o registro de imóveis*: transmissão da propriedade imobiliária ao concepturo na sucessão testamentária. Dissertação de Mestrado apresentada ao Departamento de Direito Civil da FADUSP em 2012, p. 52 e 53.

Entretanto, aduzem ainda que "no direito positivo vislumbram-se alguns resquícios da morte civil. O primeiro vem previsto no art. 1.816 do Código Civil que se refere à exclusão da herança por indignidade, quando os herdeiros do excluído o sucedem como se ele morto fosse". Também no direito militar, pelo Decreto-Lei n. 3.038, de 10 de fevereiro de 1941, que em seu art. 7º prevê: "Uma vez declarado indigno do oficialato, ou com ele incompatível, perderá o militar seu posto e respectiva patente ressalvado à família o direito à percepção das suas pensões, como se houvesse falecido"[15].

2.2. A morte presumida do autor da herança – a ausência

Tal como vimos, a abertura da sucessão se dá pela morte do autor da herança ou pela ausência.

À luz do art. 6º do Código Civil, "a existência da pessoa natural termina com a morte; presume-se esta, quanto aos ausentes, nos casos em que a lei autoriza a abertura de sucessão definitiva".

Desta forma, vemos que dois são os tipos de morte previstos pela legislação civil: a morte real e a morte presumida, com a declaração judicial de ausência, salvo nos casos previstos em lei, como determina o art. 7º do Código Civil: "Pode ser declarada a morte presumida, sem decretação de ausência: I - se for extremamente provável a morte de quem estava em perigo de vida; II - se alguém, desaparecido em campanha ou feito prisioneiro, não for encontrado até dois anos após o término da guerra. Parágrafo único. A declaração da morte presumida, nesses casos, somente poderá ser requerida depois de esgotadas as buscas e averiguações, devendo a sentença fixar a data provável do falecimento"[16].

---

15 MONTEIRO, Washington de Barros; PINTO, Ana Cristina de Barros Monteiro França. *Curso de direito civil*. 42. ed. São Paulo: Saraiva, 2009, v. 1, p. 81 e 82.

16 DINIZ, Maria Helena. *Código Civil comentado*. Coord. Regina Beatriz Tavares da Silva. 8. ed. São Paulo: Saraiva, 2012, p. 95-97. "AUSÊNCIA. Capacidade de ser parte. Pessoa falecida. Ausência. Para estar em juízo é necessário que tenha capacidade de ser parte (capacidade judiciária). Em regra, salvo algumas exceções, têm capacidade de ser parte a pessoa natural e a pessoa jurídica. Como a existência da pessoa natural termina com a morte, pessoa falecida não tem capacidade para ser parte. Ausente este pressuposto processual pode o feito ser extinto de ofício a qualquer tempo e grau de jurisdição nos termos do art. 226 § 3º do CPC. Recurso desprovido" (TJRS, 2ª Câm. Civ., Ap. Civ. 70017278250, Rel. Des. Arno Werlang, j. 28-2-2007).

Admite-se, nesse sentido, a morte presumida, prevista nas hipóteses legais. A lei civil estabelece que a declaração de morte presumida somente poderá ser requerida depois de esgotadas as averiguações necessárias para apurar tal fato, devendo ainda a sentença estabelecer a data provável da morte, como estabelece o art. 7º do Código Civil.

Assim, considerando os graus de probabilidade da morte do autor da herança, o legislador distinguiu duas espécies de ausência: a ausência reconhecida por simples justificação judicial e a que se oficializa por declaração do juiz em procedimento complexo.

No **primeiro caso**, estamos diante da morte presumida sem decretação de ausência, que está regulada pelo art. 7º do Código Civil, e assim se abre a sucessão definitiva; no **segundo caso**, trata-se de morte presumida com declaração de ausência e vem regulada pelo art. 22 do mesmo diploma legal, e assim se abre inicialmente a sucessão provisória, e apenas num segundo momento, a sucessão definitiva[17].

Assim sendo, a morte é presumida sem declaração de ausência quando a pessoa, ao desaparecer, encontrava-se em perigo de vida, nos termos do art. 7º do Código Civil. Desta forma, a sentença judicial fixará a data provável do falecimento, a qual norteará a abertura da sucessão.

Já nos casos de morte presumida com declaração de ausência, nos termos do art. 22 do Código Civil, a pessoa desaparecida não se encontrava em perigo de vida, diferenciando-se frontalmente da outra modalidade. Esta modalidade de ausência requer a prolação de sentença judicial. O procedimento em juízo apresenta três etapas: a declaração de ausência e nomeação de curador; a sucessão provisória e a sucessão definitiva.

A sucessão provisória vem regulada pelos arts. 26 a 36 do Código Civil. Esta justifica-se uma vez que, por mais remota que seja, pode haver o reaparecimento do ausente, ou uma prova de que este continua vivo. Uma vez requerido o inventário por herdeiros ou legatários, haverá o procedimento, mas a imissão na posse dependerá de oferta de garantia. Se nesta fase houver a comprovação da morte do ausente, será aberta a sucessão definitiva,

---

17 NADER, Paulo. *Curso de direito civil*. 4. ed. Rio de Janeiro:Gen/Forense, 2010, v. 6, p. 27.

considerando-se a data apurada. Desta forma são declarados sucessores quem fazia jus aos bens, a título universal ou singular, na data da abertura da sucessão. Entretanto, na eventualidade de o ausente retornar, será cabível que recolha todos os bens, observadas as cautelas legais.

À luz do art. 26 do Código Civil: "Decorrido um ano da arrecadação dos bens do ausente, ou, se ele deixou representante ou procurador, em se passando três anos, poderão os interessados requerer que se declare a ausência e se abra provisoriamente a sucessão".

Tal como dispõe o art. 745 do NCPC, "feita a arrecadação, o juiz mandará publicar editais na rede municipal de computadores, no sítio do tribunal a que estiver vinculado e na plataforma de editais do CNJ, onde permanecerá por um ano, ou, não havendo sítio, no órgão oficial e na imprensa da comarca, durante um ano, reproduzida de dois em dois meses, anunciando a arrecadação e chamando o ausente a entrar na posse de seus bens".

"§ 1º Findo o prazo previsto no edital, poderão os interessados requerer a abertura da sucessão provisória, observando-se o disposto em lei."

Anteriormente, a curatela dos bens do ausente perdurava por um ano, tempo durante o qual o juiz ordenava a publicação de editais, convocando o ausente a reaparecer para retomar seus haveres, como prevê o art. 1.162, III, do Código de Processo Civil de 1973. Esse artigo não encontra correspondência no atual Código de Processo Civil[18].

Dispõe o art. 27 do Código Civil: "Para o efeito previsto no artigo anterior, somente se consideram interessados: I – o cônjuge não separado judicialmente; II – os herdeiros presumidos, legítimos ou testamentários; III – os que tiverem sobre os bens do ausente direito dependente de sua morte; IV – os credores de obrigações vencidas e não pagas". Estes são os legitimados a promover a sucessão provisória.

Tal como regula o art. 28 do Código Civil, "a sentença que determinar a abertura da sucessão provisória só produzirá efeito cento e oitenta dias depois de publicada pela imprensa; mas, logo que passe em julgado, proceder-se-á à abertura do testamento, se houver, e ao inventário e partilha dos

---

18 DINIZ, Maria Helena. *Código Civil comentado*, p. 122.

bens, como se o ausente fosse falecido. § 1º Findo o prazo a que se refere o art. 26, e não havendo interessados na sucessão provisória, cumpre ao Ministério Público requerê-la ao juízo competente. § 2º Não comparecendo herdeiro ou interessado para requerer o inventário até trinta dias depois de passar em julgado a sentença que mandar abrir a sucessão provisória, proceder-se-á à arrecadação dos bens do ausente pela forma estabelecida nos arts. 1.819 a 1.823".

Já o art. 29 do Código Civil determina que, "antes da partilha, o juiz, quando julgar conveniente, ordenará a conversão dos bens móveis, sujeitos a deterioração ou a extravio, em imóveis ou em títulos garantidos pela União". Visa com isso a garantia ao ausente da devolução de seus bens, quando da sua volta.

À luz do art. 30 do Código Civil, "os herdeiros, para se imitirem na posse dos bens do ausente, darão garantias da restituição deles, mediante penhores ou hipotecas equivalentes aos quinhões respectivos. § 1º Aquele que tiver direito à posse provisória, mas não puder prestar a garantia exigida neste artigo, será excluído, mantendo-se os bens que lhe deviam caber sob a administração do curador, ou de outro herdeiro designado pelo juiz, e que preste essa garantia. § 2º Os ascendentes, os descendentes e o cônjuge, uma vez provada a sua qualidade de herdeiros, poderão, independentemente de garantia, entrar na posse dos bens do ausente".

Pelo art. 31 do Código Civil, "os imóveis do ausente só se poderão alienar, não sendo por desapropriação, ou hipotecar, quando o ordene o juiz, para lhes evitar a ruína".

Aduz Carlos Alberto Dabus Maluf que, no caso de desapropriação, primeiro há de ser declarada a ausência para que, assim, possam os herdeiros levantar o preço depositado. Da mesma forma que, se imóvel estivesse gravado com as três cláusulas, uma ressalva deveria ser feita para os casos de desapropriação, onde a cláusula de inalienabilidade não deve prevalecer[19].

À luz do art. 32, "empossados nos bens, os sucessores provisórios ficarão representando ativa e passivamente o ausente, de modo que contra eles correrão as ações pendentes e as que de futuro àquele forem movidas".

---

[19] MALUF, Carlos Alberto Dabus. *Teoria e prática da desapropriação*. 2. ed. São Paulo: Saraiva, 1999, p. 221.

Determina o art. 33 que "o descendente, ascendente ou cônjuge que for sucessor provisório do ausente, fará seus todos os frutos e rendimentos dos bens que a este couberem; os outros sucessores, porém, deverão capitalizar metade desses frutos e rendimentos, segundo o disposto no art. 29, de acordo com o representante do Ministério Público, e prestar anualmente contas ao juiz competente. Parágrafo único. Se o ausente aparecer, e ficar provado que a ausência foi voluntária e injustificada, perderá ele, em favor do sucessor, sua parte nos frutos e rendimentos".

Conforme o art. 34, "o excluído, segundo o art. 30, da posse provisória poderá, justificando falta de meios, requerer lhe seja entregue metade dos rendimentos do quinhão que lhe tocaria".

Nesse caso, vemos que o sucessor provisório que não pôde entrar na posse de seu quinhão, por não ter oferecido a garantia legal, mas em justificando a falta de recursos, poderá requer judicialmente que lhe seja entregue metade dos frutos e rendimentos a que teria direito, para poder fazer frente a sua sobrevivência.

Como determina o art. 35, "se durante a posse provisória se provar a época exata do falecimento do ausente, considerar-se-á, nessa data, aberta a sucessão em favor dos herdeiros, que o eram àquele tempo".

Converter-se-á em morte real a morte que até então era presumida, uma vez que se pode provar a época exata do falecimento do ausente, sendo pois os herdeiros chamados à sucessão de acordo com a ordem da vocação hereditária, ou aos conclames do testamento válido.

Segundo o art. 36, "se o ausente aparecer, ou se lhe provar a existência, depois de estabelecida a posse provisória, cessarão para logo as vantagens dos sucessores nela imitidos, ficando, todavia, obrigados a tomar as medidas assecuratórias precisas, até a entrega dos bens a seu dono".

Se houver o retorno do ausente, ou a comprovação de sua sobrevivência através de notícias, cessarão para os sucessores provisórios as vantagens estabelecidas, visto que não existe herança de pessoa viva, ficando estes, ainda, obrigados a tomar as medidas assecuratórias cabíveis para preservar a coisa devolvendo-a a seu dono, sob pena de perdas e danos.

Caso nenhum fato comprobatório da existência do ausente ocorra após a sucessão provisória, dar-se-á a sucessão definitiva, nos termos do art. 37 do Código Civil: "Dez anos depois de passada em julgado a sentença que concede a abertura definitiva da sucessão provisória, poderão os interessados requerer a sucessão definitiva e o levantamento das cauções prestadas".

De acordo com o art. 38 do Código Civil, "pode-se requerer a sucessão definitiva, também, provando-se que o ausente conta oitenta anos de idade e que de cinco anos datam as últimas notícias dele", isto considerando-se a média de vida da pessoa, mesmo que não tenha havido anteriormente a sucessão provisória.

Isto posto, sujeitam-se, todavia os herdeiros a duas situações, previstas no art. 39, *caput*, do Código Civil: o retorno do ausente ou de um descendente ou ascendente seu, que fará jus ao levantamento dos bens existentes e nas condições em que se encontram, ou os sub-rogados, inclusive os valores recebidos em alienações.

O parágrafo único do mesmo artigo prevê a não apresentação do ausente e/ou seus ascendentes ou descendentes, ou mesmo que nenhum interessado promova a sucessão definitiva, no prazo de dez anos, fato que acarretará a integração dos bens arrecadados ao domínio do Município ou Distrito Federal. Os bens situados em Territórios destinar-se-ão ao patrimônio da União[20].

À luz do disposto no art. 9º do Código Civil, "serão registrados em registro público: I – os nascimentos, casamentos e óbitos; (...) IV – a sentença declaratória de ausência e de morte presumida".

Vemos assim que, com o intuito de se preservarem os direitos de terceiros, o legislador, a fim de obter a publicidade do estado das pessoas, exige a inscrição em registro público de determinados atos, e a certidão extraída dos livros cartorários fará prova do estado das pessoas físicas.

O registro de óbito será imprescindível, pois é meio factível de prova do falecimento de alguém a certidão extraída do assento de óbito, como preveem os arts. 77 a 88 e 107 da Lei de Registros Públicos e as Leis n. 9.534/97 e 11.789/2008 que deram nova redação ao art. 45 da Lei n. 8.935/94.

Já o registro de sentença declaratória de ausência e de morte presumida é imprescindível para que se nomeie curador para o ausente, como prevê o art. 744 do NCPC. A sentença de abertura de sucessão provisória será averbada

---

20 Tal como prevê o art. 3º do Decreto-Lei n. 8.207/45, as Unidades da Federação ficarão obrigadas a aplicar tais bens em fundações destinadas ao ensino.

no assento de ausência após o trânsito em julgado, à luz do art. 104, parágrafo único, e art. 107, § 1º, da Lei n. 6.015/73. A declaração judicial da morte presumida deverá, convertendo-se a sucessão provisória em definitiva, ser também levada a assento[21].

Assim sendo, pensamos que caberá ao Judiciário, com apoio na ciência e na doutrina, fixar novos princípios.

A morte pode, então, ser vista como fonte de direitos, e o direito das sucessões lhe organiza as consequências. É importante para o direito civil porque produz efeitos que não podem ser ignorados, todos de extrema relevância nas relações entre os particulares, donde se destaca a sucessão *causa mortis*.

Podemos entender, no entanto, que a morte a que se refere o legislador é a morte natural, não importando o motivo que a tenha originado.

Na esfera civil, a morte se comprova pela certidão extraída do assento de óbito. "No caso da sucessão *causa mortis*, embora com o fato apenas da morte já se encontre aberta a sucessão, pelo *droit de saisine*, somente com a sua comprovação é que se pode pleitear o direito sucessório", sendo que, à sua falta, deve-se socorrer dos meios indiretos de prova (indícios)[22].

2.3. Da comoriência

Comoriência é a presunção legal de morte de duas ou mais pessoas na mesma ocasião em face do mesmo evento, como prevê a regra do art. 8º do Código Civil. Entretanto, apresenta igual relevância no que concerne a efeitos dependentes de sobrevivência, na hipótese de pessoas falecidas em locais e acontecimentos distintos, mas em datas e horas idênticas ou próximas.

Para o direito sucessório, a comoriência importa em grande repercussão na transmissão de direitos hereditários. Caso não se possa, com absoluta certeza, determinar quem sucumbiu primeiro, cria-se uma presunção *iuris tantum* de que as pessoas faleceram em um mesmo momento. Tal presunção, entretanto, é relativa, e admite prova em contrário.

Essa morte simultânea é de peculiar interesse para o direito sucessório, uma vez que, pelo princípio da *saisine*, falecendo o autor da herança, seus

---

21 DINIZ, Maria Helena. *Código Civil comentado*, p. 98 e 99.

22 HIRONAKA, Giselda Maria Fernandes Novaes. *Morrer e suceder*: passado e presente da transmissão sucessória concorrente, p. 73 e 74.

bens são imediatamente transmitidos aos herdeiros. Assim, é imprescindível a identificação correta do momento da morte dos envolvidos, sobretudo se herdeiros recíprocos, pois, se um faleceu frações de segundo depois do outro, ou ao mesmo tempo, herdará ou não os bens.

No primeiro caso - morrendo logo em seguida ao autor da herança e não havendo, portanto, comoriência, este chegaria a herdar para, em seguida, transmitir esses mesmos bens aos seus herdeiros. No segundo caso - morrendo no mesmo momento, ou não sendo possível precisar quem sucumbiu primeiro –, ele não herdaria, pois não estava vivo quando do óbito do autor da herança, fazendo com que esses bens sejam destinados a outro herdeiro, conforme a ordem de vocação hereditária.

No caso de dúvida em precisar quem faleceu primeiro, aplica-se a regra do art. 8º do Código Civil, que estabelece: "se dois ou mais indivíduos falecerem na mesma ocasião, não se podendo averiguar se algum dos comorientes precedeu aos outros, presumir-se-ão simultaneamente mortos"; caso em que não haverá transmissão de direitos entre as pessoas que morreram na mesma ocasião.

As legislações contemporâneas divergem radicalmente sobre tal matéria. Para o Código Napoleão (arts. 721 e 722), ater-se-á o aplicador da lei, nessa conjuntura, ao exame das circunstâncias de fato. Se não concludente tal exame, recorrer-se-á a um conjunto de presunções discriminadas pelo legislador. Baseia-se no direito romano, extremamente casuísta[23].

O direito pátrio abandonou o sistema de presunções, prescrevendo que todos os comorientes sucumbiram simultaneamente, na impossibilidade de precisar-se quem veio a falecer primeiro.

---

23 MONTEIRO, Washington de Barros; PINTO, Ana Cristina de Barros Monteiro França. *Curso de direito civil*, v. 6, p. 26. "INVENTÁRIO. Comoriência. Falecimento no mesmo acidente, do segurado e das beneficiárias (filha e esposa). Determinação de apresentação de novo plano de partilha. Insurgência dos filhos do primeiro casamento do segurado, com pedido de partilha por igual do valor do pecúlio entre os filhos. Presunção legal de morte simultânea. Ausência de prova de premoriência. Inexistência de transmissão do valor do pecúlio para as beneficiárias. Inadmissibilidade de pagamento do valor do seguro aos sucessores da beneficiária. Transmissão do pecúlio apenas aos herdeiros do segurado. Inteligência do art. 792 do CC. Filhos que devem receber por cabeça, em igualdade de condições aos demais irmãos. Decisão reformada. Agravo provido" (AgI 0252305-94.2011.8.26.0000, TJSP, Des. Rel. João Carlos Saletti, 10ª Câm. Dir. Priv., j. 3-7-2012).

É de grande importância para o direito sucessório essa questão. Como, por exemplo, se um doador estipular, autorizado pelo art. 547 da lei civil, que os bens doados volvam ao seu patrimônio, se sobreviver ao donatário e ambos morrerem ao mesmo tempo, a determinação legal da prioridade do óbito será decisiva para esclarecer se prevalece ou não a cláusula reversiva pactuada no ato de liberalidade; num outro exemplo, temos que no mesmo desastre morre um casal sem herdeiros necessários. Se o marido falece primeiro, recolherão a herança os herdeiros da mulher; se, ao inverso, foi esta quem sucumbiu antes, caberá a herança aos herdeiros do marido. Assim, visando sanar qualquer pendência, estabelece o Código que simultânea é a morte dos cônjuges, desde que se torne impossível averiguar seguramente qual dos dois morreu primeiro. Consequentemente, a sucessão de cada um deve ser regulada como se o comoriente jamais houvesse existido.

Não há, pois, transferência de bens e de direitos entre os comorientes. Assim, um não herda do outro. Essa regra é aplicada, por analogia, mesmo nos casos em que tenha havido o falecimento em localidades diferentes, sem que tenha sido possível, contudo, explicitar a premoriência.

Nesse sentido, em se tratando da estipulação da herança, os colaterais da mulher ficarão com a meação dela e os colaterais do marido, com a meação dele.

Por outro lado, não se aplica a regra do art. 8º do Código Civil, que trata da comoriência quando for possível a determinação do momento da morte do *de cujus*. "Se, entretanto, a comoriência resultar de documentos oficiais fidedignos, deve tal situação prevalecer no inventário dos comorientes, com relação à herança por estes deixada, até que, pelas vias regulares de direito, se evidencie ter a morte de um deles precedido à do outro"[24].

Em face da relevância da ordem dos falecimentos, é indispensável que a perícia médica, por intermédio do médico legista, revele, de acordo com os dados disponíveis, o horário da ocorrência de cada uma das mortes. Em não havendo condições de precisar a ordem dos falecimentos, presumir-se-á a comoriência. E nesse caso, como já dito, nenhum dos falecidos chegou a herdar do outro[25].

---

24 MONTEIRO, Washington de Barros; PINTO, Ana Cristina de Barros Monteiro França. *Curso de direito civil*, v. 6, p. 27; GONÇALVES, Carlos Roberto. *Direito civil brasileiro*, p. 37.

25 NADER, Paulo. *Curso de direito civil*, p. 26.

Capítulo 3

Das sucessões em geral

A sucessão abrange, como leciona Itabaiana de Oliveira, um aspecto psíquico, que se manifesta na razão, e um aspecto físico, que se demonstra na individualidade do homem.

Para se tratar do direito das sucessões, primaz se faz o estudo da terminologia própria a esse ramo do direito.

Assim, o ***de cujus*** é aquela pessoa de quem a herança se trata, como aduz o brocardo *persona de successione cujus agitur;* o **herdeiro** é a pessoa que irá substituir o *de cujus* em seus direitos e obrigações, passando a ser, na realidade, o sujeito de todas as relações jurídico-patrimoniais que anteriormente àquele pertenciam; da mesma forma, o **legatário** é a pessoa que sucede a título singular, pois recebe um ou mais bens determinados, oriundos do testamento válido; a **herança**, que pode ser entendida como o conjunto de direitos e obrigações que se transmitem em virtude da morte de outrem. É válido ressaltar que o patrimônio hereditário corresponde a direito autônomo que não se confunde com o patrimônio pessoal do herdeiro; o **legado**, por sua vez, representa um ou mais bens determinados, vividamente especificados no acervo hereditário, e finalmente, o **espólio**, que representa a massa patrimonial que permanece intacta até a distribuição dos quinhões hereditários aos respectivos herdeiros, sendo o **inventariante** quem o representa em juízo.

3.1. Da sucessão legítima

Tendo em vista que as sucessões abrangem um elemento individual, materializado na constituição da propriedade, cuja administração deve ser individual; um elemento familial, que se vale da propriedade para sua perpetuação, e um elemento social, que se manifesta pelas garantias que o estado fornece à propriedade.

Assim, permeiam a sucessão legítima os elementos social e familial, e a sucessão testamentária, o elemento individual.

Ressalta Itabaiana de Oliveira que "Grotius, Puffendorf e Wolf, iniciadores da filosofia do direito, defenderam o direito sucessório em suas duas formas: a testamentária e a legítima, entendendo a primeira como uma consequência da liberdade de dispor da propriedade, e a segunda, como uma manifestação da vontade presumida do defunto, da compropriedade familial e do direito eminente do Estado".

Por outro lado, completa que "Kant, Fichte, Gross, entre outros combateram-na afirmando que não fundava num direito natural".

Entretanto, a doutrina seguida, entendeu que a sucessão testamentária é considerada como uma emanação do direito da personalidade, e a sucessão legítima é justificada pelos laços de família, tendo em vista a evolução histórica do instituto[1].

A sucessão legítima ou *ab intestato* é aquela que resulta da lei, quando o falecido não deixar qualquer ato de última vontade, deferindo todo o patrimônio às pessoas expressamente indicadas pela lei, de acordo com a ordem de vocação hereditária, prevista no art. 1.829 do Código Civil; ou ainda quando deixar bens que não estiverem compreendidos no testamento ou quando houver casos de ausência, nulidade, anulabilidade, caducidade, revogação ou rompimento do testamento.

Estabelece o art. 1.788: "Morrendo a pessoa sem testamento, transmite a herança aos herdeiros legítimos; o mesmo ocorrerá quanto aos bens que não forem compreendidos no testamento; e subsiste a sucessão legítima se o testamento caducar, ou for julgado nulo". A essas hipóteses acrescente-se a revogação do testamento.

---

1 OLIVEIRA, Arthur Vasco Itabaiana de. *Tratado de direito das sucessões*, p. 46.

À luz do Código Civil de 2002, no seu art. 1.786, tal como dispunha o Código de 1916, "a sucessão dá-se por lei ou por disposição de última vontade", abrangendo as duas formas de sucessão previstas no ordenamento jurídico pátrio: a legítima, resultante da lei, e a testamentária, decorrente do testamento.

Havendo, herdeiros em linha reta, descendentes ou ascendentes, ou cônjuge sobrevivente, denominados herdeiros necessários, divide-se o *universum jus defuncti* em duas partes iguais: **a legítima**, que, de direito, cabe aos referidos herdeiros, e **a parte disponível**, da qual o testador pode livremente dispor, ou para destiná-la ao cônjuge sobrevivente, ou a qualquer de seus herdeiros, ou mesmo a estranhos[2].

3.2. Da sucessão testamentária

A sucessão testamentária é aquela que decorre de testamento válido ou de disposição de última vontade. Devem-se então observar as disposições testamentárias e atribuir a herança às pessoas indicadas pelo disponente no ato da última vontade.

3.2.1. Da liberdade de testar

É válido ressaltar que a liberdade de testar não é absoluta, como ocorria no direito romano, devendo-se respeitar em primeiro lugar a legítima dos herdeiros necessários, isto é, na ocorrência de descendentes, ascendentes ou cônjuge ou companheiro sucessíveis, determinados pelo art. 1.845 do Código Civil, somente poderá o autor da herança dispor da metade de seus bens, como prevê o art. 1.789 do mesmo Código.

A liberdade de testar conhece algumas limitações. Estas desapareceriam se não houvesse herdeiros necessários, podendo o testador afastar da sucessão os herdeiros colaterais, previstos no art. 1.850 do Código Civil, que trata da ordem da vocação hereditária.

---

2 SAN TIAGO DANTAS, Francisco Clementino de. *Direitos de família e das sucessões*, p. 453; MONTEIRO, Washington de Barros; PINTO, Ana Cristina de Barros Monteiro França. *Curso de direito civil*, p. 19 e s.

Em tempos passados, defendeu Le Play, na França, a liberdade irrestrita de testar, corrente que ganhou força no Brasil por ocasião da tramitação pelo Congresso Nacional do projeto do Código Civil de 1916, sendo aprovada pelo Senado, mas afinal rejeitada pela Câmara dos Deputados[3].

Vige, entretanto, o sistema da liberdade limitada de testar, que, em sede de direito das sucessões, prestigia a propriedade como elemento individual, de um lado, e a família como elemento social, de outro. Assim, outorgar ao indivíduo plena liberdade de testar seria conferir preeminência ao elemento individual, em detrimento do social, podendo prevalecer em alguns casos o abuso de direito.

Na lição de Carlos Alberto Dabus Maluf, podem ocorrer limitações voluntárias ao direito de propriedade, entre as quais se destacam as limitações por testamento, "que se manifestam com o estabelecimento de fideicomisso, ou ainda pode o testador prescrever a inalienabilidade dos bens que deixar, mesmo que constituam a legítima de herdeiros necessários", regra que foi atenuada pelo Código Civil de 2002, ao prever a necessidade de justa causa para a imposição das cláusulas restritivas, como dispõe seu art. 1.848[4].

A liberdade de testar, como vimos, não é absoluta, devendo o testador respeitar a legítima dos herdeiros necessários, se houver, em observância aos arts. 1.845 e 1.723 do Código Civil, e apenas dispor de metade de seus bens como reza o art. 1.789 do mesmo diploma legal: "Havendo herdeiros necessários, o testador só poderá dispor da metade da herança".

Desta sorte, havendo descendentes ou ascendentes – herdeiros necessários em linha reta –, ou cônjuge ou companheiro – denominados herdeiros necessários –, o patrimônio do *de cujus* deverá ser dividido em dois montantes: um deles corresponderá à legítima dos herdeiros necessários, a eles cabível a menos que ocorra a deserdação; e a parte disponível, que é fixa, e compreende a metade dos bens do testador.

---

3 MONTEIRO, Washington de Barros; PINTO, Ana Cristina de Barros Monteiro França. *Curso de direito civil*, p. 22 e s.; SAN TIAGO DANTAS, Francisco Clementino de. *Direitos de família e das sucessões*, p. 444.

4 MALUF, Carlos Alberto Dabus. *Limitações ao direito de propriedade.* 3. ed. São Paulo: Revista dos Tribunais, 2011, p. 153.

No caso de o testador ser casado no regime da comunhão universal de bens, regulado pelo art. 1.667 do Código Civil, a metade dos bens pertencerá ao outro cônjuge. Hipótese em que, para a realização do cálculo da legítima e da parte disponível, deve-se considerar apenas a meação do testador.

Da mesma forma, tal como dispõe o art. 1.790, há de ser considerada a parte que ao companheiro caiba quanto aos bens adquiridos onerosamente na vigência da união estável, que a este já pertença como condômino.

Nesse sentido, temos que a porção disponível é fixa, invariável. Em qualquer hipótese, seja qual for a qualidade e o número dos herdeiros, compreenderá sempre a metade dos bens do testador.

Entretanto, a **posição do direito alienígena** mostra-se um tanto diversa: "O Código Civil Português, estabelece que a legítima dos filhos é de metade da herança se existir um só filho, e de dois terços se existirem dois ou mais, como prevê o seu art. 2.158; se apenas existem ascendentes que não sejam pai e mãe, consistirá a legítima deles na terça parte dos bens da herança, como dispõe o art. 2.161. No Código Civil Francês, oscilante é a quota disponível, segundo a qualidade e o número dos sucessores, variando de um quarto até três quartos da herança. O mesmo sucede no Código Italiano, que fixa a extensão da quota disponível em conformidade com as diversas categorias de herdeiros, critério também adotado pelo Código Argentino, nos arts. 3.593 a 3.597 e pelo Código Suiço no art. 471"[5].

Assim, a legítima constitui um freio ao poder de dispor por ato de última vontade. Representa um direito intangível na legislação pátria. O herdeiro necessário dela não pode ser privado, a menos que ocorra algum caso de deserdação previsto no art. 1.961 do Código Civil: "Os herdeiros necessários podem ser privados de sua legítima, ou deserdados, em todos os casos em que podem ser excluídos da sucessão". Estes casos vêm regulados pelos arts. 1.962 e seguintes do Código Civil.

Através da legítima, reservada aos herdeiros em linha reta, ascendente ou descendente, e cônjuge sucessível, obtém-se a tutela da família, também colimada pelo direito das sucessões.

---

5 MONTEIRO, Washington de Barros; PINTO, Ana Cristina de Barros Monteiro França. *Curso de direito civil*, p. 20 e s.

É válido ressaltar que, se o testador, no ato de última vontade, não se refere a todos os seus bens, mas apenas a alguns, pode-se entender que com relação aos omitidos, não objetivados no testamento, prevalecerá a sucessão legítima, deferindo-os aos herdeiros legítimos nos termos do art. 1.788 do Código Civil: "Morrendo a pessoa sem testamento, transmite a herança aos herdeiros legítimos; o mesmo ocorrerá quanto aos bens que não forem compreendidos no testamento; e subsiste a sucessão legítima se o testamento caducar, ou for julgado nulo". Se não existem herdeiros legítimos, arrecadar-se-á como herança jacente a fração da quota disponível não distribuída no testamento, como prevê a regra do art. 1.819 do Código Civil: "Falecendo alguém sem deixar testamento nem herdeiro legítimo notoriamente conhecido, os bens da herança, depois de arrecadados, ficarão sob a guarda e administração de um curador, até a sua entrega ao sucessor devidamente habilitado ou à declaração de sua vacância".

Diverso princípio, entretanto, vigia no direito romano – *nemo pro parte testatus et pro parte intestatus decedere potest.* Assim, se o testador instituísse alguém herdeiro de parte de seus bens, este recebia não só os efeitos expressamente mencionados pelo *de cujus,* como os demais bens omitidos, embora com exclusão dos herdeiros legítimos[6].

O Código Civil impõe restrições ao ato de testar nos seguintes artigos: "Art. 1.801. Não podem ser nomeados herdeiros nem legatários: I – a pessoa que, a rogo, escreveu o testamento, nem o seu cônjuge ou companheiro, ou os seus ascendentes e irmãos; II – as testemunhas do testamento; III – o concubino do testador casado, salvo se este, sem culpa sua, estiver separado de fato do cônjuge há mais de cinco anos; IV – o tabelião, civil ou militar, ou o comandante ou escrivão, perante quem se fizer, assim como o que fizer ou aprovar o testamento. Art. 1.802. São nulas as disposições testamentárias em favor de pessoas não legitimadas a suceder, ainda quando simuladas sob a forma de contrato oneroso, ou feitas mediante interposta pessoa. Parágrafo único. Presumem-se pessoas interpostas os ascendentes, os descendentes, os irmãos e o cônjuge ou companheiro do não legitimado a suceder". Ambos regulam a incapacidade testamentária passiva.

---

6 MONTEIRO, Washington de Barros; PINTO, Ana Cristina de Barros Monteiro França. *Curso de direito civil*, p. 20 e s.

Existe uma polêmica acerca das duas formas de sucessão. Qual seria a validade de ambas? Para John Stuart Mill, apenas a sucessão testamentária seria legítima, pois "dispor em vida por testamento, constitui incontrastável corolário do direito de propriedade, não sendo possível, de modo algum, justificar o direito hereditário atribuído aos herdeiros legítimos em virtude da sucessão *ab intestato*".

Outra corrente, entretanto, preconiza a abolição da sucessão testamentária, reconhecendo como válida apenas a sucessão legítima, tendo em Laurent seu maior expoente. "A sucessão legítima é obra de Deus, que determina quais os sucessores do *de cujus*. A sucessão testamentária, porém, constitui obra do homem, sujeita, portanto, às suas fraquezas e imperfeições". Essa orientação foi combatida pelo direito canônico, que procurou favorecer o ato de última vontade, encorajando as liberalidades *pro anima defuncti*[7].

3.3. Dos pactos sucessórios

A sucessão defere-se, portanto, por lei ou por testamento. O Código Civil brasileiro de 2002, a exemplo do de 1916, não prevê a sucessão contratual. Os pactos sucessórios acham-se formalmente proscritos, dispondo o art. 426 que "não pode ser objeto de contrato a herança de pessoa viva".

Aduz San Tiago Dantas que "não existe em nosso direito, o que existe em muitos outros, a sucessão contratual. Esta ocorria quando um indivíduo, por meio de um contrato, ato *inter vivos*, dispunha de seus bens em benefício de uma determinada pessoa"[8]. Estes contratos eram denominados contratos sucessórios, ou *pacta de succedendo*.

O Código Civil brasileiro proíbe tal prática, como se fazia sob a égide do direito romano, quer se trate de pacto aquisitivo (*de succedendo*), ou renunciativo (*de non succedendo*), isto porque nele se pode albergar um *votum captandae mortis*, que fere a sensibilidade e repugna à consciência jurídica nacional.

---

7 MONTEIRO, Washington de Barros; PINTO, Ana Cristina de Barros Monteiro França. *Curso de direito civil*, p. 21.

8 SAN TIAGO DANTAS, Francisco Clementino de. *Direitos de família e das sucessões*, p. 454.

Não existe objeto lícito em um contrato onde se negocia com a própria morte, podendo levar ao desejo expressivo de se obter a morte de alguém, além de limitar, e muito, a disposição dos bens do autor da herança. Não à toa outorgou-se-lhes a denominação de *pacta corvina*, evidenciando a repulsa provocada por semelhante estipulação.

Nesse sentido, vemos com San Tiago Dantas que "a vontade só pode determinar a sucessão no direito quando se exprime através de um ato jurídico especial, que é o testamento. Além deste só a lei pode regular a sucessão, e neste caso a sucessão legítima"[9].

Tal prática é válida em alguns países, tanto que o direito alemão (BGB, art. 1.941), seguido pelo austríaco, suíço (art. 468) e escandinavo, empresta validade às estipulações relativas à sucessão dos próprios contratantes.

Por outro lado, a partilha por ato *inter vivos* constitui uma exceção à norma proibitiva do art. 426, que dispõe "não pode ser objeto de contrato a herança de pessoa viva", porque corresponde, de fato, a uma sucessão antecipada. Não obstante, revelam-se restritos seus inconvenientes, porquanto, a exemplo do que acontece com as doações, ela só pode abranger bens presentes[10].

No Código de 2002 manteve-se a orientação tradicional do nosso direito: são nulos os atos entre vivos pelos quais uma pessoa dispõe de sua própria sucessão ou dos direitos que lhe possam vir a caber em sucessão ainda não aberta, como prevê a regra do art. 426, suprarreferido.

3.4. Sucessão a título universal e a título singular

Quanto aos seus efeitos, a sucessão pode ser classificada como sucessão a título universal ou a título singular.

A sucessão é a título universal quando o herdeiro é chamado a suceder na totalidade da herança, fração ou porcentagem (também denominada

---

9 SAN TIAGO DANTAS, Francisco Clementino de. *Direitos de família e das sucessões*, p. 454.

10 Sob a égide do Código Civil de 1916, eram permitidas nas doações estipuladas nos contratos antenupciais, para depois da morte do doador, que não foram acolhidas, porém, pelo Código de 2002. Realmente, existia nessa liberalidade para depois da morte, extensiva aos descendentes do donatário, verdadeira instituição contratual de herdeiro, em favor do casamento, mas que não se coadunava com o sistema do nosso direito.

parte alíquota) dela. Pode ocorrer nas duas formas de sucessão: a legítima e a testamentária.

Nesta, o sucessor sub-roga-se na posição do falecido, na categoria de titular da totalidade da herança, ou de parte da *universitas iuris,* que é o seu patrimônio, de modo que da mesma forma com que se investe na titularidade de seu ativo, assume a responsabilidade por seu passivo.

Já na sucessão a título singular, o testador deixa ao beneficiário um legado, que pode ser entendido como um bem certo e determinado.

Assim sendo, vemos que o herdeiro e o legatário não são sinônimos. Enquanto o herdeiro sucede o testador a título universal, pois a herança é uma universalidade indivisa, o legatário sucede ao falecido a título singular, sucedendo-lhe em coisa certa e determinada.

A sucessão legítima dá-se sempre a título universal, uma vez que transfere aos herdeiros a totalidade ou a fração ideal do patrimônio do *de cujus.* Já a sucessão testamentária pode ocorrer a título universal ou singular. Será a título singular quando envolver coisa determinada e individualizada, conforme a vontade do testador.

Desta sorte, temos que o patrimônio hereditário representa uma universalidade de direitos e deveres reais e pessoais do sucedido. E assim, o direito à sucessão aberta é considerado, para os efeitos legais, um bem imóvel, mesmo quando o acervo hereditário contar com apenas um bem. Isso posto, vê-se que visou o legislador a proteção ao herdeiro, uma vez que este só adquire a titularidade exclusiva de quaisquer dos bens, sejam móveis ou imóveis, deixados pelo *de cujus*, após a partilha e o consequente registro do formal de partilha.

E assim, enquanto não se fundar o inventário, não haverá titularidade exclusiva de bens sucessíveis, mas sim uma cotitularidade de quotas-partes sobre as quais cada um dos sucessores terá direito.

Entretanto, podem os herdeiros defender a herança, em sua totalidade, por meio das ações possessórias cabíveis, tendo em vista que, como referido, a sucessão aberta é considerada um bem imóvel nos termos da lei[11].

---

[11] OLIVEIRA, Arthur Vasco Itabaiana de. *Tratado de direito das sucessões*, p. 47 e s.

3.5. Das sucessões irregulares

Falecido o *de cujus*, transmite-se a herança aos herdeiros legais, que se investem em seus direitos patrimoniais. Entretanto, existem algumas restrições a esse princípio, ditadas pelo interesse geral ou por motivo de ordem pública.

Assim sendo, em relação às hipóteses legais que fogem à regra estabelecida para o direito das sucessões, dá-se a chamada sucessão irregular ou anômala, tais como os abaixo elencados.

O Decreto-Lei n. 3.438, de 17 de julho de 1941, proíbe sucessão de cônjuge estrangeiro em terrenos de marinha em seu art. 18, § 2º; o Decreto-Lei n. 3.182, de 9 de abril de 1941, interdita a sucessão de estrangeiros em ações ou quotas de bancos de depósito. Da mesma forma, o Decreto-Lei n. 2.063, de 7 de março de 1940, determina, quanto às ações de companhias de seguros, que sejam elas vendidas em bolsa, não havendo cônjuge, herdeiros ou legatários brasileiros a quem se faça a transferência como prevê seu art. 12, parágrafo único; o Decreto-Lei n. 9.760, de 5 de setembro de 1946, em seu art. 205, condiciona a transmissão *inter vivos* ou *causa mortis* de terras fronteiriças ao pronunciamento do Conselho Nacional de Segurança; o Decreto-Lei n. 227, de 28 de janeiro de 1967, dispõe que a autorização da pesquisa mineral só é transmissível a herdeiros necessários ou cônjuge sobrevivente; o Decreto-Lei n. 5.384, de 8 de abril de 1943, preceitua que, na falta de beneficiário nomeado, pagar-se-á o seguro de vida metade à mulher e metade aos herdeiros do segurado, o mesmo acontecendo no tocante aos pecúlios deixados em Institutos de Previdência que, na falta de designação especial de beneficiários, deferem-se aos herdeiros e cônjuge supérstite.

A Lei n. 9.610, de 19 de fevereiro de 1998, que regula os direitos autorais, determina que pertencem ao domínio público as obras de autores falecidos que não tenham deixado sucessores em seu art. 45, I, e acrescer-se-ão aos dos sobreviventes os direitos do coautor que falecer sem sucessores, como prevê o art. 42, parágrafo único.

O ar. 520 do Código Civil preceitua que o direito de preferência pactuado no contrato de compra e venda não se pode ceder nem passar aos herdeiros.

O art. 692, III, do Código Civil de 1916, ainda em vigor por força do art. 2.038 do Código Civil de 2002, esclarece, por seu turno, no tocante à enfiteuse, que ela se extingue se falece o enfiteuta, sem herdeiros, salvo o direito dos credores.

E ainda, "embora assim não possam ser catalogadas, é inegável que as sucessões abertas em decorrência da aplicação da Lei n. 9.140, de 4 de dezembro de 1995, apresentam características próprias, em razão do lapso temporal nela previsto. Efetivamente, o aludido diploma legal reconheceu como mortos, para todos os efeitos legais, as pessoas por ela relacionadas, por terem participado, ou terem sido acusadas de participação, em atividades políticas, no período compreendido entre 2 de setembro de 1961 e 15 de agosto de 1979, e que, por esse motivo, tenham sido detidas por agentes públicos, achando-se, desde então, desaparecidas, sem que delas haja notícias"[12].

3.6. Da capacidade para suceder

O direito das sucessões obedece a uma dinâmica própria: uma vez comprovada a morte do autor da herança, abre-se a sucessão, como prevê a regra do art. 1.784 do Código Civil, sendo que a herança se transmite imediatamente aos herdeiros, que se tornam, assim, titulares de direitos adquiridos.

O direito do herdeiro não pode ser comprometido, por nenhum outro fato superveniente, pois "em matéria de vocação hereditária não se legisla para alcançar o passado, mas apenas para reger o futuro. A lei do dia da morte rege todo o direito sucessório, quer se trate de fixar a vocação hereditária, quer de determinar a extensão da quota hereditária", como preveem o art. 5º, XXXVI, da Constituição Federal de 1988 e o art. 2.041 do Código Civil: "As disposições deste Código relativas à ordem da vocação hereditária (arts. 1.829 a 1.844) não se aplicam à sucessão aberta antes de sua vigência, prevalecendo o disposto na lei anterior". Assim sendo, não pode a lei nova disciplinar sucessão aberta na vigência da lei anterior.

À luz do disposto no art. 1.787 do Código Civil, "Regula a sucessão e a legitimação para suceder a lei vigente ao tempo da abertura daquela", norma enfatizada pelo art. 2.041 das disposições transitórias, segundo o qual as

---

12 MONTEIRO, Washington de Barros; PINTO, Ana Cristina de Barros Monteiro França. *Curso de direito civil*, v. 6, p. 31 a 33; NADER, Paulo. *Curso de direito civil*, v. 6, p. 28; GONÇALVES, Carlos Roberto. *Direito civil brasileiro*, v. 7, p. 46.

disposições do Código de 2002 relativas à ordem de vocação hereditária, prevista nos arts. 1.829 e 1.844, não se aplicam à sucessão aberta antes de sua vigência, prevalecendo o disposto na lei anterior.

Desta forma, à luz das disposições legais contidas no Código Civil pátrio, exigiu-se a capacidade sucessória no instante em que se abrisse a sucessão e aos herdeiros se deferisse a herança.

Diversas consequências podem advir da aplicação do art. 1.787 do Código Civil: se capaz o herdeiro ao tempo da confecção do testamento, porém incapaz ao tempo em que se abra a sucessão, não pode suceder; inversamente, se incapaz no primeiro momento, porém capaz no segundo, recolhe a herança; se o testador institui fideicomisso, com designação alternativa de fideicomissários, serão beneficiários os que já existirem no instante em que se abrir a sucessão do fideicomitente; o filho reconhecido pelo pai, à luz do art. 1.609, faz jus a herança por este deixada, em igualdade de condições com os demais filhos. No caso de reconhecimento judicial, após o óbito do pai, recolherá ele igualmente o respectivo quinhão hereditário, porquanto a decisão judicial, que acolhe a investigação da paternidade, opera *ex tunc* e não *ex nunc*[13].

13 MONTEIRO, Washington de Barros; PINTO, Ana Cristina de Barros Monteiro França. *Curso de direito civil*, p. 29-31; NADER, Paulo. *Curso de direito civil*, p. 31; GONÇALVES, Carlos Roberto. *Direito civil brasileiro*, p. 41.

Capítulo 4

Da herança e sua administração

4.1. Conceito de herança

A herança pode ser definida como o conjunto de direitos e obrigações que se transmite a uma ou mais pessoas em razão da morte de alguém. Os herdeiros devem, por seu turno, sobreviver ao falecido.

Consiste ainda a herança em **um todo unitário**, mesmo existindo uma pluralidade de herdeiros, e desta forma, temos que o herdeiro é a pessoa que substituirá o *de cujus* em seus direitos e obrigações, assumindo o papel de sujeito de todas as relações jurídicas que anteriormente àquele pertenciam. Assim sendo, o herdeiro sucede o falecido a título universal.

Na lição de Itabaiana de Oliveira, "herança é o patrimônio do *de cujus*, e representa o conjunto de direitos e obrigações que se transmitem aos herdeiros. Pode ser empregada em dois sentidos: no **sentido lato**, é uma universalidade de direito, existindo mesmo sem objetos materiais que a componham, consistindo assim em meros direitos e encargos, ou engloba também um complexo de coisas que podem ser determinadas em quantidade; no **sentido estrito**, compreende os bens a serem partilhados, indicando, assim, o patrimônio enquanto objeto hereditário propriamente dito"[1].

Prevê o art. 1.791 do Código Civil: "A herança defere-se como um todo unitário, ainda que vários sejam os herdeiros. Parágrafo único. Até a partilha, o direito dos coerdeiros, quanto à propriedade e posse da herança, será indivisível, e regular-se-á pelas normas relativas ao condomínio".

Desta forma, **até a partilha dos bens, o direito dos coerdeiros, no que tange à posse e propriedade dos bens deixados na herança, será indivisível, regulando-se pelas normas relativas ao condomínio. Ainda nenhum herdeiro terá direito exclusivo sobre um bem certo e determinado que integra a herança.** Só a partilha individualiza e determina especificamente os bens que caberão a cada um dos herdeiros.

E, ainda, somente após a dedução do passivo da herança, devido aos credores, é que poderão os herdeiros e legatários receber, mediante a partilha dos bens, as suas heranças e legados[2].

À luz do art. 2.023 do Código Civil, "julgada a partilha, fica o direito de cada um dos herdeiros circunscrito aos bens do seu quinhão".

Nesse sentido temos que "a herança, da mesma forma que o patrimônio, é um bem, classificada entre as universalidades de direito, tal como reza no art. 91 do Código Civil: *Constitui universalidade de direito o complexo de relações jurídicas, de uma pessoa, dotadas de valor econômico*". Não se confunde, pois, com o acervo hereditário, constituído pela massa dos bens deixados, uma vez que pode compor-se somente de dívidas, tornando-se passiva. Constitui um núcleo unitário. Não é suscetível de divisão em partes materiais enquanto permanece como tal[3].

4.2. A transmissão da herança

O momento da transmissão da herança corresponde ao momento da morte do *de cujus*; decorre daí a importância da exata fixação do momento

---

1 OLIVEIRA, Arthur Vasco Itabaiana de. *Tratado de direito das sucessões*, p. 53 e 54.

2 OLIVEIRA, Arthur Vasco Itabaiana de. *Tratado de direito das sucessões*, p. 54.

3 MAXIMILIANO, Carlos. *Direito das sucessões*, p. 33; GONÇALVES, Carlos Roberto. *Direito civil brasileiro*, p. 50 e 51.

do óbito (dia e hora), uma vez que "uma precedência qualquer, mesmo que de segundos, influi na transmissão do acervo hereditário"[4].

A partir do falecimento do *de cujus* a herança é oferecida a quem possa adquiri-la, transferindo-se ao herdeiro a herança automaticamente no momento da morte do autor.

Assim, a transmissão da herança se dá no momento da abertura da sucessão. Sendo um todo unitário, é neste momento que se opera a indivisão no caso da pluralidade de herdeiros. Com a partilha, acaba "destinando-se os direitos privativos dos herdeiros sobre os bens correspondentes a suas respectivas cotas".

O herdeiro pode ser legítimo, se instituído por lei, ou testamentário, se beneficiado por testamento. Distinguem-se da herança e do herdeiro o legado e o legatário.

O legado, por sua vez, não corresponde a uma universalidade de direitos e obrigações, mas em um ou mais bens determinados, especificados no acervo hereditário. O legatário é aquele que sucede a título singular, ou seja, é aquele que recebe um bem determinado, ou vários bens determinados, em face de um testamento válido.

4.3. Da indivisibilidade da herança

Tal como vimos, o princípio da indivisibilidade vem consignado no art. 1.791 do Código Civil. Desta forma, o herdeiro tem direito sobre uma parte ideal do acervo hereditário, que só na partilha será definido e individualizado.

Cada um dos herdeiros tem os mesmos direitos e deveres em relação ao todo, não cabendo a nenhum deles, individualmente, direitos e deveres sobre um ou mais bens determinados na herança. Trata-se, pois, de uma *universitas iuris*.

Esse entendimento era dominante sob a égide do Código Civil anterior, vindo o atual a dar-lhe tratamento adequado. Discutia-se, também, se para alienar ou ceder sua parte ideal dependia ou não da anuência dos demais sucessores. Decisões existiam em ambos os sentidos.

---

[4] DINIZ, Maria Helena. *Curso de direito civil brasileiro*. 25. ed. São Paulo: Saraiva, 2011, v. 6, p. 43.

O artigo em tela, dada a amplitude de sua natureza, não comporta restrições e não distingue se os bens componentes do acervo são ou não indivisíveis. Em qualquer caso, torna-se indivisível o direito à herança. Trata-se de princípio absoluto, inspirado na universalidade dos negócios e interesses ligados à abertura da sucessão. Assim, a indivisibilidade adere ao fundamento da universalidade.

Enquanto se processa o inventário dos bens deixados, ativos e passivos, essa massa deve ficar sob a administração de alguém, o administrador provisório e depois o inventariante, que velará pela sua guarda e manutenção até que, pela partilha, seja objeto de divisão, concretizando-se o quinhão de cada um, que receberá então os bens que lhe tocaram.

A indivisibilidade refere-se ao domínio e à posse dos bens hereditários, todas as fases do direito sucessório, desde a abertura da sucessão até que, pela partilha, individualizem-se os quinhões. Antes desta, o coerdeiro pode alienar ou ceder apenas sua cota ideal, ou seja, o direito à sucessão aberta, o que à luz do art. 80, II, do Código Civil considera bem imóvel, exigindo escritura pública e outorga uxória, não sendo permitido transferir a terceiro parte certa e determinada do acervo hereditário[5].

Estabelece o art. 2.024 do Código Civil que "os coerdeiros são reciprocamente obrigados a indenizar-se no caso de evicção dos bens aquinhoados".

Em razão da indivisibilidade da herança, qualquer dos coerdeiros pode reclamar a universalidade da herança em face de terceiro, não podendo este opor-lhe, em exceção, o caráter parcial do seu direito nos bens da sucessão, tal como prevê a regra dos arts. 1.825 ("A ação de petição de herança, ainda que exercida por um só dos herdeiros, poderá compreender todos os bens hereditários") e 1.827 do Código Civil ("O herdeiro pode demandar os bens da herança, mesmo em poder de terceiros, sem prejuízo da responsabilidade do possuidor originário pelo valor dos bens alienados. Parágrafo único. São eficazes as alienações feitas, a título oneroso, pelo herdeiro aparente a terceiro de boa-fé").

---

5 MONTEIRO, Washington de Barros; PINTO, Ana Cristina de Barros Monteiro França. *Curso de direito civil*, p. 45; OLIVEIRA, Arthur Vasco Itabaiana de. *Tratado de direito das sucessões*, p. 56 e 57.

Na lição de Clóvis Beviláqua, "advém do princípio da indivisibilidade a faculdade que o herdeiro tem de reclamar de terceiros, estranhos à herança, a totalidade dos bens"[6].

Da mesma forma pode-se ver que no direito das coisas, no que tange ao usufruto, deparam-se traços da mesma ideia de indivisibilidade da herança, resultante de sua universalidade. À luz do art. 1.392, § 3º, "se o usufruto recair sobre universalidade ou quota-parte de bens, o usufrutuário tem direito à parte do tesouro achado por outrem, e ao preço pago pelo vizinho do prédio usufruído, para obter meação em parede, cerca, muro, vala ou valado". Assim, o usufrutuário tem direito ao preço pago pelo vizinho para obter meação em paredes, cerca, muro, vala ou valado, se o prédio usufruído é parte integrante da herança, ou de quota-parte dela. Nesse caso especial, o *jus in re aliena,* abrangendo uma universalidade, compreende também todos os direitos e vantagens que dela fazem parte. Se o usufruto não recai sobre herança, mas sobre um prédio isoladamente, coisa singular nos termos do art. 89 do Código Civil de 2002, não tem seu titular o mesmo direito. Tal regra geral, como se acentuou, constitui resultante do caráter universal da herança e também de sua indivisibilidade.

4.4. Da delação da herança

Quando decorrido o prazo da abertura da sucessão, verifica-se a delação, ou designação sucessória. Desta forma, esta representa a indicação do herdeiro sucessível, para quem se transferirão os direitos e obrigações pertencentes ao falecido.

Entretanto, para que a delação seja possível, é necessário que o herdeiro exista à época da abertura da sucessão, e ainda que seja capaz de herdar nessa mesma época.

Duas são as espécies de delação: a delação real, atual ou efetiva, que resulta da morte do *de cujus*, e a delação virtual, eventual ou potencial, que se traduz numa expectativa de direito, visto que a sucessão não se realizou, uma vez que a morte, efetivamente, não se operou.

---

6 BEVILÁQUA, Clóvis. *Direito das sucessões.* 5. ed. Rio de Janeiro: Francisco Alves, 1956, p. 15 e 16.

Assim sendo, após a delação da herança, com a indicação do herdeiro sucessível, procede-se à devolução da herança.

A devolução da herança, por sua vez, é o ato pelo qual se chama o herdeiro designado para suceder o autor da herança. A partir daí, deve o herdeiro aceitar ou renunciar a herança. Adota o direito pátrio o direito de *saisine*, já referido, que consiste na transmissão imediata dos bens aos herdeiros quando da abertura da sucessão.

Pode ainda ser sucessiva, quando existir renúncia do primeiro herdeiro sucessível, ou quando ocorrer a substituição fideicomissária, sendo válido ressaltar que o prazo prescricional relativo ao direito de aceitar a herança começará a fluir a partir da segunda devolução[7].

4.5. Da responsabilidade dos herdeiros

A responsabilidade do herdeiro alterou-se no decorrer do tempo histórico. No direito romano, a responsabilidade do herdeiro pelas dívidas do *de cujus* era ilimitada e absoluta. Respondia este pessoalmente pelas dívidas da herança, independentemente do seu montante. Seu patrimônio confundia-se com o *de cujus*, respondendo este além das forças da herança, e assim, em muitos casos, se o ônus deixado fosse maior do que os valores positivos, poderiam importar na ruína do herdeiro, na denominada *hereditas damnosa.*

Tendo em vista os graves danos que causava, passou a viger o *ius abstinendi*, mediante a autorização do pretor aos herdeiros *sui*, para que se renunciasse à herança. Posteriormente foi possível a aceitação da herança livre de dívidas. E ainda mais tarde, Justiniano disciplinou a aceitação da herança sob benefício do inventário, o que significa que não se opera *ab initio* a confusão de patrimônios, de modo que o herdeiro só aceitará a sucessão em que o ativo superar o passivo.

À luz das Ordenações do Reino, mormente das Ordenações Filipinas, prevalecia a doutrina romana, devendo o herdeiro manifestar-se positiva-

---

7 MONTEIRO, Washington de Barros; PINTO, Ana Cristina de Barros Monteiro França. *Curso de direito civil*, p. 24 e 25; PEREIRA, Caio Mário da Silva. *Instituições de direito civil*, p. 19 e 20; FUJITA, Jorge S. *Curso de direito civil*, p. 27-29; OLIVEIRA, Arthur Vasco Itabaiana de. *Tratado de direito das sucessões*, p. 69.

mente quanto à aceitação da herança *a benefício do inventário*, pois a aceitação pura e simples da herança impunha ao herdeiro todos os encargos do monte – ativos e passivos[8].

Sob a égide do Código Civil de 1916, tornou-se costume a aceitação da herança sob benefício de inventário, tendo sido tornada regra geral. Seu art. 1.587 dispunha que a responsabilidade dos herdeiros não ultrapassaria as forças da herança.

Assim, na atualidade tal regra vige no art. 1.792 do Código Civil: "O herdeiro não responde por encargos superiores às forças da herança; incumbe-lhe, porém, a prova do excesso, salvo se houver inventário que a escuse, demonstrando o valor dos bens herdados"[9].

4.6. Da cessão de direitos hereditários

Os direitos sucessórios são passíveis de cessão; assim, um herdeiro pode fazer a outro herdeiro, legítimo ou testamentário, ou mesmo a terceiro, a cessão da herança, a título gratuito ou oneroso, realizando a transmissão, ao cessionário, de toda a herança ou de parte dela, de todo o seu quinhão, ou parte dele, depois de aberta a sucessão a seu favor.

Não é a qualidade de herdeiro o objeto deste negócio jurídico, mas os direitos que lhe assistem na sucessão aberta[10].

Para os irmãos Mazeaud, "a cessão importa em aquisição a título particular"[11].

O direito à sucessão aberta, como qualquer direito patrimonial de conteúdo econômico, pode ser transferido mediante cessão. A cessão de direitos hereditários é negócio jurídico translativo *inter vivos*, uma vez que

---

8 É válido ressaltar que o benefício do inventário é uma medida acautelatória do herdeiro contra o excesso de dívidas, visando, assim, limitar a sua responsabilidade perante os passivos da herança. LACERDA DE ALMEIDA, Francisco de Paula. *Sucessões*. Rio de Janeiro: J. Ribeiro dos Santos Editor, 1915, p. 139.

9 VELOSO, Zeno. *Código Civil comentado*, p. 2017 e 2018; ALVES, José Carlos Moreira. *Direito romano*, v. II, p. 426 e s.

10 OLIVEIRA, Arthur Vasco Itabaiana de. *Tratado de direito das sucessões*, p. 91; PEREIRA, Caio Mário da Silva. *Instituições de direito civil*, p. 61 e 62.

11 MAZEAUD; MAZEAUD. *Leçons de droit civil*: successions. 5. ed. Paris: Montchrestien, 1999, v. 2, t. IV, n. 1263.

só pode ser celebrado depois de aberta a sucessão, não podendo, por outro lado, ser objeto de contrato a herança de pessoa viva.

Dispõe o art. 1.793 do Código Civil: "O direito à sucessão aberta, bem como o quinhão de que disponha o coerdeiro, pode ser objeto de cessão por escritura pública. § 1º Os direitos, conferidos ao herdeiro em consequência de substituição ou de direito de acrescer, presumem-se não abrangidos pela cessão feita anteriormente. § 2º É ineficaz a cessão, pelo coerdeiro, de seu direito hereditário sobre qualquer bem da herança considerado singularmente. § 3º Ineficaz é a disposição, sem prévia autorização do juiz da sucessão, por qualquer herdeiro, de bem componente do acervo hereditário, pendente a indivisibilidade".

É lícito ao herdeiro alienar seus direitos sucessórios, bem como o quinhão de que disponha, exigindo-se para tanto uma forma solene: mediante escritura pública. A ausência desta torna a cessão de direitos nula de pleno direito, conforme disposição do art. 166, IV, do Código Civil. Da mesma forma, se o herdeiro for casado, é necessária para a cessão a autorização do cônjuge, exceto no regime da separação absoluta de bens, prevista no art. 1.647, *caput* e inciso I, do Código Civil, sendo que "a falta de autorização quando necessária, tornará anulável o ato praticado, nos termos do art. 1.649 do Código Civil atual".

Assim, o "cessionário toma o lugar do cedente na sucessão do *de cujus*, participando do inventário com todos os direitos e deveres do transmitente, e, na proporção do quinhão hereditário, responde pelos encargos da herança. Quando a cessão é feita a estranho, o adquirente, sem ser o herdeiro, entra na comunhão hereditária"[12].

Para tanto, o cedente deve ser capaz; a cessão somente terá validade após a abertura da sucessão; ter forma pública, sob pena de nulidade, nos termos do art. 166, IV, do Código Civil, independentemente do valor do quinhão cedido; deve concluir-se antes da partilha, pois senão o negócio terá a forma de alienação de coisa certa e determinada; o cedente transferirá sua quota-parte dentro da universalidade que é a herança; o cessionário receberá a herança no estado em que se achar, correndo, pois, riscos de ser mais ou

12 VELOSO, Zeno. *Código Civil comentado*, p. 2018 e 2019.

menos absorvida pelas eventuais dívidas; não responde o cedente pela evicção; têm os coerdeiros direito de exercer seu direito de preferência; os credores do espólio têm o direito de haver *intra vires hereditatis* a satisfação de seus créditos; é anexado aos termos de inventário o instrumento da cessão, sem que se proceda à retificação do termo de inventariante; a cessão abrange apenas os direitos hereditários havidos até a data de sua realização[13].

À luz do disposto no § 1º do art. 1.793, tem-se que a transmissão de direitos encontra-se limitada, pois ninguém pode transferir mais direitos do que tem; direitos adquiridos posteriormente, ainda que na mesma sucessão, não podem fazer parte da cessão ocorrida anteriormente.

Para Zeno Veloso, esse parágrafo resolve uma antiga controvérsia, que não apresentava solução expressa sob a legislação anterior. "Ficou estabelecido que os direitos cedidos ficam no limite do que havia no momento da cessão. Se, depois, o cedente vier a substituir outro herdeiro ou legatário, ou foi beneficiado com o direito de acrescer, previsto nos arts. 1.941 a 1.946 do Código Civil, o acréscimo não será abrangido na cessão feita anteriormente. Mas a presunção legal não é absoluta: as partes podem, por livre manifestação da vontade, regular de modo diverso, fazendo constar expressamente, na escritura de cessão, que estão incluídos na mesma eventuais direitos que decorram de substituição ou acrescimento"[14].

Vê-se, desta forma, que o que o cedente transfere na realidade é a sua quota-parte na herança, não se responsabilizando pelo volume ou extensão do direito hereditário transmitido.

No que tange ao § 2º, mostra-se ineficaz a cessão, pelo coerdeiro, de seu direito hereditário sobre qualquer bem da herança considerado singularmente. Deve-se esse dispositivo ao caráter indivisível e universal da herança, que permanece até a partilha, sendo o herdeiro até este momento condômino de uma quota-parte de uma fração ideal.

Ao equiparar o direito indivisível do herdeiro ao do condômino, o legislador de 2002 trouxe a aplicação de vários princípios próprios do condomínio. Assim é que dispõe o art. 1.794: "O coerdeiro não poderá ceder a sua quota

---

13 PEREIRA, Caio Mário da Silva. *Instituições de direito civil*, p. 62-64.

14 VELOSO, Zeno. *Código Civil comentado*, p. 2019.

hereditária a pessoa estranha à sucessão, se outro coerdeiro a quiser, tanto por tanto". Os demais herdeiros preferem ao estranho na aquisição da quota hereditária, em igualdade de condições com estranhos. É natural que, em se tratando de patrimônio de cunho preponderantemente familiar, desejem os herdeiros que os bens que o compõem permaneçam entre seus integrantes, afastando a comunhão com terceiros[15].

Entretanto, se a referida cessão que tenha por objeto um bem determinado, for realizada mediante escritura pública e, ainda, se for respeitado o direito de preferência dos demais herdeiros, terá eficácia, se, futuramente, na partilha, o bem em questão for atribuído ao herdeiro cedente. Em se tratando de cessão onde somente uma pessoa figure como herdeira, também não é ineficaz a cessão que se fizer de um bem determinado, que componha o acervo da herança. Da mesma forma, numa herança onde vários sejam os herdeiros, se todos realizarem a cessão, será plenamente eficaz a cessão de bens singularmente considerados.

À regra do § 3º, "ineficaz é a disposição, sem prévia autorização do juiz da sucessão, por qualquer herdeiro, de bem componente do acervo hereditário, pendente a indivisibilidade".

Trata-se aqui não mais da cessão de direitos hereditários, mas da alienação por parte de qualquer herdeiro de bem que componha o acervo hereditário, e somente se permite a alienação de bem considerado individualmente mediante autorização judicial. Assim, a disposição em tela torna ineficaz a alienação sem a prévia autorização judicial, que poderá tornar-se eficaz, na ocorrência de posterior autorização judicial, ou se for consumada a partilha[16].

De acordo com o art. 1.795 do Código Civil, "o coerdeiro, a quem não se der conhecimento da cessão, poderá, depositado o preço, haver para si a quota cedida a estranho, se o requerer até cento e oitenta dias após a transmissão. Parágrafo único. Sendo vários os coerdeiros a exercer a preferência, entre eles se distribuirá o quinhão cedido, na proporção das respectivas quotas hereditárias.

Tratar-se, no caso, de cessão onerosa, a qual devem ter ciência todos os coerdeiros, para exercerem, se o quiserem, o direito de preferência que a lei lhes confere.

---

15 MALUF, Carlos Alberto Dabus. *Código Civil comentado*, p. 1436 e 1445.

16 VELOSO, Zeno. *Código Civil comentado*, p. 2020.

À luz do Código de 1916 qualquer dos coerdeiros poderia reclamar a universalidade da herança ao terceiro que indevidamente a possuísse, não podendo este opor-lhe, em exceção, o caráter parcial do seu direito nos bens da sucessão. Esse princípio não foi repetido pelo Código de 2002, que regula outra aplicação da indivisibilidade da herança. Podem os coerdeiros reclamá-la em conjunto ou isoladamente. E assim, não pode o réu defender-se, invocando o caráter parcial do direito do autor.

O direito do herdeiro pode ser demandado por meio de ação reivindicatória, se a herança se encontrar em poder de pessoa estranha ao espólio; assim, o autor recupera os bens, comprovando sua propriedade[17].

Entretanto, se os bens da herança se acharem, nas mãos de terceiros, em virtude de sentença, preciso será, em primeiro lugar, rescindir a decisão judicial, para depois reivindicar os referidos bens. Esta hipótese pode ocorrer quando, a título de exemplo, o *de cujus,* casado, venha a constituir nova família, entre cujos membros somente se partilhou seu espólio, ao abrir-se-lhe a sucessão. Os legítimos herdeiros, fruto do casamento e que legalmente também teriam direito à herança, devem inicialmente anular a partilha feita, para, em seguida, reivindicar os bens.

Nesse sentido, sem rescindir a partilha anterior, não pode o coerdeiro intentar a ação reivindicatória; e inclusive, nada impede que se cumulem as duas ações.

Por outro lado, "se a herança se encontrar em poder de algum herdeiro e não de terceiro, estranho ao espólio, cumpre ao interessado excluído requerer instauração do inventário, para ser afinal contemplado na partilha que então se efetuar. Se houver recusa, ou se impugnada a qualidade do reclamante, deve este recorrer à ação de petição de herança, de natureza declaratória e de caráter universal"[18].

Entretanto, ambas as ações não se confundem, uma vez que, na **reivindicatória**, o autor deseja recuperar um ou mais bens em poder do réu, mediante prova de seu domínio; já na **petição de herança**, o autor visa o

---

17 Como exemplo típico pode-se apontar o caso em que o inventariante aliena o imóvel pertencente ao espólio, sem anuência dos interessados e autorização judicial. O coerdeiro prejudicado pode obter-lhe a devolução por meio da ação reivindicatória.

18 MONTEIRO, Washington de Barros; PINTO, Ana Cristina de Barros Monteiro França. *Curso de direito civil*, p. 48 e 49.

reconhecimento de sua qualidade de herdeiro e, consequentemente, a restituição da respectiva herança. E ainda temos que, enquanto a primeira detém uma feição real, a segunda destina-se a firmar uma qualidade pessoal inerente ao herdeiro.

Para a petição de herança, requer-se a existência de três requisitos singulares: que o autor comprove a qualidade de herdeiro, desaparecendo o próprio fundamento jurídico da ação, se não fizer, devendo dela ser julgado carecedor; que os bens pertençam à herança e, evidentemente, que os mesmos se achem em poder do réu.

Muito se tem questionado quanto à possibilidade de o cessionário do herdeiro mover qualquer das suprarreferidas ações. Entendem uns que lhe falta qualidade para ingressar em juízo, visto não ter *jus in re*. Outros, entretanto, entendem que também o cessionário pode acionar aqueles que detêm a herança. O direito de reclamá-la, entretanto, não é direito personalíssimo, e desta forma assiste ao cessionário a faculdade de exigi-la judicialmente.

A ação de petição de herança não se confunde com a de rescisão de partilha. A primeira refere-se ao direito do herdeiro de participar da partilha e tem como pressuposto sua legitimação, bem como a prova do alegado. A segunda visa o exame da regularidade da partilha e pode ser movida pelo herdeiro que já teve anteriormente reconhecida sua inerente qualidade de herdeiro. A decretação da procedência da petição de herança acarreta a nulidade da partilha, uma vez que não é possível assegurar os direitos do autor sem a implícita invalidação da partilha.

4.7. Da abertura do inventário

Com o falecimento do *de cujus*, surge o direito à herança, tal como preconiza o art. 5º, XXX, da Constituição Federal, deslocando-se, pois, para os herdeiros a propriedade do patrimônio deixado. Assim, passa-se a inventariar os bens deixados, a fim de que posteriormente seja efetuada a partilha dos bens entre os herdeiros.

Desta sorte, temos que o processo de inventário tem por finalidade descrever e apurar os bens deixados pelo falecido, a fim de que se proceda à consequente partilha. Com a inscrição do formal de partilha no Registro de Imóveis, efetuar-se-á a alteração do nome do falecido para os herdeiros, embora já tivessem estes o domínio dos referidos bens desde o momento do óbito do *de cujus*.

Segundo o disposto no art. 1.796 do Código Civil, "no prazo de trinta dias, a contar da abertura da sucessão, instaurar-se-á inventário do patrimônio hereditário, perante o juízo competente no lugar da sucessão para fins de liquidação e, quando for o caso, de partilha da herança"[19].

O atraso do requerimento de inventário, ultrapassando o prazo legal que é de trinta dias, é comum na prática. Isso, entretanto, não acarreta o indeferimento judicial, mas sujeita o inventário às penalidades fiscais. De acordo com a Súmula 542 do STF, pode o Estado-membro instituir multa, como sanção pelo retardamento do início ou término do inventário[20].

A Resolução n. 35, de 24 de abril de 2007, do CNJ, disciplina a aplicação da Lei n. 11.441, de 4 de janeiro de 2007, que altera dispositivos do Código de Processo Civil, possibilitando a realização de inventário, partilha, separação consensual e divórcio consensual por via administrativa.

E, assim, **derrogou o art. 1.796 do Código Civil**, não vigorando mais o referido prazo de trinta dias contados da abertura da sucessão, para a instauração do inventário. Prazo este que passou a ser de sessenta dias, de acordo com a regra do art. 983 do Código de Processo Civil de 1973, com redação dada pela referida lei: "O processo de inventário e partilha deve ser aberto dentro de sessenta dias a contar da abertura da sucessão, ultimando-se nos doze meses subsequentes, podendo o juiz prorrogar tais prazos, de ofício ou a requerimento de parte". A regra do art. 611 do CPC de 2015 não alterou esse prazo – referindo-se, entretanto, a dois meses da abertura da sucessão e ultimando-se em doze meses subsequentes, podendo o juiz prorrogar esses prazos, de ofício ou a requerimento das partes.

Assim, o inventário deve ser instaurado no prazo de sessenta dias, a contar da abertura da sucessão, cabendo a administração provisória da herança, até o compromisso do inventariante, àqueles previstos nos arts. 1.796 e 1.797 do Código Civil[21].

---

19 Podem entretanto existir casos em que não se chegue à partilha dos bens: como quando não há bens a partilhar, se os herdeiros preferirem manter os bens em condomínio, ou ainda se o herdeiro for único, caso em que, em vez de partilha, procede-se à adjudicação.

20 VELOSO, Zeno. *Código Civil comentado*, p. 2022.

21 GONÇALVES, Carlos Roberto. *Direito civil brasileiro*, p. 67.

Dispõe o art. 1.797 do mesmo diploma legal que, "até o compromisso do inventariante, a administração da herança caberá, sucessivamente: I – ao cônjuge ou companheiro, se com o outro convivia ao tempo da abertura da sucessão; II – ao herdeiro que estiver na posse e administração dos bens, e, se houver mais de um nessas condições, ao mais velho; III – ao testamenteiro; IV – a pessoa de confiança do juiz, na falta ou escusa das indicadas nos incisos antecedentes, ou quando tiverem de ser afastadas por motivo grave levado ao conhecimento do juiz".

O artigo em tela indica a ordem do administrador da herança. Pode ainda o administrador provisório ser nomeado inventariante, que por seu turno é o administrador dos bens do espólio e seu representante legal, ativa e passivamente, em juízo ou fora dele, conforme dispõem os arts. 75 e 618 do CPC de 2015, antigos arts. 12, V, e 991 do CPC/73. É nomeado pelo juiz nos termos do art. 990 do CPC/73 (atual art. 617 no diploma processual de 2015), cuja ordem sucessiva estabelece. Esta pode ser alterada, havendo motivos justos. A função do inventariante começa com a assinatura do compromisso e acaba com o trânsito em julgado da sentença da partilha.

Assim, temos que o processo de inventário destina-se à descrição e apuração dos bens deixados pelo *de cujus*, a fim de que se proceda oportunamente à sua partilha entre o cônjuge sobrevivente e os herdeiros.

À luz do art. 1.785 do Código Civil, "a sucessão abre-se no lugar do último domicílio do falecido". Essa norma de direito substantivo deve ser combinada com o estatuído no art. 48 do CPC de 2015, que dispõe que "o foro de domicílio do autor da herança, no Brasil, é o competente para o inventário, a partilha, a arrecadação, o cumprimento de disposições de última vontade, a impugnação ou anulação de partilha extrajudicial e para todas as ações em que o espólio for réu, ainda que o óbito tenha ocorrido no estrangeiro".

"Parágrafo único. Se o autor da herança não possuía domicílio certo, é competente: I – o foro de situação dos bens imóveis; II – havendo bens imóveis em foros diferentes, qualquer destes; III – não havendo bens imóveis, o foro do local de qualquer dos bens do espólio."

A competência do juízo do último domicílio do falecido para processar-lhe o inventário é absoluta e não relativa, porque aquele juízo mais bem aparelhado se acha para conhecer, encaminhar e resolver todos os assuntos pertinentes à sucessão. Todavia, esse entendimento não é pacífico, sustentando-se igualmente, com bons argumentos, ser meramente relativa à incompetência de qualquer outro juízo, suscetível de prorrogação, ante o silêncio dos interessados. No caso de o *de cujus* apresentar pluralidade de domicílios, como prevê o art. 71 do Código Civil, o inventário pode ser processado no foro mais conveniente aos interesses do cônjuge sobrevivente e herdeiros, ou onde aquele faleceu.

Se no curso de inventário relativo à pessoa casada vem a falecer também o cônjuge sobrevivente, deve o deste processar-se conjuntamente com o daquele, tal como dispõe o art. 1.043, § 1º, do Código de Processo Civil de 1973, funcionando um só inventariante em ambos os inventários, e, como determina o § 2º, distribuído o segundo por dependência e processando-se em apenso ao primeiro. Sob a égide do CPC de 2015, o tema vem regulado no art. 672, que prevê que "é lícita a cumulação de inventários para a partilha de heranças de pessoas diversas quando houver: I – identidade de pessoas entre as quais devam ser repartidos os bens; II – heranças deixadas pelos dois cônjuges ou companheiros; III – dependência de uma das partilhas em relação à outra".

"Parágrafo único. No caso previsto no inciso III, se a dependência for parcial, por haver outros bens, o juiz pode ordenar a tramitação separada, se melhor convier ao interesse das partes ou à celeridade processual."

Entretanto, na falta de domicílio certo, será competente o foro da situação dos bens, como prevê o art. 48, I e II, do CPC de 2015 e, na falta de bens imóveis, o foro do local de qualquer dos bens do espólio, como prevê o inciso III do mesmo artigo[22].

Podemos assim aduzir que o inventário judicial "é o conjunto de atos que visa à apuração do patrimônio do *de cujus*, a administração dos interesses pendentes, a definição de herdeiros e legatários, bem como o recolhimento de tributos e partilha de bens".

O pressuposto do inventário não é apenas a morte real, mas também a presumida, como a ausência, com ou sem declaração.

---

22 MONTEIRO, Washington de Barros; PINTO, Ana Cristina de Barros Monteiro França. *Curso de direito civil*, p. 34 e s.; GONÇALVES, Carlos Roberto. *Direito civil brasileiro*, p. 61.

Diversos são os procedimentos pertinentes à sucessão *causa mortis*, arrolados no Código de Processo Civil de 1973, como leciona Paulo Nader: o **inventário comum**, que é a modalidade mais comum e compreende as etapas inerentes à definição do patrimônio, dos herdeiros e demais atos necessários à partilha destes, cujo procedimento é regido pelos arts. 982 e ss., revogados pelos arts. 610 e s. do CPC de 2015; **o arrolamento**, cujo rito é possível nos casos em que o valor do bem não ultrapasse certo limite, como prevê o art. 1.036 do CPC de 1973, atual art. 664 do CPC de 2015, ou quando os herdeiros, maiores e capazes, tiverem a posse amigável dos bens; **o inventário negativo**, que é carente de patrimônio; **e o inventário cumulativo**, que se dá quando ocorre o falecimento do cônjuge ou companheiro do *de cujus* no correr do inventário deste, antes da partilha, sendo, pois, comuns os herdeiros. Neste caso, haverá somente um inventariante e as heranças serão inventariadas e partilhadas cumulativamente, tal como dispõe o art. 1.043 do CPC de 1973, atual art. 672, II, do CPC de 2015. Semelhante procedimento poderia ocorrer na hipótese aventada no art. 1.044, em que, antes da partilha, vem a falecer um dos herdeiros, deixando como herança apenas o seu quinhão no inventário. Esse dispositivo, entretanto, não encontra correspondente no CPC de 2015 [23].

4.8. Nomeação do inventariante

Ao início do inventário, o juiz nomeará inventariante, que prestará compromisso e, em vinte dias, as primeiras declarações.

O inventariante pode ser entendido como a pessoa que tem por função precípua a administração dos bens do espólio, sendo, pois, seu representante legal. Essa função só pode ser exercida por pessoas capazes e que não tenham interesses contrários ao do espólio.[24]

---

23 NADER, Paulo. *Curso de direito civil*, p. 48 e 49.

24 "AGRAVO DE INSTRUMENTO. DECISÃO MONOCRÁTICA. EXECUÇÃO CONTRA A FAZENDA PÚBLICA. FALECIMENTO DA CREDORA. PEDIDO DE HABILITAÇÃO PELA SUCESSÃO. EXISTÊNCIA DE BENS DEIXADOS PELA FALECIDA. NECESSIDADE DE ABERTURA DE INVENTÁRIO. É inviável a habilitação dos sucessores da falecida pensionista no feito executivo quando foram deixados bens por esta, sendo necessária a abertura de inventário. Com a abertura deste, a substituição no feito executivo deve se dar pelo espólio, representado pelo inventariante. Inteligência do artigo 12, V, do Código de Processo Civil. Recurso de agravo de instrumento provido em decisão monocrática" (AgI 70047148218, 3ª Câm. Especial Cível, TJRS, Rel. Des.

Presumem-se verdadeiras as declarações do inventariante, depois de compromissado, tendo em vista a sua função, designada judicialmente. Existe a presunção de seriedade e veracidade das declarações. Entretanto, se se apurarem falsidades ou ocultação de bens, incidirão as penas de sonegados ou do crime de apropriação indébita[25].

Dispõe o art. 617 do CPC de 2015 que "o juiz nomeará inventariante na seguinte ordem: I – o cônjuge ou companheiro sobrevivente, desde que estivesse convivendo com o outro ao tempo da morte deste; II – o herdeiro que se achar na posse e administração do espólio, se não houver cônjuge ou companheiro sobrevivente ou estes não puderem ser nomeados; III – qualquer herdeiro, quando nenhum deles estiver na posse e administração do espólio; IV – o herdeiro menor, por seu representante legal; V – o testamenteiro, se lhe tiver sido confiada a administração do espólio ou toda a herança estiver distribuída em legados; VI – o cessionário do herdeiro ou legatário; VII – o inventariante judicial, se houver; VIII – pessoa estranha idônea, quando não houver inventariante judicial".

"Parágrafo único. O inventariante, intimado da nomeação, prestará, dentro de 5 (cinco) dias, o compromisso de bem e fielmente desempenhar a função."

O tema vinha anteriormente regido pelo art. 990 do CPC de 1973.

Assim sendo, tem-se que cabe ao cônjuge em primeiro lugar a inventariança. Achando-se ele na posse e administração dos bens, pode prestar, a respeito destes, mais precisas e mais completas declarações, facilitando assim o andamento do inventário.

Mas ao cônjuge sobrevivente compete a investidura apenas no caso em que de comunhão seja o regime de bens do casamento. Se diverso o regime,

---

Helena Marta Suarez Maciel, j. 21-5-2012). "PROCESSUAL CIVIL. TRIBUTÁRIO. EXECUÇÃO FISCAL. DEVEDOR. ÓBITO NO CURSO DO PROCESSO. SUCESSÃO PROCESSUAL. ART. 131, CTN. PROSSEGUIMENTO. VIABILIDADE. PRESCRIÇÃO INOCORRENTE. Falecendo o executado no curso do processo, o espólio passa a ser o sujeito passivo, até a abertura da sucessão, quando, então, a responsabilidade passa aos sucessores, até a data da partilha (artigo 131, II e III, CTN), sucessão processual esta que não se confunde com a alteração do sujeito passivo vedada pela Súmula 392, STJ. Possível o prosseguimento do feito, com a regularização do polo passivo, notadamente quando não implementado prazo prescricional" (Ap. Cív. 70048825566, 21ª Câm. Cív., TJRS, Rel. Des. Armínio José Abreu Lima da Rosa, j. 23-5-2012).

25 GONÇALVES, Carlos Roberto. *Direito civil brasileiro*, p. 62.

como o da separação, total ou parcial, desaparece a prioridade e, assim, a nomeação de inventariança obedecerá a outro critério.

Mas, para ser inventariante, o cônjuge sobrevivo deverá estar convivendo com o autor da herança por ocasião do falecimento. O Código Civil de 1916 exigia esse requisito apenas se o sobrevivo fosse a mulher; o Código de Processo Civil não estabelece tal discriminação. O Código Civil de 2002, em seu art. 1.797, ao cuidar da administração da herança, período intermediário entre a abertura da sucessão e o compromisso de inventariante, refere, em primeiro lugar, o cônjuge ou companheiro sobrevivo, desde que convivesse com o falecido na abertura da sucessão. Se estivessem separados, presume a lei que o supérstite não possua necessário conhecimento da posição patrimonial do *de cujus*, não se encontrando habilitado, para prestar declarações completas e fiéis[26].

Se o casal se achava separado judicialmente, inexistirá qualquer preferência para o supérstite ser nomeado inventariante, quer se trate do marido ou companheiro, quer da mulher ou companheira. No mesmo sentido, ocorre quando houver sido expedido alvará de separação de corpos, tendo em vista tratar-se de medida preparatória de futura ação de separação judicial, embora possa até continuar a coabitação.

Na falta de cônjuge ou companheiro sobrevivente, ou quando estes, por motivo justificado, não puderem ser nomeados, atribuir-se-á a inventariança ao coerdeiro que se achar na posse e administração dos bens da herança. Se nenhum deles satisfizer tal requisito, graduar-se-á a preferência pela idade, a exemplo do que ocorre com o cargo de administrador provisório, como prevê a regra do art. 1.797, II, *in fine*, do Código Civil.

Lecionam Washington de Barros Monteiro e Ana Cristina de Barros Monteiro França Pinto que "dentre os filhos do *de cujus*, que morreu em estado de viuvez, ou separado judicialmente, recairá a nomeação no mais idoso, preferencialmente, no mais idôneo, no que convivia com o inventariado na mesma casa, no que presumidamente melhor conhecia os negócios do extinto, ou no indicado pela maioria dos interessados. Posse corporal dos

---

26 O cônjuge supérstite, casado pelo regime da separação legal de bens, pode ser nomeado inventariante, se houver bens adquiridos na constância do casamento pelo esforço comum e que devam ser partilhados.

bens e idoneidade moral do herdeiro são, porém, os títulos mais importantes, os critérios mais decisivos".

Por outro lado, a menoridade do herdeiro não constitui obstáculo à sua investidura, desde que representado no inventário e no cargo, tal como dispõe o art. 120 do Código Civil.

"Decisões existem no sentido de vetar a concessão de inventariança ao menor de idade mesmo que representado. Dada a extensão das funções exercidas pelo inventariante, essa última orientação sem dúvida é a melhor, sem esquecer o eventual conflito de interesses entre representado e representante"[27].

Em seguida, tendo em vista a ordem estabelecida pela lei, surge o testamenteiro universal, isto é, o testamenteiro a quem o testador haja outorgado a posse e a administração dos bens, nos termos do art. 1.977 do Código Civil. Entende-se que, se o testador nomeia seu testamenteiro para a inventariança, confia-lhe também, implicitamente, a posse e a administração do acervo hereditário. Mas tais poderes, obviamente, só vigem se o disponente não deixou cônjuge ou herdeiros necessários. O testamenteiro só prefere aos colaterais. Assim sendo, mesmo que o testador tenha determinado o contrário, o herdeiro necessário precede sempre ao testamenteiro universal, que, por sua vez, precede aos colaterais. Se o testamenteiro é particular, sem a posse e a administração da herança, só caberá sua convocação após todos os herdeiros legítimos (necessários e colaterais).

À luz do disposto na regra do art. 617, V, do CPC de 2015 (antigo art. 990, IV, do CPC/73), o testamenteiro será nomeado inventariante se lhe foi confiada a administração do espólio ou toda a herança estiver distribuída em legados.

Prevê o art. art. 617, VII, do CPC de 2015 (art. 990, V, do CPC/73) a figura do inventariante judicial – figura em desuso. E assim, em não o havendo, o juiz nomeará pessoa estranha idônea como inventariante dativo, que por seu turno desempenhará todas as funções inerentes à inventariança, mas não poderá representar ativa ou passivamente a herança (tornando litigiosos bens e direitos que não lhe pertencem).

---

27 MONTEIRO, Washington de Barros; PINTO, Ana Cristina de Barros Monteiro França. *Curso de direito civil*, p. 39 e 40; NADER, Paulo. *Curso de direito civil*, p. 50.

Dispõe o art. 75, § 1º, do CPC de 2015 (art. 12, § 1º, do CPC/73) que nesse caso todos os herdeiros e sucessores do falecido serão intimados no processo no qual o espólio seja parte.

O inventariante recebe remuneração pelos serviços prestados, que será arbitrada, por analogia, de acordo com o disposto no art. 1.987 do Código Civil, que trata da vintena do testamenteiro.

Sob a égide do CPC de 1973, em se tratando de inventário conjunto, nomear-se-ia, de preferência, herdeiro comum aos dois espólios, não se justificando, em hipótese alguma, presença de dois inventariantes no mesmo processo, como previa o art. 1.043, § 1º, do CPC. Sobre o tema dispõe o art. 672 do CPC de 2015, cuja regra prevê: "É lícita a cumulação de inventários para a partilha de herança de pessoas diversas quando houver: I – identidade de pessoas entre as quais devam ser repartidos os bens; II – heranças deixadas pelos dois cônjuges ou companheiros; III – dependência de uma partilha em relação à outra".

Algumas situações, entretanto, incompatibilizam a pessoa para o exercício do cargo: o credor do espólio. Já se decidiu, todavia, que pode este, uma vez compromissado no cargo, acionar o acervo, fazendo citar todos os herdeiros, sem necessidade de exonerar-se; o devedor do espólio, o sujeito a prestação de contas; o excluído do título de herdeiro; o que se torna alvo da discórdia; o que se incompatibiliza com os sucessores; o que revela ausência de predicados, já que o exercício da inventariança requer lisura e idoneidade, e ainda, o que reside no estrangeiro, mesmo que representado por procurador no país. O inventariante deve ter domicílio no juízo do inventário, ou, pelo menos, no mesmo país[28].

Não impedem a investidura na inventariança: o analfabetismo, a cegueira, o haver sido mandatário do *de cujus*, porque esta última circunstância, longe de aconselhar o afastamento, recomenda ao cargo, visto induzir probidade e conhecimento dos negócios.

Referentemente ao cessionário de direitos, este não pode ser inventariante. Somente na falta de herdeiros poderia pleitear a investidura. Por isso mesmo, compreende-se possa exercer o cargo o cessionário de *todos* os herdeiros. Entretanto, não se justifica a nomeação de estranho, quando exista cessionário.

---

28 MONTEIRO, Washington de Barros; PINTO, Ana Cristina de Barros Monteiro França. *Curso de direito civil*, p. 41 e 42; NADER, Paulo. *Curso de direito civil*, p. 51.

Uma vez intimado da escolha, o nomeado prestará, no prazo de cinco dias, o compromisso de bem e fielmente desempenhar a função, conforme prediz a regra do art. 617, parágrafo único, do CPC de 2015 (art. 990, parágrafo único, do CPC de 1973).

Dispõe o art. 1.015 do CPC de 2015 sobre o cabimento do agravo de instrumento contra as decisões interlocutórias.

Sob a égide do CPC de 1973, dispunha o art. 522: "Da decisão que nomear inventariante cabe agravo de instrumento, com base no art. 522 do CPC, e da que o destitui tem sido admitido o recurso de apelação, uma vez que o processo de remoção é disciplinado como *incidente,* com andamento próprio, autônomo em relação ao inventário. De modo idêntico, se a decisão se limitar a manter o inventariante anteriormente nomeado, indeferindo assim o pedido de destituição, o recurso cabível é também o de apelação, interposto no processo incidente".

4.9. Natureza jurídica da inventariança

A natureza jurídica da inventariança é controvertida. Alguns pensadores entendem que esta se aproxima da figura do depósito. Embora com certa semelhança, o inventariante não é depositário; o compromisso que ele presta não corresponde a um termo de depósito. Em consequência, não se lhe pode mover ação de depósito, nem decretar-lhe a prisão, caso se negue a entregar os bens da herança, como dispõe o art. 652 do Código Civil.

Aproxima-se também da figura do procurador ou mandatário geral de todos os herdeiros. Apesar de certa semelhança, também não deve ser definida a natureza jurídica da inventariança como o mandato, visto que muitas vezes o inventariante exerce o cargo contrariando a vontade ou o desejo dos herdeiros, sem que possam estes removê-lo ou destituí-lo, e o mandato representa um contrato realizado *intuitu personae*, que perdura enquanto perdurar a confiança dos mandantes.

Tende a doutrina a considerar a inventariança um *munus,* um encargo público, sujeito à fiscalização judicial, que reúne poderes de guarda, administração e assistência do acervo hereditário[29].

---

29 MONTEIRO, Washington de Barros; PINTO, Ana Cristina de Barros Monteiro França. *Curso de direito civil*, p. 43; GONÇALVES, Carlos Roberto. *Direito civil brasileiro*, p. 65; DINIZ, Maria Helena. *Curso de direito civil brasileiro*, p. 48 e 49.

4.10. Posse do inventariante e dos herdeiros

No que tange à posse do inventariante e dos herdeiros, "cumpre chamar a atenção para uma aparente antinomia entre a posse e administração dos bens da herança pelo inventariante e a posse dos bens pelos herdeiros com a abertura da sucessão. Contudo, uma não anula a outra: enquanto o inventariante tem a posse direta, os herdeiros têm a posse indireta. Os correspondentes preceitos legais não colidem, porém conciliam-se à luz do art. 1.197 do Código Civil.

Mas, se houver necessidade de recorrer aos interditos possessórios, ao inventariante, a quem cabe representar a herança em juízo, ativa e passivamente, como dispõe o art. 75, VII, do CPC de 2015 (art. 12, V, do CPC de 1973), compete requerê-los.

Todavia, o herdeiro tem qualidade para promover ação possessória relativa a bens do espólio. É a conclusão que se extrai do confronto entre as regras que disciplinam o condomínio e os arts. 1.784 e 1.791, parágrafo único, do Código Civil.

À luz do art. 1.206 do Código Civil, "a posse transmite-se aos herdeiros ou legatários do possuidor com os mesmos caracteres"; representando, pois, a mera continuação da do *de cujus*, com os mesmos predicados e os mesmos vícios. Assim sendo, a sucessão não cria justo título em favor dos sucessores, se o finado não o tinha. Da mesma forma, se a posse padecia de algum vício, este permanecerá com o sucessor.

Tal como prevê a regra contida no art. 1.207, "o sucessor universal continua de direito a posse de seu antecessor; e ao sucessor singular é facultado unir sua posse à do antecessor, para os efeitos legais".

O legatário é sucessor a título singular ou particular, uma vez que seu direito se refere a bens determinados e precisos. Nessas condições, a *accessio possessionis*, estabelecida no art. 1.207, seria facultativa, podendo desligar sua posse da de seu antecessor, para os efeitos legais. Mas tal conclusão colocar-se-ia em conflito com o art. 1.206, onde se prescreve que a posse se transmite com os mesmos caracteres, não só aos herdeiros (sucessores universais), como também aos legatários (sucessores particulares)[30].

---

[30] MONTEIRO, Washington de Barros; PINTO, Ana Cristina de Barros Monteiro França. *Curso de direito civil*, p. 39; FIGUEIRA JR., Joel Dias. *Código Civil comentado*, p. 1305.

Na lição de Clóvis Beviláqua, há aparente antinomia, lembrando que o legatário, conquanto sucessor a título particular, sucede por herança, modo universal de transmitir, cumprindo acrescentar, ademais, que o Código preceitua a continuidade da posse entre testador e legatário[31].

[31] BEVILÁQUA, Clóvis. *Comentários ao Código Civil*, p. 20.

Capítulo 5

Da vocação hereditária

A **vocação hereditária** representa a forma como o herdeiro receberá a herança. Pode ser legal ou testamentária.

No caso de vocação legal, prevista no art. 1.829 do Código Civil, o autor da herança falece sem deixar testamento ou disposição de última vontade, mas deixa herdeiros. Assim, na falta destes, a herança será recolhida pelo Município, pelo Distrito Federal ou pela União, de acordo com a regra do art. 1.844 do Código Civil atual. Na vocação testamentária, o autor da herança falece deixando testamento ou disposições de última vontade, e nomeia herdeiros ou legatários.

Nesse sentido, podemos perceber que o direito das sucessões fundamenta-se na continuidade do próprio indivíduo e sobrevivência da sua família.

5.1. Quem pode ser herdeiro

Após instituir as regras básicas para reger a sucessão, abrangendo o lugar em que se procederá ao inventário, a natureza da indivisibilidade da herança, sua administração e condição dos herdeiros enquanto não se realizar a partilha, cuidou o Código Civil de estabelecer, desde logo, quem pode e quem está impedido de suceder, e instituiu os sujeitos que podem ser herdeiros.

E assim, com a abertura da sucessão, a herança se transmite imediatamente aos herdeiros, que passam a ser titulares de direitos adquiridos, aplicando-se a lei vigente à época da morte do autor da herança. Não pode a lei nova regular uma sucessão aberta na vigência de lei anterior.

Desta sorte, a capacidade para suceder é adstrita ao tempo da abertura da sucessão, segundo a lei vigente na época.

O Código Civil exige capacidade sucessória no momento da abertura da sucessão, transmitindo-se assim a herança aos herdeiros.

Assim, à luz do seu art. 1.798, "legitimam-se a suceder as **pessoas nascidas ou já concebidas no momento da abertura da sucessão**".

Vê-se, pois, que se trata de princípio de grande importância, uma vez que a sucessão se dá pela lei em vigor no momento do óbito do autor da herança, tornando-se definitivo o título de herdeiro, a qualidade de necessário, o valor do monte-mor, da porção disponível e da legítima.

Desta forma, a condição vital para que exista o direito sucessório, além da morte do autor da herança, é, obviamente, que o herdeiro exista e sobreviva àquele, ou esteja pelo menos concebido, pois, como visto, o princípio fundamental do direito das sucessões é a transmissão imediata dos bens aos herdeiros legítimos e testamentários, desde que tenham capacidade – legitimação – para suceder. Como apregoam Colin e Capitant, "seja capaz e não indigno"[1].

Mesmo na hipótese em que o herdeiro venha a falecer nos momentos subsequentes ao nascimento, ele recolheu seu quinhão hereditário e o transmitiu a seus próprios sucessores. Dispõe o art. 2º do Código Civil que a personalidade civil começa com o nascimento, mas a lei põe a salvo, desde a concepção, os direitos do nascituro; e o art. 6º dispõe: a existência da pessoa natural termina com a morte[2].

---

1 COLIN, Ambroise; CAPITANT, Henri. *Cours élémentaire de droit civil français*. 9. ed. Paris: Dalloz, 1945, v. III, n. 608.

2 PEREIRA, Caio Mário da Silva. *Instituições de direito civil*, p. 24 e s.; MONTEIRO, Washington de Barros Monteiro; PINTO, Ana Cristina de Barros Monteiro França. *Curso de direito civil*, p. 53.

Daí obtém-se o conceito de vocação hereditária, que pode ser entendida como a capacidade de suceder ao falecido, no que tange a seus bens, reconhecida às pessoas naturais nascidas com vida ou já concebidas ao tempo da sucessão, ou aos filhos, ainda não concebidos, de determinada pessoa indicada pelo testador, assim como às pessoas jurídicas em geral, inclusive as fundações, como prevê a regra do art. 1.798 do Código Civil.

5.2. Espécies de vocação hereditária

A vocação hereditária pode ser de duas espécies: a legal e a testamentária.

5.2.1. Da vocação hereditária legal

A vocação hereditária legal é aquela em que o autor da herança falece deixando herdeiros sucessíveis. Terão capacidade sucessória, de acordo com o art. 1.798 do Código Civil, as pessoas nascidas ou já concebidas no momento da abertura da sucessão.

5.2.1.1. *O nascituro*

O chamamento à sucessão tem lugar no momento da delação da herança. É imprescindível, nesse sentido, que o herdeiro esteja vivo, ou já concebido, e seja conhecido - *nescitur ubi sit et na sit.*

Tal como dispõe o art. 1.798 do Código Civil, "legitimam-se a suceder as pessoas nascidas ou já concebidas no momento da abertura da sucessão".

É sabido que a questão do nascimento de filho após a morte do genitor já era objeto de determinação legal sob a égide das Ordenações Filipinas, que previa, no Livro 4º, Título LXXXII, § 5º, que seria nulo o testamento, mesmo no que tangesse aos legados, se depois deste sobreviesse ao testador um filho legítimo[3].

No que tange ao nascituro, se vier a nascer com vida, ainda que já falecido autor da herança, herdará este, de acordo com seu título sucessório; se, por outro lado, a gestação não chegar a termo, será como se nunca houvesse

---

3 *Ordenações e leis do Reino de Portugal,* Recompiladas per mandado d'el Rei D. Philippe, o primeiro, 13. ed. Coimbra: Imprensa da Universidade, 1865, t. 3.

existido; nesse caso, defere-se a herança aos outros de sua classe, ou aos da classe imediata, caso ele fosse o único herdeiro. Retroagem seus direitos sucessórios ao momento da abertura da sucessão[4].

Nesse sentido, "o nascituro só sucede quando nasce e se nasce e sucede em virtude de uma ficção legal: o seu nascimento é considerado já existente ao tempo da abertura da sucessão"[5].

Aduz Caio Mário da Silva Pereira que, "mesmo que lhe falte personalidade, é certo que ao nascituro deve ser designado curador, a fim de que transmita-lhe a propriedade e a posse da herança, como se já fosse nato desde o momento da abertura da sucessão".

Tal como leciona Silmara Chinelato "o direito à sucessão foi reconhecido ao *conceptus* já na Antiguidade. O direito romano admitia-lhe a sucessão legítima e testamentária, sendo que a prole eventual também podia adquirir por testamento". Aplica-se a regra geral da coexistência necessária do hereditando e do herdeiro, devendo este sobreviver àquele[6].

A herança, todavia, é atribuída ao nascituro sob condição resolutiva do nascimento sem vida, uma vez que seus direitos são resguardados pelo direito desde a concepção, como preconiza a regra do art. 2º do Código Civil. E assim, nascendo sem vida, a herança segue seu rumo, passando ao substituto vulgar.

Apresenta, pois, o nascituro uma real capacidade de direito, mas não apresenta uma capacidade de fato ou de exercício, uma vez que há a necessidade precípua de estar representado pelo seu representante legal.

O art. 130 do Código Civil em vigor permite ao titular de direito eventual, como o nascituro, nos casos de condição suspensiva ou resolutiva, o exercício de atos destinados a conservá-lo, como requerer, representado por sua mãe, a suspensão de inventário em caso de morte do pai, estando grávida a mulher e não havendo outros descendentes, para se aguardar o nascimento; ou mesmo propor medidas acautelatórias em caso de dilapidação por terceiro dos bens que lhe foram doados ou deixados em testamento[7].

---

4 NADER, Paulo. *Curso de direito civil*, p. 55.

5 FERRI, Luigi. *Commentario del Codice Civile*: delle sucessioni, Bologna/Roma: Nicola Zanichelli Editore – Soc. Ed. Del Foro Italiano, 1964, p. 125 e 126.

6 ALMEIDA, Silmara June Abreu Chinelato e. *A tutela civil do nascituro*. São Paulo: Saraiva, 2000, p. 233-235.

7 MALUF, Adriana Caldas do Rego Freitas Dabus. *Curso de bioética e biodireito*, p. 102.

À luz do art. 1.845 do Código Civil, "são herdeiros necessários os descendentes, os ascendentes e o cônjuge", e desta forma entendemos que se encontra elencado o nascituro.

Tal como prevê a regra do art. 1.973 do Código Civil, que trata do rompimento do testamento, "sobrevindo descendente sucessível ao testador, que não o tinha ou não o conhecia quando testou, rompe-se o testamento em todas as suas disposições, se esse descendente sobreviver ao testador".

Inclui-se nesta hipótese a sucessão do nascituro.

Tal como aduz Zeno Veloso, "o testamento fica roto, sem efeito algum, quando o testador não tem descendente e lhe sobrevém um descendente sucessível, ou quando o testador tem descendente, mas não sabia que o tinha, e este aparece". Essa ruptura indica presumivelmente que o testador teria disposto diferentemente de seus bens se soubesse da existência de seu descendente[8].

A questão, entretanto, não é pacífica pois "a superveniência de herdeiro sucessível só é causa de rompimento do testamento se o testador não tivesse nenhum outro descendente. No caso de já haver outros descendentes, não se romperia o testamento". Pactua desta disposição Pontes de Miranda[9].

Orlando Gomes, por outro lado, posiciona-se a favor do rompimento do testamento quando subsistir outro descendente, como a superveniência de outro filho, o que determina a caducidade do testamento[10].

Vê-se, nesse sentido, que o valor dado ao direito de testar pode ser mitigado pelo interesse e pelo direito do filho legítimo, a ponto de entender-se como não escritos os desígnios do testador.

Para Silmara Chinelato, "no âmbito da revogação dos testamentos, inclui-se o nascituro no conceito de descendente sucessível do testador", tal como prevê a regra do art. 1.973 do Código Civil atual (art. 1.750 do Código Civil de 1916)[11].

---

8 VELOSO, Zeno. *Código Civil comentado*, p. 2184.

9 MIRANDA, Francisco Cavalcanti Pontes de. *Tratado de direito privado*. 3. ed. Rio de Janeiro: Borsoi, 1973, t. 59, § 5946, p. 445.

10 GOMES, Orlando. *Sucessão*. 7. ed. Rio de Janeiro: Forense, 1997, n. 194, p. 225.

11 ALMEIDA, Silmara J. A. Chinelato e. *Tutela civil do nascituro*, p. 236.

De maneira resumida, podemos entender que o nascituro pode ser herdeiro e, assim, faz jus à percepção dos frutos da herança desde a morte do autor, assumindo, por outro lado, as despesas correspondentes ao seu quinhão hereditário.

A questão torna-se mais complexa quando o nascituro vem a falecer durante o parto. Daqui defluem várias considerações: **se o nascituro pereceu ainda no ventre materno**, entende-se que ainda não houve vida, não se transmitindo a herança, e assim deve ser considerado como se nunca tivesse existido. O que morreu, ainda que apenas um instante antes da abertura da sucessão, não é chamado a herdar.

Também é delicada a questão **quando o filho é retirado do ventre da mãe previamente falecida** por motivo de doença ou acidente. Desta forma, como entende Caio Mário da Silva Pereira, "não se nega ao filho legitimação para suceder, embora não haja coexistido com sua mãe"[12].

Entretanto, se sobreviver ao parto, outras serão as consequências jurídicas: haverá o registro de seu nascimento e o de seu óbito, como prevê o art. 53, § 2º, da Lei n. 6.015/73, da mesma forma que haverá uma dupla sucessão, pois chegou a herdar e a transmitir o patrimônio pessoal a seus herdeiros.

Existem ainda outras considerações: se existiu a concepção à época da abertura da sucessão e se ocorreu o nascimento com vida. A lei francesa, por seu turno, prevê uma terceira condição: que ao nascer apresente condições de sobrevivência.

À luz do direito brasileiro, ocorre o nascimento com vida, não no momento do parto em si, mas quando o recém-nascido efetivamente respira a próprios pulmões (ou seja, termina a respiração placentária e se inicia a respiração pulmonar)[13].

Respirando, há a sucessão, transmitindo-se a propriedade e a posse dos bens, devendo o quinhão herdado ser objeto de inventário, como prevê a regra do art. 1.044 do Código de Processo Civil de 1973[14].

---

12 PEREIRA, Caio Mário da Silva. *Instituições de direito civil*, p. 25 e 26.

13 MALUF, Adriana Caldas do Rego Freitas Dabus. *Curso de bioética e biodireito*, p. 102 e 103.

14 MONTEIRO, Washington de Barros; PINTO, Ana Cristina de Barros Monteiro França. *Curso de direito civil*, 42. ed., v. 1, p. 67.

Outra questão deriva das técnicas de reprodução assistida, notadamente a modalidade *post mortem*, prevista no art. 1.597, III, do Código Civil: "Presumem-se concebidos na constância do casamento os filhos: (...) III – havidos por fecundação artificial homóloga, mesmo que falecido o marido".

É válido ressaltar que se discute que o referido Código não atribuiu capacidade sucessória a esses filhos concebidos após a abertura da sucessão, pois restringiu a legitimidade apenas às pessoas "nascidas ou já concebidas no momento da abertura da sucessão", em seu art. 1.798, já citado, levando-se ao entendimento de que o ser já concebido seria apenas o nascituro, portanto o embrião já implantado.

Ocorre que, à luz dos ditames do biodireito, a concepção dá-se quando da mistura do material genético, e portanto concebido estaria o embrião pré-implantatório, e o Código Civil teria-lhe outorgado essa capacidade sucessória ao prever a possibilidade da inseminação *post mortem*; e também a Resolução n. 2.121/2015 do Conselho Federal de Medicina prevê a possibilidade da inseminação artificial *post mortem* em seu item VIII desde que precedida da autorização expressa do falecido para uso de seu material genético criopreservado, de acordo com os ditames da legislação vigente, a saber, a Lei n. 11.105/2005, chamada lei de biossegurança.

Vê-se que é de grande seriedade a omissão do legislador, uma vez que a Constituição Federal prevê em seu art. 227, § 6º, a igualdade dos filhos, e a grande tendência doutrinária é de não garantir a estes a sucessão, criando uma desigualdade patrimonial entre os filhos.

A inexistência de um liame temporal para a realização da prática reprodutiva torna ainda mais difícil a proteção sucessória, dado que na prática ensejaria grande entrave para a efetivação da partilha.

5.2.1.2. *O embrião pré-implantatório*

O desenvolvimento da biotecnologia trouxe ao direito das sucessões novos agentes para disputar o quinhão hereditário. Entre eles, destaca-se o embrião pré-implantatório, fruto das técnicas de reprodução artificial.

Num primeiro momento, deve-se estabelecer qual o ***status* jurídico do embrião pré-implantatório**. Teria este vida? Quando esta começaria? Poderia este adquirir capacidade sucessória?

A vida humana recebe proteção legal desde o momento da fecundação natural ou artificial do óvulo pelo espermatozoide, como dispõem o art. 2º do Código Civil, os arts. 6º, III, *in fine*, 24, 25, 27, IV da Lei n. 11.105/2005 - Lei de Biossegurança - e arts. 124 a 128 do Código Penal. Entretanto, o início da vida viável dá-se com a fixação do zigoto no útero materno.

E assim, "à luz dos direitos da personalidade, creditamos ao embrião o direito à vida, desde a concepção, em face da sua carga genética diferenciada, que lhe outorga dignidade, mesmo enquanto pré-implantatório"[15].

Interessante questão se demonstra à garantia dos direitos daquele ainda não nascido. "Enquanto o nascituro era entendido como aquele já concebido, mas ainda não nascido e residente dentro do ventre materno, o embrião, também já concebido, reside em outro lugar"[16].

Estaria protegido pela regra do art. 1.597, III a V, do Código Civil, que prevê: "Presumem-se concebidos na constância do casamento os filhos: (...) III – havidos por fecundação artificial homóloga, mesmo que falecido o marido; IV – havidos, a qualquer tempo, quando se tratar de embriões excedentários, decorrentes de concepção artificial homóloga; V – havidos por inseminação artificial heteróloga, desde que tenha prévia autorização do marido".

E assim, se presumida sua concepção na constância do casamento, dissolvido pela morte do genitor, seriam capazes de receber herança por este deixada?

Diferencia-se por seu turno o nascituro do embrião pré-implantatório?

As diversas técnicas de fertilização *in vitro* e do congelamento de embriões humanos levantou a polêmica de qual seria o momento a se considerar juridicamente o nascituro, entendendo-se que a vida tem início com a concepção no ventre materno. Assim, na fecundação artificial *in vitro*, mesmo havendo a fusão do material genético dos pais, não poderá o embrião pré-implantatório ser equiparado ao nascituro, pois é necessária a nidação do zigoto para que o início da vida se efetue realmente[17].

---

15 MALUF, Adriana Caldas do Rego Freitas Dabus. *Curso de bioética e biodireito*, p. 103.

16 SCALQUETTE, Ana Claudia S. *Estatuto da reprodução assistida*. São Paulo: Saraiva, 2010, p. 209.

17 Esse foi o entendimento exarado pelo STF quando do julgamento da ADIn 3510 - que pretendeu avaliar a constitucionalidade do art. 5º da Lei de Biossegurança, em 2008.

Inicialmente, Silmara Chinelato diferia o embrião pré-implantatório do nascituro. O primeiro referia-se ao ovo ou zigoto ainda não implantado no útero materno, enquanto o segundo referia-se ao ser já implantado, iniciada efetivamente a gestação. Numa visão mais atualizada, equiparou os dois conceitos, aduzindo que o embrião pré-implantatório doravante poderá ser denominado nascituro pré-implantatório[18].

Aduz que na nova realidade, entretanto, "o embrião pré-implantatório poderá ser denominado nascituro pré-implantatório, o que não lhe retira a qualidade de ser humano"[19].

Quanto à capacidade de o embrião ser herdeiro dos pais falecidos, entendemos que, à luz do art. 1.798, que trata da vocação hereditária, "legitima-se a suceder as pessoas nascidas ou já concebidas no momento da abertura da sucessão".

Nas palavras de Zeno Veloso, "o herdeiro, até por imperativo lógico, precisa existir quando morre o hereditando, tem de sobreviver ao falecido, trata-se de um princípio adotado pela generalidade da legislação".

Abre-se aqui precedente para o embrião crioconservado, pois presume-se este concebido na constância do casamento de conformidade com o art. 1.597, IV.

Importante é notar que, tal como elucida Zeno Veloso, "vindo o embrião a ser implantado e havendo termo na gravidez, o nascimento com vida, e consequente aquisição de personalidade por parte do filho, este filho posterior é herdeiro, porque já estava concebido quando o genitor faleceu, e dado o princípio de igualdade entre os filhos previsto no art. 227 § 6º da CF"[20].

Para Silmara Chinelato, pode-se fazer testamento em favor do embrião pré-implantatório, com fundamento no art. 1.798 do Código Civil, que legitima a suceder as pessoas já nascidas ou já concebidas, na abertura da sucessão[21].

---

18 ALMEIDA, Silmara Juny de A. Chinelato e. *Tutela civil do nascituro*, p. 11; ALMEIDA, Silmara J. A. Chinelato e. *Estatuto jurídico do nascituro*: a evolução do direito brasileiro, p. 427.

19 ALMEIDA, Silmara J. A. Chinelato e. *Estatuto jurídico do nascituro*: a evolução do direito brasileiro, p. 418 e 419.

20 VELOSO, Zeno. In: FIUZA, Ricardo; SILVA, Regina Beatriz Tavares da (Coords.). *Código Civil comentado*. 6. ed. São Paulo: Saraiva, 2009, p. 1972.

21 ALMEIDA, Silmara J. A. Chinelato. *Estatuto jurídico do nascituro*: a evolução do direito brasileiro, p. 427.

Se, por um lado, concordamos com a posição da insigne professora, adotando uma visão pós-moderna de vínculo relacional, por outro lado, entretanto, questionamos os efeitos de ordem prática que a medida produz. Mormente no que tange à execução das disposições testamentárias, dificultadas em face das peculiaridades que envolvem o embrião/nascituro pré-implantatório.

Na sucessão testamentária, beneficiada está a prole eventual, nos arts. 1.799, I ("Na sucessão testamentária podem ainda ser chamados a suceder: I – os filhos, ainda não concebidos, de pessoas indicadas pelo testador, desde que vivas estas ao abrir-se a sucessão"), e 1.800, § 4º (que impõe um prazo de dois anos para a concepção do herdeiro esperado).

Pensamos que não há fundamento em equipará-lo à prole eventual, pois já houve a concepção, nem, muito menos, às coisas, posto que é detentor de vida humana como qualquer outro embrião *in vivo*. Pensamos que a princípio existe uma antinomia entre os prazos estabelecidos pelo art. 1.597, IV (... a qualquer tempo) e o prazo de três anos sugerido pela Lei de Biossegurança, em seu art. 5º, II. Assim, para que haja segurança jurídica e higidez na qualidade do embrião – que refletirá no direito à integridade do novo ser –, pensamos que este prazo legal estabelecido na referida lei especial deverá ser aplicado por analogia e equidade ao direito sucessório a ser aplicado ao embrião excedentário. Um novo prazo foi estabelecido para o eventual descarte dos embriões pela Resolução n. 2.121/2015 do CFM, que fala em cinco anos. Qual o prazo então que se utilizaria? Pensamos que o prazo estabelecido pela lei de biossegurança deveria prevalecer sobre o prazo estabelecido na Resolução por tratar-se esta de norma deontológica.

Por sua vez, "a moderna Lei da Louisiana trata da sucessão do embrião pré-implantatório em seu § 133, traduzindo que o direito hereditário não pode ser reconhecido ao ovo fertilizado *in vitro*, enquanto *in vitro*, mas apenas quando estiver no estágio embrionário de nascituro e que nasça com vida. O direito à herança não provém de doadores genéticos"[22].

Entretanto, tal como entendem Washington de Barros Monteiro e Ana Cristina de Barros Monteiro França Pinto, "quem não estiver concebido até a data da morte do autor da herança não tem legitimação para suceder por

---

22 MALUF, Adriana Caldas do Rego Freitas Dabus. *Curso de bioética e biodireito*, p. 116 e s.

sucessão legítima. Nas hipóteses descritas nos incisos III a V do art. 1.597 pode faltar esse requisito, devido às plúrimas variações possíveis derivadas da inseminação artificial".

"Da mesma forma que fecundação e inseminação artificiais são utilizadas como expressões sinônimas, concepção constitui situação que também se lhes deve equiparar, a fim de atender à previsão contida no art. 1.798. Contudo, eventualmente pode não haver coincidência desses fatos com o falecimento do autor da herança, ainda que a filiação seja legalmente presumida nessas condições"[23].

A questão, como se vê, não é nada fácil de ser dirimida, pois, se o Código Civil admite a presunção da paternidade/maternidade do filho *post mortem*, não estaria trazendo a possibilidade da concepção do novo ser para após a morte do autor da herança?

Pensamos que, determinar que a situação dos bens fosse reposta ao *status quo* ante – ou seja – antes do nascimento do novo ser, feriria a segurança das relações jurídicas, mas, por outro lado, negar-se-ia o direito à herança, garantido constitucionalmente no art. 5º ao novo ser? Seria essa medida inconstitucional diante do princípio da igualdade entre os filhos?

Vemos que, assim, dois direitos se chocam: "o direito dos herdeiros já nascidos ao tempo do falecimento do autor da herança, que pelo princípio da *saisine*, transmite os bens do falecido no momento de sua morte aos herdeiros; e de outro lado, o direito daqueles que poderão vir a nascer, que já são reconhecidos presumidamente como filhos e correm o risco de ter seus direitos limitados"[24].

Muitos questionamentos jurídicos são aplicados à figura da possibilidade de sucessão do embrião pré-implantatório: analogia com a sucessão do ausente, onde instituir-se-ia uma sucessão provisória, a fim de que os possíveis herdeiros possam, desde que prestada a necessária caução, tomar posse de seus bens. Posteriormente abrir-se-ia a sucessão definitiva, sendo levantada a referida caução.

---

23 MONTEIRO, Washington de Barros; PINTO, Ana Cristina de Barros Monteiro França. *Curso de direito civil*, p. 54.

24 SCALQUETTE, Ana Claudia S. *Estatuto da reprodução assistida*, p. 211.

Outra questão que se apresenta seria o tratamento análogo à prole eventual, prevista no art. 1.799, I ("Na sucessão testamentária podem ainda ser chamados a suceder: I – os filhos, ainda não concebidos, de pessoas indicadas pelo testador, desde que vivas estas ao abrir-se a sucessão") e no art. 1.800, § 4º, ambos do Código Civil ("No caso do inciso I do artigo antecedente, os bens da herança serão confiados, após a liquidação ou partilha, a curador nomeado pelo juiz. (...) § 4º Se, decorridos dois anos após a abertura da sucessão, não for concebido o herdeiro esperado, os bens reservados, salvo disposição em contrário do testador, caberão aos herdeiros legítimos").

Entendemos, ainda, que para uma maior adequação conceitual deveria ser modificada a redação do referido artigo inserindo-se o termo implantado em sua redação inicial, para que em face das atividades biológicas dê-se efetivamente o início da função vital do embrião.

É válido ressaltar que, em matéria de reprodução assistida, no que tange ao ser ainda não concebido, na realidade não houve a efetiva mistura do material genético dos genitores, concepção. A deixa testamentária, no referido art. 1.799, I, do Código Civil poderia abranger o futuro ser gerado com material criopreservado.

Mesmo a sucessão fideicomissária, prevista no art. 1.952 do Código Civil, não abrange o embrião pré-implantatório, pelo motivo de que ela abarca somente aquele que ainda não foi concebido, o que, como se sabe, não é o caso do embrião: "a substituição fideicomissária somente se permite em favor dos não concebidos ao tempo da morte do testador".

A situação da herança do embrião pré-implantatório encontra-se ainda não pacificada na legislação brasileira. Pondera-se realizar sua equivalência à prole eventual, respeitados os prazos legais de dois anos do art. 1.800, § 4º, do Código Civil, ou de três anos do art. 5º da Lei de Biossegurança, que estatui o prazo máximo para a criopreservação.

Entendemos que não se trata de prole eventual, dada a concepção, mas premente é a reforma legislativa para que a proteção patrimonial do ser concebido *post mortem* possa se concretizar.

Tal como preconiza Caio Mário da Silva Pereira, "considerações de ordem puramente prática têm sido invocadas para justificar a falta de legitimação sucessória de filhos artificialmente concebidos *post mortem*, uma vez que toda a dinâmica da sucessão está arquitetada tendo em vista um desenlace da situação a curto prazo". E assim, se fosse admitida a relevância da sucessão nessas condições, a determinação dos herdeiros seria dificultada (ou até impossibilitada) assim como a partilha que se fizesse hoje estaria indefinidamente sujeita a ser alterada[25].

A questão fulcral relativa à sucessão na era biotecnológica dá-se quanto à fixação do prazo para a implantação do embrião no útero materno, iniciando assim, efetivamente, o ciclo vital, e este possa então ser reconhecido como herdeiro necessário.

Uma saída aparentemente mais viável do ponto de vista da igualdade dos filhos, cânone constitucional previsto em seu art. 227, § 6º, é a reserva de quinhão, tendo em vista o número de filhos que podem nascer, pois, como é sabido, nos procedimentos de reprodução assistida as gestações gemelares são bastante frequentes.

É válido ressaltar que para herdar o embrião necessita vencer duas condições suspensivas: o sucesso da implantação no útero materno e o nascimento com vida; estando suspensa a eficácia do ato nesse ínterim[26].

5.2.2. Da vocação hereditária testamentária

A vocação hereditária será testamentária, se o *de cujus* falecer deixando testamento ou disposição de última vontade, nomeando, assim, herdeiros e legatários.

Assim, além dos já concebidos e dos nascidos com vida, elencados pelo art. 1.798 do Código Civil; possuem vocação hereditária testamentária, à luz do art. 1.799, a prole eventual de pessoa designada pelo testador, as pessoas jurídicas e as fundações ainda não constituídas, como se pode depreender de sua leitura: "Na sucessão testamentária podem ainda ser chamados a suceder: I – os filhos, ainda não concebidos, de pessoas indicadas pelo testador, desde que vivas estas ao abrir-se a sucessão; II – as pessoas jurídicas; III – as pessoas jurídicas, cuja organização for determinada pelo testador sob a forma de fundação".

---

25 PEREIRA, Caio Mário da Silva. *Instituições de direito civil*, p. 27 e 28.

26 MALUF, Carlos Alberto Dabus. *As condições no direito civil*. 3. ed. São Paulo: Saraiva, 2011, p. 95 e 96.

A regra geral em matéria de sucessão testamentária (*testamenti factio passiva*) é a de que todas as pessoas podem ser contempladas em atos de última vontade; assim sendo, qualquer um pode adquirir por testamento, bastando que exista ao tempo da morte do autor da herança, ainda que por momentos, e não seja havido como incapaz.

Nesse sentido, a capacidade é a regra e a incapacidade, a exceção, como aduz Carvalho Santos. Assim sendo, são capazes de receber por testamento, de modo geral, aqueles a quem a lei não retira a capacidade; podem suceder as pessoas naturais e as pessoas jurídicas e, como condição dessa capacidade, exige-se que o beneficiado exista e sobreviva ao testador, ao abrir-se a sucessão, ou venha a nascer em determinado prazo, se filho ainda não concebido de pessoas indicadas pelo testador, devendo estas estar vivas quando falecer o autor da herança.

Desta forma, pode ser favorecida pelas disposições testamentárias qualquer pessoa, nacional ou estrangeira, parente ou estranha, maior ou menor, ou mesmo pessoa jurídica (civil ou comercial, de direito público ou de direito privado). Mas não podem beneficiar-se animais, coisas inanimadas, entidades místicas ou ideais.

Na sucessão testamentária, cumpre examinar dois aspectos: a capacidade testamentária passiva, regida pela lei do testador, e a capacidade sucessória do herdeiro, regida pela lei de seu domicílio, tal como consta do art. 10, § 2º, da LINDB: "A lei do domicílio do herdeiro ou legatário regula a capacidade de suceder"[27].

Aduz San Tiago Dantas que o domicílio da sucessão é o último domicílio do inventariado, não o lugar de sua morte. Uma vez estipulado o lugar onde a sucessão se abre e o momento em que ela se abre, tem-se que considerar quem a deve recolher[28].

Assim, tem-se que o princípio geral que rege a sucessão *causa mortis*, legítima ou testamentária, na sua universalidade, nos conflitos interespaciais de leis, é a lei do domicílio do *de cujus* que determinará a instituição e

---

[27] MONTEIRO, Washington de Barros; PINTO, Ana Cristina de Barros Monteiro França. *Curso de direito civil*, p. 54-56.

[28] SAN TIAGO DANTAS, Francisco Clementino de. *Direitos de família e das sucessões*, p. 462.

substituição da pessoa sucessível; a ordem de vocação hereditária, quando se tratar de sucessão legítima; a medida dos direitos sucessórios dos herdeiros ou legatários; os limites da liberdade de testar; a proporção da legítima do herdeiro necessário; a causa da deserdação; a colação; a redução das disposições testamentárias; a partilha dos bens do acervo hereditário; o pagamento das dívidas do espólio.

De forma sintética, vemos que "o domicílio é fator importante para indicar a jurisdição e a lei competente para reger a sucessão, pouco importando a natureza dos bens do espólio. O domicílio do *de cujus* disciplina, portanto, a capacidade para ter direito sucessório"[29].

5.2.2.1. *A prole eventual*

À luz dos dispositivos legais, é válida a disposição testamentária em favor da prole eventual de determinada pessoa, como estabelecem os arts. 1.799, I, e 1.800, § 4º, ou estabelecendo-se uma substituição, como prevê a regra do art. 1.952 do Código Civil já comentada.

Nos casos *supra*, a transmissão hereditária é condicional, subordinando-se a aquisição da herança a evento futuro e incerto. O prazo de concepção do citado herdeiro à luz do disposto no art. 1.800, § 4º, é de dois anos, contados da abertura da sucessão. Desta forma, nesse meio tempo, se nascer o esperado herdeiro, tudo se passa como se já estivesse vivo ao tempo da morte do testador, como prevê o § 3º do mesmo artigo. Ressalta-se que, se no mesmo prazo ocorrer ao menos a concepção, deve-se aguardar o nascimento do sucessor e o consequente implemento da condição. Entretanto, se findar-se o prazo sem a ocorrência da concepção, os bens reservados, salvo disposição em contrário do testador, caberão aos herdeiros legítimos, caducando, pois, as disposições testamentárias[30].

Tal como dispõe o art. 1.800, *caput*, do Código Civil, "no caso do inciso I do artigo antecedente, os bens da herança serão confiados, após a liquidação ou partilha, a curador nomeado pelo juiz".

---

[29] DINIZ, Maria Helena. *Código Civil comentado*. Coord. Regina Beatriz Tavares da Silva. 8. ed. São Paulo: Saraiva, 2012, p. 56.

[30] PEREIRA, Caio Mário da Silva. *Instituições de direito civil*, p. 26.

Assim, vemos que, para cuidar dos bens reservados em favor da prole eventual de uma pessoa viva à época da abertura da sucessão e indicada pelo testador, deverá o juiz de direito nomear um curador logo após a liquidação ou partilha.

Quanto às pessoas legitimadas para o exercício da curatela de prole eventual, observemos as disposições do art. 1.800, § 1º, do Código Civil: "§ 1º Salvo disposição testamentária em contrário, a curatela caberá à pessoa cujo filho o testador esperava ter por herdeiro, e, sucessivamente, às pessoas indicadas no art. 1.775" ("Art. 1.775. O cônjuge ou companheiro, não separado judicialmente ou de fato, é, de direito, curador do outro, quando interdito. §1º Na falta do cônjuge ou companheiro, é curador legítimo o pai ou a mãe; na falta destes, o descendente que se demonstrar mais apto. § 2º Entre os descendentes, os mais próximos precedem aos mais remotos. § 3º Na falta das pessoas mencionadas neste artigo, compete ao juiz a escolha do curador").

Dispõe o § 2º do art. 1.800: "Os poderes, deveres e responsabilidades do curador, assim nomeado, regem-se pelas disposições concernentes à curatela dos incapazes, no que couber".

Quanto aos efeitos decorrentes do nascimento com vida do herdeiro, regula o § 3º: "Nascendo com vida o herdeiro esperado, ser-lhe-á deferida a sucessão, com os frutos e rendimentos relativos à deixa, a partir da morte do testador".

Vê-se que com a ocorrência da condição suspensiva, oriunda do nascimento com vida do filho esperado, opera-se um efeito retroativo, *ex tunc*, em favor deste, materializando-se com a transmissão dos bens de sua porção hereditária, além dos frutos e rendimentos respectivos obtidos desde o falecimento do testador.

À luz do disposto no § 4º do art. 1.800 do Código Civil: "Se, decorridos dois anos após a abertura da sucessão, não for concebido o herdeiro esperado, os bens reservados, salvo disposição em contrário do testador, caberão aos herdeiros legítimos".

Vê-se que a lei civil estipulou um prazo para a concepção ou nascimento do herdeiro, que é de dois anos, contados a partir da abertura da sucessão. Caso essa condição não se consume, os bens reservados serão destinados aos herdeiros legítimos, a menos que diversamente tenha disposto o testador.

A substituição fideicomissária prevê também a prole eventual como única beneficiária. Assim de acordo com o art. 1.952 do Código Civil: "A substituição fideicomissária somente se permite em favor dos não concebidos ao tempo da morte do testador. Parágrafo único. Se, ao tempo da morte do testador, já houver nascido o fideicomissário, adquirirá este a propriedade dos bens fideicomitidos, convertendo-se em usufruto o direito do fiduciário".

Mais uma questão se põe em torno da pessoa futura: há divergência doutrinária quanto à possibilidade de o filho adotivo aqui ser incluído. Pensamos com Paulo Nader que nada obstaria ao filho adotivo aqui ser incluído, dada a vedação constitucional de discriminação entre os filhos[31].

5.2.3. Das pessoas jurídicas

Segundo o art. 1.799, II, as pessoas jurídicas também apresentam vocação hereditária testamentária.

Para Washington de Barros Monteiro e Ana Cristina de Barros Monteiro França Pinto, "no que tange às sociedades ou associações, a capacidade testamentária passiva não depende do prévio registro de seus contratos, estatutos ou atos constitutivos. Para efeitos sucessórios, tais entidades equiparam-se aos nascituros"[32].

Diverso entendimento tem, entretanto, escopo doutrinário: "Para que a pessoa jurídica seja beneficiada em testamento, é indispensável que exista, formalmente, à época da abertura da sucessão, ou seja, que o seu ato constitutivo esteja formalmente inscrito no registro próprio: Junta comercial, se sociedade comercial, ou Cartório de Registro Civil das Pessoas Jurídicas, se sociedade civil, como prevê o art. 45 do Código Civil"[33].

5.2.4. Das fundações

Pode ainda o testador determinar a criação de fundação, como prevê o art. 1.799, III, do Código Civil, passando, pois, a ter vocação hereditária testamentária pessoa jurídica, que ainda não existia no momento da morte do testador, mas nasceu sob a forma de fundação.

---

31 NADER, Paulo. *Curso de direito civil*, p. 59.

32 MONTEIRO, Washington de Barros; PINTO, Ana Cristina de Barros Monteiro França. *Curso de direito civil*, p. 59.

33 NADER, Paulo. *Curso de direito civil*, p. 59; VELOSO, Zeno. *Código Civil comentado*, p. 2027 e 2028; FUJITA, Jorge S. *Curso de direito civil*. 2. ed. São Paulo: Ed. Juarez de Oliveira, 2003, p. 43.

Verifica-se também nesse caso uma condição suspensiva, subordinando a um evento futuro e incerto, constituição da fundação na forma determinada pelo testador, a eficácia de um ato jurídico, que é a transmissão dos bens da herança.

Assim, à luz do disposto no art. 62 do Código Civil, para criar uma fundação, o seu instituidor fará, mediante escritura pública ou testamento, especial dotação de bens livres, especificando o fim a que se destina, e declarando ainda, a seu alvitre, a forma como administrá-la.

Não cabe, entretanto, a instituição hereditária de pessoa jurídica de outra espécie, se esta já não estiver constituída. "Tolera-se, todavia, a deixa a uma pessoa física, para que transmita os bens a um ente moral, sob condição de se constituir regularmente".

Para Caio Mário da Silva Pereira, pode valer-se ainda o testador da substituição fideicomissária para a constituição de pessoa jurídica. Sendo ainda válido o legado instituído a alguém, com a finalidade precípua de se destinar determinado patrimônio à pessoa jurídica *in fieri*.

A pessoa jurídica em liquidação não pode, por sua vez, receber *causa mortis*. Por quê? Entende-se que já se findou a sua existência, prolongando-se a sua personalidade de fato em função somente dos atos necessários à liquidação patrimonial[34].

5.3. Da incapacidade para suceder

A regra geral é a atribuição ampla da capacidade testamentária passiva, indistintamente, entretanto, existem aqueles que são incapazes de adquirir por testamento. Distingue o Código Civil duas espécies de incapacidade, a *absoluta* e a *relativa*.

A **incapacidade absoluta** refere-se à pessoa ainda não concebida ao tempo da morte do testador. Dessa forma de incapacidade ocupa-se o Código no art. 1.798: "Legitimam-se a suceder as pessoas nascidas ou já concebidas no momento da abertura da sucessão".

Entretanto, o Código, em seu art. 1.799, I, como vimos, prevê a sucessão da prole eventual (ou seja, daquele ainda não concebido).

---

34 PEREIRA, Caio Mário da Silva. *Instituições de direito civil*, p. 29 e 30.

Quanto à **incapacidade relativa**, esta vem prevista no art. 1.801 do Código Civil: "Não podem também ser nomeados herdeiros, nem legatários: I - a pessoa que, a rogo, escreveu o testamento, nem o seu cônjuge ou companheiro, ou os seus ascendentes e irmãos; II - as testemunhas do testamento; III - o concubino do testador casado, salvo se este, sem culpa sua, estiver separado de fato do cônjuge há mais de cinco anos; IV - o tabelião, civil ou militar, ou o comandante ou escrivão, perante quem se fizer, assim como o que fizer ou aprovar o testamento".

O artigo em tela apresenta as hipóteses em que o testador não pode dispor em favor de determinadas pessoas, devido a posição especial em que se encontram, atuantes como agentes que poderiam comprometer a autonomia da vontade do testador, tornando a disposição suspeita ou duvidosa[35].

Como leciona Clóvis Beviláqua, "a verdade e a segurança das disposições testamentárias ficam incontestavelmente mais bem asseguradas mediante intervenção de pessoas isentas de qualquer interesse". Ainda que se trate de testemunhas do auto de aprovação, no testamento cerrado, ignorantes, por isso, do conteúdo da cédula testamentária, encontram-se elas incapacitadas de adquirir por testamento, o que não parece justo e pode conduzir à anulação de muitos atos de última vontade, mercê da ignorância ou inexperiência dos testadores[36].

Da mesma forma, não pode receber por testamento o concubino do testador casado. A doação feita pelo cônjuge adúltero ao seu cúmplice pode ser anulada pelo outro cônjuge, ou por seus herdeiros necessários, até dois anos depois de dissolvida a sociedade conjugal, como prevê a regra do art. 550 do Código Civil, exceto se comprovada a separação de fato do testador casado, sem culpa sua, há mais de cinco anos, o que fará desaparecer sua incapacidade testamentária passiva.

Entretanto, tal como dispõe o referido art. 550, a doação à concubina só poderá ser anulada quando feita na vigência da sociedade conjugal, tanto que a prescrição se conta de sua dissolução.

Tal como é sabido, o vínculo conjugal persiste após a separação judicial, mas apenas para efeito de impedir novo matrimônio do separado

---

35 VELOSO, Zeno. *Código Civil comentado*, p. 2030.

36 BEVILÁQUA, Clóvis. *Comentários ao Código Civil*, p. 166.

judicialmente. Quanto aos bens, entretanto, permanecem inteiramente livres depois da partilha e nada impede que o cônjuge, em seu testamento, os atribua à concubina[37].

Tal questão, todavia, não é pacífica. No que tange ao testador solteiro ou viúvo, nada impede que o mesmo contemple a concubina, pois inexiste, nesse caso, incapacidade testamentária passiva.

Em relação aos filhos do concubino, prevê o art. 1.803 do Código Civil que "é lícita a deixa ao filho do concubino, quando também o for do testador"[38].

À luz do art. 1.801, IV, do Código Civil, não pode ser nomeado herdeiro, nem legatário, o tabelião, civil ou militar, nem o comandante ou escrivão, perante quem se fez, assim como o que fez, ou aprovou o testamento; o impedimento decorre do fato de terem eles redigido o ato, ou nele funcionado, não apresentando, pois, a necessária isenção.

É válido ressaltar que a inobservância das disposições contidas nos arts. 1.798, 1.799 e 1.801 enseja de nulidade as eventuais disposições testamentárias.

De acordo com o art. 1.802 do Código Civil: "São nulas as disposições em favor de pessoas não legitimadas a suceder, ainda quando simuladas sob a forma de contrato oneroso, ou feitas mediante interposta pessoa. Parágrafo único. Presumem-se pessoas interpostas os ascendentes, os descendentes, os irmãos e o cônjuge ou companheiro do não legitimado a suceder"[39].

O dispositivo em tela demonstra a preocupação do legislador em evitar a fraude em matéria de sucessão, fulminando de nulidade as disposições testamentárias nesse sentido.

Pode-se ver, entretanto, que o comportamento fraudulento pode se operar de duas maneiras distintas: mediante a dissimulação do testador da liberalidade sob aparência de contrato oneroso; ou recorrer este a interposta pessoa para beneficiar o incapaz de suceder.

---

37 MONTEIRO, Washington de Barros; PINTO, Ana Cristina de Barros Monteiro França. *Curso de direito civil*, p. 59.

38 A referida ressalva, feita no presente artigo, demonstra que foi adotada a orientação consagrada na Súmula 447 do STF.

39 Entretanto, ponderamos que qualquer outra pessoa pode ser indicada como pessoa interposta, e não somente aquelas indicadas no parágrafo único do artigo em tela.

"No primeiro caso, confessa o testador, por exemplo, ser devedor de obrigação inexistente ou alega haver prometido a venda de certo bem, tendo recebido do não legitimado o preço respectivo. No segundo, ele se vale de testa de ferro, realizando assim obliquamente a operação que tinha em mente".

Nas duas hipóteses, a pena, prevista em lei, é a mesma: a nulidade da disposição, imposta pelo legislador em defesa da ordem pública, gravemente atingida pela simulação realizada pelo testador.

A simulação, como o erro, traduzindo inverdade, prova-se pelos meios comuns em direito, como prevê o art. 332 do CPC.

Tal como aduz Zeno Veloso, "a interposição pode ocorrer por pessoa que não consta do elenco do art. 1.802, parágrafo único. A nulidade da disposição depende da prova cabal do fato, cabendo o ônus da prova a quem suscitar a questão. Porém, tratando-se de pessoa aludida no citado dispositivo, a interposição resulta de presunção legal, absoluta, e dispensa prova"[40].

Cabível também no caso em tela é a discussão a respeito da validade da disposição testamentária em favor do filho da concubina. Vimos que se o filho desta também o for do testador, o art. 1.803 do Código Civil autoriza a disposição, mas, se não o for visando a beneficiar a concubina por outros meios, prevê a lei civil a nulidade da disposição testamentária nos termos do art. 1.802, parágrafo único, sendo este visto como interposta pessoa para beneficiar efetivamente o genitor impedido de herdar do testador casado.

Ainda no que tange à capacidade sucessória, a pós-modernidade traz questionamentos, como a possibilidade (ou não) de animais ou coisas inanimadas de suceder.

É sabido que somente o homem e a pessoa jurídica podem adquirir *causa mortis*. Desta forma, não há falar em sucessão dos animais, ou de coisa inanimada, vez que as coisas não podem ser sujeito de direito. Faltaria a ambos legitimação para suceder.

---

[40] VELOSO, Zeno. *Código Civil comentado*, p. 2033.

Entretanto, pode ser admitida a herança ou o legado a uma pessoa com o encargo de cuidar de certo animal ou de certa coisa, seja esta móvel ou imóvel, inanimada ou semovente.

Assim, o herdeiro instituído é a pessoa, e os cuidados com a coisa ou o animal constituirão encargo a ela imposto, pelo qual a pessoa receberia certo bem, sendo obrigada, contudo, a cuidar do animal até a sua morte, sob pena de ser obrigado à devolução do legado[41].

[41] COLTRO, Antonio Carlos Mathias. Transmissão do acervo hereditário. In: HIRONAKA, Giselda; PEREIRA, Rodrigo da Cunha (Coords.). *Direito das sucessões e o novo Código Civil*, p. 29; PEREIRA, Caio Mário da Silva. *Instituições de direito civil*, p. 30.

Capítulo 6

Da aceitação e renúncia da herança

6.1. Da aceitação da herança

Uma vez aberta a sucessão, os sucessores são chamados a recolher a herança. Mas questiona-se em primeiro lugar se desejam estes ou não a condição de herdeiros, devendo, portanto, aceitar ou renunciar à herança.

Manifestam-se sobre essa questão de formas diversas os vários sistemas jurídicos. O Código Civil alemão não faz a diferença entre a devolução e a aceitação da herança, diferente do direito romano. Só a renúncia exige ato positivo e real. Seguem a mesma orientação os Códigos suíço e escandinavo.

Para os Códigos que se filiam ao sistema romano, a aceitação da herança é indispensável, com a diferença de que, para os romanos, a pessoa falecida era considerada viva até que se verificasse a aceitação da herança pelos respectivos sucessores.

O direito moderno visa ao mesmo fim, mas é retroativa a aceitação manifestada pelo herdeiro. Nessas condições, vemos com Planiol que "não é mais o direito do extinto que se prolonga além de sua morte; é o do herdeiro que remonta ao passado"[1].

---

[1] MONTEIRO, Washington de Barros; PINTO, Ana Cristina de Barros Monteiro França. *Curso de direito civil*, p. 63; MAXIMILIANO, Carlos. *Direito das sucessões*, p. 56.

A aceitação da herança tomou, no direito moderno, o sentido de manifestação livre da vontade de receber o herdeiro a herança que lhe é deferida, um ato confirmatório de sua vontade[2].

À luz do art. 1.804 do Código Civil: "Aceita a herança, torna-se definitiva a sua transmissão ao herdeiro, desde a abertura da sucessão. Parágrafo único. A transmissão tem-se por não verificada quando o herdeiro renuncia à herança".

A aceitação da herança é, portanto, imprescindível para que o herdeiro venha a suceder.

Tanto o ato de aceitação quanto o de renúncia à herança dispensam qualquer justificativa, "bastando ao herdeiro dizer sim ou não. Se, entretanto, o representante legal de incapaz pretender a renúncia em nome deste, haverá de justificar as suas razões perante o juiz, a quem caberá a decisão final"[3].

Assim sendo, havendo o falecimento do autor da herança, o domínio e a posse da herança transmitem-se *ipso jure* aos herdeiros, independentemente de qualquer outro ato deste. "A aceitação não passa de mera confirmação, por parte do herdeiro, da transferência que lhe havia sido feita. Não se imagine, porém, se trate de ato supérfluo ou desnecessário. Representa um ato personalíssimo, uma vez que ninguém deve ser herdeiro contra a própria vontade, sabido que não mais vige a parêmia *filius ergo heres*. Requer-se, por isso, aceitação, através da qual o herdeiro manifesta o propósito de adir a herança"[4]. Isto posto, temos que ninguém pode ser obrigado a receber a herança ou legado contra a sua vontade, devendo confirmar a transmissão que se opera por determinação legal.

---

2 PEREIRA, Caio Mário da Silva. *Instituições de direito civil*, p. 43; HIRONAKA, Giselda Maria Fernandes Novaes. Direito das sucessões – introdução. In: HIRONAKA, Giselda Maria Fernandes Novaes; PEREIRA, Rodrigo da Cunha (Coords.). *Direito das sucessões e o novo Código Civil*, p. 9.

3 NADER, Paulo. *Curso de direito civil*, p. 69.

4 MONTEIRO, Washington de Barros; PINTO, Ana Cristina de Barros Monteiro França. *Curso de direito civil*, p. 64; FARIAS, Cristiano Chaves de. Incidentes à transmissão da herança: aceitação, renúncia, cessão de direitos hereditários e petição de herança. In: HIRONAKA, Giselda; PEREIRA, Rodrigo da Cunha (Coords.). *Direito das sucessões e o novo Código Civil*, p. 40.

Pode-se assim aduzir de forma sintética que a aceitação da herança "é o ato jurídico unilateral pelo qual o herdeiro, legítimo ou testamentário, manifesta livremente sua vontade de receber a herança que lhe é, *ipso iure*, transmitida, visto que ninguém pode ser herdeiro contra sua própria vontade. Tem efeito meramente confirmativo da aquisição da posse e da propriedade do acervo hereditário"[5].

6.1.1. Formas de aceitação da herança

Quanto à **forma de aceitação da herança**, previstas no art. 1.805 do Código Civil, estas podem ser: expressa e tácita. É **expressa** quando o herdeiro declara por escrito, público ou particular, que deseja receber a herança, não sendo prevista em lei a aceitação manifestada oralmente; **tácita** quando resultar tão somente de atos próprios da qualidade de herdeiro, bastante comuns na vida prática. Pode, entretanto, ser **presumida** quando o herdeiro permanece silente, depois de notificado, nos termos do art. 1.807 do Código Civil, para que declare, em prazo não superior a trinta dias, a pedido de alguém interessado, geralmente credor, se aceita ou não a herança[6].

A aceitação **presumida ou ficta**, que se dá, nos termos do art. 1.807 do Código Civil, quando o interessado requer judicialmente o prazo suplementar de vinte dias para realizar o aceite da herança.

A **aceitação tácita** resulta, de qualquer ato, positivo ou negativo, que demonstre, de modo seguro e certo, a intenção de receber a herança. Assim, se o herdeiro intervém no inventário e nele se faz representar por advogado,

---

5 FRANÇA, Rubens Limongi. *Instituições de direito civil*, p. 902; DINIZ, Maria Helena. *Curso de direito civil brasileiro*, p. 81. "INVENTÁRIO. Transação de herdeiros em processo de inventário, manifestando renúncia à herança por parte de uns, que cedem seus quinhões hereditários a outros. Renúncia translativa ou imprópria, no caso, equivalente a cessão de direitos e não abdicativa ou própria. Renúncia translativa reduzida a termo. Negativa de homologação com fundamento no art. 1.810 do Código Civil. Inaplicabilidade do preceito, por se cuidar, como dito, de cessão ou renúncia translativa ou imprópria. Inexistência de motivo a justificar a recusa na homologação da transação. Decisão reformada, homologada a transação. Recurso provido" (AgI 0176646-79.2011.8.26.0000, TJSP, 10ª Câm. Dir. Priv., Rel. Des. João Carlos Saletti, j. 22-5-2012.

6 FRANÇA, Rubens Limongi. *Instituições de direito civil*, p. 902; MONTEIRO, Washington de Barros; PINTO, Ana Cristina de Barros Monteiro França. *Curso de direito civil*, p. 64; SAN TIAGO DANTAS, Francisco Clementino. *Direitos de família e das sucessões*, p. 468.

concordando com as primeiras declarações, avaliações e outros atos do processo; se administra, sem ser em caráter provisório, os bens herdados, benfeitorizando-os, satisfazendo-lhes os impostos, praticando, em suma, atos privativos ou característicos do herdeiro; de semelhante atuação, pode-se concluir pela intenção em aceitar a herança.

O simples requerimento de inventário, por si só, não traduz, entretanto, o propósito de aceitar a herança, por se tratar de obrigação legal, inerente ao herdeiro; da mesma forma, mera outorga de procuração para o processo.

O § 1º do art. 1.805 do Código Civil dispõe: "Não exprimem aceitação de herança os atos oficiosos, como o funeral do finado, os meramente conservatórios, ou os de administração e guarda provisória". E o § 2º: "Não importa igualmente aceitação a cessão gratuita, pura e simples, da herança, aos demais coerdeiros".

Quanto **à pessoa** que se manifesta em face da aceitação da herança, esta pode ser: direta, se oriunda do próprio herdeiro; ou indireta, se alguém a faz pelo herdeiro, surgindo pois: a aceitação pelos sucessores; a aceitação pelo tutor ou curador de heranças; a aceitação por mandatário ou gestor de negócios e a aceitação pelos credores.

No que tange à **aceitação pelos sucessores**, esta se dá da seguinte forma: se o herdeiro falecer antes de declarar se aceita ou não a sucessão, o seu direito de aceitar passa aos seus herdeiros, valendo a declaração destes como se daquele partisse. Ou seja, se morto o avô, e posteriormente o filho, antes da aceitação da herança, tem o neto, por direito de transmissão – e não de representação –, o direito de aceitá-la. Trata-se, como refere Maria Helena Diniz, "de sucessão hereditária do direito de aceitar", posto que a morte do herdeiro, antes da aceitação, impede a transmissão aos seus sucessores de herança ainda não aceita, transferindo-se, pois, o poder de aceitá-la ou repudiá-la.

Essa espécie de aceitação verifica-se, todavia, inadmissível na pendência de condição suspensiva, estipulada pelo testador e ainda não verificada, conforme dispõe o art. 1.809 do Código Civil, visto que se o herdeiro falecer antes do seu implemento, extinguir-se-á seu direito sucessório, uma vez que a condição suspensiva impede a aquisição do direito, como prevê a regra do art. 125 do Código Civil, dada a inocorrência da condição[7].

---

7 DINIZ, Maria Helena. *Curso de direito civil brasileiro*, p. 85.

Dispõe o art. 1.809 do Código Civil: "Falecendo o herdeiro antes de declarar se aceita a herança, o poder de aceitar passa-lhe aos herdeiros, a menos que se trate de vocação adstrita a uma condição suspensiva, ainda não verificada. Parágrafo único. Os chamados à sucessão do herdeiro falecido antes da aceitação, desde que concordem em receber a segunda herança, poderão aceitar ou renunciar a primeira".

É válido ressaltar que, para o neto aceitar a herança do avô, primeiro deverá aceitar a do pai (não se pode pular um grau), como dispõe o art. 1.809 do Código Civil.

A **aceitação pelo tutor ou curador** de heranças, legados ou doações, com ou sem encargo, em lugar do incapaz, pode ser efetuada, desde que devidamente autorizado pelo juiz, como preveem os arts. 1.748, II, e 1.781 do Código Civil[8].

A aceitação pode ser ainda por **mandatário ou gestor de negócios**. É cabível essa modalidade de aceitação à luz do direito pátrio, embora seja controvertida a admissibilidade de declaração feita pelo gestor de negócios, subordinada apenas à confirmação do herdeiro.

Por fim, também podem os **credores** realizar a aceitação da herança. Assim, à luz do disposto no art. 1.813 do Código Civil: "Quando o herdeiro prejudicar os seus credores, renunciando à herança, poderão eles, com autorização do juiz, aceitá-la em nome do renunciante. § 1º A habilitação dos credores se fará no prazo de trinta dias seguintes ao conhecimento do fato. § 2º Pagas as dívidas do renunciante, prevalece a renúncia quanto ao remanescente, que será devolvido aos demais herdeiros".

É, todavia, imprescindível a autorização judicial para que os credores possam aceitar a herança em nome do renunciante, só podendo beneficiar-se até o montante do crédito. Uma vez pago o débito, o remanescente será devolvido àquele a quem a renúncia beneficia, como dispõem os arts. 1.810 e 1.811 do Código Civil e o art. 642, § 3º, do CPC de 2015 (art. 1.017 § 3º, do CPC de 1973), e não ao renunciante, que a essa altura não é mais herdeiro, como prevê o art. 1.813, § 2º, do Código Civil[9].

---

8 MONTEIRO, Washington de Barros; PINTO, Ana Cristina de Barros Monteiro França. *Curso de direito civil*, p. 65 e 66.

9 DINIZ, Maria Helena. *Curso de direito civil brasileiro*, p. 86.

Três são, portanto, as **fases da sucessão**, como aduz Caio Mário: *a abertura da sucessão*, que determina a transferência abstrata do acervo; *a delação da herança*, que consiste no oferecimento do patrimônio do *de cujus* aos herdeiros; e a *aquisição*, que é o fato jurídico do ingresso dos bens no patrimônio dos herdeiros em decorrência da manifestação de vontade destes, em virtude da qual a herança já deferida é aceita. Ou seja, "a aceitação encerra uma situação de pendência criada com a abertura da sucessão"[10].

6.1.2. Conteúdo da aceitação da herança

Como a herança representa uma universalidade, à luz do art. 91 do Código Civil, não se pode admitir sua aceitação parcial, com exceção de determinados bens, uma vez que o herdeiro é o continuador da pessoa do *de cujus*.

Dispõe o art. 1.807 do Código Civil que "o interessado em que o herdeiro declare se aceita, ou não, a herança, poderá, vinte dias após aberta a sucessão, requerer ao juiz prazo razoável, não maior de trinta dias, para, nele, se pronunciar o herdeiro, sob pena de se haver a herança por aceita".

É ainda indivisível e incondicional, pois não se pode aceitar ou renunciar à herança em parte, sob termo ou condição, como prevê a regra do art. 1.808 do Código Civil: "§ 1º O herdeiro, a quem se testarem legados, pode aceitá-los, renunciando a herança; ou, aceitando-a, repudiá-los. § 2º O herdeiro, chamado, na mesma sucessão, a mais de um quinhão hereditário, sob títulos sucessórios diversos, pode livremente deliberar quanto aos quinhões que aceita e aos que renuncia". Representa o conteúdo desse parágrafo uma inovação trazida pelo Código Civil de 2002.

Pode nesse sentido, em havendo a dupla sucessão – legítima e testamentária –, aceitar determinados quinhões hereditários e recusar outros, ou seja, pode aceitar os legados e renunciar à herança, da mesma forma que pode renunciar aos legados e aceitar a herança.

Numa visão histórica, no que tangia à aceitação da herança, a situação da mulher era condicionada à anuência do marido. Esta não podia aceitar

---

[10] NADER, Paulo. *Curso de direito civil*, p. 72; PEREIRA, Caio Mário da Silva. *Instituições de direito civil*, p. 43 e 44; MAXIMILIANO, Carlos. *Direito das sucessões*, p. 64 e 65.

herança ou legado, sem autorização do marido como previa o art. 242, IV, do Código Civil de 1916.

Na lição de Clóvis Beviláqua, esse preceito justificava-se em virtude da ocorrência de motivos que aconselhassem a recusa da herança. Igualmente, como chefe da sociedade conjugal, o marido teria de ser ouvido sobre o repúdio de herança, manifestado pela mulher, porque tal ato, muitas vezes, privaria a família de ponderável acréscimo em seu patrimônio[11].

Assim, com a entrada em vigor da Lei n. 4.121, de 27 de agosto de 1962, denominada Estatuto da Mulher Casada, foi abolido referido preceito legal, que também não encontrou guarida no Código de 2002, e, assim, tal conceituação não encontra base legal na atualidade, podendo a mulher aceitar ou repudiar herança ou legado independentemente de outorga marital.

Por outro lado, sob a égide do Código Civil de 1916, não se submetia a renúncia pura e simples da herança, pelo marido, ao prévio consentimento da mulher.

De forma sintética, aduz Zeno Veloso que "aceitar ou renunciar é um direito potestativo do que foi chamado à herança; tem o herdeiro inteira liberdade para decidir"[12].

6.1.3. Natureza jurídica da aceitação da herança

A aceitação da herança pode ser entendida como negócio jurídico unilateral, uma vez que se aperfeiçoa com uma única manifestação de vontade, não depende de ser comunicado a outrem para que produza seus efeitos, e como ato negocial produz o efeito jurídico da aquisição hereditária. Não comporta qualquer modalidade, como termo ou condição, nem admite a recepção em partes, percebendo-se uma aceitação (ou renúncia) global da herança, salvo a hipótese prevista no art. 1.808, § 2º, já analisado.

Como declaração unilateral de vontade, gera efeitos imediatos e definitivos, e assim não pode o herdeiro arrepender-se da aceitação, sendo, pois, declarada irrevogável, nos termos do art. 1.812 do Código Civil.

---

[11] BEVILÁQUA, Clóvis. *Comentários ao Código Civil*, p. 134.

[12] VELOSO, Zeno. *Código Civil comentado*, p. 2034.

A aceitação não depende de chamamento, pois a sua caracterização é possível antes mesmo da abertura do inventário judicial, como no caso de cessão de direitos hereditários. Sujeita-se, por conseguinte, aos princípios dos atos negociais, excetuadas as ressalvas da lei[13].

O Código Civil de 1916 previa a retratação da aceitação se dela não resultasse prejuízo aos credores. Entretanto, à luz dos arts. 1.804 e 1.812 do Código Civil, diante da irrevogabilidade dos atos de aceitação ou renúncia da herança, o herdeiro não pode arrepender-se dela, visto que a aceitação não é passível de retratação, sendo, pois, definitiva.

No caso da pluralidade de herdeiros, cada um pode proceder de acordo com sua vontade individual, aceitando ou renunciando à herança[14].

6.1.4. Da anulação da herança

Pode ocorrer que seja anulada a aceitação, tendo em vista que apuração posterior determina que o aceitante não é herdeiro legítimo, ou quando se tem notícia da ocorrência de um testamento que absorva a totalidade da herança, na falta de herdeiros necessários.

"Declarada ineficaz a aceitação, a herança passa àquele a quem regularmente se defere, como se a aceitação inexistisse. No entanto, se já houver sido encerrado o inventário e homologada a partilha, só por ação de petição de herança poderá o interessado reivindicar o que lhe cabe"[15].

6.2. Da renúncia da herança

Assim como existe o direito à aceitação da herança, assiste igualmente ao herdeiro o direito de renunciar a ela.

A renúncia pode ser entendida como a demissão da qualidade de herdeiro. Constitui ato unilateral, que não cria para o renunciante qualquer direito. Ela não é considerada transmissão da propriedade, nem liberalidade. Ao renunciante se considera como se não existisse, ou melhor, como se nunca tivesse herdado.

---

13 NADER, Paulo. *Curso de direito civil*, p. 70.

14 PEREIRA, Caio Mário da Silva. *Instituições de direito civil*, p. 47.

15 PEREIRA, Caio Mário da Silva. *Instituições de direito civil*, p. 48.

Requer a renúncia à herança alguns requisitos basilares: a capacidade jurídica do renunciante; a forma prescrita em lei; a inadmissibilidade de condição ou termo; a não realização de qualquer ato equivalente à aceitação da herança; a impossibilidade de repúdio parcial da herança; o objeto lícito e a prévia abertura da sucessão[16].

Sintetiza Carlos Maximiliano que a renúncia "é o repúdio formal da herança ou legado, devendo ser feita expressamente por escritura pública ou termo nos autos"[17].

Tal como concebe Itabaiana de Oliveira, "a renúncia à herança é o ato pelo qual o herdeiro declara, expressamente, que não quer aceitá-la, preferindo conservar-se completamente estranho à sucessão"[18].

No que concerne à **forma prescrita em lei**, concebe San Tiago Dantas que "ao contrário do que acontece com a aceitação, a renúncia deve ser sempre expressa, pois assim como é lícito a qualquer tempo a alguém requerer o patrimônio de que é sucessor, convém que um ato de desistência fique claro, para não constituir nenhuma dúvida sobre o direito de terceiros".

A renúncia, portanto, não se presume, requer ato positivo da vontade de renunciar e exige solenidade (*nemo juri suo facile renuntiare praesumitur*), ou seja, de instrumento público, cujo traslado se junta aos autos do inventário ou de termo nos autos de inventário, com homologação pelo juiz como prevê a regra do art. 1.806 do Código Civil: "A renúncia da herança deve constar expressamente de instrumento público ou termo judicial". Assim sendo, só a partir desta formalidade é que ela opera seus efeitos. E, em ambos os casos, o juiz, após apreciar devidamente o ato de renúncia, a homologará por sentença.

Desta forma, em face dos efeitos que produz, exige plena **capacidade jurídica** do renunciante. Não pode ser realizada por incapaz, nem pelo representante legal, a menos que se obtenha prévia permissão da autoridade judiciária competente. Feita por mandatário, a procuração deve conter poderes especiais e expressos, como prevê a regra do art. 661, § 1º, do Código Civil[19].

---

16 SAN TIAGO DANTAS, F. C. *Direitos de família e das sucessões*, p. 468.

17 MAXIMILIANO, Carlos. *Direito das sucessões*, p. 59.

18 OLIVEIRA, Arthur Vasco Itabaiana de. *Tratado de direito das sucessões*, p. 96.

19 SAN TIAGO DANTAS, F. C. *Direitos de família e das sucessões*, p. 468; OLIVEIRA, Arthur Vasco Itabaiana de. *Tratado de direito das sucessões*, p. 97.

Na atualidade, por maioria de votos, a Terceira Turma do Superior Tribunal de Justiça (STJ) decidiu que, quando a renúncia à herança é feita por procurador, este não pode ser constituído mediante instrumento particular. A outorga da procuração precisa ser feita por instrumento público ou termo judicial. Acompanhando o voto-vista do Ministro Sidnei Beneti, a Turma entendeu que, se o art. 1.806 do Código Civil estabelece que a renúncia deve constar expressamente de instrumento público ou termo judicial, então a concessão de poderes para essa renúncia também tem de ser realizada por meio dos mesmos instrumentos.

"A questão discutida pelos ministros não foi em relação à possibilidade ou não da renúncia por procurador, a qual é inteiramente válida quando a procuração dá poderes específicos para a renúncia. A Turma discutiu a forma de constituição do procurador para a renúncia, ou seja, a necessidade de instrumento público para a transmissão de poderes"[20].

Em face da necessidade de ter o agente capacidade para a renúncia à herança, entende-se nulo o ato praticado por pessoa absolutamente incapaz e anulável se o agente for relativamente incapaz. Os representantes dos incapazes só podem renunciar à herança ou legado mediante autorização judicial, como visto, devendo para tanto justificar os motivos geralmente fortes e convincentes, os quais em muitos casos entendemos análogos aos que dão ensejo à renúncia da propriedade, quais sejam: quando os valores das dívidas da herança são maiores que o próprio valor da quota do herdeiro; quando o bem a ser herdado for incapacitado para o uso, gozo e fruição originariamente determinado, como no caso de um terreno ou gleba de terra invadido.

Interessante controvérsia vem marcada quando se tratar da renúncia de pessoas casadas ou conviventes.

Entendemos, pois, que quando se tratar de herdeiro casado ou convivente, caso o regime de bens não seja o da separação absoluta de bens, a renúncia requer a declaração do casal, como prevê a regra do art. 1.647, IV, do Código Civil. E assim, sem a outorga do consorte, ter-se-á negócio jurídico inexistente. Entretanto, diante da recusa do cônjuge ou convivente, o

---

20 REsp 1236671.

herdeiro poderá requerer o suprimento judicial, quando então cada um poderá expor suas razões. Independentemente de tal requerimento, tem-se que quem se negou a anuir poderá ratificar o ato de renúncia, quando então esta se efetivará[21].

No que tange à união estável, questiona-se se seria necessária a outorga do convivente, por ser a união estável uma relação puramente fática. Entretanto, dada a função social da família na pós-modernidade e também o fato de a união estável possuir o seu regime de bens, que pode inclusive ser o da comunhão universal, tendo em vista a higidez familiar e a importância que o patrimônio representa nessa seara, importante seria a outorga do companheiro para a renúncia à herança[22].

Compactuam dessa opinião Zeno Veloso, Giselda Maria Fernandes Novaes Hironaka e Francisco Cahali[23].

Diverso é o pensamento de Maria Helena Diniz, para quem "a pessoa casada pode aceitar ou renunciar à herança ou legado independentemente do prévio consentimento do cônjuge, pois a renúncia e a aceitação da herança é ato próprio de quem é herdeiro, não se aplicando a regra do art. 1.647".[24]

Quanto à **forma prescrita em lei**, tem-se que só não se permite renúncia quando esta for contrária à lei, ou entrar em conflito com direitos de terceiros. Não se confunde com a desistência. Enquanto a primeira ocorre quando não existe qualquer ato que exprima a aceitação da herança, a segunda, ao inverso, pressupõe anterior aceitação, tácita ou expressa.

Como preveem os arts. 108 e 1.806 do Código Civil, não se admite renúncia de meação por simples termo judicial nos autos de inventário. Depende tal ato de escritura pública.

---

21 MALUF, Carlos Alberto Dabus. A inexistência na teoria das nulidades. São Paulo – Tese apresentada à FADUSP para provimento de cargo de professor titular em 2007, p. 170 e s.; NADER, Paulo. *Curso de direito civil*, p. 83.

22 MALUF, Adriana Caldas do Rego Freitas Dabus. *Novas modalidades de família na pós-modernidade*, São Paulo: Atlas, 2010, p. 43, 44 e 108; MALUF, Adriana Caldas do Rego Freitas Dabus. *Direito das famílias*: amor e bioética, p. 281; NADER, Paulo. *Curso de direito civil*, p. 83.

23 VELOSO, Zeno. *Código Civil comentado*, p.1839; HIRONAKA, Giselda Maria Fernandes Novaes; CAHALI, Francisco. *Curso avançado de direito civil*. São Paulo: Revista dos Tribunais, 2000, v. 6, p. 102.

24 DINIZ, Maria Helena. *Curso de direito civil brasileiro*, p. 91.

Quanto à **inadmissibilidade de condição ou termo**, dispõe o art. 1.808 do Código Civil: "Não se pode aceitar ou renunciar a herança em parte, sob condição ou a termo"; a renúncia da herança é ato puro e simples.

Dispõe o art. 1.805, § 2º, do Código Civil: "Não importa igualmente aceitação a cessão gratuita, pura e simples, da herança, aos demais coerdeiros".

À luz do pensamento de Clóvis Beviláqua, o termo cessão gratuita representa o mesmo que renúncia, e, nesse sentido, incorreta se demonstra a prescrição legal.

Para excluir a aceitação, não basta que o herdeiro tenha feito cessão gratuita a todos os coerdeiros; é necessário que essa cessão seja pura e simples. E assim, "se o herdeiro, cedendo a herança, estipula cláusulas, encargos ou condições, está verdadeiramente aceitando a herança, embora de maneira disfarçada, e a praticar negócio jurídico somente compatível com a condição de herdeiro".

Por outro lado, a cessão gratuita há de ser feita indistintamente a todos os coerdeiros, em outras palavras, em benefício do monte total. Se o cedente transfere sua quota hereditária em favor de determinada pessoa, indicada nominalmente, realiza dupla ação: está aceitando a herança e doando-a, em seguida, à pessoa designada. Ato que em tais condições não equivale a renúncia. Renúncia dita translativa é figura de alienação.

Duas são, pois, as formas de renúncia à herança: à abdicativa, mediante a qual se renuncia em favor do todo, e a translativa, pela qual o cedente cede seu quinhão hereditário a terceira pessoa. Representa esta forma uma prévia aceitação da herança, seguida de doação.

É válido ressaltar que, em se tratando de renúncia pura e simples, o único imposto devido é o *causa mortis,* a ser pago pelo beneficiado, sendo inexigível o *inter vivos*; ao passo que cessão em benefício de pessoa determinada (*in favorem*), como verdadeira doação, incide na tributação respectiva. Da mesma forma, sujeita-se ao pagamento de direitos fiscais renúncia de herança pelo coerdeiro, depois de a ter aceito[25].

---

[25] MONTEIRO, Washington de Barros; PINTO, Ana Cristina de Barros Monteiro França. *Curso de direito civil*, p. 67.

Depreende-se, pois, pela *não realização de qualquer ato equivalente à aceitação da herança, dado que, após a sua prática, não valerá a renúncia.*

Existe ainda a impossibilidade de repúdio parcial da herança, por ser esta uma unidade indivisível até o momento da partilha, como prevê o art. 1.808, 1ª parte, do Código Civil, podendo ainda o herdeiro suceder a título universal ou singular como legatário.

O objeto da renúncia deverá ainda ser lícito, uma vez que está vedada a renúncia contrária à lei, ou conflitante com o direito de terceiros, como no caso da renúncia lesiva aos credores.

Tal como prevê o art. 1.813 do Código Civil, visando coibir a renúncia lesiva aos credores: "Quando o herdeiro prejudicar os seus credores, renunciando à herança, poderão eles, com autorização do juiz, aceitá-la em nome do renunciante. § 1º A habilitação dos credores se fará no prazo de trinta dias seguintes ao conhecimento do fato. § 2º Pagas as dívidas do renunciante, prevalece a renúncia quanto ao remanescente, que será devolvido aos demais herdeiros".

Protege-se, assim, a integridade das relações negociais, tendo em vista seus princípios constitutivos. Desta forma, se houver prejuízo aos eventuais credores com a renúncia da herança, podem estes aceitá-la em nome do renunciante, independentemente da verificação do *consilium fraudis*.

Não necessitam eles recorrer à ação revocatória ou pauliana para atingir tal objetivo; suficiente será que o requeiram ao juiz do inventário e que este autorize o ato. Se, no entanto, o processo se acha encerrado, tornar-se-á inviável a aceitação da herança pelos credores. Será caso então de repetir, para estes, o velho brocardo *dormientibus non succurit jus*. Qualquer direito que lhes assista deverá ser reclamado através da ação revocatória. Por isso dispõe o art. 1.813, § 1º, que a habilitação dos credores se fará no prazo de trinta dias seguintes ao conhecimento do fato.

Uma vez aceita a herança pelos credores, serão estes aquinhoados no curso da partilha, como prevê o art. 1.017, § 3º, combinado com o art. 647 do Código de Processo Civil de 2015 (art. 1.022 do CPC/73). Se houver saldo, entregar-se-á aos demais herdeiros, e não ao renunciante, à luz do disposto no § 2º do artigo em tela.

Como ponderam Washington de Barros Monteiro e Ana Cristina de Barros Monteiro França Pinto, "nessa faculdade outorgada aos credores não se inclui a de aceitar legado, recusado pelo devedor, porque semelhante recusa pode ser fruto de poderosas razões de ordem moral e também porque contra a vontade não se faz benefício (*invito beneficium non datur*)"[26].

Finalmente, para que se possa proceder à renúncia da herança é necessária a **abertura da sucessão**, a partir do falecimento do autor da herança.

6.2.1. Efeitos da renúncia

Aponta San Tiago Dantas os efeitos produzidos pela renúncia da herança: "São efeitos adstritos à delação da herança; assim, a herança que estava deferida aos herdeiros renunciantes precisa ser deferida a outros, há de haver outra delação. Entretanto, é válido ressaltar que se alguém renuncia a uma herança não podem os seus herdeiros pretender aceitá-la, pois a renúncia elimina aquela linhagem e a delação tem de se fazer a outro modo"[27].

Desta forma, vê-se que a realização de qualquer ato equivalente à aceitação da herança não equivalerá à renúncia.

Os efeitos oriundos da renúncia da herança retroagem ao tempo da abertura da sucessão.

Dispõe o art. 1.810 do Código Civil que, "na sucessão legítima, a parte do renunciante acresce à dos outros herdeiros da mesma classe e, sendo ele o único desta, devolve-se aos da subsequente".

Isto posto, temos que o herdeiro renunciante é tido como se jamais tivesse existido. Assim, o quinhão hereditário do repudiante, na sucessão legítima, transmite-se *ipso iure* aos outros herdeiros da mesma classe, mediante o direito de acrescer.

---

26 MONTEIRO, Washington de Barros; PINTO, Ana Cristina de Barros Monteiro França. *Curso de direito civil*, p. 70. Importante disposição vem anotada no art. 52, V, da Lei de Falências acerca da renúncia lesiva aos credores: "não produz efeitos relativamente à massa, tenha ou não o contratante conhecimento do estado econômico do devedor, seja ou não intenção deste fraudar credores, a renúncia a herança ou a legado, até dois anos antes da declaração da falência. Mas, nesse caso, também é de mister propositura de ação revocatória, nos termos do art. 55 do Decreto-Lei n. 7.661, de 21 de junho de 1945, a fim de obter-se a ineficácia do ato".

27 SAN TIAGO DANTAS, F. C. *Direitos de família e das sucessões*, p. 469.

Pode-se tomar como exemplo o fato de que o *de cujus* tivesse dois filhos. Se um renunciasse à herança, ao outro caberia todo o quinhão.

E ainda, se fosse o único da classe, os bens passariam aos herdeiros da classe subsequente, conforme dispõe o artigo em tela. No caso de inexistirem outros herdeiros, os bens arrecadam-se como vagos e passarão a pertencer ao erário público. No caso da sucessão testamentária, esse também será o fim dos referidos bens caso o autor da herança não tenha determinado a substituição, à luz do disposto nos arts. 1.941, 1.944 e 1.947 do Código Civil.

Segundo o art. 1.811 do Código Civil, "ninguém pode suceder, representando herdeiro renunciante. Se, porém, ele for o único legítimo da sua classe, ou se todos os outros da mesma classe renunciarem a herança, poderão os filhos vir à sucessão, por direito próprio, e por cabeça".

Trata-se aqui de interessante posição. É visto que se o herdeiro renuncia à herança ninguém mais pode suceder em seu lugar, por meio do direito de representação, regulado pelo art. 1.851 do Código Civil em vigor. Ou seja, os herdeiros do renunciante **não** herdam por representação na sucessão legítima. A partir daí, o quinhão devido ao renunciante vai acrescer ao dos outros herdeiros da mesma classe, ou se devolve aos herdeiros da classe subsequente, se o renunciante fosse o único herdeiro de sua classe.

Pode ainda ocorrer que o renunciante, ou seja, o único herdeiro legítimo de sua classe, ou que todos os demais herdeiros da mesma classe também renunciem à herança – independentemente do motivo. A partir daí, abre-se a possibilidade de os filhos virem a suceder ao renunciante, não mais pelo direito de representação, mas por direito próprio, e por cabeça.

Como exemplo tem-se o caso em que o autor da herança tenha deixado dois filhos e netos: no caso de um dos filhos renunciar à herança, sua parte não será transmitida aos seus filhos; entretanto, se os dois filhos renunciarem à herança, os netos do falecido sucederão por direito próprio e por cabeça e não mais por estirpe ou representação.

Na sucessão testamentária, a renúncia do herdeiro torna caduca a disposição de última vontade que a beneficie, a menos que o testador tenha indicado substituto, como prevê o art. 1.947 do Código Civil; ou que haja direito de acrescer entre os herdeiros e legatários, como dispõe o art. 1.943 do mesmo Código.

Pode ainda o renunciante administrar e ter usufruto dos bens que, em razão de seu repúdio, forem transmitidos a seus filhos menores sob poder familiar.

À luz do disposto no art. 1.808, § 1º, do Código Civil, aquele que repudia a herança não está impedido de aceitar legado.

Tal como leciona Itabaiana de Oliveira, distintos são os efeitos da renúncia quando se tratar de sucessão legítima ou testamentária: na sucessão legítima, a parte do herdeiro renunciante acresce à dos outros herdeiros da mesma classe, ou devolve-se aos da classe subsequente, se este for o único em sua classe; na sucessão testamentária, por outro lado, o quinhão do herdeiro renunciante será devolvido ao seu substituto, ou transmitido aos herdeiros legítimos, ou acrescerá a parte dos coerdeiros conjuntos (como indicam os arts. 1.942 e 1.943 do CC atual – arts. 1.712 e 1.713 do CC anterior)[28].

6.2.2. Da irrevogabilidade da renúncia

Diversamente do Código Civil anterior que previa a retratação em seu art. 1.850, o Código atual inova, tornando irrevogável o ato seja de aceitação, seja de renúncia da herança.

Tal como prevê a regra do art. 1.812 do Código Civil, "são irrevogáveis os atos de aceitação ou de renúncia da herança". Desta forma, "preenchidas as formalidades legais, a renúncia é irrevogável, irretratável e definitiva, produzindo efeito imediato, gerando a ficção de o renunciante jamais ter existido"[29].

Não subsiste a renúncia, entretanto, se o consentimento for afetado por vício. E assim, só se poderá obter essa retratação se o renunciante não agiu de má-fé ou maliciosamente, e mediante ação ordinária própria, e não nos autos do inventário, conforme o disposto no art. 612 do Código de Processo Civil de 2015 (art. 984 do CPC/73).

Trata-se, no caso, de anulação da renúncia por vício de consentimento, e não de retratação. A renúncia é, como todo ato jurídico, anulável se a vontade que a externou manifestou-se viciada por erro, dolo ou coação, nos termos do art. 171, II, do Código Civil.

---

28 OLIVEIRA, Arthur Vasco Itabaiana de. *Tratado de direito das sucessões*, p. 99.

29 PEREIRA, Caio Mário da Silva. *Instituições de direito civil*, p. 52 e 53.

Capítulo 7

Dos excluídos da sucessão

7.1. Conceito e fundamento da indignidade

O herdeiro ou legatário pode ser privado do direito sucessório em alguns casos especiais, notadamente se praticar contra o autor da herança atos considerados ofensivos, de indignidade.

Entende-se que seria profundamente injusto que o autor de agressões físicas ou morais contra o *de cujus*, ou membros próximos de sua família, pudesse se aproveitar de sua herança, na condição de herdeiro legítimo ou testamentário, uma vez que a sucessão se fundamenta na presunção de estima e solidariedade entre as partes. Vê-se aí um fundamento ético para a indignidade, como adverte Cicu, "pois repugna à ordem jurídica como à moral que alguém venha a auferir vantagens do patrimônio da pessoa que ofendeu"[1].

Já no direito romano admitia-se que a herança fosse retirada ao herdeiro pelo motivo de praticar faltas graves contra a pessoa do autor da herança.

---

1 PEREIRA, Caio Mário da Silva. *Instituições de direito civil*, p. 31; NADER, Paulo. *Curso de direito civil*, p. 87; CICU, Antonio. *Le successioni*, v. 1, p. 88.

Era, pois, decretada oficialmente em Roma, e daí resultava a erepção, a confiscação da herança, além da morte civil do indigno. Com a mesma finalidade, resistiu o instituto até os dias atuais[2].

O Código Civil, em seu art. 1.814, regula os casos daqueles que são excluídos da sucessão: "São excluídos da sucessão os herdeiros ou legatários: I – que houverem sido autores, coautores ou partícipes de homicídio doloso, ou tentativa deste, contra a pessoa de cuja sucessão se tratar, seu cônjuge, companheiro, ascendente ou descendente; II – que houverem acusado caluniosamente em juízo o autor da herança ou incorrerem em crime contra a sua honra, ou de seu cônjuge ou companheiro; III – que, por violência ou meios fraudulentos, inibirem ou obstarem o autor da herança de dispor livremente de seus bens por ato de última vontade".

A indignidade representa uma sanção civil, que acarreta a perda do direito sucessório, àquele que imputar atos criminosos ou reprováveis contra o *de cujus*. Suas causas são taxativas e representam atentados contra a vida, a honra e a liberdade do *de cujus* e/ou de seus familiares próximos[3].

---

[2] MAXIMILIANO, Carlos. *Direito das sucessões*, p. 84.

[3] MONTEIRO, Washington de Barros, PINTO, Ana Cristina de Barros Monteiro França. *Curso de direito civil*, p. 75. "HERANÇA. Ação buscando exclusão da esposa do *de cujus* por indignidade. Extinção sem julgamento de mérito que subsiste quanto à figura típica do artigo 1814, II, do CC; em relação à do antecedente inciso I cabendo, mais propriamente, falar em improcedência à vista da precariedade probatória, a justificar antecipação de julgamento. Apelo improvido, com ressalva apenas da correta capitulação dos fatos" (Ap. 9224544-37.2008.8.26.0000. TJSP, Des. Rel. Luiz Ambra, 8ª Câm. Dir. Priv., j. 11-4-2012). "AGRAVO DE INSTRUMENTO. DECLARATÓRIA DE EXCLUSÃO DE HERDEIRO POR INDIGNIDADE. Decreto de suspensão do processo de conhecimento. Independência de jurisdição restrita à consequência da responsabilidade civil e criminal. Necessidade indispensável à apuração da autoria do disparo mortal (homicídio x suicídio). Aplicação do princípio da segurança jurídica. Primazia de pronunciamento de único órgão do Poder Judiciário. Justificável cautela para evitar soluções conflitantes sobre a análise de mesmo fato e provas. Reconhecimento de paralisação até julgamento da ação penal. Decisão interlocutória mantida. Recurso desprovido" (AgI 0181258-60.2011.8.26.0000, TJSP, 8ª Câm. Dir. Priv., Des. Rel. Salles Rossi, j. 13-10-2012). "Indignidade de herdeiro necessário. Homicídio do autor da herança. Ação declaratória. Legitimidade ativa do Ministério Público. Inteligência do art. 1.815 do CC/02. Coerdeiros, ademais, que são menores. Preservação de seus interesses, indisponíveis. Sentença mantida. Recurso desprovido" (Ap. 0000078-83.2005.8.26.0627,TJSP, Des. Rel. Cláudio Godoy, 1ª Câm. Dir. Priv., j. 25-10-2011).

Para Carlos Maximiliano, "o direito de suceder baseia-se na afeição real ou presumida do *de cujus*, a qual deve despertar acatamento, gratidão, respeito à pessoa e às suas vontades, preferências e inclinações. E assim, a carência reveladora de tais sentimentos, a prova da falta de amor, ou a excessiva ambição, provocam a perda da prerrogativa da herança"[4].

Nesse sentido, podemos aduzir que "o amor abrange muitos significados, como afeição, respeito, inclinação, bem querer, satisfação, entre outros..., mas de uma forma geral, o amor interpessoal envolve a formação de um vínculo emocional com alguém, que seja capaz de receber os sinais característicos do comportamento amoroso. É válido ressaltar que o respeito só é possível, se o indivíduo possuir independência, sem a necessidade de explorar o outro"[5].

Para o reconhecimento da indignidade não é necessária a prévia condenação do indigno no juízo criminal. Não há interdependência entre as duas jurisdições; a prova da indignidade pode ser produzida no juízo cível. Mas, se há sentença no juízo criminal, absolvendo o réu, por não lhe ser imputável o fato, ou por não ter este existido, não mais será possível questionar a respeito no juízo cível, de acordo com o art. 935 do Código Civil de 2002. A sentença criminal produz efeito de coisa julgada e lícito não será reconhecer a indignidade no juízo cível; não se exige que o herdeiro seja exclusivamente autor do homicídio; também a coautoria e qualquer forma de participação no crime ou na sua tentativa é suficiente para afastá-lo da sucessão; tenha havido homicídio doloso, consumado ou tentado, contra a pessoa de cuja sucessão se tratar; portanto, se meramente culposo o delito, fruto de negligência, imprudência ou imperícia, inexiste voluntariedade ou dolo, apta a legitimar o afastamento sucessório do responsável.

Da mesma forma, não se opera a exclusão nos casos de legítima defesa, estado de necessidade, ou exercício regular de um direito ou perturbação das faculdades psíquicas por demência ou embriaguez, como preveem os arts. 23, I e II, 26 e 28 do Código Penal.

---

4 MAXIMILIANO, Carlos. *Direito das sucessões*, p. 87.

5 MALUF, Adriana Caldas do Rego Freitas Dabus. *Direito das famílias*: amor e bioética, p. 75.

Também constitui indignidade a denunciação caluniosa em juízo contra o autor da herança, ou, então, a prática de crime contra a honra deste, ou de seu cônjuge ou companheiro. Consoante o art. 339 do Código Penal, a denunciação caluniosa consiste em dar causa a instauração de investigação policial ou de processo judicial contra alguém, imputando-lhe crime de que o sabe inocente. Mas não basta qualquer acusação perante a polícia ou outra repartição pública. Torna-se preciso seja ela veiculada em juízo criminal, mediante queixa, e se revele falsa e dolosa.

Quanto aos crimes contra a honra do *de cujus*, ou de seu cônjuge ou companheiro, que podem ensejar indignidade, são: calúnia, difamação e injúria, previstos nos arts. 138, 139 e 140 do Código Penal. Para tanto, é necessário que haja prévia condenação criminal do indigno para que surta efeitos no juízo da sucessão. Urge concluir que o reconhecimento da indignidade, nas hipóteses questionadas, no juízo da sucessão, depende de prévia condenação no juízo criminal[6].

Eivar a liberdade de testar também dá ensejo à exclusão da sucessão: constranger o *de cujus* a testar; impedi-lo de revogar testamento anterior; suprimir testamento cerrado ou particular dele; elaborar um testamento falso; cientemente, pretende fazer uso de testamento contrafeito.

"Por força da remissão feita ao art. 1.814, vê-se que simples legatário pode incorrer na mesma penalidade, se praticar qualquer dos atos supramencionados"[7].

Vê-se, assim, que tem razão Messineo, para quem "a indignidade contém uma incompatibilidade moral entre o ato nocivo do herdeiro e o direito de herdar"[8].

Dispõe o art. 1.815 do Código Civil "a exclusão do herdeiro ou legatário, em qualquer desses casos de indignidade, será declarada por sentença. Parágrafo único. O direito de demandar a exclusão do herdeiro ou legatário extingue-se em quatro anos, contados da abertura da sucessão".

---

6 MONTEIRO, Washington de Barros; PINTO, Ana Cristina de Barros Monteiro França. *Curso de direito civil*, p. 78.

7 NADER, Paulo. *Curso de direito civil*, p. 88; MONTEIRO, Washington de Barros; PINTO, Ana Cristina de Barros Monteiro França. *Curso de direito civil*, p. 76.

8 MESSINEO, Francesco. *Manual de derecho civil y comercial*. 8. ed. Buenos Aires: Ediciones Jurídicas Europa-América, 1979, t. VII, § 175, p. 4.

Vê-se, sob a ótica do artigo em tela, que a exclusão do herdeiro não se opera *ipso jure*, não se dá de pleno direito, não ocorre por força exclusiva da lei. Há a necessidade de ser intentada ação própria, de natureza declaratória, com objetivo de excluir aquele que atentou contra o autor da herança, e o reconhecimento da indignidade deve ser declarado em sentença judicial.

Quem pode mover a referida ação? O Código Civil de 1916, em seu art. 1.596, dispunha que a ação poderia ser intentada por quem tivesse interesse na sucessão, como os coerdeiros ou os legatários.

A avaliação da conduta do herdeiro não se faz nos autos do inventário, mas em ação declaratória, com rito ordinário, e a parte legítima para sua propositura "é qualquer dos herdeiros a quem a aplicação da pena beneficie". A ação correrá no juízo do inventário, devendo o feito ser distribuído por dependência[9].

Na prática, entendemos que a ação declaratória pode ser ajuizada antes mesmo do inventário, logo após a abertura da sucessão, observado o prazo decadencial de quatro anos do art. 1.815 do Código Civil, podendo ainda o Ministério Público ajuizar tal demanda, na falta de outro interessado que o faça, tendo em vista os termos do Enunciado 116 da I Jornada de Direito Civil, promovida pelo CNJ.

Para Washington de Barros Monteiro, "a referida ação é de natureza estritamente privada; jamais poderá ser ajuizada pelo representante do Ministério Público. O interessado vem a ser o coerdeiro, o legatário ou donatário favorecido com a exclusão do indigno, o Município, o Distrito Federal ou a União (na falta de sucessores legítimos e testamentários) e qualquer credor, prejudicado com a inércia dos referidos interessados. Se menor, deverá ser representado por seu representante legal"[10].

Na lição de Zeno Veloso, "o Código Civil atual em não mencionar semelhante hipótese abriu o espaço para que se entendesse que o Ministério Público estaria legitimado para tanto, uma vez que há sem dúvida interesse público e social no caso". Também partilha desse entendimento Maria Helena Diniz.

---

9 OLIVEIRA, Arthur Vasco Itabaiana de. *Tratado de direito das sucessões*, p. 131; NADER, Paulo. *Curso de direito civil*, p. 92.

10 MONTEIRO, Washington de Barros; PINTO, Ana Cristina de Barros Monteiro França. *Curso de direito civil*, p. 80.

A I Jornada de Direito Civil de 2002 aprovou o Enunciado 116, afirmando que o Ministério Público, desde que presente o interesse público, tem legitimidade para promover ação visando a declaração de indignidade de herdeiro ou legatário.

Semelhante solução vem adotada pela legislação francesa, onde o art. 727-1 do Código Civil, introduzido pela Lei n. 2001-1135, de 3 de dezembro de 2001, aduz que, na falta de herdeiro, a ação com vistas a declarar a indignidade para suceder pode ser intentada pelo Ministério Público.

É válido ressaltar que a ação de exclusão da sucessão deve ser intentada quando o indigno ainda vive. Se morrer este antes de ser iniciada a ação, esta não é mais possível, podendo, entretanto, prosseguir, se for apresentada antes de o indigno falecer[11].

A morte do indigno extingue a ação. Seus sucessores são partes ilegítimas para a demanda. Entretanto, se iniciada em vida do herdeiro, pode prosseguir contra os respectivos sucessores, como entende Clóvis Beviláqua, sob a ótica de Carvalho Santos: "Iniciada ou não, extingue-se a ação com o falecimento do herdeiro ameaçado, porque indignidade constitui pena que não deve passar além do criminoso. Sobrevindo a morte deste, antes que se declare a indignidade, o herdeiro visado, que até essa data exercia em plena capacidade seu direito hereditário, transmite-o aos próprios sucessores, não havendo razões que justifiquem deverem os herdeiros ser acionados por obrigação que se formara em vida do autor da herança"[12].

Quanto à natureza jurídica da exclusão, não se deve, entretanto, confundir **indignidade com deserdação e com a incapacidade**, esta vista como ausência de legitimação para suceder. Ambas têm a mesma finalidade, que é afastar da herança aquele que não a merece em razão do reprovável procedimento que teve em relação ao autor da herança, em cujo fundamento ético reside o intuito do instituto. A pena de indignidade é cominada pela própria lei, nos casos expressos, ao passo que a de deserdação repousa na vontade exclusiva do autor da herança, que a impõe ao culpado no ato de

---

11 VELOSO, Zeno. *Código Civil comentado*, p. 2045; DINIZ, Maria Helena. *Curso de direito civil brasileiro*, 25. ed. São Paulo: Saraiva, 2011, p. 69 e 70.

12 BEVILÁQUA, Clóvis. *Comentários ao Código Civil*, p. 46; MONTEIRO, Washington de Barros; PINTO, Ana Cristina de Barros Monteiro França. *Curso de direito civil*, p. 80.

última vontade, desde que fundada em motivo legal. A primeira, portanto, é peculiar à sucessão legítima, embora possa também alcançar o legatário como dispõe o art. 1.814 do Código Civil, enquanto a segunda só se verifica na sucessão testamentária.

Enquanto a indignidade pode atingir todos os sucessores, legítimos e testamentários, inclusive legatários, a deserdação é utilizada pelo testador para afastar de sua sucessão os herdeiros necessários.

A incapacidade para suceder corresponde à vontade presumida do *de cujus*, supondo-se que este não quisesse ver recolhida a herança, no todo ou em parte, por quem o molestou de modo tão profundo.

O instituto da indignidade inspira-se num princípio de ordem pública, uma vez que à consciência social repugna a ideia de que uma pessoa suceda a outra, depois de haver cometido contra esta atos lesivos de certa gravidade.

7.2. Efeitos da indignidade

À luz do art. 1.816 do Código Civil, são pessoais os efeitos da exclusão; os descendentes do herdeiro excluído sucedem, como se ele morto fosse antes da abertura da sucessão. Parágrafo único. O excluído da sucessão não terá direito ao usufruto ou à administração dos bens que a seus sucessores couberem na herança, nem à sucessão eventual desses bens".

De acordo com sua natureza de sanção civil, os efeitos da exclusão são pessoais, não se projetando a toda a estirpe do indigno. Declarado por sentença o afastamento, o indigno é tido como se tivesse morrido antes da abertura da sucessão, e assim seus descendentes o sucedem no lugar dele, pelo direito de representação, previsto no art. 1.851 do Código Civil.

Intrínsecas peculiaridades defluem da decretação de indignidade: os filhos do excluído são chamados à herança, e a estes caberão os bens que seriam do indigno. Entretanto, se forem esses menores, o indigno não terá direito à administração dos bens nem ao usufruto, como dispõe o art. 1.689 do Código em vigor. Tampouco terá direito à sucessão eventual desses bens, no caso de falecimento de um dos seus herdeiros. Visa a lei civil impedir o beneficiamento do indigno em face dos bens deixados por aquele que foi vitimado por atos injuriosos[13].

---

13 VELOSO, Zeno. *Código Civil comentado*, p. 2046.

Tal como prevê o art. 1.817 do Código Civil, "são válidas as alienações onerosas de bens hereditários a terceiros de boa-fé, e os atos de administração legalmente praticados pelo herdeiro, antes da sentença de exclusão; mas aos herdeiros subsiste, quando prejudicados, o direito de demandar-lhe perdas e danos. Parágrafo único. O excluído da sucessão é obrigado a restituir os frutos e rendimentos que dos bens da herança houver percebido, mas tem direito a ser indenizado das despesas com a conservação deles".

Até a sentença que declare a indignidade, o indigno é herdeiro e os atos por ele praticados são válidos, notadamente a alienação onerosa dos bens a terceiros de boa-fé. Em se tratando de alienação gratuita não incide a regra do artigo em tela, muito menos se o terceiro agiu de má-fé, juntando-se ao indigno para fazê-lo escapar das consequências legais.

A sentença tem efeito *ex tunc* e retroage à data da abertura da sucessão, tendo o indigno a obrigação de restituir o acervo dos frutos e rendimentos dos bens que houver percebido indevidamente, da mesma forma que terá direito ao ressarcimento dos gastos efetuados com a guarda e a conservação da coisa[14].

Os bens retirados do indigno são chamados bens ereptícios.

"A indignidade é assim equiparada à premoriência, sendo o indigno substituído pelos seus descendentes. Injusto seria, realmente, estender a estes as consequências de um fato, a que se mostraram alheios. Todavia, o dispositivo torna-se passível de censura, porque como morto considera quem na realidade se acha vivo e atribui representante sucessório a quem não é herdeiro"[15]. A referida substituição pode ocorrer apenas na linha reta descendente: o indigno não poderá ser sucedido pelos ascendentes ou pelos colaterais.

A aplicação do citado art. 1.817 do Código Civil pode dar ensejo a interessante questão doutrinária, referente aos herdeiros aparentes.

---

14 OLIVEIRA, Arthur Vasco Itabaiana de. *Tratado de direito das sucessões*, p. 133 e 134; MONTEIRO, Washington de Barros; PINTO, Ana Cristina de Barros Monteiro França. *Curso de direito civil*, p. 82 e s.; VELOSO, Zeno. *Código Civil comentado*, p. 2047.

15 PEREIRA, Caio Mário da Silva. *Instituições de direito civil*, p. 36 e s.; MONTEIRO, Washington de Barros; PINTO, Ana Cristina de Barros Monteiro França. *Curso de direito civil*, p. 82 e s.

No direito romano, havia a figura do herdeiro aparente, por meio do *possessor pro herede*, que, sob aparência de herdeiro, comportando-se como tal, possuía de boa-fé bens hereditários. Sua situação não se confundia com a daquele que possuísse *pro possessore*, que não se irrogava tal qualidade e a posse desfrutava independentemente da pessoa que para si reclamava essa posição.

No direito pátrio, a figura do herdeiro aparente vem reconhecida nos arts. 1.817, 1.827, parágrafo único, e 1.828 do Código Civil. E assim questiona-se se seriam válidas, se deverão subsistir, em detrimento do herdeiro real, alienações e hipotecas feitas pelo herdeiro aparente?

As opiniões são divergentes. Numa primeira corrente, aqueles atos não podem prevalecer, porque ninguém pode transferir direitos que não tem (*nemo plus juris in alium transferre potest quam ipse habet* ou *nemo dat quod no habet*). Só o dono pode alienar; só a quem pode alienar se permite hipotecar. Fica assim prejudicado o direito de terceiros em face do direito de propriedade do herdeiro real. Uma segunda corrente, inspirada em considerações de ordem prática, alicerçada na equidade e fundada na máxima *error communis facit jus*, inclina-se pela solução oposta e no conflito entre a boa-fé e o domínio prefere sacrificar o segundo. As necessidades do crédito exigem que os terceiros, que se fiaram em determinada aparência, não sejam enganados. Se essa aparência não corresponde à realidade, tanto pior para o verdadeiro proprietário. Terá este de suportar as consequências do risco que lhe é imposto por todos, no interesse superior da coletividade.

Concebe Maria Helena Diniz que "herdeiro aparente é aquele considerado como verdadeiro e legítimo titular do direito sucessório, embora não o fosse em razão de um erro (ignorância da existência de um herdeiro mais próximo do autor da herança; reconhecimento *post mortem* da paternidade do filho pelo *de cujus*), de exclusão da herança por indignidade ou deserdação, de falsidade ou nulidade de testamento"[16].

De acordo com o parágrafo único do art. 1.827 do Código Civil de 2002, são eficazes as alienações feitas, a título oneroso, pelo herdeiro aparente a

---

[16] DINIZ, Maria Helena. *Curso de direito civil*, p. 73 e 74.

terceiro de boa-fé. Exige-se, portanto, que a alienação não seja a título gratuito, e que o adquirente esteja imbuído de que o alienante é efetivamente titular do patrimônio hereditário.

O art. 1.828 prevê que o herdeiro aparente, que de boa-fé houver pagado um legado, não está obrigado a pagar o equivalente ao verdadeiro sucessor, ressalvado a este o direito de proceder contra quem o recebeu. Justifica-se esse entendimento: ao pagar o legado, de boa-fé, o herdeiro aparente está cumprindo disposição de última vontade do autor da herança, de modo que contra ele nada tem o verdadeiro sucessor, que poderá, contudo, voltar-se contra o legatário.

7.3. Da reabilitação do indigno

Existe, entretanto, a possibilidade de reabilitação do indigno. À luz do art. 1.818 do Código Civil, "aquele que incorreu em atos que determinem a exclusão da herança será admitido a suceder, se o ofendido o tiver expressamente reabilitado em testamento, ou em outro ato autêntico. Parágrafo único. Não havendo reabilitação expressa, o indigno, contemplado em testamento do ofendido, quando o testador, ao testar, já conhecia a causa da indignidade, pode suceder no limite da disposição testamentária".

Desta forma, a inclusão do indigno em testamento do ofendido, que já tinha conhecimento do ato, corresponde a perdão e reabilitação, de modo a vir o ofensor a receber sua deixa testamentária.

O perdão ou remissão do indigno não pode ser tácito. Deve ser expresso e constar de testamento, ou de outro ato autêntico, como a escritura pública. "Não existe perdão tácito ou presumido, nem pode ele ser concedido oralmente, ou por instrumento particular despido de autenticidade. Entretanto, para formalizá-lo, não se exigem palavras sacramentais e, uma vez concedido, torna-se irretratável, sob pena de tolerar-se arrependimento no perdão, o que não seria moral".

E assim, "ainda que o ofendido tenha sido outra das pessoas enunciadas no art. 1.814, I e II, e não o testador, e por ela o ofensor tenha sido perdoado, o perdão a que se refere a lei é o emanado do autor da herança, a quem incumbirá tomar as providências para demonstrar que também perdoou e reabilitou o herdeiro".

Com o perdão, "far-se-á perpétuo o silêncio sobre o fato, não podendo os coerdeiros reabrir o fato. E assim, reabilitado, o herdeiro receberá os bens da herança com seus frutos e rendimentos".

Tal feito, entretanto, como elucida Caio Mário, "não se opera automaticamente. Requer, por outro lado, a prolação de sentença, em ação rescisória, que teria os efeitos destrutivos da primeira. Na hipótese de não mais existirem os bens, caberá ao reabilitado ressarcir-se contra os que se beneficiaram de sua exclusão, recebendo o seu valor, com todos os acrescidos"[17].

---

17 MONTEIRO, Washington de Barros; PINTO, Ana Cristina de Barros Monteiro França. *Curso de direito civil*, p. 81; VELOSO, Zeno. *Código Civil comentado*, p. 2048 e 2049; PEREIRA, Caio Mário da Silva. *Instituições de direito civil*, p. 38 e s.

Capítulo 8

Modalidades de herança: jacente e vacante

8.1. Da herança jacente – Conceito

A herança jacente é aquela cujos herdeiros – legítimos ou testamentários – não são conhecidos, ou que ainda não foi aceita pelos herdeiros.

Desta forma, temos que o estado de jacência é um estado temporário em que se encontra a herança, que dura até o momento em que ela venha a ser entregue aos herdeiros, que provarem essa condição, ou até o momento em que a vacância seja declarada por sentença judicial, tornando-se esta, pois, definitivamente incorporada ao patrimônio do ente federativo a que estiver destinada.

Na síntese de San Tiago Dantas, "jacência é o estado em que se encontra uma herança quando não se conhece o herdeiro ou não se tem certeza dele; pode se estabelecer diretamente quando a sucessão se abre na falta de herdeiros legítimos ou pela renúncia dos únicos herdeiros certos e conhecidos"[1].

---

1 SAN TIAGO DANTAS, Francisco Clementino de. *Direitos de família e das sucessões*, p. 473.

O conceito de jacência, no direito pátrio, difere do que outrora prevalecia no direito romano. Verificava-se nesse intervalo uma interrupção entre o poder do antigo e do novo dono da herança.

Com efeito, em Roma, *hereditas jacens* era aquela que ainda não fora aceita, mas cuja aceitação se esperava. Enquanto não recolhida pelo herdeiro, podia ser livremente apreendida por qualquer pessoa e, não reclamada a tempo, dava lugar à *usucapio pro herede*. No tempo de Augusto, em face da disposição da Lex Iulia de Maritandis ordinibus, a herança sem dono – vacante – podia ser recolhida pelo erário público, e posteriormente, sob Caracala, passou a destinar-se diretamente ao Fisco. Por outro lado, reconheceu Justiniano a qualidade de ente moral à herança jacente (*hereditas jacens sustinet personam defuncti*). Em certas hipóteses, em virtude das Constituições Imperiais, havia entidades que se contrapunham ao Estado: a herança do militar ia para a corporação e a do clérigo, à Igreja[2].

8.1.1. Natureza jurídica

Existem, na atualidade, vários questionamentos sobre a natureza jurídica da herança jacente: se constitui **pessoa jurídica**; um **patrimônio autônomo sem sujeito**, destinado a um fim; ou, ainda, um **acervo de bens sujeito à administração (patrimônio momentaneamente sem titular)**, que se prolonga até que se verifique a existência, ou não, de herdeiros.

Leciona San Tiago Dantas que, "na própria definição de patrimônio, a ideia do titular aparece logo em primeiro plano: patrimônio é o conjunto de relações jurídicas referentes a um mesmo titular, passível de uma relação econômica. Não se pode conceber patrimônio, senão como unidade de bens em relação à pessoa de um titular. E assim é a herança jacente: um patrimônio com titular desconhecido"[3].

O direito positivo brasileiro não reconhece personalidade jurídica à herança jacente, a qual, embora consista em "um acervo de bens, de patrimônio especial, que não tem finalidade coletiva, nem caráter de estabilidade,

---

2 ALVES, José Carlos Moreira. *Direito romano*, p. 440; CRETELLA JR., José. *Curso de direito romano*, p. 342 e 343; OLIVEIRA, Arthur Vasco Itabaiana de. *Tratado de direito das sucessões*, p. 101.

3 SAN TIAGO DANTAS, F. C. *Direitos de família e das sucessões*, p. 473.

representando um complexo de bens, arrecadado por morte do *de cujus* e administrado pelo curador, sob fiscalização da autoridade judicial, até que se habilitem os herdeiros – incertos ou desconhecidos, ou se declare por sentença a respectiva vacância"[4].

À luz do art. 1.784 do Código Civil, aberta a sucessão, o domínio e a posse da herança transmitem-se desde logo aos herdeiros, independentemente de qualquer ato destes, ainda que ignorem o fato do falecimento, ou sejam desconhecidos os sucessores (*etiam ignorans et invitus*).

Concebe Itabaiana de Oliveira que "a herança jacente não representa, no direito moderno, a pessoa do *de cujus*, nem a dos herdeiros, e nem constitui a seu turno uma pessoa incorpórea. Forma, outrossim, um conjunto de direitos e obrigações, embora sem sujeito, dando lugar às medidas acautelatórias do fisco, durante o período de transitoriedade que a caracteriza, enquanto não é declarada de vez a sua jacência"[5].

8.1.2. Casos de jacência

A jacência é uma concepção oriunda de uma passagem do direito romano, como leciona San Tiago Dantas. Entendia-se que esta era uma pessoa jurídica – embora não seja fácil a referida associação, posto que lhe faltam as características de personalidade e capacidade de deliberação própria, embora seja a herança jacente protegida pela lei.

Assim, tem-se que a herança jacente é uma *universitas juris*, para a qual se cria um estado de proteção legal, transitório, não porque aquele patrimônio tenha um titular, mas porque aquele titular no momento não é conhecido, não estando, pois, em condições de prover a própria defesa dos seus interesses e de seus bens[6].

Duas são as modalidades de jacência contempladas pelo Código Civil: a **jacência sem testamento** e a **jacência com testamento**.

No primeiro caso, trata-se de sucessão legítima, notadamente quando o autor da herança não deixar descendentes, ascendentes, cônjuge, companheiro,

---

4 MONTEIRO, Washington de Barros; PINTO, Ana Cristina de Barros Monteiro França. *Curso de direito civil*, p. 86 e 87.

5 OLIVEIRA, Arthur Vasco Itabaiana de. *Tratado de direito das sucessões*, p. 102.

6 SAN TIAGO DANTAS, F. C. *Direitos de família e das sucessões*, p. 473 e 474.

nem colateral até o quarto grau, ou ainda se estes renunciarem a ela; no segundo caso, trata-se do caso no qual o herdeiro nomeado não existe, ou renuncia à herança ou legado.

De acordo com o art. 1.819 do Código Civil, "falecendo alguém sem deixar testamento nem herdeiro ou legatário notoriamente conhecido, os bens da herança, depois de arrecadados, ficarão sob a guarda e administração de um curador, até a sua entrega ao sucessor devidamente habilitado ou à declaração de sua vacância"[7].

Em não havendo sucessor certo, intervém a lei civil para que a herança seja protegida de usurpação de seus bens, ou mesmo para que o patrimônio não se deteriore, conservando-se para que seja entregue a quem de direito, que inclusive pode ser o Estado, se a herança for declarada vacante, como prevê o art. 1.822 do Código Civil.

O curador nomeado pelo juiz exercerá a guarda da herança jacente até a sua entrega ao sucessor devidamente habilitado "a declaração de sua vacância", pois, como vimos, a situação da jacência é transitória. E assim, nessa fase, se o herdeiro aparece e se habilita, não há mais herança jacente: a arrecadação se converte em inventário, como prevê o art. 741, § 3º, do CPC/2015 (art. 1.153 do CPC/73)[8].

---

7 "USUCAPIÃO. Posse indisputada do autor sobre o imóvel usucapiendo. Alegação do Município, entretanto, de que se trataria de bem público, fruto de herança jacente, já que o primitivo proprietário teria morrido sem deixar herdeiros. Descabimento, matéria já decidida em processo apenso, promovido pela Fazenda Estadual sob esse mesmo fundamento, onde ficou vencida. Procedência bem decretada, apelo improvido" (Apelação 9096816-13.2008.8.26.0000, TJSP, Rel Des. Luiz Ambra, 8ª Câmara de Direito Privado, j. 18-4-2012). "AÇÃO DECLARATÓRIA. Imóvel pertencente a herança jacente que teria sido objeto de instrumento de venda obtido pelos réus por meios fraudulentos - Pretensão da Municipalidade, como destinatária da herança jacente, de imitir-se na posse do referido imóvel, bem como a declaração de nulidade do instrumento contratual de compra e venda e cancelamento do registro da matrícula lançada no 15º Cartório de Registro de Imóveis da Capital. Prova pericial grafotécnica devidamente válida. Comprovação de que a assinatura do emitente vendedor é falsa. Prova testemunhal que não tem cunho de invalidar a prova pericial - Ilegalidade do instrumento contratual devidamente reconhecida - Sentença mantida. Recurso desprovido" (Ap. 0013830-59.2009.8.26.0053, TJSP, Rel. Des. Wanderley Federighi, 12ª Câm. Dir. Priv., j. 26-5-2012).

8 VELOSO, Zeno. *Código Civil comentado*, p. 2050; PEREIRA, Caio Mário da Silva. *Instituições de direito civil*, p. 56 e 57; COLTRO, Antonio Carlos Mathias. Herança jacente e vacante. In: HIRONAKA, Giselda; PEREIRA, Rodrigo da Cunha. *Direito das sucessões e o novo Código Civil*, p. 77.

Na concepção de Carlos Maximiliano, pode se entender como caso de jacência, quando se aguarda o nascimento do único herdeiro do *de cujus;* enquanto não ocorre o evento, os bens hereditários são arrecadados, à espera do sucessor que está para chegar. O mesmo ocorre com as hipóteses descritas no art. 1.597 do Código Civil, referente à reprodução assistida, sendo certo, porém, que os incisos III, IV e V deverão ainda formar jurisprudência. Do mesmo modo, será jacente a herança enquanto se aguardar a formação ou constituição da pessoa jurídica, a que se atribuíram os bens; ou quando se tratar de instituição de herdeiro sob condição suspensiva, enquanto pender a condição.

Ou ainda, como aduz San Tiago Dantas, além do nascituro, cuja higidez dos bens a lei protege, outro exemplo semelhante se tem no caso da ausência, momento em que a lei cria um sistema provisório de proteção, dando um curador a seus interesses[9].

É válido ressaltar que "o fato de não ter o *de cujus* capacidade testamentária ativa, prevista no art. 1.860 do Código Civil, não impede a jacência da herança"; como também no caso de ausência decretada proceder-se-á judicialmente à arrecadação dos bens do ausente pela forma estabelecida nos arts. 1.819 e 1.823 do Código Civil, e do art. 28, § 2º, do mesmo diploma legal[10].

De conformidade com o art. 1.820 do Código Civil, "praticadas as diligências de arrecadação e ultimado o inventário, serão expedidos editais na forma da lei processual, e, decorrido um ano de sua primeira publicação, sem que haja herdeiro habilitado, ou penda habilitação, será a herança declarada vacante".

Desta forma, temos que a arrecadação dos bens da herança e o consequente inventário destes obedecerão aos ditames contidos nos arts. 740 e s. do CPC/2015 (arts. 1.145 e s. do CPC/73). Sendo, pois, em seguida, expedidos editais, na forma da lei processual, tornando pública a arrecadação e convocando os sucessores do finado para que venham a habilitar-se.

---

9 SAN TIAGO DANTAS, F. C. *Direitos de família e das sucessões*, p. 475; MONTEIRO, Washington de Barros; PINTO, Ana Cristina de Barros Monteiro França. *Curso de direito civil*, p. 86 e 87; NADER, Paulo. *Curso de direito civil*, p.114.

10 MONTEIRO, Washington de Barros; PINTO, Ana Cristina de Barros Monteiro França. *Curso de direito civil*, p. 87 e 88.

Decorrido um ano da primeira publicação do edital, e não havendo herdeiro habilitado, nem habilitação pendente, a herança jacente será declarada vacante, e com a declaração judicial de vacância, os bens hereditários se integram ao domínio público, embora não exclua o direito do herdeiro que apareça depois dessa declaração, se isto ocorrer no prazo de cinco anos[11].

Os prazos para a publicação de editais estão previstos no art. 741 do CPC/2015: "Ultimada a arrecadação, o juiz mandará expedir edital, que será publicado na rede mundial de computadores, no sítio do tribunal a que estiver vinculado o juízo e na plataforma de editais do Conselho Nacional de Justiça, onde permanecerá por 3 (três) meses, ou, não havendo sítio, no órgão oficial e na imprensa da comarca, por 3 (três) vezes com intervalos de 1 (um) mês, para que os sucessores do falecido venham a habilitar-se no prazo de 6 (seis) meses contado da primeira publicação".

O tema à luz do art. 1.152 do CPC/73 vinha assim regulado: para a primeira publicação, este se dá logo após a arrecadação; a segunda publicação dá-se trinta dias após a primeira publicação; a terceira publicação se dá trinta dias após a segunda ou sessenta dias após a primeira publicação; podendo, ainda, haver a necessidade de uma quarta publicação noventa dias após a primeira, o que demonstra uma certa antinomia na doutrina.

Dispõe o art. 1.821 do Código Civil: "É assegurado aos credores o direito de pedir o pagamento das dívidas reconhecidas, nos limites das forças da herança".

A regra de que a herança responde pelo pagamento das dívidas do falecido, contida na disposição do art. 1.997 do Código Civil, também se aplica à herança jacente. Desta forma, os credores da herança poderão habilitar-se como nos inventários ou propor ação de cobrança, podendo assim obter seu ressarcimento, nos limites da força da herança.

À luz do art. 1.822 do Código Civil: "A declaração de vacância da herança não prejudicará os herdeiros que legalmente se habilitarem; mas, decorridos cinco anos da abertura da sucessão, os bens arrecadados passarão

---

11 FRANÇA, Rubens Limongi. *Instituições de direito civil*, p. 906 e s.; VELOSO, Zeno. *Código Civil comentado*, p. 2051.

ao domínio do Município ou do Distrito Federal, se localizados nas respectivas circunscrições, incorporando-se ao domínio da União quando situados em território federal. Parágrafo único. Não se habilitando até a declaração de vacância, os colaterais ficarão excluídos da sucessão".

A lei civil permite a habilitação dos herdeiros na herança mesmo depois da declaração de vacância desta, exceto os colaterais, que deverão se habilitar antes, sob pena de exclusão da sucessão. A completa eficácia da sentença depende de ainda se habilitarem os herdeiros do falecido, se existirem.

Passado o lapso de cinco anos da abertura da sucessão, e não se habilitando nenhum herdeiro, os bens arrecadados passarão ao domínio do Município ou Distrito Federal, incorporando-se ao domínio da União quando situados em Território Federal, como prevê o art. 1.844 do Código em vigor, porém o domínio destes é resolúvel, tornando-se definitiva a aquisição, somente se nenhum herdeiro se habilitar no prazo avençado.

Enquanto é considerada jacente a herança e, portanto, não foi ainda determinada vacante, os bens hereditários podem ser adquiridos por usucapião.

Para que efetivamente adquiram os bens vacantes, embora com posições discordes, entendemos, com Caio Mário, Zeno Veloso, Walter Morais e Orlando Gomes, que os entes públicos não se beneficiam com o direito de *saisine*, devendo primeiro ser decretada a vacância por meio de uma sentença de vacância, e sua consequente devolução à Fazenda Pública[12].

Dispõe o art. 1.823 do Código Civil: "Quando todos os chamados a suceder renunciarem à herança, será esta desde logo declarada vacante".

Não passará, portanto, a herança, pela fase de jacência, que é preliminar à declaração de vacância, quando todos os chamados a suceder renunciarem a ela, como dispõem os arts. 1.804, parágrafo único, e 1.806 do Código Civil. Assim, será desde logo declarada vacante a herança[13].

Sinteticamente, podemos apontar que a jacência se processa da seguinte forma: inicialmente aberta a sucessão, verifica-se que não há um

---

12 PEREIRA, Caio Mário da Silva. *Instituições de direito civil*, p. 56 e 57; VELOSO, Zeno. *Código Civil comentado*, p. 2052; MORAIS, Walter. *Teoria geral e sucessão legítima*. São Paulo: Revista dos Tribunais, 1980, p. 82.

13 VELOSO, Zeno. *Código Civil comentado*, p. 2053.

herdeiro que se apresente para adir a herança deferida. Assim sendo, cabe ao juiz, mediante requerimento do Ministério Público, *ex officio*, ou por denúncia de qualquer interessado, ou por requerimento de um representante da fazenda, proceder à arrecadação dos bens. A arrecadação de bens, por seu turno, não é a mesma coisa que o inventário dos bens. Assim, para efetuar a arrecadação, o juiz se apresenta no domicílio do *de cujus*, e além disso, outros bens eventualmente deixados e que estiverem situados fora serão arrecadados onde estiverem.

8.2. Da herança vacante

8.2.1. Conceito

Herança vacante é aquela declarada por sentença após realizadas todas as diligências legais necessárias, para localizarem-se os herdeiros destinados a determinada herança para que nela se habilitem.

Vemos que a principal diferença entre as duas modalidades de herança é que a herança jacente é provisória e a herança vacante, dado seu caráter de inexistência de herdeiro legal ou testamentário para recebê-la, passa ao patrimônio do ente público.

Na síntese de San Tiago Dantas, "distinta da jacência, a herança vacante é a herança de bens vagos, a *bona vacantia*, que se verifica quando para determinada herança não há herdeiros"[14].

E assim, a transformação da jacência em vacância dá-se quando uma vez encerrado o inventário, feito o arrolamento dos bens, a sua avaliação, o pagamento dos credores, a publicação dos editais, deixa-se transcorrer o prazo de um ano, durante o qual a herança jacente fica em poder do curador. Representa na realidade um prazo que se dá aos herdeiros, para que venham a se habilitar na herança. Passado um ano, sem que nenhum herdeiro se habilite, passa-se à segunda fase do processo, graças ao pedido de declaração de vacância formulado ao juiz: manda-se que os bens sejam arrecadados pela Fazenda, que os recebe mas não os incorpora imediatamente ao seu patrimônio.

---

[14] SAN TIAGO DANTAS, F. C. *Direitos de família e das sucessões*, p. 476.

Os bens ficam em seu poder, por mais um período de cinco anos, prazo em que ainda é possível a habilitação dos possíveis herdeiros, salvo se colaterais. Feita a habilitação, provado o direito, pode o herdeiro aceitar a herança e entrar assim na posse dos bens que já tinham sido devolvidos. "Entretanto, se transcorrer o prazo prescritivo sem que os eventuais herdeiros se habilitem, a posse em que a Fazenda já se achava transforma-se em domínio. Consolida-se a situação criada e inexiste qualquer possibilidade de outro herdeiro contestar a propriedade"[15].

8.2.2. Natureza jurídica

Interessante discussão se faz em torno da natureza jurídica da sentença de vacância: se declaratória ou constitutiva.

Em se pensando sua natureza declaratória, ter-se-ia a transmissão da data do óbito do autor da herança, e, nesse sentido, a sentença declaratória teria efeitos *ex nunc*[16].

No que tange à natureza constitutiva da sentença de vacância, tendo em vista ser indispensável a prévia declaração de vacância para que o bem se incorpore ao patrimônio do ente público, pois antes desta haveria tão somente uma expectativa de direitos, uma vez que se aguarda a habilitação de eventual herdeiro, compreendeu-se o entendimento pacificado pelo STJ, em suas Turmas 3ª e 4ª, de que a natureza jurídica da herança vacante é constitutiva.

Tendo em vista o disposto no art. 1.822 do Código Civil, "essas pessoas jurídicas de direito público interno não se beneficiam do direito de *saisine*, mencionado no art. 1.784. Os bens da herança não lhes serão transferidos *ope legis*, na data da abertura da sucessão. Só com a sentença que lhe declara a vacância é que os bens se tornam públicos, observado o disposto nos arts. 1.820 e 1.822 do CC"[17].

---

15 SAN TIAGO DANTAS, F. C. *Direitos de família e das sucessões*, p. 473-478; OLIVEIRA, Arthur Vasco Itabaiana de. *Tratado de direito das sucessões*, p. 110 e s.

16 Em caso prático até o advento da Lei n. 8.049, de 20-6-1990, poderia ser beneficiado com a vacância o Estado, após essa data, o Município, o Distrito Federal ou a União.

17 VELOSO, Zeno. *Código Civil comentado*, p. 2052; NADER, Paulo. *Curso de direito civil*, p. 117; OLIVEIRA, Arthur Vasco Itabaiana de. *Tratado de direito das sucessões*, p. 110 e s.

8.3. Disposições processuais

À luz do disposto na regra do art. 738 do CPC/2015 (art. 1.142 do CPC/73): "Nos casos em que a lei considere jacente a herança, o juiz em cuja comarca tiver domicílio o falecido procederá imediatamente à arrecadação dos respectivos bens".

A competência para a arrecadação da herança é o domicílio do falecido, como prevê o art. 48 do CPC/2015 (art. 96 do CPC/73). Entretanto, se este não possuir domicílio certo, aplica-se a regra do parágrafo único do mesmo diploma legal, hipótese em que a competência passa a ser do juízo da situação dos bens, ou domicílio plúrimo, se diversos forem os bens situados em comarcas diferentes.

Determina o art. 740 do CPC/2015 (art. 1.145 do CPC/73), no que tange à arrecadação dos bens, que a autoridade judiciária ordenará que o oficial de justiça, acompanhado do escrivão ou do chefe de secretaria e do curador, arrole os bens e descreva-os em auto circunstanciado.

Em seguida, como dispõe o art. 739 do CPC/2015 (art. 1.143 do CPC/73), entregá-los-á à guarda, conservação e administração de um curador, até que sejam declarados vacantes ou entregues aos herdeiros.

O curador é nomeado livremente pelo juiz. Discute-se se ele representa o *de cujus* ou o herdeiro futuro. Trata-se de questão meramente teórica, sem maior interesse prático. Em verdade, de acordo com o art. 75, VI, do CPC/2015 (art. 12, IV, do CPC/73), ele representa em juízo, ativa ou passivamente, a herança vacante ou jacente, e, no caso de jacência, com assistência do órgão do Ministério Público, como dispõe o art. 739, § 1º, I, do CPC/2015 (art. 1.144, I, do CPC/73). Incumbe ainda ao curador ter em boa guarda e conservação os bens arrecadados, bem como promover a arrecadação de outros porventura existentes, inciso II; executar as medidas conservatórias dos direitos da herança, inciso III; apresentar mensalmente ao juiz um balancete da receita e da despesa, inciso IV; prestar contas ao final de sua gestão, inciso V[18].

---

[18] MONTEIRO, Washington de Barros; PINTO, Ana Cristina de Barros Monteiro França. *Curso de direito civil*, p. 93; NADER, Paulo. *Curso de direito civil*, p. 120 e 121; OLIVEIRA, Arthur Vasco Itabaiana de. *Tratado de direito das sucessões*, p. 110 e s.

Pode o representante do Ministério Público ser designado para exercer as referidas funções; mas a nomeação pode recair em qualquer pessoa, sendo apenas exigido o requisito da idoneidade. E assim, durante a arrecadação, o juiz inquirirá os moradores da casa e da vizinhança sobre a qualificação do falecido, o paradeiro de seus sucessores e a existência de outros bens, lavrando-se de tudo um auto de inquirição e informação como prevê a regra do art. 740, § 3º, do CPC/2015 (art. 1.150 do CPC/73). E ainda, na ocorrência de bens em outra comarca, com base na regra do art. 740, § 5º, do CPC/2015 (art. 1.149 do CPC/73), mandará o juiz expedir carta precatória a fim de serem arrecadados.

Finda a arrecadação e entregues os bens ao curador então nomeado, o juiz mandará publicar editais com o prazo de seis meses, contados da primeira publicação, reproduzidos três vezes, com o intervalo de trinta dias, para que venham habilitar-se os sucessores como prevê o art. 741 do CPC/2015 (art. 1.152 do CPC/73). Assim sendo, como aduz Washington de Barros Monteiro, publicam-se os editais, por quatro vezes, a inicial e as três reproduções. É válido ressaltar que o prazo em tela refere-se aos herdeiros e não aos credores.

Os prazos para a publicação de editais vêm previstos no art. 741 do CPC/2015 (art. 1.152 do CPC/73), já referido.

De acordo com o art. 740, § 6º, do CPC/2015 (art. 1.151 do CPC/73), não se fará a arrecadação ou suspender-se-á esta quando iniciada, na hipótese de se apresentar para reclamar os bens o cônjuge, o herdeiro ou o testamenteiro notoriamente conhecido e não houver oposição motivada do curador, de qualquer interessado, do órgão do Ministério Público ou do representante da Fazenda Pública. Entende-se, ainda, que, "embora não referido no estatuto processual, o mesmo procedimento ocorrerá se houver companheiro que se apresente para reclamar a herança, e não somente o cônjuge".

Terá, portanto, o herdeiro o prazo de seis meses para se habilitar, contados da publicação do primeiro edital. A habilitação se faz em autos em apenso ao da arrecadação de bens.

Assim, como prevê o art. 741, § 3º, do CPC/2015 (art. 1.153 do CPC/73), julgada a habilitação do herdeiro, reconhecida a qualidade do testamenteiro ou provada a identidade do cônjuge ou companheiro, a arrecadação converter-se-á em inventário. Nestes casos devem ser ouvidos o Ministério Público e o curador da herança jacente.

Dispõe o art. 742 do CPC/2015: "O juiz poderá autorizar a alienação: I - de bens móveis, se forem de conservação difícil ou dispendiosa; II - de semoventes, quando não empregados na exploração de alguma indústria; III - de títulos e papéis de crédito, havendo fundado receio de depreciação; IV - de ações de sociedade quando, reclamada a integralização, não dispuser a herança de dinheiro para o pagamento; V - de bens imóveis: a) se ameaçarem ruína, não convindo a reparação; b) se estiverem hipotecados e vencer-se a dívida, não havendo dinheiro para o pagamento. § 1º Não se procederá, entretanto, à venda se a Fazenda Pública ou o habilitando adiantar a importância para as despesas. § 2º Os bens com valor de afeição, como retratos, objetos de uso pessoal, livros e obras de arte, só serão alienados depois de declarada a vacância da herança".

A habilitação de herdeiros processar-se-á em separado. Trata-se de processo de natureza administrativa e não contenciosa, ainda que contestada pelo curador da herança e pelos representantes do Ministério Público e da Fazenda[19].

E assim, uma vez apurada a existência de sucessor ou testamenteiro em lugar certo, far-se-á a sua citação, sem prejuízo do edital, como dispõe o art. 741, § 1º, do CPC/2015 (art. 1.152, § 1º, do CPC/73); se estrangeiro for o falecido, será comunicado o fato também à autoridade consular, de acordo com o § 2º do mesmo dispositivo legal. O juízo competente para essa habilitação é o da própria arrecadação, se ainda não tiver sido pronunciada a vacância. Posteriormente, qualquer reclamação suplementar deverá ser ajuizada na vara da Fazenda Pública. É válido ressaltar que eventuais ações contra a herança - ação de cobrança ou mesmo investigação de paternidade, devem ser propostas perante o juízo que processe a arrecadação. Tal competência cessa apenas com a decretação da vacância. O art. 1.821 do Código Civil assegura aos credores o direito de pedir o pagamento das dívidas reconhecidas, nos limites das forças da herança, como vimos.

À luz dos arts. 741 e 743 do CPC/2015 (arts. 1.152 e 1.157 do CPC/73), em não havendo herdeiro habilitado ou habilitação pendente, no prazo de

---

19 MONTEIRO, Washington de Barros; PINTO, Ana Cristina de Barros Monteiro França. *Curso de direito civil*, p. 94; ALVIM, Arruda; ASSIS, Araken de; ALVIM, Eduardo de Arruda. *Comentários ao Código de Processo Civil*. Rio de Janeiro: GZ Editora, 2012, p. 1593 e s.; MONTENEGRO Fº, Misael. *Código de Processo Civil comentado e interpretado*. São Paulo: Atlas, 2008, p. 968 e s.

seis meses da publicação dos editais de arrecadação, e passado um ano da primeira publicação do edital será a herança declarada vacante. No caso de haver diversas habilitações, aguardar-se-á o julgamento da última, para ser decretada a vacância nos termos do art. 743, § 1º, do CPC/2015 (art. 1.157, parágrafo único, do CPC/73).

Uma vez transitada em julgado a sentença que declarou a vacância, o cônjuge, o companheiro, os herdeiros e os credores só poderão reclamar o seu direito por ação direta como prevê o art. 743, § 2º, do CPC/2015 (art. 1.158 do CPC/73). Tratando-se de bens pertencentes a estrangeiros, observar-se-á a regra do art. 741, § 2º, do CPC/2015, o juiz mandará expedir o edital, que será publicado na rede mundial de computadores no sítio do tribunal a que estiver vinculado o juízo e na plataforma de editais do CNJ, na qual permanecerá por três meses, ou, não havendo sítio, no órgão oficial e na imprensa da comarca por três vezes com intervalos de um mês para que os sucessores do falecido venham a habilitar-se no prazo de seis meses contados do prazo da primeira publicação.

Esta prática também deverá ser adotada no caso de o falecido ser estrangeiro, quando então deverá ser comunicada a autoridade consular para que adote as providências cabíveis no país de origem do falecido[20].

Nos termos do art. 740 do CPC/2015 (art. 1.145, § 1º, do CPC/73), tem-se que, até que seja designado pelo juiz um curador, deverá ser nomeado um depositário, a quem serão entregues os bens para guarda. Prevê o art. 160 do CPC/2015 (art. 149 do CPC/73) que por seu trabalho o depositário ou o administrador receberão remuneração que o juiz fixará, levando em conta a situação dos bens, ao tempo de serviço e às dificuldades de sua execução[21].

---

[20] ALVIM, Arruda; ASSIS, Araken de; ALVIM, Eduardo de Arruda. *Comentários ao Código de Processo Civil*, p. 1593.

[21] MONTEIRO, Washington de Barros; PINTO, Ana Cristina de Barros Monteiro França. *Curso de direito civil*, p. 95.

Capítulo 9

Da petição de herança

9.1. Conceito

A petição de herança, *petitio hereditatis*, é a ação que compete ao herdeiro que não tem título reconhecido, de fazê-lo, e assim, reivindicando sua quota-parte, habilitar-se na sucessão. É, pois, uma ação real, intentada pelo herdeiro para que se reconheça seu direito sucessório, contra o possuidor de bens hereditários, indevidamente instituídos.

A ação em tela pode ser ajuizada nos casos em que, aberta a sucessão, esta se processa como se fora *ab intestato,* vindo a descobrir-se, porém, que o falecido deixou testamento no qual contempla o autor da ação; ou quando a herança for recolhida por parentes mais afastados do falecido, e o interessado é parente mais próximo, que se acha em classe preferencial; ou quando a herança é distribuída entre os herdeiros legítimos e aparece testamento do *de cujus* em que outra pessoa é nomeada herdeira. Abrange, ainda, o caso do filho não reconhecido, que deve antes comprovar a filiação para depois receber seu quinhão hereditário; ou ainda nos casos em que se processa a sucessão de irmão não reconhecido, tendo a herança sido atribuída a tios do extinto[1].

---

1 VELOSO, Zeno. *Código Civil comentado*, p. 2053. "OPOSIÇÃO. Herdeira necessária preterida. Nulidade absoluta da adjudicação que avançou sobre a sua legítima. Vício

Na prática, com as primeiras declarações, o inventariante instrui os autos de inventário com as informações de seu conhecimento, que são relevantes para a realização futura da partilha de bens. Nesse momento deverão ser listados os bens e as dívidas, apresentando ainda os nomes e a qualificação dos sucessores. Desta forma, os herdeiros não representados nos autos devem ser citados, para efeito de habilitação. É nesse momento que eventuais omissões (propositais ou não) ou equívocos, no que tange à identificação dos herdeiros, podem provocar o ajuizamento da *petitio hereditatis*.

A partir daí, em decorrência de eventuais falhas nas primeiras declarações, o herdeiro "esquecido" pode apresentar-se espontaneamente nos autos e participar da partilha de bens sem a necessidade de recorrer à presente ação[2].

Trata-se, pois, de uma inovação contida no Código Civil de 2002 que vem reiterar a intenção do legislador em despender todos os esforços necessários para atribuir a herança a quem seja o legítimo sucessor do autor.

Mesmo que tenha ocorrido o encerramento do inventário e a consequente homologação da partilha, não perde o herdeiro seus direitos, embora não seja contemplado. Assim, cumpre-lhe, pois, o demandar seu reconhecimento em face do possuidor ilegítimo da herança e a consequente entrega dos bens[3].

---

insanável. Pretensão permeada de tônus de petição de herança. Prescrição que se disciplina pelo maior prazo extintivo, hoje 10 anos. Art. 205 do CC. Recurso provido em parte" (Ap. 9161770-68.2008.8.26.0000, TJSP, Rel. Des. Ferreira da Cruz, 7ª Câm. Dir. Priv., j. 12-9-2012). "Competência. É caso típico de petição de herança. Há que se comprovar que pela sequência de óbitos de antecessores do autor, ora agravante, deveria ele figurar entre os contemplados. E com isso, refazer-se a partilha para buscar sua cota-parte A petição de herança traz embutida a invalidação da partilha. A matéria, toda, a ser analisada, é própria das Varas de Família e Sucessões. Recurso provido" (AgI 0062077-31.2012.8.26.0000, TJSP, 9ª Câm. Dir. Priv., Rel. Des. José Luiz Gavião de Almeida, j. 21-8-2012).

2 NADER, Paulo. *Curso de direito civil*, p.123-125. Recai a dita ação sobre um direito real, notadamente a defesa de um domínio ou posse sobre bem de natureza móvel ou imóvel, assim como direitos reais sobre coisas alheias. Para se intentar a referida ação, deve haver a presença do consorte, dependendo do estado civil do réu. Em caso de recusa, poderá haver suprimento judicial, como prevê o art. 11 do CPC.

3 PEREIRA, Caio Mário da Silva. *Instituições de direito civil*, p. 58.

Assim, à luz do art. 1.824 do referido diploma legal, "o herdeiro pode, em ação de petição de herança, demandar o reconhecimento de seu direito sucessório, para obter a restituição da herança, ou de parte dela, contra quem, na qualidade de herdeiro, ou mesmo sem título, a possua".

É, portanto, como aduz Zeno Veloso, a ação por meio da qual o herdeiro pleiteia que se reconheça e torne efetiva essa sua qualidade, e desta forma lhe sejam restituídos, total ou parcialmente, os bens da herança, inclusive com os frutos, rendimentos e acessórios. Através dessa ação, o réu "é a pessoa que não tem título legítimo de herdeiro, e não obstante, possui bens da herança total ou parcialmente".

Entretanto, "se o possuidor da herança ou de um bem hereditário tem posse fundada em algum outro título, o herdeiro não poderá fazer valer os seus direitos com a ação de petição de herança, sendo-lhe facultado utilizar outra ação que lhe seja cabível"[4].

É ação pertinente tanto à sucessão legítima como à testamentária, e seu prazo prescricional é de dez anos.

9.2. Evolução histórica

A fonte histórica da petição de herança remonta ao direito romano, sob a denominação de *hereditas petitio* ou *vindicatis generalis*. Sua finalidade era permitir a tutela do herdeiro, legítimo ou testamentário, quando fosse preterido por outro herdeiro que se arrogava o direito à sucessão, e também por quem não possuísse título algum, inclusive aqueles que adquiriam a posse de forma violenta, subtraindo assim a coisa alheia[5].

Tal como aduz Volterra, "não se tem informações seguras sobre o processo da *hereditatis petitio*", sendo que o autor era o herdeiro e o réu, aquele que possuía as coisas hereditárias ou era devedor do *de cuius*[6].

Eram também cabíveis aos herdeiros as ações ligadas aos créditos e às dívidas deixados pelo *de cujus*. As ações possessórias, entretanto, só podiam

---

4 VELOSO, Zeno. *Código Civil comentado*, p. 2053.

5 CRETELLA JR., José. *Curso de direito romano*, p. 346.

6 VOLTERRA. *Istituzioni di diritto privato romano*, p. 816 e s.

ser exercitadas a partir do momento em que o *heres* assumisse a posse do acervo hereditário[7].

Tal como aduzia Ulpiano, "*pro hedere possidet qui putat se heredem esse*" (possui como herdeiro quem acredita sê-lo); desta forma, o sujeito ativo da ação era, no mais das vezes, o herdeiro aparente. Posteriormente, a ação passou a ser cabível também contra quem mantinha a posse e não alegava a condição de herdeiro.

Em seguida, o herdeiro aparente passou a ser considerado um gestor de negócios, passando a responder perante o verdadeiro herdeiro quanto ao acréscimo dos bens e responsabilizando-se por sua gestão. Passaram-se a atribuir efeitos distintos às posses indevidas de boa-fé e má-fé.

Num momento ulterior, Justiniano, acatando a tendência jurisprudencial, estendeu o regime à *petitio hereditatis*, outorgando-lhe um caráter preliminar de ação. Assim, foi estendido o direito entre os particulares, o que anteriormente era lícito somente nos casos de o erário reivindicar os bens vacantes, em virtude das leis caducárias.

Referem as fontes romanas que, numa fase inicial, havia em Roma a figura do *usucapio pro herede*, pela qual o possuidor do acervo hereditário adquiria a condição de herdeiro e, desta forma, da propriedade, tendo decorrido o prazo de um ano do exercício da posse. Essa prática visou acelerar os procedimentos de inventário. No tempo de Adriano, passou-se a admitir que o *heres*, por meio da *hereditatis petitio*, pudesse rescindir a *usucapio pro herede*, distinguindo então as figuras do possuidor de boa-fé e a do possuidor de má-fé, vigentes até os dias de hoje; sendo que o primeiro responsabilizava-se somente pelo que se enriquecera com a posse dos bens hereditários, não respondendo por perdas e danos em decorrência do perecimento da coisa, devendo, entretanto, restituir a coisa hereditária e apenas os frutos que tivesse percebido, e entregar o preço da coisa hereditária, ou aquilo que com ele adquirira. Já o segundo era obrigado a restituir a coisa e responder por todos os frutos que percebera desde o início da posse, e pelos que deixara por negligência de perceber[8].

---

7 NADER, Paulo. *Curso de direito civil*, p. 126 e 127; CORREA, Alexandre; SCIACIA, Gaetano. *Direito romano*, p. 348 e 349.

8 MOREIRA ALVES, José Carlos. *Direito romano*, p. 448-451.

9.3. Objeto

Representa uma ação que visa ao reconhecimento do direito sucessório, em razão de ordem de vocação hereditária ou de disposição testamentária, e à consequente devolução dos bens hereditários, que estão em poder de terceiro, herdeiro ou não. Por isso deve o autor comprovar sua qualidade, os bens devem pertencer à herança e estar em poder do réu.

Assim, "apesar de declarativa, a *petitio hereditatis* reveste-se igualmente de um caráter reivindicatório, pois busca o reconhecimento de uma qualidade pessoal inerente ao herdeiro, a entrega dos bens que lhe pertencem".

Tem, pois, "uma dupla carga de eficácia: declaratória da qualidade de herdeiro e condenatória à restituição da herança com seus rendimentos e acessórios. E ainda, através da ação de petição de herança, chamada universal, o autor não pretende a devolução de coisas destacadas, mas do patrimônio hereditário por inteiro; é também uma ação real, pois impõe a devolução do acervo hereditário, que é considerado bem imóvel"[9].

Embora não se confunda com a ação de rescisão de partilha, a procedência da petição de herança acarreta sua nulidade, uma vez que somente através desta ação terá o autor assegurados seus direitos então reclamados. No entanto, somente o trânsito em julgado da decisão que julgou procedente a ação de investigação de paternidade é que se pode reconhecer a qualidade de herdeiro do filho anteriormente não reconhecido.

Interessante questão se apresenta no fato de que a viúva meeira do autor da herança não tem legitimidade para integrar o polo passivo da ação de petição de herança, uma vez que a pretensão refere-se ao quinhão destinado aos herdeiros e não à quota em que incide sua meação, a qual faz jus por direito próprio. No entanto, por outro lado, os netos têm legitimidade para obter reconhecimento da relação avoenga e petição de herança, se já falecido seu genitor que em vida não vindicara a investigação sobre sua origem[10].

---

9 DIAS, Maria Berenice. *Manual das sucessões*. 2. ed. São Paulo: Revista dos Tribunais, 2011, p. 619.

10 MONTEIRO, Washington de Barros; PINTO, Ana Cristina de Barros Monteiro França. *Curso de direito civil*, p. 97 e 98.

"Na ação de petição de herança, o autor demonstra seu parentesco com o defunto e a sua qualidade de herdeiro, devendo também provar o fato do qual provenha a sua pretensão. Se age na condição de um herdeiro neto, terá de demonstrar que houve a morte de seu pai, se, por outro lado, fundamenta seu pedido na renúncia de um herdeiro, terá que demonstrá-la"[11].

Pode ainda a ação de petição de herança ser intentada a qualquer tempo, sendo, pois, imprescritível, ressalvando que o herdeiro aparente pode usucapir os bens recebidos na convicção de que lhe pertenciam por devolução regular.

Assim, pode o herdeiro preterido pleitear a qualquer tempo sua habilitação no inventário, como prevê o art. 628 do CPC/2015 (art. 1.001 do CPC/73). Quando findo o inventário só caberá a ação de petição de herança, independentemente de já ter ocorrido a partilha, ou não, podendo o pedido de habilitação ser feito nos próprios autos de inventário[12].

Distingue-se o *status* do herdeiro, que é imprescritível, da prestação econômica, que como tal prescreve em dez anos como dispõe a regra do art. 205 do Código Civil: "A prescrição ocorre em dez anos, quando a lei não lhe haja fixado prazo menor"[13].

A Súmula 149 do STF dispõe que "é imprescritível a ação de investigação de paternidade, mas não o é a de petição de herança"[14].

Como efeitos da procedência da ação de petição de herança, decretada em sentença transitada em julgado, estabelece-se a ineficácia da partilha, em relação ao autor da ação, dispensada sua anulação. Basta, para tanto, o simples pedido de retificação da partilha realizada anteriormente.

9.4. Disposições gerais

No que tange à **legitimidade ativa** para propor a ação de petição de herança, tem-se que "qualquer herdeiro, legítimo ou testamentário, seu substituto ou fideicomissário poderá fazê-lo, assim como os cessionários e

---

11 ENNECCERUS; KIPP; WOLFF. *Derecho de sucessiones*, v. I, § 66.

12 DIAS, Maria Berenice. *Manual das sucessões*, p. 620.

13 MALUF, Carlos Alberto Dabus. *Código Civil comentado*: prescrição, decadência e prova. Coord. Álvaro Villaça Azevedo. São Paulo: Atlas, v. III, p. 85 e s.

14 VELOSO, Zeno. *Código Civil comentado*, p. 2054.

adquirentes de bens hereditários. No caso de falecimento do herdeiro preterido antes ou depois de aberta a sucessão, haverá o direito de representação deste, e assim, seus sucessores poderão intentar a ação".

Pode ainda ser intentada: pelo herdeiro resultante das técnicas de reprodução assistida *post mortem*, a fim de que tenha seu direito sucessório reconhecido; pelo companheiro cuja união estável não seja reconhecida e que promove ação de reconhecimento de união estável cumulada com ação de petição de herança; o ente público, ainda que não seja herdeiro, pode reconhecer sua legitimidade para propor ação de petição de herança a fim de afastar o herdeiro aparente, no caso de herança jacente; pode ainda ser proposta por um herdeiro contra um coerdeiro que eventualmente tenha recebido mais do que era devido em face de sua quota hereditária; o credor, visando ao reconhecimento da qualidade de herdeiro de seu devedor.

Já no que tange à **legitimidade passiva**, "a ação de petição de herança pode ser movida contra os detentores da herança, sejam ou não herdeiros; terceiros estranhos à sucessão, ou quem tenha adquirido o bem hereditário. É uma ação que deve ser movida contra os herdeiros, não contra o inventariante, mesmo que o inventário se encontre em andamento"[15].

À luz do art. 1.825 do Código Civil, "a ação de petição de herança, ainda que exercida por um só dos herdeiros, poderá compreender todos os bens hereditários".

Ainda que apenas um dos herdeiros verdadeiros exerça a ação petitória, pode requerer a restituição de toda a herança daquele que ilegitimamente a possua. O real herdeiro, desde a morte do hereditando, é possuidor e dono de sua quota sucessória, e desta forma, na condição de condômino, está autorizado a intentar a ação com o objetivo de serem restituídos todos os bens da herança, visto que a herança é um todo unitário, representa uma universalidade de direitos, ainda que sejam vários os herdeiros, como prevê o art. 1.791, *caput*, do Código Civil, seguindo indivisível, até a partilha, o direito dos coerdeiros quanto à propriedade e posse da herança, à luz do parágrafo único do mesmo artigo[16].

---

15 DIAS, Maria Berenice. *Manual das sucessões*, p. 621 e 622; CARTAXO, Fernando Antonio da Silva. *Teoria e prática das ações de herança*. São Paulo: LEUD, 2009, p. 23 e 24.

16 VELOSO, Zeno. *Código Civil comentado*, p. 2054 e 2055.

Conforme o art. 1.826 do Código Civil, "o possuidor da herança está obrigado à restituição dos bens do acervo, sendo-lhe fixada a responsabilidade segundo a sua posse, observado o disposto nos arts. 1.214 a 1.222. Parágrafo único. A partir da citação, a responsabilidade do possuidor se há de aferir pelas regras concernentes à posse de má-fé e à mora".

Cuidam os dispositivos invocados das consequências advindas da posse de boa ou má-fé quanto à percepção dos frutos, responsabilidade pela perda ou deterioração dos bens, direito de indenização por benfeitorias, inclusive direito de retenção.

De acordo com o parágrafo único do art. 1.826 do Código Civil, pode-se perceber que, até esse momento, poderia o réu invocar ignorância dos direitos do autor da ação, mas com a sua citação tornou-se plenamente ciente, transmudando-se a natureza da posse até então exercida[17].

Assim, temos que, uma vez condenado, estará o possuidor obrigado à restituição dos bens do acervo. Entretanto, sua responsabilidade variará de acordo com a natureza da sua posse: "se de boa-fé ou se de má fé, como determinam os arts. 1.214 a 1.222 do Código Civil. Se for possuidor de boa-fé terá direito aos frutos percebidos e de ser indenizado pelas benfeitorias necessárias e úteis, podendo inclusive exercer o direito de retenção destas. Entretanto, se for possuidor de má-fé, responderá por todos os frutos colhidos e percebidos, bem como pelos que por sua culpa deixou de perceber, somente sendo ressarcido pelas benfeitorias necessárias, não lhe assistindo o direito de retenção pela importância destas"[18].

Dispõe o art. 1.827 do Código Civil: "O herdeiro pode demandar os bens da herança, mesmo em poder de terceiros, sem prejuízo da responsabilidade do possuidor originário pelo valor dos bens alienados. Parágrafo único. São eficazes as alienações feitas, a título oneroso, pelo herdeiro aparente a terceiro de boa-fé".

Se os bens hereditários foram alienados, o autor da petição da herança pode demandar sua restituição do adquirente, perdurando a responsabilidade do possuidor originário pelo respectivo valor.

---

17 MONTEIRO, Washington de Barros; PINTO, Ana Cristina de Barros Monteiro França. *Curso de direito civil*, p. 99.

18 PEREIRA, Caio Mário da Silva. *Instituições de direito civil*, p. 60 e 61; VELOSO, Zeno. *Código Civil comentado*, p. 2055.

Via de regra, a ação de petição de herança é endereçada contra aquele que detém a herança a título de herdeiro; mas podem os bens estar em poder de terceiros, hipótese em que caberia a ação reivindicatória. Como o parágrafo único reconhece a eficácia das alienações feitas, a título oneroso, pelo herdeiro aparente a terceiro de boa-fé, deve o possuidor originário responder pelo valor dos bens alienados. Reconhece-se a eficácia de tal alienação, se onerosa, para salvaguarda e segurança das relações jurídicas.

Se a alienação for gratuita, entretanto, não incidirá a regra do parágrafo único do artigo em tela, sendo, pois, nula a alienação neste caso. Da mesma forma, não incidirá a ressalva contida no referido parágrafo único se o adquirente estiver de má-fé[19].

A boa-fé neste caso validará a alienação, mesmo que o herdeiro aparente seja indigno, antes da sentença de exclusão.

De conformidade com o disposto no art. 1.828 do Código Civil, "o herdeiro aparente, que de boa-fé houver pagado um legado, não está obrigado a prestar o equivalente ao verdadeiro sucessor, ressalvado a este o direito de proceder contra quem o recebeu".

É fácil perceber a diversidade de situações: ao pagar um legado, encargo estabelecido, o herdeiro de boa-fé estava dando cumprimento à determinação testamentária do autor da herança, cuja vontade é sua incumbência cumprir; e assim, não responderá se verificar posteriormente a invalidade do referido pagamento[20].

---

19 MONTEIRO, Washington de Barros; PINTO, Ana Cristina de Barros Monteiro França. *Curso de direito civil*, p. 99; VELOSO, Zeno. *Código Civil comentado*, p. 2056.

20 MONTEIRO, Washington de Barros; PINTO, Ana Cristina de Barros Monteiro França. *Curso de direito civil*, p. 99; NADER, Paulo. *Curso de direito civil*, p. 139.

Capítulo 10

Da ordem de vocação hereditária

Na lição de Itabaiana de Oliveira, a ordem de vocação hereditária representa a pedra angular da sucessão legítima, e tem passado, desde a legislação dos romanos, por fases diversas, atenta à estrutura familiar vigente em cada época. E assim, "dependendo da organização das diferentes classes dos laços de família, esses vêm sendo reduzidos ao vínculo do casamento e do parentesco, aos quais se deve atender para a coordenação preferencial dos grupos sucessíveis"[1].

A sucessão *causa mortis* pode se dar de duas formas: a sucessão legítima e a testamentária. No primeiro caso, a indicação dos herdeiros se dá em virtude da lei; no segundo, observa-se a vontade do autor da herança. Entretanto, dada a existência de herdeiros necessários, a liberdade de testar restringe-se à metade dos bens do testador, tendo em vista a legítima dos herdeiros necessários. Assim, em face do princípio da intangibilidade da legítima, é nula a cláusula testamentária que a comprometa. Se, por outro lado, inexistirem os herdeiros necessários, a liberdade para testar será plena.

---

[1] OLIVEIRA, Arthur Vasco Itabaiana de. *Tratado de direito das sucessões*, p. 155.

Segundo o disposto no art. 1.829 do Código Civil, são herdeiros necessários: os descendentes, os ascendentes e o cônjuge. Os herdeiros facultativos, por sua vez, são os colaterais até o quarto grau inclusive.

Toda vez que alguém falecer sem deixar testamento, *ab intestato*, verifica-se a sucessão legítima. Desta forma, a herança é deferida a determinadas pessoas, de acordo com a ordem prescrita pelo legislador e que representa a **ordem da vocação hereditária**.

Leciona Carlos Maximiliano que sucessão legítima é a que, na falta de disposição expressa e válida do *de cujus*, defere, com atenção ao vínculo familiar e à vontade presumida do defunto, os bens de acervo hereditário a uma determinada classe de pessoas. "Tem suas raízes na preocupação social com a unidade e a solidariedade da família: o direito de suceder prolonga-se até onde se estende a consciência daquela unidade e a presunção da existência da solidariedade"[2].

Nas palavras de Clóvis Beviláqua, "a ordem legítima da vocação hereditária é a distribuição pela lei, dos sucessíveis em classes, que preferem umas às outras, na aquisição da herança, segundo a graduação em que se acham colocadas". Contempla-se que a organização dessas classes tem por base a estrutura da família, com exceção do Estado, cujos direitos sucessórios se fundam na organização política da vida social[3].

Tendo em vista a organização da família na pós-modernidade, inovou o Código Civil de 2002 em trazer o cônjuge para o rol dos herdeiros necessários, situação que não lhe era prevista no Código Civil anterior.

Há de se ponderar que, na formação da família, o desenvolvimento da prole sempre desempenhou um papel de destaque, e os cônjuges constituem, por sua vez, os elementos primordiais da família, que devem estar protegidos quando dissolvida a sociedade conjugal pela morte de um deles.

À luz do disposto no art. 1.829 do Código Civil, "a sucessão legítima defere-se na ordem seguinte: I – aos descendentes, em concorrência com o cônjuge sobrevivente, salvo se casado este com o falecido no regime da comunhão universal, ou no da separação obrigatória de bens

---

2 MAXIMILIANO, Carlos. *Direito das sucessões*, p. 132.

3 BEVILÁQUA, Clóvis. *Código Civil dos Estados Unidos do Brasil comentado*, p. 59.

(art. 1.640, parágrafo único); ou se, no regime da comunhão parcial, o autor da herança não houver deixado bens particulares; II – aos ascendentes, em concorrência com o cônjuge; III – ao cônjuge sobrevivente; IV – aos colaterais".

Em julgamento ocorrido em sede do STF, entendeu-se pela equiparação do cônjuge e do companheiro para fins de sucessão. A decisão foi proferida no julgamento dos REsp 646.721 e 878.694, ambos com repercussão geral. Assim, declarou-se inconstitucional o art. 1.790 do Código Civil, que estabelece diferenças entre a participação do companheiro e do cônjuge na sucessão dos bens. Nesse sentido, deve ser aplicado o regime estabelecido no art. 1.829 supracitado, posto que na pós-modernidade convivem diversas modalidades de família.

Inúmeras críticas, entretanto, são formuladas pela doutrina, quanto à remissão, equivocada do inciso I do artigo em tela ao art. 1.640, parágrafo único, também do Código Civil, remissão esta que deveria ser feita ao art. 1.641.

É válido ressaltar que a referida ordem sucessória tem por base as relações de família e de sangue (*jus familiae, jus coniugii* e *jus sanguinis*), sendo que a solidariedade deve sempre reinar entre os seus membros e o amparo familiar deve constituir o alicerce e o fundamento da sucessão legítima, com referência à vocação hereditária.

Assim sendo, quanto ao companheiro sobrevivente, embora não seja este herdeiro necessário, cabe-lhe direito hereditário, na forma do art. 1.790 do Código Civil.

10.1. Disposições gerais

A vocação hereditária obedece a algumas considerações iniciais.

Em primeiro lugar, analisa-se a **linha de parentesco do herdeiro**: esta pode ser reta ou colateral (transversal).

Como leciona Carlos Maximiliano, linha ou ordem de parentesco é a série de pessoas oriundas do mesmo tronco ancestral, que pode ser anterior ou posterior ao nascimento do *de cujus* – tomando a dimensão de ascendentes ou descendentes, se forem genitores ou filhos deste.

A linha reta abrange os parentes tal como acima designados, e a linha transversal ou colateral é formada pelos parentes colaterais[4].

Dispõe o art. 1.591 do Código Civil que "são parentes em linha reta as pessoas que estão uma para com as outras na relação de ascendentes e descendentes". Ou seja, o parentesco é uma relação que vincula aqueles que procedem de um tronco ancestral comum. O parentesco em linha reta é infinito. São parentes em linha reta o bisavô, o avô, o pai, o filho, o neto, o bisneto.

Conforme o disposto no art. 1.592 do Código Civil, "são parentes em linha colateral ou transversal, até o quarto grau, as pessoas provenientes de um só tronco, sem descenderem uma da outra". Assim, são parentes em linha colateral os irmãos, o tio e o sobrinho, os primos-irmãos, os tios-avós. A lei não reconhece o parentesco colateral para além do quarto grau.

Em segundo lugar, observa-se a **classe dos herdeiros**. Pode-se entender por classe o determinado grupo de herdeiros que guarda semelhanças entre si. A primeira classe de herdeiros é a classe de descendentes do *de cujus*, e que por seu turno guardam essa semelhança entre si: descendem de um tronco comum. A segunda classe de herdeiros é marcada por aqueles que vieram antes do falecido, seus ascendentes. Em ambas, ocorre a sucessão em linha reta. A terceira classe de herdeiros é a do cônjuge e a do companheiro. Entre estes e o autor da herança não há parentesco, mas sim um lócus especial que os faz herdeiros e/ou meeiros entre si do patrimônio amealhado, tendo em vista o regime de bens adotado. A quarta classe de herdeiros é representada pelos parentes colaterais. Estes não são parentes em linha reta do *de cujus*, uma vez que não há liame de descendência/ascendência entre eles. Entretanto, sua relação decorre do fato de haver entre eles um ancestral comum, mas não em linha reta.

Um terceiro quesito a se analisar é o **grau de parentesco** entre o autor da herança e o herdeiro. Grau pode ser entendido, na concepção de Carlos Maximiliano, como "o elemento componente da linha, a distância de uma geração à outra, tendo em vista o ascendente comum"[5].

Os graus de parentesco decorrem do número de gerações que separa as partes envolvidas. Cada grau corresponde a uma geração.

---

4 MAXIMILIANO, Carlos. *Direito das sucessões*, p. 135.

5 MAXIMILIANO, Carlos. *Direito das sucessões*, p. 136.

Assim, tomando-se por base o autor da herança, conta-se a distância relacional existente entre este e o próximo parente. Ex.: do filho para o pai, um grau; continuando para o avô, dois graus; para o bisavô, três graus – todos em linha reta.

Para a contagem na linha colateral, exige-se que haja a designação de um ancestral comum entre os parentes envolvidos na relação cujo grau se deseja determinar. Ex.: do filho para o pai, um grau; sobe-se para o avô, dois graus; desce-se para o tio, três graus; e desce-se mais ainda para o primo, quarto grau de parentesco.

Vemos, nesse sentido, que a contagem de graus é de suma importância para que sejam dirimidas as questões envolvendo os destinos da herança.

Logo, para que possa ser deferida a herança, o chamamento dos herdeiros é feito por *classes*. Cada inciso do citado art. 1.829 do Código Civil indica uma classe, cuja convocação é sucessiva, uma depois de outra. Desta forma, chamam-se primeiro a herdar os descendentes em linha reta até o infinito, sempre em concorrência com o cônjuge (ou companheiro); se não houver descendentes, convocam-se os ascendentes, também em concorrência com o cônjuge (ou companheiro); por sua vez, o cônjuge sobrevivente (e o companheiro) concorre com os descendentes, com as exceções previstas no inciso I do art. 1.829, relativo ao regime de bens adotado, e com os ascendentes, e é chamado com exclusividade se não existirem descendentes ou ascendentes. À falta destes, convocam-se os colaterais. Vê-se, assim, que uma classe tem precedência sobre a outra, sendo essa precedência fundada em razões especiais[6].

A sucessão legítima, nas palavras de Caio Mário, "funda-se genericamente no fato de se ligar uma pessoa ou agrupamento familiar, pela consanguinidade ou pelo casamento, ou faltando um ou outro, de sujeitar-se à soberania do Estado". Assim sendo, no direito brasileiro, a partir da Lei n. 8.971/94, também os laços decorrentes da união estável, modalidade de família, passaram a constituir fundamento da sucessão legítima[7].

---

6 PEREIRA, Caio Mário da Silva. *Instituições de direito civil*, p. 67 e s.; MONTEIRO, Washington de Barros; PINTO, Ana Cristina de Barros Monteiro França. *Curso de direito civil*, p. 100 e 101; NADER, Paulo. *Curso de direito civil*, p. 143-145.

7 PEREIRA, Caio Mário da Silva. *Instituições de direito civil*, p. 67.

Tal como refere Washington de Barros Monteiro, "a ordem de vocação é sempre a mesma, seja o *de cujus* nacional ou estrangeiro. Conhecida é, a propósito, a sensível evolução processada no direito brasileiro. De acordo com o art. 14 da antiga Lei de Introdução ao Código Civil, a sucessão legítima ou testamentária, a ordem da vocação hereditária, os direitos dos herdeiros e a validade intrínseca das disposições do testamento; qualquer que seja a natureza dos bens e o país, onde se achem, guardado o disposto neste Código acerca das heranças vagas, abertas no Brasil, obedecerão à lei nacional do falecido; se este, porém, era casado com brasileira, ou tiver deixado filhos brasileiros, ficarão sujeitos à lei brasileira"[8].

Dispõe o art. 10 da Lei de Introdução às Normas do Direito Brasileiro que "a sucessão por morte ou por ausência obedece à lei do país em que era domiciliado o defunto ou o desaparecido, qualquer que seja a natureza e a situação dos bens". Acrescenta o § 1º que "a sucessão de bens de estrangeiros, situados no País, será regulada pela lei brasileira em benefício do cônjuge ou dos filhos brasileiros, ou de quem os represente, sempre que não lhes seja mais favorável a lei pessoal do *de cujus*". Esse último princípio tornou-se constitucional, por força do estatuído no art. 5º, XXXI, da Constituição Federal, que dispõe de modo idêntico. Acrescenta o § 2º do mencionado art. 10 que "a lei do domicílio do herdeiro ou legatário regula a capacidade para suceder".

Desta forma, tendo em vista as deliberações da referida Lei de Introdução, a vocação hereditária, em se tratando de bens de estrangeiro casado com brasileira, é regulada pela lei brasileira, tenha ou não o *de cujus* filhos brasileiros. Em qualquer hipótese, porém, se sua lei nacional for mais favorável ao cônjuge brasileiro e aos filhos do casal, urge aplicá-la, de preferência, à lei do domicílio.

A determinação dos parentes sucessíveis pode variar conforme a lei, os costumes do país e o momento histórico vigente. Nesse sentido, tem-se que as disposições legais referentes à vocação hereditária são de ordem pública, "porque elaboradas diretamente em função do bem público, de preferência ao puro direito individual, uma vez que a vocação hereditária

---

[8] MONTEIRO, Washington de Barros; PINTO, Ana Cristina de Barros Monteiro França. *Curso de direito civil*, p. 101.

reflete uma preocupação de ordem familiar, social e até mesmo política, com o patrimônio dos herdeiros, uma vez que o modo de partilhar fortunas afeta o poder do Estado sobre seus súditos"[9].

Note-se, portanto, que as regras relativas à vocação hereditária são de ordem pública, não podendo nesse sentido serem alteradas ou convencionadas entre as partes; além disso, obedecem ao momento histórico vigente e aos costumes da época.

Aduz San Tiago Dantas que há ainda que se considerar a **sucessão por cabeça e por estirpe**. Na sucessão por cabeça, a herança é dividida igualmente entre todos os herdeiros a quem é deferida, como, por exemplo, no caso de o autor da herança ter deixado três filhos, cada um deles herdará um quinhão igual. A sucessão se dará por estirpe, quando "se tomam grupos de descendentes e se faz a partilha entre os grupos", como, por exemplo, quando o autor da herança deixar um filho vivo e os netos de outro filho premorto; a herança será então dividida em duas partes: duas são as estirpes e atribui-se uma parte ao filho vivo (50%) e a outra parte aos netos, descendentes do filho já falecido (dos 50% cabíveis, receberá 25% cada neto).

A **sucessão será por linha** quando se dividir entre duas classes de parentes, atendendo a que eles correspondem a linhas diversas de descendência. Ao se dividir a herança por linha, separa-se a linha paterna de um lado e a linha materna de outro, sendo então a herança dividida em dois quinhões.

Pode ainda a sucessão dar-se por ***jure proprio*** ou por ***jure representationis***. Na sucessão *jure proprio*, a herança é deferida diretamente a um herdeiro. Ao morrer um indivíduo são chamados à sucessão seus filhos, que se dá em face da lei. Ocorre a sucessão *jure representationis*, quando alguém é chamado a suceder no lugar de outrem, que só vem à sucessão porque morreu antes do *de cujus*[10].

---

9 SAN TIAGO DANTAS, Francisco Clementino de. *Direitos de família e das sucessões*, p. 481; MONTEIRO, Washington de Barros; PINTO, Ana Cristina de Barros Monteiro França. *Curso de direito civil*, p. 101 e 102.

10 SAN TIAGO DANTAS, Francisco Clementino de. *Direitos de família e das sucessões*, p. 483.

10.2. Evolução histórica

Numa perspectiva histórica, temos que a sucessão legítima mudou sua feição. Inicialmente, a ideia de comunhão familiar esteve na base do direito das sucessões. Não mais existe, entretanto, na civilização moderna, o patrimônio familiar e sim o patrimônio individual, diferentemente do que ocorria na Antiguidade, quando, pela morte do *pater*, cabia ao seguidor da religião doméstica a propriedade dos bens. "Herdava este não por vontade do pai, mas como continuador do culto"[11].

Em Roma, muitos historiadores aduzem que numa antiguidade bastante remota teria existido a sucessão legítima, só posteriormente teria sido instituída a sucessão testamentária. Outros, entretanto, relatam que a sucessão testamentária sempre existiu. Tentando dirimir a questão, San Tiago Dantas leciona que "ambas surgiram contemporaneamente, sendo a forma mais antiga de testamento, o testamento *calatis comitiis*, era um testamento feito na presença do povo reunido, com a mesma formalidade da lei". Representava, pois, a sucessão legítima, um direito comum de continuidade da transmissão de bens, que ou preexistiu ao testamento ou foi contemporânea deste[12].

É importante ainda, no período, que se verificassem quatro elementos: o momento da abertura da sucessão; as pessoas cujo falecimento dá ensejo a que ele se abra; aqueles que, a título de herdeiro, são chamados à sucessão e o modo como se verifica esse chamamento. "O ponto de partida da sucessão legítima reside na noção comum da copropriedade familiar". Inicialmente, somente ao cidadão romano era lícito que, com a sua morte, se abrisse a sucessão *ab intestato*, uma vez que o *ius civile* apenas permitia que essa sucessão fosse aplicada aos cidadãos romanos. Além disso era ainda necessário que o cidadão romano fosse *sui iuris,* ou seja, pessoas que vivem em comum com o *pater* na mesma *domus.* A partir do século IV d.C., começou-se a admitir a sucessão *ab intestato* do *filius familias*. Justiniano, na Novela CXVIII, admitindo que o *filius familias* pudesse ter herdeiros *ab intestato*, o equipara ao *pater familias.*

---

11 COULANGES, Fustel. *A cidade antiga*, p. 70; BEVILÁQUA, Clóvis. *Código Civil dos Estados Unidos do Brasil comentado*, p. 60.

12 SAN TIAGO DANTAS, F. C. *Direitos de família e das sucessões*, p. 480.

Já era conhecida a forma de chamamento à sucessão: *successio ordinis* – a sucessão de classe; *successio graduum* – a sucessão de graus; e a *successio in locum* – denominada modernamente como direito de representação[13].

"A sucessão legítima era devolvida, pelo Código decenviral das XII Tábuas, às três classes de herdeiros: os *sui heredes*, os agnados e os *gentiles*. Os primeiros estavam sobre a *patria potestas* do *de cujus*, no momento da morte deste e incluíam a mulher *in manu*. Os agnados eram chamados na falta dos *sui heredes*, e se referia aos parentes do sexo masculino. Os *gentiles* eram os membros da mesma *gens* e pertenciam à mesma classe de sucessíveis".

Com o advento do direito pretoriano criou-se um sistema novo, chamando à sucessão os agnados e os cognados, sem, entretanto, colocá-los na mesma linha. Admitiram-se quatro ordens de sucessíveis: *os liberi, os legitimi, os cognati* e o cônjuge sobrevivente, *vir et uxor*.

Afirmou-se nessa fase o princípio de que a herança defere-se primeiramente aos parentes próximos e depois ao cônjuge sobrevivente. Com Justiniano, com as Novelas 118 e 127, chamavam-se à sucessão todos os parentes indistintamente[14].

No período medieval, o direito germânico tem a sucessão legítima regida pelo costume. Inicialmente o morto era enterrado com seus bens. Posteriormente, passou-se a atribuir um *quantum* para ele: que era de um terço, indo o restante para seus herdeiros: um terço para a viúva e um terço para seus filhos. Essa divisão tripartite perdurou no século X.

Na baixa Idade Média, uma importante referência na sucessão legítima foi a *De Alodis* da Lei Sálica, que aponta os que são sucessivamente chamados à sucessão: a mãe, os irmãos e irmãs, a irmã da mãe e os parentes maternos mais próximos, por parentela. Destaca, pois, a Lei Sálica, os parentes maternos para a sucessão, diferentemente do direito romano que os excluía.

Refere John Gillisen que, até a Revolução Francesa, o direito sucessório *ab intestato* foi quase exclusivamente regido pelo direito consuetudinário, e nesse sentido havia uma grande diversidade de regras, apresentando,

---

13 MOREIRA ALVES, José Carlos. *Direito romano*, p. 397 e 398; CRETELLA JR., José. *Curso de direito romano*, p. 320.

14 LEITE, Eduardo de Oliveira. *Comentários ao Código Civil*. 2. ed. Rio de Janeiro: Forense, 2003, v. XXI, p. 210 e s.

portanto, inúmeros sistemas sucessórios, que abrangiam diferentemente os bens – dado que fossem móveis ou imóveis; adquiridos ou patrimoniais do lado do pai ou da mãe, bem como analisava-se a natureza dos referidos bens, tais que fossem feudos, censos e alodios; também eram tratados diferentemente os filhos: naturais eram excluídos da sucessão; os legítimos, sim, tinham direito à sucessão. Vigeu, entretanto, o direito de primogenitura, que teve, ao que parece, origem feudal. A Revolução nacional levou à supressão da maior parte dos privilégios decorrentes do período feudal[15].

Assim, a sucessão legítima tem escopo na vontade presumida e no afeto da família do *de cujus*, evidenciando uma íntima relação existente entre a família e o patrimônio, entendendo-se, desta maneira, "nada mais justo" que ocorra a transmissão do patrimônio entre os familiares na eventualidade da morte do autor[16].

Em suma, a determinação dos parentes sucessíveis é que pode variar conforme a lei, o costume e o momento histórico vigente.

Podem-se assim determinar, na sucessão legítima, quatro ordens e influências: a **histórica**, que retrata que essa forma de sucessão existiu sempre, em todos os povos da Antiguidade, e não apenas na civilização mediterrânea, fundando-se originariamente sobre a relação do parentesco agnatício, e somente mais tarde ampliou-se para a relação consanguínea; a **familiar**, que indica que há na sucessão legítima um fator de coesão e unidade da família, assegurando pois a permanência dos bens dentro desse núcleo; a **individual**, indicando que a ordem da vocação hereditária obedece ao critério da afeição presumida, "os herdeiros são chamados a suceder numa ordem de gradação afetiva que normalmente encontra confirmação na realidade"; e a **social**, que, partindo do princípio de que é no ambiente social que o homem vive que lhe é permitido amealhar um patrimônio, é a ordem de sucessão legal que prevê que se devolva a herança ao Estado, quando não pode tocar aos componentes do grupo familiar[17].

---

15 GILISSEN, John. *Introdução histórica ao direito*, p. 677 e s.

16 SAN TIAGO DANTAS, F. C. *Direitos de família e das sucessões*, p. 481.

17 PEREIRA, Caio Mário da Silva. *Instituições de direito civil*, p. 70; MALUF, Adriana Caldas do Rego Freitas Dabus. *Direito das famílias*: amor e bioética, p. 435 e s.

No Brasil, inicialmente, o direito sucessório era regulado pelo Código Filipino, que não seguia a ordem estabelecida por Justiniano. Desta forma, a ordem da vocação hereditária, que vigorou até 1907, quando foi promulgada a Lei n. 1.839, determinava: em primeiro lugar os descendentes, em linha infinita; depois os ascendentes, também até o infinito; os colaterais até o 10º grau de consanguinidade; o cônjuge sobrevivente; e, por último, o Estado.

A entrada em vigor da referida lei fez com que o cônjuge sobrevivente passasse para a terceira classe, que até então era ocupada pelos colaterais, que desceram uma classe e o parentesco foi reduzido até o sexto grau inclusive.

Na vigência do Código Civil de 1916, manteve-se a ordem de vocação hereditária estabelecida pela lei anterior, que introduziu outras modificações a respeito da legítima dos herdeiros necessários: houve o aumento da quota disponível, que passou de um terço para 50%; a conversão da legítima em outras espécies diferentes das deixadas pelo *de cujus*; a incomunicabilidade da legítima; a inalienabilidade temporária ou vitalícia da legítima de qualquer herdeiro necessário[18].

A Lei n. 1.907, de 26 de dezembro de 1939, alterou o Código Civil, no que tange aos colaterais, cujo direito hereditário se extingue no segundo grau. O Decreto-Lei n. 8.207, de 22 de novembro de 1945, revogou a lei anteriormente citada, mas limitou a sucessão legítima na linha colateral ao terceiro grau.

A sucessão legítima beneficiava os parentes até o sexto grau colateral; posteriormente, por força do Decreto-Lei n. 1.946, foi alterado para o quarto grau. Isto posto, entende Beviláqua que "além do sexto grau desaparecem o sentimento de unidade da família e o vínculo da simpatia que existe entre os parentes. O sexto grau representa quatro gerações sucessivas, depois deste, o afastamento dos parentes é muito grande, e o sentimento de família assaz enfraquecido"[19].

---

18 LEITE, Eduardo de Oliveira. *Comentários ao novo Código Civil*. 2. ed. Rio de Janeiro: Forense, 2003, v. XXI, p. 213.

19 BEVILÁQUA, Clóvis. *Código Civil dos Estados Unidos do Brasil comentado*, p. 60.

É válido ressaltar que na contemporaneidade a noção de família se alterou, tendo égide a família nuclear, beneficiando, assim, com o direito à sucessão legítima, os parentes mais próximos[20].

Nas palavras de Eduardo de Oliveira Leite, "é realmente, a nova posição do cônjuge sobrevivente, na primeira e na segunda classes dos sucessíveis legítimos e necessários, ao lado dos descendentes e dos ascendentes do *de cujus*, e a consequente eliminação da sua colocação na terceira classe dos sucessíveis que marca, decisivamente, o novo perfil do art. 1.829"[21].

10.3. As classes na vocação hereditária

Entre os parentes sucessíveis, o art. 1.829 do Código Civil aponta a ordem em que a sucessão irá ocorrer, ou seja, institui a ordem de preferência para o recebimento do quinhão hereditário. São herdeiros necessários os descendentes, os ascendentes, o cônjuge e os parentes colaterais até o quarto grau.

10.3.1. Dos descendentes

Os descendentes correspondem à primeira classe de herdeiros sucessíveis. A lei contempla genericamente todos os descendentes, e não apenas os filhos do *de cujus,* mas também netos, bisnetos e outros *ad infinitum,* sendo vedada qualquer discriminação de gênero, origem, ou qualquer atenção aos antigos privilégios de varonia ou primogenitura.

Na vigência do Código de 1916, sucediam com exclusividade, afastando todas as demais pessoas sucessíveis. Essa situação, entretanto, foi alterada pela vigência do Código Civil de 2002, que convoca a herdar, em primeiro lugar os descendentes, mas concorrendo, entretanto, com o cônjuge sobrevivente, salvo se este era casado com o falecido pelo regime da comunhão universal de bens, da separação obrigatória, ou da comunhão parcial de bens, quando o autor da herança não tenha deixado bens particulares, ou seja, bens adquiridos anteriormente ao casamento.

---

20 MALUF, Adriana Caldas do Rego Freitas Dabus. *Direito das famílias*: amor e bioética, p. 274.

21 LEITE, Eduardo de Oliveira. *Comentários ao novo Código Civil*, p. 215 e 216.

Assim, na ocorrência de qualquer dessas hipóteses, os descendentes recolhem a totalidade da herança; fora dessas exceções, concorrem com o cônjuge supérstite.

Caso o falecido não tenha deixado filhos vivos, mas somente netos, estes são chamados a suceder antes dos ascendentes, independentemente do grau de parentesco, como já referido. Assim sendo, o neto, parente em segundo grau, exclui o genitor do *de cujus*, parente em primeiro grau. O mesmo acontece com o bisneto, parente em terceiro grau. Os descendentes concorrerão, entretanto, com o cônjuge sobrevivente, salvo as exceções previstas quanto ao regime de bens do casamento[22].

A ideia principal dessa deliberação funda-se no amor, o qual se acredita mais intenso em relação aos descendentes – que representam a continuidade da família – do que aos demais parentes, sejam eles ascendentes ou colaterais, e assim, nada mais justo que a herança lhes toque em primeiro lugar.

Assim sendo, à luz do art. 1.833 do Código Civil, "entre os descendentes, os em grau mais próximo excluem os mais remotos, salvo o direito de representação".

Trata-se de regra universal no direito das sucessões, a de que, dentro de cada classe, os parentes de grau mais próximo preferem aos de grau mais afastado. Essa regra é prevista na codificação estrangeira, no art. 734 do Código Civil francês; no art. 1.924 do Código Civil alemão; no art. 572 do Código Civil espanhol; no art. 2.135 do Código Civil português, entre outros[23].

Pode-se, portanto, herdar, como leciona San Tiago Dantas, por *jure proprio*, quando a herança é deferida diretamente a um herdeiro; e por *jure representationis*, quando se é chamado a suceder no lugar de outrem, que não vem à sucessão porque faleceu antes do *de cujus*[24].

Na linha reta descendente há o direito de representação, ou seja, existe a possibilidade de os filhos representarem o pai ou a mãe premorta na

---

22 MONTEIRO, Washington de Barros; PINTO, Ana Cristina de Barros Monteiro França. *Curso de direito civil*, p. 102 e 103; NADER, Paulo. *Curso de direito civil*, p. 162 e 163; OLIVEIRA, Arthur Vasco Itabaiana de. *Tratado de direito das sucessões*, p. 157.

23 VELOSO, Zeno. *Código Civil comentado*, p. 2069.

24 SAN TIAGO DANTAS, F. C. *Direitos de família e das sucessões*, p. 483.

herança do avô, concorrendo com os filhos ainda vivos (seus tios), à época da abertura da sucessão.

Essa acepção é completada com o disposto no art. 1.834 do Código Civil: "Os descendentes da mesma classe têm os mesmos direitos à sucessão de seus ascendentes". Assim, para efeitos sucessórios, nenhuma distinção se faz quanto à qualidade dos descendentes, sendo vedada qualquer discriminação ou restrição baseada na origem do parentesco.

O art. 1.835 do Código Civil dispõe que, "na linha descendente, os filhos sucedem por cabeça, e os outros descendentes, por cabeça ou por estirpe, conforme se achem ou não no mesmo grau".

Desta forma, defluem alguns exemplos: num caso hipotético em que o *de cujus* deixa três filhos, cada um deles receberá uma quota hereditária igual; nessa divisão consiste a sucessão por cabeça (*per capita*). Isso se dá em virtude da força do direito hereditário de cada um que é igual, tendo em vista a mesma distância que os separa do autor da herança.

Num outro caso, se o *de cujus* deixar dois filhos vivos e dois netos, descendentes de um terceiro filho premorto, não mais existe a mesma distância entre os sucessores e o extinto, uma vez que os filhos são parentes em primeiro grau e os netos em segundo, conforme dispõe o art. 1.594 do Código Civil. Essa diversidade de graus impõe a sucessão por estirpe, ou seja, divide-se a herança em três quotas iguais: duas delas são atribuídas aos filhos vivos e a última, depois de subdividida em duas porções distintas, é destinada aos dois netos do *de cujus*, que representam o pai falecido, como prevê o art. 1.852 do mesmo Código, que trata do direito de representação.

Assim, tem-se que os filhos sucedem *per capita* e os netos *in stirpes*, em concorrência com o cônjuge, se for o caso.

Pode ainda ocorrer, por exemplo, de o *de cujus* ter tido dois filhos, ambos falecidos, os quais deixaram dois e três filhos, respectivamente, somando-se cinco netos ao todo. Neste caso, dividir-se-á a herança em cinco quotas iguais, que constituem as avoengas e que se adjudicarão *per capita* a cada um dos cinco netos, tendo em vista, neste caso, existir a igualdade de graus[25].

---

25 MONTEIRO, Washington de Barros; PINTO, Ana Cristina de Barros Monteiro França. *Curso de direito civil*, p. 103 e 104.

Entretanto, esta posição legal, presente no Código Civil de 1916 e repetida no Código Civil de 2002, recebe algumas críticas, entre elas as proferidas por Clóvis Beviláqua, que a denominava injusta, tendo em vista que a partilha assim realizada, *per capita*, leva aos dois netos descendentes do primeiro filho a terem diminuídas suas quotas hereditárias, ao passo que os três netos, descendentes do segundo filho, as receberam aumentadas[26].

Entende mais natural que o legislador pátrio tivesse determinado a distribuição da herança, não por cabeça, mas por estirpe. Caso em que o acervo hereditário passaria a ser dividido em duas quotas iguais, que tocariam às duas estirpes. A primeira quota, por sua vez, seria repartida em duas porções e a segunda quota, em três, consumando-se assim a partilha. No entanto, o referido sistema não foi recepcionado pelo Código Civil, que não adota a sucessão por estirpe, porém por cabeça.

À luz do art. 227, § 6º, da Constituição Federal os filhos havidos ou não de casamento, ou por adoção, terão os mesmos direitos e qualificações previstos no art. 1.596 do Código Civil. Reflete-se esse aspecto no direito das sucessões, vedando, pois, a distinção entre os descendentes do mesmo grau.

Analisando-se a filiação sob o ponto de vista histórico do direito, a igualdade entre os descendentes foi fruto de uma lenta evolução, uma vez que era considerado legítimo o filho nascido das justas núpcias. Quanto ao legitimado, de acordo com o art. 352 do Código Civil de 1916, era equiparado ao filho legítimo. "As quotas hereditárias de um e de outro devem ser absolutamente iguais, como se não houvera qualquer irregularidade no nascimento do primeiro, aliás, apagada pelo subsequente matrimônio dos genitores"; o mesmo ocorria com o filho natural, também equiparado ao filho legítimo ou legitimado. Todos faziam jus, pois, aos mesmos benefícios sucessórios.

Assim, consoante o art. 1.605, § 1º, do Código Civil de 1916, "havendo filho legítimo, ou legitimado, só à metade do que a este couber em herança terá direito o filho natural reconhecido na constância do casamento".

Desta forma, se reconhecido na constância do casamento, o quinhão hereditário do filho natural reduzido era à metade do que coubesse ao

---

26 BEVILÁQUA, Clóvis. *Código Civil dos Estados Unidos do Brasil comentado*, p. 186 e s.

legítimo ou legitimado. Reconhecido, porém, antes do casamento do genitor, ou não mais vigendo o casamento, o quinhão seria igual, como no caso de filho de desquitado.

Quanto ao filho adulterino, a Lei n. 883, de 21 de outubro de 1949, dispunha, em seu art. 2º: "o filho reconhecido na forma desta Lei, para efeitos econômicos, terá o direito, a título de amparo social, à metade da herança que vier a receber o filho legítimo ou legitimado".

O filho adotivo era equiparado ao filho legítimo ou legitimado, para os efeitos da sucessão, à luz do disposto no art. 1.605 do Código de 1916. Herda assim como se fora descendente do *de cujus*, de preferência às demais pessoas sucessíveis de outras *classes*, mencionadas no art. 1.603 do Código de 1916. A existência de filho adotivo arredava da sucessão todos os demais herdeiros do adotante, que não tinham a qualidade de filhos legítimos, legitimados e reconhecidos.

Na hipótese de casamento putativo, os filhos dele oriundos eram considerados filhos legítimos, à luz do disposto no art. 221 do Código Civil de 1916, e assim poderiam suceder a ambos os cônjuges e seus parentes.

O § 1º do referido art. 1.605 foi expressamente revogado pela Lei n. 6.515, de 26 de dezembro de 1977, em seu art. 54, e, desta forma, os filhos foram equiparados quanto aos seus direitos sucessórios; dispunha o art. 51, n. 2, da mesma lei que: "Qualquer que seja a natureza da filiação, o direito à herança será reconhecido em igualdade de condições". Para efeitos sucessórios, desapareceu a discriminação.

De acordo com o art. 227, § 6º, da Constituição de 5 de outubro de 1988, "os filhos, havidos ou não da relação de casamento, ou por adoção, terão os mesmos direitos e qualificações, proibidas quaisquer designações discriminatórias relativas à filiação".

Nesse sentido, vedou a Lei n. 8.560, de 29 de dezembro de 1992, em seu art. 3º, legitimar e reconhecer filho na ata do casamento, bem como a referência, no registro de nascimento, à natureza da filiação, visando, para tanto, evitar a discriminação entre os filhos[27].

---

[27] MONTEIRO, Washington de Barros; PINTO, Ana Cristina de Barros Monteiro França. *Curso de direito civil*, p. 104-107.

Assim sendo, a lei civil não distingue, para fins sucessórios, os parentes consanguíneos dos civis. A discriminação que ocorria no passado, encontra--se absolutamente superada.

Na atualidade, como já abordado anteriormente, muitas inovações biotecnológicas ocorreram, incidindo diretamente no *status* do filho, como ocorre nas hipóteses previstas na reprodução assistida, cujas presunções vêm dispostas no art. 1.597 do Código Civil.

Dispõe o art. 1.787 do Código Civil de 2002 que a capacidade para suceder é a do tempo da abertura da sucessão, que se regulará conforme a lei então em vigor; e à luz do art. 1.596, "os filhos havidos ou não da relação de casamento, ou por adoção, terão os mesmos direitos e qualificações, proibidas quaisquer designações discriminatórias relativas à filiação".

10.3.2. Dos ascendentes

Na falta de descendentes sucessíveis, situados na primeira classe, são chamados à sucessão os ascendentes, pertencentes à segunda classe, em concorrência com o cônjuge ou o companheiro supérstite, o que representa grande inovação na matéria sucessória, ou isoladamente, sem qualquer distinção quanto ao regime de bens adotado.

Dispõe o art. 1.836 do Código Civil: "Na falta de descendentes, são chamados à sucessão os ascendentes, em concorrência com o cônjuge sobrevivente. § 1º Na classe dos ascendentes, o grau mais próximo exclui o mais remoto, sem distinção de linhas. § 2º Havendo igualdade em grau e diversidade em linha, os ascendentes da linha paterna herdam a metade, cabendo a outra aos da linha materna".

Leciona San Tiago Dantas que, quanto às normas relativas à sucessão dos ascendentes, a regra é que o grau mais próximo exclui o mais remoto e não há direito de representação[28].

Assim, a sucessão dos ascendentes obedece a **duas importantes regras**: a **primeira** vem contida no art. 1.836, § 1º, do Código Civil segundo o qual "na classe dos ascendentes, o grau mais próximo exclui o mais remoto, sem distinção de linhas". Efetivamente, *proximior excludit remotiore.*

---

[28] SAN TIAGO DANTAS, F. C. *Direitos de família e das sucessões*, p. 489.

Nesse sentido, os mais próximos excluem os mais remotos, afastando-se pois os ascendentes em grau mais remoto. Os primeiros a serem chamados a suceder são o pai e a mãe do *de cujus*. Assim sendo, no caso de inexistência de prole, a herança vai para os genitores, que herdam em partes iguais o que o filho houver deixado, juntamente com o cônjuge supérstite, quando houver, qualquer que tenha sido o regime de bens do casamento, e que receberá, por sua vez, um terço da herança como dispõe o art. 1.837 do Código Civil. Entretanto, se apenas um dos genitores sobreviver, recolherá a totalidade da herança, ou a metade, se houver cônjuge sobrevivente, que ficará com a outra metade.

É válido ressaltar que no caso de se deferir esta aos pais, o cálculo do imposto de transmissão *causa mortis* deve ser feito separadamente, pois a herança não se transmite ao casal, mas a cada um dos genitores, que recebe sua quota por direito próprio.

Inexiste o direito de representação na linha reta ascendente, e no caso de o ascendente da linha paterna ser premorto, caberá ao da linha materna a totalidade do acervo e vice-versa[29].

Na falta de ambos, herdarão os avós da linha paterna e materna, entre os quais se partilharão os bens, sem qualquer atenção à origem destes. De fato, antigamente, quanto aos imóveis, prevalecia uma regra de direito costumeiro, de inspiração feudal, *paterna paternis, materna maternis*, isto é, os bens adquiridos pelo finado por herança do pai, ou de outros parentes do lado paterno, adjudicavam-se aos avós paternos, enquanto os recebidos pelo lado materno se atribuíam aos avós maternos. "Essa máxima, todavia, não logrou sobreviver. Atualmente, faz-se a partilha sem distinção de linhas e sem se atender à origem dos bens"[30].

Assim, na hipótese de a herança ser deferida aos ascendentes de grau idêntico e linhas diferentes, a partilha contemplará igualmente o lado paterno e o materno, sendo pois os bens divididos em duas metades, destinando-se as partes de cada uma das linhas. Como exemplo, podemos citar o caso

---

29 NADER, Paulo. *Curso de direito civil*, p.164; MONTEIRO, Washington de Barros; PINTO, Ana Cristina de Barros Monteiro França. *Curso de direito civil*, p. 108 e 109; LEITE, Eduardo de Oliveira. *Comentários ao novo Código Civil*, p. 239 a 241.

30 MONTEIRO, Washington de Barros; PINTO, Ana Cristina de Barros Monteiro França. *Curso de direito civil*, p. 108.

em que o neto falece deixando patrimônio e sendo os avós seus herdeiros; metade da herança será destinada aos avós paternos e a outra aos avós maternos. No caso de em uma das linhas haver somente um ascendente, a ele caberá isoladamente a metade da herança, deferindo-se a outra metade para a outra linha, integrada por dois ou apenas um ascendente[31].

Na ausência de avós, convocar-se-ão os antepassados mais remotos, como bisavós e trisavós, observando-se, porém, a mesma regra já mencionada, de que os mais próximos excluem sempre os mais remotos, e de que concorrem com o cônjuge sobrevivente, que, não se tratando de divisão com os sogros, também tem direito à metade da herança.

A **segunda regra** a observar-se na sucessão da linha ascendente é oriunda do art. 1.836, § 2º: "Havendo igualdade em grau e diversidade em linha, os ascendentes da linha paterna herdam a metade, cabendo a outra aos da linha materna". Por exemplo: morre um indivíduo determinado, que não tinha pais vivos, mas três avós (igualdade de graus), dois maternos e um paterno (diversidade em linha). A herança defere-se a todos, em consonância com o art. 1.836. Mas em que proporção? À luz do art. 1.836, § 2º: reparte-se a herança entre as duas linhas meio a meio, metade para os dois avós maternos (uma linha) que a dividirão entre si, e metade para o único avô paterno (outra linha)[32].

O Código Civil de 1916 continha dispositivo, revogado pelo art. 227, § 6º, da Constituição Federal vigente, segundo o qual, se se tratasse de parentes ilegítimos, ter-se-ia em vista a reciprocidade da sucessão entre ascendentes e descendentes ilegítimos: "Quando o descendente ilegítimo tiver direito à sucessão do ascendente, haverá direito o ascendente ilegítimo à sucessão do descendente". É verdade que a lei permite o reconhecimento *post mortem*.

Assim, como os descendentes têm direito de suceder aos ascendentes, qualquer que seja a natureza da filiação, legítima, ilegítima ou adotiva, nas mesmas condições terão direito os ascendentes à sucessão dos descendentes[33].

---

31 NADER, Paulo. *Curso de direito civil*, p. 164 e 165.

32 SAN TIAGO DANTAS, F. C. *Direitos de família e das sucessões*, p. 489.

33 MONTEIRO, Washington de Barros; PINTO, Ana Cristina de Barros Monteiro França. *Curso de direito civil*, p. 165.

Há ainda a hipótese de o ascendente concorrer com o cônjuge sobrevivente do *de cujus*, tal como prevê o art. 1.837 do Código Civil: "Concorrendo com ascendente em primeiro grau, ao cônjuge tocará um terço da herança; caber-lhe-á a metade desta se houver um só ascendente, ou se maior for aquele grau"; se concorrer com o companheiro, as regras aplicáveis serão as do art.1.790, III: "A companheira ou o companheiro participará da sucessão do outro, quanto aos bens adquiridos onerosamente na vigência da união estável, nas condições seguintes: (...) III – se concorrer com outros parentes sucessíveis, terá direito a um terço da herança".

Assim sendo, "o quinhão devido aos ascendentes é partilhado por linhas; já entre os descendentes, *per capita* ou por estirpe, conforme a sucessão se verificar por direito próprio ou por representação"[34].

10.3.3. Da sucessão do cônjuge e do companheiro sobrevivente

10.3.3.1. *Da sucessão do cônjuge*

A sucessão do cônjuge sobrevivente foi muitas vezes modificada no decorrer dos tempos.

No que tange ao **direito à sucessão**, à luz do disposto no Código de 1916, o cônjuge não era considerado herdeiro necessário; embora na ausência de descendentes ou ascendentes, independentemente do regime de bens adotado, ainda que de separação, legal ou convencional de bens, se não estivesse separado judicialmente, precedia aos colaterais na ordem de vocação hereditária. Entretanto, sob a égide do direito pré-codificado os colaterais até o décimo grau tinham primazia sobre o cônjuge sobrevivente[35].

Assim, era o antigo sistema marcado por um grave inconveniente, pois, como bem salientou Beviláqua, "já não se havia mais o grau de sentimento de família, ou vínculo de simpatia"[36].

Nesse sentido, muitos fatos marcados por frontal injustiça aconteciam, como no caso em que, uma vez celebrado o matrimônio pelo regime da

---

[34] VELOSO, Zeno. *Código Civil comentado*, p. 2072; NADER, Paulo. *Curso de direito civil*, p. 165.

[35] MONTEIRO, Washington de Barros; PINTO, Ana Cristina de Barros Monteiro França. *Curso de direito civil*, p. 110.

[36] BEVILÁQUA, Clóvis. *Código Civil dos Estados Unidos do Brasil comentado*, p. 60.

comunhão universal, "se viesse a falecer o cônjuge pobre, que nada havia trazido para o casamento, a respectiva meação, em vez de acrescer à do cônjuge abastado, que tinha trazido os bens, ia parar às mãos de colaterais, muitas vezes, desconhecidos ou indiferentes ao casal. Se de separação o regime matrimonial, morto o cônjuge abastado, os bens transmitiam-se aos referidos colaterais, com preterição do cônjuge supérstite, que, sendo pobre, sem recursos, de uma hora para outra se via privado da situação de conforto de que desfrutava, e talvez reduzido à miséria"[37].

O Decreto n. 1.839, de 31 de dezembro de 1907, art. 1º, inovando o direito anterior, deu precedência, na ordem da vocação hereditária, ao cônjuge sobrevivente, desde que não estivesse desquitado. Deveria mesmo, como ponderam alguns autores, o legislador ter inserido o cônjuge sobrevivente numa posição anterior até aos próprios ascendentes.

Somente o Código Civil de 1916 reparou tal situação, inserindo o cônjuge numa posição de superioridade em relação aos colaterais. Tal regra foi mantida pelo Código Civil de 2002, que, alterando o disposto no diploma anterior, elevou o cônjuge à categoria de herdeiro necessário e disciplinando sua participação na herança, em concorrência com descendentes e ascendentes, de acordo com o regime de bens adotado no casamento, regra esta, embora com as exceções previstas, que se aplica também aos casamentos celebrados anteriormente à entrada em vigor do Código, de forma a tornar sem efeito pactos antenupciais e testamentos que disponham de modo diverso.

Assim, a alteração nas regras da sucessão do cônjuge sobrevivente teve sua origem marcada na proposição de Orlando Gomes, então coordenador da segunda tentativa de reforma do Código Civil brasileiro, que justificara a proposição da situação da mulher. A situação patrimonial da mulher casada, que ficasse viúva, tornara-se particularmente difícil com a entrada em vigor da Lei Nelson Carneiro – Lei n. 883/49, por meio da qual poderiam os filhos havidos fora do casamento ver sua paternidade reconhecida, uma vez dissolvida a sociedade conjugal com o falecimento

---

[37] MONTEIRO, Washington de Barros; PINTO, Ana Cristina de Barros Monteiro França. *Curso de direito civil*, p. 110.

do outro genitor (o pai). Caso não houvesse outros filhos originados desse casamento, com o surgimento de um filho, então denominado adulterino, a esposa, anteriormente única herdeira legítima, ainda que não necessária, seria excluída da sucessão, caso não houvesse testamento que a beneficiasse. E assim, somente no Projeto capitaneado por Miguel Reale, em 1969, foi realizada a alteração da posição jurídica do cônjuge em relação ao seu direito sucessório, visando desta maneira colocar o cônjuge sobrevivente no rol dos herdeiros necessários, ao lado dos descendentes e dos ascendentes[38].

Podemos sintetizar que "o Código Civil de 2002, inspirado nas ideias de Miguel Reale, elevou o cônjuge sobrevivente à categoria de herdeiro e o promoveu à condição de concorrente com os ascendentes e descendentes"[39].

Desta sorte, os motivos que levaram à inclusão do cônjuge supérstite como herdeiro necessário são compreensíveis em perspectiva histórica, e, tal como preleciona Clóvis do Couto e Silva, "as modificações nos regimes de bens acompanham a história da aplicação do princípio da igualdade ao direito de família"[40].

10.3.3.1.1. O status *do cônjuge sobrevivente*

Quanto ao novo ***status*** **do cônjuge sobrevivente em matéria de sucessão**, tendo em vista a tríplice modalidade de herança, quando concorre com os descendentes e com os ascendentes, questiona-se a que classe efetivamente este pertenceria. À terceira como lhe prevê o art. 1.829, III, do Código Civil? Ser-lhe-ia previsto o direito de acrescer no caso da renúncia

---

[38] COSTALUNGA, Karime. O art. 1.829 do Código Civil e a Constituição: proposta de uma análise estrutural e axiológica. In: ALVES, Jones Figueiredo; DELGADO, Mário Luiz (Coords.). *O novo Código Civil*: questões controvertidas. São Paulo: Método, 2005, v. 3, p. 409 e 410.

[39] MALUF, Carlos Alberto Dabus. A sucessão do cônjuge sobrevivente casado no regime da separação convencional de bens. In: NUNES, João Batista Amorim de Vilhena (Coord.). *Família e sucessões*: reflexões atuais. Curitiba: Juruá, 2009, p. 372.

[40] MALUF, Carlos Alberto Dabus. A sucessão do cônjuge sobrevivente casado no regime da separação convencional de bens. In: NUNES, João Batista Amorim de Vilhena (Coord.). *Família e sucessões*: reflexões atuais, p. 371; SILVA, Clóvis do Couto. Direito patrimonial de família. *Revista da Faculdade de Direito de Porto Alegre*, ano 5, n.1, p. 50, 1971.

de um dos coerdeiros? Se considerarmos que o cônjuge sobrevivente pertence à primeira classe, em conjunto com os descendentes, a resposta seria afirmativa; nas demais classes a resposta seria negativa.

Frente a essa controvérsia, entende Paulo Nader que "há possibilidade de o cônjuge figurar em três classes distintas, mas em cada caso integrará apenas uma delas: se herda com os descendentes ou com os ascendentes, não há como desconsiderá-lo integralmente dessa classe".

Diversa é a posição de Mário Delgado, para quem o novo Código Civil modificou a situação do cônjuge sobrevivente, dando-lhe um lugar de destaque como herdeiro necessário, como prevê a regra do art. 1.845, sem, no entanto, alterar a ordem de vocação hereditária. "Concorre excepcionalmente com herdeiros da primeira e da segunda classes, mas é herdeiro da terceira". E assim, "quando o Código fala que o cônjuge concorre com descendentes ou com ascendentes é exatamente porque não o considera integrante daquelas classes. O termo concurso significa o chamamento de pessoas com qualificações jurídicas diversas"[41].

A posição adotada pelo Conselho da Justiça Federal na III Jornada de Direito Civil, ocorrida de 1º a 3 de dezembro de 2004: "Enunciado n. 270 – o art. 1.829, I, só assegura ao cônjuge sobrevivente o direito de concorrência com os descendentes do autor da herança quando casados no regime da separação convencional de bens, ou se, casados no regime da comunhão parcial ou participação final nos aquestos, o falecido possuísse bens particulares, hipóteses em que a concorrência restringe-se a tais bens, devendo os bens comuns (meação) ser partilhados exclusivamente entre os descendentes"[42].

A matéria mostra-se altamente polêmica e o tempo sedimentará o melhor entendimento, doutrinário e jurisprudencial[43].

---

41 DELGADO, Mário Luiz. Controvérsias na sucessão do cônjuge e do convivente. In: ALVES, Jones Figueiredo; DELGADO, Mario (Coords.). *Novo Código Civil*: questões controvertidas. São Paulo: Método, 2005, v. 3, p. 422.

42 MALUF, Carlos Alberto Dabus. A sucessão do cônjuge sobrevivente casado no regime da separação convencional de bens. In: NUNES, João Batista Amorim de Vilhena (Coord.). *Família e sucessões*: reflexões atuais, p. 374.

43 NADER, Paulo. *Curso de direito civil*, p. 156.

10.3.3.1.2. O direito sucessório do cônjuge – O casamento putativo

À luz do disposto no art. 1.830 do Código Civil, "somente é reconhecido direito sucessório ao cônjuge sobrevivente se, ao tempo da morte do outro, **não estavam separados judicialmente, nem separados de fato há mais de dois anos**, salvo prova, neste caso, de que essa convivência se tornara impossível sem culpa do sobrevivente"[44].

A esse respeito, manifesta-se Zeno Veloso, ao concluir que produzir essa prova nem sempre é fácil, considerando-se principalmente que um dos parceiros já faleceu, e ainda, como complicador, se o *de cujus* tiver constituído união estável com outrem, sabendo-se que, à luz do art. 1.790 do Código Civil, o companheiro participará da sucessão do outro.

Aduz Paulo Nader que "a necessidade de se provar a ausência de culpa é incompatível com a natureza do inventário, que não comporta matéria de alta indagação. Esta deve ser examinada em feito à parte, cabendo aos demais herdeiros a iniciativa de provar a culpa do cônjuge sobrevivo. A este compete apenas habilitar-se no inventário e defender-se, caso os interessados ajuízem ação própria"[45].

É ainda válido ressaltar que a Lei n. 11.441/2007, acrescentando o art. 1.124-A ao CPC/73 (atual art. 733 do CPC/2015), estatuiu a separação consensual e o divórcio por via administrativa, extrajudicialmente portanto, através de escritura pública, que, por ter eficácia por si só, independe de homologação judicial. E, nesse sentido, nota-se que o mencionado art. 1.830 refere-se somente à separação judicial, não se reportando explicitamente à separação extrajudicial, devendo, pois, subentender-se aqui que a *mens legis* referir-se-á, sem sombra de dúvida, à dissolução da sociedade conjugal, em quaisquer das formas previstas em lei[46].

Entretanto, os cônjuges podem se reconciliar, e ao restabelecer a sociedade conjugal, por ato regular em juízo, restaura-se o direito recíproco de suceder, sendo necessária também a averbação no Registro Civil, como

---

[44] VELOSO, Zeno. *Código Civil comentado*, p. 2063.
[45] NADER, Paulo. *Curso de direito civil*, p. 148 e 149.
[46] VELOSO, Zeno. *Código Civil comentado*, p. 2066.

prevê o art. 29, § 1º, *a*, da Lei de Registros Públicos; se, por outro lado, a reconciliação der-se informalmente, como união estável, como companheiros herdarão entre si.

Como prevê Zeno Veloso, "o cônjuge sobrevivente mantém o *status* de herdeiro se o outro morreu antes que tivesse ocorrido o trânsito em julgado da sentença ou a homologação do acordo, a não ser que o casal já estivesse separado de fato há mais de dois anos, o que é causa autônoma para determinar a cessação do direito sucessório, nos termos do art. 1.830 do Código Civil"[47].

"Se anulado o matrimônio, proclamando-se a putatividade, o sobrevivente de boa-fé tem direito sucessório, se posterior à morte do outro cônjuge a sentença de anulação." E assim, para o cônjuge de boa-fé e os filhos, o casamento produz efeitos jurídicos até o dia da sentença, como prevê a regra do art. 1.561 do Código Civil. Entretanto, se o falecimento ocorrer após a sentença de nulidade ou se o sobrevivente estivesse de má-fé, não faria jus à sucessão[48].

Dispõe o art. 1.831 do Código Civil: "Ao cônjuge sobrevivente, qualquer que seja o regime de bens, será assegurado, sem prejuízo da participação que lhe caiba na herança, o direito real de habitação relativamente ao imóvel destinado à residência da família, desde que seja o único daquela natureza a inventariar".

10.3.3.1.3. O direito real de habitação

Em relação ao **direito real de habitação**, dispunha o art. 1.611, § 2º, do Código Civil anterior, introduzido no referido diploma pela Lei n. 4.121/62, que este só era concedido no caso de o cônjuge ter sido casado no regime da comunhão universal, e sob a condição de permanecer viúvo.

Essa regra, entretanto, não foi repetida no diploma atual, que coloca como condição para a concessão do direito real de habitação que o imóvel

---

47 VELOSO, Zeno. *Direito hereditário do cônjuge e do companheiro*. São Paulo: Saraiva, 2010, p. 123 e 124.

48 MONTEIRO, Washington de Barros; PINTO, Ana Cristina de Barros Monteiro França. *Curso de direito civil*, p. 113; NADER, Paulo. *Curso de direito civil*, p. 157.

seja "o único daquela natureza a inventariar", independentemente do regime de bens ou de sua participação na herança. Nada refere também que o direito real de habitação se extinguiria com a realização de novas núpcias, ou estabeleça união estável.

Diverso é, porém, o pensamento de Zeno Veloso, para quem "o direito de habitação se justifica enquanto o cônjuge permanecer no estado de viuvez e não constituir união estável". Dentro desta linha de pensamento, propôs a modificação no texto do art. 1.831, inserindo-se a expressão "*enquanto permanecer viúvo ou não constituir união estável*"[49].

Assim, inexiste o direito de demais herdeiros ou condôminos cobrarem aluguel da (o) viúva (o) pelo exercício do direito real de habitação no único imóvel residencial deixado pelo falecido.

Embora se trate de uma limitação ao direito de propriedade do coproprietário, visou em primeiro lugar a lei proteger o cônjuge sobrevivente, garantindo-lhe a moradia e a manutenção de suas condições de vida.

Trata-se ainda o direito real de habitação de direito personalíssimo, e que tem a destinação específica de garantir a moradia do seu titular, não podendo nesse sentido ter desviada sua finalidade; e assim, não se pode alugar ou mesmo emprestar o imóvel, devendo o beneficiário ocupá-lo, direta e efetivamente, como prevê o art. 1.414 do Código Civil, sendo, pois, a habitação "um direito real, temporário, limitado à ocupação de imóvel residencial de terceiro, para a moradia do titular e de sua família"[50].

A habitação é um direito real sobre coisa alheia, e desta forma, a fim de que o cônjuge supérstite faça jus a esse direito, é indispensável que o imóvel não lhe caiba na partilha de bens (caso contrário haveria o direito de propriedade sobre o imóvel e não direito de habitação). Deve ainda o direito real de habitação ser incluído no formal de partilha, sendo objeto de averbação no registro de imóveis, para que haja o efetivo conhecimento de terceiros. Entretanto, o descumprimento dessa formalidade não implica necessariamente a

---

49 VELOSO, Zeno. *Código civil comentado*, p. 2066.

50 MALUF, Carlos Alberto Dabus. *Código Civil comentado*, p. 1564; VELOSO, Zeno. *Código Civil comentado*, p. 2066.

renúncia desse direito pelo cônjuge, uma vez que esta requer uma declaração expressa do beneficiário[51].

A III Jornada de Direito Civil de 2004 aprovou o Enunciado n. 271: "O cônjuge pode renunciar ao direito real de habitação, nos autos do inventário ou por escritura pública, sem prejuízo de sua participação na herança".

10.3.3.1.4. Da concorrência do cônjuge com os descendentes

Quanto ao direito sucessório do cônjuge, em **concorrência com os descendentes**, está este atrelado ao regime de bens do casamento. À luz do art. 1.829: "A sucessão legítima defere-se na ordem seguinte: I – aos descendentes, em concorrência com o cônjuge sobrevivente, salvo se casado este com o falecido no regime da comunhão universal, ou no da separação obrigatória de bens (art. 1.640, parágrafo único); ou se, no regime da comunhão parcial, o autor da herança não houver deixado bens particulares".

Assim, no **regime de comunhão universal**: havendo descendentes sucessíveis, recebe apenas a sua meação, calculada sobre a totalidade do patrimônio do casal sem qualquer participação na meação do autor da herança, que constitui a efetiva herança dos descendentes; no **regime de comunhão parcial**: pode haver aqui a existência de dois tipos distintos de patrimônio: os bens comuns e os bens particulares. Assim, o viúvo recebe apenas a meação dos bens comuns (metade do patrimônio), sem participar da meação do autor da herança, que cabe exclusivamente aos descendentes. Se houver bens particulares, o sobrevivente recebe ¼ desses bens, se houver descendentes comuns, ou o mesmo quinhão que tocar aos descendentes que o forem apenas do falecido e estiverem sucedendo por cabeça; no **regime de separação convencional**: o sobrevivente recebe ¼ da herança, se concorrer com descendentes comuns, ou quinhão equivalente ao que tocar aos descendentes exclusivos do extinto; no **regime de separação obrigatória**: neste caso, o art. 1.641 prevê as hipóteses em que o regime de bens deve forçosamente ser o da separação total de bens. Assim, fica o cônjuge

---

51 NADER, Paulo. *Curso de direito civil*, p. 155; LEITE, Glauber Salomão. *Sucessão do cônjuge sobrevivente*: concorrência com parentes do falecido. Rio de Janeiro: Lumen Juris, 2008, p. 129.

excluído da sucessão do falecido, se concorrer com descendentes sucessíveis; logo, se houver descendentes do falecido, comuns ou não, nada recebe. Entretanto, na hipótese de inexistirem descendentes ou ascendentes sucessíveis, fará jus à totalidade da herança; e finalmente, no **regime de participação final nos aquestos**, a sucessão é regulada pelo art. 1.685: "Na dissolução da sociedade conjugal por morte, verificar-se-á a meação do cônjuge sobrevivente de conformidade com os artigos antecedentes, deferindo-se a herança aos herdeiros na forma estabelecida neste Código"; ou seja, "50% do montante dos aquestos caberá ao cônjuge sobrevivente e a outra metade será transmitida aos herdeiros em obediência às regras estabelecidas nesse Código, ou seja, receberá a sua meação nos bens comuns e participará dos bens particulares em concorrência com os descendentes sucessíveis na forma já exposta"[52].

Pondera Carlos Alberto Dabus Maluf que certa dúvida passa a existir quando se examina a hipótese de o cônjuge sobrevivente ter adotado o regime da separação convencional de bens.

E assim, estaria ele alcançado pelas exceções previstas no art. 1.829, I, desta forma não seria herdeiro necessário?

---

52 MONTEIRO, Washington de Barros; PINTO, Ana Cristina de Barros Monteiro França. *Curso de direito civil*, p. 111 e 112; ASSUNÇÃO, Alexandre Guedes Alcoforado. *Código Civil comentado*, p.1876. "Embargos de terceiro. Arresto. Parte dos bens constritos que já integrava o patrimônio exclusivo da embargante quando de seu casamento com o executado, advinda de sucessão. Outra parte dos bens arrestados que foi transmitida à embargante na constância de seu casamento com o executado, proveniente de doação. Embargante que se casou com o executado em 19.11.1993, sob o regime da comunhão parcial de bens. Casal que se divorciou em 10.9.2003. Caso em que, no regime da comunhão parcial, excluem-se da comunhão, basicamente, os bens que os cônjuges possuem ao casar ou que venham a adquirir por causa anterior e alheia ao casamento, como as doações e sucessões. Art. 269, I, do anterior CC, correspondente ao art. 1.659, I, do atual CC. Embargos de terceiro. Arresto. Bens particulares da embargante, os quais não se comunicaram ao executado. Dívidas de um cônjuge que obrigam os bens comuns e particulares, podendo até atingir os bens próprios do outro em razão de seu proveito. Art. 1.663, § 1º, do atual CC, correspondente ao art. 274 do anterior CC. Impossibilidade de se reconhecer que o débito resultante dos oito cheques executados tenha favorecido a embargante. Auto de arresto dos bens litigiosos que não pode subsistir. Mantida a procedência dos embargos de terceiro. Apelo desprovido" (Ap. 9164119-78.2007.8.26.0000, TJSP, Rel. Des. José Marcos Marrone, 23ª Câm. Dir. Priv., j. 25-4-2012).

Entende preponderantemente que esta modalidade de regime de bens "não está encampada pelas exceções discutidas no citado artigo", participando, pois, da sucessão do *de cujus*, o cônjuge sobrevivente casado no regime da separação convencional de bens[53].

No mesmo sentido é a posição de Caio Mário da Silva Pereira, para quem "o cônjuge sobrevivo não participará da sucessão em três hipóteses: se o regime de bens adotado pelo casal for o da comunhão universal; se o regime de bens for o da separação obrigatória de bens ou ainda se o regime de bens for o da comunhão parcial, sem que o falecido tenha deixado bens particulares. E por outro lado: caberá participar da sucessão em três hipóteses: se o regime de bens do casal fosse o da separação convencional de bens; se o regime fosse o da comunhão parcial e o *de cujus* houvesse deixado bens particulares e se o regime de bens fosse o da participação final nos aquestos"[54].

E também a de Sebastião Luiz Amorim, para quem "há a concorrência do cônjuge com os descendentes no regime da separação convencional de bens, no regime de comunhão parcial, se o falecido deixou bens particulares e no regime de participação final nos aquestos"[55].

---

53 MALUF, Carlos Alberto Dabus. A sucessão do cônjuge sobrevivente casado no regime da separação convencional de bens. In: NUNES, João Batista Amorim de Vilhena (Coord.). *Família e sucessões*: reflexões atuais, p. 375 e 380. Nesse sentido: "Inventário. Cônjuge sobrevivente. Ausência de descendentes e ascendentes. Condição de herdeiro necessário único e não concorrente, art. 1829, III, do CC, ao qual deve ser assegurada a legítima no espólio de sua falecida esposa, independentemente do regime de bens adotado no casamento, no caso, o da separação convencional (art. 1.829, II, do CC). Incidência e aplicação dos arts. 1.838 e 1.845 do CC. Impugnação dos herdeiros testamentários, que até redundou na exclusão do cônjuge do cargo de inventariante, afastada. Decisão reformada. Agravo provido." TJSP, AI 364.580-4/6, 2ª Câm. Dir. Priv., Rel. Des. José Roberto Bedran, j. 22-2-2005. Em sentido contrário, "Cônjuge sobrevivente casado pelo regime de separação convencional de bens, celebrado por meio de pacto antenupcial por escritura pública. Interpretação do art. 1.829, I, do CC. Direito de concorrência hereditária com descendentes do falecido. Não ocorrência. Respeito ao regime de bens, estipulado, que obriga as partes na vida e na morte". REsp 992.749/MS, 3ª Turma, Rel. Min. Nancy Andrighi, j. 1º-12-2009.

54 PEREIRA, Caio Mário da Silva. *Instituições de direito civil*, p. 132 e 133.

55 AMORIM, Sebastião Luiz. A ordem de vocação hereditária pelo Código Civil de 2002. In: NUNES, João Batista Amorim de Vilhena (Coord.). *Família e sucessões*: reflexões atuais. Curitiba: Juruá, 2005, p. 389.

No que tange à quota da herança atribuível ao cônjuge, à luz do art. 1.832 do Código Civil "Em concorrência com os descendentes (art. 1.829, inciso I) caberá ao cônjuge quinhão igual ao dos que sucederem por cabeça, não podendo a sua quota ser inferior à quarta parte da herança, se for ascendente dos herdeiros com que concorrer".

De acordo com o disposto no artigo em tela, em concorrência com os descendentes, o cônjuge receberá quinhão igual ao dos que sucederem por cabeça e, se deles for ascendente, sua quota não pode ser inferior à quarta parte da herança.

Assim, de acordo com o art. 1.832 do Código Civil, as quotas da herança atribuíveis ao cônjuge variam de acordo com a ascendência dos filhos que disputam a herança. Desta forma, se o *de cujus* tiver, por exemplo, deixado dois filhos, o quinhão de sua quota-parte será dividido entre o cônjuge e os dois filhos em partes iguais, cabendo, pois, a cada um 1/3 da herança. Se, entretanto, houver mais de dois filhos, deverá ser separada a porção de 1/4 do cônjuge e os demais 3/4 ser divididos igualitariamente por todos os demais herdeiros. Isto no caso de os herdeiros serem comuns.

No caso de herdeiros exclusivos do autor da herança, a divisão das quotas deverá ser igual entre todos os herdeiros, por força do disposto no referido art. 1.832 do Código Civil.

O problema se estabelecerá, no caso de haver múltiplas origens de filhos, ou seja: filhos comuns ao casal e filhos exclusivos do *de cujus*, na denominada **filiação híbrida**.

Como se sabe, o Código Civil não prevê, neste caso, uma solução específica, no sentido de reservar-se ou não 1/4 da herança em favor do viúvo, como pondera Sebastião Luiz Amorim. Assim, poder-se-ia pensar num cálculo proporcional, resguardando-se essa quota mínima ao cônjuge somente com relação aos descendentes dos quais seja ascendente, e fazendo-se a partilha igualitária com relação aos demais descendentes do autor da herança.

Entretanto, pondera-se que não será um cálculo fácil de se proceder, devido à variação de percentuais conforme o número de herdeiros envolvidos no processo de sucessão, levando a uma distinção do valor das quotas recebidas pelas diversas categorias de filhos, em afronta ao princípio da igualdade preconizado pela Constituição Federal, art. 227, § 6º, e pelo art. 1.834 do Código Civil.

Nesse sentido, "para se evitar essa situação extremamente complexa e de questionável juridicidade, deve-se interpretar restritivamente a disposição do citado art. 1.832 do Código Civil, ou seja, o cônjuge só terá sua quota-parte da herança se for ascendente de todos os demais herdeiros com quem concorrer. Na ocorrência de outros herdeiros não seus descendentes, deverá o cônjuge receber a quota igual aos demais herdeiros, sem haver a reserva daquela fração mínima. Tal solução acarreta uma manifesta simplificação da partilha e resguarda o direito de igualdade dos filhos na percepção de seus quinhões hereditários"[56].

Para Maria Helena Diniz, a realização dessa divisão trata-se pois de questão espinhosa: a solução apontada parece realmente acertada: receberá apenas quinhão equivalente ao dos que herdarem por cabeça[57].

Diversa é a posição de Sílvio Venosa, Francisco Cahali e José Fernando Simão, para quem, no caso de filiação híbrida, deverá haver a reserva de ¼ da herança, tendo em vista a intenção de proteção do cônjuge criado pelo sistema de concorrência do Código Civil[58].

Além dessas duas posições, ainda no que tange à filiação híbrida, outras soluções foram apresentadas, culminando na chamada teoria da sub-herança, que visa buscar soluções matemáticas para o caso.

A teoria preconizada por Eduardo de Oliveira Leite adota uma solução mista, mediante a qual se divide proporcionalmente a herança, de acordo com a quantidade de descendentes, para em seguida deduzir-se a reserva de 1/4 destinada ao cônjuge da quota-parte destinada aos herdeiros comuns, para que o montante seja posteriormente dividido entre todos os herdeiros[59].

Entretanto, pode-se perceber que, através do uso dessa teoria, os filhos exclusivos do autor da herança receberão um quinhão maior do que o destinado aos filhos comuns.

---

56 AMORIM, Sebastião Luiz. A odem de vocação hereditária pelo Código Civil de 2002. In: NUNES, João Batista Amorim de Vilhena (Coord.). *Família e sucessões*: reflexões atuais, p. 389 e 390.

57 DINIZ, Maria Helena. *Curso de direito civil brasileiro*, p. 146 e s.

58 VENOSA, Sílvio de Salvo. *Curso de direito civil*, p. 139; CAHALI, Francisco. *Curso avançado de direito civil*, p. 216; TARTUCE, Flavio; SIMÃO, José Fernando. *Direito civil*. 3. ed. São Paulo: Gen/Método, 2010, v. 6, p. 198.

59 LEITE, Eduardo de Oliveira. A nova ordem de vocação hereditária e a sucessão dos cônjuges. In. ALVES, Jones Figueiredo; DELGADO, Mário Luiz. *Novo Código Civil*: questões controvertidas. São Paulo: Método, 2003, v. 1, p. 460.

Outra teoria, preconizada por Giselda Hironaka, que, embora entenda não ser a solução ideal, sugere a divisão do monte em dois blocos distintos, um destinado aos filhos comuns e outro aos filhos exclusivos, adotando as regras de concorrência previstas no Código Civil: divisão do *quantum* da herança com reserva de 1/4 para o cônjuge no primeiro caso e divisão igualitária entre todos os herdeiros, do referido *quantum* no segundo caso. A partir daí, somam-se os quinhões do cônjuge em ambas as quotas hereditárias. Neste caso, o quinhão hereditário do cônjuge poderá ultrapassar os 25% (1/4) que lhe seriam devidos ou permanecer abaixo desse valor, dependendo do número de descendentes exclusivos ou comuns envolvidos no caso concreto (descontando-se, por conseguinte, o percentual faltante do quinhão dos filhos comuns)[60].

Uma terceira teoria vem desenvolvida por Flávio Augusto Monteiro de Barros, para quem o monte da herança deve ser dividido por todos os herdeiros igualmente (total de filhos e cônjuge), depois, subtrai-se da herança a parte dos filhos exclusivos, a partir daí separa-se 1/4 da herança que corresponde à parte do cônjuge, sem a parte destinada ao filho exclusivo. Este é o quinhão que o cônjuge herdará; deduzida a quota do cônjuge, divide-se o montante da herança pelo número de filhos, gerando a quota-parte de cada um.

Deste raciocínio, entendemos que deveria ser partilhado o produto final obtido após a retirada da quota do cônjuge, que aí sim seria dividida entre os filhos comuns. Além do mais, dependendo da estrutura familiar, ou seja, do número de filhos comuns e exclusivos, os valores referentes à herança variarão consideravelmente, ora privilegiando uma classe de filhos, ora privilegiando outra, ora ainda tornando-se igual. A mesma situação incide sobre a herança do cônjuge.

Em face do exposto, situamos nosso entendimento junto ao da doutrina majoritária, que aduz que não deve ocorrer a reserva de 1/4 ao cônjuge na concorrência híbrida, devendo, pois, o montante ser partilhado igualmente entre todos os herdeiros.

Uma outra questão se posiciona na atualidade, oriunda das diversas concepções de família reconhecidas na pós-modernidade: a filiação socioafetiva teria o condão de conferir direitos sucessórios às partes?

---

60 HIRONAKA, Giselda Maria Fernandes Novaes. Concorrência do companheiro e do cônjuge, na sucessão dos descendentes. Disponível em: < www.professorsimao.com.br>. Acesso em: 20 set. 2012.

Tal como aduz Zeno Veloso, "já houve decisões em alguns tribunais no sentido de que o parentesco por afinidade e a filiação socioafetiva não apresentam significação jurídica para sua inclusão no rol dos herdeiros do *de cujus*"[61].

O tema, entretanto, está "em franca evolução no Brasil, e acarretará inexoravelmente o reconhecimento de direitos sucessórios aos parentes socioafetivos"[62].

O cônjuge sobrevivente deixa de herdar em concorrência com os descendentes nas seguintes hipóteses: se judicialmente separado do *de cujus*; se, separado de fato há mais de dois anos, não provar que a convivência se tornou insuportável sem culpa sua; se casado pelo regime da comunhão universal de bens; se casado pelo regime da separação obrigatória de bens; se, casado pelo regime da comunhão parcial, o autor da herança não houver deixado bens particulares, à luz dos arts. 1.829 e 1.830 do Código Civil.

Em Recurso Especial n. 1.617.501/RS, Rel. Min. Paulo de Tarso Sanseverino, Terceira Turma, julgado em 11-6-2019, *DJe* 1º-7-2019 posicionou-se no sentido de que não deve ocorrer a reserva da quarta parte do cônjuge prevista no art. 1.832 do CC, em havendo concorrência híbrida, com filhos comuns e exclusivos do falecido.

---

61 "O enteado conquanto seja parente por afinidade de sua madrasta, não é seu herdeiro legítimo, pois se encontra fora do substrato normativo do art. 1.829 do CC. Outrossim, inexiste direito de representação em favor dos filhos do cônjuge premorto em relação aos bens da esposa, madrasta daqueles, falecida posteriormente" (TJDF, 1ª Turma Cível, AgI 2006.00.2.014477-0, Rel. Des. Benito Tiezzi, j. 2006). "A relação socioafetiva porventura havida entre o apelante e o autor da herança não basta para sua inclusão no rol de herdeiros do inventário, tendo em vista o teor do artigo 1.829 do Código Civil, que inclui na ordem de vocação hereditária apenas os descendentes, o cônjuge sobrevivente, os ascendentes, e os parentes colaterais até o 4º grau" (TJMG, 1ª Câm. Civ., Ap. Civ. 1.0145.02.010844-8/0011, Rel. Des. Eduardo Andrade, j. 4-11-2008). Entretanto, numa decisão pioneira, como aduz Zeno Veloso, o TJMG reconheceu a maternidade socioafetiva para consequente fim de obtenção de direito hereditário (4º Câm. Civ., Ap. Civ. 1.0024.03.186.459-8/001, Rel. Des. Moreira Diniz, j. 23-3-2007). VELOSO, Zeno. *Direito hereditário do cônjuge e do companheiro*, p. 81-83.

62 A III Jornada de Direito Civil do Conselho da Justiça Federal aprovou o Enunciado n. 256 – "art. 1.593 – a posse do estado de filho (parentalidade socioafetiva) constitui modalidade de parentesco civil". VELOSO, Zeno. *Direito hereditário do cônjuge e do companheiro*, p. 79.

10.3.3.1.5. Do usufruto vidual

É válido ressaltar que sob a égide do Código de 1916 atribuía-se o direito de usufruto de parte dos bens do falecido ao viúvo casado pelo regime que não o da comunhão universal de bens, denominado **usufruto vidual**. Este foi suprimido pelo Código de 2002, tendo em vista a condição de herdeiro necessário que este conferiu ao cônjuge sobrevivente[63].

Também no que tange à proteção dos filhos, o Código Civil atual não reproduziu o disposto no § 3º do art. 1.611 do Código anterior, acrescentado pela Lei n. 10.050/2000, no sentido de que, na falta do pai ou da mãe, concede-se o benefício da habitação ao filho portador de deficiência que o impossibilite para o trabalho[64].

10.3.3.1.6. Da concorrência do cônjuge com os ascendentes

No que toca à **concorrência com os ascendentes**, nesta em nada interfere o regime de bens do casamento, bastando apenas que sejam atendidos os requisitos do art. 1.830 do Código Civil, já referidos. Assim, à luz do disposto no art. 1.837, "concorrendo com ascendente em primeiro grau, ao cônjuge tocará um terço da herança; caber-lhe-á metade desta se houver um só ascendente, ou se maior for aquele grau"; ou seja, se o autor da herança já tiver os pais falecidos, mas tiver os avós vivos, que lhe receberão a herança.

De acordo com o art. 1.838 do Código Civil, "em falta de descendentes e ascendentes, será deferida a sucessão por inteiro ao cônjuge sobrevivente". Desta forma, qualquer que seja o regime de bens, e atendidos os requisitos previstos no art. 1.830 do mesmo diploma legal, o cônjuge é chamado a suceder na totalidade da herança, independentemente do regime de bens adotado, mesmo que tenha sido o da separação convencional ou o da separação obrigatória de bens. Sendo o cônjuge herdeiro necessário, fica limitada a liberdade de testar do autor da herança, que

---

63 O usufruto vidual foi inserido na anterior codificação civil pela Lei n. 4.121/62.

64 AMORIM, Sebastião Luiz. A ordem de vocação hereditária pelo Código Civil de 2002. In: NUNES, João Batista Amorim de Vilhena (Coord.). *Família e sucessões*: reflexões atuais, p. 390.

não poderá dispor em testamento além da parte disponível, nem estabelecer restrições à legítima[65].

10.3.3.2. *Da sucessão do companheiro*

Além do cônjuge sobrevivente, também a sucessão do companheiro sobrevivente é regulada pelo Código Civil, uma vez que a união estável vem a ser uma das formas de família reconhecidas na Constituição Federal, art. 226, § 3º, e no Código Civil, no art. 1.723.

As Leis n. 8.971/94 e 9.278/96 reconheciam ao sobrevivente os seguintes direitos: a parte que lhe pertencia como condômino; o direito real de habitação sobre o imóvel destinado à residência da família; o usufruto da quarta parte dos bens do *de cujus*, se existissem filhos comuns ou apenas deste; o usufruto de metade dos bens deixados pelo *de cujus*, se não existissem filhos, ainda que sobrevivessem ascendentes; a totalidade da herança, se não existissem descendentes nem ascendentes.

O Código Civil de 2002 modificou substancialmente a matéria, começando por reconhecer como entidade familiar, no art. 1.723, a união estável entre o homem e a mulher, configurada na convivência pública, contínua e duradoura estabelecida com o objetivo de constituição de família. Na atualidade, o STF reconheceu o vínculo existente também nas uniões homoafetivas, outorgando-lhes o *status familiae*[66].

Segundo o disposto no art. 1.725 do Código Civil, salvo contrato escrito entre as partes, aplica-se na união estável, às relações patrimoniais, no que couber, o regime da comunhão parcial de bens, e assim tem-se a consequente comunicação dos bens adquiridos a título oneroso durante o período da união estável, conservando cada qual a propriedade exclusiva dos bens que tinha anteriormente.

Na sucessão do autor da herança, o companheiro, embora não incluído na ordem de vocação hereditária, nem possuindo o atributo de herdeiro necessário, como ocorria com o cônjuge sobrevivente, também tinha direito à participação

---

65 Ap. Civ. 139.185-4/7, 3ª Câm. Dir. Priv., TJSP, Rel. Des. Enio Santarelli Zuliani, j. 3-6-2003.

66 MALUF, Adriana Caldas do Rego Freitas Dabus. *Novas modalidades de família na pós-modernidade*. São Paulo: Atlas, 2010, p. 141 e s.

na herança, tal como previsto no art. 1.790, que regula a sucessão do companheiro, inteiramente deslocado dentro da sistemática do Código Civil: "A companheira ou o companheiro participará da sucessão do outro, quanto aos bens adquiridos onerosamente na vigência da união estável, nas condições seguintes: I - se concorrer com filhos comuns, terá direito a uma quota equivalente à que por lei for atribuída ao filho; II - se concorrer com descendentes só do autor da herança, tocar-lhe-á a metade do que couber a cada um daqueles; III - se concorrer com outros parentes sucessíveis, terá direito a um terço da herança; IV - não havendo parentes sucessíveis, terá direito à totalidade da herança".

Desta forma, "havendo bens adquiridos a título oneroso durante a união estável, é forçosa a participação do companheiro sobrevivente, de modo que, embora não seja herdeiro necessário, não poderá ser excluído dessa participação por testamento, sendo certo que na herança não estará incluída a metade que componha sua eventual meação. Silencia, entretanto, o Código Civil, quanto à necessidade de os companheiros estarem convivendo quando da abertura da sucessão; mas é indispensável a existência da convivência ao tempo do óbito para reconhecimento de direito sucessório do companheiro"[67].

A questão de ser ou não o companheiro herdeiro necessário encontra divergência na doutrina. Assim, "tendo em vista não se perder o conceito atual de família, em função do disposto no inciso IV do art. 1.790 do Código Civil, herança necessária, deve-se reconhecer, em favor do companheiro, o direito à legítima, quando não houver quaisquer parentes sucessíveis com quem concorra; pois em outro sentido, deixaria comprometida a própria sobrevivência do mais próximo dos familiares, resultado, que de tão indesejável, parece condenar qualquer interpretação em sentido contrário"[68].

Assim sendo, "é preciso ressaltar que pelo art. 1.790, I a IV do Código Civil, *o companheiro supérstite não é herdeiro necessário*, nem tem direito à legítima, mas participa da sucessão do *de cujus*, na qualidade de sucessor regular, sendo herdeiro *sui generis*, ou seja, sucessor regular, que não figura na ordem de vocação hereditária, somente quanto à meação do falecido relativo aos bens adquiridos na constância da união estável"[69].

---

67 MONTEIRO, Washington de Barros; PINTO, Ana Cristina de Barros Monteiro França. *Curso de direito civil*, p. 115 e 116.

68 PEREIRA, Caio Mário da Silva. *Instituições de direito civil*, p. 150.

69 DINIZ, Maria Helena. *Curso de direito civil brasileiro*, p. 166.

Em não havendo disposição diversa, as relações patrimoniais entre os companheiros regem-se pelo regime da comunhão parcial. Assim, os bens adquiridos a título oneroso na constância da união estável serão comuns, com as exceções previstas na lei.

Vê-se que o artigo em tela impõe duas condições para a sucessão do companheiro: que os bens tenham sido adquiridos na constância da união estável e a título oneroso. Na sucessão do companheiro, o patrimônio comum será inventariado, subtraindo-se a meação do convivente, referente aos bens adquiridos onerosamente durante o período que vigeu a união estável, que não se transmite aos herdeiros. Em relação à outra metade dos bens, que comporá a herança, deverá concorrer com os descendentes, ascendentes e colaterais até o 4º grau, tal como prevê a lei civil. Os demais bens adquiridos - gratuita ou onerosamente antes da união estável -, serão inventariados e partilhados apenas entre os demais herdeiros, obedecendo-se a ordem da vocação hereditária.

À luz do disposto no art. 1.660 do Código Civil, entram na comunhão os bens adquiridos durante a vida em comum por título oneroso, ainda que só em nome de um dos companheiros, assim como os bens adquiridos por fato eventual, com ou sem o concurso de trabalho ou despesas anteriores, os bens adquiridos por doação, herança ou legado, em favor de ambos os conviventes, os frutos dos bens comuns, ou dos particulares de cada companheiro, percebidos na constância da união estável, ou pendentes ao tempo de cessar a comunhão.

Nos termos do art. 1.662 do Código Civil, presumem-se adquiridos na constância da união estável os bens móveis, quando não se provar que o foram em data anterior. Vê-se que são muitos os bens que podem integrar o patrimônio construído ao longo da união estável, e deles o companheiro sobrevivente é meeiro, além da participação que lhe cabe na herança consistente na meação do falecido nesse patrimônio comum.

Na análise do dispositivo legal, pode-se ponderar que o artigo em tela está mal localizado, pois integra o capítulo das disposições gerais, do Título I "Da sucessão em geral", e não, como teria sido próprio, no capítulo pertinente à ordem da vocação hereditária, no Título II "Da sucessão legítima", que melhor lhe estaria destinado.

Concebe Caio Mário da Silva Pereira que "é evidente que o companheiro não poderia ter deixado de figurar, na lista dos herdeiros legítimos, do art. 1.829 do Código Civil".

Ademais o companheiro fica em situação de extrema inferioridade, quanto à sucessão diante do cônjuge, uma vez que a quota hereditária que lhe é cabível é limitada aos bens adquiridos onerosamente na vigência da união estável, representando este fato uma extrema limitação, e ainda é chamado a suceder em concorrência com outros parentes sucessíveis, e não mais na qualidade de herdeiro único – como à égide da Lei n. 8.971/94, art. 2º, III; sendo-lhe apenas atribuída a sucessão integral na ausência de qualquer parente sucessível, num flagrante retrocesso[70].

Difere-se assim do estipulado à sucessão do cônjuge, que concorre com os descendentes quanto aos bens particulares, pois dos bens comuns já é meeiro. Semelhante situação ocorre também com os companheiros, que, à luz do disposto no art. 1.725 do Código Civil, aplica-se às relações patrimoniais, no que couber, o regime da comunhão parcial, salvo disposição contratual firmada entre os companheiros.

O artigo em tela modifica completamente a sucessão entre companheiros, tendo em vista o disposto nas Leis n. 8.971/94 e 9.278/96, "que detinham a nítida intenção de equiparar a sucessão do companheiro à do cônjuge. O companheiro sobrevivente concorria com os descendentes do falecido, cabendo-lhe o usufruto da quarta parte dos bens do *de cujus*, se não houvesse filhos, mas lhe sobrevivessem os ascendentes, conferia-se ao companheiro sobrevivente o usufruto da metade dos bens do hereditando. Na falta de descendentes e ascendentes, o companheiro sobrevivente teria direito à totalidade da herança. Tinha ainda, por força do disposto no art. 7º § único da Lei n. 9.278/96, direito real de habitação relativo ao imóvel destinado à residência da família"[71].

Entretanto, embora o companheiro tenha sido prejudicado no tocante à sucessão hereditária, pode levar alguma vantagem em relação à situação do cônjuge, quando só existirem bens havidos onerosamente durante a convivência.

Para o companheiro há a cumulação dos direitos de meação e de herança, uma vez que à luz do disposto no art. 1.790 do Código Civil, aplica-se a concorrência sobre os referidos bens sem qualquer ressalva.

---

70 PEREIRA, Caio Mário da Silva. *Instituições de direito civil*, p. 138.

71 VELOSO, Zeno. *Código Civil comentado*, p. 2008 e 2009.

Para o cônjuge, como vimos, a concorrência se dá com os descendentes somente quando não tenha direito à meação, tendo em vista as ressalvas apresentadas pelo art. 1.829, I, no tocante ao regime de bens adotado no casamento.

Para o companheiro, a **concorrência com os descendentes** é regulada pelo art. 1.790, I e II, do Código Civil, tratando respectivamente da filiação comum e da filiação exclusiva.

Nesse sentido, à luz do disposto no respectivo dispositivo legal, em seu inciso I – "se concorrer com filhos comuns, terá direito a uma quota equivalente à que por lei for atribuída ao filho"; e em seu inciso II – "se concorrer com descendentes só do autor da herança, tocar-lhe-á a metade do que couber a cada um deles".

Vê-se, pois, que o quinhão hereditário ao que o companheiro fará jus altera-se caso a filiação seja exclusiva ou comum ao autor da herança.

Importante questionamento se dá quanto à filiação híbrida, caso em que existam filhos comuns e exclusivos dos companheiros.

Vê-se, desta forma, que não há fórmula matemática ou jurídica que consiga conciliar satisfatoriamente os incisos I e II do art. 1.790 do Código, pois a aplicação de um ou outro inciso geraria o benefício do companheiro sobrevivente, ou dos filhos exclusivos do autor da herança. Assim, "deve prevalecer o disposto no inciso II, visando a proteção dos filhos exclusivos do autor da herança", pois, como completa Paulo Nader, "a *mens legis* prioriza os descendentes em relação aos cônjuges ou companheiros"[72].

Em se aplicando a regra contida no inciso I do referido art. 1.790, o companheiro fará jus a *uma quota hereditária igual à dos filhos*, numa solução que privilegia a igualdade entre estes, que possuem os mesmos direitos hereditários.

Ressalte-se que a regra contida no dispositivo em tela, para sua aplicação, não impõe a exclusividade da ocorrência de filhos exclusivos, podendo desta forma ser adotada como uma solução plausível para a sucessão envolvendo a filiação híbrida. Como nesta hipótese o companheiro sairia privilegiado em relação aos descendentes, examinaram-se outras soluções.

---

[72] NADER, Paulo. *Curso de direito civil*, p. 160; VELOSO, Zeno. *Código Civil comentado*, p. 2011.

Tendo em vista a proteção dos descendentes, a aplicação do inciso II do art. 1.790 atribui ao cônjuge metade da quota destinada ao herdeiro exclusivo do autor da herança.

Embora a aplicação desse dispositivo privilegie os herdeiros e não o companheiro, entende-se que após a morte deste a herança será devolvida aos herdeiros do companheiro e não mais aos filhos do autor da herança, em flagrante prejuízo aos filhos exclusivos.

Poder-se-ia ainda, como bem estabelece Maria Helena Diniz, "conferir ao companheiro sobrevivente uma quota em concorrência com os filhos comuns e meia quota, quando em concorrência com os descendentes do autor da herança". Atender-se-ia, assim, o disposto nos dois incisos relativos à concorrência dos companheiro com os descendentes; mas os descendentes sairiam perdendo, pois cada um deles receberia uma quota única e o companheiro uma quota e meia, o que levaria ao recebimento de um quinhão maior[73].

Outra forma de resolver tão grave impasse pode ser explicada pela aplicação da teoria da sub-herança, tal como leciona Giselda Maria Fernandes Novaes Hironaka: nesse caso, divide-se o montante da herança em dois blocos distintos, um relativo aos filhos comuns e outro relativo aos filhos exclusivos; ao companheiro seria destinada uma quota igual à dos filhos comuns na sub-herança destes e metade dessa quota quando concorresse com herdeiros não comuns na sub-herança destes. A partir daí, somar-se-iam ambas as quotas destinadas ao companheiro, sendo esta a parte cabível ao companheiro na herança.

Entretanto, esta teoria se mostrou inaplicável diante do princípio da igualdade entre os filhos, prevista no art. 227, § 6º, da Constituição Federal[74].

Visando, ainda, atacar tão delicada questão, surge a teoria da ponderação. Assim, para Gabriele Tusa, a saída seria estabelecer uma média ponderada, onde o *quantum* destinado ao companheiro variaria entre 1 e 0,5, numa análise conjunta do disposto nos dois incisos do art. 1.790 do Código Civil. Para tanto seria preciso multiplicar o número de filhos comuns por 1 e o de filhos exclusivos por 0,5. Somados os dois resultados, divide-se pelo

---

73 DINIZ, Maria Helena. *Curso de direito civil brasileiro*, p. 173.

74 HIRONAKA, Giselda Maria Fernandes Novaes. *Comentários ao Código Civil*: parte especial do direito das sucessões. São Paulo: Saraiva, 2003, v. 20, p. 64.

número total de filhos. O resultado representa o valor a ser herdado pelo convivente em relação aos filhos do *de cujus*[75].

Trabalha-se neste caso com um coeficiente que quantifique a proporcionalidade entre as duas formas de filiação. Os dois incisos do art. 1.790 do Código Civil, segundo este modelo, seriam atendidos ao mesmo tempo pelo critério da proporcionalidade[76].

$$X = \frac{2\,(F + S)}{2\,(F + S)\,2 + 2F + S} \times H$$

$$C = \frac{2F + S}{2\,(F + S)} \times X$$

Onde X representa o quinhão hereditário que caberá a cada um dos filhos; C representa o quinhão que caberá ao companheiro; H representa o valor dos bens hereditários sobre os quais recairá a concorrência do companheiro sobrevivente; F representa o número de descendentes comuns com os quais concorra o companheiro sobrevivente; S representa o número de descendentes exclusivos com os quais concorra o companheiro sobrevivente[77].

Leciona Giselda Hironaka que, "embora a solução seja engenhosa, não se tem certeza de que sua operacionalidade esteja garantida, pois as contas geram números decimais que fracionam a herança de maneira complexa, entretanto, não fere a igualdade entre os filhos e atende o espírito do legislador"[78].

Assim, se o companheiro concorrer com descendentes exclusivos e comuns, na chamada filiação híbrida, dada a omissão legal, tendo em vista

---

75 À luz da aplicação desta teoria o *quantum* destinado ao companheiro dependerá do número de filhos exclusivos e comuns deixados pelo autor da herança.

76 DINIZ, Maria Helena. *Curso de direito civil brasileiro*, p. 173; VELOSO, Zeno. Direito hereditário do cônjuge e do companheiro, p. 177.

77 TARTUCE, Flavio; SIMÃO, José Fernando. *Direito civil*, p. 238.

78 HIRONAKA, Giselda Maria Fernandes Novaes. *Comentários ao Código Civil*: parte especial do direito das sucessões, p. 66 e 67.

o princípio de igualdade entre todos os filhos, previsto no art. 227, § 6º, da Constituição Federal e art. 1.596 do Código Civil, só importará na sucessão o vínculo de filiação com o autor da herança e não o existente com o companheiro sobrevivente, e que por isso terá, nessa hipótese, direito à metade do que couber a cada um dos descendentes. Entende assim, Maria Helena Diniz, que é melhor a aplicação do inciso II do art. 1.790 do Código Civil[79].

---

[79] "DIREITO SUCESSÓRIO – Bens adquiridos onerosamente durante a união estável – Concorrência da companheira com filhos comuns e exclusivo do autor da herança – Omissão legislativa nessa hipótese – Irrelevância – Impossibilidade de se conferir à companheira mais do que teria se casada fosse – Proteção constitucional a amparar ambas as entidades familiares – Inaplicabilidade do art. 1.790 do Código Civil – Reconhecido direito de meação da companheira, afastado o direito de Concorrência com os descendentes – Aplicação da regra do art. 1.829, inciso I do Código Civil – Sentença mantida – Recurso não provido" (Ap. Civ. 0061243-67.2008.8.26.0000, TJSP, 7ª Câm. Dir. Priv., Rel. Des. Elcio Trujillo, j. 7-4-2010). "EMBARGOS INFRINGENTES. UNIÃO ESTÁVEL. SUCESSÃO. COMPANHEIRA SOBREVIVENTE. DIREITO À TOTALIDADE DA HERANÇA. EXCLUSÃO DOS COLATERAIS. INAPLICABILIDADE DO ART. 1.790, INC. III, DO CÓDIGO CIVIL. Tendo a Constituição Federal, em seu art. 226, § 3º, equiparado a união estável ao casamento, o disposto no art. 1.790, III, do Código Civil vigente colide com a norma constitucional prevista, afrontando princípios da dignidade da pessoa humana e da igualdade, resguardados na Carta Constitucional, razão para ser negado vigência ao disposto legal. À união estável são garantidos os mesmos direitos inerentes ao casamento, efeito que se estende ao plano sucessório, mormente no caso em exame onde autora e *de cujus* viveram *more uxorio* por três décadas, obtendo o reconhecimento judicial desta união como estável aos fins da C.F. Inexistindo descendentes e ascendentes, é da companheira sobrevivente o direito à totalidade da herança, excluindo-se os parentes colaterais. Embargos infringentes acolhidos. Suscitado incidente de reserva de Plenário. (segredo de justiça)" (EI 70027265545, 4º Grupo de Câmaras Cíveis, TJRS, Rel. André Luiz Planella Villarinho, j. 10-7-2009). "AGRAVO DE INSTRUMENTO – Inventário. Decisão determina a forma de sucessão e partilha dos bens do *de cujus*, com o detalhe de que a companheira sobreviva, já meeira, foi estipulada como concorrente com os herdeiros em relação aos bens particulares do falecido. Insurgência de filhos exclusivos do falecido. Acolhimento. Premissa: declaração de constitucionalidade do artigo 1.790 do Código Civil de 2002 pelo Órgão Especial deste E. Tribunal (Incidente de Inconstitucionalidade n. 0434423-72.2010.8.26.0000, j. 14.09.2011). Vinculação do órgão fracionário à decisão proferida pelo órgão plenário. Exegese da Súmula Vinculante n. 10 (*DJ* 27.06.2008) e do artigo 481, § único, CPC. Impossibilidade de reconhecimento de direito sucessório da companheira a incidir sobre bens particulares, adquiridos a título gratuito, deixados pelo companheiro morto. Impossibilidade de equiparação da condição sucessória do cônjuge ao companheiro em igual regime de comunhão parcial de bens. Leitura interpretativa sistemática do artigo 1.790, *caput* e inciso II, e artigo 1.829, inciso I, e seguintes, todos do Código Civil de 2002, com a Constituição Federal.

No que tange à **concorrência do companheiro com outros parentes sucessíveis**, indica o inciso III do referido art. 1.790 que 2/3 da herança caberão aos parentes sucessíveis e 1/3 caberá ao companheiro sobrevivente.

Em primeiro lugar, por parentes sucessíveis temos os ascendentes e os colaterais, os primeiros até o grau infinito, o segundo até o quarto grau. Entretanto, esses parentes, como se sabe, não podem ser convocados a herdar ao mesmo tempo, mas, sim, deve-se obedecer à ordem da vocação hereditária prevista no art. 1.829 do Código Civil em vigor. No entanto, mesmo que o companheiro concorra com um parente mais distante, já sem convivência com o casal, herdará apenas ⅓ da herança; critério que discrepa daquele adotado para a sucessão do cônjuge.

Concorre, pois, com o companheiro aquele que não foi alçado à qualidade de herdeiro necessário, como os colaterais. E assim, "em sua manifestação abstrata, a fórmula utilizada pelo legislador é manifestamente injusta, pois situa o companheiro em igual patamar ao dos colaterais em quarto grau"[80].

Em segundo lugar, mas não menos importante, discute-se, em nome da formação da família na pós-modernidade e sua consequente proteção, qual seria o *quantum* do monte-mor a ser discutido na sucessão do companheiro com os demais parentes sucessíveis: seriam só os bens adquiridos onerosamente na constância da união estável como reza o *caput* do art. 1.790 do Código Civil, ou seria do total do acervo hereditário deixado?

Decisão reformada também para destacar a inaplicabilidade do artigo 1.832, segunda parte, CC/02, à hipótese dos autos. Recurso provido" (AgI 0271745-76.2011.8.26.0000, TJSP, 9ª Câm. Dir. Priv., j. 10-4-2012). "AGRAVO DE INSTRUMENTO. SUCESSÃO DA COMPANHEIRA. FILHOS EXCLUSIVOS DO *DE CUJUS*. Constitucionalidade do artigo 1.790 do Código Civil declarada pelo Órgão Especial deste Egrégio Tribunal de Justiça (Arguição de Inconstitucionalidade n. 0359133-51.2010.8.26. 0000). Possibilidade de aplicação do inciso II do dispositivo ao caso concreto, para atribuir a agravante a meação dos bens adquiridos onerosamente na constância da união estável (CC, art. 1.725 e 1.790, *caput*), bem como a metade do que couber a cada um dos descendentes do *de cujus*, o que equivale a 66,6% sobre o patrimônio comum. Percentual remanescente (33,3%) que deve ser partilhado entre os descendentes. Inexistência de direitos para a companheira quanto aos bens particulares deixados pelo falecido. Litigância de má-fé não caracterizada. Recurso parcialmente provido" (AgI 0095810-85.2012.8.26.0000, Rel. Des. Milton Carvalho, 4ª Câm. Dir. Priv., j. 2-8-2012).

80 NADER, Paulo. *Curso de direito civil*, p. 161.

À luz do disposto no inciso IV do art. 1.790, "não havendo parentes sucessíveis, terá direito à totalidade da herança".

Como preleciona Paulo Nader, "cometeu-se evidente equívoco na elaboração do art. 1.790 do Código Civil, uma vez que a hipótese do inciso IV, na boa exegese sistemática, não se enquadra na restrição do *caput*"[81].

Na concepção de Caio Mário da Silva Pereira, "ao se visar a proteção do companheiro, que poderia tornar-se excluído da sucessão, nos casos em que não se chegou à época da união estável, a se formar um patrimônio; é que se deve interpretar a expressão *herança,* constante dos incisos III e IV do referido art. 1.790 do Código Civil, em seu sentido próprio, mais abrangente do que *bens adquiridos onerosamente na vigência da união estável*".

E assim, "embora no rigor da boa técnica o conteúdo do *caput* devesse ser comum a todas as hipóteses em que o dispositivo se desdobra, no caso específico, se a herança de que tratam os referidos incisos III e IV se limitasse apenas aos bens comuns, chegar-se-ia a situações extremas em que o companheiro nada herdaria, e não seria desta forma justo, ter por vacante uma herança, destinando-a ao ente estatal, quando entre duas interpretações possíveis ao dispositivo, acerca da sucessão legítima, há de se dar preferência àquela que confira maior proteção à família".

Desta forma, à luz do pensamento de Caio Mário, "a aparente incongruência entre o *caput* e os dois últimos incisos do art. 1.790 do Código Civil, se resolveria, pelo entendimento de que, nas hipóteses de concorrência com descendentes, comuns ou não, a participação do companheiro na herança do *de cujus* está restrita aos bens mencionados no *caput*, ao passo que, quando concorrer com os outros parentes sucessíveis, a fração seria calculada sobre a totalidade da herança"[82].

Vê-se que, à luz do disposto no art. 1.844 do Código Civil, o companheiro adquire o *status* de herdeiro universal, contanto que o convivente não tenha deixado outros herdeiros: "Não sobrevivendo cônjuge, ou companheiro,

---

81 NADER, Paulo. *Curso de direito civil*, p. 159.

82 PEREIRA, Caio Mário da Silva. *Instituições de direito civil*, p. 139.

nem parente algum sucessível, ou tendo eles renunciado a herança, esta se devolve ao Município ou ao Distrito Federal, se localizada nas respectivas circunscrições, ou à União, quando situada em território federal".

Assim, a partir da análise do referido artigo, pode-se depreender que passará o companheiro a fazer jus à totalidade de bens adquiridos onerosa e gratuitamente antes ou durante a união estável, dos bens deixados pelo *de cujus*[83].

Desta forma, "a fim de se corrigir a falha de técnica de elaboração, o teor do inciso IV deve passar a figurar, em reforma legislativa, como parágrafo único do art. 1.790 do Código Civil, exceção que é do *caput*. A finalidade dos parágrafos é explicar ou abrir exceção ao enunciado no *caput* do artigo"[84].

Pode ocorrer ainda, em alguns casos, que haja concorrência sucessória do companheiro com o cônjuge sobrevivente. Essa situação pode ocorrer nas hipóteses em que o cônjuge que estiver separado de fato há menos de dois anos ou, se separado de fato há mais de dois anos, não tiver tido culpa pelo fim da união, terá seu direito sucessório garantido por força de lei.

Tal como prevê a regra do art. 1.723, § 1º, do Código Civil, após a separação de fato ou judicial, poderá se constituir união estável. E, assim, poderia o *de cujus* deixar cônjuge e companheiro, estando ambos habilitados a suceder de maneira concorrente.

A questão apresenta-se de forma bastante intrincada, mas se pensarmos conjuntamente com a orientação jurisprudencial de que a separação de fato põe fim ao regime de bens, entendemos que os quinhões a que fazem jus o cônjuge e o companheiro são diferentes. Um deles seria composto pelos bens adquiridos antes da vigência da união estável, ao qual o cônjuge manifestaria direitos hereditários; o outro quinhão seria composto pelos bens adquiridos na constância da união estável, aos quais o cônjuge não participaria, uma vez que o fim do afeto indica o fim da relação casamentária e no exemplo em discussão a formação de novo núcleo familiar. Em

---

83 VELOSO, Zeno. *Código Civil comentado*, p. 2014; DINIZ, Maria Helena. *Curso de direito civil brasileiro*, p. 170.

84 NADER, Paulo. *Curso de direito civil*, p. 162.

atenção ao dispositivo legal referente à sucessão do companheiro, além destes participariam da sucessão os demais parentes sucessíveis, nos termos estabelecidos por lei.

Após intensa discussão doutrinária acerca da inconstitucionalidade do art. 1.790 do Código Civil, que trazia consignada uma diferenciação fulcral entre a sucessão do cônjuge e do companheiro, esta tomou outros rumos.

Em 10 de maio de 2017, o STF concluiu julgamento que discute a equiparação entre o cônjuge e o companheiro para fins de sucessão, inclusive para uniões homoafetivas.

A decisão foi proferida no julgamento dos REsp n. 646.721 e 878.694, ambos com repercussão geral reconhecida. No julgamento foi declarada a inconstitucionalidade do art. 1.790 do Código Civil, que estabelece diferenças entre a participação do companheiro e do cônjuge na sucessão dos bens.

Entendemos que as famílias são constituídas pelo afeto, em muitos casos, porém nos parece claro que o legislador constitucional elencou três formas diferentes de família, facilitando inclusive a conversão da união estável em casamento. Pode-se assim perceber que a Constituição Federal equiparou a união estável ao casamento, mas não os igualou. Pensamos que aí reside a principal diferença entre os institutos. Ressaltamos que a formação da família obedece aos ditames históricos, culturais, científicos e morais da época em que se encontra constituída. Da mesma forma posicionou-se o legislador ordinário[85].

Desta feita, inconstitucional não estaria a diferenciação das famílias no que tange à sucessão hereditária.

Esse pensamento, entretanto, encontrou-se vencido nos votos apresentados na Suprema Corte, que entendeu preferencialmente que todas as famílias são merecedoras da mesma proteção, sendo descabida uma diferenciação entre elas em matéria de sucessão, por vedar a Carta Magna qualquer modalidade de discriminação.

Nesse sentido é o pensamento de Zeno Veloso, para quem "as famílias são iguais e dotadas da mesma dignidade. Não há em nosso país família de

---

85 MALUF, Adriana Caldas do Rego Freitas Dabus. *Novas modalidades de família na pós-modernidade*. São Paulo: Atlas, 2010, p. 1 e s.

primeira, de segunda ou de terceira classe, sendo inconstitucional qualquer discriminação nesse campo"[86].

Reflexos desta decisão exarada pelo STF serão sentidos pela sociedade, como prevê Regina Beatriz Tavares da Silva, para quem a decisão da Suprema Corte pode levar a um aumento da ruptura dos relacionamentos informais[87].

Tal como prevê o Min. Dias Toffoli em seu voto, "a liberdade e a autonomia da vontade dos conviventes hão de ser respeitados e não foi por outro motivo que o casamento civil passou a ser questionado a partir da década de 1960, principalmente pelos jovens, que passaram a entender que deveria existir maior liberdade nas relações familiares".

Para Regina Beatriz Tavares da Silva, a possibilidade de conversão da união estável em casamento "reafirma categoricamente a existência de diferenças substanciais entre os dois institutos. Se não fosse assim, por que converter uma coisa certa em outra igual?"[88].

Pondera também a professora que "os dois julgamentos basearam-se na visão bitolada de dois casos em que disputavam a herança os irmãos do falecido de uniões estáveis que duravam 40 anos uma e 9 anos outra, e a decisão do STF aplica-se a uniões estáveis recentes, de pouca duração, concluindo que o resultado sucessório provocado pelo STF atiça os oportunistas de plantão a se aproveitar da tese"[89].

A esses elementos ajustamos que pode ocorrer o enriquecimento sem causa previsto nos arts. 884 a 887 do Código Civil, além de ser cada vez mais questionável, dada a mutabilidade dos costumes, diferenciar o mero namoro (denominado namoro qualificado) da união estável[90].

---

86 VELOSO, Zeno. *Código Civil comentado*. 10. ed. São Paulo: Saraiva, 2016, p. 1886 (coord. Regina Beatriz Tavares da Silva).

87 SILVA, Regina Beatriz Tavares da Silva. Regime sucessório da união estável não é inconstitucional. Disponível em: <http://www.conjur.com.br/2017-mai-19>. Acesso em: 2 abr. 2018.

88 SILVA, Regina Beatriz Tavares da Silva. Regime sucessório da união estável não é inconstitucional. Disponível em: <http://www.conjur.com.br/2017-mai-19>. Acesso em: 2 abr. 2018.

89 SILVA, Regina Beatriz Tavares da Silva. Regime sucessório da união estável não é inconstitucional. Disponível em: <http://www.conjur.com.br/2017-mai-19>. Acesso em: 2 abr. 2018.

90 MALUF, Carlos Alberto Dabus; MALUF, Adriana Caldas do Rego Freitas Dabus. *Curso de direito de família*. 2. ed. São Paulo: Saraiva, p. 370 e s.

Desta forma, entendemos que a decisão correta do STF seria não ter decretado a inconstitucionalidade do art. 1.790, respeitando a escolha do legislador.

O REsp 878.694 trata de união de casal heteroafetivo e o REsp 646.721 aborda a sucessão de um casal homoafetivo. O entendimento do Tribunal foi de que não existe elemento de discriminação que justifique o tratamento diferenciado entre o cônjuge e o companheiro independentemente de orientação sexual.

No julgamento do REsp 878.694 (MG), prevaleceu o entendimento do relator, Min. Luís Roberto Barroso, que dava provimento ao recurso nos termos de seu voto, que foi acompanhado pelos Ministros Edson Fachin, Teori Zavascki, Rosa Weber, Luiz Fux, Celso de Mello e Cármen Lúcia, tendo pedido vista o Min. Dias Toffoli e estando ausente o Min. Gilmar Mendes.

O Min. Luís Roberto Barroso também proferiu o primeiro voto divergente no REsp 646.721, relatado pelo Min. Marco Aurélio.

O art. 1.790 do Código Civil pode ser considerado inconstitucional porque viola princípios como a igualdade, a dignidade da pessoa humana, a proporcionalidade e a vedação do retrocesso.

No caso do REsp 646.721 (RS), o relator, Min. Marco Aurélio, ficou vencido ao negar provimento ao recurso. Segundo seu entendimento, a Constituição Federal reconhece a união estável e o casamento como situações de união familiar, mas não abre espaço para a equiparação entre ambos, sob pena de violar a vontade dos envolvidos, e assim o direito à liberdade de optar pelo regime de união. Seu voto foi seguido pelo Min. Ricardo Lewandowski.

Também apresentou divergência no julgado em tela o Min. Dias Toffoli ao entender que o legislador não extrapolou os limites constitucionais ao incluir o companheiro na repartição de herança em situação diferenciada, e tampouco vê na medida um retrocesso em termos de proteção social.

Estavam ausentes os Ministros Celso de Mello e Gilmar Mendes. Presidiu o julgamento a Ministra Cármen Lúcia.

Para fins de repercussão geral, foi aprovada a seguinte tese, válida para ambos os processos: "No sistema constitucional vigente é inconstitucional a diferenciação de regime sucessório entre cônjuges e companheiros devendo ser aplicado em ambos os casos o regime estabelecido no art. 1.829 do CC".

10.3.3.2.1. *Do direito real de habitação e do usufruto vidual*

O Código Civil de 2002 não manteve para o companheiro o direito real de habitação sobre o imóvel que servia de residência à família, sendo o único dessa espécie a inventariar. Esse privilégio, que lhe fora outorgado pela Lei n. 9.278/96, foi reservado por esse Código somente ao cônjuge sobrevivente.

"Ante ao silêncio do Código Civil a respeito do tema, excluído se encontra o direito real de habitação do convivente. Revogadas estão as disposições legais contidas no art. 7º, § único da Lei n. 9.278/96, revogada que estaria pelas disposições do Código Civil em vigor"[91].

Apresentou-se proposta de alteração do art. 1.790 do Código Civil, acrescentando o parágrafo único: "Ao companheiro sobrevivente, enquanto não constituir nova união ou casamento, será assegurado, sem prejuízo da participação que lhe caiba na herança, o direito real de habitação relativamente ao imóvel destinado à residência da família, desde que seja o único daquela natureza a inventariar". Essa proposta foi aprovada no Projeto de Lei n. 6.960/2002, substituído pelo Projeto de Lei n. 276/2007[92].

---

91 MONTEIRO, Washington de Barros; PINTO, Ana Cristina de Barros Monteiro França. *Curso de direito civil*, p. 116.

92 DINIZ, Maria Helena. *Curso de direito civil brasileiro*, p. 175 e 176; VELOSO, Zeno. *Direito hereditário do cônjuge e do companheiro*, p. 163 e 164. "AP. CIVEL. Imissão de posse. União estável. Companheiro falecido. Bem Imóvel. Moradia. Conviventes. Direito real de habitação à companheira sobrevivente. Inteligência do art. 1.831 do NCCB e art. 7º da Lei n. 9.278/96. Requisitos. Reconhecimento. O direito real de habitação ao único imóvel residencial, por aplicação analógica do art. 1831 do CC, deve ser estendido ao convivente, independente de ter este contribuído, ou não, para a sua aquisição, assegurado, igualmente, pelo art. 7º da Lei 9.278/96 e pelos arts. 6º e 227 § 3º da Lei Maior, que reconheçam a moradia como direito social e a união estável entre o homem e a mulher como entidade familiar, para efeito de proteção do Estado" (TJMG, Ap. Civ. 1.0514.06.020813-9/001, 9ª Câm. Civ., Rel. Des. Tarcisio Martins Costa, j. 1º-4-2008).

Também o usufruto vidual em favor do companheiro sobrevivente não prevalecerá, por ser este, hoje, um instituto que não mais existe no direito brasileiro, visto que nem o cônjuge terá direito a esse benefício, por isso não mais vigora o disposto no art. 2º, I e II, da Lei n. 8.971/94, que o considerava herdeiro sob condição resolutiva do referido direito de fruição sobre coisa alheia, enquanto não constituísse nova união[93].

De maneira sintética, podemos entender que há muito o que se alterar no tocante à sucessão do companheiro e notadamente quanto à concorrência com descendentes, ascendentes e colaterais até o 4º grau.

O art. 1.845 do Código Civil alçou o cônjuge sobrevivente à égide de herdeiro necessário, mas não garantiu o mesmo benefício ao companheiro sobrevivente, embora a família formada pela união estável tenha legal reconhecimento na pós-modernidade, prevista no art. 226, § 3º, da Constituição Federal, ferindo frontalmente o princípio da igualdade também com previsão constitucional. Entretanto tal entendimento já não subsiste, tendo em vista a equiparação do cônjuge e do companheiro para fins sucessórios com a declaração de inconstitucionalidade do art. 1.790 pelos julgamentos exarados em sede do STF já descritos.

O Código Civil inicialmente não contemplou o companheiro sobrevivente no rol dos herdeiros necessários; não lhe conferiu o direito real de habitação não obstante os novos paradigmas da família na atualidade, sendo claro que a afetividade, o amor e os cuidados com o outro e com a prole - exclusiva e comum - fazem parte do dia a dia do companheiro da mesma forma que do cônjuge; devendo assim, cremos, ocorrer alterações em inúmeros dispositivos legais que norteiam o direito de sucessão na união estável, realidade que foi alcançada com os julgamentos do STF em maio de 2017.

10.3.4. Dos colaterais

Na ordem sucessória, prevista para a família, após os descendentes, os ascendentes e o cônjuge, todos herdeiros necessários, seguem-se os colaterais até o 4º grau.

---

93 DINIZ, Maria Helena. *Curso de direito civil brasileiro*, p. 176.

Os colaterais são as pessoas que mantêm um vínculo de parentesco entre si, por derivarem de um tronco ancestral comum, e não por descenderem umas das outras.

Vêm situados pela lei civil, na terceira classe de herdeiros sucessíveis, e sem a qualidade de herdeiros necessários. Assim, podem ser excluídos da sucessão caso o *de cujus* tenha deixado disposição testamentária em contrário, contemplando outras pessoas como herdeiras de seu quinhão hereditário.

Sob o prisma histórico, no direito romano, a sucessão dos colaterais, *unde cognati*, assentada no Edito do Pretor, consolidou-se na Codificação justinianeia, as Novelas 117 e 118. Durante o período em que vigeram as Ordenações, os efeitos sucessórios alcançaram o 10º grau, preferindo estes ao cônjuge. O Código de 1916, acolhendo a inversão de posições do cônjuge supérstite em relação aos parentes da linha transversa e a redução dos graus sucessíveis, já consagrados na Lei Feliciano Pena, admitiu o 6º grau para a vocação hereditária na linha colateral[94].

Se não houver cônjuge sobrevivente, nas condições estabelecidas no art. 1.830, serão chamados a suceder os colaterais até o 4º grau, como prevê o art. 1.839 do Código Civil, que concorrerão, se for o caso, com o companheiro sobrevivente, a quem cabe um terço da herança. Ressaltamos que essa disposição dos arts. 1.830 e 1.839 do Código Civil foi alterada em decorrência da equiparação do cônjuge e do companheiro para fins de sucessão.

Os colaterais, entretanto, não são afastados pelo cônjuge que se encontra separado de fato por mais de dois anos e por culpa própria, uma vez que não faz jus à herança, como dispõe o art. 1.830 do Código Civil: "Somente é reconhecido direito sucessório ao cônjuge sobrevivente se, ao tempo da morte do outro, não estavam separados judicialmente, nem separados de fato há mais de dois anos, salvo prova, neste caso, de que essa convivência se tornara impossível sem culpa do sobrevivente"[95].

O Código Civil de 1916 referia-se aos colaterais até o 6º grau. Mas, como se ressaltou anteriormente, o dispositivo foi modificado pelo Decreto-Lei

---

94 PEREIRA, Caio Mário da Silva. *Instituições de direito civil*, p. 153.

95 NADER, Paulo. *Curso de direito civil*, p. 165; MONTEIRO, Washington de Barros; PINTO, Ana Cristina de Barros Monteiro França. *Curso de direito civil*, p. 117 e s.

n. 1.907, de 26 de dezembro de 1939, que alterou o Código Civil, no que tange à sucessão dos colaterais, trazendo-a para o 2º grau. Com a cessação do regime ditatorial, o Decreto-Lei n. 8.207, de 22 de novembro de 1945, revogou o Decreto-Lei n. 1.907, de 1939, fixando a vocação hereditária no 3º grau colateral. Sobreveio o Decreto-Lei n. 9.461, de 15 de julho de 1946, que, revogando a lei anterior e modificando a redação do art. 1.612 do Código Civil, estabeleceu que, na falta de cônjuge sobrevivente, ou se manifestasse sua incapacidade para suceder, seriam chamados à sucessão os colaterais até o 4º grau. O Código Civil de 2002 manteve a sucessão dos colaterais até o 4º grau[96].

Como característica da sucessão na classe dos colaterais, temos o princípio de que *proximior excludit remotiorem*, ou seja, os parentes mais próximos excluem os mais remotos. Entretanto, há uma particularidade: o direito de representação aos filhos de irmãos. Esse princípio acha-se expressamente consagrado no art. 1.840: "Na classe dos colaterais, os mais próximos excluem os mais remotos, salvo o direito de representação concedido aos filhos de irmãos".

Nesse sentido, se o *de cujus* deixar irmãos, que são parentes em 2º grau, e tios, parentes em 3º grau, os primeiros arredam os segundos, por serem colaterais mais próximos e por isso só eles recolhem a herança. Abre-se, porém, uma exceção em favor dos sobrinhos, que são parentes em terceiro grau, aos quais se garante o direito de representação, atenuando-se, portanto, a inflexibilidade da regra de que o mais próximo exclui o mais remoto. Se o *de cujus* deixar assim irmãos e sobrinhos, filhos de outro irmão premorto, herdam todos, representando estes últimos o genitor falecido, com a diferença de que os primeiros sucedem por cabeça e os segundos por estirpe[97].

Como, por exemplo, no caso em tela: o extinto deixa um irmão, dois filhos de outro irmão já falecido e três filhos de terceiro irmão, também de-

---

96 BEVILÁQUA, Clóvis. *Código Civil dos Estados Unidos do Brasil comentado*, p. 60; SAN TIAGO DANTAS, F. C. *Direitos de família e das sucessões*, p. 480 e 481; VELOSO, Zeno. *Código Civil comentado*, p. 2073; PEREIRA, Caio Mário da Silva. *Instituições de direito civil*, p. 153 e 154. Tal como leciona San Tiago Dantas, o presente decreto, lei de emergência, atendeu a motivos mais políticos do que jurídicos, limitou o direito hereditário ao 2º grau.

97 MONTEIRO, Washington de Barros; PINTO, Ana Cristina de Barros Monteiro França. *Curso de direito civil*, p. 117; NADER, Paulo. *Curso de direito civil*, p. 165.

saparecido anteriormente, ao todo, portanto, seis parentes sucessíveis. Nessa hipótese, não se divide a herança em seis partes iguais, como aconteceria se herdassem todos por cabeça, mas divide-se em três partes iguais, correspondentes às três estirpes. Uma delas pertencerá, integralmente, ao irmão sobrevivo; a segunda, aos dois sobrinhos, subdividida em quotas iguais; e a terceira, aos três últimos sobrinhos, também subdividida em três partes iguais. É a sucessão por estirpe.

Assim, temos que, na sucessão entre irmãos, a partilha efetua-se desigualmente, segundo sejam estes bilaterais ou unilaterais. Dispõe o art. 1.841 do Código Civil que, "concorrendo à herança do falecido irmãos bilaterais com irmãos unilaterais, cada um destes herdará metade do que cada um daqueles herdar".

Como retrata Zeno Veloso, "o irmão bilateral é irmão duas vezes, o vínculo parental que os une é duplicado. Por este motivo, o irmão bilateral deve receber quota hereditária dobrada da que couber ao irmão unilateral, seja este consanguíneo ou uterino".

"Essa atribuição de quinhões diferentes aos irmãos que concorrem à herança, conforme sejam irmãos bilaterais ou unilaterais do *de cujus* encontra escopo na legislação estrangeira, como no Código Civil espanhol, art. 949; Código Civil italiano, art. 571, al. 2; Código Civil português, art. 2.146, entre outros"[98].

Para Clóvis Beviláqua, o modo prático de fazer-se a partilha, aplicando essa regra é dividir a herança pelo número de irmãos, aumentando de tantas unidades mais quantos forem os bilaterais; esse quociente dará o quinhão de cada unilateral e dobrado será o de cada bilateral. Por exemplo: a herança é de $ 240.000,00 e o *de cujus* deixa dois irmãos germanos e dois irmãos unilaterais. Recebem estes duas porções simples e aqueles duas porções dobradas, ao todo seis porções. As simples serão, pois, no valor de $ 40.000,00 ($ 240.000,00 ÷ 6 = $ 40.000,00) e as dobradas de $ 80.000,00 ($ 40.000,00 × 2). Temos assim: ($ 80.000,00 × 2) + + ($ 40.000,00 × 2) = $ 240.000,00[99].

---

98 VELOSO, Zeno. *Código Civil comentado*, p. 2075.

99 BEVILÁQUA, Clóvis. *Código Civil dos Estados Unidos do Brasil comentado*. 3. ed. Rio de Janeiro: Livr. Francisco Alves, 1935, v. 6, p. 72.

À luz do art. 1.842 do Código Civil, "não concorrendo à herança irmão bilateral, herdarão, em partes iguais, os unilaterais".

Assim, a sucessão dos irmãos em quotas diferentes só se justifica quando o falecido deixou irmãos bilaterais e unilaterais, e estes são chamados simultaneamente à herança, como visto anteriormente. Porém, se houver somente irmãos unilaterais, estes herdarão por cabeça, sendo desnecessária a distinção. Se com tio ou tios concorrerem filhos de irmão unilateral ou bilateral, terão eles, por direito de representação, a parte que caberia ao pai ou à mãe, se vivessem[100].

À luz do art. 1.843 do Código Civil, "na falta de irmãos, herdarão os filhos destes e, não os havendo, os tios. § 1º Se concorrerem à herança somente filhos de irmãos falecidos, herdarão por cabeça. § 2º Se concorrem filhos de irmãos bilaterais com filhos de irmãos unilaterais, cada um destes herdará a metade do que herdar cada um daqueles. § 3º Se todos forem filhos de irmãos bilaterais, ou todos de irmãos unilaterais, herdarão por igual".

Como se sabe, sobrinhos são parentes em 3º grau, como acontece com os tios. Apesar de ser igual o grau de parentesco que os liga ao *de cujus*, a lei dá preferência aos sobrinhos, chamando-os à sucessão antes dos tios. É o que se infere do art. 1.843, segundo o qual, "na falta de irmãos, herdarão os filhos destes e, não os havendo, os tios".

Na falta de outros colaterais mais próximos (irmãos, sobrinhos e tios), herdarão os primos-irmãos, não sendo possível estabelecer qualquer distinção entre os que o são por linha simples e por linha duplicada. Todos herdam igualmente.

Washington de Barros Monteiro lembra o pensamento de Barassi, para quem "o legislador sempre dá preferência, na ordem da vocação hereditária, às energias mais novas"[101].

Depois dos parentes em 4º grau, inclusive tios-avós e sobrinhos-netos, não havendo companheiro sobrevivente, e se o extinto não deixou testa-

---

100 MONTEIRO, Washington de Barros; PINTO, Ana Cristina de Barros Monteiro França. *Curso de direito civil*, p. 118.

101 MONTEIRO, Washington de Barros; PINTO, Ana Cristina de Barros Monteiro França. *Curso de direito civil*, p. 119.

mento, a herança se devolve ao Município ou ao Distrito Federal, se localizada nas respectivas circunscrições, ou à União, quando situada em território federal, nos termos do art. 1.844 do Código Civil.

Sob a égide do Código Civil de 1916, não havia direito de sucessão entre o adotado e os parentes do adotante. O primeiro não sucedia assim aos segundos, perante os quais não passava de um estranho. Reciprocamente, os parentes do adotante nenhum direito sucessório tinham quanto à herança deixada pelo adotado. Essa limitação aplicava-se apenas aos casos de adoção de maior de 18 anos, sendo incompatível com a Lei n. 8.069/90, art. 41 e § 2º, cujo objetivo era a completa integração do menor na família que o acolhia.

Discutia-se, também, se os descendentes do adotado sucediam ao adotante. Clóvis Beviláqua entendia que sim, mas outra corrente, capitaneada por Hermenegildo de Barros, Carvalho Santos e Carlos Maximiliano, entendia que não, por estar claro no Código Civil que "o parentesco resultante da adoção limita-se ao adotante e ao adotado, salvo quanto aos impedimentos matrimoniais". Parecia ser esse o melhor entendimento, não se podendo, por outro lado, invocar o direito de representação, salvo nos casos regidos pela Lei n. 8.069/90.

Entretanto, essa questão veio a ser solucionada pelo Código Civil de 2002, que no art. 1.628, segunda parte, estabelece que as relações de parentesco se estabelecem não só entre o adotante e o adotado, mas também entre aquele e os descendentes deste e entre o adotado e todos os parentes do adotante[102].

10.3.5. Da sucessão pelo Estado

Na lição de Hermenegildo de Barros, "o Estado, efetivamente não é considerado um herdeiro. Não se beneficia tampouco do direito de *saisine*, nem no direito pátrio, nem no direito alienígena. Não entra desta forma, 'na

---

[102] MONTEIRO, Washington de Barros; PINTO, Ana Cristina de Barros Monteiro França. *Curso de direito civil*, p. 119 e 120; BARROS, Hermenegildo de. Do direito das sucessões. In: *Manual Lacerda*, v. XVIII, n. 354; MAXIMILIANO, Carlos. *Direito das sucessões*, n. 152, p. 179.

propriedade e posse da herança, pelo fato da abertura da sucessão', sendo necessária a decretação da vacância, dos bens e sua consequente devolução à Fazenda Pública"[103].

Nesse sentido, "só se considera definitiva sua integração ao erário público depois de escoado o prazo legal, sem que apareça algum herdeiro reclamando os bens"[104].

Questiona-se, entretanto, qual seria a natureza jurídica do direito sucessório atribuído ao Estado: *jure occupationis, jure imperii* ou *jure successionis*?

A doutrina não é pacífica a esse respeito, justifica o domínio eminente sobre os bens de seus súditos de um lado; ou na soberania que exerce o Estado sobre tudo e todos em território, de outro. Outros ainda entendem que esse direito se fundaria no direito de ocupação, exercido sobre os bens vagos.

A esse respeito pensamos que plausível seria o entendimento de que, na falta de herdeiros sucessíveis, nada mais justo do que se revertesse à coletividade, ao *locus* onde o *de cujus* conviveu, o quinhão da herança.

Lecionam Washington de Barros Monteiro e Ana Cristina de Barros Monteiro França Pinto que, "no direito inglês, prevalece a tese da ocupação, onde o Estado apossa-se dos bens, que se tornam coisas sem dono. Não é exata, porém, essa concepção, pois o falecido não abandona os bens hereditários; se houvesse abandono, pertenceriam estes, inquestionavelmente, a quem deles se apoderasse em primeiro lugar, o que não é verdadeiro". Com Planiol, entendem que o direito do Estado decorre de sua soberania, *jus imperii*. "O Estado sucede, não porque seja herdeiro, mas em virtude do direito de soberania, que exerce e que lhe é inerente."

Entretanto, o direito do Estado filia-se ao *jus successionis:* na falta de outras pessoas sucessíveis, por lei ou por testamento, herda o Município em reconhecimento da colaboração prestada ao indivíduo na aquisição e conservação da riqueza.

---

103 BARROS, Hermenegildo de. Do direito das sucessões. In: *Manual Lacerda*, v. XVIII, n. 354.

104 MAXIMILIANO, Carlos. *Direito das sucessões*, n. 153, p. 180.

Para Butera, "o Município é verdadeiramente o único herdeiro forçado. Para qualquer outra pessoa sucessível, física ou jurídica, vigora o princípio, *só é herdeiro quem quer*. O Município, *sive velit, sive nolit,* é sempre herdeiro, independentemente de aceitação, não se lhe concedendo direito de renúncia"[105].

Aduz Caio Mário que, "não sendo, pois, herdeiro, descabe ao Estado o ato de aceitação; mas em contrapartida, não lhe é lícito emitir declaração de renúncia ou repúdio da herança", salvo no caso de legado, principalmente se acompanhado de encargo. Na prática, a sucessão *ab intestato* do Estado se opera *ope legis*, e a instituição testamentária, como ato de vontade, não possui a mesma força coercitiva[106].

Sob uma perspectiva histórica, entretanto, vê-se que o Estado sempre participou do processo sucessório, em todos os povos e em todos os sistemas jurídicos. Sob a égide do direito romano, herdava o Fiscus; sob as Ordenações do Reino, o Erário Público. Com a Proclamação da República e a consequente adoção do sistema federativo de governo, que reconheceu a autonomia político-administrativa dos Estados-membros, questionou-se se a sucessão dos bens vagos deveria atribuir-se à União ou aos Estados. A Lei n. 221, de 20 de dezembro de 1894, atribuiu à União os referidos bens.

Beviláqua, por outro lado, defendeu que, em face da estrutura política federativa então adotada, as heranças vacantes deveriam ser deferidas aos Estados, e assim dispunha o art. 1.619 do Código Civil então em vigor. E também, "em substituição ao sentimento de família há o de pátria, o de solidariedade nacional, que se reflete no direito hereditário com a sucessão do Estado, vertendo, pois, a herança à sociedade na qual o indivíduo se desenvolveu"[107].

A questão não restava pacificada: o Decreto-Lei n. 1.907, de 26 de dezembro de 1939, deferia a herança vaga à União; já o Decreto-Lei n. 8.207, de 22 de novembro de 1945, restabeleceu a norma codificada, deferindo a

---

105 MONTEIRO, Washington de Barros; PINTO, Ana Cristina de Barros Monteiro França. *Curso de direito civil*, p. 120 e 121.

106 PEREIRA, Caio Mário da Silva. *Instituições de direito civil*, p. 158.

107 BEVILÁQUA, Clovis. *Código Civil dos Estados Unidos do Brasil comentado*, p. 60 e 81.

herança à unidade federada. A Lei n. 8.049, de 20 de junho de 1990, retirou dos Estados-membros aquela vocação, passando a atribuí-la aos Municípios. Orientação que foi mantida pelo Código Civil de 2002[108].

À luz do art. 1.844 do Código Civil, "não sobrevivendo cônjuge, ou companheiro, nem parente algum sucessível, ou tendo eles renunciado a herança, esta se devolve ao Município ou ao Distrito Federal, se localizada nas respectivas circunscrições, ou à União, quando situada em território federal".

Assim, alterou-se parcialmente a ordem de vocação hereditária, da qual se excluíram as pessoas jurídicas de direito público interno. Chama-se atenção para o fato de que não estão elencados no rol previsto no art. 1.829 do Código Civil os entes da federação aqui chamados a suceder.

Por outro lado, o Código Civil anterior, em seu art. 1.603, V, incluía os Municípios, o Distrito Federal e a União na ordem de vocação hereditária. E nessa ordem, aparecia o Poder Público em último lugar, precedido: I - pelos descendentes, II - pelos ascendentes, III - pelo cônjuge, e IV - pelos colaterais. Já o art. 1.619 do mesmo Código dispunha que, em não havendo cônjuge sobrevivente, nem parente sucessível, ou se tivessem estes renunciado à herança, esta se devolve ao Estado, ou ao Distrito Federal, ou União, em face do domicílio do autor da herança.

Como leciona Clóvis Beviláqua, "em substituição ao sentimento de família há o de pátria, o de solidariedade nacional, que se reflete no direito hereditário com a sucessão do Estado, vertendo, pois, a herança à sociedade na qual o indivíduo se desenvolveu"[109].

Como prevê Zeno Veloso, "em nosso sistema, não há herança sem dono. Visando impedir que a massa de bens deixada se tornasse *res nullius* (coisas de ninguém ou coisas sem dono, passíveis de serem ocupadas ou apropriadas por qualquer pessoa), ou como *res derelictae* (coisas abandonadas), vem o Estado chamado à sucessão, tendo em vista razões de interesse público e social, existentes"[110].

---

108 SAN TIAGO DANTAS, Francisco Clementino. *Direitos de família e das sucessões*, p. 495; PEREIRA, Caio Mário da Silva. *Instituições de direito civil*, p. 159.

109 BEVILÁQUA, Clóvis. *Código Civil dos Estados Unidos do Brasil comentado*, p. 60 e 81.

110 VELOSO, Zeno. *Código Civil comentado*, p. 2079.

Igualmente, as pessoas jurídicas, salvo as de direito público interno, acham-se arredadas da sucessão legítima. Só podem ser beneficiadas por meio de testamento[111].

10.4. Principais projetos de lei de regulação do tema

Tendo em vista os inúmeros conflitos interpretativos que defluíram da sucessão do cônjuge e do companheiro, foi apresentado inicialmente o Projeto de Lei n. 6.960/2002, de autoria do Deputado Ricardo Fiuza, posteriormente reapresentado sob n. 276/2007, sob a lavra do Dep. Leo Alcântara.

O Projeto do Dep. Ricardo Fiuza aproxima a sucessão do companheiro à do cônjuge, determinando, assim, a sucessão do companheiro em relação ao montante total do acervo hereditário do *de cujus*, independentemente de sua forma de aquisição; visou ainda equiparar todos os filhos, não mais diferenciando-os quanto aos comuns e não comuns, pondo, assim, fim ao debate relativo à sucessão híbrida e garante aos companheiros uma quota equivalente à metade do que couber a cada um dos descendentes.

O Projeto exclui a participação dos companheiros na herança, se houve comunhão de bens durante a união estável e o falecido não deixou bens particulares. A regra aproxima-se da sucessão do cônjuge, na qual, na hipótese em que tem direito à meação de bens, não concorre com os descendentes na sucessão. Se houver bens particulares, como não haverá meação sobre eles, o companheiro concorrerá com os descendentes do falecido.

Uma questão a ser dirimida no que tange à sucessão do companheiro é quanto ao regime de bens aplicado na hipótese análoga à separação obrigatória de bens para o casamento. Ou seja, ao invés de se casar, opta pela união estável um casal com mais de setenta anos. Como se dará a sucessão? Pela análise do dispositivo projetado, tem-se que o mesmo impedimento é atinente à união estável, ou seja, não haveria concorrência sucessória nessa hipótese; evitando assim a crítica que se faz de que a união estável seria mais vantajosa do que o casamento nessa hipótese. Logo, não haveria concorrência nem no casamento, nem na união estável.

---

[111] MONTEIRO, Washington de Barros; PINTO, Ana Cristina de Barros Monteiro França. *Curso de direito civil*, p. 120 e 121.

O projeto prevê a alteração da quota do companheiro quando na concorrência com os ascendentes para metade do que couber a cada um deles, e não mais ⅓ como é a quota atual, prevista no inciso II do art. 1.790 do Código Civil.

Prevê também que na hipótese de inexistirem descendentes ou ascendentes, o companheiro recolherá a totalidade da herança, afastando assim a concorrência com os colaterais até o quarto grau, como dispõe o inciso III do art. 1.790 do Código Civil, aproximando-se aos moldes da sucessão do cônjuge.

Também o Projeto de Lei n. 4.944/2005, de relatoria do Dep. Antonio Biscaia, enfrentou o tema, sendo arquivado em 2007.

É válido ressaltar que com os julgamentos dos REsp 646.721 e 878.694, em 10 de maio de 2017, em sede do STF, que equiparou a sucessão do cônjuge e do companheiro declarando a inconstitucionalidade do art. 1.790 do Código Civil, resolveu-se o impasse.

10.5. A posição do tema no direito comparado

A sucessão do cônjuge e do companheiro tem diferentes aspectos na comunidade internacional.

No **direito francês**, uma profunda reforma na sucessão do cônjuge sobrevivente foi introduzida pela entrada em vigor da Lei n. 1.135, de 3 de dezembro de 2001, pois, antes desta, o cônjuge sobrevivente detinha apenas o direito de usufruto dos bens deixados pelo *de cujus*. Sendo-lhe permitido demandar alimentos caso não fosse beneficiado pela sucessão testamentária.

Também aqui o cônjuge sobrevivente é herdeiro necessário, à luz do que dispõe o art. 756 do Código Civil francês, desde que não seja divorciado no momento da abertura da sucessão como prevê a regra do art. 732 do Código Civil francês[112].

Assim, à luz do disposto no art. 757 do Código Civil, se o cônjuge falecido tenha deixado filhos ou descendentes, o sobrevivente receberá, à

---

112 BRAHINSKY, Corinne Renault. *Droit des successions*. 6. ed., Paris: Gualino, 2011, p. 79.

sua escolha, ou o usufruto da totalidade dos bens existentes ou a propriedade da quota-parte dos bens, caso os filhos todos sejam comuns; a propriedade de ¼ dos bens quando um ou mais filhos forem exclusivos do autor da herança.

Caso inexistam descendentes, mas ascendentes, o cônjuge supérstite receberá a metade dos bens. A outra metade será destinada aos ascendentes, na proporção de ¼ ao pai e ¼ à mãe, como prevê o art. 757-1 do Código Civil.

Tal como dispõe o art. 757-2 do Código Civil, na ausência de outros parentes sucessíveis, recolherá o cônjuge sobrevivente a totalidade da herança.

Existe aqui uma exceção a esse princípio, que diz respeito ao direito de retorno dos colaterais privilegiados, ou seja, os irmãos. Essa máxima tem por objetivo deixar na família os bens que originariamente a esta pertenciam.

Ressalta Corinne Renault Brahinsky que os referidos bens, entretanto, devem ter sido adquiridos a título gratuito, e corresponde tal direito somente à metade dos bens, sendo que a outra metade corresponderá ao cônjuge sobrevivente. "Essa regra não é de ordem pública, podendo, pois, o *de cujus* destes dispor por testamento ao cônjuge ou outro beneficiário que lhe aprouver"[113].

À luz do disposto no art. 758 do Código Civil, quando o cônjuge sobrevivente recolher a totalidade da herança ou mesmo ¾ dos bens, aos ascendentes do *de cujus*, que não os pais, farão jus ao recebimento de uma pensão alimentícia vitalícia, se assim necessitarem. Pensão esta cujo ônus será repartido por todos os herdeiros ou legatários envolvidos no processo sucessório[114].

No direito francês também o cônjuge sobrevivente concorrerá com os demais herdeiros necessários. Ocorre, porém, que a ordem da vocação hereditária instituída pelo art. 734 do Código Civil institui: I – os filhos e seus descendentes; II – os pais e os irmãos e os descendentes destes; III – os ascendentes que não os pais; IV – os colaterais que não os irmãos e seus descendentes, até o 6º grau.

---

113 BRAHINSKY, Corinne Renault. *L'essentiel du droit des successions*. 6. ed. Paris: Gualino, 2012, p. 48.

114 *Code Civil*, 104. ed. Paris: Dalloz, 2005, p. 723 e 724; BRAHINSKY, Corinne Renault. *L'essentiel du droit des successions*, p. 47 e s.

No **direito italiano**, estão legitimados a suceder o cônjuge, os filhos - legítimos ou naturais -, e os ascendentes.

Assim, a posição atual do cônjuge é mais confortável do que no Brasil em matéria sucessória. Inicialmente, antes de a reforma do direito de família ser efetuada mediante a entrada em vigor da Lei n. 151, de 1975, o cônjuge supérstite não era considerado herdeiro necessário, detendo apenas o direito hereditário ao usufruto de uma quota-parte dos bens deixados pelo *de cujus* e que variava de acordo com o tipo de herdeiro que era convocado a suceder[115].

O art. 581 do Código Civil, com a redação determinada pela reforma de 1975, dispõe que, se o cônjuge concorrer com filhos, naturais ou legítimos, tem direito à metade da herança, tal como se dá com a regra do art. 540 também do Código Civil, se a concorrência se der com um filho único; e a 1/3 dos bens se houver mais filhos.

No caso de a concorrência se dar com os ascendentes, caberá ao cônjuge o quinhão equivalente a 2/3 da herança. A mesma regra se opera se a concorrência se der com os irmãos do *de cujus*, à luz do art. 582 do Código Civil italiano. Na Itália ocorre essa modalidade de concorrência que não tem previsão legal no Brasil.

Tal como no modelo brasileiro, caso inexistam parentes sucessíveis, recolherá o cônjuge sobrevivente a totalidade da herança, como prevê o art. 583 do Código Civil.

À luz do disposto nos arts. 548 e 585 do Código Civil, o cônjuge separado judicialmente, com sentença transitada em julgado, e que não foi considerado culpado pela separação, possui os mesmos direitos sucessórios que o cônjuge não separado. Caso a sentença tenha sido transitada em julgado, este terá direito apenas a uma pensão vitalícia, a título de alimentos, calculado a partir das forças da herança[116].

No **direito alemão**, o direito de sucessão do cônjuge está regulado no art. 1.931 do BGB: tendo direito a 1/4 da herança se concorrer com

---

115 TRAMONTANO, Luigi. Il Códice Civile spiegato. 3. ed. Piacenza: CELT, 2004, p. 580; BIANCA, Massimo. *Diritto civile*. 4. ed. Milano: Giuffrè, 2005, v. 2, p. 671 e s.

116 TRAMONTANO, Luigi. *Il Códice Civile spiegato*, p. 585; BIANCA, Massimo. *Diritto civile*, p. 673 e s.

descendentes; ou metade se concorrer com parentes de segunda ordem, como os ascendentes do *de cujus* e os descendentes destes, ou mesmo com os avós. Caso inexistam outros parentes sucessíveis, recolherá o cônjuge toda a herança.

De acordo com o art. 1.934 do BGB, se o cônjuge sobrevivente também for parente com direito à herança, herdará igualmente como parente[117].

No **direito espanhol**, a fragilidade da posição do cônjuge em matéria sucessória foi modificada pela entrada em vigor da Lei n. 11, de 13 de maio de 1981, que, dando nova redação ao art. 944 do Código Civil, introduziu o cônjuge sobrevivente como herdeiro legitimário a receber a totalidade da herança no caso de inexistirem ascendentes ou descendentes sucessíveis, obedecendo, pois, a uma redução do conceito de família para família nuclear.

Assim, se o cônjuge concorrer com filhos ou descendentes do autor da herança, terá direito ao usufruto de 1/3 do quinhão hereditário, destinado à *mejora*; se concorrer com os ascendentes, terá direito ao usufruto da metade dos bens deixados, como dispõem os arts. 834 e 837 do Código Civil.

Note-se que o cônjuge tem direito ao usufruto e não à propriedade, visando, pois, que se mantenham na família os bens de onde são provenientes.

A legítima dos filhos corresponde a 1/3 da herança do pai ou da mãe, como dispõe o art. 808, 1ª parte, do Código Civil; aos ascendentes essa quota será de 50% da herança, salvo se concorrerem com o cônjuge viúvo do descendente que deu causa à sucessão, que, no caso, o quinhão hereditário será de 1/3 da herança deixada, como prevê a regra do art. 809 do Código Civil[118].

No **direito português,** após a reforma de 1977, o cônjuge sobrevivente passou a ser herdeiro necessário.

As quotas da legítima, entretanto, são variáveis, o que, como aduz Zeno Veloso, "torna o sistema complexo". Desta sorte como regulam os

---

117 VELOSO, Zeno. *Direito hereditário do cônjuge e do companheiro*, p. 144 e 145; OLIVEIRA, Euclides. *Direito de herança*: a nova ordem da sucessão. São Paulo: Saraiva, 2005, p. 43-44.

118 PICAZO, Luis Diez; GULLON, Antonio. *Sistema de derecho civil*. 10. ed. Madrid: Tecnos, 2006, v. IV, p. 418-425.

arts. 2.158, 2.159 e 2.161, I, do Código Civil, se o cônjuge não concorrer com descendentes nem ascendentes, fará jus à metade do acervo hereditário; se concorrer com os filhos, ou ascendentes o fará em 2/3 do montante da herança.

No caso de inexistirem descendentes ou ascendentes, recolherá o cônjuge a totalidade da herança.

A partilha entre o cônjuge e os filhos faz-se por cabeça, dividindo-se, pois, a herança por igual, devendo ser observada a quarta parte desta para o cônjuge.

Em caso de separação judicial, ficará o cônjuge afastado da sucessão; mas no caso da separação de fato, manterá seus direitos hereditários[119].

---

[119] VELOSO, Zeno. *Direito hereditário do cônjuge e do companheiro*, p. 152.

Capítulo 11

Dos herdeiros necessários

Como aduz San Tiago Dantas, "há, no direito atual, dois títulos de vocação hereditária, que guiará o recebimento da herança: o testamento e a lei. E há certas categorias de herdeiros, designados pela lei, que, dada a estreiteza do parentesco, não podem ser suprimidos por testamento, eivando de restrições à liberdade de testar, são os herdeiros necessários"[1].

Na lição de Washington de Barros Monteiro, "ao mesmo tempo em que o legislador se preocupa em arrolar pessoas impedidas de suceder, em virtude das mais diversas circunstâncias, ao tratar da ordem de vocação hereditária indica quem a lei chama a recolher a herança, sucessivamente, referindo em seguida as que o testador não pode preterir nem prejudicar no ato de última vontade, isto é, os *herdeiros necessários,* assim chamados porque constituem sucessores obrigatórios, embora contra a vontade do *de cujus*"[2].

1 SAN TIAGO DANTAS, Francisco Clementino de. *Direitos de família e das sucessões,* p. 453.

2 MONTEIRO, Washington de Barros; PINTO, Ana Cristina de Barros Monteiro França. *Curso de direito civil,* p. 123.

11.1. Conceito

O **herdeiro necessário**, também chamado de legitimário, reservatário, obrigatório ou forçado, é todo descendente ou ascendente sucessível, não afastado da sucessão por indignidade ou deserdação. Seu rol exemplificativo vem elencado no art. 1.845 do Código Civil: "São herdeiros necessários os descendentes, os ascendentes e o cônjuge".

Concebe Itabaiana de Oliveira que "o herdeiro legítimo denomina-se necessário quando lhe pertence, de pleno direito, a metade dos bens do *de cujus*, a qual constitui a legítima, por não poder dela dispor o testador quando tiver descendentes e ascendentes, únicos incluídos nesta categoria de herdeiros"[3].

Elencados no Código Civil, no art. 1.845, que é *numerus clausus*, a qualidade de herdeiro necessário não garante a participação no acervo hereditário, pois, para tanto, é observada a ordem da vocação hereditária. Sua legítima, entretanto, limita as disposições testamentárias, visto que a lei lhes garante metade do patrimônio hereditário, numa fração denominada legítima[4].

À luz do art. 1.846 do Código Civil, "pertence aos herdeiros necessários, de pleno direito, a metade dos bens da herança, constituindo a legítima". E assim, não tendo o testador descendente, ascendente ou cônjuge sucessível, desfruta da mais ampla liberdade de testar, no sentido de que pode dispor da totalidade de seus bens, para atribuí-los a quem melhor lhe aprouver, ressalvadas as hipóteses de incapacidade testamentária passiva, previstas nos arts. 1.798 e 1.801 do Código Civil.

Conceitualmente, diferem-se do herdeiro legítimo, previsto no art. 1.829 do Código Civil. Todo herdeiro necessário é legítimo, mas nem todo herdeiro legítimo é necessário.

Outrora denominados *heredes necessarii*, compõem-se de membros da família com vínculos próximos ao *de cujus*. Assim, a noção moderna de herdeiro necessário contraria a do direito romano, perante o qual

3 OLIVEIRA, Arthur Vasco Itabaiana de. *Tratado de direito das sucessões*, p. 50.

4 NADER, Paulo. *Curso de direito civil*, p. 170; DIAS, Maria Berenice. *Manual das sucessões*, p. 443.

herdeiro necessário era aquele que recolhia a herança *ipso jure*, independentemente de qualquer ato de aceitação e até mesmo contra a sua vontade (*etiam nolentes*)[5].

Entretanto, se tiver o autor da herança descendente, ascendente ou cônjuge sucessível, não poderá dispor de mais da metade dos bens, porque a outra metade, de pleno direito, pertencerá aos descendentes e, em sua ausência, aos ascendentes, sempre em concorrência com o cônjuge sobrevivente nas condições especificadas na lei civil e, inexistindo descendentes e ascendentes, ao cônjuge supérstite[6].

Os demais herdeiros, ou seja, os colaterais até o 4º grau e o companheiro, como vimos, são denominados herdeiros facultativos, uma vez que não têm direito à legítima.

Assim, podemos concluir sinteticamente que os **herdeiros necessários** são os que, em virtude da lei, têm pleno direito à metade dos bens do falecido, só podendo dela ser privados em casos especiais, também previstos em lei, em virtude de deserdação. Já os **herdeiros facultativos** podem ser excluídos da sucessão, e assim, só herdam se não houver ato de última vontade do testador em sentido contrário.

Os **herdeiros legítimos** são chamados a suceder em virtude da ordem de vocação hereditária prevista nos arts. 1.790 e 1.829 do Código Civil – subdividem-se em necessários, abrangendo os descendentes, ascendentes e cônjuge, e facultativos, que abrangem os colaterais até o 4º grau e o companheiro, e os **herdeiros testamentários**, que são chamados a suceder em virtude de ato de última vontade do autor da herança.

A decisão do STF em acatar a inconstitucionalidade do art. 1.790 do Código Civil não tratou explicitamente o fato de o companheiro passar a ser também herdeiro necessário, restando a questão em aberto e sujeita a muitos debates doutrinários.

---

5 MOREIRA ALVES, José Carlos. *Direito romano*, v. II, p. 354.

6 MONTEIRO, Washington de Barros; PINTO, Ana Cristina de Barros Monteiro França. *Curso de direito civil*, p. 123 e 124; NADER, Paulo. *Curso de direito civil*, p. 170; SAN TIAGO DANTAS, F. C. *Direitos de família e das sucessões*, p. 353.

11.2. Da legítima e da porção disponível

Legítima vem a ser a porção de bens que a lei reserva ao herdeiro necessário, e que dela não pode ser privado, salvo em condições especiais, como já referido.

Essa concepção foi questionada por Le Play porque mostra-se contrária à ilimitada liberdade de testar, pois não se pode privar da legítima o herdeiro necessário, salvo nos casos restritos de deserdação ou indignidade. Este é herdeiro forçado, imposto obrigatoriamente pela lei.

À luz do art. 1.849 do Código Civil, "o herdeiro necessário, a quem o testador deixar a sua parte disponível, ou algum legado, não perderá o direito à legítima".

Vê-se, desta forma, que a parte legítima do herdeiro necessário estará garantida, mesmo se for beneficiário com a parte disponível ou legado do testador. Ficará assim com seu quinhão hereditário aumentado: sua quota necessária e a porção que lhe foi destinada por testamento[7].

Porção disponível, ou quota disponível, constitui a parte dos bens de que o testador pode dispor livremente, ainda que tenha herdeiros necessários. Se não existe, porém, essa classe de sucessores, assistiria ao testador o direito de dispor da totalidade de seus haveres, sem a menor restrição, salvo naturalmente as limitações impostas nos arts. 1.798, 1.799, I, e 1.801 do Código Civil, referentes às pessoas legitimas a suceder[8].

Em termos práticos, temos que se um pai com dois filhos vier a falecer, sua herança será dividida equitativamente entre eles, 25% a cada um a título de legítima. No que tange à parte disponível, como lhe é plena a liberdade de testar, poderá ser distribuída ao bel-prazer do pai, mesmo que seja em proporções absolutamente desiguais entre os dois herdeiros.

---

7 Há direitos que apenas se transmitem aos herdeiros necessários, além do cônjuge sobrevivente, como, por exemplo, ocorre no contrato de locação. Desde que residam no prédio locado, a lei garante o direito de continuar a locação, morto o locatário (art. 11, I, da Lei n. 8.245/91). Também os direitos autorais não se comunicam pelo casamento, sendo transmitidos ao herdeiro na forma da lei. MONTEIRO, Washington de Barros; PINTO, Ana Cristina de Barros Monteiro França. *Curso de direito civil*, p. 131.

8 MONTEIRO, Washington de Barros; PINTO, Ana Cristina de Barros Monteiro França. *Curso de direito civil*, p. 124; NADER, Paulo. *Curso de direito civil*, p. 170 e 171.

Segundo o disposto no art. 1.847 do Código Civil, "calcula-se a legítima sobre o valor dos bens existentes na abertura da sucessão, abatidas as dívidas e as despesas do funeral, adicionando-se, em seguida, o valor dos bens sujeitos a colação".

Vê-se, assim, que a legítima não corresponde exatamente à metade dos bens deixados pelo *de cujus*, mas deve ser calculada tendo-se por base o valor dos bens existentes na data da abertura da sucessão, deduzidas as dívidas e as despesas de funeral, que saem do monte da herança como prevê o art. 1.998 do Código Civil: "As despesas funerárias, haja ou não herdeiros legítimos, sairão do monte da herança; mas as de sufrágios por alma do falecido só obrigarão a herança quando ordenadas em testamento ou codicilo". Em seguida, adiciona-se o valor dos bens sujeitos a colação, vale dizer, o valor das doações feitas pelo *de cujus* aos seus descendentes, nos termos dos arts. 544 e 2.002 do Código Civil[9].

Já as dívidas do falecido correspondem a quantidades negativas, sendo por isso deduzidas do monte. Assim, pode-se aduzir que "herança não é outra coisa senão o que deixa o *de cujus*, depois de satisfeitos seus credores"; pois se os débitos absorverem todo o acervo hereditário não há herança. Entretanto, tal como prevê o art. 1.792 do Código Civil, os herdeiros respondem pelas dívidas até a força de seus quinhões.

Assim, uma vez feita a dedução das duas parcelas referidas (as eventuais dívidas do *de cujus* e as despesas funerárias), adiciona-se o valor dos bens que devem ser trazidos a colação. Divide-se então o total apurado em duas metades: uma delas corresponderá à legítima e a outra, à porção disponível. Desta última sairão naturalmente os legados, tendo em conta o adágio *nemo liberalis nisi liberatus* (ninguém pode mostrar-se liberal sem estar livre de compromissos)[10].

Assim, se casado o testador pelo regime da comunhão universal de bens, divide-se o monte líquido em duas metades, uma para o falecido e outra para o cônjuge sobrevivente. A meação daquele, por sua vez, é subdividida em

---

9 VELOSO, Zeno. *Código Civil comentado*, p. 2080.

10 MONTEIRO, Washington de Barros; PINTO, Ana Cristina de Barros Monteiro França. *Curso de direito civil*, p. 125 e 126.

duas partes iguais, sendo uma a legítima e outra, a porção disponível; sendo válido ressaltar que, no regime da comunhão universal de bens, os bens adquiridos por um dos cônjuges, ainda que em seu nome exclusivo e com economias próprias, sujeitam-se a inventário por morte do outro e se incluem para aferição da legítima e da quota disponível.

Consoante o disposto no art. 544 do Código Civil, a doação de ascendentes a descendentes, ou de um cônjuge a outro, importa adiantamento do que lhes cabe por herança. Por esse motivo, na abertura da sucessão, tais bens devem ser conferidos para apurar-se o valor da legítima. Desta forma, procede-se por intermédio da colação, a fim de que não haja entre os herdeiros nenhuma distorção relativa aos seus quinhões. Se desejar o testador privilegiar algum dos descendentes ou o cônjuge que não seja casado pelo regime da comunhão universal, poderá fazê-lo pela parte disponível, porque a legítima se caracteriza pela sua intangibilidade e inviolabilidade. Poderá, entretanto, ocorrer dispensa de colação, se o testador assim determinar, à luz do disposto no art. 2.005 do Código Civil[11].

É válido ressaltar que a lei se refere apenas às doações feitas a descendentes; se os herdeiros do *de cujus* são os ascendentes e se a estes o *de cujus* efetuou doações, não se adiciona o respectivo valor ao monte da herança, para o cálculo da legítima. Como dispõe o art. 551 do Código Civil: "Salvo declaração em contrário, a doação em comum a mais de uma pessoa entende-se distribuída entre elas por igual. Parágrafo único. Se os donatários, em tal caso, forem marido e mulher, subsistirá na totalidade a doação para o cônjuge sobrevivo"; ou seja, o bem recebido em doação por marido e mulher, com a morte de um deles, não entrará no monte a ser partilhado, ficando o bem doado na sua totalidade para o sobrevivente.

Assim, vê-se que a legítima "visa garantir aos sucessores de determinadas classes o recolhimento da herança e a impedir que algum dentre eles receba quinhão maior ou menor do que lhe reserva a lei"; desta forma, o cálculo da legítima é dispensado apenas quando o *de cujus* faleceu *ab intestato* e não tenha feito doações em vida a seus herdeiros[12].

---

11 MONTEIRO, Washington de Barros; PINTO, Ana Cristina de Barros Monteiro França. *Curso de direito civil*, p. 126.

12 NADER, Paulo. *Curso de direito civil*, p. 177.

O Código Civil de 2002, em tal matéria, manteve a mesma orientação do Código de 1916, que por sua vez foi fiel à Lei Feliciano Pena (Decreto n. 1.839, de 31-12-1907, art. 2º): "o testador que tiver descendente ou ascendente sucessível só poderá dispor de metade de seus bens, constituindo a outra metade a legítima daqueles, observada a ordem legal".

Como diferença basilar, o Código Civil incluiu, porém, entre os herdeiros necessários, que não podem ser privados de sua parte legitimária, o cônjuge sobrevivente. E, ainda, "não repetiu os dispositivos contidos nas Leis n. 8.971/94 e 9.278/96 pertinentes às relações patrimoniais entre os companheiros. Embora não incluindo o companheiro entre os herdeiros necessários, prevê sua participação obrigatória na herança do falecido, atendidos alguns pressupostos e em percentuais previamente definidos, de tal sorte que, tornando-se impositiva essa participação, também o percentual previsto em cada caso não poderá ser objeto de livre disposição por testamento, reservado que está ao companheiro"[13].

11.3. Das cláusulas testamentárias que podem ser estatuídas quanto à legítima

Tal como vimos, a legítima corresponde a uma parte indisponível da herança, devida aos herdeiros necessários, em face da lei. Pode, entretanto, o testador determinar os bens que a comporão. Tem validade e há de se obedecer, na partilha, cláusula testamentária que contenha indicação dos bens que devam constituir a legítima dos herdeiros.

À luz do disposto no art. 2.014 do Código Civil: "Pode o testador indicar os bens e valores que devem compor os quinhões hereditários, deliberando ele próprio a partilha, que prevalecerá, salvo se o valor dos bens não corresponder às quotas estabelecidas".

Estabelece o art. 2.018 do mesmo diploma legal: "É válida a partilha feita por ascendente, por ato entre vivos ou de última vontade, contanto que não prejudique a legítima dos herdeiros necessários".

---

13 MONTEIRO, Washington de Barros; PINTO, Ana Cristina de Barros Monteiro França. *Curso de direito civil*, p. 127.

Pode-se assim concluir que, em não havendo desfiguração da legítima, o autor da herança pode realizar a partilha dos bens em vida, ou estipulá-la por disposição de última vontade.

Se casado o testador pelo regime da comunhão universal e o cônjuge lhe sobrevive, a designação dos bens constitutivos da legítima terá valor de simples conselho, de mera exortação, que o juiz atenderá ou não, porque, na partilha, de preferência, ouvir-se-á o sobrevivente, que, na qualidade de comunheiro no acervo comum, tem primazia na escolha, cuja metade ideal já lhe pertence como meação.

O Código de 2002 modificou substancialmente essa matéria, pois o Código de 1916, não obstante o direito à legítima reconhecido aos herdeiros necessários, permitia ao testador "determinar a conversão dos bens da legítima em outras espécies, prescrever-lhes a incomunicabilidade, confiá-los à livre administração da mulher herdeira, e estabelecer-lhes condições de inalienabilidade temporária ou vitalícia. A cláusula de inalienabilidade, entretanto, não obstará à livre disposição dos bens por testamento e, em falta deste, à sua transmissão, desembaraçados de qualquer ônus, aos herdeiros legítimos"; trazendo, assim, importante inovação quanto à preservação da legítima[14].

E assim, no tocante às limitações que podem ser estatuídas à legítima, estão as concernentes ao estabelecimento de cláusulas restritivas de incomunicabilidade, impenhorabilidade e inalienabilidade.

Quanto aos efeitos diferenciais auferidos pelas cláusulas, temos que: a **cláusula de inalienabilidade**, prevista nas doações e nos testamentos, torna o bem clausulado, impossibilitado de ser objeto de venda ou liberalidade, impedindo pois o proprietário de praticar qualquer ato de disposição pelo qual o bem passe a pertencer a outrem, seja através de venda, permuta ou doação. A restrição não alcança os frutos e rendimentos dos bens da legítima, salvo expressa disposição do disponente; implica ainda, por força de disposição do art. 1.911 do Código Civil, as cláusulas de impenhorabilidade e incomunicabilidade. Assim, outro efeito que surge é a

---

14 MONTEIRO, Washington de Barros; PINTO, Ana Cristina de Barros Monteiro França. *Curso de direito civil*, p. 127; SOUZA, José Ulpiano Pinto de. *Das cláusulas restritivas*, p. 237.

impenhorabilidade do bem; a **cláusula de incomunicabilidade** é aquela que se justifica nos casamentos ou uniões estáveis sob o regime da comunhão universal de bens, quando se comunicam entre as partes os bens havidos antes ou na constância da sociedade conjugal ou convivencial; uma das consequências da inalienabilidade tem por objetivo principal impedir a copropriedade dos bens pelo casal. O STF editou a Sumula 49 em que rezava "a cláusula de inalienabilidade inclui a incomunicabilidade dos bens"; a **cláusula de impenhorabilidade** consiste em estabelecer que o bem gravado não pode ser objeto de penhora por dívidas contraídas por seu titular. Está implícita na inalienabilidade[15].

À luz do disposto no art. 1.911 do Código Civil, "a cláusula de inalienabilidade, imposta aos bens por ato de liberalidade, implica impenhorabilidade e incomunicabilidade. Parágrafo único. No caso de desapropriação de bens clausulados, ou de sua alienação, por conveniência econômica do donatário ou do herdeiro, mediante autorização judicial, o produto da venda converter-se-á em outros bens, sobre os quais incidirão as restrições apostas aos primeiros".

Para o estabelecimento das cláusulas restritivas quanto aos bens que integrarem a legítima, deve-se observar o disposto no art. 1.848 do Código Civil.

O art. 1.911 traz a concepção de que a cláusula de inalienabilidade importa as demais - de impenhorabilidade e incomunicabilidade, no mesmo viés da Sumula 49 do STF.

Determina ainda o procedimento a ser adotado para os casos de desapropriação de bens clausulados e sua consequente alienação, onde por conveniência econômica do donatário ou do herdeiro - decorrente de autorização judicial - estabelece que o produto da venda converter-se-á em outros bens, ou melhor, sub-roga-se o gravame.

De acordo com o disposto no art. 1.848 do Código Civil, que trouxe importante inovação quanto à efetiva preservação da legítima: "Salvo se houver justa causa, declarada no testamento, não pode o testador estabelecer cláusula de inalienabilidade, impenhorabilidade, e de incomunicabilidade,

---

15 MALUF, Carlos Alberto Dabus. *Cláusulas de inalienabilidade, incomunicabilidade e impenhorabilidade*. São Paulo: Revista dos Tribunais, 2006, p. 49 e s.

sobre os bens da legítima. § 1º Não é permitido ao testador estabelecer a conversão dos bens da legítima em outros de espécie diversa. § 2º Mediante autorização judicial e havendo justa causa, podem ser alienados os bens gravados, convertendo-se o produto em outros bens, que ficarão sub-rogados nos ônus dos primeiros".

Com a alteração trazida pelo Código Civil, não pode o testador, no ato de última vontade, como regra, gravar os bens que compõem a legítima, a não ser que haja justa causa declarada no testamento, visando assim proteger o patrimônio do herdeiro, e a sua consequente subsistência e segurança da família, impondo-lhe, desta forma, o vínculo da inalienabilidade, impenhorabilidade e incomunicabilidade.

Em face do exposto, pode-se concluir que o gravame será aceito em casos excepcionais, que o testador deve esclarecer no próprio ato de última vontade.

Zeno Veloso, entretanto, posiciona-se contrariamente à clausulação da legítima, por entender que imporá um grande constrangimento ao testador em afirmar no ato de disposição de sua última vontade que estabelecerá as cláusulas devido a "vícios ou peculiaridades comportamentais" de seus herdeiros. Ademais, "a determinação do que vem a ser *justa causa* acarretará, sem dúvida, uma discussão interminável exigindo prova diabólica, dado o subjetivismo do problema"[16].

O § 1º do artigo em tela dispõe que não pode o testador determinar que os bens da legítima sejam convertidos em outros de espécie diversa, como, por exemplo, a venda dos imóveis para aquisição de ações de determinada empresa, ou a transformação de bens móveis em imóveis e vice-versa; ou ainda, que a legítima de um herdeiro específico seja composta só por bens móveis, ou só por quotas de empresas, ou só por dinheiro. A proibição é absoluta, não comportando justificativa que permita incluí-la no testamento.

O § 2º do mesmo artigo possibilita a sub-rogação de bens clausulados, quando comprovada a justa causa. Assim sendo, se impostas com a devida justificação, as cláusulas vigorarão e deverão ser obedecidas, podendo o juiz autorizar, a pedido do interessado, o levantamento das cláusulas para venda

---

16 VELOSO, Zeno. *Código Civil comentado*, p. 2081.

dos bens, devendo o respectivo produto ser aplicado em outros, que ficarão sub-rogados nos ônus dos primeiros, como dispõe o referido § 2º do art. 1.848 do Código Civil.

Na lição de Carlos Alberto Dabus Maluf, "a sub-rogação consiste na transferência da cláusula de inalienabilidade que recaia sobre um determinado bem para outro da mesma pessoa".

Mesmo em face da omissão do Código Civil de 1916, sempre se admitiu a sub-rogação de bens, em decorrência da conveniência do proprietário, nos casos não previstos em lei. Os Tribunais da mesma forma, aceitando um entendimento mais liberal, vêm permitindo a sub-rogação, nos casos em que demonstrado o razoável interesse do dono da coisa.

"A sub-rogação pode dar lugar a abusos, mas a sua proibição, em absoluto, seria injusta por lesiva de legítimos interesses"[17].

Já a parte disponível, esta sim pode ser clausulada de acordo com a vontade expressa do testador, sem que para tanto haja a necessidade de justificação, pois, como vimos, a exigência da justificação só se aplica quanto aos bens da legítima.

Pondera-se ainda, no que tange à interposição de cláusula de inalienabilidade, que, tendo em vista o caráter vitalício do gravame, o titular do imóvel aproximar-se-ia mais da figura do usufrutuário do que da do proprietário. Ambos os direitos, entretanto, não se confundem, uma vez que o usufruto é direito real sobre coisa alheia, onde se pressupõe a coexistência de dois sujeitos, o usufrutuário e o nu-proprietário, diversamente da situação subjetiva do titular de propriedade gravada, que entretanto, detém o domínio da propriedade. O usufrutuário não pode alienar o bem em nenhuma hipótese, enquanto o proprietário de imóvel inalienável pode obter, em caráter excepcional justificado em juízo, a venda por sub-rogação.

Também não pode o bem gravado pelas cláusulas restritivas ser adquirido por usucapião, de modo a adquirir o domínio do bem, para que se evite, assim, a fraude à lei, bastando, para tanto, que o proprietário simulasse o abandono do bem em favor do possuidor direto[18].

---

17 MALUF, Carlos Alberto Dabus. *Das cláusulas de inalienabilidade, incomunicabilidade e impenhorabilidade*. 4. ed. São Paulo: Revista dos Tribunais, 2006, p. 78 e 79.

18 NADER, Paulo. *Curso de direito civil*, p. 182; MONTEIRO, Washington de Barros; MALUF, Carlos Alberto Dabus. *Curso de direito civil*, p. 143, 369 e 370.

Tendo em vista a liberdade dos bens da legítima, não podem ser objeto de fideicomisso, uma vez que a substituição fideicomissária pressupõe a passagem dos bens ao substituto designado, ao passo que, no tocante à legítima, pode o herdeiro dela dispor por testamento, existindo, pois, um antagonismo entre a faculdade de testar e a obrigação de transmitir fideicomissariamente um bem a determinada pessoa. A substituição fideicomissária não se confunde com a gravação da legítima, mediante a imposição de cláusulas restritivas.

Também os frutos e rendimentos podem ser gravados com as cláusulas restritivas. E, por natureza, caracterizam-se estes pela sua alienabilidade, uma vez que se destinam à satisfação das necessidades do respectivo titular. Se inalienáveis os frutos e rendimentos, tornar-se-iam por certo de todo inúteis ao seu proprietário. Podem ainda ser gravados com a cláusula de impenhorabilidade. A clausulação deverá, entretanto, ser adaptada à sistemática legal introduzida pelo Código Civil de 2002[19].

À luz do art. 2.042 do Código Civil, "aplica-se o disposto no *caput* do art. 1.848 quando aberta a sucessão no prazo de um ano após a entrada em vigor deste Código, ainda que o testamento tenha sido feito na vigência do anterior; se, no prazo, o testador não aditar o testamento para declarar a justa causa de cláusula aposta à legítima, não subsistirá a restrição".

Quanto à exigência de justa cláusula em face de testamentos antigos, elaborados antes da entrada em vigor do Código de 2002, este, nas disposições finais e transitórias, prevendo questões de direito intertemporal, prevê a validade das disposições constantes no diploma anterior, até a abertura da sucessão no prazo de um ano após a entrada em vigor do novo Código Civil. E por via de consequência, as sucessões abertas após a entrada em vigor do Código de 2002 devem obedecer aos ditames constantes do *caput* do art. 1.848 do referido diploma legal[20].

Inúmeras discussões se pautam a respeito da constitucionalidade do referido art. 2.042 do Código Civil. Entendem alguns que o testamento elaborado à época do Código Civil de 1916, contendo cláusula restritiva à legítima dos

---

19 MONTEIRO, Washington de Barros; PINTO, Ana Cristina de Barros Monteiro França. *Curso de direito civil*, p. 130; NADER, Paulo. *Curso de direito civil*, p. 181.

20 É válido ressaltar que o referido prazo, que se trata de uma disposição transitória, de vigência temporária, tornou-se ineficaz no dia 11 de janeiro de 2004.

herdeiros, sem declarar a justa causa, obedeceu à lei vigente no tempo em que foi realizado, tratando-se, nesse sentido, de ato jurídico perfeito, que lei posterior não pode prejudicar. Entretanto, o princípio de direito intertemporal *tempus regit actum* aplica-se apenas à forma do testamento, e não a questões de fundo, de conteúdo jurídico, referente à disposição testamentária, que será regido pela lei vigente à época da abertura da sucessão[21].

11.4. Da exclusão dos colaterais

Dispõe o art. 1.850 do Código Civil que, "para excluir da sucessão os parentes colaterais, basta que o testador disponha do seu patrimônio sem os contemplar".

Assim sendo, para tanto, basta que o autor da herança, no ato de última vontade, ao distribuir seus bens, não os contemple. O mesmo pode ser dito em relação ao companheiro, quando não houver bens adquiridos onerosamente na vigência da união estável, situação em que se torna obrigatória a participação daquele na herança do falecido, uma vez que estes, para serem excluídos da sucessão, basta que o testador deixe seus bens para os descendentes ou ascendentes, quando então não haverá oportunidade de concorrência.

Os colaterais, como o companheiro, por não serem herdeiros necessários (legitimários), podem ser excluídos da sucessão, mediante elaboração de testamento.

11.5. Disposições sucessórias no direito alienígena

A legítima, ou reserva, é a porção dos bens do espólio que a lei determina que seja destinada aos chamados herdeiros necessários. Perante o direito civil brasileiro positivo, a porção disponível é fixa, invariável[22].

Assim, enquanto à luz do disposto no art. 1.846 do Código Civil pátrio, independentemente da qualidade e da quantidade de herdeiros, compreenderá a legítima dos herdeiros necessários sempre a metade dos bens do

---

21 DINIZ, Maria Helena. *Código Civil comentado*, p. 2244; NADER, Paulo. *Curso de direito civil*, p. 183 e 184.

22 MAXIMILIANO, Carlos. *Direito das sucessões*, p. 17-19.

testador, não podendo este daquela ser privado, salvo a hipótese de deserdação prevista no art. 1.961 do Código Civil; no direito alienígena, a questão é posta em outras bases.

Em Roma, inicialmente, havia a plena liberdade de testar. A partir da República, começaram-se a julgar severamente os cidadãos que em ato de última vontade preteriam os parentes próximos, posto que o referido testamento era considerado contrário aos deveres morais - *contra officium pietatis*, e, portanto, inoficioso. A Novela 115 de Justiniano vedou a exclusão dos descendentes da linha sucessoral, sem aduzir as razões da dita exclusão[23].

No direito alienígena, entretanto, essa porção é variável. Assim, temos: no **direito francês**, aduz Troplong que, à luz do art. 916 do Code Napoleon, podia-se testar, na ausência de descendentes e ascendentes, a totalidade da herança. Em outros casos, 1/4 do monte hereditário era destinado ao legitimado sob pena de doação inoficiosa. Baseava-se, entretanto, a legítima em 50% do total da herança[24].

Na atualidade, a quota disponível varia, de acordo com a qualidade e o número de sucessores, de 1/2 a 3/4 da herança. Prevê a legislação francesa que a reserva hereditária é atinente aos cônjuges e aos descendentes, como prevê o art. 913 do Código Civil.

À luz da legislação francesa, os filhos incestuosos só detêm a qualidade de herdeiros reservatários numa das linhas de sucessão; e o filho adotivo só detém esta qualidade em relação aos seus pais, não o sendo, pois, dos demais ascendentes, como prevê o art. 368 do Código Civil.

Quanto à possibilidade de reserva de bens por parte dos ascendentes, a Lei de 23 de junho de 2006 a substituiu por um direito de retorno legal dos bens, no caso de premoriência do descendente. Anteriormente, esta era de 1/4 sobre o montante hereditário, como previu o art. 914, revogado, do Código Civil.

---

23 MAXIMILIANO, Carlos. *Direito das sucessões*, p. 37.

24 TROPLONG, Raymond Théodore. *Comentaires du titre II du livre III du Code Civil*: des donations entre-vifs et des testaments. 2. ed., Paris: Administration du Journal des Notaires et des Avocats, 1862, p. 212, 230 e 231.

Já o cônjuge sobrevivente, desde a entrada em vigor da Lei de 3 de dezembro de 2001, passou a ser herdeiro reservatário, com algumas limitações: não pode estar divorciado no momento do óbito do autor da herança, como prevê o art. 632 do Código Civil. Sua taxa legítima é de 1/4 da herança. Na hipótese de inexistirem herdeiros necessários, recolherá a totalidade da herança.

A taxa de reserva de bens variará também de acordo com o número de herdeiros deixados: assim, se o *de cujus* deixar um descendente, a taxa de reserva será de 1/2 (e idêntica será a parte disponível); se deixar dois descendentes, a taxa de reserva será de 2/3 do montante da herança (e a parte disponível corresponderá a 1/3 do montante da herança); se deixar três ou mais descendentes a taxa de reserva será de 3/4 do montante da herança (e por outro lado a parte disponível será de 1/4 do montante da herança).

Quanto à quota legítima do cônjuge sobrevivente, prevê o art. 1.094-1 do Código Civil que existem três possibilidades para se estatuí-la: pode ser igual à taxa disponível especial, ou seja, de 1/4 do montante da herança; poderá ser de 1/4 da nua propriedade mais 3/4 em usufruto; ou toda a herança poderá ser disposta em forma de usufruto. Na ausência de descendentes, o cônjuge sobrevivente recolherá a totalidade da herança[25].

No **direito italiano**, a quota disponível varia de acordo com a qualidade e o número de sucessores, variando de 1/4 a 3/4 da herança, sendo esta disponível para o cônjuge, os descendentes e os ascendentes do autor da herança. Havendo um filho, essa reserva é de 50%; dois filhos, de 2/3 do monte; cônjuge e mais de um filho, a reserva será de 3/4 do monte. Nos casos de concorrência do cônjuge e do ascendente, a legítima daquele corresponderá à metade e a dos ascendentes será de 1/4 do monte[26].

No **direito português**, fazem jus à reserva da legítima o cônjuge, os ascendentes e os descendentes. Estabelece o art. 2.158 do Código Civil que a legítima do cônjuge se não concorrer com descendentes nem ascendentes é de metade da herança. Entretanto, se apenas subsistirem ascendentes constituirá

---

25 BRAHINSKY, Corinne Renault. *L'essentiel du droit des successions*. 6. ed. Paris: Gualino, 2012, p. 75-78; BRAHINSKY, Corinne Renault. *Droit des successons*. 6. ed. Paris: Gualino, 2011, p. 127-130; *Code Civil*, 104. ed. Paris: Dalloz, 2005.

26 BIANCA, Massimo. *Diritto civile*. 4. ed. Milano: Giuffrè, v. 2, p. 667-670.

a legítima deles na terça parte dos bens da herança, como prevê o art. 2.161 do Código Civil em vigor. E assim, variará a legítima do cônjuge caso haja ou não descendentes ou ascendentes do autor da herança[27].

No **direito espanhol**, fazem jus à reserva da legítima o cônjuge, os ascendentes e os descendentes, sendo esta, pois, de 2/3 do monte hereditário, deduzidas as dívidas, os encargos da herança e as doações antecipadas. Para os pais a quota legítima é de 50% para cada um; no caso de morte de um deles, receberá o outro a integralidade da disposição. Quanto aos ascendentes, dividir-se-á igualmente entre as linhas materna e paterna. Dispõem os arts. 806 e seguintes do Código Civil sobre a parte legítima dos herdeiros necessários. A legítima do cônjuge sobrevivente vem determinada pelo art. 834 do Código Civil, e deve este estar convivendo com o *de cujus* no momento de sua morte, e poderá ainda ser acrescentada a título de *melhora* o direito de usufruto de 1/3 dos bens[28].

No **direito alemão**, a herança legítima defere-se aos descendentes, aos ascendentes em concorrência com os descendentes, ao Fisco. No caso de inexistirem os referidos herdeiros, o cônjuge herdará sozinho. Tal como demonstram os §§ 2303 e 10 LPartG do BGB, a legítima dos herdeiros necessários é de 50% do acervo hereditário[29].

No **direito inglês**, não existe previsão legal para a reserva de quotas fixas dos bens para o cônjuge ou mesmo para a limitação da liberdade de testar por parte do autor da herança. Diferente é a posição do direito escocês que prevê a reserva de 1/3 do montante hereditário para o cônjuge e 2/3 para os descendentes do falecido. Regula o tema a Inheritance (provision for familly and dependants) Act 1975[30].

---

27 *Código Civil português*. Coimbra: Almedina, 2005, p. 546 e s.

28 PICAZO, Luis Diez; GULLÓN, Antonio. *Sistema de derecho civil*. 10. ed. Madrid: Tecnos, 2007, v. IV, p. 421 e s.

29 MAXIMILIANO, Carlos. *Direito das sucessões*, p. 192; Council of the Notariats of the European Union – Disponível em: <http://www.successions-europe.eu>. Acesso em: 28 out. 2012.

30 Fonte: Council of the Notariats of the European Union. Disponível em: <http://www.successions-europe.eu>. Acesso em: 28 out. 2012; BURTON, Frances. *Core Statutes on Family law*. UK: Law Matters Publishing, 2005, p. 75-80.

Diversa disposição vem prevista no **direito escandinavo**: na Finlândia, a legítima do herdeiro necessário representa 50% do montante da herança e pode ser paga em dinheiro. O direito a esta reserva é destinada apenas aos descendentes, como dispõe o § 7:1(PK) do Código Civil; na Suécia, a reserva da legítima, que também é de 50% do monte hereditário, é destinada apenas aos descendentes, e não aos cônjuges e outros descendentes, como prevê o § 7:1 do Código Civil (ÄB)[31].

---

31 Fonte: Council of the Notariats of the European Union. Disponível em: <http://www.successions-europe.eu>. <www.riksdagen.se>. Acesso em: 28 out. 2012.

Capítulo 12

Do direito de representação

12.1. Conceito e fundamento jurídico

Na sucessão legítima, tal como prevê a sistemática do direito das sucessões, o herdeiro sucessível **herda por direito próprio**, em seu nome, ou **em virtude do direito de representação**.

Na lição de San Tiago Dantas, a sucessão dá-se em **nome próprio** (*jure proprio*), quando, em razão do parentesco com o *de cujus*, vem a ser o herdeiro mais próximo, sendo por isso chamado à sucessão. Por outro lado, dá-se pelo **direito de representação** (*jure repraesentationis*), quando se é convocado a suceder em lugar de outrem, parente mais próximo do falecido, mas anteriormente premorto, ausente ou incapaz de suceder, no instante em que se abre a sucessão, que só não veio a suceder porque morreu antes do *de cujus*[1].

---

1 SAN TIAGO DANTAS, Francisco Clementino de. *Direitos de família e das sucessões*, p. 483.

Como sintetiza Itabaiana de Oliveira, "o direito de representação tem lugar quando a lei chama certos parentes do falecido a suceder em todos os direitos, em que ele sucederia se vivesse"[2].

Assim sendo, morto o *de cujus*, com descendência, sucedem-lhe os filhos por direito próprio, em razão do próximo parentesco com o extinto, tendo em vista a ordem legal da vocação hereditária prevista no art. 1.829 do Código Civil.

Entretanto, se um desses filhos chamados a suceder é igualmente falecido, deixando prole, o lugar dele na sucessão vem a ser tomado pela respectiva estirpe, que passa a substituir o herdeiro premorto (no caso, seu pai). A essa substituição atribui-se o nome de **direito de representação**.

Dispõe o art. 1.851 do Código Civil, "dá-se o direito de representação, quando a lei chama certos parentes do falecido a suceder em todos os direitos, em que ele sucederia, se vivo fosse".

Para San Tiago Dantas, "o direito de representação se explica muito bem pelo pensamento da lei de não fazer a morte prematura de alguém uma causa de sua exclusão da herança; pois a morte prematura de um dos filhos, por exemplo, viria a empobrecer um dos ramos da família, o que não corresponde às razões de afeto e de vontade presumida que são a base da sucessão legítima".

Nesse sentido, vê-se que "o direito de representação tem o objetivo de remediar uma inversão da ordem natural das coisas, com a morte prematura de um herdeiro. A lei então, baseada na vontade presuntiva do *de cujus*, convoca certos parentes do falecido a suceder em todos os direitos em que ele sucederia se vivesse"[3].

Para que haja o direito de representação, em direito sucessório, pressupõe-se que a pessoa que vai ser representada já tenha morrido ao tempo da abertura da sucessão, com exceção feita nos casos de exclusão. Assim o representante toma o lugar de outrem, ocupa o lugar que seria do falecido, se não tivesse premorrido. Logo, vê-se que não se trata de sucessão em nome

---

[2] OLIVEIRA, Arthur Vasco Itabaiana de. *Tratado de direito das sucessões*, p. 143.

[3] SAN TIAGO DANTAS, Francisco Clementino de. *Direitos de família e das sucessões*, p. 484.

próprio, por direito próprio, mas por representação, pois o representante não herda do representado, mas do *de cujus*, devendo, portanto, apresentar legitimação sucessória com relação a este[4].

Na atualidade, não mais se diz que a sucessão se efetua *jure proprio* e *jure repraesentationis;* verifica-se, por outro lado, que a vocação hereditária é direta ou indireta. No primeiro caso, ocorre quando o título de herdeiro resulta de atribuição direta feita pela lei, ou pelo testador; no segundo, ocorre quando o título de herdeiro promana da lei, mas a primeira vocação não pode efetivar-se por ausência do convocado, substituído por isso pelo seu descendente.

Nesse sentido, tem-se que "o representante, na realidade, não representa ninguém, se tomada a palavra representação no sentido comum. Ele sucede igualmente em seu nome e por direito próprio, porque é a lei que o chama à sucessão. Trata-se de substituição operada pela lei".

"O direito de representação, a seu turno, tem por finalidade mitigar a rigorosa e exagerada aplicação do princípio segundo o qual o mais próximo exclui o mais remoto. Tal regra do direito sucessório sofre, portanto, com o *jus repraesentationis* sensível exceção, corrigindo-se assim injustiça decorrente da inflexível aplicação daquela regra legal"[5].

Por outro lado, o direito de representação visa manter o equilíbrio entre pessoas sucessíveis da mesma classe, substituindo a que faltar, pela sua estirpe, onde os descendentes do herdeiro premorto recebem a quota que a este seria devida, quando concorrem com outros herdeiros do mesmo grau[6].

Numa evolução histórica, temos que o direito de representação, inventado para reparar, em parte, o mal sofrido pelos filhos com a morte prematura dos pais, já existia na Antiguidade. Sob a égide do direito romano, a sucessão por estirpe dava-se quando os herdeiros pertenciam a graus diferentes. Ao ser adotada pela Lei das XII Tábuas, a representação já era

---

4 VELOSO, Zeno. *Código Civil comentado*, p. 2086.

5 MONTEIRO, Washington de Barros; PINTO, Ana Cristina de Barros Monteiro França. *Curso de direito civil*, p. 133 e 134.

6 OLIVEIRA, Euclides de. *Direito de herança*: a nova ordem da sucessão. São Paulo: Saraiva, 2005, p. 75.

exercitada pelos egípcios. As fontes romanas não empregavam a dita expressão, que só apareceu na medievalidade. A designação usada era a de *successio per stirpes,* e era restrita, apenas, aos filhos varões. Posteriormente, com Justiniano, o referido direito passou também a ser estendido para os sobrinhos, e posteriormente alcançou o direito moderno[7].

Como leciona Carlos Maximiliano, "ao direito romano antigo se deve o instituto da representação, que o mesmo admitia na linha reta descendente. Justinaiano estendeu-a aos sobrinhos por meio da Novela 118.

O antigo direito germano não conheceu o instituto da representação. Entretanto, adotaram-na em parte os Burgundios, os Visigodos, os Lombardos e os Francos. Em meados do século XVI passou a integrar os Costumes de Orleães e Paris"[8].

Muito se discutiu, entretanto, se o referido direito de representação constituiria uma ficção legal ou um direito. O Código Napoleão, em seu art. 739, considerou-o como uma ficção, por meio da qual se faz entrar herdeiro mais afastado no lugar, no grau e nos direitos de herdeiro mais próximo, que faleceu antes do *de cujus*[9].

Sob a ótica do direito pátrio, entretanto, a representação é um direito. Trata-se, todavia, de direito peculiar à sucessão legítima, não sendo possível cuidar de representação na sucessão testamentária[10].

Leciona Itabaiana de Oliveira que "a representação é uma ficção da lei e ocorre quando, morrendo o presumido herdeiro antes da abertura da sucessão a seu favor, são chamados os seus descendentes, a ocupar o lugar do presumido herdeiro, substituindo-o. Os descendentes do herdeiro premorto, o substituem em todos os direitos, que ele teria se vivo fosse".

---

[7] OLIVEIRA, Arthur Vasco Itabaiana de. *Tratado de direito das sucessões*, p. 144; MONTEIRO, Washington de Barros; PINTO, Ana Cristina de Barros Monteiro França. *Curso de direito civil*, p. 134; CRETELLA JR., José. *Curso de direito romano*, p. 322.

[8] MAXIMILIANO, Carlos. *Direito das sucessões*, p. 144 e 145.

[9] LEITE, Eduardo de Oliveira. *Comentários ao novo Código Civil*, p. 280 e 281.

[10] Em algumas legislações estrangeiras, existe o direito de representação na sucessão testamentária.

"A representação, se bem que seja uma exceção, é fundada nos mesmos princípios da sucessão legítima. O legislador, estabelecendo-a, entendeu que expressava a vontade presumida do autor da herança"[11].

Aduz Clóvis Beviláqua que o direito de representação constitui imposição da equidade, tendo por fim reparar, do ponto de vista hereditário, a perda sofrida pelo representante, com a morte prematura do ascendente. Seu fundamento é o mesmo no direito das sucessões em geral, a vontade presumida do autor da herança, que não desejaria despojar a prole do parente premorto de seu quinhão hereditário[12].

Lecionam Washington de Barros Monteiro e Ana Cristina de Barros Monteiro França Pinto que "além da teoria baseada na vontade presumida do defunto, também funda-se o direito de representação: na comunhão patrimonial familiar, como previu Betti; na unidade e continuidade da família, como aduziu Zanzucchi e na necessidade de tutelar a expectativa do representante, como preferiu Nicoló"[13].

12.2. Dos requisitos do direito de representação

Constituem requisitos do direito de representação: **que o representado seja falecido**, salvo hipótese do indigno, que, para efeitos sucessórios, equipara-se ao morto nos termos do art. 1.816 do Código Civil; que o **representante seja descendente do representado**; que aquele seja **hábil para suceder** a este; e, ainda, que **não haja solução de continuidade no encadeamento dos graus entre representante e substituto**.

É válido ressaltar, entretanto, que, diante das hipóteses de representação, não desaparece a concorrência com cônjuge sobrevivo, salvo as exceções previstas no art. 1.829, I, do Código Civil.

---

11 OLIVEIRA, Arthur Vasco Itabaiana de. *Tratado de direito das sucessões*, p. 143 e 144.

12 BEVILÁQUA, Clóvis. *Código Civil dos Estados Unidos do Brasil comentado*, p. 83.

13 MONTEIRO, Washington de Barros; PINTO, Ana Cristina de Barros Monteiro França. *Curso de direito civil*, p. 138; SAN TIAGO DANTAS, Francisco Clementino de. *Direitos de família e das sucessões*, p. 485-487.

Vemos, dessa forma, que é imprescindível, para que se opere a representação, que o representado seja falecido, visto que não existe representação de pessoa viva, *viventis non datur repraesentatio*[14].

Uma **exceção a essa regra** é a representação do **indigno**, que, à luz do que dispõe o art. 1.816 do Código Civil, se considera como morto, para efeitos hereditários, sendo por isso substituído pelos seus descendentes. Igualmente se admite a representação do **ausente**, isto é, daquele que desaparece de seu domicílio, sem que haja notícia do respectivo paradeiro.

Diferente é a posição do **renunciante**, que é havido como estranho à herança, razão pela qual não poderia ser substituído por seu descendente.

De acordo com o disposto no art. 1.811 do Código Civil, "ninguém pode suceder, representando herdeiro renunciante. Se, porém, ele for o único legítimo da sua classe, ou se todos os outros da mesma classe renunciarem a herança, poderão os filhos vir à sucessão, por direito próprio, e por cabeça".

Na prática, ninguém pode suceder o herdeiro renunciante por meio do direito de representação, previsto no art. 1.851 do Código Civil. A parte do renunciante acresce à dos outros herdeiros da mesma classe, ou se devolve aos da classe subsequente, se o que renunciou era o único herdeiro da sua classe.

Outro requisito do direito de representação exige que o **representante sucessório seja descendente do representado**, pois só ocorre o direito de representação na linha reta descendente sem limitação de graus, nunca na ascendente ou na colateral, uma vez que o ascendente mais próximo em qualquer das duas linhas exclui sempre o ascendente mais afastado.

Assim sendo, se o *de cujus* falece sem prole, a herança se destinará à classe seguinte, ou seja, os ascendentes, conforme o disposto no art. 1.829, II, do Código Civil; se apenas um deles sobrevive, recebe integralmente a herança, em concorrência apenas com o cônjuge sobrevivente, ainda que o genitor falecido tenha ascendentes vivos, pois, de acordo com o art. 1.852 do Código Civil, "o direito de representação dá-se na linha reta descendente, mas nunca na ascendente". De modo idêntico, não pode um irmão representar outro premorto.

---

14 MONTEIRO, Washington de Barros; PINTO, Ana Cristina de Barros Monteiro França. *Curso de direito civil*, p. 135; MAXIMILIANO, Carlos. *Direito das sucessões*, p. 145.

Em terceiro lugar, é imprescindível que **o representante seja hábil para suceder ao representado**. O indigno, por exemplo, vem a ser inábil para suceder ao representado, apreciando-se a indignidade relativamente ao *de cujus*.

Nas palavras de Carlos Maximiliano, "representar é suceder, e assim, só representa quem pode suceder. Logo não herdam por representação os que não existam em embrião sequer, ou que já fossem falecidos quando morreu o *de cujus*, além dos excluídos"[15].

Impõe-se ainda a **ausência de qualquer solução de continuidade no encadeamento das gerações entre representante e sucedido**. Quer dizer, a representação não opera *per saltum, et omisso medio*. Não se admite assim que um descendente salte sobre o pai vivo, a fim de representá-lo na herança do avô, salvo caso de indignidade. Da mesma forma, se o filho renuncia a herança do pai, não podem seus descendentes visar o lugar anteriormente ocupado pelo renunciante e assim substituí-lo na sucessão do avô. A isso se opõe a regra contida no art. 1.811 do Código Civil, podendo, entretanto, ser possível o recolhimento da herança por direito próprio se for o único herdeiro legítimo de sua classe[16].

12.3. Das linhas em que se dá o direito de representação

Pelo art. 1.852 do Código Civil, como já visto, "o direito de representação só se verifica na linha reta descendente e jamais na linha reta ascendente".

Dispõe o art. 1.853 que, "na linha transversal, só se dá o direito de representação em favor dos filhos de irmãos do falecido, quando com irmão deste concorrerem".

Não há direito de representação na linha transversal, colateral ou oblíqua, a não ser no caso expressamente elencado no artigo em tela, em que o falecido deixa irmãos, tendo outros irmãos premortos, com descendência. Assim, os filhos dos irmãos do falecido ocupam o lugar destes, e concorrem com os irmãos do autor da herança que sobreviveram.

---

15 MAXIMILIANO, Carlos. *Direito das sucessões*, p. 152.

16 MONTEIRO, Washington de Barros; PINTO, Ana Cristina de Barros Monteiro França. *Curso de direito civil*, p. 136.

Trata-se, pois, de uma exceção à regra contida no art. 1.840 do Código Civil, em que, na classe dos colaterais, os mais próximos excluem os mais remotos, salvo o direito de representação concedido aos filhos de irmãos.

Vê-se, assim, que "o direito de representação, na sucessão legítima, só ocorre nos casos expressamente designados no Código, não havendo, pois, representação na linha colateral além da prevista no art. 1.853 do Código Civil. Assim, se o *de cujus* deixou apenas sobrinhos e um deles morreu antes, herdam apenas os que estiverem vivos, ainda que o sobrinho premorto tenha deixado filhos"[17].

Sendo esta a única hipótese de representação, na linha oblíqua ocorre em favor dos filhos de irmãos falecidos anteriormente. Assim, se o falecido deixar apenas sobrinhos, estes herdam por cabeça e em partes iguais, como prevê a regra do art. 1.843, § 1º. O direito de representação em favor de filhos de irmãos falecidos só existe quando concorrem com irmãos do pai que faleceu anteriormente à abertura da sucessão do tio. Se não se trata de sucessão de tio, não há direito de representação.

Tomemos o exemplo do caso em que o *de cujus* tinha como único parente sucessível um primo-irmão; só este recolhe a herança, ainda que tenha tido outro primo-irmão, anteriormente falecido, que, nesse caso, não é representado pelos seus descendentes porque não se trata de herança de tio. Da mesma forma, se o falecido deixa um tio e dois primos, filhos de outro tio previamente falecido, não têm estes direito de representação; o tio tornar-se-á único herdeiro, excluindo-se os primos. Por igual, para filhos de sobrinhos, não se dá igualmente referido direito; se o *de cujus* deixa apenas sobrinhos e se um destes é também falecido, não herdam os filhos respectivos, porque não existe, em tal hipótese, direito de representação. Defere-se a herança, por inteiro, aos únicos sobrinhos sobreviventes, excluídos os sobrinhos-netos.

Finalmente, não podem os netos de irmãos pretender o *jus repraesentationis*, só concedido a filhos de irmãos, pois, nos termos do art. 1.840 do Código Civil, na classe dos colaterais, os mais próximos excluem os mais remotos.

---

17 PEREIRA, Caio Mário da Silva. *Instituições de direito civil*, p. 154 e 155; VELOSO, Zeno. *Código Civil comentado*, p. 2087; LEITE, Eduardo de Oliveira. *Comentários ao novo Código Civil*, p. 291-293.

Vê-se, assim, que ao "admitir-se o direito de representação mais amplo e compreensivo, colocar-se-ia o direito sucessório em contradição com o vínculo de sangue, contribuindo para a excessiva dispersão da herança e estabelecendo desta forma um conflito com a moderna tendência do direito, que procura, cada vez mais, restringir o círculo dos parentes sucessíveis"[18].

12.4. Dos efeitos do direito de representação

Tal como prevê a regra do art. 1.854 do Código Civil, "os representantes só podem herdar, como tais, o que herdaria o representado, se vivo fosse".

Assim sendo, o representante não pode receber menos nem mais do que receberia o representado, pois não herda por direito próprio, mas ocupa o lugar que seria de outrem na sucessão.

O artigo em tela apresenta uma disposição muito semelhante à apresentada pelo art. 1.851. Cumpre observar, tão somente, que "os quinhões hereditários dos que herdam por direito de representação não respondem pelas dívidas do representado, mas apenas pelas do falecido".

Determina o art. 1.855 do Código Civil: "O quinhão do representado partir-se-á por igual entre os representantes".

Segundo esse preceito legal, sempre que houver representação, a partilha efetuar-se-á por estirpe, distribuindo-se o quinhão do representado, por igual, entre os seus representantes. Sempre que ocorrer direito de representação, a partilha realizar-se-á por estirpe e não por cabeça.

Dispõe o art. 1.856 do Código Civil que "o renunciante à herança de uma pessoa poderá representá-la na sucessão de outra".

Pode o herdeiro renunciar a determinada herança, por não lhe ser conveniente aceitá-la; mas essa renúncia não impede o renunciante de representar o *de cujus* na sucessão de terceira pessoa. A renúncia interpreta-se sempre restritivamente (*renuntiatio est strictissimae interpretationis*); só se entende

---

18 MONTEIRO, Washington de Barros; PINTO, Ana Cristina de Barros Monteiro França. *Curso de direito civil*, p. 137; PEREIRA, Caio Mário da Silva. *Instituições de direito civil*, p. 156 e 157.

com referência à sucessão a que se fez expressa menção, não se podendo estendê-la a outra herança, não aludida explicitamente pelo renunciante[19].

O direito de representação não se aplica à sucessão testamentária. Assim, morto o legatário, ou o herdeiro instituído, fica sem sujeito a liberalidade. Com efeito, segundo adverte Cunha Gonçalves, essas liberalidades são feitas *intuitu personae*, por afeto, gratidão, ou qualquer motivo que ligue o testador ao herdeiro nomeado ou legatário e que, talvez, não subsista a respeito dos herdeiros deste, se porventura os tiver.

Por outro lado, nada impede que o disponente declare no ato de última vontade que o legado, ou herança, passe por morte do gratificado a seus herdeiros legítimos, na chamada substituição vulgar. Direito de representação, entretanto, não existe[20].

---

19 VELOSO, Zeno. *Código Civil comentado*, p. 2088; LEITE, Eduardo de Oliveira. *Comentários ao novo Código Civil*, p. 295 e 296.

20 MONTEIRO, Washington de Barros; PINTO, Ana Cristina de Barros Monteiro França. *Curso de direito civil*, p. 138.

Capítulo 13

Da sucessão testamentária

13.1. Disposições gerais

Além da sucessão legítima, que se dá por força de lei, existe também, como visto, a sucessão testamentária, que se dá por ato de última vontade, o testamento.

Leciona San Tiago Dantas que "o problema a respeito do fundamento da liberdade de testar escapa ao domínio da dogmática do direito civil, e dele se ocupam mais os filósofos do que os juristas".

A resposta para tanto funda-se numa conceituação da vida moral e do alcance que deve ter a vontade do homem sobre a livre disposição do seu patrimônio, ou até mesmo num plano mais filosófico a ideia se alicerçaria na problemática da imortalidade da alma[1].

Deve-se, pois, observar na sucessão testamentária o que foi determinado pelo testador, atribuindo-se a herança às pessoas por ele indicadas[2].

---

1 SAN TIAGO DANTAS, F. C. *Direitos de família e das sucessões*, p. 496.

2 FUJITA, Jorge S. *Curso de direito civil*: direito das sucessões, p. 95.

Pela sucessão testamentária, são instituídos herdeiros testamentários ou legatários, como vimos.

A sucessão testamentária era muito valorizada no direito romano, chegando a se aduzir que representava de certa forma uma vergonha morrer *ab intestato*; ocorrendo, muitas vezes, que, quando alguém falecia sem testamento, pediam os herdeiros permissão para testar em nome do extinto, *ad pias causa,* salvando-lhe assim a honra; valorizando-se, pois, a ideia de superioridade da sucessão testamentária.

Na atualidade, essa forma de sucessão continua a existir em todas as legislações, entendendo alguns que representa o testamento "um triunfo da liberdade no direito civil".

Como se sabe, em alguns Códigos, admite-se absoluta liberdade de testar; em outros, como o nosso, ela tem limites, que não podem ser ultrapassados, desde que o testador tenha herdeiros necessários.

Na realidade nacional, entretanto, como se sabe, não se tem tradição de testar. A grande maioria das sucessões se dá *ab intestato.* "Sem receio de erro, podemos asseverar que para dez sucessões legítimas que se abrem ocorre uma única sucessão testamentária"[3].

13.2. Natureza jurídica do testamento

O testamento pode ser entendido como negócio jurídico unilateral, "motivo pelo qual a sua elaboração deve observar a principiologia orientadora das relações jurídicas". Representa uma modalidade de negócio jurídico especial, pois seu regulamento apresenta dimensões próprias, como na capacidade testamentária ativa que se dá a partir dos 16 anos de idade.

Concebe Carlos Maximiliano que se trata de um negócio jurídico *mortis causa*, visto que entra em vigor pelo falecimento do disponente e se aplica ao seu espólio. Desta forma, a vontade individual se prolonga além da morte e até depois de cessar a capacidade jurídica[4].

---

3 MONTEIRO, Washington de Barros; PINTO, Ana Cristina de Barros Monteiro França. *Curso de direito civil*, p. 140 e 141.

4 MAXIMILIANO, Carlos. *Direito das sucessões*, v. 1, p. 328.

Na doutrina há alguma tendência de se entender o testamento como um contrato, pois, embora de confecção unipessoal, a sua eficácia dependerá da aceitação do herdeiro ou legatário.

Há quem considere, como Francesco Degni, que o testamento não poderia ser considerado um contrato dada a essência do contrato firmar-se no acordo de vontades e o testamento ser um negócio jurídico unilateral. Mas, por outro lado, entende-se também que "não se descaracteriza a natureza contratual do testamento, pois este não pressupõe que o acordo de vontades seja efetuado na mesma data", como proferiu Paulo Nader[5].

Para San Tiago Dantas, "o testamento tem natureza de ato jurídico, unilateral, representa uma declaração de vontade em que atua apenas a vontade de uma pessoa. O testamento é um ato típico ao contrário de muitos institutos que são passíveis de uma modelação livre pela vontade das partes. O testamento só é válido se, na sua elaboração, o testador se enquadrar em um dos tipos previstos em lei"[6].

E abordando de frente a questão da sucessão e contrato, aduz Michel Grimaldi que é no âmbito da família que a sucessão encontra sua maior justificativa, e por seu turno, a sucessão é alicerçada no contrato *lato sensu*, sua solução natural, uma vez que nesse momento tudo é permitido em matéria de manifestação da vontade, que encontra limitações no espaço da lei.

Representa ainda o testamento um aspecto contratual no sentido em que modifica a devolução natural dos bens nos casos de sucessão *ab intestato;* dada a necessidade de aceitação do herdeiro ou legatário, poderá esvaziar a disposição testamentária se a aceitação não tiver lugar, e esta aceitação vem no momento da abertura da sucessão, logo, num momento em que as chances de negociação se exauriram; "tarde demais para se falar em contrato", como aduz Grimaldi[7].

---

5 DEGNI, Francesco. *Lezioni di diritto civile*. Padova: CEDAM, 1937, v. 3, t. II, § 1, p. 4; NADER, Paulo. *Curso de direito civil*, p. 216.

6 SAN TIAGO DANTAS, F. C. *Direitos de família e das sucessões*, p. 499.

7 Poder-se-ia entender que a sucessão dá-se nos mesmos termos do contrato de adesão: o herdeiro ou legatário só poderiam aceitar ou não um ato já preestabelecido por uma das partes. GRIMALDI, Michel. Succession et contrat. In: FENOUILLET, Dominique; SOMMIÈRES, Pascal de Vareilles (Orgs.). *La contractualisation de la famille*. Paris: Economica, 2001, p. 197 e 198.

O aspecto contratual das sucessões se manifesta na liberdade de disposição, no acordo de vontades, na expressão do livre-arbítrio, que por seu turno se opõe ao autoritarismo, ao unilateralismo, à ordem legal, aos comandos do *de cujus*, uma vez que a liberdade contratual termina onde a ordem pública começa[8].

13.3. Evolução histórica dos testamentos

Concebe Affonso Dionísio Gama que a origem dos testamentos é muito antiga, tendo estes sido utilizados pelos hebreus desde antes da Lei Moysaica. Estes, entretanto, sujeitaram-no a certas regras e princípios.

A prática de testar era desconhecida nos primórdios da humanidade, visto que a propriedade era transmitida na linha varonil, sob o impacto de se perpetuar o culto doméstico.

A prática de testar foi também conhecida no Egito e na Grécia, após as reformas de Sólon, e em Esparta, após a guerra do Peloponeso.

Representou o testamento um instrumento para se realizar a *adoptio in hereditatem*, consoante a legislação ripuária, um novo chefe à família, a fim de que esta não se dispersasse e com esta se dissolvessem a religião e as tradições familiares[9].

Em Roma, o testamento foi conhecido desde o começo de sua fundação, fazendo predominar as ideias, as regras e os princípios que vigiam na Grécia.

Antes da Lei das XII Tábuas eram conhecidas em Roma duas formas de testamento: o *calatis comitiis* e *in procinctu*. Os primeiros eram elaborados nos tempos de paz, perante as cúrias reunidas, especialmente destinadas à sua aprovação, ou não. Os segundos eram feitos em tempos de guerra, *jure extraordinario et militari*, e assim somente podiam ser feitos quando os soldados, já armados e prontos para partir para alguma expedição, nomeavam o seu herdeiro perante três ou quatro testemunhas.

Posteriormente vieram os testamentos *per aes et libram*, que necessitavam para sua realização da presença do testador, do escrivão, do *familiae*

---

8 GRIMALDI, Michel. Succession et contrat. In. FENOUILLET, Dominique; SOMMIÈRES, Pascal de Vareilles (Orgs.). *La contractualisation de la famille*, p. 198 e 199.

9 OLIVEIRA, Arthur Vasco Itabaiana de. *Sucessões*, v. II, p. 10.

emptor e cinco testemunhas. E ainda, como previu Gaio, surgiu da necessidade de o testador realizar o testamento por alguém que se encontrava às portas da morte e, em tempo de paz, testar fora dos dois dias por ano em que se reuniam os comícios por cúrias[10].

O direito pretoriano, mudando a forma do testamento, previa a necessidade de sete testemunhas, extinguiu a mancipação e a aprovação pela assembleia do povo. Era, pois, escrito e solene. Essa forma de testamento vigorou até os tempos de Justiniano.

Conheceu ainda o direito romano: o testamento militar, o testamento rústico, elaborado nos tempos da peste, e os testamentos realizados em benefício da causa pia, nos quais foram abolidas algumas formalidades presentes nos anteriores[11].

O direito romano admitia a *mortis causa donatio*, que veio a ser contraditada pela regra consuetudinária francesa *donner et retenir ne vaut*. Ela consistia na promessa gratuita de bens, a completar-se ou a aperfeiçoar-se depois do óbito do promitente. Trata-se, no entanto, de forma desaparecida do direito moderno.

O direito mais antigo cogitava também dos pactos sucessórios, por meio dos quais se dispunha convencionalmente dos bens para além da morte. Condenou-os o direito pré-codificado e por isso eles não mais figuram. Tais pactos são tradicionalmente considerados contrários aos bons costumes[12].

No direito canônico vigeram duas espécies de testamentos: o feito perante o pároco na presença de duas testemunhas e o feito *ad pias causas*, que eram válidos ainda que feitos perante duas testemunhas, ou por qualquer outro modo capaz de lhe provar a disposição.

No direito germânico desconhecia-se o testamento, mas havia certa disposição análoga, a *affatomia*, que permitia àquele que não tivesse herdeiros legítimos, perante o tribunal do rei ou assembleia do povo, transmitir a

10 ALVES, José Carlos Moreira. *Direito romano*, p. 369.

11 GAMA, Affonso Dionysio. *Tratado theorico e pratico do testamento*. Rio de Janeiro: Leite Ribeiro e Maurillo, 1920, p. 19-21.

12 OLIVEIRA, Arthur Vasco Itabaiana de. *Tratado de direito das sucessões*, p. 65.

um amigo o seu patrimônio, que posteriormente o restituía sob a condição de novamente empossar-se[13].

Sob a égide das Ordenações do Reino, os costumes passaram a ser escritos sob a forma de testamentos, acrescentando-se outras formalidades retiradas do direito romano. Passaram a ser conhecidas as formas de testamento: público, ou aberto; cerrado; particular; nuncupativo, além de outras formas, constantes das Ordenações Filipinas: o marítimo, o testamento *ad pias causas*. O *inter-liberos*; o *rure factum*; o *tempori pestis* e o testamento conjuntivo[14].

13.4. Características do testamento

À luz do disposto no Código Civil de 1916, "considera-se testamento o ato revogável pelo qual alguém, de conformidade com a lei, dispõe, no todo, ou em parte, do seu patrimônio, para depois de sua morte".

Essa definição, entretanto, não cumpre bem definir o testamento, pois este abrange, além das disposições patrimoniais, também outras, de alcance pessoal e/ou moral, como: o reconhecimento de filhos naturais, presente no art. 1.609, IV; a nomeação de tutor para o filho menor, art. 1.634, IV; e a reabilitação do indigno, prevista no art. 1.818, todos do Código Civil.

Tal como dispunha a Lei n. 883, de 21 de outubro de 1949, em seu art. 1º, parágrafo único, qualquer dos cônjuges poderia reconhecer filho havido fora do matrimônio, em testamento cerrado. Previa também a Lei n. 8.560, de 29 de dezembro de 1992, em seu art. 1º, III, o reconhecimento dos filhos havidos fora do casamento, por qualquer dos cônjuges e com caráter irrevogável, por testamento, ainda que incidentalmente manifestado.

Assim, testamento pode ser entendido como o **negócio jurídico unilateral e gratuito**, de **natureza solene**, **essencialmente revogável**, pelo qual **alguém dispõe dos bens para depois de sua morte**, ou **determina a própria vontade sobre a situação dos filhos** e **outros atos de última vontade**, que não poderão, porém, influir na legítima dos herdeiros necessários.

---

13 GAMA, Affonso Dionysio. *Tratado theorico e pratico do testamento*, p. 21.

14 OLIVEIRA, Arthur Vasco Itabaiana de. *Sucessões*, v. II, p. 15-17.

Desta forma, tem-se que o testamento é **negócio jurídico unilateral**, uma vez que a declaração de vontade emana de uma só parte isoladamente. O Código Civil veda o testamento conjuntivo, também chamado de mão comum, feito conjuntamente pelo marido e pela mulher, num mesmo instrumento. Houve, todavia, quem sustentasse a natureza contratual da sucessão testamentária, entendendo, pois, que "o testamento era a oferta solene da sucessão".

Representa ainda um **ato gratuito**, que assim se perfaz, mesmo se houver a presença de algum elemento oneroso, como a presença de encargo, que não lhe desvirtua esse caráter, salvo se preponderante.

É também um **ato solene**, uma vez que para a sua elaboração impõe o legislador inúmeras formalidades, que não podem ser descumpridas sob pena de nulidade. Dessa forma, temos que o testamento só adquire validade quando elaborado rigorosamente em observância aos dispositivos legais. "Destina-se esse formalismo a proteger a veracidade e a realidade do ato". Entre estas, existe a necessidade da lavratura do ato, para que este se cumpra.

Há, entretanto, uma corrente doutrinária que despreza o rigorismo das exigências compendiadas na lei, em matéria de testamento, para submetê-las a um critério de realidade, que denuncie com exatidão os intuitos do testador.

Representa ainda o testamento um **ato personalíssimo**, podendo ser mudado a qualquer tempo (art. 1.858). O testador deve manifestar sua disposição, vontade, pessoalmente, diretamente, não se admitindo qualquer intermediário ou representante. Ninguém pode substituí-lo nesse mister.

Constitui também **negócio jurídico essencialmente revogável**, visto que a vontade do testador pode ser modificada, no todo ou em parte, ou revogada, pura e simplesmente, a qualquer tempo. Qualquer estipulação contrária a essa liberdade seria radicalmente nula e não vincularia o testador (*ambulatoria est voluntas defuncti usque ad vitae supremum exitum*).

É ainda **negócio jurídico *mortis causa***, só produzindo efeito após a morte do testador. No ato de testar, ele deve possuir a necessária legitimação para praticar o ato visado no testamento. Nessas condições, o art. 1.801 do Código Civil institui limitações ao ato de testar.

Deve o testamento conter disposições relativas aos bens do testador, no todo ou em parte. Contudo, pode ele valer-se do ato de última vontade para reconhecer filhos naturais, à luz do art. 1.609, III; nomear tutor ao descendente órfão; perdoar o indigno, como prevê a regra do art. 1.818; deserdar o herdeiro, à luz do art. 1.964; instituir fundação, como prevê o art. 62; substituir beneficiário na estipulação em favor de terceiro, art. 438, parágrafo único; impor cláusulas restritivas, como prevê a regra do art. 1.848; constituir condomínio por unidades autônomas, como dispõe o art. 1.332, além de dispor do próprio corpo após a morte, como prevê o art. 14, estabelecer orientações sobre o funeral, sepultura e atos religiosos; o perdão; o reconhecimento de filiação, previsto no art. 1.609, III; nomeação de tutor para os filhos menores, como preveem os arts. 1.634, IV, e 1.729, parágrafo único; a nomeação de testamenteiro, à luz do art. 1.976 ou a revogação do testamento anterior, como prevê a regra do art. 1.969, todos do Código Civil[15].

Como aduz Zeno Veloso, "as regras jurídicas sobre as formas e formalidades nos atos de última vontade são de interesse público, inserindo-se, pois, no *jus cogens*". Ocorre ainda, o que parece ser uma contradição: da mesma forma que as formalidades são previstas para preservar a liberdade do testador e a consequente manifestação de sua vontade, se não forem observadas as formalidades previstas em lei, estas vontades não serão respeitadas.

Da mesma forma, "o impasse precisa ser superado. Os juízes não estão impedidos de conferir uma interpretação construtiva, teleológica, progressista às leis de forma, tendo em vista o caso concreto, flexibilizando assim algum preceito, cuja aplicação na integral dureza teria efeitos danosos".

Deve-se ainda "fazer o possível, na busca do que for razoável e justo, para preservar o último desejo daquele que está para morrer – *favor testamenti* – até pelo princípio da conservação dos negócios jurídicos. Aplicam-se, nesse sentido, os conceitos de ponderação e proporcionalidade, desenvolvida pela moderna doutrina sobre interpretação"[16].

---

15 SAN TIAGO DANTAS, F. C. *Direitos de família e das sucessões*, p. 503 e 504; VELOSO, Zeno. *Código Civil comentado*, p. 2090; MONTEIRO, Washington de Barros; PINTO, Ana Cristina de Barros Monteiro França. *Curso de direito civil*, p. 141 e 142; PEREIRA, Caio Mário da Silva. *Instituições de direito civil*, p. 175 e s.; MAXIMILIANO, Carlos. *Direito das sucessões*, p. 331.

16 VELOSO, Zeno. *Código Civil comentado*, p. 2089.

Como lecionam Washington de Barros Monteiro e Ana Cristina de Barros Monteiro França Pinto, "além dos objetivos de ordem jurídica, o testamento pode ser também utilizado para as mais diversas finalidades: como vingança; instrumento de zombarias, veículo da própria vaidade, do vão desejo de satisfazer além-túmulo as manifestações de seu egoísmo, estimulando póstumas homenagens". Pode, contudo, o testamento ser igualmente expressão dos mais sublimes sentimentos. Como o testamento de César que fez tremer seus inimigos ou o de Luís XVI que desarmou os adversários[17].

No entanto, os efeitos obrigacionais e reais das disposições testamentárias só produzem efeito após a morte do testador.

À luz do disposto no art. 1.857 do Código Civil, "toda pessoa capaz pode dispor, por testamento, da totalidade dos seus bens, ou de parte deles, para depois de sua morte. § 1º A legítima dos herdeiros necessários não poderá ser incluída no testamento. § 2º São válidas as disposições testamentárias de caráter não patrimonial, ainda que o testador somente a elas se tenha limitado".

Tem-se assim que, embora o testamento seja uma manifestação de última vontade de cunho patrimonial, nada impede que nele figurem disposições não patrimoniais, mesmo que só estas.

Contém, entretanto, o art. 1.857, § 1º, uma certa ambiguidade, uma vez que o art. 1.848 permite que a legítima seja incluída no testamento para sofrer imposição de cláusulas restritivas de inalienabilidade, impenhorabilidade e incomunicabilidade, se o testador expuser, no testamento, justa causa para a sua incidência[18].

Porém, como aduz Zeno Veloso, "o que não pode é o testador dispor sobre a legítima dos herdeiros necessários, como dispõem os artigos 1.789, 1.845, 1.846 e 1.967 do Código Civil. Mas incluir a legítima na disposição testamentária não deve ser proibido, até para que o testador ressalve que tem herdeiros necessários, mencionando a legítima destes e dispondo sobre

---

17 MONTEIRO, Washington de Barros; PINTO, Ana Cristina de Barros Monteiro França. *Curso de direito civil*, p. 144.

18 MONTEIRO, Washington de Barros; PINTO, Ana Cristina de Barros Monteiro França. *Curso de direito civil*, p. 146.

sua metade disponível; ou ainda, para que sejam interpostas as cláusulas restritivas à legítima, como prevê o art. 1.849 do Código Civil, ou até, para que possa o testador promover a deserdação dos herdeiros necessários, privando-lhes de sua legítima, à luz do que dispõe o art. 1.961 do mesmo diploma legal"[19].

Dispõe o art. 1.858 do Código Civil que "o testamento é ato personalíssimo, podendo ser mudado a qualquer tempo".

Como o testamento representa um ato de vontade pessoal do autor da herança, esta pode, por força das circunstâncias, ser mutável, revogável; da mesma forma, que vedada está a realização de testamento por meio de representantes.

Muito embora a mutabilidade do testamento seja sua principal característica, a última disposição válida elaborada é a que terá eficácia jurídica após a morte do autor da herança.

À luz do disposto no art. 1.859 do Código Civil, "extingue-se em cinco anos o direito de impugnar a validade do testamento, contado o prazo da data do seu registro".

O testamento é negócio jurídico que deverá produzir efeitos após a morte do testador. Aberta a sucessão, deverá ser apresentado em juízo e registrado para ser mandado cumprir. Caduca em cinco anos, a contar dessa data, o direito de anular o testamento, pois em vida seria impossível questionar a sua validade. O dispositivo engloba tanto os casos de nulidade como os de anulabilidade; decorrido esse prazo, ainda que eivado de vício que comprometa sua higidez, produzirá ele seus efeitos, uma vez que não se pode questionar a validade do testamento quando o testador ainda viver, dado o fato de que o testamento ser ato jurídico *mortis causa*.

O artigo em tela estabelece o prazo de caducidade e, portanto, de decadência para que seja impugnada a validade do testamento, por conter este algum vício. O referido prazo de caducidade aplica-se igualmente aos casos de nulidade ou de anulabilidade. E em se tratando de decadência, o direito é outorgado para ser exercido dentro de determinado lapso de tempo, se não exercido, extingue-se.

---

19 VELOSO, Zeno. *Código Civil comentado*, p. 2090.

Não deve, pois, a invalidade do testamento ser confundida com a revogação, a caducidade ou o rompimento do testamento[20].

O registro do testamento, por sua vez, é que determina o termo inicial para a contagem do prazo de cinco anos, e dá-se, após a morte do testador, com a apresentação do testamento perante o juiz e cumpridos os requisitos legais, nos termos dos arts. 735, 736 e 737 do Código de Processo Civil de 2015.

É válido ressaltar que o referido prazo, por sua vez, desperta perplexidade, uma vez que o Código Civil permite, em seu art. 1.909, parágrafo único, que as disposições testamentárias inquinadas de erro, dolo ou coação sejam anuladas no prazo de quatro anos, contados a partir do dia em que o interessado teve conhecimento do vício[21].

Como leciona Zeno Veloso, "o prazo para que a ação seja interposta, no caso de anulabilidade da disposição testamentária, é elástico, não tendo, pois, termo inicial rígido, e embora possa servir ao interesse individual, não convém à sociedade, pois introduz um fator de insegurança jurídica".

E aduz ainda que "pode ocorrer, em muitos casos, que o prazo para se anular mera disposição testamentária, ou seja, para se anular parcialmente o testamento, seja muito maior do que o prazo para arguir a anulação ou para declarar a nulidade do testamento inteiro".

A nulidade pode, por seu turno, ser total ou parcial e fulminar todo o testamento, ou parte dele, dando-se o mesmo com a anulabilidade, tal como dispõe o art. 184 do Código Civil. Da mesma forma que pode ser nula ou anulável apenas uma cláusula presente no testamento.

Vê-se assim que a anulação da disposição testamentária, cuja ação é cabível a partir do momento em que o interessado tiver conhecimento do vício, pode ocorrer num prazo variável, bastante longo, que se inicie mesmo após a própria execução da disposição testamentária, o que gera grande instabilidade jurídica.

---

20 VELOSO, Zeno. *Código Civil comentado*, p. 2091; MALUF, Carlos Alberto Dabus. *Código Civil comentado*: prescrição, decadência e prova, v. III, p. 128.

21 MONTEIRO, Washington de Barros; PINTO, Ana Cristina de Barros Monteiro França. *Curso de direito civil*, p. 146.

Dessa forma, vemos que, por um lado, em testamento nulo, não pode mais a validade ser impugnada depois de cinco anos do seu registro, mas, por outro lado, uma disposição testamentária pode ser anulada muito tempo depois daquele prazo estabelecido na lei civil, pois a decadência do direito de atacar a disposição viciosa começa a ser contada a partir do momento em que o interessado tenha conhecimento dele[22].

Pensamos, pois, que os prazos acima descritos deveriam ser modificados, a fim de se evitar a antinomia entre o prazo menor para se impugnar a validade do testamento inteiro e um prazo maior para se anular apenas disposição testamentária viciada.

13.5. Da capacidade testamentária

Na lição de Caio Mário, "a validade do testamento está condicionada à apuração de elementos intrínsecos, como a capacidade do testador, a espontaneidade da declaração, o objeto e limites desta, e de um elemento extrínseco ou formal". Destes elementos compõe-se o ato de testar. Compreende

---

22 VELOSO, Zeno. Código Civil comentado, p. 2091 e 2092. "APELAÇÃO CÍVEL. AÇÃO DE **ANULAÇÃO** DE **TESTAMENTO.** JULGAMENTO *CITRA PETITA*, EIVANDO DE NULIDADE A SENTENÇA. 1. Cuida-se de ação em que pretende a autora anular o **testamento** elaborado por sua genitora e, subsidiariamente, pede o cancelamento dos gravames existentes sobre os bens componentes da herança. Para tanto, sustenta que a mãe não possuía pleno discernimento, o que afronta o art. 1.860 do Código Civil, bem como que inexistiu declaração de justa causa para as cláusulas de inalienabilidade, impenhorabilidade e incomunicabilidade sobre os bens da legítima. 2. A sentença, por sua vez, embora tenha julgado improcedente o pedido, não se manifestou quanto ao pleito subsidiário de nulidade dos gravames recaídos sobre os bens da herança. 3. Há que ser reconhecida a nulidade do julgado, eis que 'citra petita'. Apelo prejudicado. 4. Sentença que se anula, de ofício" (Ap. Cív. 0012454-34.2005.8.19.0001, TJRJ, 8ª Câm. Civ., Rel. Des. Mônica Di Pietro, j. 18-7-2012). "APELAÇÃO CÍVEL. AÇÃO DE **ANULAÇÃO** DE **TESTAMENTO.** AUTORA DA HERANÇA QUE TESTOU AOS 79 ANOS DE IDADE, SAÚDE DEBILITADA NÃO COMPROVADA. TESTEMUNHA QUE ASSINA A ROGO DA TESTADORA. ATESTADO MÉDICO. DEPOIMENTO DE TESTEMUNHAS CONTURBADAS. AFASTAMENTO DO TABELIÃO DO POLO PASSIVO DA RELAÇÃO JURÍDICA, SEM RECURSO. FALTA DE PROVA CONSTITUTIVA DO DIREITO DO AUTOR. ARTIGO 333, INCISO I, DO CPC. SENTENÇA DE IMPROCEDÊNCIA DO PEDIDO. Conheço do recurso e lhe nego seguimento, na forma do artigo 557, *caput*, do Código de Processo Civil" (Ap. 0025455-91.2002.8.19.001, TJRJ, 10ª Câm. Civ., Rel. Des. Carlos Azeredo Araújo, j. 26-3-2012).

ainda pressupostos de inteligência, no sentido de compreender o alcance do ato e a manifestação da vontade do agente[23].

Assim sendo, pode-se entender por capacidade testamentária o conjunto de condições necessárias para que alguém possa, em conformidade com a lei, dispor de seu patrimônio ou determinar providências de caráter pessoal, por meio de testamento, ou, ainda, ser por este beneficiado.

A capacidade testamentária pode apresentar-se em duas formas: ativa ou passiva. A primeira indica a capacidade da pessoa para testar. Devendo, pois, o testador reunir algumas condições para tanto. A segunda indica a capacidade da pessoa em ser beneficiada pelo testamento, recolhendo, assim, os bens que lhe foram designados.

Entretanto, nem todo aquele que possui capacidade testamentária ativa tem capacidade testamentária passiva, e a recíproca é verdadeira. Podemos citar como exemplo o indivíduo que tem capacidade para testar, mas não tem para receber, por ser testemunha do testamento e demais formas previstas no art. 1.801 do Código Civil[24].

Na lição de Itabaiana de Oliveira, a capacidade pode ser absoluta ou relativa. No primeiro caso, impede a lei de alguém dispor de seus bens por testamento em favor de quem quer que seja, como os menores de idade, ou os ainda não concebidos, salvo a proteção da prole eventual; no segundo caso, a lei impede que se disponha em favor de certa e determinada pessoa, como o testador casado em favor da concubina, ou aquele que a rogo lhe escreveu o testamento[25].

---

23 PEREIRA, Caio Mário da Silva. *Instituições de direito civil*, p. 183.

24 "APELAÇÃO CÍVEL. AÇÃO DE ANULAÇÃO DE TESTAMENTO. DISCERNIMENTO À ÉPOCA DA TESTIFICAÇÃO. CAPACIDADE TESTAMENTÁRIA ATIVA EVIDENCIADA POR PROVAS TÉCNICAS PRODUZIDAS AO TEMPO DA CONFECÇÃO DO TESTAMENTO. ART. 1.860 DO CC/02. Consoante demonstrado por meio do interrogatório do testador, da avaliação social e da perícia psiquiátrica, contemporâneos à confecção do testamento, embora as graves debilidades físicas, o autor do testamento tinha pleno discernimento para a prática dos atos da vida civil. Capacidade testamentária ativa evidenciada. Manutenção da sentença de improcedência. NEGARAM PROVIMENTO AO APELO" (Ap. Cív. 70048637763, 8ª Câm. Cív., TJRS, Rel. Des. Ricardo Moreira Lins Pastl, j. 23-8-2012).

25 OLIVEIRA, Itabaiana de Arthur Vasco. *Sucessões*, v. II, p. 25 e 26.

Em síntese, existem a capacidade para testar e a capacidade para adquirir por testamento – ativa e passiva respectivamente; e aquela pode ainda ser absoluta ou relativa. Existe, ainda, a incapacidade de testar ou de adquirir bens por testamento, também denominadas ativa e passiva.

No que tange à **capacidade testamentária ativa**, tem-se que, à luz do disposto no art. 104 do Código Civil, todo negócio jurídico pressupõe, para a sua validade, que o agente seja capaz. Ainda que a regra geral seja a de que todas as pessoas podem testar, dispõe o art. 1.860 do Código Civil que "além dos incapazes, não podem testar os que, no ato de fazê-lo, não tiverem pleno discernimento"; no que tange à idade mínima para testar dispõe o parágrafo único do mesmo artigo que "podem testar os maiores de dezesseis anos".

Quanto aos incapazes, sem distinguir entre eles os que o são relativa ou absolutamente, incluem-se as hipóteses dos arts. 3º e 4º do Código Civil que se enquadrem na previsão do art. 1.860, ou seja, todos os que no momento de testarem não tiverem pleno discernimento do ato que estão realizando.

De acordo com o art. 1.860 do Código Civil, "além dos incapazes, não podem testar os que, no ato de fazê-lo, não tiverem pleno discernimento. Parágrafo único. Podem testar os maiores de dezesseis anos".

Aduz Carlos Maximiliano que a capacidade para testar constitui a regra; a incapacidade, a exceção. Assim, podem fazer testamento todos aqueles que não estão proibidos por lei, *omnes testamentum facere possunt qui non prohibentur.* E assim, salvo as exceções legais, que é de caráter taxativo, todos aqueles que nelas não se encontrarem excluídos poderão testar[26].

Na legislação alienígena, a regra é expressa: em matéria de capacidade testamentária ativa, podem testar todos os indivíduos, todas as pessoas naturais que a lei não declare incapazes de o fazer. Essa previsão vem contida nos arts. 902 do Código francês; 591 do Código italiano; 662 do Código espanhol; 2.188 do Código português. É vedado às pessoas jurídicas o ato de testar[27].

---

26 MAXIMILIANO, Carlos. *Direito das sucessões*, v. 1, p. 355.

27 VELOSO, Zeno. *Código Civil comentado*, p. 2093; PEREIRA, Caio Mário da Silva. *Instituições de direito civil*, p. 184 e s.

Assim sendo, são incapazes para testar: o **menor de 16 anos**, ainda que lhe falte um único dia para completar essa idade, por ausência de discernimento e vontade.

Embora a respectiva sucessão se abra só depois de atingida tal idade, o testamento é nulo, por falta de capacidade testamentária ativa (*testamenti factio activa*). Desde que haja, porém, completado os 16 anos, poderá testar independentemente de autorização, ou mesmo de assistência do representante legal, agindo sozinho, como se maior fosse.

Lembre-se, ainda, de uma exceção a essa regra: a do menor de 16 anos emancipado, "cuja capacidade plena foi atingida mediante a emancipação e dessa forma há de ser considerada a regra do art. 1.860 do Código Civil, segundo a qual as pessoas capazes podem testar".

E nesse sentido "eventual interpretação contrária violaria princípios e valores constitucionais, entre os quais a dignidade da pessoa humana, a igualdade material e a justiça social"[28].

Em alguns países, como a Itália, a Holanda e a Argentina, a capacidade testamentária ativa começa aos 18 anos de idade; em outros países, como a Espanha, esta é de 14 anos. O anteprojeto do Prof. Orlando Gomes reduziu essa idade para 15 anos[29].

Também não podem testar os que, por enfermidade ou deficiência mental, **não tiverem o discernimento necessário para os atos da vida civil**. Estas pessoas encontram-se impossibilitadas de emitir a sua livre vontade. E assim sendo, será nulo o testamento efetuado por quem não se ache no gozo de suas faculdades mentais. A referida disposição alcançará também o interdito.

"À psiquiatria competirá fixar o diagnóstico da doença mental, cujo parecer esclarecerá a justiça. Assim, não é o médico, evidentemente, quem decide; ele apenas informa ou fornece os elementos de convicção. O juiz decidirá com base no parecer clínico, o qual tem o arbítrio de aceitar ou rejeitar".

---

28 GAMA, Guilherme Calmon Nogueira da. Capacidade para testar, para testemunhar e para adquirir por testamento. In: HIRONAKA, Giselda; PEREIRA, Rodrigo da Cunha (Coords.). *Direito das sucessões e o novo Código Civil*, Belo Horizonte: Del Rey, 2004, p. 195 e 196.

29 MONTEIRO, Washington de Barros; PINTO, Ana Cristina de Barros Monteiro França. *Curso de direito civil*, p. 146.

O Código Civil brasileiro não toma em consideração períodos de lúcido intervalo; pelo nosso direito, quem é deficiente mental, é pelo tempo todo. Desta forma, como aduz Caio Mário, "não obstante opiniões em contrário, ter-se-á de proclamar a invalidade do testamento feito num lúcido intervalo de loucura, posto que o estado patogênico gera incapacidade, e esta é uma constante que invalida qualquer ato enquanto a cura definitiva não for obtida, com o consequente levantamento da incapacidade".

Entretanto, um testamento feito por uma pessoa de mente sã não é invalidado se posteriormente lhe sobrevier a loucura[30].

Na lição de Washington de Barros Monteiro, "não apenas aos dementes priva o Código da *testamenti factio activa.* Igualmente são incapazes os que, no momento do ato, não se encontrarem em seu juízo perfeito, ou seja, aqueles que, por causa transitória, não puderem exprimir sua vontade".

Os que **por motivo transitório não puderem exprimir sua vontade**: Podem-se aqui ser inseridos os sujeitos ao hipnotismo, aos delírios febris ou persecutórios, à síndrome paranoide; os portadores de arteriosclerose, complicada por outros distúrbios e com excessiva pressão arterial, que traz comumente perturbações psíquicas que afetam a capacidade testamentária; de espasmo cerebral seguido de hemiplegia e o icto apoplético. "O dispositivo, pela sua generalidade, compreende os sãos de espírito, que podem não estar interditados, mas que, no ato de testar, encontrem-se à mercê de distúrbios patológicos, veem comprometidas consciência e vontade. Exceto os que tenham sido efetivamente declarados incapazes e interditados, cada caso deverá ser analisado rigorosamente".

Por outro lado, o simples enfraquecimento da memória, por si só, não acarreta incapacidade testamentária. "De qualquer modo, a sentença que acolhe arguição dessa natureza deverá alicerçar-se em provas sólidas e inabaláveis. Na dúvida, prevalece a presunção de capacidade"[31].

As pessoas que, no ato de testar, não tiverem a plenitude de seu discernimento. Aqui estão incluídos os **ébrios habituais, os viciados em**

---

30 PEREIRA, Caio Mário da Silva. *Instituições de direito civil*, p. 185.

31 MONTEIRO, Washington de Barros; PINTO, Ana Cristina de Barros Monteiro França. *Curso de direito civil*, p. 147; PEREIRA, Caio Mário da Silva. *Instituições de direito civil*, p. 187.

tóxicos e os que, por deficiência mental, tenham o discernimento reduzido, como prevê a regra do art. 4º, II, do Código Civil. O mesmo ocorre com os excepcionais, sem desenvolvimento mental completo, porque não terão plena consciência do que estarão fazendo, como prevê o inciso III do mesmo artigo.

Com relação aos pródigos, embora não estejam excepcionados pela lei, incluindo-se, ao contrário, entre os incapazes, não há razão para que não possam testar, porque não estarão dilapidando seu patrimônio, já que as disposições testamentárias hão de vigorar somente depois de sua morte.

Não pode também testar o surdo-mudo que não saiba exprimir sua vontade. Assim, "se ele não recebeu educação adequada está impossibilitado de expressar-se e por isso perde a capacidade testamentária ativa. Contudo, o art. 1.866 do Código Civil preceitua que o indivíduo inteiramente surdo, que saiba ler, lerá seu testamento, e, se não o souber, designará quem o leia em seu lugar, presentes as testemunhas. Tudo dependerá, portanto, do nível de educação e desenvolvimento do surdo e de sua capacidade de entender e fazer-se entender"[32].

Representam estes os únicos casos de incapacidade. A eventual idade avançada não inibe o indivíduo de testar, a menos que nele se haja instalado processo de involução senil; nem se o indivíduo for portador de enfermidade grave, desde que a mente não seja afetada. Assim também a proximidade da morte não inibe ninguém de testar; ainda que o testamento se elabore momentos antes do óbito terá validade, se não existe indício de alienação mental ou falta de discernimento.

Da mesma forma, pode o cego testar, como prevê a regra do art. 1.867 do Código Civil, o mesmo sucedendo com o analfabeto, tal como dispõe o art. 1.869 do mesmo diploma legal. Há muito não vigora a restrição imposta à mulher casada, que só poderia testar sem autorização do marido porque os efeitos do testamento só ocorreriam após a morte da testadora, quando dissolvido o casamento pela morte dela e assim extinto o poder marital.

---

32 VELOSO, Zeno. *Código Civil comentado*, p. 2101; MONTEIRO, Washington de Barros; PINTO, Ana Cristina de Barros Monteiro França. *Curso de direito civil*, p. 147 e 148.

Igualmente, atribui-se capacidade testamentária ativa ao estrangeiro domiciliado no Brasil e admitido a testar de acordo com as leis do país. Anteriormente, sob a égide da Lei de Introdução ao Código Civil, prevalecia, em matéria sucessória, a lei nacional do falecido, em seu art. 14. Desta forma, o testador estrangeiro cujo estatuto pessoal permitisse dispor, exemplificativamente, por meio de testamento conjuntivo ou mancomunado, podia validamente testar por essa forma no Brasil. A Lei de Introdução em vigor, Decreto-Lei n. 4.657, de 4 de setembro de 1942, rompeu com o sistema anterior, dispondo, em seu art. 10, o princípio da lei domiciliar como reguladora da sucessão legítima e testamentária.

Desta forma, o cidadão estrangeiro, domiciliado no Brasil, só poderia aqui testar pelos meios testamentários previstos na legislação pátria. Se o ato foi, no entanto, elaborado no exterior, observar-se-á a lei do lugar – *locus regit actum* –, e, desde que formalizado, nada impedirá seu cumprimento no Brasil, ainda que desconhecida a forma testamentária em face da lei nacional.

Tampouco a incapacidade superveniente não invalida o testamento eficaz, nem o testamento do incapaz se valida com a superveniência da capacidade, como prevê a regra do art. 1.861 do Código Civil. O direito exige a capacidade no instante em que se redige ou se elabore o testamento.

Assim sendo, a capacidade ou incapacidade do testador deve ser verificada na data em que foi outorgado o testamento, aplicando-se a regra *tempus regit actum*.

Desta forma, válido será o testamento elaborado por indivíduo são e que posteriormente venha a ser interditado, da mesma forma que será nulo o testamento elaborado por menor de 16 anos, ainda que ao se abrir a sucessão tenha ultrapassado aquela idade. Não se torna necessário que o testador conserve a capacidade durante o tempo que mediar entre a confecção das disposições testamentárias e a abertura da sucessão; incapacidade intercorrente não afeta o ato (*media tempore non nocet*); basta que a capacidade se manifeste no momento da lavratura do ato.

Entretanto, somente após a morte do testador se poderá questionar sobre a validade do testamento. De outra forma, estar-se-ia a tolerar pendência acerca de herança de pessoa viva, vedada por lei. A nulidade não pode ser postulada por meio de ação declaratória, mas só por ação própria, no juízo privativo, no prazo de cinco anos, contados do registro do testamento, como prevê a regra do art. 1.859 já comentado[33].

Por fim, também não podem testar as pessoas jurídicas, embora não constem do rol elencado pelos arts. 4º e 1.860 do Código Civil, tendo-se em vista que a capacidade testamentária ativa é um direito exclusivo das pessoas naturais.

No que tange à **capacidade testamentária passiva**, representa esta a aptidão que determinada pessoa tem para ser herdeira ou legatária, podendo, assim, adquirir bens por meio de disposição de última vontade. Seu teor já foi discutido anteriormente na presente obra.

---

33 MONTEIRO, Washington de Barros; PINTO, Ana Cristina de Barros Monteiro França. *Curso de direito civil*, p. 148 e 149; LEITE, Eduardo de Oliveira. *Comentários ao novo Código Civil*, p. 325.

Capítulo 14

Das formas ordinárias de testamento

No decorrer do tempo histórico diversas foram as formas de testar que se estabeleceram.

Inicialmente, a sucessão testamentária era desconhecida, visto que a propriedade transmitia-se para o representante masculino das diferentes famílias, visando à perpetuação do culto doméstico.

Foi também desconhecida no Egito antigo, na Índia, pela legislação mosaica, despontando na antiga civilização grega. No antigo direito germânico, vigeu uma instituição denominada *affatomia,* oriunda da Lei Sálica, que se assemelhava ao testamento e possibilitava a escolha de algum herdeiro sucessível, no caso de inexistência de prole. "Foi com o direito romano e com o direito canônico que o testamento começou a ser conhecido entre os povos francos e germânicos"[1].

No direito romano, as formas testamentárias mais antigas foram duas: testamento *calatis comitiis* e testamento *in procinctu.* Por seu turno, ambas

1 OLIVEIRA, Arthur Vasco Itabaiana de. *Tratado de direito das sucessões*, p. 9 e 10.

se efetuavam oralmente: a primeira, durante os comícios curiais especialmente convocados para esse fim e presididos, a princípio, pelo próprio rei; mais tarde, pelo pontífice máximo; e a segunda, facultada apenas aos soldados em tempo de guerra, realizava-se perante o exército, momentos antes de ferir-se em uma batalha.

Por obra da jurisprudência, surgiu uma nova modalidade, o testamento *per aes et libram,* efetuado sob duas formas: a escrita e a oral.

Consignava, entretanto, o testador, em ambas as formas, o seu patrimônio a um amigo, denominado *familiae emptor,* com expressa declaração de que desejava instituir como herdeira uma ou mais pessoas, indicadas nominalmente. Tal instituição constituía a essência do ato de última vontade. No direito romano, instituição de herdeiro era *caput et fundamentum testamenti.* Entretanto, todas essas modalidades testamentárias tornaram-se obsoletas pelo desuso. O direito justinianeu só se ateve às formas ordinárias e extraordinárias de testamento[2].

As formas ordinárias de testamento eram: o testamento público, o cerrado, o particular, também chamado hológrafo. Quanto às formas especiais, estas são o marítimo e o militar, ao qual se acrescenta o nuncupativo, criado para casos especialíssimos[3].

O direito moderno conserva ainda as mesmas formas de testamento, pondo em relevo as formas ordinárias e as formas especiais.

Dispõe o art. 1.862 do Código Civil sobre as formas ordinárias de testamento, e as especiais, que são três, o testamento marítimo, o aeronáutico e o militar, vêm dispostas no art. 1.886 do mesmo diploma legal.

À luz do disposto no art. 1.862 do Código Civil, "são testamentos ordinários: I - o público; II - o cerrado; III - o particular".

Desta forma, tem-se que, como o testamento é negócio jurídico formal e solene, a forma que apresenta é rígida, não vigorando, pois, o princípio da liberdade de forma. É imprescindível que este venha a ser realizado sob uma das formas estipuladas pelo Código Civil.

---

2 ALVES, José Carlos Moreira. *Direito romano,* p. 367 e s.

3 SAN TIAGO DANTAS, F. C. *Direitos de família e das sucessões,* p. 505.

Não se admitem outras formas de testamento, sejam ordinários, sejam especiais, além dos contemplados no Código Civil. Esta norma, inclusive, é de ordem pública[4].

A lei civil não empresta individualidade própria ao testamento consular, que constitui forma de testamento público, com a única diferença de que nele funciona o cônsul como tabelião, revestido de funções notariais, à luz do disposto no art. 18 da Lei de Introdução às Normas do Direito Brasileiro, com a redação da Lei n. 3.238, de 1º de agosto de 1957.

O Código de 1916, assim como o de 2002, não contemplou o testamento nuncupativo comum, disciplinado pelo antigo direito e que permitia fazê-lo a todos os enfermos, cuja vida corresse perigo. Outras formas tornaram-se igualmente obsoletas, ainda no direito anterior, como o testamento *ad pias causa,* o testamento de pai para filho, o testamento rural e o testamento em tempo de peste[5].

Dispõe o art. 1.863 do Código Civil: "É proibido o testamento conjuntivo, seja simultâneo, recíproco ou correspectivo".

O **testamento conjuntivo ou de mão comum** é aquele feito num mesmo ato por duas ou mais pessoas, normalmente marido e mulher; o **testamento simultâneo** é aquele em que os testadores fazem disposições em favor de terceiros; e o **testamento recíproco ou correspectivo** é aquele em que um dos testadores favorece o outro e vice-versa, instituindo-se herdeiro aquele que sobreviver, ou ainda instituindo outras correspondentes[6].

A proibição do testamento conjuntivo constava do Código Civil de 1916, em seu art. 1.630, na esteira do que dispõe o art. 968 do Código Civil francês. Vedam também o testamento conjuntivo o Código Civil italiano no art. 589; o espanhol, no art. 669; o português, no art. 2.181 entre outros[7].

Em alguns países, como a Alemanha, a Suécia, a Inglaterra e muitos estados dos Estados Unidos, são permitidos e bastante comuns testamentos conjuntivos, efetuados por marido e mulher.

---

4 VELOSO, Zeno. *Código Civil comentado*, p. 2096.

5 MONTEIRO, Washington de Barros, PINTO, Ana Cristina de Barros Monteiro França. *Curso de direito civil*, p. 150 e 151.

6 PEREIRA, Caio Mário da Silva. *Instituições de direito civil*, p. 197.

7 VELOSO, Zeno. *Código Civil comentado*, p. 2097.

O testamento conjuntivo é nulo de pleno direito, independentemente de as pessoas que testaram serem marido e mulher.

O Código proibiu indistintamente todas essas disposições, não só porque constituíam modalidades de pactos sucessórios, como também porque contrariavam um dos caracteres irredutíveis do testamento, sua revogabilidade. Efetivamente, num testamento recíproco, admitir a revogação será ir de encontro à reciprocidade estipulada; não a admitir será desnaturar a índole de ato essencialmente revogável, ferindo ainda o princípio da unipessoalidade.

Nada obsta, entretanto, que duas pessoas, em atos separados, ainda que na mesma data e perante o mesmo tabelião, façam seus testamentos dispondo em favor do outro ou de terceiro. Tais testamentos não se consideram conjuntivos, pois cada um deles, isoladamente, conserva a própria autonomia[8].

14.1. Do testamento público

Denomina-se testamento público o lavrado pelo tabelião, ou seu substituto, no livro de notas, contendo a declaração de vontade do testador, manifestada em presença do mesmo oficial e de duas testemunhas.

É de livre escolha individual a forma pela qual se optará para realizar seu testamento: se público, cerrado ou particular. Todas as formas previstas no art. 1.862 do Código Civil produzem iguais efeitos, não havendo também hierarquia entre as formas, tanto que, tal como lembra Carlos Maximiliano, o testamento feito por uma determinada forma pode ser revogada por outra, sem qualquer prejuízo[9].

O testamento público atende aos anseios de segurança jurídica, visto que a declaração de vontade reveste-se de um caráter oficial pela participação do tabelião, o que gera uma presunção de normalidade do ato, pois cabe-lhe certificar-se sobre a capacidade testamentária ativa do testador, assim como zelar pela presença das formalidades inerentes ao testamento[10].

---

8 Assim decidiu o STF em diversos acórdãos, RE 16.045 j. 22-9-1950; RE 93.603, j. 31-5-1994 e STJ REsp 88.388, j. 5-10-2000; MAXIMILIANO, Carlos. *Direito das sucessões*, p. 396.

9 MAXIMILIANO, Carlos. *Direito das sucessões*, p. 400.

10 NADER, Paulo. *Curso de direito civil*, p. 231 e 232.

Esta é vista como a forma mais recomendável de testar, sendo, outrossim, a mais utilizada na experiência nacional. Ressalta-se, entretanto, que a presunção de regularidade é *juris tantum*, podendo ser elidida, cabendo o ônus da prova ao alegante.

O testamento público representa por seu turno uma importante garantia aos interessados no cumprimento das disposições, uma vez que a documentação do ato permanece em cartório, podendo-se extrair certidão em caso de extravio ou destruição do traslado original.

Garante de um lado a veracidade da declaração; permite que os cegos e surdos possam testar, mas, por outro lado, importa em custas e depende do agendamento prévio com o tabelião.

É ainda designado aberto, uma vez que as testemunhas e o tabelião tomam ciência das declarações ali contidas. Essa publicidade pode constituir sob certa ótica um desestímulo para a prática.

Tentando dirimir a intrincada questão atinente à publicidade do conteúdo do testamento por qualquer pessoa, o Projeto de Lei n. 6.960/2002 – e atualmente Projeto de Lei n. 699/2011 – propõe a inserção de um segundo parágrafo no art. 1.864 do Código Civil, com os seguintes dizeres: "A certidão do testamento público, enquanto vivo o testador, só poderá ser fornecida a requerimento deste ou por ordem judicial"[11].

O Código de 1916 exigia cinco testemunhas para tal ato, que foram reduzidas a duas pelo Código de 2002, como forma de simplificação das formalidades legais.

À luz do art. 1.864 do Código Civil, "são requisitos essenciais do testamento público: I – ser escrito por tabelião ou por seu substituto legal em seu livro de notas, de acordo com as declarações do testador, podendo este servir-se de minuta, notas ou apontamentos; II – lavrado o instrumento, ser lido em voz alta pelo tabelião ao testador e a duas testemunhas, a um só tempo; ou pelo testador, se o quiser, na presença destas e do oficial; III – ser o instrumento, em seguida à leitura, assinado pelo testador, pelas testemunhas e pelo tabelião. Parágrafo único. O testamento público pode ser escrito

---

11 NADER, Paulo. *Curso de direito civil*, p. 233; VELOSO, Zeno. *Código Civil comentado*, p. 233.

manualmente ou mecanicamente, bem como ser feito pela inserção da declaração de vontade em partes impressas de livro de notas, desde que rubricadas todas as páginas pelo testador, se mais de uma".

O presente artigo enumera os requisitos essenciais do testamento público, que se reveste de natureza solene e por isso deve observar rigorosamente o estatuído em lei. Consideram-se substanciais as formalidades apontadas no dispositivo legal, pois sua inobservância acarreta a ineficácia do ato.

A lei não refere expressamente, mas a primeira preocupação do serventuário é a de certificar-se cuidadosamente da identidade do testador, bem como de sua sanidade mental. Está em jogo o *supremum judicium defuncti*, em que a vontade do testador se assemelha à vontade do legislador.

O primeiro requisito legal do testamento público, presente no inciso I, diz respeito à lavratura do ato por tabelião ou por seu substituto legal em seu livro de notas, de acordo com as declarações do testador, podendo este servir-se de minuta, notas ou apontamentos.

O oficial público incumbido do ato é o tabelião, estabelecido pelo Decreto estadual n. 123, de 1892, art. 142, I, e o cônsul, como prevê o art. 18 da Lei de Introdução às Normas do Direito Brasileiro, com a redação que lhe deu o art. 3º da Lei n. 3.238, de 1º de agosto de 1957. Por outro lado, a jurisprudência sempre admitiu que também lavre testamento público o substituto legal, que pode ser oficial-maior do tabelionato, ou o escrevente, que esteja legalmente no pleno exercício do cargo de tabelião.

É ainda necessário atentar para o disposto na Lei n. 8.935, de 18 de novembro de 1994, que, depois de enumerar no seu art. 5º os titulares de serviços notariais e de registro, como tabeliães de notas; tabeliães e oficiais de registro de contratos marítimos; tabeliães de protesto de títulos; oficiais de registro de imóveis; oficiais de registro de títulos e documentos e civis das pessoas jurídicas; oficiais de registro civis das pessoas naturais e de interdições e tutelas; e oficiais de registro de distribuição, estabelece, em seu art. 7º, II, que compete aos tabeliães de notas, com exclusividade, lavrar testamentos públicos e aprovar os cerrados; e, em seu art. 16, não serem acumuláveis esses serviços, exceto nos Municípios que não comportarem, em razão do volume dos serviços ou da receita, a instalação de mais de um dos serviços. Com a entrada em vigor do Código Civil de 2002, ficou revogado o art. 20 da referida lei, permitindo ao substituto que escreva o testamento público[12].

Busca-se intrinsecamente a abstração do sentido do ato de testar do disponente. Inicialmente o oficial deve especificar bem o local em que se lavra o testamento: a exata localização - com indicação de país, cidade e endereço, a fim de que se verifique que não se transgrediram as normas atinentes à competência e a jurisdição, visando evitar a nulidade do ato. A data também deve ser indicada minuciosamente. O testador e as testemunhas devem ser designados com as referências necessárias para fixar a respectiva identidade - sua qualificação deve ser precisa.

Após lavrado o testamento de acordo com o ditado ou as declarações do testador, deve ser lido em voz alta pelo tabelião ao testador e às duas testemunhas presentes a um só tempo; ou pelo testador, se o quiser, na presença destas e do oficial público. Essas declarações serão feitas em língua nacional, a fim de que sejam compreendidas pelos circunstantes obrigatoriamente presentes ao ato. Não se exige, porém, que o disponente se mostre perfeito conhecedor do referido idioma; basta que se exprima de maneira suficiente a se fazer entender pelo notário e pelas testemunhas. "Redação errada, erros crassos de linguagem, expressões regionais, emprego de calão, mistura de vocábulos estrangeiros compreensíveis, nada disso prejudica o ato".

O testamento deve ser lavrado de acordo com o ditado ou as declarações do testador. Nada impede, todavia, apresente-se este perante o tabelião com minuta redigida por advogado, ou recorra a notas e apontamentos particulares, para melhor encaminhar o pensamento e bem enunciar sua última vontade; quanto maior a perfeição de conteúdo, mais fácil a execução da disposição de última vontade.

As declarações do testador devem ser feitas em presença de duas testemunhas que assistam a todo o ato, do princípio ao fim, sem solução de continuidade. Não se permite que elas se afastem, ainda que por instantes. Leciona San Tiago Dantas que vigora o princípio da *unitas actus*: o ato não pode ser interrompido[13].

---

12 MONTEIRO, Washington de Barros; PINTO, Ana Cristina de Barros Monteiro França. *Curso de direito civil*, p. 153 e 154; VELOSO, Zeno. *Código Civil comentado*, p. 2098.

13 SAN TIAGO DANTAS, F. C. *Direitos de família e das sucessões*, p. 510.

Assim, sua presença é exigida no mesmo cômodo em que se lavra o ato, não se condescendendo com sua permanência em outro local, mesmo que contíguo. Entretanto, a ausência temporária das testemunhas, durante a escrita do testamento, não interrompe o ato, porque a sua presença só é exigida, pela lei, para que vejam, ouçam e compreendam ao testador, certificando-se de que a escritura encerra a vontade manifestada.

O Código Civil de 2002, que buscou simplificação da forma, reduziu o número de testemunhas para validar o ato: de cinco para duas. Impõe-se sua qualificação, mas a falta não resulta nulidade do ato.

Terminada a confecção, deve o texto ser lido pelo tabelião, na presença do testador e das testemunhas, ou pelo próprio testador, se o quiser, na presença destas e do oficial, para se comprovar a efetividade da vontade manifestada pelo testador, sob pena de nulidade do ato. As testemunhas, é válido ressaltar, devem ser pessoas tais que conheçam a testador e afirmar sua identidade[14].

Assim sendo, à luz do referido parágrafo único, o testamento público pode ser manuscrito, datilografado, digitado em computador, preenchido em formulário padronizado do notário com os dados e disposições de última vontade de cada caso específico. O processo para a sua apresentação e cumprimento em juízo é o do art. 735 do Código de Processo Civil de 2015.

Pode ainda ser feito em cartório, ou onde se ache o disponente: em sua casa ou de outrem, em hospital, prisão, hotel, em qualquer parte, desde que se opere dentro da zona de jurisdição do oficial. Fora desta, o ato torna-se inexistente. Também não prejudica a validade do ato o fato de ser realizado em feriados, domingos ou à noite[15].

Dispõe o art. 1.865 do Código Civil: "Se o testador não souber, ou não puder assinar, o tabelião ou seu substituto legal assim o declarará, assinando, neste caso, pelo testador, e, a seu rogo, uma das testemunhas instrumentárias".

Após a leitura, estando em ordem, deve o instrumento ser assinado pelo testador, pelas testemunhas e pelo tabelião. Se o testador não souber,

---

14 OLIVEIRA, Arthur Vasco Itabaiana de. *Tratado de direito das sucessões*, p. 58.

15 MAXIMILIANO, Carlos. *Direito das sucessões*, p. 401 e 402; SAN TIAGO DANTAS, F. C. *Direitos de família e das sucessões*, p. 511.

ou não puder assinar, o tabelião ou seu substituto legal assim o declarará, assinando, neste caso, pelo testador, a seu rogo, uma das testemunhas instrumentárias. Resolve-se desta forma, o problema do testador analfabeto ou que por qualquer motivo não pode assinar: casos de debilidade física, paralisia, entre outros.

Não é necessário intervenha outra pessoa para assinar a rogo do testador, caso este não saiba ou não possa fazê-lo, como acontece nas escrituras comuns. Fá-lo-á quem o próprio testador designar, dentre as duas testemunhas presentes ao ato; todavia, não constitui nulidade, como se tem decidido, assinatura a rogo por terceira pessoa. A proibição de servir como testemunha não abrange a assinatura a rogo.

O testamento público é a única forma pela qual o analfabeto pode testar; além do analfabeto, aplica-se também a quem esteja temporariamente impossibilitado de assinar. Pode-se ainda aduzir que é permitida prova em contrário ao que foi atestado pelo serventuário de justiça[16].

Dispõe o art. 1.866 do Código Civil: "O indivíduo inteiramente surdo, sabendo ler, lerá o seu testamento, e, se não o souber, designará quem o leia em seu lugar, presentes as testemunhas".

À luz do disposto no artigo em tela, tem-se que o indivíduo completamente surdo pode fazer testamento público. Se souber ler, o fará, se não o souber, designará alguém para ler em seu lugar, perante o tabelião e as duas testemunhas.

Diversa era, entretanto, a posição sob a égide do Código Civil de 1916, visto que o testamento público deve ser feito oralmente, de viva voz, pois a lei exige sua posterior leitura[17].

Dispõe a regra do art. 1.867 do Código Civil: "Ao cego só se permite o testamento público, que lhe será lido, em voz alta, duas vezes, uma pelo tabelião ou por seu substituto legal, e a outra por uma das testemunhas, designada pelo testador, fazendo-se de tudo circunstanciada menção no testamento".

---

[16] MONTEIRO, Washington de Barros; PINTO, Ana Cristina de Barros Monteiro França. *Curso de direito civil*, p. 154 a 156; VELOSO, Zeno. *Código Civil comentado*, p. 2100; PEREIRA, Caio Mário da Silva. *Instituições de direito civil*, p. 209-211.

[17] GAMA, Affonso Dionísio. *Tratado theorico e pratico dos testamentos*, p. 43.

A capacidade testamentária ativa do cego, pela via ordinária, é restrita no direito pátrio, pelo testamento público, estando, pois, impedido de testar na forma cerrada ou particular.

Este lhe será lido em voz alta duas vezes, uma pelo tabelião ou seu substituto, e a outra por uma das testemunhas, designada pelo testador; fazendo-se de tudo circunstanciada menção no testamento. "A exigência da dupla leitura, recomendada pelo dispositivo legal, constitui formalidade indeclinável e de sua preterição resulta nulidade do ato. A repetição da leitura tem por finalidade salvaguardar a fidelidade da reprodução no ato de última vontade"[18].

14.2. Do testamento cerrado

Testamento cerrado, também conhecido por testamento fechado, secreto ou místico, é aquele escrito à mão ou por processo mecânico, em língua nacional ou estrangeira, pelo próprio testador ou por alguém a seu rogo e por aquele assinado, com caráter sigiloso, completado pelo instrumento de aprovação lavrado pelo tabelião ou oficial público substituto, e lido pelo tabelião ou seu substituto legal, ao testador, presentes duas testemunhas, ao que se segue o fechamento e costura do instrumento, e finalmente é entregue ao seu autor.

Vê-se desta forma que o testamento cerrado apresenta dois elementos constitutivos: a **cédula testamentária**, escrita pelo próprio testador, ou por alguém a seu rogo, e assinada pelo testador, e o **auto de aprovação**, lavrado pelo oficial público[19].

---

18 MONTEIRO, Washington de Barros; PINTO, Ana Cristina de Barros Monteiro França. *Curso de direito civil*, p. 157; GAMA, Affonso Dionísio. *Tratado theorico e pratico dos testamentos*, p. 43. "EMENTA: APELAÇÃO CÍVEL - TESTAMENTO PÚBLICO - VIOLAÇÃO DOS REQUISITOS PREVISTOS NOS ARTIGOS 1.865 E 1.867 AMBOS DO CC/02 - OCORRÊNCIA - TESTADOR PORTADOR DE DEFICIÊNCIA VISUAL - REQUISITOS ESPECÍFICOS NÃO OBSERVADOS - REFORMA DA DECISÃO - POSSIBILIDADE. 1. De acordo com os dispositivos legais expressos para a feitura do testamento público de pessoa portadora de deficiência visual, é essencial o preenchimento de todos os requisitos exigidos, de modo que a supressão de qualquer um deles poderá tornar nulo o testamento firmado pela parte" (Ap. 1.0439.11.010905-5/001, TJMG, 8ª Câm. Civ., Rel. Des. Vieira de Brito, j. 5-7-2012).

19 Representa uma forma intermediária entre o testamento público e o particular, uma vez que é elaborado pelo disponente, ou por outra pessoa a seu rogo e oficializado no cartório de notas. Assim, tem-se que seu termo inicial é particular e sua conclusão, pública, posto que efetuada no cartório de notas.

Para San Tiago Dantas, "o testamento cerrado é um testamento que se divide em dois atos plenamente distintos. Assim, a *unitas actum* e o testamento cerrado referem-se a cada uma das fases em que o testamento se divide: a elaboração da cédula testamentária, que contém a vontade do testador e a aprovação do testamento, realizada pelo tabelião ou oficial público competente"[20].

Essa modalidade de testamento apresenta a vantagem de ser mais sigilosa, ou seja, somente o testador conhece o seu conteúdo. Nem mesmo o tabelião tem acesso ao seu teor, cabendo a este apenas a verificação da forma. Entretanto, apresenta a grande desvantagem da possibilidade de extravio, ou a sua revogação, se o lacre for aberto ou danificado.

A origem do testamento cerrado remonta ao testamento *per aes et libram* do direito romano, sendo a *nuncupatio,* ou seja, a indicação dos nomes dos herdeiros ou legatários, inicialmente praticada oralmente para, depois, ser escrita em pequenas tábuas de cera amarradas e fechadas por cordões. As testemunhas, por seu turno, deixavam no testamento a marca de seu monograma ou brasão. Foi uma constituição de Theodósio II e Valentiniano, em 439 d.C. que permitiu a apresentação do testamento cerrado[21].

O testamento cerrado era desconhecido nos países em que predominava o direito consuetudinário, e usado naqueles onde prevalecia a lei escrita. Passou a viger na França desde o século XVIII, com a Ordenança emanada de Luiz XV; na Espanha com a lei das sete partidas, e chegou a Portugal e ao Brasil com as Ordenações do Reino[22].

A Consolidação das Leis Civis, de Teixeira de Freitas, baseando-se nas Ordenações Filipinas, Livro IV, Título 80, §§ 1º e 2º, apontou os requisitos do testamento cerrado, em seu art. 1.055. O Código Civil de 1916

---

20 SAN TIAGO DANTAS, F. C. *Direitos de família e das sucessões*, p. 512.

21 NADER, Paulo. *Curso de direito civil*, p. 245. Entretanto, conforme aduz Cunha Gonçalves, "a forma de proteção dos negócios juridicos mediante invólucros, antecedeu ao período romano, remontando, pois, aos Sumero-Acádios, num período que ocorreu entre 4000 e 5000 a.C." (CUNHA GONÇALVES, Luis da. *Tratado de direito civil*, 1. ed. brasileira. São Paulo: Max Limonad, s/d, v. X, t. I, § 1500, p. 338 e 339).

22 MAXIMILIANO, Carlos. *Direito das sucessões*, p. 439-441.

seguiu as mesmas linhas gerais, e o atual Código Civil simplificou bastante a sistemática[23].

Dispõe o art. 1.868 do Código Civil: "O testamento escrito pelo testador, ou por outra pessoa, a seu rogo, e por aquele assinado, será válido se aprovado pelo tabelião ou seu substituto legal, observadas as seguintes formalidades: I - que o testador o entregue ao tabelião em presença de duas testemunhas; II - que o testador declare que aquele é o seu testamento e quer que seja aprovado; III - que o tabelião lavre, desde logo, o auto de aprovação, na presença de duas testemunhas, e o leia, em seguida, ao testador e testemunhas; IV - que o auto de aprovação seja assinado pelo tabelião, pelas testemunhas e pelo testador. Parágrafo único. O testamento cerrado pode ser escrito mecanicamente, desde que seu subscritor numere e autentique, com a sua assinatura, todas as páginas".

Assim sendo, tem-se que o testamento cerrado geralmente é feito de próprio punho pelo testador; se este não souber, ou não puder escrever, por impedimento ocasional, poderá ser escrito por terceira pessoa, a seu rogo, que o assinará. Não existe disposição que proíba testamento cerrado escrito mecanicamente. Entretanto, o art. 1.801, I, do Código Civil, proíbe seja nomeada herdeira ou legatária a pessoa que, a rogo, escreveu o testamento, o seu cônjuge ou companheiro, ou seus ascendentes e irmãos[24].

O ato de aprovação dá-se da seguinte forma: "comparece o disponente na presença do oficial público, acompanhado das duas testemunhas, e apresenta-lhe o testamento, para que ele o aprove. Essa entrega pode ser feita da maneira como o testador bem entender: aberto, fechado ou dobrado. Caso não diga ao oficial que se trata de seu testamento cerrado, este o interrogará nesse sentido. Após referir que o testamento é bom, firme e valioso, o oficial passará a lavrar o ato de aprovação. Abrirá o testamento, mas não o lerá, e na última linha, onde o testamento acabou e onde está

---

23 VELOSO, Zeno. Testamentos - noções gerais, formas especiais, codicilos, formas especiais. In: HIRONAKA, Giselda; PEREIRA, Rodrigo da Cunha (Coords.). *Direito das sucessões e o novo Código Civil*. Belo Horizonte: Del Rey/IBDFam, 2004, p. 147.

24 No caso de o testamento ser feito através dos meios mecânicos, deve cada página ser numerada e assinada.

lançada a assinatura o oficial, logo adiante à última letra escrita, iniciará o termo de aprovação. Essa cautela visa que se façam quaisquer acréscimos posteriores. No termo de aprovação narra-se tudo o quanto se passou: a identificação do testador, que este parecia em juízo perfeito, que viu mas não leu o testamento, e que o testador lhe pediu que o aprovasse. Em seguida cose o testamento, coloca o seu selo e o devolve ao testador para que ele o guarde". Toma em seguida o registro do testamento num livro próprio.

Não é necessário que a cédula testamentária seja datada, visto que a data comprobatória do testamento cerrado é a data da aprovação. Nesse momento é também que se deve averiguar o estado de sanidade mental do disponente[25].

Quanto à abertura do testamento cerrado, esta é efetuada pelo juiz. O particular deve levá-la ao distribuidor, para que distribua o testamento, e só depois de aberto o testamento é que se processará o inventário[26].

Completa, entretanto, Caio Mário, que "o direito moderno dispensa a repetição que os praxistas faziam. O que se quer é que o testador afirme ser aquele papel o seu testamento, cuja aprovação requer perante o oficial público"[27].

Nessa modalidade de testamento, as cláusulas testamentárias não são conhecidas por terceiros, uma vez que nem o tabelião nem as testemunhas não se integram do seu teor. "O tabelião não atesta a sua autoria, apenas declara que o documento lhe foi entregue por quem se diz autor. Já o termo de aprovação é ato autêntico, revestido de fé pública, havendo, assim, a presunção relativa no que tange à sua procedência e seu conteúdo, o que infelizmente não impede que o ato seja revestido de falsidade, cabendo o ônus da prova ao alegante"[28].

Tal como aduz Affonso Dionísio Gama, "as omissões do instrumento de aprovação de um testamento cerrado não podem ser supridas por prova testemunhal"[29].

---

[25] BEVILÁQUA, Clóvis. *Direito das sucessões*, p. 177.

[26] SAN TIAGO DANTAS, F. C. *Direitos de família e das sucessões*, p. 515.

[27] PEREIRA, Caio Mário da Silva. *Instituições de direito civil*, p. 218.

[28] NADER, Paulo. *Curso de direito civil*, p. 247.

[29] GAMA, Affonso Dionísio. *Tratado theorico e pratico de testamentos*, p. 51.

Dispõe o art. 1.869: “O tabelião deve começar o auto de aprovação imediatamente depois da última palavra do testador, declarando, sob sua fé, que o testador lhe entregou para ser aprovado na presença das testemunhas; passando a cerrar e coser o instrumento aprovado. Parágrafo único. Se não houver espaço na última folha do testamento, para início da aprovação, o tabelião aporá nele o seu sinal público, mencionando a circunstância no auto”.

A entrega do testamento, a lavratura do auto pelo oficial e a subsequente leitura e assinatura efetuam-se na presença das duas testemunhas. Depois de concluídas todas essas formalidades, fecha-se, cose-se e lacra-se o testamento, a fim de que seja efetuada a respectiva devolução ao testador.

Não estabelece a lei civil nenhuma formalidade específica para o ato de fechar o testamento. A prática, entretanto, assim se estabelece: o tabelião dobra o testamento, costura-o com cinco pontos de retrós e sobre cada um desses cinco pontos lança outros tantos pingos de lacre.

Dispõe o art. 1.870 do Código Civil: “Se o tabelião tiver escrito o testamento a rogo do testador, poderá, não obstante, aprová-lo”.

É válido ressaltar que o próprio tabelião pode escrever o testamento a rogo do testador, quando este não souber, ou não o puder fazer pessoalmente. Nada obsta a que o mesmo oficial, posteriormente, lavre o auto de aprovação do referido testamento.

À luz do art. 1.871 do Código Civil, “o testamento pode ser escrito em língua nacional ou estrangeira, pelo próprio testador, ou por outrem, a seu rogo”.

O testamento cerrado é documento particular de natureza íntima ou reservada. Torna-se natural assim seja escrito no próprio idioma peculiar ao disponente estrangeiro. Poderá este expressar-se na língua pátria, ou em outra em que seja mais versado, porque assim o fará de maneira mais segura, mais fiel e mais fácil.

Dispõe o art. 1.872 do Código Civil: “Não pode dispor de seus bens em testamento cerrado quem não saiba ou não possa ler”.

O testamento cerrado pode ser redigido por terceiros, a rogo do testador, se este não souber ler, ou não puder fazê-lo por motivos especiais; mas, se além de não saber escrever, o testador também não souber ou não puder ler, não poderá recorrer ao testamento cerrado para efetuar suas disposições de última vontade. Prevê a lei civil que é imprescindível que o disponente saiba pelo menos ler, a fim de certificar-se, pela leitura, que o terceiro, que o fez a seu rogo o testamento cerrado, lhe seguiu exatamente as suas instruções. Pelo mesmo motivo não pode o cego fazer testamento cerrado.

Dispõe o art. 1.873 do Código Civil: "Pode fazer testamento cerrado o surdo-mudo, contanto que o escreva todo, e o assine de sua mão, e que, ao entregá-lo ao oficial público, ante as duas testemunhas, escreva, na face externa do papel ou do envoltório, que aquele é o seu testamento, cuja aprovação lhe pede".

Consoante o art. 1.874 do Código Civil, tem-se que, "depois de aprovado e cerrado, será o testamento entregue ao testador, e o tabelião lançará, no seu livro, nota do lugar, dia, mês e ano em que o testamento foi aprovado e entregue".

Assim, o surdo-mudo, desde que saiba ler e escrever, pode elaborar testamento cerrado, e o entregue ao tabelião perante duas testemunhas, escrevendo na sua face externa que se trata de seu testamento.

O cego e o analfabeto, entretanto, não podem testar de forma cerrada, pois exige-se que o testador saiba e possa ler a cédula testamentária[30].

Dúvida restou se o cego poderia redigir e/ou ler o seu testamento em braile. Para Carlos Maximiliano, "embora o cego leia por um processo especial e já disseminado por todos os países, não faz testamento cerrado: a proibição do Código é absoluta".

Dispõe o art. 1.875 do Código Civil: "Falecido o testador, o testamento será apresentado ao juiz, que o abrirá e o fará registrar, ordenando seja cumprido, se não achar vício externo que o torne eivado de nulidade ou suspeito de falsidade".

Assim, o testamento cerrado, fechado e cosido, deve ser guardado, pelo próprio testador, ou por alguém que ele designar, a fim de ser apresentado em juízo, por ocasião da abertura da sucessão. Até então, o documento deve permanecer inviolável; se, porventura, for aberto pelo testador, ou houver violação do lacre, ter-se-á este como revogado.

---

30 VELOSO, Zeno. *Código Civil comentado*, p. 2105.

O juiz, ao receber o testamento cerrado, primeiro verifica se este está intacto, e a partir daí procederá à sua abertura e mandará que o escrivão o leia em voz alta na presença de quem o entregou, nos termos do disposto no art. 1.125 do Código de Processo Civil. Em seguida, lavrar-se-á o ato de abertura que, rubricado pelo juiz e assinado pelo apresentante, mencionará: I - a data e o lugar em que o testamento foi aberto; II - o nome do apresentante e como houve ele o testamento; III - a data e o lugar do falecimento do testador; IV - qualquer circunstância digna de nota, encontrada no invólucro ou no interior do testamento, conforme o parágrafo único do dispositivo citado do diploma processual.

Em seguida, conclusos os autos, o juiz, ouvido o Ministério Público, mandará registrar, arquivar e cumprir o testamento, se lhe não achar vício externo que o torne suspeito de nulidade ou falsidade, como dispõe o art. 735 do Códido de Processo Civil de 2015. Esse despacho equivale ao reconhecimento de que o ato, externamente, se fez com observância das solenidades prescritas em lei. Só não deve ser registrado e cumprido testamento que se não ache na devida forma, como, por exemplo, aquele em que se evidencia vulneração ao art. 1.864 do Código Civil.

Posteriormente, será entregue ao testamenteiro uma cópia autêntica do ato para juntada ao processo de inventário, nos termos do art. 735, § 3º, do Código de Processo Civil de 2015. E ainda, uma cópia autêntica é a extraída dos autos da testamentaria, acompanhada de certidão do despacho que mandou registrar, inscrever e cumprir o testamento e do compromisso assinado pelo testamenteiro. Assim, uma vez que o testamento foi, por sentença, mandado que se cumpra, só poderá ser invalidado judicialmente, no todo ou na parte[31].

De forma sintética, tem-se que os requisitos para o testamento cerrado são: a apresentação da cédula testamentária escrita à mão ou mecanicamente, em língua nacional ou estrangeira, pelo testador ou por alguém a seu rogo; a assinatura do próprio testador; a entrega da cédula testamentária pelo tabelião na presença de duas testemunhas; o auto de aprovação lavrado

---

31 MONTEIRO, Washington de Barros; PINTO, Ana Cristina de Barros Monteiro França. *Curso de direito civil*, p. 158 a 161; PEREIRA, Caio Mário da Silva. *Instituições de direito civil*, p. 218-220.

pelo tabelião na presença de duas testemunhas; a leitura do auto de aprovação pelo tabelião ao testador e às duas testemunhas, assinando-o as testemunhas, o tabelião e o testador; o encerramento do testamento pelo tabelião.

Pode entretanto o testamento cerrado ser revogado, ou receber cláusulas adicionais, pela realização de outro testamento, observada a mesma forma ou qualquer outra[32].

Dispõe o art. 1.972 do Código Civil, referente à revogação do testamento cerrado: "O testamento cerrado que o testador abrir ou dilacerar, ou for aberto ou dilacerado com seu consentimento, haver-se-á como revogado".

Entretanto, "se o testador abriu ou dilacerou o testamento acidentalmente, manifesta-se a doutrina pela sua vigência, tendo a revogação apenas lugar quando a ação fosse intencional". Tal disposição repete a regra do art. 1.749 do Código Civil de 1916[33].

Para San Tiago Dantas, "se o particular, porém, abrir um testamento cerrado, isto não o inquina de nulidade, mas é preciso explicar os motivos dessa abertura e expor o testamento à verificação"[34].

Leciona Caio Mário da Silva Pereira que "o estado de conservação da cédula é muito importante para a autenticidade da declaração ali contida, residindo esta em sua conservação e incolumidade".

---

32 "APELAÇÃO CÍVEL. FAMÍLIA. AÇÃO DE NULIDADE DE TESTAMENTOS CERRADOS. 1. Não se trata de testamento conjuntivo, porque não realizados no mesmo instrumento, além de em datas diversas. 2. Não há nulidade dos testamentos, tendo os testadores manifestado, de forma inequívoca, as suas intenções de beneficiar apenas alguns dos filhos, em detrimento de outros, devendo, no entanto, como determinado, ser reduzidas as disposições testamentárias, o que pode ser feito nos autos do inventário, respeitados os respectivos quinhões legitimários de cada herdeiro necessário. Recurso desprovido" (Ap. Cív. 70050046804, 7ª Câm. Cív., TJRS, Rel. Des. Liselena Robles Ribeiro, j. 8-8-2012). "DIREITO PROCESSUAL CIVIL – APELAÇÃO – AÇÃO ANULATÓRIA DE TESTAMENTO CERRADO – INTERVENÇÃO DO MINISTÉRIO PÚBLICO NO SEGUNDO GRAU – PARECER DE MÉRITO – AUSÊNCIA DE MANIFESTAÇÃO NO PRIMEIRO GRAU – IRREGULARIDADE SANÁVEL – PRELIMINAR REJEITADA – ACORDOS HOMOLOGADOS – DECRETAÇÃO DE NULIDADE E ESTIPULAÇÃO DE RESTRIÇÕES – VIOLAÇÃO DA COISA JULGADA – DECISÃO NULA – RECURSO PROVIDO" (Ap. 1.0686.06.171571-6/002, TJMG, 4ª Câm. Civ., Rel. Des. Moreira Diniz, j. 6-9-2012).

33 NADER, Paulo. *Curso de direito civil*, p. 257.

34 SAN TIAGO DANTAS, F. C. *Direitos de família e das sucessões*, p. 515.

A violação da cédula pelo testador traduz o seu propósito revogatório, mas pode ocorrer com o desgaste natural dos anos, ou mesmo por acidente, inadvertência ou malícia de algum interessado, que o invólucro não esteja mais intacto quando da entrega ao juiz; caso que impõe minuciosa investigação para apuração, e se o rompimento não foi realizado pelo testador, mas por outra causa, o juiz ordenará o cumprimento.

O mesmo procedimento se aplica para os casos em que a abertura da cédula se tenha dado por autoridade incompetente[35].

14.3. Do testamento particular

Outra modalidade de testamento ordinário é o testamento particular. Este, também chamado testamento hológrafo, oriundo do termo *holos*, inteiro, e *graphein*, escrever, é aquele que é escrito e assinado pelo testador, ou redigido por meio de processo mecânico, e lido perante três testemunhas idôneas que também o assinarão. Caracteriza-se pelo completo alheamento do oficial público durante a sua celebração[36].

É uma forma fácil de testar, embora não seja muito usual, tendo em vista os riscos que suscita, e ainda, acessível àqueles que saibam ler e escrever; nesse sentido, não é acessível nem ao cego, nem ao analfabeto, mas no que tange ao mudo, inexistem impedimentos legais para que o faça[37].

Possui como requisitos principais: que seja redigido e assinado pelo testador, manual ou mecanicamente; que seja realizado na presença de pelo menos três testemunhas, com a finalidade de que confirmem em juízo a autenticidade do testamento e a observância das formalidades impostas na lei; a leitura do testamento para as testemunhas, que assinam o instrumento e que não contenha o documento rasuras ou espaços em branco, no caso de ter sido redigido pelos meios mecânicos.

Diferentemente do modelo brasileiro, o testamento particular em diversos outros países é simplificado, sendo dispensável a presença de testemunhas, como no direito francês, no direito italiano, no direito alemão[38].

---

35 PEREIRA, Caio Mário da Silva. *Instituições de direito civil*, p. 220.

36 SAN TIAGO DANTAS, F. C. *Direitos de família e das sucessões*, p. 516.

37 PEREIRA, Caio Mário da Silva. *Instituições de direito civil*, p. 221.

38 BEVILÁQUA, Clóvis. *Direito das sucessões*, p. 185 e 186.

Tal como prevê Carlos Maximiliano, "a forma hológrafa simplificada oferece alguns inconvenientes, como: facilitar a captação ou sugestão ou mesmo a destruição do testamento; a realização de inúmeros testamentos por aqueles que não sabem exatamente qual é a sua vontade; quase não se distingue este de uma forma de esboço, ficando difícil então distingui-lo do original. Representa, pois, uma forma efêmera de dispor dos bens". Por outro lado, inúmeras são as formas de inutilizar o testamento particular[39].

À luz do art. 1.876 do Código Civil, estabelecem-se os seus requisitos: "O testamento particular pode ser escrito de próprio punho ou mediante processo mecânico. § 1º Se escrito de próprio punho, são requisitos essenciais à sua validade seja lido e assinado por quem o escreveu, na presença de pelo menos três testemunhas, que o devem subscrever. § 2º Se elaborado por processo mecânico, não pode conter rasuras ou espaços em branco, devendo ser assinado pelo testador, depois de o ter lido na presença de pelo menos três testemunhas, que o subscreverão".

Tal como observa Clóvis Beviláqua, o testador deve consignar ainda a data em que foi redigido o testamento, a fim de comprovar que, nessa época, detinha capacidade para fazê-lo[40].

Para Carlos Maximiliano, "a capacidade para testar precisa existir somente no fim, ao terminar a feitura do testamento, quando todas as formalidades acabaram de ser cumpridas. Esta é a verdadeira data da conclusão"[41].

Não exige a lei, entretanto, que o testador date o instrumento, não podendo este ser então considerado um requisito essencial para sua validade, ao contrário de outros sistemas. É, pois, recomendável, como prevê Caio Mário, que "se consigne o dia da formalização, no caso de se levantarem dúvidas quanto à capacidade do testador, ou de se dirimir eventuais dúvidas quanto à existência de outro testamento, cuja anterioridade se pretende fixar"[42].

No testamento particular, mais que nos outros, exige-se que todas as testemunhas estejam presentes e juntas desde o início até o fim do ato.

---

39 MAXIMILIANO, Carlos. *Direito das sucessões*, p. 498.

40 BEVILÁQUA, Clóvis. *Direito das sucessões*, p. 183 a 185.

41 MAXIMILIANO, Carlos. *Direito das sucessões*, p. 501.

42 PEREIRA, Caio Mário da Silva. *Instituições de direito civil*, p. 222.

O Código Civil exige a presença de pelo menos três testemunhas, de modo que, não sendo fixo este número, as testemunhas poderão ser quatro, cinco ou mais. Entretanto, aos olhos da lei, três testemunhas são o número considerado essencial à validade do instrumento, e elas deverão confirmá-lo quando houver de ser cumprido, com a abertura da sucessão[43].

Dispõe o art. 1.877 do Código Civil: "Morto o testador, publicar-se-á em juízo o testamento, com citação dos herdeiros legítimos".

Vencidas as formalidades de formação do ato, o legislador chamou atenção no artigo em tela para apreciar os requisitos de validade do ato, e também sua execução, após o falecimento do disponente.

"A fase de execução do testamento particular se materializa com a publicação em juízo e com a consequente citação dos herdeiros legítimos. Essa publicação tem por finalidade dar autenticidade ao testamento particular e constitui uma medida preliminar de sua execução"[44].

A publicação do testamento particular, após a morte do testador, poderá ser requerida por qualquer interessado e deverá ser feita à luz do disposto no art. 737 do CPC/2015 (art. 1.130 do CPC/73). O apresentante requererá ao juiz a notificação das pessoas a quem caberia a sucessão *ab intestato*, para que, em dia, hora e lugar designados, venham assistir à inquirição das testemunhas signatárias do instrumento, intimadas sob pena de desobediência.

O herdeiro, o legatário ou o testamenteiro poderá requerer, após a morte do testador, a publicação em juízo do testamento particular, inquirindo-se as testemunhas que lhe ouviram a leitura e, depois disso, o assinaram, como dispõe a regra do mencionado art. 1.130[45].

Com a publicação em juízo, citando-se os herdeiros legítimos, inicia-se a fase de execução ou de eficácia do testamento particular. Regula o artigo em tela a confirmação judicial do testamento particular. Tal procedimento, vemos com Zeno Veloso, deveria ter sido abolido[46].

---

43 MONTEIRO, Washington de Barros; PINTO, Ana Cristina de Barros Monteiro França. *Curso de direito civil*, p. 163.

44 LEITE, Eduardo de Oliveira. *Comentários ao novo Código Civil*, p. 389.

45 MONTEIRO, Washington de Barros; PINTO, Ana Cristina de Barros Monteiro França. *Curso de direito civil*, p. 164.

46 VELOSO, Zeno. *Código Civil comentado*, p. 2110.

Dispõe o art. 1.878 do Código Civil: "Se as testemunhas forem contestes sobre o fato da disposição, ou, ao menos, sobre a sua leitura perante elas, e se reconhecerem as próprias assinaturas, assim como a do testador, o testamento será confirmado. Parágrafo único. Se faltarem testemunhas, por morte ou ausência, e se pelo menos uma delas o reconhecer, o testamento poderá ser confirmado, se, a critério do juiz, houver prova suficiente de sua veracidade".

Sob a égide do CPC de 1973, no caso de se realizar um testamento particular, as testemunhas eram posteriormente inquiridas pelo juiz. E assim, inquiridas as testemunhas, poderiam os interessados, no prazo comum de cinco dias, manifestar-se sobre o testamento, nos termos do art. 1.132 do CPC/73. Esse artigo não apresenta correspondência no CPC/2015.

Uma vez homologado o testamento, o juiz ordenar-lhe-á o registro, inscrição e cumprimento, como prevê o art. 735, § 3º, do mesmo Código.

Vê-se, desta forma, que "o testamento particular é válido, quando se observam os requisitos do art. 1.876 do Código Civil, mas não é eficaz com a morte do testador, o que ocorre com as demais formas de testamento. As exigências dos artigos 1.877 e 1.878, *caput*, do Código Civil, têm o objetivo de confirmar o testamento, e assim, ao comprovar sua autenticidade, outorgar-lhe a requerida executoriedade, e conferir-lhe eficácia, através do cumpra-se do juiz"[47].

Na realidade, o que as testemunhas irão confirmar é que ouviram a leitura do testamento particular do próprio testador e assinaram com ele. "Seria humanamente impossível exigir-se que as testemunhas se lembrassem das cláusulas testamentárias"[48].

Com o passar do tempo, as testemunhas podem faltar por morte, doença grave ou ausência. Deve pelo menos uma delas restar e reconhecer o testamento, que poderá assim ser confirmado. Caso contrário, se nenhuma testemunha restar, o testamento ficará irremediavelmente sem valor.

Pondera Zeno Veloso que, "se há prova suficiente da veracidade do testamento, qual seria o motivo de se inquirir as testemunhas? Uma vez que

---

47 VELOSO, Zeno. *Código Civil comentado*, p. 2110.

48 LEITE, Eduardo de Oliveira. *Comentários ao novo Código Civil*, p. 391.

esse procedimento pode redundar na ineficácia do testamento, e este é, portanto, o maior inconveniente desse tipo de testamento"[49].

À luz do disposto no art. 1.879 do Código Civil "Em circunstâncias excepcionais declaradas na cédula, o testamento particular de próprio punho e assinado pelo testador, sem testemunhas, poderá ser confirmado, a critério do juiz".

Esse artigo trouxe uma importante inovação, uma vez que admite que, em circunstâncias especiais, declaradas na cédula, o testamento particular de próprio punho e assinado pelo testador, sem testemunhas, seja confirmado pelo juiz.

Assim, "as circunstâncias excepcionais que justificam essa forma simplificada de testar são as mais variadas, tanto o testador pode estar num edifício que se incendeia e escreve o testamento jogando o papel pela janela; está incomunicável num lugar isolado; está internado numa UTI hospitalar, entre outros"[50].

Para Washington de Barros Monteiro e Ana Cristina de Barros Monteiro França Pinto, "trata-se na verdade, de uma quarta espécie de testamento, o testamento em circunstâncias excepcionais, em que as formalidades exigidas anteriormente são deixadas de lado. É, entretanto, indispensável que seja escrito e assinado pelo testador, e que as circunstâncias excepcionais estejam expressamente declaradas no instrumento".

Embora o Código Civil mostre-se omisso, pode-se entender por circunstâncias extraordinárias aquelas inesperadas, de grande urgência, e que impeçam, nesse sentido, que o testador valha-se de alguma outra forma testamentária instituída. Podem ser estas circunstâncias: "um mal súbito com perigo de morte iminente, um incêndio, uma inundação, ou algum outro evento que isole o testador e traga perigo de morte para ele".

Para os autores, "o legislador é silente, mas essa forma de testamento, pela fragilidade instrumental que encerra num ato tão importante, deveria ser válida, como o testamento nuncupativo, apenas se seguido da morte do autor da herança, que não teve oportunidade de fazê-lo por outro meio"[51].

---

49 VELOSO, Zeno. *Código Civil comentado*, p. 2110.

50 VELOSO, Zeno. *Código Civil comentado*, p. 2111.

51 MONTEIRO, Washington de Barros; PINTO, Ana Cristina de Barros Monteiro França. *Curso de direito civil*, p. 165.

Entende Eduardo de Oliveira Leite que causa perplexidade a redação do presente artigo, pois "esvazia este a própria natureza do testamento particular". Visa, pois, resgatar a vontade do testador em qualquer circunstância que se apresentar. E para tanto "melhor seria que ao invés de inverter totalmente a ordem dominante, com o comprometimento da validade do instituto, que o legislador tivesse optado por uma fórmula mais branda"[52].

Dispõe o art. 1.880 do Código Civil: "O testamento particular pode ser escrito em língua estrangeira, contanto que as testemunhas a compreendam".

Em princípio, o testador pode se valer de qualquer idioma corrente – vigente ou morto – para escrever seu testamento, mas é preciso que o compreenda.

"Em se tratando de documento privado a regra é a da mais absoluta liberdade de se expressar em língua que expresse fidedignamente a vontade do testador. Diferente do testamento público que é lavrado por tabelião e deve por isso ser efetuado em língua nacional"[53].

Aos olhos da lei civil, as testemunhas devem conhecer a língua na qual o testamento foi escrito, sob pena de nulidade, por vício de forma, uma vez que a leitura do testamento na presença das testemunhas é essencial. Parece óbvio que, se as referidas testemunhas não puderem compreender o que foi escrito, nenhuma utilidade teria a exigência da leitura, e nem tampouco poderiam estas na fase de confirmação do testamento certificar em juízo o ocorrido[54].

De forma sintética, podemos ver que o testamento particular é uma forma bastante rara de se testar. Entretanto, tal como prevê Carlos Maximiliano, "o tipo hológrafo constitui salvaguarda suprema da liberdade testamentária; e desta é a mais forte expressão. Surge no direito de cada povo como sinal de progresso e por isso, a todos se afigura a forma do futuro".

---

52 LEITE, Eduardo de Oliveira. *Comentários ao novo Código Civil*, p. 397.

53 LEITE, Eduardo de Oliveira. *Comentários ao novo Código Civil*, p. 397.

54 MAXIMILIANO, Carlos. *Direito das sucessões*, p. 505; VELOSO, Zeno. *Código Civil comentado*, p. 2112.

Para efeitos penais, o testamento particular é equiparado a documento público, nos termos do art. 297 do Código Penal. "Essa equiparação torna-se indispensável, porque nenhuma outra forma testamentária se presta tanto à contrafação e à falsidade, como esta, sendo esse, certamente, seu principal defeito"[55].

Pode-se então concluir que o testamento particular é o menos utilizado das três formas ordinárias de testar. Isso se dá certamente pela insegurança que encerra. Também seu teor não é sigiloso como no caso do testamento cerrado, uma vez que deve ser lido pelo testador na presença das testemunhas. No que tange à segurança do ato, no testamento particular esta é inferior à do testamento público, visto que subsiste apenas o instrumento previamente redigido enquanto o testamento público é lavrado no livro de notas.

Também a capacidade do testador pode ser colocada em dúvida pelos herdeiros e demais interessados, no momento da abertura da sucessão, diferente do testamento público, onde a capacidade da parte é atestada pelo próprio tabelião.

Também a terminologia utilizada, ou a realização de testamento mecanicamente, pode suscitar controvérsias quanto a sua autenticidade, principalmente se houver a morte das testemunhas.

Pensamos assim com Paulo Nader que "o simples e o complexo fazem parte do testamento particular, estando a simplicidade do ato de testar de um lado, e a complexidade no sistema de confirmação *post mortem* de outro"; estando, pois, a garantia da autenticidade dessa modalidade de testamento na confirmação de autoria e no cumprimento das formalidades[56].

14.4. Das testemunhas testamentárias

A testemunha testamentária é a pessoa cujo testemunho assegurará a liberdade do testador e a veracidade das disposições constantes no testamento.

---

55 MONTEIRO, Washington de Barros; PINTO, Ana Cristina de Barros Monteiro França. *Curso de direito civil*, p. 165.

56 NADER, Paulo. *Curso de direito civil*, p. 261.

"É aquela pessoa que tem condições de esclarecer a verdade sobre o ato ou o fato que se pretende demonstrar, em razão de ter assistido, ou de algum modo, obtido informações para o esclarecimento do fato, ato ou negócio jurídico"[57].

Para Itabaiana de Oliveira, as testemunhas dividem-se em: testemunhas instrumentais, quando subscrevem o ato para o qual foram convocadas, e as testemunhas judiciárias, quando declaram em juízo o que sabem sobre os fatos controvertidos. E assim, "podem ser testemunhas em testamento todas as pessoas que tenham cumprido os requisitos exigidos em lei para esse fim. A falta de requisitos legais acarreta a incapacidade da testemunha, que pode ser absoluta ou relativa, faltando-lhes requisitos básicos no primeiro caso ou se tiverem interesse direto na herança, no segundo caso".

É válido ressaltar que se for decretada a incapacidade absoluta das testemunhas testamentárias, eiva-se este de nulidade; e se a incapacidade for relativa, o testamento permanece válido[58].

Em todas as formas ordinárias de testamento, intervirão sempre duas ou três testemunhas, dependendo da espécie. Prevê o art. 1.864, II, do Código Civil que são duas as testemunhas para o testamento público e para o testamento cerrado, como dispõe o art. 1.868, I, do mesmo diploma legal, e três para o particular como prevê o art. 1.876, § 1º, do Código Civil. O testamento em circunstâncias excepcionais dispensa qualquer testemunha.

Lecionam Washington de Barros Monteiro e Ana Cristina de Barros Monteiro França Pinto: "O número de cinco testemunhas que o Código Civil de 1916 consagrava nas três hipóteses tradicionais constituía, provavelmente, reminiscência da divisão do povo romano em cinco classes, representando cada testemunha uma classe".

---

57 GAMA, Guilherme Calmon Nogueira da. Capacidade para testar, para testemunhar e para adquirir por testamento. In: HIRONAKA, Giselda; PEREIRA, Rodrigo da Cunha (Coords.). *Direito das sucessões e o novo Código Civil*. Belo Horizonte: Del Rey, 2004, p. 224.

58 OLIVEIRA, Arthur Vasco Itabaiana de. *Tratado de direito das sucessões*, p. 81-86.

Nas formas especiais de testamento, as testemunhas reduziam-se a duas, como se depreende das disposições contidas nos arts. 1.888, 1.889 e 1.893 do Código Civil. "A exigência de pelo menos duas testemunhas funda-se, em sua origem, numa passagem do Evangelho de São João: *In lege vestra scriptum est quod duorum hominum testimonium verum est*"[59].

Estabelecia o Código Civil de 1916 quais as pessoas impedidas de testemunhar em seu art. 1.650: "Não podem ser testemunhas em testamentos: I - os menores de dezesseis anos; II - os loucos de todo o gênero [expressão sempre censurada que incluía todos os deficientes mentais]; III - os surdos-mudos e os cegos; IV - o herdeiro instituído, seus ascendentes e descendentes, irmãos e cônjuge; V - os legatários".

Leciona Clóvis Beviláqua que, antes ainda do Código Civil de 1916, à luz do disposto nas Ordenações, 4,83, § 1º, as mulheres não podiam ser testemunhas nos testamentos ordinários, da mesma forma que os legatários não estavam impedidos de sê-lo[60].

Assim, vê-se que das referidas exclusões as três primeiras tornavam-se sem efeito, uma vez que eram feitas anteriormente quanto às pessoas impedidas de serem testemunhas em quaisquer negócios jurídicos realizados na vida civil. Não havia, nesse sentido, necessidade de insistir o legislador, na mesma ideia. "Tais pessoas, menos os cegos, eram e continuam sendo incapazes e assim não podem intervir em negócio jurídico solene, que requer inteligência e discernimento"[61].

Ao contrário do diploma anterior, em que havia um dispositivo legal específico para as testemunhas testamentárias, o Código de 2002 não se referiu expressamente ao tema, visto que os impedimentos estão presentes também para outros atos da vida civil, valendo-se para tanto da regra geral estabelecida pelo art. 228, que estabelece que não podem ser testemunhas as seguintes pessoas mesmo em testamentos "I - os menores de dezesseis anos; II - aqueles que, por enfermidade ou retardamento mental,

---

59 MONTEIRO, Washington de Barros; PINTO, Ana Cristina de Barros Monteiro França. *Curso de direito civil*, p. 166.

60 BEVILAQUA, Clovis. *Código Civil dos Estados Unidos do Brasil comentado*, p. 115.

61 MONTEIRO, Washington de Barros; PINTO, Ana Cristina de Barros Monteiro França. *Curso de direito civil*, p. 166.

não tiverem discernimento para a prática dos atos da vida civil; III – os cegos e surdos, quando a ciência do fato que se quer provar dependa dos sentidos que lhes faltam; IV – o interessado no litígio, o amigo íntimo ou o inimigo capital das partes; V – os cônjuges, os ascendentes, os descendentes e os colaterais, até o terceiro grau de alguma das partes, por consanguinidade, ou afinidade. Parágrafo único. Para a prova de fatos que só elas conheçam, pode o juiz admitir o depoimento das pessoas a que se refere este artigo".

Existiam ainda, sob a égide do Código Civil de 1916, outros impedimentos relativos aos atos de última vontade. Assim, não podiam ser testemunhas testamentárias o herdeiro instituído, bem como seus ascendentes e descendentes, irmãos e cônjuge, além dos legatários. Nulo se tornaria o ato se nele interviesse como testemunha pessoa legalmente afastada.

Desta forma, temos que todas as pessoas beneficiadas ou prejudicadas com a elaboração do testamento estavam impedidas de funcionar como testemunhas; só as pessoas isentas de qualquer interesse peculiar poderiam sê-lo. Assim, visou o legislador garantir a higidez do ato, pondo-o a salvo de eventuais impugnações.

É válido observar, entretanto, que a lei imputava impedimento aos ascendentes, descendentes, irmãos e cônjuge do herdeiro instituído, afastando-os do ato, de modo sumário, mas nada referia quanto aos ascendentes, descendentes, irmãos e cônjuges dos legatários. Poderiam essas pessoas, tendo em vista a omissão legal, servir de testemunhas no ato de última vontade?

Washington de Barros Monteiro e Ana Cristina de Barros Monteiro França Pinto entendem que não, visto que *ubi eadem ratio, ibi eadem dispositio.* "Urge, nesse passo, recorrer à analogia, tendo em vista que a semelhança das situações exigia, sem dúvida, idêntica solução, ao caso, sob pena de tachar-se a lei de incongruente e de ilógica, ou de atribuir-se ao legislador uma *inelegantia juris,* a de mostrar-se contraditório consigo mesmo. A questão, todavia, não era pacífica e julgados existem em sentido contrário".

Também os legatários não podiam ser testemunhas em testamentos nos quais viessem a ser agraciados. Assim, todo aquele que obtivesse algum proveito com o ato da última vontade não deveria nele intervir, a fim de afastar qualquer suspeição e garantir-lhe a incolumidade.

Continha ainda o Código anterior o preceito, reproduzido no Código Civil atual, em seu art. 1.801, II, segundo o qual não podem ser nomeadas herdeiras, nem legatárias, as testemunhas do testamento. "Essa incapacidade testamentária passiva justifica-se pela mesma consideração de que suspeito se torna o ato de última vontade, elaborado com intervenção de pessoas nele contempladas a qualquer título".

Inexistem, entretanto, na legislação atual outras incompatibilidades. Assim, nada impede que sirvam de testemunhas testamentárias os funcionários do cartório em que se lavra o ato; ou o testamenteiro nomeado pelo disponente, embora gratificado com a vintena, atribuída a título de remuneração pelos serviços prestados à testamentaria; os parentes afins do testador; a pessoa obrigada a guardar segredo profissional, como o médico, a respeito do estado mental do testador; as mulheres, ou os diretores e representantes das pessoas jurídicas eventualmente contempladas; aquele que escreveu a rogo testamento cerrado pode, depois, servir de testemunha no ato ou instrumento de aprovação. O legislador de 1916 não incluiu, porém, os que não sabiam ou não podiam assinar, pois não se admitia assinatura a rogo, no caso de que se trata.

Vê-se, assim, que "as incompatibilidades são estritas e não se ampliam a situações não previstas"[62].

À luz do art. 1.801 do Código Civil, não podem ser nomeados herdeiros nem legatários: a pessoa que, a rogo, escreveu o testamento, o seu cônjuge ou companheiro, ou os seus ascendentes e irmãos; as testemunhas do testamento; o concubino do testador casado, salvo se este, sem culpa sua, estiver separado de fato do cônjuge há mais de cinco anos; o tabelião, civil ou militar, ou o comandante ou escrivão, perante quem se fizer, assim como o que fizer ou aprovar o testamento.

O art. 1.802 do Código Civil fulmina de nulidade as disposições testamentárias em favor das pessoas não legitimadas a suceder.

É válido ressaltar que a incapacidade para ser testemunha testamentária é aquela que consta do momento do ato de elaboração do testamento. Assim,

---

62 MONTEIRO, Washington de Barros; PINTO, Ana Cristina de Barros Monteiro França. *Curso de direito civil*, p. 166 e 167.

se, por acaso, determinada testemunha venha a se casar posteriormente com um herdeiro instituído, não significa que o testamento seja inválido.

Ressalta-se que a eventual falta de qualificação das testemunhas instrumentárias não constitui violação de formalidade essencial; a lei exige preencham elas certos requisitos, mas não prescreve pena de nulidade para a omissão dos dados qualificativos.

Da mesma forma, não impõe a lei que as testemunhas tenham achado exato o conteúdo do testamento, em consonância com o que se passou no cartório, ou com o que ao tabelião foi ditado pelo testador. De qualquer modo, seus depoimentos não poderão ser futuramente opostos, entre si, ao que constar da escritura. No conflito entre a prova testemunhal e a instrumental, atribui-se prevalência à segunda. O testamento vale por si e não se elide senão por provas concludentes e perfeitas.

Ressalta-se, ainda, que "inócuo se tornará o depoimento das testemunhas, ou do próprio tabelião, para se conhecer o estado mental do testador, ou sua exata vontade. Seus dizeres, isoladamente, não infirmam a fé do documento"[63].

Também no que tange à assinatura a rogo do disponente analfabeto, ou que não saiba ou não possa assiná-lo, é uma das testemunhas instrumentárias, a jurisprudência assentou que não implica nulidade a intervenção de outra pessoa para assinar o ato a seu pedido. Não se estendem ao subscritor as restrições e incompatibilidades enumeradas no Código Civil de 1916, mesmo porque não constam do Código de 2002[64].

---

63 "AGRAVO DE INSTRUMENTO. SUCESSÕES. AÇÃO ANULATÓRIA DE TESTAMENTO. INDEFERIMENTO DA OITIVA DE TESTEMUNHAS. ROL JUNTADO FORA DO PRAZO. JUSTA CAUSA. TESTEMUNHAS FUNDAMENTAIS PARA O ESCLARECIMENTO DO CASO. PROVIMENTO. 1. Enfermidade vivenciada pelo procurador do autor, que o impediu de praticar ato processual no prazo assinado configura justa causa que autoriza a reabertura do prazo. 2. Dada a relevância da prova testemunhal indeferida pela decisão agravada para o deslinde do feito, e considerando que sua oitiva poderia (e deveria) ser determinada até mesmo de ofício pelo juízo, ou a pedido do MP, que, nesta instância, se manifesta expressamente nesse sentido, afasta-se a preclusão temporal invocada para determinar a coleta da prova requerida. Deram provimento. Unânime" (AgI 70050084649, 8ª Câm. Cív., TJRS, Rel. Des. Luiz Felipe Brasil Santos, j. 27-9-2012).

64 MONTEIRO, Washington de Barros; PINTO, Ana Cristina de Barros Monteiro França. *Curso de direito civil*, p. 169.

14.5. Responsabilidade civil do tabelião

Pode ainda incorrer em **responsabilização civil** o tabelião em virtude de suas falhas ou omissões, em relação aos testamentos que oficiou.

Como leciona Carlos Maximiliano, "o oficial com a responsabilidade de seu cargo, apura preliminarmente se está de fato diante do autor real da herança. Da mesma forma devem as testemunhas conhecer o testador, para lhes reconhecer a identidade".

Assim, caso o oficial não apure de plano estar diante do verdadeiro testador, exige a presença de duas pessoas idôneas dele conhecidas e das testemunhas, que por sua vez conheçam bem o disponente e assegurem sua identidade.

Se, entretanto, o oficial não tomar as devidas precauções, especificadas acima, responderá objetivamente pelos danos que venha a causar a terceiros em decorrência do vício do serviço público realizado ou exercido mediante delegação, assegurando-se-lhes o direito de regresso em face do funcionário que de forma culposa ou dolosa provocar prejuízo a outrem.

Do não uso das referidas precauções, não se incorre em nulidade do ato, mas em conduta culposa do notário, escrivão ou cônsul[65].

O art. 22 da Lei n. 8.935/94, denominada Lei dos Notários e dos Registradores, prevê a responsabilidade dos notários e oficiais de registro em relação aos danos causados a terceiros, em decorrência de conduta própria ou de seus prepostos. Acrescenta o art. 23 da mesma lei que a responsabilidade civil independe da criminal[66].

---

65 MAXIMILIANO, Carlos. *Direito das sucessões*, p. 403-406.

66 NADER, Paulo. *Curso de direito civil*, p. 257.

Capítulo 15

DAS FORMAS ESPECIAIS DE TESTAMENTO

Na lição de San Tiago Dantas, "embora o testamento seja um ato jurídico que a lei reserva uma especial formalidade, a tendência do direito moderno é substituir o formalismo pelo antiformalismo, desde que a forma simplificada exprima com suficiente clareza a vontade do testador"[1].

Assim, para testar, há de recorrer-se às formas ordinárias de testamento, que são as comuns, para circunstâncias normais. Existem situações, entretanto, em que se mostra impossível a realização de testamento pelas vias ordinárias. Desta forma, a lei civil faculta o emprego de testamentos especiais, que só podem ser utilizados em casos excepcionais, em face das situações de emergência, em que se encontre aquele que pretende manifestar a sua última vontade.

São formas especiais de testamento: o testamento marítimo, o testamento aeronáutico e o testamento militar, disciplinados pelo Capítulo V, do Título III, do Livro V, do Código Civil de 2002, e são chamados também de testamentos excepcionais, emergenciais, acidentais, privilegiados ou extraordinários.

---

1 SAN TIAGO DANTAS, F. C. *Direitos de família e das sucessões*, p. 505.

É válido ressaltar que os testamentos especiais têm por característica basilar a facilitação de sua elaboração, a diminuição das formalidades, a redução dos requisitos para sua validade, bem como a supressão de algumas formalidades presentes quando da elaboração do testamento nas formas ordinárias.

Os referidos privilégios são basicamente referentes à forma do testamento em questão. Entretanto, quanto às regras gerais, as mesmas são aplicadas aos testamentos especiais[2].

À luz do disposto no art. 1.887 do referido diploma legal, "não se admitem outros testamentos especiais além dos contemplados neste Código".

Vê-se, desta forma, que "em matéria de testamento, entra-se no domínio mais formalista do direito civil, pois a forma assume proporções decisivas para a validade do ato. Assim, há de ser escolhido um dos tipos legais previstos em lei, estando as formas híbridas eivadas de nulidade"[3].

15.1. Do testamento marítimo

O testamento marítimo é aquele realizado em viagem fluvial, lacustre ou em alto-mar, a bordo de navio nacional, mercante - de transporte de coisas ou pessoas - ou de guerra.

Este deve ser feito pelo testador perante o comandante, na presença de duas testemunhas, por forma que corresponda ao testamento público ou ao cerrado, como prevê o art. 1.888 do Código Civil; pode ser redigido pelo próprio testador, por outrem a seu rogo, ou pelo comandante do navio, bem como pelo escrivão de bordo, devendo todas as circunstâncias ser consignadas no registro do testamento no diário de bordo como prevê o parágrafo único do mesmo artigo. Este funcionará como livro de notas, sendo que ao comandante do navio são atribuídas funções notariais, exercendo, no caso, o papel do tabelião.

Se utilizada a forma do testamento cerrado, todas as formalidades deverão ser igualmente observadas. Desta forma, o texto já redigido será

---

2 VELOSO, Zeno. *Código Civil comentado*, p. 2115.

3 SAN TIAGO DANTAS, F. C. *Direitos de família e das sucessões*, p. 506.

apresentado ao comandante junto com a declaração verbal do testador indicando que aquela é a sua declaração de última vontade. Ao receber o documento, o comandante, na presença das testemunhas, redigirá o termo de aprovação e fechará o documento, costurando-o, observando assim a prática corrente para os testamentos cerrados. Em seguida, procederá à anotação no diário de bordo, indicando o feito.

No caso de o testador ser o próprio comandante, outra pessoa hábil a substituí-lo presidirá o ato – provavelmente o subcomandante ou antigamente, sob a égide do Código Civil de 1916, pelo escrivão de bordo[4].

Na lição de Itabaiana de Oliveira, o Código de 1916, ao admitir duas formas ao testamento marítimo, impôs que a forma que se assemelha ao testamento público é o lavrado pelo comandante ou pelo escrivão de bordo, e a forma que corresponde ao testamento cerrado se dá quando é escrito pelo testador ou por outrem a seu rogo.

Aduz que, quanto à primeira forma, são requisitos essenciais do testamento marítimo: que ele seja lavrado pelo comandante ou pelo escrivão de bordo diante de duas testemunhas escolhidas entre os passageiros; que as testemunhas estejam presentes durante todo o ato; que o instrumento seja assinado pelo testador e pelas testemunhas. Ainda quanto à primeira forma, são requisitos essenciais que o testamento seja escrito pelo testador ou por outrem, e quem o escreveu, deve assinar o testamento com a declaração de que o subscreve a rogo do testador; que seja entregue ao comandante ou escrivão de bordo; que seja datado e assinado[5].

À luz do art. 1.890 do Código Civil, "o testamento marítimo ou aeronáutico ficará sob a guarda do comandante, que o entregará às autoridades administrativas do primeiro porto ou aeroporto nacional, contra recibo averbado no diário de bordo".

Assim, tem-se que o testamento marítimo pode ser usado tanto pelos passageiros como pela tripulação. Entretanto, essa forma testamentária especial só poderá ser utilizada se a embarcação estiver em alto-mar. Se o

---

4 GAMA, Affonso Dionísio. *Tratado theorico e pratico de testamentos*, p. 66; NADER, Paulo. *Curso de direito civil*, p. 286.

5 OLIVEIRA, Arthur Vasco Itabaiana de. *Tratado de direito das sucessões*, p. 76-78.

navio estiver ancorado num porto, ou prestes a chegar ao seu destino, não poderá ser empregada, a menos que o testador, por qualquer circunstância, se ache impossibilitado de desembarcar[6].

Dispõe o art. 1.891 do Código Civil que "caducará o testamento marítimo, ou aeronáutico, se o testador não morrer na viagem, nem nos noventa dias subsequentes ao seu desembarque em terra, onde possa fazer, na forma ordinária, outro testamento".

Da mesma forma que, como prevê a regra do art. 1.892 do Código Civil, "não valerá o testamento marítimo, ainda que feito no curso de uma viagem, se, ao tempo em que se fez, o navio estava em porto onde o testador pudesse desembarcar, e testar na forma ordinária".

Em qualquer desses casos, cessa a razão que justificava o emprego do testamento especial. Deve então o testador, se persistir no propósito de testar, socorrer-se das formas ordinárias de testamento, ainda que o desembarque se tenha efetuado em país estrangeiro, pois as formas especiais de testamento, tal como o nome indica, são previstas para casos excepcionais, diante de circunstâncias que impeçam de testar sob a forma ordinária.

15.2. Do testamento aeronáutico

Desconhecido do Código de 1916, introduziu-o o legislador de 2002 ante a frequência das viagens aéreas, de curto e longo percurso, marca da vida moderna.

Tal modalidade de testamento, entretanto, está fadada ao desuso, pois no caso de perigo no ar, o tumulto impedirá a confecção de testamento, que também desaparecerá nos eventuais destroços.

A hipótese mais viável para sua elaboração é, sem dúvida, alguma eventual questão individual. O Código Civil não indica o tempo mínimo de voo que é necessário para que o testamento aeronáutico tenha valor, mas o bom senso o exclui dos voos de pequena duração[7].

---

6 MONTEIRO, Washington de Barros; PINTO, Ana Cristina de Barros Monteiro França. *Curso de direito civil*, p. 173.

7 PEREIRA, Caio Mário da Silva. *Instituições de direito civil*, p. 228; NADER, Paulo. *Curso de direito civil*, p. 287.

Dispõe o art. 1.889: "Quem estiver em viagem, a bordo de aeronave militar ou comercial, pode testar perante pessoa designada pelo comandante, observado o disposto no artigo antecedente".

O testamento aeronáutico será feito perante pessoa designada pelo comandante do avião, observado o disposto no art. 1.888 do Código Civil, ou seja, o testamento será elaborado por forma que corresponda ao testamento público ou cerrado.

Observa-se que o legislador não fala em aeronave nacional; e o testador, por sua vez, faz sua declaração de última vontade não perante o comandante, que deve conservar-se em seu posto de comando, mas perante pessoa que este designar. Entretanto, o ato deve ser feito na presença de duas testemunhas e seguir as formalidades prescritas para o testamento público ou para o testamento cerrado.

No que tange à primeira observação, embora omisso o texto legal, considera-se o princípio *locus regit actum*, devendo o testamento observar a forma do lugar em que está sendo concretizado, e assim, como a aeronave brasileira é considerada território brasileiro, e é a lei brasileira que rege as solenidades desse testamento, segue-se que é a equipamento de nacionalidade brasileira que se refere o artigo em tela.

Após declarada a vontade do testador perante a pessoa designada pelo comandante, na presença de duas testemunhas, atendidas todas as solenidades da forma escolhida, pública ou cerrada, o instrumento será entregue ao comandante, que o registrará no livro das ocorrências de bordo, conservando-o sob sua guarda até o primeiro aeroporto nacional em que aterrissar a aeronave, onde será entregue às autoridades administrativas locais, contra recibo a ser averbado no diário de bordo.

Da mesma forma que o testamento marítimo, o testamento aeronáutico pode ser utilizado pelos passageiros e tripulantes, e também caducará o ato de última vontade se o testador não morrer na viagem, nem nos noventa dias subsequentes ao seu desembarque em terra, onde possa fazer seu testamento pela forma ordinária, como prevê o art. 1.891 do Código Civil[8].

---

[8] MONTEIRO, Washington de Barros; PINTO, Ana Cristina de Barros Monteiro França. *Curso de direito civil*, p. 174 e 175.

15.3. Do testamento militar

O testamento militar, de origem remotíssima, que remonta a longínquas eras, encontra-se regulado em diversas legislações. Representa a disposição de última vontade formulada não só pelos militares, mas também pelos civis, como as demais pessoas a serviço das forças armadas, ou que a elas se agregam, como médicos, cirurgiões, enfermeiros, observadores oficiais, repórteres, engenheiros, telegrafistas e capelães, voluntários, diplomatas, correspondentes de guerra, ou até mesmo prisioneiros, ocupadas em operações de guerra, dentro ou fora do país. Pode ser também utilizado pelo combatente prisioneiro do inimigo.

É utilizado quando não houver tabelião na localidade em que o testador esteja alocado, ou seja impossível contactá-lo[9].

Assim, à luz do disposto no art. 1.893 do Código Civil, "o testamento dos militares e demais pessoas a serviço das Forças Armadas em campanha, dentro do País ou fora dele, assim como em praça sitiada, ou que esteja com comunicações interrompidas, poderá fazer-se, não havendo tabelião ou seu substituto legal, ante duas, ou três testemunhas, se o testador não puder, ou não souber assinar, caso em que assinará por ele uma delas. § 1º Se o testador pertencer a corpo ou seção de corpo destacado, o testamento será escrito pelo respectivo comandante, ainda que de graduação ou posto inferior. § 2º Se o testador estiver em tratamento em hospital, o testamento será escrito pelo respectivo oficial de saúde, ou pelo diretor do estabelecimento. § 3º Se o testador for o oficial mais graduado, o testamento será escrito por aquele que o substituir".

Comporta três formas diferentes: a do art. 1.893 do Código Civil, que se assemelha ao testamento público, afirmando que este pode ser feito perante duas ou três testemunhas, caso o testador não saiba ou não possa assinar, quando então a testemunha assinará por ele; a do art. 1.894 do Código Civil, que corresponde ao testamento cerrado, e a nuncupativa, prevista no art. 1.896 do mesmo diploma legal.

No primeiro caso, funcionará como oficial público o comandante, ou o oficial de saúde ou o diretor do hospital, segundo o testador esteja em serviço na tropa, ou recolhido a enfermaria em tratamento; **no segundo**

---

[9] SAN TIAGO DANTAS, F. C. *Direitos de família e das sucessões*, p. 517; VELOSO, Zeno. *Código Civil comentado*, p. 2121.

caso, o testamento militar será escrito pelo testador e apresentado ao auditor na presença de duas ou três testemunhas; **no terceiro caso**, o militar ou pessoa assemelhada acha-se empenhada em combate, ou então ferida: "As pessoas designadas no art. 1.893, estando empenhadas em combate, ou feridas, podem testar oralmente, confiando a sua última vontade a duas testemunhas", como prevê o art. 1.896 do Código Civil[10].

Dispõe o art. 1.894 do Código Civil: "Se o testador souber escrever, poderá fazer o testamento de seu punho, contanto que o date e assine por extenso, e o apresente aberto ou cerrado, na presença de duas testemunhas ao auditor, ou ao oficial de patente, que lhe faça as vezes neste mister. Parágrafo único. O auditor, ou o oficial a quem o testamento se apresente notará, em qualquer parte dele, lugar, dia, mês e ano, em que lhe for apresentado, nota esta que será assinada por ele e pelas testemunhas".

Este artigo trata de uma forma correspondente ao testamento cerrado, como vimos, mas ocorre a simplificação de suas formalidades, salvo quanto à forma escrita, que exige seja feita pelo próprio punho de testador, e ainda que seja assinado o nome deste por extenso, numa flagrante oposição à forma aceita de testamento cerrado pelo Código, que admite a utilização de meios mecânicos, como prevê o art. 1.868, parágrafo único, do Código Civil.

Deve-se chamar a atenção para o fato de que esse tipo de testamento militar, embora seja testamento especial, quebrando a regra geral, não caducará, como dispõe o art. 1.895 do Código Civil: "Caduca o testamento militar, desde que, depois dele, o testador esteja, noventa dias seguidos, em lugar onde possa testar na forma ordinária, salvo se esse testamento apresentar as solenidades prescritas no parágrafo único do artigo antecedente".

Guarda, entretanto, esse artigo uma certa anitinomia com as demais formas de testamentos especiais estudadas.

Se se trata de uma forma especial de testar, impossibilitado estando o testador para valer-se das formas ordinárias, é de se depreender que esta representa uma forma provisória de testar, e assim, suprida a causa impeditiva, nada mais justo que procure o testador o respectivo cartório para elaborar seu testamento.

---

10 SAN TIAGO DANTAS, F. C. *Direitos de família e das sucessões*, p. 517; MONTEIRO, Washington de Barros; PINTO, Ana Cristina de Barros Monteiro França. *Curso de direito civil*, p. 175 e 176.

Para Clóvis Beviláqua, se contiver as solenidades previstas para o ato, subsistirá, por ser manifestação perfeita de última vontade, sob forma quase idêntica à do testamento particular ordinário[11].

Pode, entretanto, o testamento militar ser empregado durante o armistício, como leciona Washington de Barros Monteiro[12].

Uma outra forma de testamento especial é prevista entre as formas de testamento militar, o **testamento nuncupativo**, ou testamento de viva voz, *in articulo mortis*, regulado pelo art. 1.663 do Código Civil de 1916, e representa uma exceção à regra de que os testamentos devem ser celebrados por escrito.

Assim, as pessoas designadas pelo art. 1.893 do Código Civil, estando em combate ou feridas, podem testar nuncupativamente, confiando sua última vontade a duas testemunhas. "Estando no conflito de batalha, podem fazer testamento oral ou escrito, ainda que seja no chão com a espada, ou com o sangue das feridas, ou de qualquer outra coisa, desde que se prove com estas sua vontade às duas testemunhas"[13].

Como leciona San Tiago Dantas, "é o caso do soldado ou do oficial ferido em combate e agonizante que pode testar nuncupativamente, ou seja, oralmente, a dois outros companheiros ao lado. Estas declarações valem como testamento desde que sejam imediatamente reportadas ao oficial superior e observadas as formalidades para a fixação dessa vontade"[14].

É o que dispõe o art. 1.896 do Código Civil: "As pessoas designadas no art. 1.893, estando empenhadas em combate, ou feridas, podem testar oralmente, confiando a sua última vontade a duas testemunhas. Parágrafo único. Não terá efeito o testamento se o testador não morrer na guerra ou convalescer do ferimento".

Para Clóvis Beviláqua, o testamento nuncupativo constitui romanismo perigoso, que não oferece garantias suficientes, visto que sujeito a erro e dolo, podendo assim facilmente conduzir à deturpação da vontade do disponente[15].

---

11 BEVILÁQUA, Clóvis. *Direito das sucessões*. 5. ed. Rio de Janeiro: Livraria Francisco Alves, 1955, p. 188.

12 MONTEIRO, Washington de Barros; PINTO, Ana Cristina de Barros Monteiro França. *Curso de direito civil*, p. 176.

13 GAMA, Affonso Dionísio. *Tratado theorico e pratico dos testamentos*, p. 70.

14 SAN TIAGO DANTAS, F. C. *Direitos de família e das sucessões*, p. 518.

15 BEVILÁQUA, Clóvis. *Direito das sucessões*, p. 189.

Entretanto, à luz do parágrafo único do artigo em tela, se o testador não morrer na guerra ou convalescer do ferimento, o testamento nuncupativo perderá efeito, caducará.

Tal como leciona Zeno Veloso, o Código Civil de 2002 devia ter instituído formalidades complementares para essa forma de testamento, como a necessidade de as testemunhas reduzirem a termo escrito o teor do que ouviram do testador.

E assim, de acordo com o art. 1.134, III, do CPC/73, aplicam-se ao testamento nuncupativo as disposições destinadas à confirmação do testamento particular, devendo, pois, seu teor ser reduzido a termo, a fim de que possa ser apresentado em juízo. Serão intimados para inquirição os herdeiros legítimos, o testamenteiro, os herdeiros, os legatários e o Ministério Público. Os interessados deverão manifestar-se sobre o testamento no prazo de cinco dias. Estando concordes as testemunhas e não havendo dúvidas sobre a autenticidade do ato, o juiz, ouvindo o representante do Ministério Público, confirmará o testamento, mandando que seja cumprido[16].

O referido dispositivo não apresenta correspondência no CPC de 2015.

De forma sintética, o testamento militar tem como caracteres basilares o fato de apresentar uma simplicidade nas formas, não se revestindo de formalidades; não tem a intervenção do notário e apresenta o caráter de provisoriedade, podendo ainda ora assemelhar-se ao testamento público, ora ao cerrado e ora ao nuncupativo, feito oralmente[17].

15.4. Dos testamentos biológicos

15.4.1. Do testamento vital

Em todos os temas bioéticos debatidos na atualidade, muito se destaca a presença do médico e sua relação com os pacientes e suas famílias, em sua mais ampla dimensão: desde os momentos iniciais quando a primeira consulta é realizada, o diagnóstico e o prognóstico das diversas patologias, a

---

16 VELOSO, Zeno. *Código Civil comentado*, p. 2124.

17 NADER, Paulo. *Curso de direito civil*, p. 291 e s.

introdução da terapia clínica, a experimentação científica, ou mesmo nas espinhosas questões que envolvem a terminalidade da vida[18].

O médico é, amparado por sua equipe, multidisciplinar, o grande agente da pesquisa e administração de técnicas modernas nas diversas áreas ou em biotecnologia, além de, valendo-se de todos os recursos que dispõe tratar o paciente em seus momentos finais, decidindo muitas vezes sobre o momento da morte bem como indicando os cuidados especiais ou paliativos aos seus pacientes conforme o caso.

É de vital importância o respeito aos princípios bioéticos de autonomia (externado pelo consentimento livre e esclarecido, e a celebração do testamento vital - diretivas antecipadas da vontade), beneficência, não maleficência e justiça, objetivando o melhor cuidado dedicado ao paciente tendo em vista sua intrínseca dignidade.

São deveres inerentes à prática médica: a informação detalhada do quadro de saúde do paciente, a explanação do tratamento a ser implantado em face do diagnóstico apresentado, cuidar do paciente com zelo e dedicação, respeitar as decisões pessoais dos pacientes no caso de recusa do tratamento oferecido, respeitar os limites contratuais estabelecidos em cada caso, preservar o sigilo profissional tendo em vista a intimidade do paciente[19].

Nesse sentido, desde a fundação dos primeiros Comitês de ética hospitalar nos idos dos anos 1970, impôs-se a reflexão sobre a melhor forma de amparar o paciente, conferindo-lhe bem estar nos momentos finais de sua vida.

O testamento vital, também chamado de diretivas antecipadas de vontade, difere-se do testamento civil, previsto no ordenamento jurídico pátrio posto que as deliberações contidas neste passam a ter validade após a morte do outorgante, enquanto as deliberações contidas no testamento vital dispõem sobre a vontade do paciente nos momentos finais de sua vida, em relação aos tratamentos médicos que deseja receber.

Pode ainda conter: aceitação ou não da administração de certos medicamentos, aceitação ou não de certos procedimentos como entubamento ou

---

18 MALUF, Adriana Caldas do Rego Freitas Dabus Maluf. *Curso de bioética e biodireito.* 3. ed. São Paulo: Gen/Método, 2015, p. 457.

19 MALUF, Adriana Caldas do Rego Freitas Dabus Maluf. *Curso de bioética e biodireito.* 3. ed. São Paulo: Gen/Método, 2015, p. 458.

reanimação, ou ainda nomear procurador para administrar seus bens enquanto estiver incapaz; pode dispor sobre o seu funeral, se vier a óbito; sobre a administração de cuidados paliativos, quando advier a terminalidade[20].

É válido ressaltar que é possível a responsabilização civil pelo descumprimento das disposições contidas no testamento vital.

Sua base legal encontra-se no primado do direito à autonomia pessoal do paciente, e também dos demais princípios bioéticos; do princípio da dignidade da pessoa humana, previsto no art. 1º, III, da Constituição Federal; no art. 15 do Código Civil que prevê que ninguém deve ser submetido a tratamento médico contra a sua vontade ou mediante risco de vida.

Tem ainda respaldo na Resolução n. 1995/12 do Conselho Federal de Medicina, e no art. 41 do Código de Ética Médica (nos casos de doença incurável ou terminal deve o médico empreender todos os cuidados paliativos sem executar nenhuma ação terapêutica inútil ou obstinada).

Valoriza-se, assim, a ética, o cuidado com a vida, o emprego de medidas sensatas na justa medida, adoção do carinho/amor em todos os momentos da vida.

---

20 "Jurisdição Voluntária. Diretivas antecipadas de vontade. Ortotanásia. Pretensão de estabelecer limites à atuação médica no caso de situação futura de grave e irreversível enfermidade visando o emprego de mecanismos artificiais que prolonguem o sofrimento da paciente. Sentença de extinção do processo por falta de interesse de agir. Manifestação da vontade na elaboração de testamento vital gera efeitos independentemente da chancela judicial. Desnecessidade de movimentar o judiciário apenas para atestar sua sanidade no momento da declaração da vontade. Cartório extrajudicial pode atestar a livre e consciente manifestação da vontade, e caso queira cautela adicional, a autora pode se valer de testemunhas e atestados médicos. Declaração de direito à ortotanásia. Autora que não sofre de qualquer doença. Pleito declaratório não pode ser utilizado em caráter genérico e abstrato. Falta de interesse de agir verificada. Precedentes. Sentença de extinção mantida. Recurso não provido" (Apelação Cível n. 1000938-13.2016.8.26.0100, TJSP, Des. Rel. Mary Grun, 7ª Câm. Dir. Priv., j. 10-4-2019).

"Declaratória. Ação que objetiva a declaração de direito de opção pela ortotanásia e pela cremação após a morte. Extinção do processo. Ausência do interesse de agir. Inconformismo do autor. Desacolhimento. Aplicação no disposto no art. 252 do RITJSP. Pedido hipotético. Ausência de pretensão resistida. Pedido formulado pelo apelante que dispensa intervenção judicial, pois pode ser obtido por meio de testamento vital. Sentença mantida. Recurso desprovido" (Apelação Cível n. 1001378-30.2015.8.26.0363, TJSP, Rel. Des. J. L. Monaco da Silva, 5ª Câm. Dir. Priv., j. 31-1-2018).

Entre os requisitos legais que podemos apontar para que o testamento vital seja válido, são: deve ser formulado por agente capaz; deve por este ser assinado, não necessitando, entretanto, que seja realizado sob a ótica de testemunhas.

Embora não exista uma forma rígida para o testamento vital, entendemos que este deva cumprir, por analogia, os requisitos do testamento civil tal como prevê o art. 1.876 do Código Civil.

Assim, o testamento vital elaborado em sua forma particular deve ser assinado e posteriormente lido na presença de três testemunhas que o devem subscrever. Se digitalizado, não pode conter rasuras nem espaços em branco, deve ser assinado pelo testador vital e por três testemunhas. Nessa forma não se admite assinatura a rogo[21].

A forma mais segura de se elaborar o testamento vital é a forma pública, através da qual o instrumento é lavrado em cartório na presença de duas testemunhas. Deve ser assinado pelo testador, pelas testemunhas e pelo tabelião, que por ter fé pública, confere idoneidade ao ato[22].

Assim, é recomendado que o paciente deixe sua vontade escrita, registre a escritura em cartório, e esta deve instruir o prontuário médico deste paciente.

Tal como ocorre na sucessão testamentária, o testamento vital é um ato pessoal, unilateral e revogável a qualquer tempo, através do qual a pessoa, necessariamente capaz no momento em que realiza o ato, expressa claramente a sua vontade.

Aponta-se como seu fundamento legal o direito à intimidade, onde o conceito de autonomia passa a ser interpretado com direito moral ou legal, como dever ou princípio.

Nesse sentido, vemos que "a grande importância dada a autodeterminação minimiza as obrigações médicas com respeito à beneficência e renúncia ao próprio interesse".

---

21 É válido ressaltar que é de bom alvitre que as testemunhas sejam conhecidas do testador vital, posto que estas devem confirmar a vontade do paciente se arguidas.

22 Entendemos ser a forma pública mais segura contra perda ou fraude, ou desconhecimento de seu teor, pois se esta for perdida – ou escondida – não se tem uma cópia comprobatória de seu teor.

O valor da sua capacidade de autonomia é inestimável para o paciente, pois integra o seu poder racional, expressa suas preferências valorativas – neste caso – em relação a si mesmo, para os momentos iniciais do seu processo de morte. Como no testamento civil, o testamento vital pode ser revogado a qualquer tempo.

Bastante difundido nos EUA, começando a despontar entre nós o testamento vital – ou diretivas antecipadas de vontade – é importante para elevar a autonomia do poder decisório do indivíduo, fazendo com que sua manifestação de vontade perdure, atravessando todos os processos vitais e de morte do paciente.

Foi aprovada pelo Conselho Federal de Medicina a Resolução n. 1995/12, que dispõe sobre as diretivas antecipadas de vontade dos pacientes, tendo em vista a necessidade de disciplinar a conduta do médico em face das mesmas, decorrente do grande desenvolvimento biotecnológico que as práticas médicas vêm conhecendo na atualidade.

Outorga a presente Resolução grande autonomia à vontade individual do paciente, ou de seu representante legal.

À luz do seu art. 2º, "nas decisões sobre cuidados e tratamentos dos pacientes que se encontrem incapazes de comunicar-se ou de expressar de maneira livre e independente suas vontades, o médico levará em consideração suas diretivas antecipadas de vontade".

§ 1º "Caso o paciente tenha designado um representante para tal fim, suas informações serão levadas em consideração pelo médico".

§ 2º "O médico deixará de levar em consideração as diretivas antecipadas de vontade do paciente ou representante que, em sua análise, estiverem em desacordo com os preceitos ditados pelo Código de Ética Médica".

§ 3º "As diretivas antecipadas do paciente prevalecerão sobre qualquer outro parecer não médico, inclusive sobre os desejos dos familiares".

§ 4º "O médico registrará, no prontuário, as diretivas antecipadas de vontade que lhes foram diretamente comunicadas pelo paciente".

§ 5º "Não sendo conhecidas as diretivas antecipadas de vontade do paciente, nem havendo representante designado, familiares disponíveis ou falta de consenso entre estes, o médico recorrerá ao Comitê de Bioética da instituição, caso exista, ou, na falta deste, à Comissão de Ética Médica do hospital ou ao Conselho Regional e Federal de Medicina para fundamentar sua decisão sobre conflitos éticos, quando entender esta medida necessária e conveniente".

Cabe, ainda, no teor do testamento vital, a nomeação de um curador para acompanhar todo o desenrolar do tratamento do paciente, avisar que existe um testamento vital previamente elaborado, acompanhar a sua feitura. Representa uma maior garantia para o paciente que em vez de um, sejam nomeados dois curadores.

Por questão ética não é bom que seja nomeado como curador o médico que cuida desse paciente ou um herdeiro direto do paciente. Vemos, assim, que o testamento vital encontra limites na forma da lei.

Em caso de conflito entre a vontade expressa do paciente e a vontade de algum parente próximo ou mesmo representante legal, prevalece o que está disposto no testamento vital como prevê a Resolução n. 1995/12 do CFM.

Não sendo conhecidas as diretivas antecipadas de vontade do paciente, nem havendo representante designado, familiares disponíveis ou falta de consenso entre estes, o médico recorrerá ao Comitê de Bioética da instituição, caso exista, ou, na falta deste, à Comissão de Ética Médica do hospital ou ao Conselho Regional e Federal de Medicina para fundamentar sua decisão sobre conflitos éticos, quando entender esta medida necessária e conveniente[23].

Ressaltamos que o relativamente incapaz pode fazer o testamento vital desde que haja a assistência dos pais ou responsáveis legais.

No cenário internacional, o testamento vital encontra regulamentação legal nos Estados Unidos, na Espanha, em Portugal, na Alemanha, na França, na Itália, na Argentina, no Uruguai e no Japão[24].

Nos **Estados Unidos**, houve um amplo desenvolvimento das ciências médicas, da biotecnologia e da bionanotecnologia. Isso levou a uma

23 A fim de se evitar o desconhecimento do testamento vital e torná-lo mais acessível, pode-se cadastrar o testamento vital numa plataforma *on-line*. Assim, o registro nacional de testamento vital – o RENTEV – recebe os testamentos vitais privados, seguindo os modelos internacionais.

24 DADALTO, Luciana. *Testamento vital*. 4. ed. São Paulo: Editora Foco, 2018, p. 57 e s.

overdiagnosis de seus nacionais. Posteriormente, um outro problema se descortinou: levar o acesso das novas descobertas ao alcance de toda a população, o que levou a um repensar das políticas públicas em matéria de saúde[25].

O termo *living will* foi cunhado na década de 1960, tendo sido proposto pela Sociedade Americana para Eutanásia, como um documento de cuidados antecipados, pelo qual o paciente registraria seu desejo íntimo de interromper os tratamentos médicos quando a terminalidade da vida se aproximasse e se evitasse, assim, o chamado tratamento fútil ou distanásia[26].

Na experiência americana, o primeiro caso envolvendo o testamento vital foi o de Karen Ann Quinlan já retratado no capítulo precedente. A Califórnia foi o primeiro estado norte-americano a legislar sobre o *Living Will*. Em 1983 editou o California's Durable Power of Attorney for Health Care Act, reconhecendo o direito do indivíduo a nomear um procurador para representá-lo quando estivesse impossibilitado de fazê-lo temporária ou definitivamente.

Posteriormente, outros estados americanos editaram leis específicas sobre o tema até que a lei federal fosse editada em 1991: The Patient Self Determination Act. Vige também no país a Advance Medical Care Directive, um documento em que o paciente expressa sua vontade através do preenchimento de um formulário onde ele indica tudo o que aceita em seu tratamento; o *Value History*, documento no qual o indivíduo deixa escrito seus valores pessoais que orientarão as tomadas de decisão; a *Combine Directive*, documento que agrega componentes de instrução, procuração e histórico de valores, com o objetivo de melhor explicitar e embasar a vontade final do paciente frente ao tratamento médico que receberá e também vige o Physician Orders for Life Sustaining Treatment[27].

Na Comunidade Europeia, regula o tema a Convenção de Direitos Humanos e Biomedicina ou Convênio de Oviedo, assinada em 1997. À luz do disposto em seu art. 9º goza o paciente de direito de autonomia frente as

---

25 ALTMANN, Stuart; SKACTMANN, David. *Power, Politics and Universal Health Care*. New York: Prometheus Books, 2011, p. 203 e s.; SCHIMPFF, Stephen C. *The future of health care delivery*. Washington: Potomac Books, 2012, p. 87 e s.

26 FONG, Kevin. *Extreme medicine*. New York: The Penguin Press, 2014, p. 119 e s.

27 DADALTO, Luciana. *Testamento vital*. 4. ed., p. 57 e s.

decisões pessoais relativas ao seu tratamento quando ele não puder expressar sua vontade.

Posteriormente à assinatura da Convenção, a Bélgica e a Espanha legislaram sobre o tema, em 2002, o Reino Unido promulgou lei sobre as diretivas antecipadas de vontade em 2005; e assim, seguindo a tendência, a Alemanha o fez em 2009, Portugal em 2012, a França em 2016 e a Itália em 2017. Antes da assinatura da Convenção, havia legislação reguladora das diretivas antecipadas de vontade na Holanda, na Finlândia e na Hungria[28].

A ratificação dos ditames da Convenção de Oviedo na Comunidade Europeia foi de vital importância para a implementação das diretivas antecipadas de vontade no continente, lembrando sempre que dada a particularidade cultural do tema, cada Estado-membro signatário pode recepcionar os referidos ditames com as ressalvas que melhor se adapte às suas normas.

A **Bélgica** foi o primeiro país a regulamentar a *déclaration anticipée de volonté*, após o advento do Convênio de Oviedo.

A lei de direitos do paciente de agosto de 2002 regulamenta os cuidados de saúde, tutela a autonomia e a autodeterminação do paciente e assegura o direito à informação sobre o tratamento a ser empregado. Reconhece a nomeação de um procurador de saúde, por meio de mandato duradouro, que poderá ser redigido pelo paciente ou pelo seu procurador. Caso o representante se recuse a exercer o seu papel, ou exista conflito entre o desejo do paciente e o do representante, o médico deverá levar em consideração o melhor interesse do paciente.

A legislação estabelece que a *déclaration anticipée de volonté* seja renovada a cada cinco anos, sendo consideradas inválidas as declarações datadas com prazo superior ao legal, assim como aquelas que contrariem o ordenamento jurídico. O documento poderá ser revogado a qualquer tempo[29].

A **Holanda**, numa posição pioneira, já reconhecia seus direitos mesmo antes do Convênio de Oviedo, do qual é signatária, mas que não ratificou.

---

28 DADALTO, Luciana. *Testamento vital*. 4. ed., p. 64 e 65.

29 MABTUM, Matheus Massaro; MARCHETTO, Patricia Borba. Diretivas antecipadas de vontade como dissentimento livre e esclarecido e a necessidade de aconselhamento médico e jurídico. In: *O debate bioético e jurídico sobre as diretivas antecipadas de vontade* [online]. São Paulo: Editora UNESP; São Paulo: Cultura Acadêmica, 2015, p. 101. Disponível em: <http://books.scielo.org>. Acesso em: 25-4-2019.

A primeira lei a regulamentar os direitos dos pacientes foi o *act on the medical treatment contract* de 1º-4-1995, alterando o Código Civil holandês.

A legislação reconhece a importância do consentimento informado, o qual divide em duas partes: informação e consentimento. Sua grande inovação é reconhecer a validade das diretivas antecipadas de vontade, que denominam de *nontreatment directives* (diretivas sobre renúncia de tratamento), mas que não se confundem com uma declaração para eutanásia, permitida no país, e devem ser apresentadas na forma escrita.

No país, os maiores de 16 anos são considerados capazes e os maiores de 12 anos têm permissão para manifestar sua oposição a que seu representante legal tome decisões relativas a procedimentos médico-hospitalares. Basta que expressem seu desejo para que o representante seja afastado[30].

Em **Portugal**, a Convenção foi ratificada pela Resolução da Assembleia da República n. 1/200, sendo posteriormente promulgada a Lei n. 25 de 16 de julho de 2012, que regula as diretivas antecipadas da vontade, e cria o registro nacional de Testamento Vital (RENTEV). Dispõe a referida lei que: "As diretivas antecipadas de vontade, designadamente sob a forma de testamento vital, são o documento unilateral e livremente revogável a qualquer momento pelo próprio, no qual uma pessoa maior de idade e capaz, que não se encontre interdita ou inabilitada por anomalia psíquica, manifesta antecipadamente a sua vontade consciente, livre e esclarecida, no que concerne aos cuidados de saúde que deseja receber, ou não deseja receber, no caso de, por qualquer razão, se encontrar incapaz de expressar a sua vontade pessoal e autonomamente".

São, portanto, as indicações ou desejos que qualquer cidadão pode dar para determinar os cuidados de saúde que deseja (ou não) receber quando estiver incapaz de expressar a sua vontade.

Delas fazem parte dois instrumentos legais: o **Testamento Vital** e o **Procurador de Cuidados de Saúde**, informações que ficam associadas ao RENTEV (banco de dados de testamentos vitais).

30 MABTUM, Matheus Massaro; MARCHETTO, Patrícia Borba. Diretivas antecipadas de vontade como dissentimento livre e esclarecido e a necessidade de aconselhamento médico e jurídico. In: *O debate bioético e jurídico sobre as diretivas antecipadas de vontade* [online]. São Paulo: Editora UNESP; São Paulo: Cultura Acadêmica, 2015, p. 99 e 100. Disponível em: <http://books.scielo.org>. Acesso em: 25-4-2019.

Cada pessoa pode decidir usar um, ambos ou nenhum destes instrumentos. Cada um deles tem a **validade de cinco anos**, mas pode ser revogado em qualquer momento, desde que essa vontade seja expressa pelo próprio.

Os desejos ou diretivas expressas nestes instrumentos não podem ir contra a lei portuguesa nem contrariar as boas práticas clínicas.

O Testamento Vital pode ser elaborado segundo uma minuta disponibilizada pelo Ministério da Saúde ou não. O importante é que as vontades lá expressas não contrariem a lei nacional e que esse documento esteja inserido no RENTEV, de forma a que fique associado ao processo de saúde do utente (acessível, pelo menos, em todos os hospitais públicos).

Se o documento com as DAV não estiver registado no RENTEV, as vontades nele expressas não serão vinculativas para os profissionais de saúde.

No documento do Testamento Vital ou noutro documento autônomo, pode ser nomeado um Procurador de Cuidados de Saúde. Cada um destes instrumentos, Testamento Vital e Procurador de Cuidados de Saúde, são independentes: é possível usufruir de um e não do outro, ou de nenhum deles.

O Procurador de Cuidados de Saúde é alguém, da confiança do utente, que passa a ter poderes de representação para decidir pela pessoa, quando ela não puder decidir. Deverá ser alguém que conheça muito bem os valores e vontades do utente, mas não tem que ser um familiar.

No caso de conflitos entre o disposto no Testamento Vital e o Procurador de Cuidados de Saúde, prevalece o disposto no Testamento Vital[31].

Vige ainda no país o Parecer P.05.APB.06 sobre as diretivas de vontade notadamete quanto ao direito de recusa em receber transfusão de sangue por adeptos da religião Testemunhas de Jeová; o Projeto de Diploma p.06.APB.06, que regula o exercício do direito a formular diretivas antecipadas de vontade no âmbito da formulação de cuidados de saúde e cria o registro nacional e as *Guidelines*, referentes à suspensão e a abstenção de tratamento em doentes terminais[32].

---

31 Fontes: concept.org/2017/2006/17/diretivas-antecipadas-se-vontade; http://testamentovital.com.br/legislação/portugal; http://estudogeral.uc.pt?diretivasantecipadas devontade.

32 DADALTO, Luciana. *Testamento vital*. 4. ed., p. 73.

Na **França**, os direitos dos pacientes vêm regulamentados desde antes da ratificação da Convenção de Oviedo.

A Lei n. 99-477 de 9-6-1999 garantiu o acesso aos cuidados paliativos aos pacientes ao introduzir antes do livro I do Código de Saúde Pública um livro preliminar consagrado aos direitos dos pacientes e dos usuários do sistema de saúde. Garantiu, outrossim, o direito ao paciente de se opor a todo tratamento ou investigação científica que achar desnecessária[33].

A Lei de 4-3-2002 relativa aos direitos dos doentes e à qualidade do sistema de saúde visando conferir ao paciente autonomia sobre o seu tratamento, equilibrando assim a relação médico-paciente; a Lei n. 2005-370 de 22-4-2005 – denominada Lei Leonetti de 2005 – que, enfrentando a questão da medicalização no fim da vida, referendou e aprimorou os ditames da lei anterior, reconhecendo a importância da autonomia do paciente[34].

Em 2016 houve a promulgação da Lei n. 2016-87 que trata dos direitos do paciente terminal e altera o Código Civil francês para introduzir as diretivas antecipadas de vontade[35].

Na **Itália**, a Lei de 23-11-1978 instituiu o serviço sanitário nacional, sendo este uma obrigação político-social no país, visando o melhor atendimento de seus nacionais, tendo em vista os princípios constitucionais e bioéticos[36].

Inicialmente, vigorou no país o Código de Deontologia Médica, garantindo em seu art. 34 a autonomia do paciente frente ao seu tratamento e vedando a prática da distanásia em seu art. 37. Em 2003 houve a publicação de um documento, a Declaração antecipada do tratamento, referendando a autonomia do paciente nas práticas médicas. Somente em 2017 entrou em

---

[33] THOUVENIN, Dominique. La loi n. 2005-370 du 22-4-2005, dite loi leonetti: la médicalisation de la fin de vie. In: FERRY, Jean Marc (Coord.). *Fin(s) de vi ele débat*. Paris: Puf, 2011, p. 308 e s.

[34] THOUVENIN, Dominique. La loi n. 2005-370 du 22-4-2005, dite loi leonetti: la médicalisation de la fin de vie. In: FERRY, Jean Marc (Coord.). *Fin(s) de vi ele débat*. Paris: Puf, 2011, p. 308 e s.

[35] Disponível em: <http://www.ieb-eib.org/fr/document/declaration-anticipeee-en--fin-de-vie-343.html>. Acesso em: 25-4-2019.

[36] COLLANA&TIMONE. *Ordinamento sanitário – disciplina del servizio sanitário nazionale*. Napoli: Edizione Simone, 2010, p. 46 e s.

vigor a lei de dezembro de 2017 que trata das diretivas antecipadas da vontade em solo italiano: a denominada lei do biotestamento[37].

Na **Espanha**, o interesse por regulamentar o instituto surgiu por iniciativa da Associación pro Derecho a Morir Dignamente que, em 1986, elaborou um modelo do documento, o qual, anos depois, após ampla discussão, foi incluído no ordenamento jurídico espanhol.

No Código de Ética Médica espanhol, que vigora desde 1999, já havia indícios de regulamentação das *instrucciones previas*. Seu art. 27 estabelece que, quando o paciente não é capaz de tomar decisões referentes a procedimentos médicos, a equipe médica deverá respeitar os desejos manifestados anteriormente por ele ou por seus representantes e responsáveis legais.

Entretanto, o tema *instrucciones previas* foi efetivamente tratado pelo Convênio de Oviedo, em vigor no país desde 1º-1-2000; posteriormente pela Lei catalã n. 21 de 19-12-2000. A primeira lei estatal foi a Lei n. 41 de 14-11-2002, que regulou as instruções prévias em seu art. 11. Em 2-2-2007 foi publicado o Real Decreto n. 124/2007, que cria o registro Nacional de Instruções Prévias e institui o arquivo automatizado de dados de caráter pessoal, realizado junto ao Ministério de Saúde e Consumo[38].

Na **Alemanha**, a figura jurídica equivalente às DAVs é denominada de *Patientenverfugungen* que integra formalmente o Código Civil, desde 1º de setembro de 2009, quando lhe foi aditado os §§ 1901a-1904.

Tal como leciona Otavio Rodrigues Jr.: "Os artigos introduzidos no Código Civil alemão (*BGB*) derivaram de um pesado debate legislativo no *Bundestag* que resultou na aprovação do projeto de lei por uma margem razoavelmente estreita de votos (317 a favor e 233 em contrário)".

"Em 2010, o *Bundesgerichtshof* (*BGH*) analisou a validade dos §§ 1901a-1904 do *BGB*, em um acórdão (*BGH* 2 StR 454/2009, de 25-6-2010), foram indi-

---

37 Disponível em: <http://www.governo.it/bioetica/testi/dichiarazione anticipate trat-tamento.pdf>. Acesso em: 25-4-2019.

38 GIMENO, Juan A.; REPULLO, José R.; RUBIO, Santiago. *Manuales de dirección médica y gestión clínica – derecho sanitario y sociedade*. Madrid: Edicciones Diaz Santos, 2006, p. 150 e 151; MORÁN, Luis Gonzales. *De la bioética al bioderecho – libertad, vida y muerte*. Madrid: Dykinson SL, 2006, p. 279.

retamente legitimados sob o fundamento de que as *Patientenverfugungen* se prestam a conservar a autodeterminação do paciente"[39].

15.4.2. Do testamento criogênico

A **criogenia** é uma área do conhecimento científico cujas atividades são desenvolvidas em torno de fenômenos que ocorrem em temperaturas muito baixas, normalmente abaixo de 150 °C.

O termo criogenia deriva do grego *Kryos* e *génos* – relacionando a produção ou a origem de algo, foi cunhado inicialmente em 1894 pelo cientista holandês Helke Kamerlingh Onnes, que se ocupava da definição do processo de liquefação de substâncias que se encontravam permanentemente na forma gasosa no meio ambiente como os gases nobres: Oxigênio, Nitrogênio, Hidrogênio e o Hélio.

Deriva da evolução científica da termodinâmica, principalmente no que tange aos ciclos de refrigeração e avanços de materiais isolantes térmicos e máquinas de refrigeração em tentativas laboratoriais de liquefação de gases.

Entre seu espaço de atuação encontra-se a criobiologia, que estuda o comportamento celular de organismos vivos submetidos a condições de temperaturas extremamente baixas; a criocirurgia, que aplica temperaturas muito baixas (–196 °C) para destruir tecidos malignos; ou mesmo a criopreservação, que é a técnica utilizada para preservar células, tecidos ou embriões em temperaturas extremamente baixas (–70 °C), para posteriormente descongelar e restabelecer as atividades metabólicas; o estoque criogênico de espécies biológicas, visando a preservação das espécies, através do *frozen zoo* ou do banco de espécies[40].

A importância da criogenia é inconteste, pois permite o armazenamento do material biológico em baixas temperaturas, conservando sua integridade por longos períodos de tempo.

---

39 RODRIGUES Jr., Otavio. *Testamento vital e seu perfil normativo*. Disponível em: <http://www.conjur.com.br>. Acesso em: 25-4-2019.

40 SCURLOCK, RG. *A matter of degrees: a brief history of cryogenics*, vol. 30, Issue 6, jun. 1990, p. 483 e s. Disponível em: <http://doi.org/10.1016/0011-2275(90) 90048-H>. Acesso em: 21-4-2020.

A criogenia diferencia-se da **criônica**, ramo em que se busca a reanimação celular de seres humanos mortos e congelados (ou seja, busca-se a ressuscitação dos mesmos).

Entretanto, as tecnologias de reanimação futura assumidas pela criônica ainda são hipotéticas e não são muito conhecidas e tampouco reconhecidas na atualidade[41].

Nos Estados Unidos, a criônica só pode ser legalmente realizada em indivíduos legalmente mortos.

No Brasil, embora não haja legislação a respeito, entendemos que o critério da morte encefálica deva ser observado para que o corpo seja destinado a criopreservação.

Nesse sentido, "para a utilização da técnica de criogenia, a fim de se evitar a incidência de quaisquer tipificações penais, diante da lacuna legislativa, é necessário que a morte encefálica seja declarada"[42].

Os procedimentos da criônica devem começar minutos após a parada cardíaca. Para tal, são utilizadas substâncias crioprotetoras a fim de se evitar a formação de gelo durante a criopreservação, recorrendo-se à vitrificação que visa evitar lesões de congelamento em algumas partes do corpo, observando, entretanto, um certo grau de toxicidade, cuja natureza ainda é mal compreendida.

Podem ser preservadas também partes do corpo humano, como a cabeça, visando a preservação da memória e da personalidade. Aí encontramos alguns entraves científicos: estariam de fato preservadas a memória e a personalidade com a criopreservação? Pode a criopreservação ser revertida? A conservação da base anatômica da mente seria suficiente para impedir a morte teórica da informação?

---

41 Referência se faz ao fato de que até 2010 cerca de 200 pessoas tenham passado pelo procedimento desde que este foi proposto pela primeira vez em 1962.

42 OLIVEIRA, Maria Fernanda Cesar Las Casas Oliveira; TOLEDO, Renata Maria Silveira. A criônica humana e o direito: uma discussão sobre a vida na espera. In: VELLOZO, Julio Cesar de Oliveira; ISHIKAWA, Lauro; FLORENCIO Filho, Marco Aurelio (Orgs.). *Direitos humanos: diálogos ibero-americanos*. Minas Gerais: Editora Plácido, 2019, p. 13.

Entretanto uma curiosa situação se descortina frente à questão imperiosa da morte: o sucesso da criônica se dá pelo fato de que uma pessoa legalmente dada por morta pode não o estar sob o ponto de vista da morte teórica da informação (que pode ser verticalizada).

Assim, supõe-se que os indivíduos criopreservados poderão um dia ser ressuscitados utilizando-se de parâmetros biotecnológicos altamente avançados no futuro[43].

Como obstáculos para o sucesso efetivo da criônica, podemos apontar: a ocorrência de danos oriundos do congelamento, a presença de danos químicos ou mecânicos frutos da presença de gelo intercelular, a presença de lesão isquêmica que priva os tecidos de oxigênio e nutrientes[44].

Quanto à reanimação, esta não é permitida nos moldes da biotecnologia atual, figuram-se na atualidade em meras hipóteses.

Aos que acreditam que a reanimação do criogenado pode ser possível, olham com esperança para os ditames da bioengenharia avançada, da bionanotecnologia molecular, da nanomedicina ou mesmo para um *upload* da mente (processo futurista e hipotético de varredura mental - incluindo a memória de um determinado substrato cerebral de longo prazo do eu - de um determinado substrato cerebral e copiá-lo para um computador, que poderia executar um modelo de processamento de informações do cérebro de forma que respondesse da mesma maneira que o cérebro original).

Para que a reanimação ocorra com sucesso exige-se a recuperação dos tecidos pela falta de oxigênio, da toxicidade dos crioprotetores, do *stress* térmico, dos danos do congelamento, além da transferência da mente (quando a tecnologia já estiver suficientemente desenvolvida para escanear o conteúdo da memória e o conteúdo do cérebro preservado).

Uma outra opção de criopreservação é a neuropreservação, que pode ser entendida como a criopreservação do cérebro, junto com a cabeça através da remoção cirúrgica e eliminação do resto do corpo. Esta justificar-se-ia

---

43 WHETSTINE, L.; STREAT, S.; DARWIN, M.; CRIPPEN, D. Pro/com ethics debate: when is dead really dead? *Critical Care,* 9(6): 538-42. Acesso em: 24-4-2020.

44 DONALDSON, Thomas. A Brief Scientific introduction to cryonics, 1976. *Alcor Life Extension Foundation*. Acesso em: 24-4-2020.

tendo em vista o papel cerebral como repositório principal da memória e da identidade pessoal[45].

Em suma, aqueles que acreditam na criônica, acreditam e esperam a juventude eterna ou mesmo a vida eterna. Levando a chamada extensão da vida.

Assim, uma decisão do STJ acabou por admitir o chamado testamento criogênico com o destino do corpo para congelamento e eventual ressuscitação futura em virtude da evolução e aprimoramento da medicina e de outras ciências; sem a observância de qualquer formalidade quanto ao ato de última vontade[46].

No que tange à relação entre criônica e direitos fundamentais, além do primado da dignidade humana, cânone constitucional, e a prevalência da autonomia da vontade individual, temos a regulamentação da proteção jurídica do cadáver, e mesmo a lei de transplantes (Lei n. 9.434/97) que dispõe sobre a remoção de órgãos, tecidos e partes do corpo.

À luz da legislação pátria, o corpo morto pode ter vários destinos: sepultamento, cremação (art. 77, § 2º, da Lei de Registros Públicos), doação de órgãos e subsequente reconstituição, destinação para estudos científicos (como prevê a Lei n. 8.501/92).

A autonomia da vontade, supracitada, quanto à destinação do cadáver, pode, em nosso entendimento, tomar vulto através da manifestação de última vontade, e no caso entendemos que esse instrumento seja o testamento vital ou possa ainda ser criado um instrumento novo, denominado

---

45 Na atualidade existem quatro organizações criônicas de armazenamento de longo prazo para seres humanos e animais. Estas organizações comprometem-se a armazenar o paciente durante os anos que forem precisos, até que seja possível reanimá-lo quando a tecnologia permitir. Na prática os pacientes são colocados em cilindros com nitrogênio líquido a –190 °C. Quanto aos preços para o procedimento: Organização Alcor Life Extension Foundation, Scottsdale Arizona, corpo inteiro – U$ 200.000,00; neuro – U$ 80.000,00, quota anual U$ 800,00; Cryonics Institute, Michigan – corpo inteiro – U$ 28.000,00; não faz neuro, quota anual U$120,00; KrioRus, Rússia – corpo inteiro – U$ 30.000,00; neuro – U$ 10.000,00; não tem quota anual; Trans Time, California, corpo inteiro – U$ 150.000,00; neuro – U$ 50.000,00, quota anual – U$ 96,00.

46 STJ REsp 1.693.718/RJ, Rel. Min. Marco Aurelio Bellizze, 3ª Turma, j. 26-3-2019, *DJe* 4-4-2019.

testamento criogênico, quando especificamente se desejar deixar seu corpo ou parte dele (cabeça) criopreservada para posterior ressuscitação, independente do vanguardismo, ineditismo ou mesmo da pouca comprovabilidade da técnica, posto que a utilização e disposição do corpo humano depende da autonomia pessoal, sendo, pois, esta objeto de direito privado.

Na atualidade, temos no modelo pátrio um brilhante julgado que retrata bem o tema. Trata-se do REsp 1.693.718 RJ (2017/0209642-3) de relatoria do Min. Marco Aurelio Bellizze, julgado em 26-3-2019 (*DJe* 4-4-2019).

A decisão pioneira acendeu a curiosidade sobre o tema, o qual polêmico, irradia-se por diversas searas.

Uma dessas searas é como identificar qual era o real desejo do falecido?

Entendemos que a saída mais segura para tal seria a elaboração de um testamento onde esta vontade estaria disposta. Ademais da modalidade de testamento criogênico, o testamento vital poderia englobar também esta modalidade de disposição do corpo para depois da morte.

Outra seara é a viabilidade da técnica. Pode mesmo um ser humano ser congelado e depois descongelado, continuar a viver normalmente?

A técnica de criopreservação está ganhando espaço na luta contra a morte. A ciência busca formas de congelar corpos para serem revividos no futuro, representando uma forma de prolongamento da vida[47].

Essa técnica é segura? Apesar de ser plenamente possível o congelamento de uma pessoa, o que ainda não é viável é o seu descongelamento e consequente reinserção na vida social normal.

Independente da resposta positiva a estes questionamentos, frisamos que a questão fulcral aqui assenta-se na possibilidade de se destinar o próprio corpo à criopreservação, um direito fundamental de qualquer ser humano.

Uma outra questão advém da criônica, como transmitir bens aos herdeiros e legatários instituídos por lei ou por manifestação de última vontade

---

47 Um exemplo para esse fato é o caso de Hal Finney, que após falecer de esclerose lateral amiotrófica em 2014, teve seu corpo preservado na Clínica Alcor Life Extension Foundation até que seja encontrada a cura de sua doença. Disponível em: <http://olhardigital.com.br/noticia>. Acesso em: 21-4-2020.

e ao mesmo tempo garantir uma segurança econômica futura ao ser criopreservado quando de seu descongelamento?

Entendemos que devem ser separadas as legítimas dos herdeiros necessários e/ou cumpridos os legados e a partir daí o remanescente ser preservado.

Mas como? Tendo em vista que o fideicomisso e a formação de fundação estão vedados no direito pátrio?

Para Maria Fernanda Las Casas e Renata Toledo, "a melhor maneira seria através da instituição de um *trust*. Assim, "o *trust*, por ser utilizado como planejamento horizontal de bens de inventário, poderia proteger e providenciar a distribuição do patrimônio do falecido após a sua morte, sendo este patrimônio administrado por um indivíduo ou instituição inidônea e responsável, de maneira a investir de forma a proteger e preservar esse patrimônio deixado para o pós-vida de forma a acessar tal reserva e usufruir de segurança financeira"[48].

De forma conclusiva, podemos aduzir que o STJ acabou por admitir a realização do testamento criogênico sem a necessidade de observância de qualquer formalidade específica quanto ao ato de última vontade.

---

48 OLIVEIRA, Maria Fernanda Cesar Las Casas Oliveira; TOLEDO, Renata Maria Silveira. *A criônica humana e o direito: uma discussão sobre a vida na espera*, p. 24.

Capítulo 16

Dos codicilos

16.1. Conceito

O termo codicilo tem origem latina e significa pequeno Código ou pequeno escrito, remontando sua origem à palavra *codex*.

Leciona Affonso Dionísio Gama que "era criação do direito romano, onde não tinha uma forma especial que o distinguia fundamentalmente do testamento, que se achava sujeito a certas determinadas formalidades"[1].

Pode ser entendido como "o negócio jurídico de última vontade, em que o seu autor dispõe sobre temas de menor importância, como despesas e donativos de reduzido valor". Ou seja, trata-se de ato de última vontade, análogo ao testamento, porém um ato mais simplificado, para o qual a lei não impõe tanta solenidade, tendo em vista que o seu objeto refere-se a bens de pequena monta e outras disposições mais simples.

Assim, inicialmente, constituiu uma forma de testamento menos solene, sem instituição de herdeiro. Não é, por isso, o instrumento destinado

---

1 GAMA, Affonso Dionísio. *Tratado theorico e prático de testamentos*, p. 62.

para legar bens imóveis, sendo nulas de todo efeito disposições nesse sentido, dada a inobservância da forma prescrita em lei para tanto[2].

Modernamente, em face do Código de 2002, que seguiu orientação do Código de 1916, representa um *memorandum* de última vontade, escrito, datado e assinado por pessoa capaz de testar e destinado a conter determinações de pequena monta sobre o disponente. Entretanto, não fixou o Código Civil um valor efetivo do que significa "pequena monta", adotando, para tanto, um critério subjetivo, devendo, pois, este *quantum* ser apurado no caso concreto, em virtude do montante integral do patrimônio deixado[3].

Dispõe o art. 1.881: "Toda pessoa capaz de testar poderá, mediante escrito particular seu, datado e assinado, fazer disposições especiais sobre o seu enterro, sobre esmolas de pouca monta a certas e determinadas pessoas, ou, indeterminadamente, aos pobres de certo lugar, assim como legar móveis, roupas ou joias, de pouco valor, de seu uso pessoal".

Serve, pois, para legar móveis, roupas ou joias de pouco valor e de uso pessoal do falecido. Vê-se desta forma que o objeto do codicilo é bastante limitado.

Além das demais formalidades que deve observar o codicilo, consta do artigo em tela que ele seja datado. Esta é muito importante, especialmente quando se coloca em dúvida a capacidade do disponente no momento da elaboração do codicilo. A falta de data, por princípio, é motivo que encerraria a nulidade do ato[4].

O codicilo serve ainda a outras finalidades: por intermédio dele, o testador poderá nomear ou substituir testamenteiro como prevê a regra do art. 1.883; perdoar o indigno, à luz do art. 1.818; ou ainda reservar parcelas para sufrágio de sua alma, obrigando nesse caso a herança, como dispõe o art. 1.998 do Código Civil.

Não poderá, entretanto, o seu autor ir além de suas disposições, como utilizar-se deste para reconhecer filhos, posto que, com essa perfilhação,

---

2 MONTEIRO, Washington de Barros; PINTO, Ana Cristina de Barros Monteiro França. *Curso de direito civil*, p. 170; PEREIRA, Caio Mário da Silva. *Instituições de direito civil*, p. 230.

3 VELOSO, Zeno. *Código Civil comentado*, p. 2113.

4 LEITE, Eduardo de Oliveira. *Comentários ao novo Código Civil*, p. 401; NADER, Paulo. *Curso de direito civil*, p. 274.

transpõe os limites traçados pelos citados arts. 1.881 e 1.883 do Código Civil. Da mesma forma, não pode servir-se dele para efetuar deserdações.

Tal como aduz Zeno Veloso, "só está autorizado a fazer codicilo quem tiver capacidade para testar, nos termos do art. 1.860 do Código Civil". Da mesma forma que o codicilo só terá valor se for escrito por inteiro, datado e assinado pelo seu autor[5].

16.2. Disposições gerais

O codicilo pode ser parte integrante de um testamento anterior, ou ter vida autônoma, ou seja, existir isoladamente. Dispõe o art. 1.882 do Código Civil que "os atos previstos no artigo anterior, salvo direito de terceiro, valerão como codicilos, deixe, ou não, testamento o autor".

Vê-se, nesse sentido, que "para que alguém se habilite a recorrer ao codicilo, como instrumento de última vontade, não se exige que tenha anteriormente feito testamento. E assim, tem-se que esses atos guardam entre si uma inteira autonomia, tendo finalidades diversas, ainda que para valerem após a morte do autor"[6].

Referente aos codicilos, o Código Civil adotou exclusivamente a forma hológrafa; ou seja, deve o codicilo ser inteiramente escrito pelo testador. E assim, tornar-se-á nulo codicilo não escrito, datado e assinado pelo *de cujus*, porém redigido por uma pessoa e datilografado por outra[7].

Tem a jurisprudência tolerado codicilos datilografados/digitados em computador. Em qualquer caso, no entanto, há de ser obrigatoriamente datado e assinado pelo disponente.

---

5 NADER, Paulo. *Curso de direito civil*, p. 275; VELOSO, Zeno. *Código Civil comentado*, p. 2113.

6 GAMA, Affonso Dionísio. *Tratado theorico e pratico dos testamentos*, p. 62; MONTEIRO, Washington de Barros; PINTO, Ana Cristina de Barros Monteiro França. *Curso de direito civil*, p. 171.

7 Inicialmente, tal como aduz Carlos Maximiliano, a Comissão Revisora do projeto do Código de 1916 desejou a adoção de três formas de codicilo: público, cerrado e particular. Mas o Congresso Nacional rejeitou esse intento, prevalecendo assim a ideia de Beviláqua que apenas previa a ológrafa. Não se admitem, pois, outras modalidades codicilares, orientação seguida também pelo Código Civil de 2002.

Também não vigora mais no direito pátrio a chamada *cláusula codicilar*, vigente no direito costumeiro, mediante a qual deliberava o testador que, se o testamento feito por ele não pudesse valer como tal, fosse ao menos aceito como codicilo (*si non valeat jure testamenti, valeat jure codicillorum*). Nessas condições, tanto sob a vigência do Código Civil de 1916 como no Código Civil atual, uma vez anulado o testamento, este também não poderá valer sob forma de codicilo.

Também não conhece o Código Civil de 2002, como o Código anterior, as chamadas cartas de consciência, que por sua vez representavam disposições de última vontade, em segredo cometidas aos testamenteiros, para executá-las como se estivessem presentes no testamento. Para que tivessem valor, era necessário que delas se fizesse menção no codicilo ou no testamento[8].

Assim, na síntese de Arthur Vasco Itabaiana de Oliveira, "os codicilos que as ordenações do reino chamavam de pequenos testamentos, perderam sua antiga forma e com eles desapareceram também as cláusulas codicilares e as cartas de consciência. Conservou-se, todavia, o codicilo, sob a forma hológrafa, restrito a determinações de pequena monta"[9].

16.3. Disposições especiais

À luz do disposto no art. 1.884 do Código Civil, "os atos previstos nos artigos antecedentes revogam-se por atos iguais, e consideram-se revogados, se, havendo testamento posterior, de qualquer natureza, este os não confirmar ou modificar".

O codicilo pode ser revogado por outro codicilo, ou por um testamento posterior. Assim, o codicilo não tem o poder de revogar o testamento, mas é por este revogado, bastando para isso que o testador a ele não se refira no ato de última vontade, posteriormente lavrado.

Da mesma forma que "nem sempre um codicilo posterior revogará o anterior, podendo os dois instrumentos complementarem-se. O novo codicilo só revogará o anterior se houver cláusula expressa nesse sentido, ou se as disposições contidas em ambos forem incompatíveis".

---

[8] GAMA, Affonso Dionísio. *Tratado theorico e pratico dos testamentos*, p. 62; MONTEIRO, Washington de Barros; PINTO, Ana Cristina de Barros Monteiro França. *Curso de direito civil*, p. 171.

[9] OLIVEIRA, Arthur Vasco Itabaiana de. *Tratado de direito das sucessões*, p. 87.

Assim, "se o testamento posteriormente realizado não fizer referência ao codicilo, sem confirmá-lo ou sem que se induza a vontade manifesta de conservá-lo, entende-se que este foi revogado"[10].

Deste modo, se o disponente se utiliza do codicilo para fazer liberalidades, estas devem ser de pequeno valor, sob pena de não valerem as referidas disposições.

Entretanto, a lei não estabelece um critério para determinar quando o donativo deve ser considerado como de pequeno valor, devendo, nestes casos, arbitrar o juiz. Por outro lado, como regra, pode-se aduzir que o valor da deixa será considerado sempre em relação ao montante dos bens do espólio. Não podendo, desta maneira, o codicilo abranger todos os bens do extinto, móveis e imóveis[11].

---

10 PEREIRA, Caio Mário da Silva. *Instituições de direito civil*, p. 231; VELOSO, Zeno. *Código Civil comentado*, p. 2114 e 2115.

11 "CRIOGENIA. DESTINAÇÃO DE RESTOS MORTAIS. DISPOSIÇÃO DE ÚLTIMA VONTADE. INEXISTÊNCIA DE TESTAMENTO OU **CODICILO.** DIREITO DA PERSONALIDADE. PRINCÍPIO DA DIGNIDADE DA PESSOA HUMANA. AUSÊNCIA DE CONSENSO ENTRE AS LITIGANTES. PROVA DOCUMENTAL ROBUSTA, QUE DEMONSTRA QUE O *DE CUJUS* DESEJAVA VER O SEU CORPO SUBMETIDO AO PROCEDIMENTO DA CRIOGENIA. 1. A criogenia ou criopreservação consiste na preservação de cadáveres humanos em baixas temperaturas para eventual e futura reanimação e se insere dentre os avanços científicos que deram nova roupagem à ciência, rompendo com antigos paradigmas sociais, religiosos e morais. 2. Disputa acerca da destinação dos restos mortais do pai das litigantes, cujo desate não consiste na unificação da vontade das partes, mas sim na perquirição da real vontade do falecido. 3. Disposição de última vontade quanto à destinação de seu cadáver, que recai no rol dos direitos da personalidade constitucionalmente assegurados. Inexistência de testamento ou **codicilo** que não deve inviabilizar o cumprimento dos seus desígnios, sob pena de afronta ao princípio da dignidade da pessoa humana. 4. Em que pese a solenidade e o conservadorismo do direito sucessório pátrio, são reconhecidas formas excepcionais de testamento, como o particular, nuncupativo, marítimo e aeronáutico que prescindem das formalidades ordinárias e visam impedir que o indivíduo venha a falecer sem fazer prevalecer sua derradeira vontade. 5. Os elementos constantes dos autos, em especial a prova documental, demonstram de forma inequívoca o desejo do falecido de ter o seu corpo congelado após a sua morte. 6. Inafastável a aptidão da parenta mais próxima do falecido, com quem mantinha relação de afeto e confiança incondicionais, no caso, sua filha Lygia, para dizer sobre o melhor destino dos restos mortais, ou seja, aquele que melhor traduz suas convicções e desejos à época de seu óbito. 7. Ausência de previsão legal acerca do tema – criogenia – que, na forma do art. 4º da LICC, autoriza a aplicação analógica das disposições existentes acerca da cremação, para

Conceituam Washington de Barros Monteiro e Ana Cristina de Barros Monteiro França Pinto que "há, certamente, tendência no sentido de fixar--se determinada porcentagem: haver-se-á como de pequeno valor a liberalidade, podendo por isso ser objetivada num codicilo, se não ultrapassar de 10% do valor do monte". Isto posto, vê-se que a noção de pouco valor, imposta ao codicilo, não se afere a termos absolutos e sim a termos relativos, variando de acordo com o valor do monte.

"Parece, no entanto, que não se deve fixar, de antemão, uma norma inflexível; melhor apreciar-se caso por caso, entregue a respectiva solução ao critério e prudente arbítrio da autoridade judiciária"[12].

À luz do disposto no art. 1.885 do Código Civil, "se estiver fechado o codicilo, abrir-se-á do mesmo modo que o testamento cerrado".

Assim sendo, a abertura do codicilo será feita pelo juiz, com observância do disposto no art. 735 do CPC/2015 (art. 1.125 do CPC/73). Em qualquer caso, seu cumprimento deve ser processado em autos apartados, a exemplo do que sucede com os testamentos em geral. Aliás, o art. 1.134, IV, do CPC/73, que determina que as disposições da seção precedente se aplicam ao codicilo, foi revogado.

---

a qual a Lei de Registros Públicos não estabeleceu forma especial para a manifestação de vontade. Precedentes deste Egrégio Tribunal. 8. Inexistência de paradigma jurisprudencial que não inviabiliza a pretensão diante da ausência de vedação legal e da demonstração de ser esta a disposição de última vontade do *de cujus*. Recurso provido. Vencida a Des. Ines da Trindade" (Ap. Cív. 0057606-61.2012.8.19.0001, TJRJ, 3ª Câm. Civ., Rel. Des. Sebastião Bolelli, j. 29-2-2012, Ementário: 32/2012 – n. 4 – 23-8-2012. Precedentes Citados: STF, ADPF 54/DF, Rel. Min. Marco Aurelio Mello, j. 12-4-2012. TJRJ Ap. Civ. 0069079-98.2010.8.19.0038, Rel. Des. Guaraci de Campos Vianna, j. em 19-12-2011 e Ap. Civ. 0026791-65.2009.8.19.0202, Rel. Des. Milton Fernandes deSouza, j. 10-1-2011).

12 MONTEIRO, Washington de Barros; PINTO, Ana Cristina de Barros Monteiro França. *Curso de direito civil*, p. 172. "APELAÇÃO CÍVEL. **Codicilo.** Sentença que declarou a nulidade do **codicilo.** Manutenção da sentença. Não poderia o obituado dispor da totalidade de seus bens quando havia herdeiro necessário. Artigo 1.882 do Código Civil. A definição de pequeno valor é relativa devendo ser analisado no caso concreto. NEGO SEGUIMENTO AO RECURSO, NA FORMA DO ARTIGO 557, *CAPUT*, DO CPC" (Ap. 0023915-97.2005.8.19.0002, TJRJ, 5ª Câm. Civ., Des. Cristina Tereza Gaulia, j. 6-3-2012).

Capítulo 17

Das disposições testamentárias em geral

17.1. Princípios gerais

Como vimos, o testamento pode estabelecer disposições relativas ao patrimônio do *de cujus*, e também estabelecer relações de ordem não patrimonial, como o reconhecimento de filiação, ou ainda, pode conter conselhos, exortações, confissões entre outras demonstrações de origem moral, não pecuniária.

Assim sendo, uma vez examinadas as formalidades extrínsecas do testamento, passa-se à análise dos seus elementos intrínsecos, e estes referem-se à instituição de herdeiro ou legatário, bem como quanto ao título ou fundamento pelo qual estes são chamados a recolher a massa hereditária, parte desta, ou coisa determinada.

É sabido que o testador pode dispor de seu patrimônio no todo ou em parte, contemplando assim os herdeiros instituídos. Pode, ainda, dispor sobre um ou mais bens especificamente, discriminando assim os beneficiários da herança, denominados legatários.

Cumpre acentuar, em primeiro lugar, que todas as disposições relativas ao elemento intrínseco do testamento, que incluem a capacidade de testar e as disposições testamentárias, devem emergir diretamente do próprio ato *causa mortis*, ou seja, não é possível recorrer a outros elementos externos, como escritos particulares, atos públicos, declarações judiciais ou extrajudiciais, testamento anterior para se instituir os herdeiros ou legatários[1].

Desta sorte, vemos que "as disposições testamentárias representam o modo através do qual o disponente nomeia herdeiro ou legatário e assim distribui seu patrimônio disponível, grava quinhões com cláusula de inalienabilidade, deserda e ainda emite declarações de natureza não patrimonial, *mortis causa*; podendo ainda o objeto de um testamento ser a revogação pura e simples de um testamento anterior"[2].

A nomeação dos herdeiros e legatários deve constar do próprio ato de última vontade, de modo claro, direto e completo. O recurso à prova extrínseca só tem cabimento, no máximo, para elucidar contradição ou obscuridade.

Em segundo lugar, cumpre ressaltar que as disposições testamentárias só podem ser formuladas exclusivamente em benefício de pessoas naturais ou jurídicas. Não se admite testamento em favor de coisas ou de animais, como vimos, salvo de modo indireto, com encargo instituído a terceira pessoa.

Da mesma forma, também não se transmite bens a entidades ideais ou místicas, almas e santos, por exemplo. Mas poderá o testador, entretanto, dispor sobre sufrágios religiosos em benefício da própria alma. Admitem-se disposições em favor de nascituros ou de prole eventual, bem como de pessoas jurídicas em formação.

Deve ainda a herança ser atribuída diretamente a determinada pessoa, ou pessoas, não sendo possível concedê-la a gerações inexistentes, salvo nas hipóteses especiais de fideicomisso e instituição condicional, bem como nas hipóteses previstas pelo art. 1.799, I, do Código Civil, que contempla os filhos ainda não concebidos, as pessoas jurídicas e as fundações criadas por testamento.

---

1 MONTEIRO, Washington de Barros; PINTO, Ana Cristina de Barros Monteiro França. *Curso de direito civil*, p. 178 e 179.

2 NADER, Paulo. *Curso de direito civil*, p. 297.

A vontade de beneficiar deve ser expressa. Não se pode deduzir direito sucessório de simples conselho. Da mesma forma que disposições meramente enunciativas não se cumprem. Por exemplo, imponho a João, herdeiro meu por testamento anterior, tal encargo. Esse testamento anterior, por mim referido, não existe ou foi inutilizado. E, nesse sentido, João nada herdará.

Também não se cumpre disposição disjuntiva, salvo se deva tomar por copulativa (nomeio A ou B). Ou seja, Paulo ou Pedro suceder-me-á. Valerão, entretanto, as disposições insultantes, em que o testador confere a liberalidade em tom violento e/ou ofensivo: seja herdeiro meu filho que de mim só merece o mal[3].

As disposições testamentárias constituem o cerne propriamente dito do ato negocial. Por meio delas o testador legaliza a sua declaração de última vontade. É nelas que o *de cujus* projeta a verdade interior de seus sentimentos interindividuais, a sua avaliação sobre o merecimento das pessoas que integram o seu círculo de relacionamento.

Aduz Paulo Nader que "em torno das disposições testamentárias há a presunção de autossuficiência, ou seja, vale e produz efeitos o testamento pelo que elas contêm"[4].

As disposições testamentárias podem estar contidas em um único testamento ou em mais de um, desde que sejam estes complementares. Entretanto, ressalta-se a importância vital da correta elaboração do texto, a fim de que se evitem expressões ambíguas, lacunosas, capazes de gerar incerteza na interpretação

17.2. Instituição de herdeiro ou legatário

Quanto à instituição de herdeiro ou legatário, em Roma, a principal finalidade do testamento era a solene nomeação do herdeiro; esta era, pois, forçosa, não podendo o ato se limitar à deixa de determinados bens ou a declaração de conteúdo diverso: "ninguém pode morrer em parte testado e em parte intestado".

---

3 MONTEIRO, Washington de Barros; PINTO, Ana Cristina de Barros Monteiro França. *Curso de direito civil*, p. 178 e 179.

4 NADER, Paulo. *Curso de direito civil*, p. 298.

No direito moderno o testamento perdeu por completo esse sentido, podendo-se admitir que a nomeação de herdeiro não é imprescindível, pois, como se sabe, o ato de última vontade pode limitar-se à confissão de dívida, a legado ou a outro conteúdo de natureza não patrimonial.

Como leciona San Tiago Dantas, "isso não quer dizer que a instituição de herdeiro tenha perdido, no testamento moderno, sua grande importância e seu grande sentido. Deixou de ser sua condição essencial, mas continua a ser seu mais importante tema"[5].

À luz do art. 1.897 do Código Civil, "a nomeação de herdeiro, ou legatário, pode fazer-se pura e simplesmente, sob condição, para certo fim ou modo, ou por certo motivo".

Como prevê Orozimbo Nonato, distingue-se a instituição do herdeiro e do legatário, visto que no primeiro tem o titular a totalidade do patrimônio do autor da herança, ou parte dele, em fração abstrata ou ideal; e, no segundo, o titular é sucessor a título particular, detendo, pois, direito sucessório à coisa particular individualizada, limitada pela quantidade, qualidade ou situação[6].

17.2.1. Nomeação pura e simples

A nomeação do herdeiro, ou legatário, é pura e simples quando efetuada sem imposição de qualquer cláusula, limitação ou modificação, devendo produzir seus efeitos tão logo se abra a sucessão.

Como exemplo, podemos aduzir: deixo meus bens em favor de André; ou instituo meus herdeiros André e Amanda; deixo o meu prédio da rua tal, número tal, para Alberto (instituição pura de legado).

17.2.2. Nomeação sob condição

A instituição do herdeiro ou legatário pode também ser condicional. Assim ocorrerá quando sua eficácia for submetida a evento futuro e incerto. A lei não distingue entre condição suspensiva e resolutiva. Não vigora o

---

5 SAN TIAGO DANTAS, F. C. *Direitos de família e das sucessões*, p. 533.

6 NONATO, Orozimbo. *Estudos sobre a sucessão testamentária*. Rio de Janeiro: Forense, 1957, v. 3, p. 10.

preceito *semel heres semper heres*, que constituía um dos pilares do direito sucessório romano.

Com a morte do testador, confere-se a licitude ou ilicitude da condição estabelecida, este é o momento correto, e não segundo o tempo da lavratura do ato, conforme a *regra catoniana* oriunda do direito romano.

Assim, a nomeação ou instituição de herdeiro ou legatário feitas mediante condição só terão eficácia após o implemento da condição estabelecida[7].

A condição pode ser **suspensiva**, onde se aduz que Beatriz receberá uma bolsa de estudos se concluir a faculdade de nutrição; ou **resolutiva**, Marina receberá ajuda de custo para o pagamento de sua faculdade até o momento de sua formatura. Na eventual pendência de condição resolutiva, subsiste, em favor da pessoa beneficiada com o seu implemento, direito à caução, denominada *muciana*.

Nesse sentido, a fim de se apurar a validade da condição estatuída pelo testador, cumpre a análise da regra contida nos arts. 121 e s. do Código Civil, relativas à condição, termo e encargo: "Considera-se condição a cláusula que, derivando exclusivamente da vontade das partes, subordina o efeito do negócio jurídico a evento futuro e incerto".

Pode então ser entendida como uma liberalidade que o testador ou o doador estipula e o donatário, herdeiro ou legatário deve suportar[8].

Assim, se **potestativa** a condição, subordinada ao arbítrio exclusivo de uma das partes, a instituição não vale, por ser defesa tal estipulação à luz do art. 122 do Código Civil. Dessa forma, encontra-se prejudicada a nomeação de herdeiro, ou legatário, nos seguintes termos: André será herdeiro, se meu marido concordar. A instituição sujeita ao mero arbítrio de outrem invalida a disposição, condição puramente potestativa. Esse também é o motivo pelo qual o art. 1.900, IV, do Código Civil cominou de nulidade a estipulação que deixe *ad libitum* do herdeiro, ou de outrem, a fixação do valor do legado.

Não têm, pois, validade as condições ilícitas, que limitam a liberdade de outrem: instituo Anna herdeira conquanto nunca se case; as condições

---

7 GAMA, Affonso Dionísio. *Tratado theorico e pratico de testamentos*, p. 73.

8 MALUF, Carlos Alberto Dabus. *As condições no direito civil*, p. 19 e s.

fisicamente impossíveis: instituo Luciana herdeira desde que dê a volta ao mundo a pé; as condições juridicamente impossíveis: deixo minha herança a Marcela desde que se case com seu sogro.

Ressalte-se que as condições fisicamente impossíveis são consideradas inexistentes, à luz do art. 124 do Código Civil, enquanto as condições juridicamente impossíveis invalidam os atos aos quais se subordinam, como prevê a regra do art. 123, I, do mesmo diploma legal.

Igualmente, não subsistirá nomeação sujeita a condição **ilícita**, contrária ao direito. Como, por exemplo: instituo Marina herdeira se não casar (*si non nupserit*). Tal disposição não encontra escopo legal em nenhuma legislação alienígena, pois é nula a cláusula que tende a restringir a liberdade individual da parte, contrariando a natural inclinação do ser humano para o matrimônio e favorecendo o concubinato, tornando-se assim nociva aos interesses gerais da sociedade.

"Impõe-se, todavia, muita cautela na rejeição da cláusula *si non nupserit* ou *de non nubendo,* sob pena de invalidar, em certos casos, estipulações legítimas e lícitas. A referida condição só seria antijurídica, se imposta de forma absoluta, isto é, a coagir a liberdade individual; não assim se dela transparece sua relatividade.

Como exemplo, podemos aduzir: instituo Marina minha herdeira, se ela não se casar com Paulo, meu inimigo, ou com João, pessoa de condição moral reprovável. Nesses casos, não se violentaria ou suprimiria a vontade livre da herdeira instituída em se casar, uma vez que lhe restaria a possibilidade de contrair núpcias com inúmeras outras pessoas; e em consequência, válida seria a estipulação"[9].

Vê-se, nesse sentido, que, no que tange à celebração de casamento mediante anuência de terceiro, existe discrepância entre os autores: "Cujacio sustenta a invalidade dessa condição, porque o terceiro pode arbitrariamente, por puro capricho, negar o consentimento, cerceando a liberdade do herdeiro, ou legatário. Troplong aconselha prudência na solução do

---

9 MONTEIRO, Washington de Barros; PINTO, Ana Cristina de Barros Monteiro França. *Curso de direito civil*, p. 181; MALUF, Carlos Alberto Dabus. *As condições no direito civil*, p. 19 e s.

problema, mandando investigar a vontade do testador e as condições pessoais do beneficiário contemplado. Por outro lado, posiciona-se Mazza pela legitimidade dessa condição, desde que se apresente sob forma de conselho e não de proibição"[10].

Podemos elencar os casos mais comuns onde se manifesta a imoralidade da condição: imputar o celibato perpétuo de alguém; impor o divórcio a alguém, escolher o cônjuge de outrem, determinar que se habite em determinada localidade, mudar de religião, abraçar certo estado, como o sacerdócio, entre outros[11].

Entendemos, sinteticamente, que tais alegações constituem verdadeira coação à liberdade individual, que ofende a dignidade da pessoa humana, cânone constitucional previsto no art. 1º, III, da Constituição Federal.

Assim, não pode subsistir nomeação de herdeiro subordinada a condição imoral ou contrária aos bons costumes. Incide na proibição legal instituição que, exemplificativamente, assim se expresse: instituo Renato herdeiro, se ele deixar de coabitar com a mulher, ou se viver na ociosidade.

17.2.3. Nomeação para certo fim, ou mediante encargo

Ao nomear, o disponente possui a faculdade de criar determinado encargo ao herdeiro ou ao legatário.

A nomeação para certo fim ou mediante encargo é a designação de herdeiro ou legatário, nos casos em que haja a imposição de uma contraprestação ao beneficiário. Ou seja, além da herança ou do legado, há a imposição de um dever jurídico a ser cumprido pelo beneficiário. Como exemplo, podemos aduzir: deixo esta propriedade a Nair a fim de que ela a transforme em uma creche; deixo a minha casa da rua tal, número tal, a meu sobrinho Jorge com a incumbência de dar a Pedro uma pensão durante sua menoridade.

---

10 MONTEIRO, Washington de Barros; PINTO, Ana Cristina de Barros Monteiro França. *Curso de direito civil*, p. 181; MALUF, Carlos Alberto Dabus. *As condições no direito civil*, p. 19 e s.

11 LEITE, Gonçalo Rollemberg. Contratos imorais, *Revista Forense* n. 193, p. 61; MALUF, Carlos Alberto Dabus. *As condições no direito civil*, São Paulo: Saraiva, 2011, p. 70.

Assim, se o encargo visa a beneficiar terceira pessoa, esta, com a abertura da sucessão, se torna credora não da herança ou espólio, mas de quem recebeu a quota ou legado.

Com o óbito do autor da herança, o sucessor adquire o domínio do quinhão que lhe foi designado, independentemente do cumprimento do encargo. "A não execução do dever não provoca, automaticamente, a ineficácia da nomeação, cabendo, pois, aos interessados o ajuizamento de ação própria, visando o cumprimento do encargo. A parte legítima para a propositura da ação são os coerdeiros, a pessoa a ser favorecida com o cumprimento do encargo, o testamenteiro e quem se beneficiar com a caducidade da disposição. Os interessados podem exigir do nomeado uma garantia para o cumprimento do encargo, denominada caução muciana, já referida, caso o testador não a tenha dispensado"[12].

Os encargos impossíveis, seja fática, seja juridicamente, não obrigam o cumprimento. Assim, "não sendo possível a execução nos termos indicados pelo testador, os legados devem ser cumpridos de forma análoga". Caso em que o objeto da herança ou legado incorpora-se ao patrimônio da pessoa nomeada sem a correspectiva exigência.

O prazo para o cumprimento do encargo, em princípio, deve ser aquele estipulado no testamento, podendo ser requerido em juízo sua ampliação se necessário. Inexistindo prazo determinado, este deve ser o necessário à execução do dever, considerando-se também as condições financeiras do nomeado[13].

Permite o art. 1.897 do Código Civil que a instituição se efetue para certo fim ou mediante imposição de determinado encargo. Em tais condições, válida será disposição segundo a qual o herdeiro, ou legatário nomeado, ficará obrigado por certa dívida, ou encargo de realizar determinada atribuição.

Difere Carlos Alberto Dabus Maluf a condição do encargo: enquanto o encargo pode ser entendido como uma obrigação ou ônus que se

---

12 NADER, Paulo. *Curso de direito civil*, p. 302; DIAS, Maria Berenice. *Manual das sucessões*, p. 392 e s.

13 PEREIRA, Caio Mário da Silva. *Instituições de direito civil*, p. 238; NADER, Paulo. *Curso de direito civil*, p. 302.

impõe a uma liberalidade, a condição é uma cláusula que deriva exclusivamente da vontade das partes, subordinando o negócio jurídico a evento futuro e incerto.

O encargo não se confunde com a condição; esta é suspensiva e não coercitiva; aquele é coercitivo e não suspensivo; ninguém pode ser forçado a cumprir uma condição. Além disso, o primeiro é mais vantajoso, porque não suspende a aquisição nem o exercício do direito hereditário, como dispõe o art. 136 do Código Civil.

A condição atua sobre a eficácia do negócio jurídico, impedindo a aquisição de um direito, se for suspensiva; ou aniquilando esse direito, se for resolutiva. Já o encargo não impede a aquisição do direito. "Na dúvida, o modo, como limitação de menor alcance, deve ser admitido, de preferência à condição"[14].

17.2.4. Nomeação por certa causa

A nomeação do herdeiro, ou legatário, pode fundar-se em determinada causa. O testador não é obrigado a dar as razões pelas quais favorece certa pessoa. Muitas vezes, entretanto, deparam-se nos testamentos pormenorizadas explicações a respeito. Embora inexatas, não invalidam a disposição, nem o herdeiro adstrito se acha a provar que elas são verdadeiras.

Para San Tiago Dantas, na instituição por certa causa, nem o herdeiro poderá adir a herança, nem o legatário poderá receber o legado se a cláusula não se verificar[15].

Assim, se as referidas causas integrarem a declaração, deixando-se claro que o acontecimento foi determinante da liberdade, eventual equívoco do disponente na identificação do benfeitor tornará o negócio jurídico anulável.

---

[14] "A partícula *se* geralmente serve para caracterizar a condição, enquanto as locuções *para que, a fim de que, com a obrigação de,* para identificar o encargo" (MONTEIRO, Washington de Barros; PINTO, Ana Cristina de Barros Monteiro França. *Curso de direito civil,* p. 184); MALUF, Carlos Alberto Dabus. *As condições no direito civil,* p. 115 e 116; RODRIGUES, Silvio. *Direito civil,* 32. ed., São Paulo: Saraiva, 2002, p. 259 e 260.

[15] SAN TIAGO DANTAS, F. C. *Direitos de família e das sucessões,* p. 534.

A invalidação do ato encontra seu fundamento na regra do art. 140 do Código Civil, que tipifica como erro: "O falso motivo só vicia a declaração de vontade quando expresso como razão determinante"[16].

Nesse sentido, se o testador fizer um legado beneficiando certa pessoa, declarando que o motivo para tanto é porque esta pessoa lhe salvou a vida, por exemplo; uma vez apurada a falsidade de semelhante declaração, determinante do ato de liberalidade, este não prevalece. "Em tal hipótese, interpretar-se-á o testamento à luz das circunstâncias, conferindo-se o benefício à pessoa que o testador tinha em mente e de fato desejou favorecer"[17].

Elucida San Tiago Dantas outra hipótese: "deixo minha casa tal, número tal ao meu médico Dr. Fulano de tal, pelos serviços a mim dispensados nos últimos dois anos". Ocorre que o testamento pode ter sido feito numa época determinada, e o testador morrer muito tempo depois, de outra causa, quando já não se tratava mais com o referido médico. Pergunta-se: há de se pagar o legado? Entende o insigne professor que não, pois trata-se de um legado instituído por certa causa, e desde que esta não se verifique, não subsiste[18].

Vê-se, assim, que, caso o fato narrado pelo testador se revele inverídico, a invalidade da cláusula testamentária dependerá dos termos em que prestou a declaração de última vontade.

17.2.5. Nomeação a termo

Na nomeação a termo, estabelece o testador um limite para a validade da instituição, como, por exemplo: deixo meu imóvel da rua tal, número tal, a Paulo até que atinja sua maioridade.

Dispõe o art. 1.898 do Código Civil que "a designação do tempo em que deva começar ou cessar o direito do herdeiro, salvo nas disposições fideicomissárias, ter-se-á por não escrita".

---

16 NADER, Paulo. *Curso de direito civil*, p. 303; DIAS, Maria Berenice. *Manual das sucessões*, p. 392.

17 MONTEIRO, Washington de Barros; PINTO, Ana Cristina de Barros Monteiro França. *Curso de direito civil*, p. 184 e 185; DINIZ, Maria Helena. *Código Civil comentado*, p. 206.

18 SAN TIAGO DANTAS, F. C. *Direitos de família e das sucessões*, p. 534.

Depreende-se, assim, que o herdeiro nada tem a aguardar; uma vez aberta a sucessão, independentemente de qualquer ato, é havido como sucessor. Se o testador prefixar data para que juridicamente comece a valer a disposição, ter-se-á por não escrita a estipulação, tendo em vista o direito de *saisine*.

Assevera Carvalho Santos que as disposições contidas no Código Civil mostram-se ilógicas: permite-se ao testador impor à liberalidade condição suspensiva ou resolutiva, mas não tolera se marque termo para o começo, ou fim, da qualidade de herdeiro[19].

Entretanto, é válido ressaltar que o referido preceito legal só se refere à instituição de herdeiro, em nada impedindo que se subordine o direito do legatário a termo inicial ou final, como prevê a regra dos arts. 1.924 e 1.928 do Código Civil.

17.3. Regras de interpretação dos testamentos

Dispõe Carlos Maximiliano que "interpretar é perquirir e revelar qual o verdadeiro sentido e o alcance das disposições testamentárias. É uma obra de discernimento e experiência, bom senso e boa-fé. E nesse sentido, esforça-se o intérprete para fixar, através de todas as circunstâncias, a vontade real do testador, contida em cada disposição"[20].

No que tange às disposições testamentárias, temos algumas regras interpretativas que se destacam: nenhum elemento externo pode ser levado em conta para a obtenção da real intenção da vontade do testador; assim, a verificação da vontade do testador torna-se imperativa; a vontade do testador deve ser aquela expressa de modo inteligível no documento; na ocorrência de cláusula duvidosa, o intérprete deverá aplicá-la da maneira que melhor se harmonize com a vontade manifestada pelo testador; pode-se instituir herdeiro ou legatário, ou ambos, respeitadas as regras de disponibilidade; pode ser instituído herdeiro para que cumpra determinado fim; deve-se buscar sempre a real intenção do testador, sendo que, em caso de dúvida, deve-se interpretar o dispositivo de maneira mais harmônica com o contexto.

---

19 CARVALHO SANTOS, J. M. *Código Civil interpretado*, v. 23, p. 236.

20 MAXIMILIANO, Carlos. *Direito das sucessões*, v. II, p. 76.

Nesse sentido estabelece o art. 1.899 do Código Civil: "Quando a cláusula testamentária for suscetível de interpretações diferentes, prevalecerá a que melhor assegure a observância da vontade do testador".

Resgata o presente artigo o princípio da soberania da vontade do testador, e ainda se ocupa de uma das questões mais complexas do direito sucessório: a relação entre a palavra do testador e o meio de interpretá-la. E assim, "ou há consonância entre pensamento e a palavra, entre o enunciado e o conteúdo, ou não há. E quando não há desencadeia-se na vontade do testador"[21].

Nesse dispositivo insiste o legislador, mais uma vez, na mesma ideia exposta anteriormente, no art. 112: "Nas declarações de vontade se atenderá mais à intenção nelas consubstanciada do que ao sentido literal da linguagem". Contudo, se na interpretação dos contratos se admite certa atenuação do seu rigor, em atenção à eventual boa-fé de terceiros e à segurança do comércio jurídico, no testamento deve sempre prevalecer por inteiro a intenção do testador.

Para Orozimbo Nonato, o elemento intencional é de maior relevo na interpretação dos testamentos e dos negócios jurídicos em geral; sendo possível a aplicação aos testamentos dos preceitos de interpretação dos contratos e dos atos jurídicos em geral. Ressalta, ainda, que muitas vezes as palavras e expressões utilizadas nas disposições de última vontade são derivadas de perturbações de serenidade oriundas de longas doenças ou estágios debilitantes do testador[22].

No mesmo sentido traduz Zeno Veloso que "na interpretação das leis não é a *mens legislatoris* que importa, devendo ser apreendida a *mens legis*. Assim, prevalece o aspecto subjetivista, devendo-se, pois, buscar revelar a real vontade do testador"[23].

Tal como indicam Washington de Barros Monteiro e Ana Cristina de Barros Monteiro França Pinto, "as palavras são insidiosas e traiçoeiras. Em regra, elas traduzem com fidelidade o verdadeiro pensamento, o efetivo

---

21 LEITE, Eduardo de Oliveira. *Comentários ao novo Código Civil*, p. 445 e 446.

22 NONATO, Orozimbo. *Estudos sobre sucessão testamentária*, v. III, n. 852, p. 264 e 265.

23 VELOSO, Zeno. *Código Civil comentado*, p. 2129.

propósito do testador, o que este, em verdade, deseja exprimir. A regra é a concordância entre a vontade interna do agente e a vontade declarada no negócio jurídico".

Visam, pois, as disposições testamentárias que se observem e cumpram as intenções que inspiraram o testador. Assim, "o primeiro cuidado na interpretação da verba testamentária deve ser a meticulosa reconstrução do ato volitivo, a pesquisa da vontade do testador, em todos os seus reflexos"[24].

Na síntese de Sebastião Luiz Amorim, "na interpretação da vontade do testador, deve-se levar em conta todo o testamento, e para isso, deve o intérprete valer-se das regras usuais de interpretação, procurando apurar a vontade do testador, comparando a cláusula duvidosa com as demais inseridas no documento. E assim, o princípio subjetivo deve estar presente, suplantando o princípio objetivo, chegando-se, após análise meticulosa de todo o documento, à real vontade do testador"[25].

À luz do art. 1.902 do Código Civil: "A disposição geral em favor dos pobres, dos estabelecimentos particulares de caridade, ou dos de assistência pública, entender-se-á relativa aos pobres do lugar do domicílio do testador ao tempo de sua morte, ou dos estabelecimentos aí sitos, salvo se manifestamente constar que tinha em mente beneficiar os de outra localidade. Parágrafo único. Nos casos deste artigo, as instituições particulares preferirão sempre às públicas".

Assim, se o testador não especificar de onde são os pobres, os estabelecimentos particulares ou os de assistência pública a quem deseja deixar seus bens, vigorará a presunção de que são do lugar de seu domicílio, ao tempo de sua morte.

"Se a indicação do testamento não se desvela com a indispensável clareza, possibilitando confusão com outras instituições, dotadas de nomes parecidos e com as mesmas finalidades assistenciais, mas pertencentes a

---

24 MONTEIRO, Washington de Barros; PINTO, Ana Cristina de Barros Monteiro França. *Curso de direito civil*, p. 185 e s.

25 AMORIM, Sebastião Luiz. *Código Civil comentado*. Coord. Álvaro Villaça Azevedo. São Paulo: Atlas, 2004, v. XIX, p. 145.

religiões diversas, urge recorrer a novos elementos de convicção, entre os quais avultará, sem dúvida, a crença professada pelo testador. Presumidamente, quis ele beneficiar a entidade que adota o mesmo credo, ou segue a mesma confissão"[26].

Na dúvida quanto às instituições de caridade que serão beneficiadas, as particulares terão preferência devido ao fato de que, segundo a lei, necessitam mais de recursos do que as entidades públicas.

Como leciona Carlos Maximiliano, "o uso é a expressão melhor e mais verdadeira dos interesses e das necessidades de todos. Espontâneo e lentamente construído, é natural que espelhe o modo de ver e o sentir amadurecido e generalizado. Acerta, portanto, quem se orienta pelos usos e costumes da localidade onde está inserido"[27].

De acordo com o art. 1.904 do Código Civil, "se o testamento nomear dois ou mais herdeiros, sem discriminar a parte de cada um, partilhar-se-á por igual, entre todos, a porção disponível do testador".

O que leva à observação de que a partilha da parte disponível da herança será feita por cabeça entre os herdeiros.

Dispõe o art. 1.905 do Código Civil: "Se o testador nomear certos herdeiros individualmente e outros coletivamente, a herança será dividida em tantas quotas quantos forem os indivíduos e os grupos designados".

Assim, da regra do presente artigo temos que, para os herdeiros nomeados individualmente, a partilha da herança será feita por cabeça. Para os herdeiros nomeados coletivamente, a partilha será por estirpe.

Desta forma, se o herdeiro nomear coletivamente seus irmãos José e Josué, e coletivamente os grupos de sobrinhos referentes aos seus irmãos falecidos Joaquim e João, a herança será dividida em quatro partes, cabendo ¼ a cada irmão José e Josué, onde a partilha é feita por cabeça, assim como a cada um dos grupos de sobrinhos relativos aos irmãos falecidos Joaquim e João, onde a partilha é feita por estirpe.

---

26 OLIVEIRA, Arthur Vasco Itabaiana de. *Tratado de direito das sucessões*, p. 91; AMORIM, Sebastião Luiz. *Código Civil comentado*, p. 155; VELOSO, Zeno. *Código Civil comentado*, p. 2132.

27 MAXIMILIANO, Carlos. *Direito das sucessões*, p. 97.

Sobre a determinação das quotas, dispõe o Código Civil:

"Art. 1.906. Se forem determinadas as quotas de cada herdeiro, e não absorverem toda a herança, o remanescente pertencerá aos herdeiros legítimos, segundo a ordem da vocação hereditária.

Art. 1.907. Se forem determinados os quinhões de uns e não os de outros herdeiros, distribuir-se-á por igual a estes últimos o que restar, depois de completas as porções hereditárias dos primeiros".

Na hipótese contemplada no artigo em tela, os herdeiros com designação de quinhão recebem em primeiro lugar, ao passo que os herdeiros sem designação de quinhão deverão receber por último, recebendo, pois, o que restar da herança. Entretanto, se nada sobrar, nada herdarão os que foram instituídos herdeiros sem designação de quinhão.

À luz do disposto no art. 1.908 do Código Civil: "Dispondo o testador que não caiba ao herdeiro instituído certo e determinado objeto, dentre os da herança, tocará ele aos herdeiros legítimos".

Assim, tem-se que os bens excluídos por disposição do testador serão destinados aos herdeiros legítimos.

A esses preceitos, acrescenta-se o contido no art. 133 do Código Civil, que estabelece: "Nos testamentos presume-se o prazo em favor do herdeiro, e, nos contratos, em proveito do devedor, salvo, quanto a esses, se do teor do instrumento, ou das circunstâncias, resultar que se estabeleceu a benefício do credor, ou de ambos os contratantes".

Quanto às aplicações práticas atinentes às disposições testamentárias, pode-se apontar: "quando o testador contempla indeterminadamente certa categoria de pessoas, como empregados e domésticos, se entende que deseja beneficiar, tão somente, os que às suas ordens se encontravam, ao se abrir a sucessão; se o testador contemplou filhos, de modo genérico, e se um deles já faleceu, se presume, na dúvida, que também contemplou a prole deste; se ele impuser, em relação a um dos herdeiros, simultaneamente cláusula de inalienabilidade e de incomunicabilidade, e, no tocante a outro, só se referir ao primeiro vínculo, será porque, quanto a este segundo herdeiro, desejou excluir a incomunicabilidade; se o testador nomear herdeiros sucessivos e não simultâneos, cuidar-se-á de fideicomisso, pouco importando tenha ele indevidamente empregado a palavra usufruto. Por outro lado, concluir-se-á pela existência desse direito real toda a vez que não transparecer da verba testamentária a sucessividade da transmissão, mas se apresentar desmembrado o domínio; sempre que o ascendente impuser a descendente obrigação de restituir a estranho o bem deixado se subentenderá a cláusula *si sine liberis decesserit* (morrer sem filhos), desde que o descendente não tenha prole ao ser feito o testamento. Presume-se sempre que o testador prefere os netos a outra pessoa; quando o objeto da disposição constituir-se de universalidade, tal como prevê o art. 91 do Código Civil, compreenderá todas as coisas que a compõem, ainda que desconhecidas do testador e descobertas posteriormente; a regra do art. 1.899 do Código Civil aplicar-se-á igualmente às doações; a expressão *prole* aplicar-se-á a todos os filhos igualmente; compete ao juízo do inventário a interpretação das cláusulas testamentárias relativas ao respectivo alcance, não ficando ele adstrito à exegese dada em outros juízos"[28].

17.4. Nulidade das disposições testamentárias

Dispõe o art. 1.900 do Código Civil: "É nula a disposição: I - que institua herdeiro ou legatário sob a condição captatória de que este disponha, também por testamento, em benefício do testador, ou de terceiro; II - que se refira a pessoa incerta, cuja identidade não se possa averiguar; III - que favoreça a pessoa incerta, cometendo a determinação de sua identidade a terceiro; IV - que deixe a arbítrio do herdeiro, ou de outrem, fixar o valor do legado; V - que favoreça as pessoas a que se referem os arts. 1.801 e 1.802".

Como aduz Clóvis Beviláqua, "as disposições captatórias não têm valor, porque importam em pactos sucessórios".

Entende-se por captatórias as disposições em que o testador assina parte de sua herança ou toda ela a alguém, sob a condição de ser aquinhoado no testamento daquele a quem pretende beneficiar. A captação vicia o testamento. "Já as disposições contumeliosas, feitas por palavras ásperas ou injuriosas, são válidas"[29].

---

28 VELOSO, Zeno. *Código Civil comentado*, p. 2128-2130; MONTEIRO, Washington de Barros; PINTO, Ana Cristina de Barros Monteiro França. *Curso de direito civil*, p. 186 e 187; PEREIRA, Caio Mário da Silva. *Instituições de direito civil*, p. 242 e s.

29 BEVILÁQUA, Clóvis. *Direito das sucessões*, p. 197.

Assim, da mesma forma que proíbe o Código Civil o testamento conjuntivo, visto constituir modalidade de pacto sucessório, condenado pela lei, pela mesma razão, veda a disposição captatória, que por seu turno se dá nos moldes seguintes: instituo André herdeiro, se ele, em seu testamento, igualmente nomear-me seu sucessor. Por intermédio desses artifícios, engana-se o testador, induzindo-o a dispor em benefício do autor do dolo, ou de terceiro.

Nesse sentido, tem-se que, mediante a captação, o agente busca tornar-se agradável ao disponente, cativando-lhe a estima. "Pode demonstrar-se pelas mais diversas formas: pela fingida demonstração de amizade, pela dissimulação, pela lisonja, através da oferta de presentes, pelo falso interesse; visando interesses outros que rondam a fortuna do testador".

Será, portanto, nula a disposição testamentária feita em benefício do captador, nos termos do art. 145, combinado com o art. 171, II, do Código Civil[30].

E assim a proibição legal tem escopo no fato de que o testador não disporia pela forma como o fez, se avisadamente houvesse atinado com o espírito mercenário e interesseiro daquele que, no fundo, só tem olhos voltados para a pecúnia, que lhe desperta a cobiça. A captação deturpa, assim, o caráter espontâneo do ato de última vontade.

Distingue-se, ainda, a captação da sugestão. Enquanto através da primeira limita-se o interessado em conquistar a afeição do testador, predispondo-o ao ato de benemerência ao qual se visa; na segunda, por meio de atos positivos, o interessado influencia o testador, incentivando-o a favorecer esta ou aquela pessoa em seu testamento. A primeira é mais subjetiva, a segunda, mais objetiva.

É válido ressaltar que "as referidas condutas só constituem dolo, capaz de viciar a vontade, se demonstram má-fé, ardil habilidoso, que, enganando a vítima, faz nascer o erro, aniquilando a espontaneidade, o desejo livre, sobre a qual repousa o ato da última vontade. Entretanto, se inexistir má-fé, e os meios empregados pelo agente para cativar o testador forem honestos, nada

---

30 MONTEIRO, Washington de Barros; PINTO, Ana Cristina de Barros Monteiro França. *Curso de direito civil*, p. 188 e 189; VELOSO, Zeno. *Código Civil comentado*, p. 2130.

se lhe poderá desabonar. O direito não pode condenar, antes deve favorecer, sentimentos nobres e elevados, ainda que não totalmente desinteressados"[31].

Como leciona Paulo Nader, "a captação desinteressada não é censurável. A instituição de herdeiro é iniciativa geradora de reconhecimento, despertando, muitas vezes, o desejo de retribuição, e nesse sentido a simples reciprocidade de nomeações não inquina de nulidade as disposições testamentárias"[32].

A dificuldade prática, entretanto, advém do fato de que ambas as condutas requerem elaboração de prova fática, caso contrário subsistirá a presunção de capacidade inerente ao testador e que espontânea foi a manifestação de sua vontade.

Também não se pode contemplar em testamento pessoa incerta, cuja identidade não se possa averiguar. No ato de última vontade o testador há de individuar perfeitamente o beneficiado, indicando-lhe nome, sobrenome, domicílio, estado civil e outros qualificativos, de modo a arredar qualquer dúvida sobre a sua identidade. Havendo erro, atender-se-á ao disposto nos arts. 142 e 1.903 do Código Civil.

Nula também a disposição que favoreça pessoa incerta, cometendo-se a determinação de sua identidade a terceira pessoa. Nesse caso, perde ela seu caráter personalíssimo, que lhe é essencial, passando a constituir ato de terceiro.

A nulidade será afastada, se a pessoa mencionada na disposição testamentária puder ser determinada por terceiros, dentre duas ou mais pessoas citadas pelo testador. O terceiro fará, então, a escolha de uma só pessoa.

Também não se considera nulo legado feito a pessoa incerta, cuja determinação tenha ficado a cargo de terceiro, como no caso da seguinte disposição: deixo minha casa tal, número tal, para o primeiro colocado no vestibular da Fuvest no ano tal; o feito a obras pias e instituições de caridade, à escolha do testamenteiro. Vale também legado a instituição de caridade que preencha determinadas condições, ou se destine a certos fins, embora a disposição testamentária não individue corretamente o beneficiário.

---

31 MONTEIRO, Washington de Barros; PINTO, Ana Cristina de Barros Monteiro França. *Curso de direito civil*, p. 189.

32 NADER, Paulo. *Curso de direito civil*, p. 307.

Nula é também a estipulação que deixe ao arbítrio do herdeiro, ou de outrem, fixar o valor do legado. Igualmente, nesse caso, a disposição deixa de ser ato exclusivo do testador. Entretanto, valerá a disposição que facultar ao herdeiro, ou a outra pessoa, a fixação do valor do legado, se estiver a remunerar os serviços prestados ao testador, por instante de sua última enfermidade.

O art. 1.900, V, do Código Civil inquina de nulidade disposição testamentária que favoreça as pessoas não legitimadas a suceder, referidas nos arts. 1.801 e 1.802 do mesmo diploma legal. De acordo com o primeiro, não podem ser nomeados herdeiros nem legatários: a pessoa que a rogo escreveu o testamento, nem o seu cônjuge ou companheiro, ou os seus ascendentes e irmãos; as testemunhas testamentárias; o concubino do testador casado, salvo se este, sem culpa sua, estiver separado de fato do cônjuge há mais de cinco anos; o tabelião, civil ou militar, ou o comandante ou escrivão, perante quem se fez o testamento, assim como o que fez ou aprovou o testamento. Já o art. 1.802 do Código prescreve a nulidade das disposições testamentárias em favor dessas pessoas, ainda quando simuladas sob forma de contrato oneroso ou feitas mediante interposta pessoa (ascendentes, descendentes, irmãos, cônjuge ou companheiro do não legitimado a suceder)[33].

À luz do art. 1.901 do Código Civil, "valerá a disposição: I – em favor de pessoa incerta que deva ser determinada por terceiro, dentre duas ou mais pessoas mencionadas pelo testador, ou pertencentes a uma família, ou a um corpo coletivo, ou a um estabelecimento por ele designado; II – em remuneração de serviços prestados ao testador, por ocasião da moléstia de que faleceu, ainda que fique ao arbítrio do herdeiro ou de outrem determinar o valor do legado".

A regra geral, segundo se acentuou, prescreve a nulidade da disposição em favor de pessoa incerta, cuja identidade se não possa averiguar, como se depreende da regra do art. 1.900, II, do Código Civil. O art. 1.901, I, atenua o rigor da cominação, permitindo que, dentre várias pessoas indicadas pelo

---

[33] MONTEIRO, Washington de Barros; PINTO, Ana Cristina de Barros Monteiro França. *Curso de direito civil*, p. 191 e 192; VELOSO, Zeno. *Código Civil comentado*, p. 2130 e 2131; PEREIRA, Caio Mário da Silva. *Instituições de direito civil*, p. 245-247.

testador, caiba a escolha a terceiro. Em tal hipótese, a indeterminação do beneficiário vem a ser apenas relativa; em última análise, quem de fato escolhe e contempla é o próprio disponente, que seleciona os indivíduos, reservando ao terceiro exclusivamente opção por um deles, a fim de recolher a liberalidade.

17.5. Anulabilidade das disposições testamentárias

As disposições testamentárias em que tenha havido erro por parte do testador, ou vícios como dolo ou coação, podem ser objeto de anulação.

Assim, dispõe o Código Civil em seu art. 1.903: "O erro na designação da pessoa do herdeiro, do legatário, ou da coisa legada anula a disposição, salvo se, pelo contexto do testamento, por outros documentos, ou por fatos inequívocos, se puder identificar a pessoa ou coisa a que o testador queria referir-se".

Na hipótese em tela, haverá a anulabilidade da disposição testamentária, salvo se pelo seu teor, ou por outros documentos, ou por fatos inequívocos, haja a possibilidade de se identificar a pessoa ou a coisa a que se refere o testador.

O erro na designação da pessoa do herdeiro ou do legatário, como também em relação à coisa legada, anula a disposição testamentária. Trata-se de um caso particular de anulabilidade, uma vez que o erro essencial ou substancial, além deste caso, determina a anulabilidade do testamento, como prevê a regra do art. 1.859 do Código Civil ou da disposição testamentária, como refere o art. 1.909 do mesmo diploma legal. Entretanto, se as disposições testamentárias forem interpretadas de sorte que levem à identificação da pessoa ou coisa à qual o testador quis referir-se, sendo, pois, o erro acidental ou superável, não há por que deixar de obedecer à vontade do testador[34].

Assim, com a prática daquele erro pode verificar-se uma irreparável dissonância entre a intenção do *de cujus* e a manifestação de sua última vontade. De acordo com a regra geral, prevista no art. 138 do Código Civil,

---

34 VELOSO, Zeno. *Código Civil comentado*, p. 2132.

é anulável o negócio jurídico quando a declaração de vontade emanar de erro substancial, que poderia ser percebido por pessoa de diligência normal, em face das circunstâncias do negócio.

Considera-se erro substancial, à luz do art. 139, I, do Código Civil, aquele que interessa à natureza do negócio jurídico, o objeto principal da declaração, ou alguma das qualidades a ele essenciais.

Desta forma, se o testador deseja aquinhoar o legatário com o prédio A e lhe atribui o imóvel B, ocorre erro sobre o objeto principal da declaração (*error in ipso corpore rei*). Mas tem-se igualmente por erro substancial o que disser respeito a qualidades essenciais da pessoa, a quem se refira a declaração de vontade, prevista no inciso II do mesmo artigo. Logo, se o testador deseja contemplar Jorge, e, no entanto, favorece Gilberto, em qualquer dessas hipóteses, o erro é substancial e anula a disposição testamentária, *ex vi* do disposto no art. 1.903 do Código Civil. O mesmo ocorre quando se cuidar de erro de direito.

Entretanto, se o erro for meramente acidental, aquele que versa sobre qualidades secundárias ou acessórias da pessoa, ou do objeto, não ocorrerá a anulação. Pode este manifestar-se, como no exemplo: deixo um legado ao filho de meu irmão, de nome Christian. Verifica-se, porém, que esse não é o nome exato do sobrinho contemplado. Igualmente, deixo um legado a Antonio, atribuindo-lhe a qualidade de médico, o que realmente não acontece, pois o legatário é engenheiro. Esses equívocos na indicação da pessoa não viciam a disposição, porque se revestem de natureza secundária. Entendem-se como irrelevantes[35].

Dispõe o art. 1.909 do Código Civil: "São anuláveis as disposições testamentárias inquinadas de erro, dolo ou coação. Parágrafo único. Extingue-se em quatro anos o direito de anular a disposição, contados de quando o interessado tiver conhecimento do vício".

Como já vimos, os testamentos devem obedecer aos requisitos dos negócios jurídicos, e, portanto, pode ser válido ou inválido. Este apresenta dois graus, a nulidade e a anulabilidade.

---

[35] MONTEIRO, Washington de Barros; PINTO, Ana Cristina de Barros Monteiro França. *Curso de direito civil*, p. 193 e s.

Na lição de Eduardo de Oliveira Leite, "assim como os negócios jurídicos são anuláveis por dolo, quando este for a sua causa, tal como prevê a regra do art. 145 do Código, também há a anulabilidade no terreno da sucessão testamentária, visto que a livre manifestação da vontade é da essência da disposição testamentária, e assim, qualquer elemento que vier a viciá-la implicará anulação da referida disposição, em decorrência da representação errônea das circunstâncias que lhe determinam a vontade, ou pelo induzimento em erro"[36].

Depreende-se daí que tanto o testamento inteiro pode ser fruto de nulidade quanto apenas algumas de suas cláusulas. E assim, à luz do artigo em tela, vê-se que as disposições testamentárias podem ser anuladas pelos vícios da vontade: erro, dolo ou coação[37].

Assim, para promover a ação judicial visando a anulação da disposição inquinada de erro, dolo ou coação, fixa a lei o prazo decadencial de quatro anos, a contar da data em que o interessado teve ciência da existência do vício. Passado o período sem manifestação, convalidada estará à disposição.

17.6. Ineficácia das disposições testamentárias

O testamento se forma por um conjunto de disposições que devem ser harmônicas entre si e com a ordem jurídica. Estas, em sua grande parte, são interdependentes, havendo algumas que valem por si sós, tal como a cláusula de reconhecimento de paternidade.

Podem ocorrer situações em que causas gerem nulidade às disposições testamentárias por inteiro, como no caso de se apurar a incapacidade do testador, enquanto outras levam a anulabilidade de determinada disposição[38].

Dispõe o art. 1.910 do Código Civil: "A ineficácia de uma disposição testamentária importa a das outras que, sem aquela, não teriam sido determinadas pelo testador".

---

36 LEITE, Eduardo de Oliveira. *Comentários ao novo Código Civil*, p. 488.

37 VELOSO, Zeno. *Código Civil comentado*, p. 2135; AMORIM, Sebastião Luiz. *Código Civil comentado*, p. 160.

38 NADER, Paulo. *Curso de direito civil*, p. 314.

Assim, se de certa disposição testamentária decorrem outras, estipuladas em função daquela, com a respectiva ineficácia as demais também perdem a razão de ser, tornando-se também ineficazes.

Por esse dispositivo se estabelece uma relação de dependência entre as disposições testamentárias, e assim, a ineficácia de uma atinge a validade da outra[39].

17.7. Disposições com as cláusulas restritivas

Determina o art. 1.911 do Código Civil: "A cláusula de inalienabilidade, imposta aos bens por ato de liberalidade, implica impenhorabilidade e incomunicabilidade. Parágrafo único. No caso de desapropriação de bens clausulados, ou de sua alienação, por conveniência econômica do donatário ou do herdeiro, mediante autorização judicial, o produto da venda converter-se-á em outros bens, sobre os quais incidirão as restrições apostas aos primeiros".

Da interposição de cláusulas restritivas defluem vários problemas de grande interesse prático, principalmente a cláusula de inalienabilidade, olhada com desconfiança por muitos autores, que a entendem grande empecilho à livre circulação dos bens, fonte de riqueza da sociedade, visto que um dos elementos constitutivos do direito de propriedade é a sua faculdade de alienar. Outros a defendem, preconizando que a ativa circulação dos imóveis conduz quase fatalmente ao fracionamento da propriedade. Entretanto, nada pode contestar a utilidade do vínculo, que ampara o beneficiário, pondo-o a salvo de perigosas prodigalidades, visando, assim, proteger o beneficiado, impedindo que por sua imprevidência ou inexperiência venha a ser despojado de seus bens e, portanto, conduzido à miséria.

"Trata-se de ônus que só se estabelece em relação a terceiros, sejam eles donatários, herdeiros ou legatários, pois a ninguém se permite, ainda com homologação judicial, vincular os próprios bens, salvo no caso especial de constituição do bem de família"[40].

---

39 LEITE, Eduardo de Oliveira. *Comentários ao novo Código Civil*, p. 491.

40 MONTEIRO, Washington de Barros; PINTO, Ana Cristina de Barros Monteiro França. *Curso de direito civil*, p. 196; LEITE, Eduardo de Oliveira. *Comentários ao novo Código Civil*, p. 493; AMORIM, Sebastião Luiz. *Código Civil comentado*, p. 162 e 163.

A cláusula de inalienabilidade pode ser imposta nos casos de doação, ou testamento. No primeiro caso, não precisa ser confirmada por ato de última vontade. Mas, tornar-se-á nula, se estabelecida mediante nova escritura lavrada posteriormente à de doação dos bens. Liberalidade e imposição do ônus devem resultar de um só ato.

Quando imposta em doação, enquanto vivo o doador, a este se permite levantar o vínculo, se lhe aprouver, anuindo o donatário; por outro lado, quando falecido o doador, a cláusula torna-se irretratável e não mais pode ser dispensada, ainda que se trate de adiantamento de legítima. Se ele era casado, a irretratabilidade só concerne à meação do finado, de modo que o vínculo pode ser levantado quanto à meação do cônjuge-doador sobrevivente, consorciado pelo regime da comunhão universal de bens[41].

Uma vez imposta a cláusula por testamento, esta só atinge o quinhão do herdeiro, gravando-o, quando realizada a partilha. Antes disso, a alienação do bem gravado pode ser deferida mediante simples alvará judicial, ocorrendo as hipóteses legais. Pode ainda, o herdeiro, antes de materializado seu quinhão pela partilha, oferecer bens próprios para sobre eles recair a cláusula restritiva, ficando livre assim o bem herdado.

As cláusulas restritivas sofreram profunda modificação no Código Civil de 2002, uma vez que, à luz do disposto no seu art. 1.848, os bens que integram a legítima do herdeiro necessário não podem mais estar sujeitos a essas limitações, salvo se houver justa causa, declarada no testamento que as instituir. Se o testador deixar de justificar as razões que o motivam, tais cláusulas serão despidas de qualquer eficácia, recebendo o herdeiro os bens inteiramente livres e desembaraçados de qualquer ônus (tendo, entretanto, eficácia se impostas nas doações com o consentimento do donatário)[42].

---

41 MALUF, Carlos Alberto Dabus. *Cláusulas de inalienabilidade, incomunicabilidade e impenhorabilidade*. 4. ed. São Paulo: Revista dos Tribunais, 2006, p. 14.

42 MONTEIRO, Washington de Barros; PINTO, Ana Cristina de Barros Monteiro França. *Curso de direito civil*, p. 197; Julgamento admitiu a possibilidade de cancelamento da cláusula de inalienabilidade após a morte dos doadores, passadas quase duas décadas do ato de liberalidade, em face da ausência de justa causa para a sua manutenção. O acórdão traz a interpretação do art. 1.848 do CC de acordo com o princípio da função social da propriedade, de forma correta (STJ, REsp 1.631.278/PR, Rel. Min. Paulo de Tarso Sanseverino, Terceira Turma, j. 19-3-2019, *DJe* 29-3-2019).

Justificada, porém, pelo testador, a cláusula de inalienabilidade pode ser: **temporária**, se estabelecida para vigorar por um certo lapso temporal. Como no exemplo: deixo a Beatriz um imóvel X, que ficará inalienável até que ela conclua o curso universitário; ou **vitalícia**, quando imposta para vigorar durante a vida do beneficiário; não se tendo estabelecido, no ato de liberalidade, duração ao vínculo, interpretar-se-á este como vitalício. Com o óbito do favorecido, extingue-se o ônus e para o seu cancelamento basta a simples petição dirigida ao juiz competente, que a deferirá, depois da audiência do curador de resíduos. Com a morte do donatário, ou do herdeiro, passam os bens, inteiramente livres e desonerados, aos respectivos sucessores. Não existe, pois, a inalienabilidade perpétua.

A legislação civil pátria não prevê a inalienabilidade perpétua; vínculo cuja duração se estenda por mais de um grau, além da vida de uma pessoa. Só se permite ônus de duração limitada, não podendo ultrapassar espaço de tempo superior ao de uma vida, ou de uma geração; e se imposto em testamento, não pode recair sobre os bens que integram a legítima, exceto se devidamente justificado pelo testador. Quanto à porção disponível, porém, está livre o autor da herança para gravá-la[43].

Pode ainda a cláusula de inalienabilidade ser **absoluta**, se imposta a qualquer pessoa em qualquer circunstância, sem comportar exceção alguma, ou **relativa**, se fixada a possibilidade de alienação em certos casos, para certas pessoas, sob certas condições. Como por exemplo: Instituo Patrícia legatária de um imóvel X, sobre o qual faço incidir a cláusula de inalienabilidade. No entanto, faculto a alienação do imóvel, se houver a concordância do testamenteiro. Assim, torna-se legítima inalienabilidade relativa, que propicie a venda do bem clausulado se houver anuência de terceira pessoa, como o cônjuge sobrevivente, ou o testamenteiro, bem como a que faculte alienação a determinada pessoa, indicada pelo testador ou doador[44].

Relevante questionamento decorre do processo de desapropriação do bem clausulado. É sabido que a desapropriação representa uma importante

---

43 MALUF, Carlos Alberto Dabus. *Cláusulas de inalienabilidade, incomunicabilidade e impenhorabilidade*, p. 35 e 36.

44 MALUF, Carlos Alberto Dabus. *Cláusulas de inalienabilidade, incomunicabilidade e impenhorabilidade*, p. 47 e 48.

limitação ao direito de propriedade, levando à sua perda efetiva. Aduz Carlos Alberto Dabus Maluf que, "pela expropriação, o titular perde a propriedade, que se transfere, por necessidade ou utilidade pública e também por interesse social, para o patrimônio do expropriante. No interesse da coletividade, opera-se a passagem do domínio para a entidade que promoveu a desapropriação"[45].

Questiona-se, assim, como proceder, caso o bem gravado com a cláusula de inalienabilidade venha a ser **desapropriado**. O legislador pátrio previu esta hipótese no art. 31 do Decreto-Lei n. 3.365/41, ao determinar que ficam sub-rogados no preço (entenda-se em dinheiro) quaisquer ônus ou direitos que recaiam sobre o bem expropriado. No caso de uma cláusula vitalícia, a única solução é a sub-rogação do vínculo, ou para outra propriedade de valor equivalente, ou para o depósito em dinheiro, em caderneta de poupança.

A grande questão é que o dinheiro apurado não pode ser levantado, fazendo jus o expropriado apenas ao levantamento dos juros.

Desta sorte, sugere Carlos Alberto Dabus Maluf que no momento da celebração do testamento passe a se considerar esta questão e, assim, "as pessoas que desejam vincular seus bens com a cláusula de inalienabilidade devem abrir uma exceção na hipótese de ocorrer uma desapropriação. E assim, o testador determina no ato de última vontade que, no caso de desapropriação, fica sem efeito a cláusula de inalienabilidade, permanecendo em vigor as demais. Com isso, o testador não prejudica seu herdeiro, que poderá levantar a indenização sem ter de sub-rogar o vínculo"[46].

Por outro lado, permite o legislador que o bem vinculado seja alienado, por conveniência econômica do herdeiro ou donatário, mediante autorização judicial, convertendo-se o produto da venda em outro bem, que receba as restrições que existiam sobre o primeiro.

Mesmo nos casos em que seja instituída a referida cláusula, é lícito ao herdeiro **renunciar à herança**; mas não pode fazê-lo em benefício de deter-

---

45 MONTEIRO, Washington de Barros; MALUF, Carlos Alberto Dabus. *Curso de direito civil*. 42. ed. São Paulo: Saraiva, 2012, p. 211.

46 MALUF, Carlos Alberto Dabus. *Teoria e prática da desapropriação*. 2. ed. São Paulo: Saraiva, 1999, p. 221.

minada pessoa, e sim, exclusivamente, em favor do próprio acervo. Neste caso, consumada a renúncia, os bens serão destinados aos outros herdeiros, que devem suportar, naturalmente, a cláusula testamentária[47].

Da mesma forma, a imposição da cláusula não impede a **ação dos credores por dívidas** do *de cujus;* o ônus só atinge a herança propriamente dita e, onde há débitos, não existe herança.

Sob a égide do Código Civil de 1916, em que não havia lei expressa a respeito, a inalienabilidade importava, em regra, a incomunicabilidade e a impenhorabilidade. Tendo sido a Sumula 49 do STF que começou a manifestar-se nesse sentido, após numerosas divergências jurisprudenciais. "Esse entendimento foi acolhido pelo legislador de 2002 ao prever expressamente, no art. 1.911, que a cláusula de inalienabilidade implica na cláusula de incomunicabilidade, além da de impenhorabilidade"[48].

Assim sendo, temos que o bem inalienável não pode ser penhorado pelos credores do bem pertencente ao herdeiro ou legatário. Não pode desta forma o herdeiro ou legatário oferecer o bem à penhora em ação de execução[49].

A cláusula de inalienabilidade importa a incomunicabilidade. Logo, o bem inalienável é incomunicável, se não fosse assim, poderia resultar frustrada a cláusula de inalienabilidade, caso o herdeiro ou legatário estivesse casado sob o regime da comunhão universal de bens, uma vez que metade da herança ou do legado se transmitiria ao cônjuge beneficiário.

Tal como dispõe o parágrafo único do art. 1.911 do Código Civil, importante ressalva deve ser feita à interposição das cláusulas aos casos de desapropriação.

Assim, a restrição pode ser levantada por determinação judicial e transferida para outros bens, no caso de desapropriação ou quando seja economicamente interessante e conveniente para o herdeiro alienar o bem gravado.

---

47 NADER, Paulo. *Curso de direito civil*, p. 317.

48 MALUF, Carlos Alberto Dabus. *Cláusulas de inalienabilidade, incomunicabilidade e impenhorabilidade*. 4. ed. São Paulo: Revista dos Tribunais, 2006, p. 56.

49 MONTEIRO, Washington de Barros; PINTO, Ana Cristina de Barros Monteiro França. *Curso de direito civil*, p. 199 e 200.

A cláusula restritiva cede naturalmente ante a expropriação decretada pelo Poder Público. Efetuada esta, porém, ficará sub-rogado no preço pago pelo expropriante o ônus que recaía sobre o bem expropriado, à luz do disposto no art. 31 do Decreto-Lei n. 3.365, de 21 de junho de 1941, podendo ser ele aplicado na aquisição de outro imóvel, ou títulos da dívida pública, ou outros bens, que ficarão clausulados, à semelhança do que determina o Código Civil no art. 1.409, com relação ao usufruto. Igualmente, seguindo a mesma orientação, no caso de sinistro, far-se-á a sub-rogação no imóvel adquirido com a indenização paga pelo segurador, como prevê o art. 1.408 do Código Civil. Nessa matéria, como determina o art. 1.109 do Código de Processo Civil, não está o juiz adstrito à observância de critério de legalidade estrita, podendo em cada caso adotar a solução que reputar mais conveniente ou oportuna[50].

No que tange à **execução por dívidas provenientes de impostos** relativos ao imóvel vinculado, a cláusula de inalienabilidade não impede a penhora da coisa gravada, por tributos que lhe sejam referentes.

Pode-se estender a **impenhorabilidade aos frutos e rendimentos** somente por cláusula expressa. "Entretanto, não se considera viável tal prática, visto que reduziria a nada o direito do herdeiro e do legatário: faltar-lhes-iam a disponibilidade, juntamente com o aproveitamento de seus créditos"[51].

Como é sabido, na sucessão legítima ou testamentária, muitos imóveis não comportam divisão cômoda e assim procede-se à extinção do condomínio. Neste caso, questiona-se quanto à possibilidade de venda do bem clausulado, no caso de **extinção de condomínio**; como prevê a regra do art. 635 do Código Civil, o produto relativo à parte vinculada deve permanecer em depósito judicial, à espera de oportuna e conveniente aplicação[52].

E isso, tal como assevera Carlos Alberto Dabus Maluf, "desde que tenha uma parte livre senão nem pode ser requerida a extinção de condomínio – não se pode assim, vender, permutar ou extinguir o condomínio".

---

50 MALUF, Carlos Alberto Dabus. *Teoria e prática da desapropriação*, p. 220 e 221.

51 PEREIRA, Caio Mário da Silva. *Instituições de direito civil*, p. 241.

52 MALUF, Carlos Alberto Dabus. *Ação de extinção de condomínio*. São Paulo: Saraiva, 1986, v. 21, p. 1 e 2; MALUF, Carlos Alberto Dabus. *O condomínio tradicional no direito civil*. 2. ed. São Paulo: Saraiva, 1999, p. 105 e 106.

Previsto no parágrafo único do art. 1.911 do Código Civil, tem-se a possibilidade de venda do imóvel clausulado quando seja economicamente vantajosa para o herdeiro ou donatário, que, demonstrando em juízo a conveniência da alienação por motivos dignos de proteção jurídica, poderá concretizá-la, mediante autorização judicial, transferindo o produto da venda para outros bens que passarão a suportar os vínculos que recaiam sobre o primeiro.

E assim, fora desses casos restritos, o vínculo não pode ser dispensado ou invalidado, ainda que o proprietário dos bens não tenha herdeiros, ou que seu **estado de saúde necessite** de recursos financeiros mais substanciais para o tratamento respectivo, não podendo o juiz deferir a liberação. A nulidade constitui a sanção cominada pela lei à violação do preceito. O caminho encontrado pelo legislador de 2002 foi procurar inibir a aplicação desses vínculos sobre a legítima, exigindo sua justificação[53].

Diferente apreciação foi feita por Francisco Morato: "Se o clausulado se acha a pique de sucumbir e só logra restabelecer-se em hospital, com a venda da coisa onerada, à justiça nenhuma é lícito recusar a alienação. Seria pela recusa coagir à morte daquele para segurança de cuja vida e custeio foi precisamente prescrita a cláusula"[54].

Manifesta-se nesse sentido Carlos Alberto Dabus Maluf: "que grande sabedoria está contida nessa lição. Foi muito feliz o professor Francisco Morato ao formular essa hipótese, tendo em vista que para o professor – *o direito é uma ciência profundamente humana e racional*"[55].

Permite o legislador, entretanto, sub-rogação das cláusulas restritivas, em conformidade com o processo previsto nos arts. 719 e s. do Código de Processo Civil de 2015, combinados com o Decreto-Lei n. 6.777, de 8 de agosto de 1944. A proibição, em termos absolutos, além de injusta, poderia ser lesiva de legítimos interesses. A real conveniência ou manifesta vantagem efetivamente recomenda a sub-rogação dos vínculos.

---

53 MONTEIRO, Washington de Barros; PINTO, Ana Cristina de Barros Monteiro França. *Curso de direito civil*, p. 202.

54 MORATO, Francisco. Das cláusulas de inalienabilidade, incomunicabilidade e impenhorabilidade. *Direito*, ano 4, v. 20, p. 428, 1943.

55 MALUF, Carlos Alberto Dabus. Cláusulas de inalienabilidade, incomunicabilidade e impenhorabilidade, *Direito*, p. 51.

Por **sub-rogação** entende-se a transferência do ônus da inalienabilidade para outro bem ou outros bens, que já façam parte do acervo patrimonial do interessado, ou que sejam adquiridos por ele.

A fim de se impedir a realização de atos de fraude, exige-se medida judicial, em que, após constatar-se a equivalência de valores entre o bem sobre o qual recai o ônus e o bem para o qual se transferirá o ônus, será então autorizada pelo juiz a sub-rogação do vínculo. As transações deverão por seu turno ser simultâneas, e via de regra no mesmo instrumento, ressaltando-se que caso haja um sobrevalor do novo imóvel, este será excluído da cláusula. Entretanto, se o bem clausulado vem a valorizar, não se pode interpretar como sendo livre do ônus da inalienabilidade a parte referente a essa valorização, pois o ônus incide sobre o bem, e não sobre o valor. No entanto, se com o produto de bens inalienáveis se adquirem outros de maior valor, somente até o montante daquele subsistem os ônus, cuja sub-rogação venha a ser regularmente efetuada.

Assim, a sub-rogação será admitida quando o juiz atestar a sua necessidade, vantagem e conveniência, mesmo que o testador a tenha vedado. Entretanto, se no testamento existir tal proibição, deve ser recebida como simples exortação ou conselho, não podendo, vedar-se a sub-rogação, desde que ocorram os pressupostos legais.

Faculta a lei que se transfiram as cláusulas restritivas para outros bens livres de qualquer natureza. Na eventualidade de se requerer a sub-rogação para títulos da dívida pública, o bem vinculado é previamente avaliado, para em seguida ser sub-hastado. A avaliação, que constitui formalidade substancial, representa a base para oferta ao público. O produto da arrematação poderá ser aplicado na aquisição dos títulos da dívida, por intermédio da Bolsa Oficial de Valores. Se o imóvel gravado se encontrar em outra comarca que não a do inventário, avaliação e praça efetuar-se-ão por precatória, no juízo da situação.

A lei assegura ainda ao proprietário direito de remir o imóvel vinculado. Para exercê-lo, bastar-lhe-á que, antes de assinado o auto de arrematação, ofereça em substituição apólices de valor igual ou superior ao do maior lanço acima da avaliação, ou ao desta, na falta de licitantes, como prevê o art. 2º do Decreto n. 6.777, de 8 de agosto de 1944. Pode fazê-lo igualmente mediante oferta de quantia em dinheiro correspondente a tais valores.

Excetuados os casos acima apontados, tal como apontam Washington de Barros Monteiro e Ana Cristina de Barros Monteiro França Pinto, "não pode o juiz autorizar a sub-rogação nos casos de: venda do bem vinculado para futura aplicação do produto. Para deferir-se o pedido, torna-se preciso sejam indicados desde logo os bens para os quais se transferirão os vínculos; sub-rogação para títulos particulares, como ações de sociedades anônimas, ou dinheiro em depósito; sub-rogação para imóvel a adquirir-se mediante compromisso de compra e venda, com pagamento em prestações; também não será lícito dispensar a inalienabilidade, que recai sobre dinheiro em depósito, para mandar invertê-lo em benefício de outros bens que dependam de reformas, ainda que igualmente vinculados; as despesas da sub-rogação, como impostos, custas, honorários de advogado e corretagens, não podem ser deduzidas do capital vinculado e devem ser satisfeitas pelo interessado, com recursos particulares, pois, do contrário, a inalienabilidade seria levantada quanto ao montante dessas verbas; mas há decisões antagônicas"[56].

Entendemos, ainda, que não se deve conceder sub-rogação de bens que produzam rendas, ainda que exíguas, para terrenos improdutivos, que não produzam rendas, bem como para imóveis em condomínio, pois, como se sabe, constitui este "uma fonte perene de demandas", como já referiam os romanos.

É válido ressaltar que só excepcionalmente se permite sub-rogação, isto é, em caso de necessidade, ou de vantagem inconteste, e que, negá-la, seria prejudicar o interessado, ou anular o fim originariamente visado pelo testador, ou doador. Entretanto, "meras conveniências pessoais não autorizam sub-rogações, como não as autoriza simples diminuição de rendas do imóvel vinculado".

Divergências doutrinárias têm lugar, quando se discute se é possível a sub-rogação de cláusulas que **onerem bens de um dos cônjuges**, para outros pertencentes em comum ao casal. Malgrado haver decisão em sentido contrário, o ponto de vista majoritário possibilita semelhante operação, que não ofende, por seu turno, o princípio da inalterabilidade do regime matrimonial de bens.

---

[56] MONTEIRO, Washington de Barros; PINTO, Ana Cristina de Barros Monteiro França. *Curso de direito civil*, p. 203.

E ainda, se o pedido de sub-rogação diz respeito a bens imóveis, deve o interessado exibir outorga uxória. O juízo competente para o processo respectivo é o do inventário perante o qual se processará, identicamente, eventual ação de nulidade da sub-rogação do vínculo, bem como declaração de extensão da cláusula[57].

Com relação à interposição apenas da cláusula de incomunicabilidade, que impede a comunicação dos bens entre os cônjuges ou companheiros, não impede ela a venda do bem e a entrega do produto ao respectivo proprietário. Negar a alienação seria agravar o ônus, cuja vigência subordinada está à duração da comunhão conjugal. O mesmo pode ser dito da cláusula de impenhorabilidade, que estabelece que o bem gravado não pode ser objeto de penhora, e que, imposta isoladamente, não impede a venda do bem clausulado, sujeita naturalmente à autorização judicial[58].

De maneira sintética pode-se aduzir que, no que tange à cláusula de inalienabilidade, trouxe o Código Civil de 2002 importantes inovações, como o fato de a restrição não poder atingir a legítima dos herdeiros necessários, sendo que, para esse fim, deve ela ser justificada por motivos dignos de proteção jurídica; só aos bens da legítima deixados a herdeiros necessários (descendentes, ascendentes ou ao cônjuge) pode o testador impor a cláusula mediante justificação; não havendo motivo justo, pode esta ser invalidada por sentença provocada pelo herdeiro; a inalienabilidade implica a impenhorabilidade e a incomunicabilidade.

As cláusulas de impenhorabilidade e de incomunicabilidade podem ser impostas separadamente da inalienabilidade, visto serem cláusulas autônomas, em razão de seu interesse social e de seus efeitos, e estão sujeitas às mesmas restrições válidas para a inalienabilidade quando se cuidar de bens componentes da legítima[59].

---

57 MONTEIRO, Washington de Barros; PINTO, Ana Cristina de Barros Monteiro França. *Curso de direito civil*, p. 205.

58 MALUF, Carlos Alberto Dabus. *Cláusulas de inalienabilidade, incomunicabilidade e impenhorabilidade*, p. 52 e 61.

59 "As cláusulas de inalienabilidade, incomunicabilidade e impenhorabilidade não tornam nulo o testamento que dispõe sobre transmissão *causa mortis* de bem gravado, haja vista que o ato de disposição somente produz efeitos após a morte do testador,

Nas Disposições Finais e Transitórias, no art. 2.042, como vimos, dispôs o legislador de 2002 que se aplica o disposto no *caput* do art. 1.848 quando aberta a sucessão no prazo de um ano após a entrada em vigor do novo Código, ainda que o testamento tenha sido feito na vigência do Código de 1916; se, no prazo, o testador não aditar o testamento para declarar a justa causa de cláusula aposta à legítima, não subsistirá a restrição[60].

quando então ocorrerá a transmissão da propriedade" (STJ, REsp 1.641.549/RJ, Rel. Min. Antonio Carlos Ferreira, Quarta Turma, julgado em 13-8-2019, *DJe* 20-8-2019).

60 MONTEIRO, Washington de Barros; PINTO, Ana Cristina de Barros Monteiro França. *Curso de direito civil*, p. 206; PEREIRA, Caio Mário da Silva. *Instituições de direito civil*, p. 242.

Capítulo 18

Dos legados

18.1. Definição

Na lição de Arthur Vasco Itabaiana de Oliveira, "legado é a porção certa e determinada da herança deixada pelo testador a alguém, por título singular".

São, pois, "disposições testamentárias imperativas, que representam uma forma de aquisição a título particular"[1].

O testador individualiza bens ou direitos sobre a universalidade de seu acervo patrimonial e destina à pessoa certa, denominada legatário, que assim será beneficiada.

No caso de inexistirem herdeiros necessários, que fazem jus à sua quota legítima, de 50% do montante hereditário, nada impede que toda a herança seja legada pelo testador.

Entretanto, não há previsão no direito pátrio, como no direito alienígena, de legado universal, uma vez que o legado corresponde a uma destinação de bem individual a título singular, a outrem mediante o testamento.[2]

1 CRETELLA, JR. *Curso de direito romano*, p. 347.

2 OLIVEIRA, Arthur Vasco Itabaiana de. *Tratado de direito das sucessões*, p. 143.

Desta forma, entende-se que legado é uma disposição testamentária a título singular, por meio da qual um ou mais bens ou direito(s) determinado(s), especificados no acervo hereditário, transmitem-se a pessoa determinada.

18.2. Evolução histórica

Leciona Moreira Alves que "o legado é um instituto que sofreu importantes modificações no curso da evolução do direito romano. De um modo geral pode ser entendido como a disposição feita em testamento ou codicilo confirmado por testamento, na qual destina-se a outrem, sem conferir-lhe o título de herdeiro, um ou alguns dos bens compreendidos na herança"[3].

Para Carlos Maximiliano, "o direito romano clássico admitia quatro tipos de sucessão particular: o legado, o fideicomisso, as manumissões testamentárias (representadas por concessões de liberdade a escravos) e a doação *causa mortis*". Definia, pois, o legado como uma herança atribuída a pessoa diversa do herdeiro.

Inicialmente, existiam várias formas de legado: **legado *per vindicationem*** - que ao atribuir ao legatário um direito real sobre a coisa legada lhe permitia reivindicá-la como sua; o **legado *per damnationem*** - que envolvia um direito obrigacional, consistia na obrigação de o herdeiro dar ou fazer qualquer coisa em favor do legatário; o **legado *per proeceptionem*** - modalidade do legado *per vindicationem* que era caracterizado pela circunstância de ser a favor de um herdeiro, o qual devia apreender a coisa legada antes da cota hereditária que lhe cabia; e o **sinendi** - modo que se verificava quando o disponente ordenava que fosse permitido ao legatário tomar a coisa ele próprio, resultando para o herdeiro a obrigação de não se opor àquela pretensão, nem a dificultá-la[4].

Destas formas, os jurisconsultos romanos reduziram a duas. E assim passaram a se distinguir apenas duas espécies de disposições testamentárias: a instituição de herdeiro e o legado. Pela primeira, o testador designava a

---

[3] MOREIRA ALVES, José Carlos. *Direito romano*, p. 458.

[4] MAXIMILIANO, Carlos. *Direito das sucessões*, p. 277 e 278. O legado *per vindicationem* impregnava-se, portanto, de eficácia real, enquanto o *per damnationem* se revestia de eficácia pessoal; CRETELLA JR., José. *Curso de direito romano*, p. 348.

pessoa pela qual desejava ser representado após sua morte. Sem instituição de herdeiro não havia testamento válido, sendo ela *caput et fundamentum testamenti*. O herdeiro instituído sucedia ao defunto em seus direitos e obrigações, inclusive no tocante às dívidas. Já o legado constituía disposição de caráter particular, inspirada no desejo de fazer liberalidade e compreensiva de *res certa*, assemelhando-se a doação.

A Lei Fúria e a Lei Vocônia restringiram a liberdade de legar. Segundo a Lei das XII Tábuas, podia-se legar sem limites, no regime da *mancipatio familiae*. As referidas leis que limitaram os legados instituíram um valor máximo para o legado no caso da primeira, e proibiram as mulheres de serem beneficiadas com os legados à luz da segunda[5].

O direito francês adotou orientação diferente, imprimindo à expressão "legatário" um sentido mais amplo, de modo a abranger o próprio herdeiro instituído ou testamentário. Vigoram três formas de legado: universal, a título universal e particular. Desde a lei de 3 de dezembro de 2001 os legatários e donatários universais podem se beneficiar da *saisine* em certas condições[6].

No direito pátrio, tal como se acentuou anteriormente, o herdeiro é não só o legal, convocado de acordo com a ordem de vocação hereditária, mas também aquele nomeado ou instituído por ato de última vontade.

Vê-se assim que existe uma diferença entre o herdeiro e o legatário. O herdeiro nomeado ou instituído não se confunde com o legatário, nem legado se confunde com herança. O legatário recebe coisa determinada e precisa, ou seja, uma porção concreta do acervo hereditário, deixada a título singular (*res certa*), ao passo que o herdeiro aufere todos os direitos patrimoniais do extinto (*universum jus*), ou fração em todos esses direitos, sem discriminação de valor ou objeto.

Da mesma forma não se confundem legado e herança. No primeiro, o objeto transmitido é definido, concreto, individualizado, por exemplo, a casa da rua tal n. tal, a quantia de tanto ou tal joia. Na segunda, existe uma universalidade, abrangendo a totalidade da massa hereditária, ou parte alíquota dela.

---

5 CRETELLA JR., José. *Curso de direito romano*, p. 348; NONATO, Orozimbo. *Estudos sobre sucessão testamentária*, p. 25.

6 BRAHINSKY, Corinne Renault. *L'essentiel du droit des successions*. 6. ed. Paris: Gualino, 2012, p. 84.

Assim sendo, enquanto na sucessão legítima, em que não há testamento, existem apenas herdeiros legítimos, na sucessão testamentária, quanto à porção disponível, podem concorrer herdeiros instituídos e legatários. Recebem estes coisa determinada, precisa, certa; recolhem aqueles, indeterminadamente, parte ideal na universalidade, embora posteriormente, com a partilha, se restrinjam seus direitos aos bens que lhes forem adjudicados ou atribuídos.

O direito brasileiro, afastando-se do francês, manteve-se fiel à tradição romana, que distinguia o legado da herança e o legatário do herdeiro, conceituando o primeiro como *delibatio hereditatis*, ou então, como definiu Modestino: *legatum est donatio testamento relicta*.

Enquanto no direito romano mostrava-se insubsistente o ato de última vontade que não contivesse instituição de herdeiro (*sine heredis institutione, nihil in testamento scriptum valet*), no direito pátrio, acompanhando a evolução do direito moderno, não é obrigatória a instituição de herdeiro, facultando-se assim, ao testador, a distribuição da herança em legados (se não existem herdeiros necessários), ou da porção disponível (em caso afirmativo)[7].

18.3. Sujeitos do legado

Quem pode ser contemplado com o legado? Qualquer pessoa, parente ou estranha, natural ou jurídica, civil ou comercial. Nada impede, nesse sentido, que o herdeiro legítimo seja beneficiado com um legado, participando da sucessão como herdeiro e como legatário. Assim, atribuído a herdeiro legítimo, recebe o nome específico de *prelegado* ou *legado precípuo*. Em tal hipótese, numa só pessoa, reúnem-se as duas qualidades: a de herdeiro e a de legatário.

Em regra, três sujeitos figuram no instituto do legado: o **testador**, denominado legante, que tem o papel ativo de dispor da liberalidade mediante cláusula testamentária; o **legatário**, sujeito passivo, destinatário do legado, a quem o legante beneficia em seu testamento.

---

7 MONTEIRO, Washington de Barros; PINTO, Ana Cristina de Barros Monteiro França. *Curso de direito civil*, p. 207 e s.; NONATO, Orozimbo. *Estudos sobre sucessão testamentária*, p. 10 e s.

Pode ainda aparecer a figura do onerado, a quem se encarrega de cumprir o legado. É necessário que haja um herdeiro a quem se incumbe de pagar o legado, quer seja este herdeiro legítimo, quer seja instituído pelo testamento, recaindo sobre ele o ônus do legado; pode ainda acontecer de o encargo alcançar a todos os herdeiros conjuntamente, que concorrem na proporção de suas quotas hereditárias[8].

De maneira sintética, pode-se aduzir que a grande diferença entre o herdeiro e o legatário deriva da morte do testador, quando o legatário adquire apenas o direito de pedir aos herdeiros instituídos a coisa legada, ao passo que os herdeiros, legítimos ou testamentários, investem-se imediatamente no domínio e na posse da herança, nos termos do art. 1.784 do Código Civil: "Aberta a sucessão, a herança transmite-se, desde logo, aos herdeiros legítimos e testamentários"[9].

18.4. Objeto do legado

O legado envolve intrinsecamente a ideia de liberalidade. "Como ato benéfico, destinado a agraciar a pessoa contemplada, não pode envolver, declarada ou disfarçadamente, qualquer negócio, transação, venda ou cessão".

Tal como dispõe San Tiago Dantas, "não valem os legados impossíveis nem tampouco os imorais, tampouco os legados da coisa de que se está impedido de dispor. Como exemplo, tem-se: lego minha casa a Maria para que ali abra uma casa de tolerância"[10].

E assim, via de regra, qualquer coisa no comércio é suscetível de legado: podem ser corpóreas, como móveis, imóveis e semoventes e que sejam determinadas os determináveis pelo gênero ou pela espécie, como dispõe o art. 1.915 do Código Civil: "Se o legado for de coisa que se determine pelo

---

8 MAXIMILIANO, Carlos. *Direito das sucessões*, p. 281 e 282; MADALENO, Rolf. Legados e direito de acrescer entre herdeiros e legatários. In: HIRONAKA, Giselda; PEREIRA, Rodrigo da Cunha (Coords.). *Direito das sucessões e o novo Código Civil*, p. 308 e 309; FUJITA, Jorge Shiguemitsu. *Curso de direito civil*: sucessões, p. 165.

9 SAN TIAGO DANTAS, Francisco Clementino de. *Direitos de família e das sucessões*, p. 533.

10 SAN TIAGO DANTAS, F. C. *Direitos de família e das sucessões*, p. 551 e 552.

gênero, será o mesmo cumprido, ainda que tal coisa não exista entre os bens deixados pelo testador"; ou incorpóreas, como ações, títulos particulares, direitos, créditos, haveres em sociedades comerciais, patentes de invenção, marcas de fábrica, títulos de estabelecimento, dinheiro de contado ou em conta corrente, títulos particulares e apólices da dívida pública; coisas presentes e futuras, corpóreas e incorpóreas, abrangendo ou não acessórios, até mesmo prestação de fatos podem ser objetivadas em legado, como, exemplificativamente, a construção de um prédio[11].

No que tange ao legado de coisa que se determine pelo gênero, como deixo 100kg de feijão para Paulo; 100 pares de sapato para Edna a fim de que monte uma loja, aduz Zeno Veloso que a efetivação do legado depende de uma escolha, realizada nos termos dos arts. 1.929 e 1.931 do Código Civil em vigor[12].

Podem ainda ser objeto do legado os alimentos, os créditos e as dívidas, ou ainda, o legado de direitos e ações, sejam eles presentes ou futuros, próprios do testador ou alheios, mas suscetíveis de transmissão ou apropriação[13].

Vale ressaltar, ainda, a questão atinente ao legado de uma universalidade, como bem se ocupa Carlos Maximiliano. Este abrange por sua vez um rebanho, um pecúlio, o dote, entre outros.

Assim, "a liberalidade consiste no que exista na data do óbito do estipulante, com os consequentes aumentos e diminuições posteriores à feitura do ato de última vontade. Desta forma, se o rebanho, por exemplo, duplicou, assim se entrega. Se ficou reduzido, por vendas, doenças ou outra causa, entrega-se o que resta. De igual modo se decide quando a biblioteca, pinacoteca ou adega é acrescida, destruída, diminuída ou furtada".

---

11 MONTEIRO, Washington de Barros; PINTO, Ana Cristina de Barros Monteiro França. *Curso de direito civil*, p. 208 e 209; SAN TIAGO DANTAS, F. C. *Direitos de família e das sucessões*, p. 552 e s.

12 VELOSO, Zeno. *Código Civil comentado*, p. 2139.

13 MADALENO, Rolf. Legados e direito de acrescer entre herdeiros e legatários. In: HIRONAKA, Giselda; PEREIRA, Rodrigo da Cunha (Coords.). *Direito das sucessões e o novo Código Civil*, p. 309 e 310; FUJITA, Jorge Shiguemitsu. *Curso de direito civil*: sucessões, p. 163 e 164.

Da mesma forma, "o legado de um negócio ou casa comercial compreende tudo o que se encontre nos armazéns e escritórios e seja necessário para realizar ou continuar as operações respectivas, a saber: livros, móveis, selos, valores"[14].

A constituição dos legados subordina-se a vários dispositivos legais, conforme a natureza deles, quase todos oriundos do direito romano.

18.5. Ineficácia do legado

À luz do disposto no art. 1.912 do Código Civil, "é ineficaz o legado de coisa certa que não pertença ao testador no momento da abertura da sucessão".

Como vimos, pode o legado consistir em muitos objetos. É, entretanto, imprescindível, até por motivos lógicos, que este integre o patrimônio do testador no momento de sua morte.

A coisa certa, entretanto, pode não pertencer ao testador no momento em que outorgou o testamento, mas ter sido adquirida por ele, depois, a qualquer título. Valerá o legado se a coisa determinada ainda for do testador, quando ele morrer, "até porque é nesse momento e não antes que o testamento se recobre de eficácia". Caso o testador venha a alienar a coisa, a qualquer título, o legado caducará, como se depreende do art. 1.939, II, do Código Civil[15].

18.6. Espécies de legado

Os legados podem ser classificados em várias espécies, de acordo com sua modalidade ou em conformidade com o seu objeto. Entretanto, tal como dispõe Orozimbo Nonato, "inexiste legado fora do testamento"[16].

18.6.1. Classificação de acordo com a modalidade do legado

De acordo com a modalidade do legado, este pode ser de várias espécies.

---

14 MAXIMILIANO, Carlos. *Direito das sucessões*, p. 290 e 291.

15 VELOSO, Zeno. *Código Civil comentado*, p. 2137; AMORIM, Sebastião Luiz. *Código Civil comentado*, p. 181 e 182.

16 NONATO, Orozimbo. *Estudos sobre sucessão testamentária*, p. 24.

18.6.1.1. *Legado puro e simples*

O legado puro e simples é aquele que confere, desde o momento do falecimento do testador, o direito ao legatário de requerer aos herdeiros instituídos a coisa legada, sendo válido ressaltar que esse direito é transmissível aos seus sucessores. Está previsto no art. 1.923 do Código Civil.

18.6.1.2. *Legado condicional*

O legado condicional é aquele cuja eficácia fica subordinada a evento futuro e incerto. Como exemplo, podemos apontar: lego um apartamento a Sérgio, se ele vier a terminar o estágio no exterior. Entretanto, se a condição for captatória, o legado será considerado nulo.

18.6.1.3. *Legado a termo*

No legado a termo, a validade temporal encontra-se fixada pelo testador. Ou seja, havendo o termo inicial, aperfeiçoa-se o legado; havendo o termo final, ocorre a sua extinção. Como exemplo, podemos apontar a existência do legado de um bem deixado por ocasião da morte do testador até a maioridade do beneficiado.

18.6.1.4. *Legado com encargo ou modal*

O legado com encargo ou modal é aquele em que o testador atribui um encargo a ser efetuado pelo legatário, visando ao benefício de terceiro. Entretanto, se o legatário não executar o referido encargo, este pode ser objeto de revogação. Como exemplo, podemos citar: lego uma propriedade a João com o encargo de ali fundar uma creche[17].

18.6.1.5. *Legado por certa causa*

No legado por certa causa, o testador estabelece o legado por causa conhecida e certa; ou seja, declara os motivos para tal ato. Como, por exemplo: lego uma casa ao Dr. Lúcio, por ter salvado a vida de minha avó.

---

[17] MAXIMILIANO, Carlos. *Direito das sucessões*, p. 290.

18.6.2. *Classificação de acordo com o objeto do legado*

De acordo com o objeto do legado, este pode ser de várias espécies.

18.6.2.1. *Legado de coisa alheia*

De acordo o art. 1.912 do Código Civil, "é ineficaz o legado de coisa certa que não pertença ao testador no momento da abertura da sucessão".

Assim, para que os bens referidos possam constituir objeto de legado, indispensável se torna pertença ao testador, no momento da abertura da sucessão; se de propriedade de outrem, ineficaz será o legado, ainda que outrora tenha pertencido ao testador.

No direito romano, transigia-se com o legado de coisa alheia, considerando-se duas hipóteses: se o testador sabia que a coisa legada pertencia a outrem; ou se ele ignorava que a coisa legada não lhe pertencia.

Assim, na primeira hipótese, o legado era válido, cabendo ao herdeiro, ou ao executor testamentário, adquirir a coisa mencionada pelo testador, a fim de cumprir a disposição. Já na segunda hipótese, anulava-se o legado, sem a menor possibilidade de ulterior convalescimento da disposição. E assim, tal como aduz Itabaiana de Oliveira, "antes do Código Civil, os civilistas pátrios baseavam-se nas regras do direito romano que distinguia as duas hipóteses referidas *supra*"[18].

Diferente do modelo romano, a lei civil atual não distingue se o testador tinha ou não ciência de que a coisa não lhe pertencia; em qualquer hipótese, comina-se pena de ineficácia da disposição.

No caso de o testador dispor de coisa que não lhe pertença, ocorre a simples ineficácia do legado, não de todo o testamento. E ainda, no caso de a disposição referir-se a coisa vinculada, não incidirá na proibição legal, desde que própria.

O Código Civil, no entanto, abre algumas exceções à regra de que é ineficaz o legado de coisa alheia. Assim, se a coisa legada, não pertencendo ao testador, quando testou, se houver tornado sua, por qualquer título, terá

---

[18] OLIVEIRA, Arthur Vasco Itabaiana de. *Tratado de direito das sucessões*, p. 147.

efeito a disposição, como se sua fosse a coisa, ao tempo em que ele fez o testamento. Assim não acontecia no direito romano, em que vigorava, a propósito, a chamada regra catoniana, em virtude da qual condenada se achava a disposição. Modernamente, porém, sofre essa regra numerosas restrições, uma das quais vem a ser precisamente a da validade da verba testamentária, compreensiva de bens não pertencentes ao testador, mas por ele adquiridos após a confecção do ato de última vontade; se o legado for de coisa que se determine pelo gênero, será o mesmo cumprido, ainda que tal coisa não exista entre os bens deixados pelo testador, como prevê o art. 1.915 do Código Civil; se o testador ordenar que o herdeiro, ou legatário, entregue coisa de sua propriedade a outrem, não o cumprindo ele, entender-se-á que renunciou à herança ou ao legado, como prevê a regra do art. 1.913 do Código Civil; se o testador expressamente determinar que a coisa alheia seja adquirida pelo herdeiro para ser entregue ao legatário, igualmente, em tal hipótese, subsistirá a determinação[19].

Aduz Carlos Maximiliano que, "no caso de legado de coisa alheia, se o proprietário executa a disposição, esta prevalece, não podendo posteriormente anulá-las os herdeiros. Da mesma forma, é válida a deixa de coisa vendida com cláusula de retrovenda"[20].

18.6.2.2. *Legado de coisa do herdeiro ou do legatário*

Determina o art. 1.913 do Código Civil: "Se o testador ordenar que o herdeiro ou legatário entregue coisa de sua propriedade a outrem, não o cumprindo ele, entender-se-á que renunciou à herança ou ao legado".

Trata-se, no caso em tela, de encargo imposto a herdeiro, ou legatário, que, diante de si, tem o seguinte dilema: aceita a herança, ou o legado, entregando a coisa própria ao terceiro, de acordo com a determinação testamentária, ou prefere conservar dita coisa em seu patrimônio e, nesse caso, implicitamente, renuncia à herança, ou ao legado.

---

19 MONTEIRO, Washington de Barros; PINTO, Ana Cristina de Barros Monteiro França. *Curso de direito civil*, p. 209 e 210; SAN TIAGO DANTAS, F. C. *Direitos de família e das sucessões*, p. 550; VELOSO, Zeno. *Código Civil comentado*, p. 2137.

20 MAXIMILIANO, Carlos. *Direito das sucessões*, p. 302.

Denomina-se sublegatário o terceiro assim contemplado e sublegado a coisa que lhe deva ser entregue, por ordem do testador, pelo herdeiro ou legatário[21].

18.6.2.3. *Legado de coisa comum*

Dispõe o art. 1.914 do Código Civil: "Se tão somente em parte a coisa legada pertencer ao testador, ou, no caso do artigo antecedente, ao herdeiro ou ao legatário, só quanto a essa parte valerá o legado".

Tem lógica a regra contida no artigo em tela. Assim sendo, em relação à outra parte, que não pertença ao disponente, o legado é ineficaz, por versar sobre coisa alheia. O mesmo sucederá na hipótese em que o testador seja simples condômino na coisa legada; em tal caso, restringir-se-á a validade do legado à parte que, de fato, pertença ao testador. E ainda, se o testador ordenar ao herdeiro, ou legatário, que entregue a outrem coisa que só em parte lhe pertence, apenas quanto a essa parte se obrigará à entrega.

Uma questão de indiscutível interesse é a concernente à validade de legado de coisa certa, feito pelo cônjuge consorciado pelo regime da comunhão universal de bens. "Pelo magistério de Agostinho Alvim, chega-se às seguintes conclusões: se a coisa legada, na partilha, vem a ser atribuída ao cônjuge sobrevivente, a pedido dele, como é de seu direito, o legado terá versado sobre coisa alheia, impondo-se-lhe assim a ineficácia; se, no entanto, o cônjuge sobrevivente não reclama seja imputada na sua meação a coisa legada, a disposição torna-se válida, impondo-se-lhe, de tal arte, o cumprimento"[22].

18.6.2.4. *Legado de coisa genérica*

De acordo com o art. 1.915 do Código Civil, "se o legado for de coisa que se determine pelo gênero, será o mesmo cumprido, ainda que tal coisa não exista entre os bens deixados pelo testador".

---

21 MONTEIRO, Washington de Barros; PINTO, Ana Cristina de Barros Monteiro França. *Curso de direito civil*, p. 211.

22 No anteprojeto original de Orlando Gomes, encontrava-se a disposição segundo a qual, "se o testador dispuser sobre bens comuns, a partilha não prevalecerá se o outro cônjuge se opuser" (MONTEIRO, Washington de Barros; PINTO, Ana Cristina de Barros Monteiro França. *Curso de direito civil*, p. 211 e 212).

É possível o legado de coisa móvel que se determine pelo gênero, devendo este ser cumprido, ainda que tal coisa não exista entre os bens deixados pelo testador.

Conferem Washington de Barros Monteiro e Ana Cristina de Barros Monteiro França Pinto as seguintes hipóteses: "diz o testador na hipótese 1 – deixo a Paulo um cavalo (gênero); na hipótese 2 – deixo-lhe um cavalo manga-larga (gênero); na hipótese 3 – deixo-lhe meu cavalo de sela. Nas duas primeiras hipóteses, ainda que não se encontre o animal entre os bens deixados pelo extinto, cumpre-se o legado, cabendo ao testamenteiro, mediante recursos financeiros do espólio, proceder à compra do semovente, a fim de satisfazer a disposição testamentária. Na última hipótese, porém, se não mais existe o cavalo de sela, quando se abre a sucessão, ocorre a caducidade do legado, como prevê a regra do art. 1.939, III, do Código Civil".

Em outra hipótese, "tem-se o exemplo das apólices ou ações, que não contém nenhuma individuação, constituem gênero; nessas condições, se o testador, no ato de última vontade, não se refere ao seu número, emissão, ou outro elemento qualificativo, o legado não caduca pela inexistência de apólices no espólio. Cumpre ao testamenteiro, em tal conjuntura, adquirir títulos, com os recursos do acervo, e assim atender à disposição. Mas, se as apólices foram devidamente identificadas pelo testador (natureza, quantidade, emissão, número etc.) e não encontradas, caducará o legado"[23].

Entretanto, se no acervo existirem várias coisas do mesmo gênero, ou da mesma espécie, a escolha cabe aos herdeiros, se outra coisa não houver disposto o testador, como dispõem os arts 1.929, 1.930 e 1.931 do Código Civil.

18.6.2.5. *Legado de coisa singularizada*

Estabelece o art. 1.916 do Código Civil: "Se o testador legar coisa sua, singularizando-a, só terá eficácia o legado se, ao tempo do seu falecimento, ela se achava entre os bens da herança; se a coisa legada existir entre os bens do testador, mas em quantidade inferior à do legado, este será eficaz apenas quanto à existente".

---

[23] MONTEIRO, Washington de Barros; PINTO, Ana Cristina de Barros Monteiro França. *Curso de direito civil*, p. 212; VELOSO, Zeno. *Código Civil comentado*, p. 2139; AMORIM, Sebastião Luiz. *Código Civil comentado*, p. 184.

Indica Itabaiana de Oliveira que a determinação da coisa refere-se não apenas ao gênero, e à espécie, mas também à própria coisa legada[24].

Pretendeu o legislador ater-se à hipótese em que o disponente singulariza a coisa legada, individualizando-a, entre todas as coisas que existam no mesmo gênero; como a casa situada à rua tal, a fazenda situada em tal município, o quadro X, a joia tal. Nesse caso, havendo singularização, só valerá o legado se a coisa for encontrada ou ainda pertencer ao *de cujus* ao tempo de sua morte. Se ela não mais existe, porque pereceu ou porque anteriormente alienada ou transformada pelo extinto, não prevalece o legado.

Se por outro lado, ainda existir, mas estiver desfalcada, só valerá o legado quanto à parte remanescente. Nesse caso, o legatário recebe naturalmente diminuída a liberalidade. "Assim, desde que, ao testar, tinha o testador, por exemplo, número de apólices maior que o encontrado ao falecer, não se vendem bens do espólio para com o produto adquirir novos títulos a fim de recompor a quantidade primitiva; entrega-se ao legatário apenas a que exista ao abrir-se a sucessão". Assim como, se a coisa estiver aumentada, também esse todo se entrega[25].

18.6.2.6. *Legado de coisa localizada*

Dispõe o art. 1.917 do Código Civil: "O legado de coisa que deva encontrar-se em determinado lugar só terá eficácia se nele for achada, salvo se removida a título transitório".

Por exemplo, assim se expressa o *de cujus:* deixo a Paulo cem bois invernados em tal fazenda; ao tempo de sua morte, não se encontra aquela quantidade, mas uma inferior. O legado só valerá no tocante ao número efetivamente encontrado; se nada se encontra, o legado é ineficaz, exceto se

---

24 OLIVEIRA, Arthur Vasco Itabaiana de. *Tratado de direito das sucessões*, p. 153.

25 MAXIMILIANO, Carlos. *Direito das sucessões*, p. 320; MONTEIRO, Washington de Barros; PINTO, Ana Cristina de Barros Monteiro França. *Curso de direito civil*, p. 213; VELOSO, Zeno. *Código Civil comentado*, p. 2139; AMORIM, Sebastião Luiz. *Código Civil comentado*, p. 184; OLIVEIRA, Arthur Vasco Itabaiana de. *Tratado de direito das sucessões*, p. 154.

estiverem provisoriamente em outra invernada. Num outro exemplo: deixo a Paulo móveis e joias que se encontrem no meu quarto. Ao tempo de sua morte, deparam-se apenas móveis e não joias. Torna-se claro que apenas quanto àqueles prevalece o legado, a menos se prove tenham sido as joias dolosamente removidas por outrem, que não o próprio *de cujus,* ou temporariamente colocada em um cofre de aluguel de banco.

Não se compreenderão no legado objetos que, habitualmente, não se encontram no local indicado e ali foram acidentalmente colocados pelo testador. O legatário não se beneficiará com esse acréscimo, não previsto especificamente pelo *de cujus.*

Assim, vê-se que prevalece o legado na hipótese em que a coisa legada haja sido temporariamente removida do primitivo local em que se achava, devendo, porém, a este retornar oportunamente.

18.6.2.7. *Legado de crédito ou de quitação da dívida*

Dispõe o art. 1.918 do Código Civil sobre o legado de crédito: "O legado de crédito, ou de quitação de dívida, terá eficácia somente até a importância desta, ou daquele, ao tempo da morte do testador. § 1º Cumpre-se o legado, entregando o herdeiro ao legatário o título respectivo. § 2º Este legado não compreende as dívidas posteriores à data do testamento".

Vê-se, assim, que também os créditos podem ser objeto de legado. Através deste, o testador transfere ao gratificado o produto de um crédito, do qual é devedor terceira pessoa ou o próprio legatário. Distinguem-se duas hipóteses diversas: legado de crédito propriamente dito e legado de quitação da dívida.

No primeiro caso (*legatum nominis*), cumpre-se o legado entregando-se ao legatário o título comprobatório do crédito. Realizada a entrega, o gratificado fica habilitado a promover a respectiva cobrança, amigável ou judicial, após o vencimento. Tenha-se em vista, entretanto, que o espólio do testador não responde pela solvência ou insolvência do devedor, pela boa ou má liquidação do crédito e pela exigibilidade deste. Já no segundo caso (*legatum liberationis*), o devedor é contemplado pelo testador com a quitação da própria dívida. Esse legado corresponde à verdadeira remissão, tal como prevê o art. 386 do Código Civil.

Se, ao abrir-se a sucessão, a dívida estava quitada, o legado caduca, porque desaparece seu pressuposto, a existência de um débito[26].

Pode-se notar que "o legado valerá tão somente até a sua importância ao tempo de morte do testador. O cumprimento do legado se faz com a entrega do respectivo título comprobatório do crédito ao legatário que pode exigir do devedor o pagamento do valor principal acrescido dos juros moratórios devidos até a data da abertura da sucessão. Esse legado não abrange os débitos posteriores à data do testamento"[27].

Na hipótese de o testador dever ao legatário, o legado não se reputará compensação da dívida, a menos que tenha havido expressa declaração do disponente nesse sentido, como prevê a regra do art. 1.919 do Código Civil: "Não o declarando expressamente o testador, não se reputará compensação da sua dívida o legado que ele faça ao credor. Parágrafo único. Subsistirá integralmente o legado, se a dívida lhe foi posterior, e o testador a solveu antes de morrer".

Assim, pode-se entender que, se posterior a dívida ao testamento, entende-se que não há compensação com o legado[28].

18.6.2.8. *Legado de alimentos*

Leciona San Tiago Dantas que "pode-se deixar em legado o cumprimento de prestações periódicas: o legado de alimentos em que pode ser determinada uma quantia certa, mantendo-se, todavia, a finalidade alimentar"[29].

Em conformidade com o art. 1.920 do Código Civil, tem-se que "o legado de alimentos abrange o sustento, a cura, o vestuário e a casa, enquanto o legatário viver, além da educação, se ele for menor".

---

26 VELOSO, Zeno. *Código Civil comentado*, p. 2140; MONTEIRO, Washington de Barros; PINTO, Ana Cristina de Barros Monteiro França. *Curso de direito civil*, p. 215.

27 FUJITA, Jorge. *Curso de direito civil*: direito das sucessões, p. 170.

28 MONTEIRO, Washington de Barros; PINTO, Ana Cristina de Barros Monteiro França. *Curso de direito civil*, p. 215 e 216; LEITE, Eduardo de Oliveira. *Comentários ao novo Código Civil*, p. 514-517.

29 SAN TIAGO DANTAS, F. C. *Direitos de família e das sucessões*, p. 552; OLIVEIRA, Arthur Vasco Itabaiana de. *Tratado de direito das sucessões*, p. 155-158.

Os alimentos podem ser legados *in natura* ou em dinheiro. No primeiro caso, ou o testador determina que se forneça hospedagem ao legatário, ou então lhe entreguem gêneros necessários à sua subsistência. O mais comum, porém, é a entrega de quantia certa em dinheiro. Os alimentos serão fixados pelo testador, devendo compreender verbas para mantença em geral, como refere o artigo em tela.

É válido ressaltar que, em se tratando de legado de alimentos, não prevalece a incapacidade testamentária passiva, a que se referem os arts. 1.801 e 1.802 do Código Civil. Os casos de proibição legal não podem ser sobrepostos ao direito à vida[30].

18.6.2.9. *Legado de usufruto*

À luz do art. 1.921 do Código Civil, "o legado de usufruto, sem fixação de tempo, entende-se deixado ao legatário por toda a sua vida".

O usufruto constitui um direito real conferido a uma pessoa, durante certo tempo, a fim de que retire da coisa alheia frutos e utilidades que ela possua. Assim, pressupõe-se a existência de duas pessoas: o usufrutuário e o nu proprietário[31].

O usufruto pode ser vitalício ou temporário, dependendo se perdurar por toda uma vida ou se for limitado a um termo prefixado pelo testador. Pressupõe duas ordens de direitos na mesma coisa: os direitos do senhor da coisa, ou nu proprietário; e os direitos do usufrutuário, que é aquele em favor de quem o usufruto é instituído.

"O usufrutuário não pode legar o seu direito de usufruto, sob pena de nulidade, porque, extinguindo-se o usufruto por morte do usufrutuário, viria este dispor de coisa alheia; pode, entretanto, ceder por título gratuito o seu exercício, por um certo lapso de tempo"[32].

---

30 MONTEIRO, Washington de Barros; PINTO, Ana Cristina de Barros Monteiro França. *Curso de direito civil*, p. 216.

31 MONTEIRO, Washington de Barros; MALUF, Carlos Alberto Dabus. *Curso de direito civil*, p. 370.

32 OLIVEIRA, Arthur Vasco Itabaiana de. *Tratado de direito das sucessões*, p. 164.

Assim, uma vez falecido o usufrutuário, consolida-se o direito de propriedade, que adquire sua condição própria, a da plenitude. A qualidade de usufrutuário exclui a qualidade de herdeiro.

Entretanto, se deixado o usufruto à pessoa jurídica, sua duração máxima é de trinta anos, por força do estatuído no art. 1.410, III, do Código Civil.

Legado um só usufruto conjuntamente a duas ou mais pessoas, a parte da que faltar acresce aos colegatários. Entretanto, se não houve conjunção entre estes, ou se, apesar de conjuntos, só lhes foi legada certa parte do usufruto, as quotas dos que faltarem consolidar-se-ão na propriedade, à medida que eles forem faltando, como prevê a regra do parágrafo único do art. 1.946 do Código Civil[33].

18.6.2.10. *Legado de imóvel*

Dispõe o art. 1.922 do Código Civil: "Se aquele que legar um imóvel lhe ajuntar depois novas aquisições, estas, ainda que contíguas, não se compreendem no legado, salvo expressa declaração em contrário do testador. Parágrafo único. Não se aplica o disposto neste artigo às benfeitorias necessárias, úteis ou voluptuárias feitas no prédio legado".

As construções e benfeitorias feitas no imóvel legado estão abrangidas na deixa. E assim sendo, não importa a classe de benfeitorias realizadas – se necessárias, úteis ou voluptuárias. A inclusão das benfeitorias no imóvel objeto do legado obedece ao princípio de que o acessório segue o principal. Da mesma forma, as partes integrantes do prédio também estão incluídas no legado.

Tais acessórios, desde que já existentes no momento da abertura da sucessão, presumem-se legados juntamente com o principal; se, no entanto, forem posteriores, assiste aos herdeiros, ou ao espólio, o direito de reembolso das quantias despendidas, observado o disposto nos arts. 1.359 e 1.360 do Código Civil[34].

---

33 VELOSO, Zeno. *Código Civil comentado*, p. 2141; AMORIM, Sebastião Luiz. *Código Civil comentado*, p. 188 e 189; MONTEIRO, Washington de Barros; PINTO, Ana Cristina de Barros Monteiro França. *Curso de direito civil*, p. 216 e 217.

34 MALUF, Carlos Alberto Dabus. *Código Civil comentado*, p. 1494 a 1496.

Itabaiana de Oliveira distingue o legado de terreno fechado e o de terreno aberto, sendo que, no primeiro caso, toda a benfeitoria está compreendida no legado e, no segundo caso, todo acréscimo feito pelo testador é considerado nova aquisição[35].

Assim, as reformas realizadas internamente no imóvel legado a este se incorporarão: por exemplo, se o testador legou a casa e construiu um salão de festas, churrasqueira ou fez mais um andar, ou no mesmo terreno fez uma piscina. Entretanto, se o testador fizer posteriormente novas aquisições, externas, mesmo que contíguas ao imóvel legado, estas não se incorporarão a ele, salvo no caso de expressa declaração ao contrário do testador, como se legar um lote de terra e posteriormente comprar um outro.

Entretanto, a interpretação da vontade do testador, na prática, pode ter nova solução, e para tanto utilizam-se a lógica e o bom senso. Este é o caso em que, na prática, o testador adquire um terreno vizinho ao da propriedade e ali constrói uma piscina, cria um jardim que a casa originalmente não tinha. Pensamos com Zeno Veloso que "parece inequívoca a vontade do testador de incluir as novas aquisições no imóvel legado".

Por outro lado, o princípio *superficies solo cedit* não vigora irrestritamente, tal como dispõem os arts. 1.255, 1.258 e 1.259 do Código Civil, pois, em alguns casos, a construção realizada tem um valor muitas vezes superior ao do bem inicialmente legado, sendo o terreno, sob o ponto de vista econômico e social, o acessório do edifício[36].

Deve, pois, ser analisado o caso concreto e as respectivas circunstâncias para que se possa avaliar a real vontade do testador. "Na hipótese de ser legado um terreno baldio, alguém concluirá que está incluído no legado o *shopping center* ali construído, posteriormente? Não teria havido uma mudança substancial na coisa legada, levando à aplicação do art. 1.939, I do Código Civil, referente a caducidade do legado?[37]".

E pensamos, ainda, que se deve observar o valor do legado para que não se avance na legítima dos herdeiros necessários, tornando assim o testamento inoficioso.

---

35 OLIVEIRA, Arthur Vasco Itabaiana de. *Tratado de direito das sucessões*, p. 167.

36 VELOSO, Zeno. *Código Civil comentado*, p. 2143; MALUF, Carlos Alberto Dabus. *Código Civil comentado*, p. 1365 a 1370.

37 VELOSO, Zeno. *Código Civil comentado*, p. 2143.

Capítulo 19

Dos efeitos dos legados e seu pagamento

Como é sabido, uma vez elaborado o testamento, este só passará a produzir efeitos jurídicos após o falecimento do testador. Antes desse acontecimento, os herdeiros e legatários possuirão tão somente uma expectativa de direito que poderá se confirmar ou não.

O cumprimento dos legados vem regulado nos arts. 1.923 a 1.938 do Código Civil, que por seu turno orientam a interpretação das disposições testamentárias, visando à melhor apuração da vontade do testador.

Assim sendo, tem-se que diversos podem ser os efeitos produzidos pelos legados, como no que tange ao direito do legatário de reclamar o legado, à transmissão da propriedade e da posse, aos frutos e aos juros da coisa legada, ao implemento da condição suspensiva, ao direito à escolha do legado, entre outros.

19.1. Do direito de pedir o legado

Desde o momento em que ocorre o falecimento do *de cujus*, o herdeiro, legítimo ou testamentário, adquire o domínio e a posse da herança, independentemente de qualquer ato seu, salvo a aceitação.

Em relação ao legatário, porém, diversa é a situação, pois este, quanto ao *domínio,* o adquire com a abertura da sucessão, em se tratando de coisa infungível; a aquisição só se opera com a partilha, se fungível a coisa legada. Quanto à *posse,* apenas com a partilha dos bens, investe-se nela o legatário, salvo nos casos em que anteriormente se obteve a entrega dos bens legados.

O direito de pedir o legado é conferido ao legatário desde a morte do testador, se o legado é puro e simples, visto ser este sujeito de um direito adquirido, mas o legatário não pode entrar, por autoridade própria, na posse da coisa legada, salvo se o testador expressamente o facultar.

Poderá ainda o legatário ou seus respectivos sucessores, como aduz Carlos Maximiliano, "reivindicá-lo de quem o tenha tomado do falecido ou de terceiro, ou ainda se o comprou de quem não era dono; alienar a título oneroso ou gratuito, hipotecar, legar, ou seja, dispor do bem por meio de um ato *inter vivos,* ou *causa mortis*"[1].

Em regra, o legado deverá ser pedido: ao herdeiro ao qual o testador designar a execução do legado; ao herdeiro ou legatário a quem pertencer a coisa legada, bem como a todos os herdeiros instituídos, quando o testador não designar os que deveriam executar os legados, sendo a responsabilidade dos herdeiros proporcional à força da herança. Inexiste, pois, o direito de *saisine,* conferido ao herdeiro, com a transmissão *ipso iure* do domínio e da posse[2].

Nesse sentido, a situação jurídica do herdeiro é superior à do legatário, uma vez que, enquanto o herdeiro recebe a posse logo que se abre a sucessão, pelo princípio da *saisine,* tal como preconiza o art. 1.784 do Código Civil, o legatário tem de pedi-la, não podendo, pois, obtê-la por sua própria autoridade, como prevê a regra do art. 1.923 e § 1º do Código Civil: "Desde a abertura da sucessão, pertence ao legatário a coisa certa, existente no acervo, salvo se o legado estiver sob condição suspensiva. § 1º Não se defere de imediato a posse da coisa, nem nela pode o legatário entrar por autoridade própria".

---

1 MAXIMILIANO, Carlos. *Direito das sucessões,* p. 366.

2 OLIVEIRA, Arthur Vasco Itabaiana de. *Tratado de direito das sucessões,* p. 171; NONATO, Orozimbo. *Estudos sobre sucessão testamentária,* p. 82 e 83; MAXIMILIANO, Carlos. *Direito das sucessões,* p. 367.

O legado puro e simples confere ao legatário, desde a morte do testador, o direito, transmissível aos seus sucessores, de pedir aos herdeiros instituídos a coisa legada. Adquire, assim, o legatário desde logo o seu domínio, tão logo se verifique o óbito do testador, em se tratando de coisa infungível. Desde o dia da morte do testador torna-se exigível a entrega de legado dessa natureza.

Para pedir a entrega do legado, o beneficiado requer judicialmente, e o magistrado, após a oitiva do testamenteiro, dos herdeiros e demais interessados, como a Fazenda, decidirá em seguida. Uma vez deferido, lavrar-se-á termo de entrega ou de pagamento, observadas as formalidades legais. Entretanto, o legado não será entregue sem o prévio pagamento dos direitos fiscais.

Deferida a entrega pelo juiz, não pode o legatário executar tal decisão pelo processo comum das execuções de sentença. Cumpre, pois, ao legatário exigir a entrega por ação própria, intentada contra os herdeiros e o testamenteiro. Aduz San Tiago Dantas que para defender seus direitos, a ação própria é a ação de petição de legado, ação ordinária que não pode ser proposta enquanto se questionar sobre a validade do testamento, ou mesmo se o legado pender de condição suspensiva. No entanto, se a coisa legada se encontra em poder de terceiro, a ação adequada é a reivindicatória[3].

Caso não tenha havido a anuência dos interessados, o legatário terá de aguardar a partilha, na qual será contemplado, como prevê o art. 642 do CPC/2015.

Sob a égide do CPC de 1973, nos termos do art. 1.137, I e IV, caberá ao testamenteiro cumprir as disposições testamentárias, inclusive no que tange ao pagamento dos legados, requerendo ao juiz que lhe conceda os meios necessários para tanto.

Até esse momento, tendo em vista que o legatário só vem a receber a posse dos bens legados com a partilha, depreende-se que, antes da entrega da coisa, caberá ao herdeiro, ou ao inventariante, a defesa da posse por meio dos interditos. Pela mesma razão, não assiste ao legatário direito de propor ação de despejo, a fim de pedir o prédio legado para

---

3 SAN TIAGO DANTAS, F. C. *Direitos de família e das sucessões*, p. 558.

uso próprio, se ainda não entrou na sua posse e assim não se tornou seu legítimo proprietário.

Esse dispositivo, entretanto, não foi reproduzido no Código de Processo Civil de 2015.

Já no caso do legado condicional, a aquisição do bem só se opera com o implemento da condição. "A capacidade para suceder, no caso de legado sujeito a condição, é a do tempo de sua verificação e não a do tempo da abertura da sucessão, como acontece no caso de adição de herança". Se a termo o legado, o legatário adquire o legado desde logo, mas só pode pedi-lo no respectivo vencimento.

Tal como prevê a regra contida no § 1º do art. 1.923 do Código Civil, não pode o legatário entrar, por autoridade própria, na posse da coisa legada. A inobservância desse preceito configura o delito previsto no art. 345 do Código Penal, exercício arbitrário das próprias razões.

À luz do art. 1.924 do Código Civil, "o direito de pedir o legado não se exercerá, enquanto se litigue sobre a validade do testamento, e, nos legados condicionais, ou a prazo, enquanto esteja pendente a condição ou o prazo não se vença".

Assim, a propositura de ação de anulação de testamento constitui obstáculo à entrega do legado; enquanto não termine o feito por sentença transitada em julgado, não pode o legatário exigir o pagamento. A razão nos parece óbvia: se o testamento for anulado extinguir-se-á, por conseguinte, o legado. Entretanto, nada impede o legatário de promover medidas acautelatórias visando à proteção do legado.

Entretanto, permanece em suspenso o direito de reclamar o legado quando ainda estiver pendente o cumprimento da condição suspensiva estabelecida pelo testador, ou ainda se não venceu o prazo por este fixado. "Redundante foi, sem dúvida, o legislador com essa disposição, que já consta dos arts. 125 e 131 do Código de 2002"[4].

---

4 MONTEIRO, Washington de Barros; PINTO, Ana Cristina de Barros Monteiro França. *Curso de direito civil*, p. 218 a 221; LEITE, Eduardo de Oliveira. *Comentários ao novo Código Civil*, p. 530 e 531; NADER, Paulo. *Curso de direito civil*, p. 343 a 345, NONATO, Orozimbo. *Estudos sobre sucessão testamentária*, p. 82 e s.

19.2. Dos frutos e dos juros da coisa legada

Determina o art. 1.923, § 2º, do Código Civil: "O legado de coisa certa existente na herança transfere também ao legatário os frutos que produzir, desde a morte do testador, exceto se dependente de condição suspensiva, ou de termo inicial".

Assim, são cabíveis ao legatário os frutos, sejam eles de que natureza forem: dividendos, juros, lucros líquidos, entre outros, produzidos pela coisa legada, desde a morte do testador, exceto se pendentes de condição suspensiva ou termo inicial. Não lhe pertencem, portanto, os frutos colhidos anteriormente ao óbito do *de cujus*.

A disposição contida no art. 1.923 do Código Civil, entretanto, não é absoluta. O art. 1.925 do mesmo diploma legal prevê que "o legado em dinheiro só vence juros desde o dia em que se constituir em mora a pessoa obrigada a prestá-lo".

Nesse sentido, no legado em dinheiro, para que o legatário faça jus aos respectivos juros, vencíveis após a morte do testador, é necessário que este interpele o herdeiro, ou testamenteiro, para obter o cumprimento da obrigação. Enquanto não houver mencionada interpelação, nem o espólio, nem a pessoa obrigada, responderá pelos juros. Se reclamado o legado mediante ação contenciosa, serão eles devidos a partir da citação inicial para a causa, que vale pela aludida interpelação".

Outra exceção que se vê vem consignada no próprio art. 1.923: se o legado de coisa certa da herança vem a ser subordinado a condição suspensiva ou a termo inicial, o legatário só terá direito aos frutos após o implemento da condição, ou o vencimento do prazo; até então, pertencerão ao espólio, ou aos herdeiros.

19.3. Do legado de renda ou pensão periódica

Dispõe o art. 1.926 do Código Civil: "Se o legado consistir em renda vitalícia ou pensão periódica, esta ou aquela correrá da morte do testador".

As importâncias relativas às rendas vitalícias ou pensão periódica, que forem objeto do legado, devem ser pagas desde a morte do testador. Ressalta

Zeno Veloso que "um caso especial, e importante, de pensão periódica é o legado de alimentos, previsto no art. 1.920 do Código Civil"[5].

Determina o art. 1.927 do Código Civil que "se o legado for de quantidades certas, em prestações periódicas, datará da morte do testador o primeiro período, e o legatário terá direito a cada prestação, uma vez encetado cada um dos períodos sucessivos, ainda que venha a falecer antes do termo dele".

No art. 1.928 dispõe o Código Civil que, "sendo periódicas as prestações, só no termo de cada período se poderão exigir. Parágrafo único. Se as prestações forem deixadas a título de alimentos, pagar-se-ão no começo de cada período, sempre que outra coisa não tenha disposto o testador".

Daí se depreende que embora o legatário tenha adquirido o direito à prestação periódica, assim que se inicie o período correspondente, só poderá exigir o efetivo pagamento no termo de cada período. Entretanto, no caso de as devidas prestações serem referentes à prestação alimentícia, pagar-se-ão no começo de cada período e não no termo ou no vencimento, sempre que ao contrário não disponha o testador.

"A regra é a exigibilidade das prestações no fim de cada período; no caso de alimentos, porém, dado o seu objetivo, abre-se exceção à regra geral; consideram-se eles exigíveis desde o começo de cada período, salvo se o contrário dispôs o testador, cuja vontade deve ser atendida, por constituir o elemento gerador do direito questionado"[6].

19.4. Da escolha do legado

O testador pode deixar coisa certa e determinada. Cumpre-se então o legado, entregando-se ao legatário o objeto indicado. O gratificado não se acha adstrito a receber outra coisa, ainda que mais valiosa.

---

5 VELOSO, Zeno. *Código Civil comentado*, p. 2146; MAXIMILIANO, Carlos. *Direito das sucessões*, p. 372 e s.

6 MONTEIRO, Washington de Barros; PINTO, Ana Cristina de Barros Monteiro França. *Curso de direito civil*, p. 223; VELOSO, Zeno. *Código Civil comentado*, p. 2146 e 2147; LEITE, Eduardo de Oliveira. *Comentários ao novo Código Civil*, p. 538-540.

Em se tratando de legado de coisa apenas determinada pelo gênero, ou pela espécie, compete a **escolha ao herdeiro**. Assim preceitua o art. 1.929 do Código Civil que deverá este ter como critério para a escolha o meio-termo entre as congêneres da melhor e pior qualidade. Nesse sentido, o herdeiro não pode satisfazer o legado entregando ao legatário a pior coisa que encontrar no espólio, dentre as do mesmo gênero ou da mesma espécie. O legado deverá ser satisfeito com a entrega de coisa de valor médio. O obrigado guardará, por conseguinte, o meio-termo (*mediae estimationis*).

O direito de escolher só competirá ao herdeiro caso o testador haja silenciado. Pode este, com efeito, estatuir diferentemente, determinando fique a opção ao arbítrio do próprio beneficiário, ou de terceiro. Deve ser acatada a vontade do disponente, que, nesse tema, é soberana (*dicat testator et erit lex*).

Pode também a **escolha se efetuar por terceiro**, ou **pelo juiz** e assim, nos termos do art. 1.930 do Código Civil: "O estabelecido no artigo antecedente será observado, quando a escolha for deixada a arbítrio de terceiro; e, se este não a quiser ou não a puder exercer, ao juiz competirá fazê-la, guardado o disposto na última parte do artigo antecedente".

Ou ainda pode ser feita **pelo legatário**, e assim como dispõe o art. 1.931 do Código Civil: "Se a opção foi deixada ao legatário, este poderá escolher, do gênero determinado, a melhor coisa que houver na herança; e, se nesta não existir coisa de tal gênero, dar-lhe-á de outra congênere o herdeiro, observada a disposição na última parte do art. 1.929".

Assim, se a eleição cabe ao herdeiro, o legado chama-se *electionis;* quando compete ao legatário, denomina-se *optionis*[7].

À luz do disposto no art. 1.932 do Código Civil, "no legado alternativo, presume-se deixada ao herdeiro a opção".

Trata-se "de outra disposição redundante, pois o Código havia regulado precedentemente a obrigação alternativa, cujos princípios se aplicam também ao direito sucessório, no que concerne ao pagamento dos legados"[8].

---

7 OLIVEIRA, Arthur Vasco Itabaiana de. *Tratado de direito das sucessões*, p. 178 e 179.

8 MONTEIRO, Washington de Barros; PINTO, Ana Cristina de Barros Monteiro França. *Curso de direito civil*, p. 224; NONATO, Orozimbo. *Estudos sobre sucessão testamentária*, p. 104.

O legado alternativo é aquele que tem por objeto uma coisa ou outra, entre as quais só uma deverá ser entregue ao legatário (*illud aut illud*). Nessa hipótese, a opção cabe ao herdeiro, salvo se outra coisa não estipular o testador.

Dispõe o art. 1.933 do Código Civil: "Se o herdeiro ou legatário a quem couber a opção falecer antes de exercê-la, passará este poder aos seus herdeiros".

Tal direito, de natureza patrimonial, transmite-se aos legítimos sucessores do *de cujus*, uma vez que já havia entrado para o patrimônio do beneficiado. Entretanto, se o legatário falecer antes do testador, caduca o legado, nos termos do art. 1.939, V, do Código Civil. Uma vez feita a opção, embora não reproduzida regra expressa do Código de 1916, torna-se ela irrevogável.

É válido ressaltar, entretanto, que, "uma vez feita a escolha, esta é irrevogável. O que era determinável foi determinado, a opção foi realizada, com a individualização da coisa, não podendo haver posterior retratação"[9].

Dentre as diversas hipóteses relativas ao legado alternativo, ressalta Carlos Maximiliano a importante diferença entre legado de coisa determinada e o de objeto indeterminado, ou seja, quando for designado pelo gênero ou pela quantidade. Assim, "se o ato *causa mortis* alude ao que exista no espólio e ali não se nos depara o suficiente para satisfazer a deixa, o legado genérico sofre redução proporcional; o específico ou determinado, não. Entretanto, se o testamento não restringe a disposição às coisas do acervo, o aquinhoado com objeto determinado só obtém o que ainda resta. Ao passo que as faltas do legado genérico preenche o herdeiro com o que adquirir fora, para satisfazer a disposição do falecido"[10].

19.5. Do pagamento dos legados

Determina o art. 1.934 do Código Civil: "No silêncio do testamento, o cumprimento dos legados incumbe aos herdeiros e, não os havendo, aos legatários, na proporção do que herdarem. Parágrafo único. O encargo

---

9 NONATO, Orozimbo. *Estudos sobre sucessão testamentária*, p. 105; VELOSO, Zeno. *Código Civil comentado*, p. 2149.

10 MAXIMILIANO, Carlos. *Direito das sucessões*, p. 381.

estabelecido neste artigo, não havendo disposição testamentária em contrário, caberá ao herdeiro ou legatário incumbido pelo testador da execução do legado; quando indicados mais de um, os onerados dividirão entre si o ônus, na proporção do que recebam da herança".

Assim sendo, em princípio, o pagamento dos legados incumbe aos herdeiros, na proporção de sua herança, mas em não havendo os referidos herdeiros, o respectivo cumprimento será feito pelos legatários na mesma proporção. O testador pode instituir que o pagamento seja feito por um ou mais dos herdeiros ou legatários.

Dispõe o art. 1.935 do Código Civil que, "se algum legado consistir em coisa pertencente a herdeiro ou legatário (art. 1.913), só a ele incumbirá cumpri-lo, com regresso contra os coerdeiros, pela quota de cada um, salvo se o contrário expressamente dispôs o testador".

Em regra cabe ao próprio testador designar, dentre os herdeiros nomeados, aquele ou aqueles que devam responder pela entrega do legado; e ainda, se o testador for omisso, silenciando a respeito, responderão pelo legado, proporcionalmente, todos os herdeiros instituídos; ademais, se instituído um único herdeiro, a este caberá, evidentemente, a satisfação do encargo; e se a coisa legada pertencer ao herdeiro ou legatário, só a este caberá entregá-la ao sublegatário, com direito de regresso contra os demais coerdeiros, pela quota de cada um, salvo se o contrário expressamente dispôs o testador. O herdeiro ou legatário, sujeito à entrega, denomina-se *obrigado;* o beneficiário, que deve ser pessoa certa e capaz de receber, chama-se também *gratificado*[11].

19.6. Das despesas e riscos com a entrega do legado

À luz do disposto no art. 1.936 do Código Civil, "as despesas e os riscos da entrega do legado correm à conta do legatário, se não dispuser diversamente o testador".

A questão tratada pelo artigo em tela é de grande importância no cotidiano do direito das sucessões, e notadamente na sucessão testamentária com a designação de legados.

---

11 MONTEIRO, Washington de Barros; PINTO, Ana Cristina de Barros Monteiro França. *Curso de direito civil*, p. 225.

Pertence ao legatário a obrigação de arcar, com as despesas do legado (além dos riscos da entrega). Estas despesas são, em primeiro lugar, com o imposto de transmissão *causa mortis* devido; sem o seu oportuno recolhimento não se defere entrega do legado. A venda da coisa legada, por falta de pagamento dos direitos fiscais, constitui medida prevista em lei e assim perfeitamente admissível. Mas o testador pode dispor diversamente, estatuindo que todas as despesas, inclusive tributos, corram por conta da herança. Quando alguém deixa legado livre de impostos, nada mais faz do que transferir o encargo do legatário para os herdeiros, que assim recebem a herança com esse ônus. Se o testador, entretanto, não for explícito, correm os impostos por conta do legatário[12].

Deve ainda o legatário suportar outros gastos que se tornem imprescindíveis, como a guarda, o depósito, embalagem, transporte, sustento, custeio, selos etc.; os incômodos devem ser sofridos, na realidade, por aquele que aufere as vantagens (*ubi commoda, ibi et incommoda*), salvo se o testador dispôs de modo contrário, devendo assim interpretar-se a sua vontade.

No que tange às custas e honorários advocatícios, por eles não responde o legatário. Tais encargos representam dívidas dos herdeiros; estes é que a sentença homologatória da partilha sujeita ao ônus das custas, nos termos do art. 89 do CPC/2015 (art. 25 do CPC/73). Ao legatário não cabe essa condenação, nem quanto aos honorários contratados com o advogado do espólio. Eventualmente pagará somente aquele que contratar para representá-lo no inventário.

No que concerne aos riscos, o princípio é o mesmo, correndo estes por conta do legatário. Se a coisa legada se deteriora, ou perece, o próprio legatário sofre as consequências. Diversa, no entanto, a solução no caso de mora, ou culpa, da pessoa obrigada à entrega, como prevê a regra do art. 399 do Código Civil[13].

---

12 OLIVEIRA, Arthur Vasco Itabaiana de. *Tratado de direito das sucessões*, p. 181 e 182.

13 MONTEIRO, Washington de Barros; PINTO, Ana Cristina de Barros Monteiro França. *Curso de direito civil*, p. 226; LEITE, Eduardo de Oliveira. *Comentários ao novo Código Civil*, p. 554 e 555.

19.7. Dos encargos e acessórios dos legados

Onde deve ser entregue a coisa legada? Conforme dispõe o art. 1.937 do Código Civil, "a coisa legada entregar-se-á, com seus acessórios, no lugar e estado em que se achava ao falecer o testador, passando ao legatário com todos os encargos que a onerarem".

No que tange aos encargos que gravam a coisa legada, estes são os direitos reais de garantia (penhor, anticrese e hipoteca), assim como os ônus de outra natureza, como a servidão e o direito de retenção.

Já no que toca aos acessórios, estes podem ser entendidos como "tudo aquilo que, sem ser a própria coisa, tem com ela tal ligação, que se não deve separar, mas, antes, deve segui-la, como os títulos e as chaves do prédio legado, os animais necessários à exploração da propriedade agrícola, os utensílios de uma fábrica, e outros"[14].

Segundo o estabelecido no art. 1.938 do Código Civil, "nos legados com encargo, aplica-se ao legatário o disposto neste Código quanto às doações de igual natureza".

A disposição testamentária que atribui um legado pode vir acompanhada de um *modus* ou encargo, e assim, depreende-se que o legatário é obrigado a cumprir os encargos impostos à liberalidade, quer a benefício do testador, de terceiro, ou de interesse geral, e ainda, se desta última espécie for o encargo, dispõe o art. 553 do Código Civil que o Ministério Público poderá exigir a sua execução. É válido ressaltar que "a inexecução do encargo autoriza o interessado a pedir ao juiz a caducidade do legado modal"[15].

---

14 MONTEIRO, Washington de Barros; PINTO, Ana Cristina de Barros Monteiro França. *Curso de direito civil*, p. 227.

15 VELOSO, Zeno. *Código Civil comentado*, p. 2152.

Capítulo 20

Da caducidade dos legados

20.1. Generalidades

"O termo caducidade provém do verbo caducar, que, em linguagem jurídica, significa enfraquecer, perder a força originária, por ter cessado a razão de existir do ato. E assim, a caducidade representa a ineficácia, por causa ulterior, de disposição originariamente válida"[1].

Para Itabaiana de Oliveira, "a caducidade é a ineficácia de um legado por causa posterior a sua instituição"[2].

Os legados podem caducar por várias razões. À luz art. 1.939 do Código Civil: "Caducará o legado: I – se, depois do testamento, o testador modificar a coisa legada, ao ponto de já não ter a forma nem lhe caber a denominação que possuía; II – se o testador alienar, por qualquer título, no todo, ou em parte, a coisa legada. Em tal caso, caducará o legado, até onde

1 MONTEIRO, Washington de Barros; PINTO, Ana Cristina de Barros Monteiro França. *Curso de direito civil*, p. 228.

2 OLIVEIRA, Arthur Vasco Itabaiana de. *Tratado de direito das sucessões*, p. 185.

ela deixou de pertencer ao testador; III - se a coisa perecer, ou for evicta, vivo ou morto o testador, sem culpa do herdeiro ou legatário incumbido do seu cumprimento; IV - se o legatário for excluído da sucessão, nos termos do art. 1.815; V - se o legatário falecer antes do testador".

Assim sendo, a transformação da coisa legada (*specificatio*), sua alienação, perecimento ou evicção, indignidade do legatário e premoriência deste são, portanto, causas de caducidade dos legados, previstas pela legislação civil, de modo expresso, referindo-se, pois, as quatro primeiras ao próprio objeto do legado, enquanto as duas últimas dizem respeito à pessoa do legatário.

Como prevê Zeno Veloso, a caducidade inutiliza a disposição testamentária inicialmente válida, atuando não no plano da validade, mas no plano da eficácia. A caducidade representa, pois, a ineficácia do testamento ou da cláusula testamentária por fato superveniente, como dispõe o art. 1.788 do Código Civil. E ainda, não se confunde esta com a invalidade da disposição[3].

Como aduz Carlos Maximiliano, "caduco por qualquer motivo, o legado volta à massa do espólio, aproveita aos herdeiros incumbidos de cumprir a referida deixa; na sua falta aos legítimos, salvo direito de acrescer entre os colegatários, o sublegado, e o de haver o testador previsto e regulado outro modo, pois sua vontade é soberana"[4].

20.2. Da transformação da coisa legada

A primeira causa de caducidade do legado enumerada no art. 1.939, I, do Código Civil é a transformação feita na coisa legada.

Assim, haverá caducidade do legado se, após a realização do testamento, o testador modificar a coisa legada, ao ponto de já não ter a forma nem lhe caber a denominação que possuía inicialmente. Por exemplo, caducará o legado se a madeira legada for convertida em mobília, vaso de bronze transformado numa jarra, se num bloco de mármore for esculpido em estátua; se, de uma barra de ouro, for esculpido um cordão. Não se torna, pois, difícil de identificar a razão capaz de aniquilar a eficácia de um legado.

---

3 VELOSO, Zeno. *Código Civil comentado*, p. 2152.

4 MAXIMILIANO, Carlos. *Direito das sucessões*, p. 424.

Desta forma, uma vez transformada radicalmente a coisa, denota o testador, de modo claro, seu intento de revogar o legado.

Entretanto, a lei impõe duas condições para que ocorra a hipótese de caducidade: que seja substancial a transformação da coisa legada e que essa transformação tenha sido operada pelo próprio testador, ou à sua ordem. E ainda, a referida transformação deve ser tão profunda que a coisa já não possa ser identificada pela forma ou nome indicados pelo testador.

Por outro lado, nem toda transformação sofrida pela coisa acarreta a caducidade do legado. Para que se verifique essa caducidade, é necessário que a **transformação seja substancial, radical**, isto é, retire à coisa sua forma anterior, de modo que já não mais lhe caiba a denominação que tinha. Assim sendo, não basta alterar-lhe o modelo, nem o nome, se mantida a forma. Exemplificativamente, não caduca o legado de um anel só porque se substituiu sua pedra, ou se lhe modernizou a forma, tendo em vista os caprichos e exigências da moda. Da mesma forma, eventuais benfeitorias realizadas na propriedade não importam na caducidade do legado.

E também que a referida transformação **seja feita pelo próprio testador, ou à sua ordem**; efetuada por terceiro, à revelia do disponente, ou devida a caso fortuito ou força maior não induz caducidade, como no caso de um incêndio que faz derreter a prata do objeto legado, ou, por vício da própria coisa, o vinho se transforma em vinagre, não haverá caducidade; prevalecerá a deixa quanto aos mencionados resíduos.

Já referimos em outro capítulo a hipótese de caducidade do legado de terreno em que, posteriormente ao testamento, venha a ser erigida uma construção.

Não há caducidade do legado, posto que a construção é acessório do imóvel, constituindo sua principal destinação e função, tendo em vista o brocado romano *superficie solo cedit*; levantada num terreno, com ele se imobiliza pelo princípio da acessão, previsto nos arts. 79, II; 1.248, V, e 1.255 do Código Civil. No entanto, em tais condições, por mais valiosa que seja, o legado fica sujeito à regra anteriormente enunciada no art. 1.939"[5].

---

5 FRANÇA, Rubens Limongi. *Instituições de direito civil*, p. 967; MONTEIRO, Washington de Barros; PINTO, Ana Cristina de Barros Monteiro França. *Curso de direito civil*, p. 230.

Diante da hipótese em tela, entende Itabaiana de Oliveira que o testador visou à radical alteração da coisa levando à caducidade do legado, pois "se o testador, depois de feito o testamento, construir um prédio sobre um terreno legado, onde nada existia, não se deve nem um nem outro, porque não se trata de acréscimo, mas de transformação da coisa legada"[6].

Entende-se que não haverá transformação, capaz de produzir caducidade do legado, a demolição do prédio deixado ao legatário e a subsequente edificação de outro em seu lugar, assim como sua reconstrução. O mesmo se pode dizer a respeito da conversão em ações dos haveres que o testador possuía numa firma comercial.

20.3. Da alienação da coisa legada

O segundo caso de caducidade do legado, previsto no art. 1.939, II, do Código Civil é a alienação da coisa legada, por parte do testador.

Assim, se depois de feito o testamento, por qualquer título, gratuito ou oneroso, o testador alienar a coisa legada, demonstra de modo inconteste que não mais deseja fazer a liberalidade. A alienação faz presumir que o disponente revogou a deixa, dada a incompatibilidade entre aquela e esta, implicando a primeira retratação da segunda. Referida presunção é *juris et de jure*, não admitindo prova em contrário.

E assim, ainda que a coisa legada torne a volver ao patrimônio do testador, em virtude de nova aquisição, a caducidade do legado estará consumada, entendendo-se definitivamente que foi revogada a liberalidade. Não se admite mesmo prova de que o testador readquiriu a coisa com intenção de restaurar o legado; se esse era realmente seu propósito, cumpria-lhe redigir novo testamento, única forma de revitalizar a liberalidade, desfeita pela alienação da coisa legada.

Importante questionamento se estabelece nos casos em que a alienação tenha sido anulada. Nesse caso revigorar-se-ia o legado?

O Código Civil pátrio mostra-se omisso, à luz de seu art. 1.939, II, e assim, "a nulidade da alienação pode não afetar o legado, o que será verificado em cada caso, tendo em vista se ocorreu ou não mudança na vontade do testador.

---

6 OLIVEIRA, Arthur Vasco Itabaiana de. *Tratado de direito das sucessões*, p. 184.

Por exemplo, se com a alienação o disponente procurou beneficiar o próprio legatário, não se opera a caducidade; longe de traduzir alteração da vontade, vale pela sua confirmação".

Entretanto, se for apenas parcial a alienação da coisa legada, subsistirá o legado na parte remanescente e que continua no patrimônio do testador. A simples promessa de venda, com caráter irrevogável, acarreta a caducidade do legado, por força do princípio contido no citado art. 1.939, II.

A alienação que leva à caducidade do legado é a alienação voluntária; a alienação compulsória, como no caso de expropriação por necessidade ou utilidade pública, não induz caducidade do legado, visto que não foi manifesta a vontade do testador[7].

Para Carlos Maximiliano, "a alienação parcial faz presumir intuito de revogar a deixa só em parte; esta prevalece relativamente ao que ficou pertencendo ao falecido; o beneficiado perde só a fração que foi vendida, trocada, cedida, ou dada em pagamento de dívida"[8].

Repare-se que uma vez alienada a coisa, esta não pertence mais ao testador no momento da abertura da sucessão, como indica o art. 1.912 do Código Civil atual. A alienação da coisa demonstra inequivocamente a mudança de intenção do autor da herança, salvo, como referido, nos casos de desapropriação.

20.4. Do perecimento da coisa legada

O terceiro caso de caducidade é o que envolve o perecimento da coisa legada. Dispõe o art. 1.939, III, do Código Civil que caducará o legado se a coisa perecer, vivo ou morto o testador, sem culpa do herdeiro ou legatário incumbido do seu cumprimento.

O perecimento da coisa faz caducar o legado por torná-lo sem objeto. Este, aliás, é um princípio consagrado: perece o direito, perecendo o seu objeto. Nesse sentido, é indiferente a causa do dito perecimento, se destruição, inutilização, perda ou morte; em qualquer dessas hipóteses, a solução é sempre a mesma: desfaz-se o legado, não assistindo ao legatário, em hipótese

---

7 MONTEIRO, Washington de Barros; PINTO, Ana Cristina de Barros Monteiro França. *Curso de direito civil*, p. 231.

8 MAXIMILIANO, Carlos. *Direito das sucessões*, p. 433.

alguma, o direito de reclamar o pagamento do valor da coisa legada, a menos que tenha havido culpa por parte do herdeiro, ou do legatário, incumbidos do seu cumprimento.

Presume-se, no caso do inciso III, que o testador apenas quis deixar a própria coisa mencionada na verba testamentária e não o respectivo valor; se ela vem a desaparecer, seja qual for sua causa, caducará o legado, por falta de objeto.

Assim, ainda que o perecimento se deva a culpa de terceiro, não pode o legatário acioná-lo para obter composição correspondente ao valor do legado. Tal ação seria privativa do próprio testador, ou de seus herdeiros, e jamais do legatário. Este só tem direito ao ressarcimento, se a coisa legada se perder por culpa do herdeiro ou do legatário que deveriam dar cumprimento ao legado.

Se o perecimento, entretanto, for apenas parcial, o legado continuará a valer quanto à parte que se salva. Como, por exemplo, no caso de um prédio que venha a ser destruído por incêndio, subsiste o legado quanto ao terreno em que foi edificado.

Interessante hipótese surge do fato de que, com o perecimento parcial do legado, a parte remanescente possa ser qualificada não como principal, mas como mero acessório. Nesse caso, se a coisa legada perece em vida do testador, o legado fica extinto, ainda que os acessórios não tenham perecido; se, ao inverso, a coisa legada perece depois da abertura da sucessão, pode o legatário exigi-los, em virtude de seu direito de propriedade.

Conforme o disposto no art. 1.940 do Código Civil, "se o legado for de duas ou mais coisas alternativamente, e algumas delas perecerem, subsistirá quanto às restantes, perecendo parte de uma, valerá, quanto ao seu remanescente, o legado".

À primeira vista, parece ociosa a inclusão no Código desse dispositivo. É que se pode pôr em dúvida a prevalência do legado, quando deixa de existir um dos objetos mencionados pelo testador, dado o caráter uno e indivisível do legado alternativo, decorrente do art. 1.932 do Código Civil. Assim, "determina o legislador que, em tal conjuntura, subsista o legado"[9].

---

[9] MONTEIRO, Washington de Barros; PINTO, Ana Cristina de Barros Monteiro França. *Curso de direito civil*, p. 233; GAMA, Affonso Dionísio. *Tratado theorico e pratico de testamentos*, p. 108.

Mas, como se pode anotar, o legado previsto no artigo em tela tem uma pluralidade de objetos, e, nesse sentido, o desaparecimento de uma das coisas faz concentrar a obrigação na coisa que restou, como prevê a regra do art. 253 do Código Civil. Entretanto, se houver o perecimento de todas as coisas, o legado se desfaz, se constatada a culpa do herdeiro ou legatário incumbido do cumprimento do legado, cabe ao prejudicado pedir indenização[10].

20.5. Da caducidade do legado pela evicção

À luz do art. 1.939, III, do Código Civil caducará o legado se for evicta a coisa legada, vivo ou morto o testador, sem culpa do herdeiro ou legatário que lhe devam dar cumprimento.

Por evicção entende-se a perda ou o desapossamento da coisa por causa jurídica determinante e preexistente à alienação, reconhecida por decisão judicial e em favor de outrem, o verdadeiro detentor do direito sobre o bem[11].

A evicção evidencia ser pertencente a outrem a coisa legada, resultando, de seu reconhecimento, a ineficácia do legado, por força do estatuído no art. 1.912 do mesmo diploma legal, visto haver recaído sobre objeto alheio.

Assim, no caso de legado, a evicção acarreta sua caducidade, uma vez que a evicção consiste na perda do direito de propriedade. Já quanto à herança, legítima ou testamentária, uma vez feita a partilha, o herdeiro que se torne evicto tem direito de ser ressarcido pelos coerdeiros na proporção de suas quotas hereditárias, como prevê o art. 2.026 do Código Civil. Tal como dispõe o art. 2.024 do mesmo Código, a obrigação de indenizar pesa indistinta e reciprocamente sobre todos os coerdeiros.

Assim, "a evicção considerada caracteriza-se quando o réu na ação de reivindicação for o disponente ou o próprio legatário. A consequência lógica é de que o réu legou coisa alheia".

---

10 VELOSO, Zeno. *Código Civil comentado*, p. 2154; NADER, Paulo. *Curso de direito civil*, p. 361.

11 MONTEIRO, Washington de Barros; MALUF, Carlos Alberto Dabus. *Curso de direito civil.* 39. ed. São Paulo: Saraiva, 2012, v. 5, p. 74.

Nos casos que envolvem legados alternativos, ou coisas genéricas, se a evicção recai sobre a coisa escolhida, caberá a sub-rogação, sendo facultada a escolha de outro objeto[12].

Desta forma, "perdida a coisa legada, em virtude de sentença, a ineficácia da disposição se verifica, quer tenha o evictor agido contra o disponente, em vida deste, ou contra o próprio legatário, depois de aberta a sucessão. Entretanto, se parcial a evicção, remanesce o legado quanto à parte restante"[13].

Na síntese de Itabaiana de Oliveira, "a evicção faz caducar o legado, porque demonstra ser alheia a coisa legada, e como tal nulo o legado"[14].

20.6. Da caducidade do legado por indignidade do legatário

Além das causas objetivas de caducidade, existem também as causas de natureza subjetiva. Preceitua o inciso IV do questionado art. 1.939 que caducará o legado se o legatário for excluído da sucessão, nos termos do arts. 1.814 e 1.815 do Código Civil.

Tal como prevê o art. 1.814, I a III, é excluído da sucessão o legatário (ou o herdeiro): I – que houver sido autor, coautor ou partícipe de homicídio doloso, ou tentativa deste, contra a pessoa de cuja sucessão se trata, seu cônjuge, companheiro, ascendente ou descendente; II – que houver acusado caluniosamente em juízo o autor da herança ou incorrer em crime contra a sua honra, ou de seu cônjuge ou companheiro; III – que, por violência ou meios fraudulentos, inibiu ou obstou o testador de dispor livremente de seus bens por ato de última vontade.

Assim, "pode-se entender que em todos esses casos, a caducidade corresponde à presumida vontade do *de cujus*, que não desejaria por certo que a coisa legada, saída de seu patrimônio, fosse parar nas mãos de quem se mostrou indigno, com a prática de atos atentatórios à sua vida, honra e liberdade, ou daquelas pessoas mais próximas e queridas"[15].

---

12 NADER, Paulo. *Curso de direito civil*, p. 362.

13 MONTEIRO, Washington de Barros; PINTO, Ana Cristina de Barros Monteiro França. *Curso de direito civil*, p. 233 e 234.

14 OLIVEIRA, Arthur Vasco Itabaiana de. *Tratado de direito das sucessões*, p. 185.

15 NADER, Paulo. *Curso de direito civil*, p. 363; MONTEIRO, Washington de Barros; PINTO, Ana Cristina de Barros Monteiro França. *Curso de direito civil*, p. 234; PEREIRA, Caio Mário da Silva. *Instituições de direito civil*, p. 262; COELHO, Fabio Ulhoa. *Curso de direito civil*, p. 313.

20.7. Da caducidade do legado pela premoriência do legatário

Caducará também o legado, se o legatário falecer antes do testador, como prevê a hipótese contida no inciso V do art. 1.939 do Código Civil. A presunção é de que o testador desejava beneficiar pessoalmente o legatário e não seus eventuais sucessores. Desta forma, se falecido o beneficiado, antes do testador, nenhum direito ele transmite aos seus herdeiros, nem mesmo aos próprios descendentes, por direito de representação, posto que descabe o *jus repraesentationis* na sucessão testamentária, por ser instituto peculiar à sucessão legítima. Assim, falecido o legatário, caduca-se o legado, por falta de sujeito.

O mesmo ocorre na hipótese de herdeiro instituído, quando a nomeação torna-se ineficaz se ele falecer antes do disponente, sem que se possa falar em direito de representação; pois, tal como no caso do legado, a liberalidade é feita *intuitu personae*[16].

Entretanto, pode o testador, em seu ato de última vontade, declarar expressamente que o legado ou herança instituída passe, por morte do gratificado, aos seus herdeiros legítimos. O legado também não caducará no caso de substituição, ou mesmo se houver entre os colegatários o direito de acrescer.

20.8. Outras hipóteses de caducidade

Além dos casos previstos em lei, também dão ensejo à caducidade dos legados: a renúncia do legatário, que jamais poderá ser parcial – ou aceita integralmente o legado ou o renuncia *in totum* –, mas o herdeiro, a quem se testaram legados, pode aceitá-los, renunciando a herança, ou, aceitando-a, repudiá-los, como prevê o art. 1.808, § 1º, do Código Civil; o falecimento do legatário antes do implemento da condição suspensiva a que estava subordinada a liberalidade; a incapacidade do legatário quando, no momento da abertura da sucessão, for incapaz de receber o legado, nos termos do art. 1.801 do mesmo diploma.

---

16 MONTEIRO, Washington de Barros; PINTO, Ana Cristina de Barros Monteiro França. *Curso de direito civil*, p. 234.

A ineficácia do legado pode resultar ainda da revogação expressa, da nulidade do legado e dos casos em que ocorrer a nulidade do testamento, em que o legado for parte integrante.

Uma vez caduco o legado, por qualquer dos motivos apontados, volta ele à massa hereditária, aproveitando aos herdeiros, entre os quais se partilhará, como impõe a regra do art. 1.788, *in fine*, do Código Civil.

Capítulo 21

Do direito de acrescer entre herdeiros e legatários

21.1. Conceito

O direito de acrescer é aquele direito reconhecido pela mesma disposição testamentária, em favor dos coerdeiros ou colegatários chamados conjuntamente à herança ou ao legado em quinhões não determinados, quando a quota de um deles, que não a quis ou não pôde recebê-la, é somada às quotas dos demais, salvo o direito do substituto.

Verifica-se o direito de acrescer quando, quer pela premoriência do herdeiro ou legatário, quer pela renúncia à herança ou ao legado, quer pela exclusão do herdeiro ou legatário, quer pela não verificação da condição sob a qual se instituiu herdeiro ou legatário, os bens que constituíam o objeto da liberalidade remanescem, para serem divididos entre os demais coerdeiros ou colegatários. Tome-se o seguinte exemplo: Paulo atentou contra a vida de seu pai. Reconhecida a indignidade e determinada a sua exclusão da herança, o seu quinhão deve ser partilhado entre os herdeiros legítimos[1].

---

1 RODRIGUES, Silvio. *Curso de direito civil*, p. 221.

Essa possibilidade de acrescer, entretanto, só é possível na sucessão testamentária; na sucessão legítima, a herança reparte-se entre os herdeiros existentes ao tempo da abertura da sucessão, sem que a falta de um possa aumentar o quinhão de outro; impede-o o direito de representação, nos casos permitidos em lei.

21.2. Generalidades

O direito de acrescer não é privativo do direito das sucessões; é também previsto no direito das coisas, quando pode ser convencionado entre usufrutuários-conjuntos, à luz do disposto no art. 1.411 do Código Civil; donde se depreende que não acresce o usufruto entre os usufrutuários, a não ser que exista determinação expressa em sentido contrário; no direito autoral, onde verificar-se o direito de acrescer quanto à obra literária, científica e artística feita em colaboração. Realmente, dispõe o art. 42, parágrafo único, da Lei n. 9.610, de 19 de fevereiro de 1998: "acrescer-se-ão aos dos sobreviventes os direitos do coautor que falecer sem sucessores". Trata-se, sem dúvida, de uma das formas de sucessão irregular admitidas pelo direito pátrio; no direito das obrigações, no que tange à constituição da renda, permite o Código Civil que, falecido um dos beneficiários, recolham os sobreviventes a parte deste, se assim se estipulou no respectivo ato, como prevê o art. 812 do Código Civil; e ainda, na doação, onde dispõe o art. 551 do Código Civil, que, salvo declaração em contrário, a doação em comum a mais de uma pessoa entende-se distribuída entre elas por igual. Se os donatários, em tal caso, forem marido e mulher, subsistirá na totalidade a doação para o cônjuge sobrevivo.

Pode-se assim concluir que o direito de acrescer não é restrito ao direito das sucessões. "O direito de acrescer, atinente ao direito hereditário, não difere do direito de acrescer, admitido no direito das coisas, no direito autoral, e no direito das obrigações. Existe a vocação conjunta de várias pessoas sobre a mesma coisa, sem determinação de porções, recolhendo os sobrevivos as quotas dos que venham a faltar"[2].

---

2 MONTEIRO, Washington de Barros; PINTO, Ana Cristina de Barros Monteiro França. *Curso de direito civil*, p. 236 e 237; MALUF, Carlos Alberto Dabus. *Código Civil comentado*, p. 1562.

Ocorre o direito de acrescer, no âmbito do direito das sucessões, quando, tal como aduz Carlos Maximiliano, favorecidos com uma só liberalidade vários herdeiros, ou legatários, a quota de um desses beneficiados em conjunto, que não quer, ou não pode receber a deixa, incorporar-se à dos demais, aumentando-a[3].

21.3. Princípios fundamentais

O direito de acrescer, que os antigos preferiam chamar *jus non decrescendi*, obedece a alguns princípios fundamentais, como: **o direito de acrescer é decorrência da vontade presumida do testador** que nomeia herdeiros para toda a herança, ou para uma quota-parte dela; ou, então, deixa a vários legatários a mesma coisa, ou parte dela. Em tais casos, presume a lei que o testador desejava instituir o direito de acrescer para os demais coerdeiros, ou colegatários, caso um deles viesse a faltar, embora não fizesse alusão ao *jus accrescendi* no ato de última vontade; nos casos em que ocorre o direito de acrescer, reputa-se o acréscimo como forçado, representando, pois, o fundamento econômico do mencionado direito, que procura coibir o fracionamento da propriedade; o direito de acrescer verifica-se entre os coerdeiros ou colegatários, pois o Código não distingue a herança e o legado, em relação a este; e finalmente, havendo instituições distintas e não conjuntas, os coerdeiros não podem ver acrescidas suas quotas com a parte do herdeiro premorto[4].

Na lição de Orozimbo Nonato, ocorre o direito de acrescer quando várias pessoas são chamadas à sucessão à mesma herança ou ao mesmo legado, em partes não determinadas, e por qualquer motivo faltar um dos concorrentes[5].

21.4. Espécies de acrescimento

O direito de acrescer teve sua origem em Roma, e apresentava como requisito principal a realização de uma liberalidade conjuntamente a duas ou mais pessoas. Distinguiam-se assim três espécies de constituição

---

3 MAXIMILIANO, Carlos. *Direito das sucessões*, p. 460.

4 MONTEIRO, Washington de Barros; PINTO, Ana Cristina de Barros Monteiro França. *Curso de direito civil*, p. 237 e 238.

5 NONATO, Orozimbo. *Estudos sobre sucessão testamentária*, p. 218.

conjunta: **mista** (*re et verbis*), quando a mesma coisa ou quinhão era atribuída, por uma só disposição, a duas ou mais pessoas na mesma frase; **real** (*re tantum*) quando deixada a mesma coisa a mais de uma pessoa por meio de frases ou cláusulas distintas; **verbal** (*verbis tantum*), quando na mesma disposição eram contempladas diversas pessoas com objetos e quotas hereditárias diferentes[6].

Como exemplo da primeira conjunção, temos: deixo minha casa situada em tal rua a André e a Adriana. Os dois legatários são conjuntos *re*, porque uma só coisa lhes foi legada, e *verbis*, porque compreendidos ambos na mesma frase e na mesma disposição; verificava-se a segunda conjunção (*re tantum*) quando a coisa era deixada a pessoas diferentes, mas por frases distintas: deixo minha casa situada em tal rua a César; mais adiante, no testamento, ajunto ainda: deixo aquela mesma casa a Alberto. Nessa instituição os dois legatários são conjuntos *re*, porque contemplados com a mesma coisa, mas não conjuntos *verbis*, porque efetivados os legados por meio de disposições diferentes, embora constantes do mesmo testamento; ocorria a terceira forma de conjunção (*verbis tantum*) sempre que a mesma coisa fosse deixada a duas ou mais pessoas, na mesma frase, mas com designação das quotas de cada um: lego minha casa situada em tal rua a André e a Adriana, metade para cada um. Nesta modalidade de conjunção, duas frações distintas do mesmo imóvel eram deixadas a cada legatário; na realidade, portanto, existiam dois legados, com objetos diferentes.

Lecionam Washington de Barros Monteiro e Ana Cristina de Barros Monteiro França Pinto que "o direito de acrescer verificava-se nas duas primeiras conjunções, na segunda, com mais energia do que na primeira. Mas não ocorria na terceira forma, em que, de fato, não chegava a se operar a conjunção"[7].

O direito atual distingue o direito de acrescer entre coerdeiros do direito de acrescer entre colegatários, e o direito de acrescer entre usufrutuários.

---

6 MAXIMILIANO, Carlos. *Direito das sucessões*, p. 461.

7 MONTEIRO, Washington de Barros; PINTO, Ana Cristina de Barros Monteiro França. *Curso de direito civil*, p. 238.

21.5. Direito de acrescer entre os herdeiros

À luz do que dispõe o art. 1.941 do Código Civil, "quando vários herdeiros, pela mesma disposição testamentária, forem conjuntamente chamados à herança em quinhões não determinados, e qualquer deles não puder ou não quiser aceitá-la, a sua parte acrescerá à dos coerdeiros, salvo o direito do substituto".

Assim, em face do referido preceito legal, o acrescimento resulta da reunião dos três elementos seguintes: nomeação dos herdeiros na mesma cláusula testamentária; a deixa compreende os mesmos bens, ou a mesma porção de bens; ausência de quotas hereditárias determinadas. Por exemplo, o testador assim se expressa: deixo todos os meus bens a João e a José. Em tal hipótese, faltando um dos herdeiros instituídos, sua quota hereditária acresce à do sobrevivo; ou ainda, o testador, no ato de última vontade, manifesta-se: deixo a Pedro e a Paulo a porção disponível, ou a minha meação; nessa hipótese, o testador institui herdeiro, e não legatário, porque transmite fração ideal abstrata do acervo, que, no caso de morte de um dos herdeiros nomeados, acrescerá à parte do sobrevivente.

Assim, o primeiro requisito do direito de acrescer entre coerdeiros é, portanto, sua **nomeação conjunta na mesma disposição testamentária, para receber o acervo hereditário ou parte dele** (conjunção *re et verbis* dos romanos); o segundo requisito é o de que **a deixa deve versar sobre os mesmos bens**, ou sobre a mesma porção de bens, sem discriminação das quotas pertencentes a cada coerdeiro; o terceiro requisito refere-se ao fato de que se **um dos herdeiros vier a faltar**, em virtude de premoriência, de renúncia ou exclusão do herdeiro nomeado e de não realização da condição sob a qual havia sido feita a nomeação; o quarto requisito impõe que, se **houver especificação da quota de cada um**, não haverá direito de acrescer.

Entretanto, o fato de consistir de várias coisas o legado não é obstáculo ao direito de acrescer; assim, se um herdeiro não quer ou não pode receber, aos demais acresce[8].

---

8 MAXIMILIANO, Carlos. *Direito das sucessões*, p. 473.

Dispõe o art. 1.943 do Código Civil: "Se um dos coerdeiros ou colegatários, nas condições do artigo antecedente, morrer antes do testador; se renunciar a herança ou legado, ou destes for excluído, e, se a condição sob a qual foi instituído não se verificar, acrescerá o seu quinhão, salvo o direito do substituto, à parte dos coerdeiros ou colegatários conjuntos. Parágrafo único. Os coerdeiros ou colegatários, aos quais acresceu o quinhão daquele que não quis ou não pôde suceder, ficam sujeitos às obrigações ou encargos que o oneravam".

Vê-se, assim, que, se um dos herdeiros nomeados morrer antes do testador, renunciar a herança, ou dela for excluído, ou mesmo se a condição, sob a qual foi instituído, não se verificar, acrescerá o seu quinhão, salvo o direito do substituto, à parte dos coerdeiros conjuntos. Aí estão previstas as causas de caducidade do direito do herdeiro ou do legatário: renúncia, exclusão, falecimento antes do testador, ou antes de verificada a condição. Caducando a instituição e não tendo substituto designado pelo disponente, o quinhão correspondente acresce aos dos coerdeiros ou colegatários. Ficam, entretanto, os beneficiários sujeitos às obrigações ou encargos atinentes à quota da herança ou legado que acresceu.

Determina o art. 1.944 do Código Civil: "Quando não se efetua o direito de acrescer, transmite-se aos herdeiros legítimos a quota vaga do nomeado. Parágrafo único. Não existindo o direito de acrescer entre os colegatários, a quota do que faltar acresce ao herdeiro ou ao legatário incumbido de satisfazer esse legado, ou a todos os herdeiros, na proporção dos seus quinhões, se o legado se deduziu da herança".

Quando não se efetua o direito de acrescer, transmite-se aos herdeiros legítimos a quota vaga do nomeado. A razão inserta no dispositivo é óbvia: se não existe disposição conjunta, segundo a define o citado art. 1.941 do Código Civil, ou se ela é nula, ou vem a ser anulada, a quota não recolhida pelo nomeado se devolve ao herdeiro legítimo, prevalecendo, em tal conjuntura, a sucessão legítima, e assim, coerdeiros, a quem acrescer o quinhão do que deixou de herdar, porque não quis ou não pôde suceder, ficam sujeitos às obrigações ou encargos que o oneravam, como previu a regra do art. 1.943, parágrafo único, do Código Civil.

Interessante questão surge com o direito de acrescer: se um dos herdeiros alienar sua quota e posteriormente outro coerdeiro vem a falecer. O adquirente será favorecido pelo direito de acrescer ou esse direito reverterá em proveito do alienante?

Duas correntes de entendimento se formam: na primeira, entende-se que o direito reverterá em proveito do alienante, visto que quiseram as partes ater-se exclusivamente à porção hereditária, tal qual existia no momento da alienação. Não podiam elas ter estipulado sobre coisas ou situações inteiramente ignoradas; na segunda corrente, porém, invoca-se o princípio fundamental *portio portioni adcrescit, non personae.* "A lei compara o acrescimento ao fenômeno da aluvião, que não pode verificar-se senão em favor daquele que possui o imóvel aumentado. Ademais, o comprador toma o lugar do vendedor, investindo-se em todos os seus direitos, máxime se este, sem qualquer ressalva, transfere os direitos inerentes à sucessão, presentes e futuros, certos e eventuais"[9]; corrente à qual nos filiamos.

21.6. Direito de acrescer entre os legatários

À luz do art. 1.942 do Código Civil: "O direito de acrescer competirá aos colegatários, quando nomeados conjuntamente a respeito de uma só coisa, determinada e certa, ou quando o objeto do legado não puder ser dividido sem risco de desvalorização".

Regula o artigo em questão o direito de acrescer entre legatários, quando nomeados conjuntamente a respeito de uma só coisa, certa e determinada, como no caso em que se deixa, por exemplo, uma propriedade para três pessoas conjuntamente; ou quando o objeto do legado não puder ser dividido sem risco de desvalorização.

Não exige, entretanto, o dispositivo legal que os legatários tenham sido designados em uma mesma cláusula ou disposição testamentária, bastando que aos mesmos seja destinado um só bem certo e determinado, sem distinção de partes ou indicação de quotas, ou mesmo que o objeto do legado não possa ser dividido sem risco de desvalorização.

Para tanto é necessário que a coisa seja certa e determinada, pois como dispõe o art. 1.929 do Código em vigor, não há direito de acrescer se a coisa não for certa e determinada quando se tratar de legado genérico[10].

---

9 MONTEIRO, Washington de Barros; PINTO, Ana Cristina de Barros Monteiro França. *Curso de direito civil*, p. 241. É isento o imposto de transmissão *causa mortis* o que couber ao herdeiro em virtude do direito de acrescer; GAMA, Affonso Dionísio. *Tratado theorico e pratico das sucessões*, p. 109 e s.

10 GAMA, Affonso Dionísio. *Tratado theorico e prático dos testamentos*, p. 112 e 113; VELOSO, Zeno. *Código Civil comentado*, p. 2156; NADER, Paulo. *Curso de direito civil*, p. 375.

O Código Civil atual faz uma distinção entre o direito de acrescer na herança e no legado. Na primeira para que haja o direito de acrescer é necessário que haja: a nomeação dos herdeiros na mesma cláusula testamentária para recolher o acervo hereditário ou porção dele; a incidência na mesma herança, já que a deixa deve compreender os mesmos bens ou a mesma porção de bens; e a ausência de determinação de quotas individuais, pois, caso contrário, o quinhão vago seria transmitido aos herdeiros legítimos. Já quanto aos legados, o direito de acrescer pressupõe que a coisa legada seja a mesma, ou quando o objeto do legado não puder ser dividido sob pena de desvalorização, como no caso em que o testador legar a duas ou mais pessoas uma mesma fábrica, escola, entre outros[11].

Tem-se, assim, como requisitos do direito de acrescer entre os legatários: que exista disposição testamentária conjunta em favor de dois ou mais legatários; que a coisa legada seja uma só, determinada e certa, ou que se não possa dividir, sem risco de desvalorizar; que um dos colegatários venha a faltar, em virtude de renúncia, exclusão, premoriência ou incapacidade, ou se a condição sob a qual foi instituído não se verificar. Assim, faltando um dos colegatários, a que o testador não tenha dado substituto, a sua quota acresce à dos remanescentes, sujeita, evidentemente, aos mesmos encargos e obrigações que a oneravam, como prevê a regra do art. 1.943, parágrafo único, do Código Civil.

Não existindo direito de acrescer entre os colegatários, a quota do que faltar acresce ao herdeiro ou legatário incumbido de satisfazer esse legado, ou a todos os herdeiros, na proporção dos seus quinhões, se o legado se deduziu da herança, como dispõe o art. 1.944, parágrafo único, do Código Civil.

Dispõe o art. 1.945 do Código Civil: "Não pode o beneficiário do acréscimo repudiá-lo separadamente da herança ou legado que lhe caiba, salvo se o acréscimo comportar encargos especiais impostos pelo testador; nesse caso, uma vez repudiado, reverte o acréscimo para a pessoa a favor de quem os encargos foram instituídos".

Assim, o beneficiário do acréscimo não pode aceitar a herança ou o legado que lhe cabe e rejeitar o acréscimo; ocorrendo o direito de acrescer, forçoso aceitar a herança ou o legado juntamente com a porção acrescida.

---

11 LEITE, Eduardo de Oliveira. *Comentários ao novo Código Civil*, p. 576 e 577.

Contudo, se o testador impôs encargos especiais ao acréscimo, pode ele ser repudiado separadamente pelo herdeiro ou legatário, revertendo o acréscimo para o beneficiário dos encargos impostos pelo testador[12].

21.7. Direito de acrescer no legado de usufruto

O legado de usufruto, está previsto no art. 1.921 do Código Civil: "O legado de usufruto, sem fixação de tempo, entende-se deixado ao legatário por toda a sua vida". Dispõe o art. 1.946 do mesmo estatuto: "Legado um só usufruto conjuntamente a duas ou mais pessoas, a parte da que faltar acresce aos colegatários. Parágrafo único. Se não houver conjunção entre os colegatários, ou se, apesar de conjuntos, só lhes foi legada certa parte do usufruto, consolidar-se-ão na propriedade as quotas dos que faltarem, à medida que eles forem faltando".

O artigo em tela prevê o caso do usufruto constituído por testamento a duas ou mais pessoas conjuntamente. E assim, se faltar um dos colegatários do usufruto, a parte livre acrescerá à parte dos outros legatários. Haverá, portanto, direito de acrescer, desde que se verifique algum dos casos de caducidade, em relação a qualquer dos usufrutuários. Entretanto, se não houve disposição conjunta, ou se, apesar de conjuntos, houve distribuição do usufruto entre os beneficiários, sendo-lhes legada somente certa parte do usufruto, não haverá direito de acrescer, consolidando-se na propriedade as quotas dos que faltarem a medida em que forem faltando, e assim sucessivamente, até que se extinga completamente o direito real.

Vê-se, nesse sentido, que legado um só usufruto conjuntamente a duas ou mais pessoas, a parte do que faltar acresce aos colegatários. Quanto à constituição do direito real por ato entre vivos, o art. 1.411 do Código Civil regula a estipulação do direito de acrescer, a menos que se trate de doação por adiantamento de legítima, caso em que a jurisprudência não tem tolerado o acrescimento entre os doadores[13].

---

12 MONTEIRO, Washington de Barros; PINTO, Ana Cristina de Barros Monteiro França. *Curso de direito civil*, p. 242 e 243.

13 MONTEIRO, Washington de Barros; PINTO, Ana Cristina de Barros Monteiro França. *Curso de direito civil*, p. 243; VELOSO, Zeno. *Código Civil comentado*, p. 2159; NADER, Paulo. *Curso de direito civil*, p. 378.

Capítulo 22

Das substituições

Leciona Clóvis Beviláqua que a origem do instituto remonta ao fato de que, prevendo a hipótese de falhar a instituição de herdeiro, por uma circunstância qualquer e não querendo morrer sem sucessores, que lhes continuassem a personalidade e perpetuassem o culto doméstico, intencionaram os romanos instituir um substituto, que recolhesse a herança, se porventura não a recolhessem os primeiros[1].

Enorme é o poder de decisão que tem o testador referente a quem receberá o fruto de toda uma vida de trabalho. Assim, poderá nomear mais de um herdeiro. Tendo em vista que o escolhido pode premorrer a ele, ou não querer, ou ainda não puder recolher a herança, pode o testador nomear outro herdeiro para receber o mesmo bem[2].

22.1. Conceito

A substituição pode ser entendida como a indicação de certa pessoa para recolher a herança, ou legado, na falta ou depois de outra, nomeada em

1 BEVILÁQUA, Clóvis. *Direito das sucessões*, p. 253.

2 DIAS, Maria Berenice. *Manual das sucessões*, p. 419.

primeiro lugar. O Código Civil brasileiro admite a designação de substitutos tanto para herdeiros instituídos como para legatários.

O substituto será o herdeiro ou o legatário que o testador nomear para suceder em segundo grau, recolhendo a herança ou o legado do substituído. Ele aufere a liberalidade em segundo lugar, na falta ou depois de outrem primeiramente chamado[3].

Para Itabaiana de Oliveira, "substituição é a disposição mediante a qual o testador chama, em lugar do herdeiro ou legatário, um outro, denominado substituto, para que venha a fruir, no todo ou em parte, as mesmas vantagens e encargos, quando, por qualquer causa, a sua vocação cesse". É, pois, uma instituição subordinada a outra[4].

Enquanto o primeiro instituído denomina-se substituído; o segundo denomina-se substituto.

22.2. Espécies de substituição

Permite o Código Civil que se nomeiem substitutos aos sucessores designados em testamento; o testador indica as pessoas beneficiadas, herdeiros ou legatários e, em seguida, no mesmo ato, estabelece a quem se atribuirão os bens, na ausência ou quando não mais existam os beneficiários inicialmente aquinhoados. Surge assim o instituto das *substituições,* como direta emanação do direito de propriedade, tendo por escopo melhor assegurar o efeito das disposições de última vontade.

Várias são as espécies de substituição: a vulgar, também chamada ordinária, a fideicomissária e a compendiosa. Anteriormente existiam também a substituição pupilar e a quase-pupilar[5].

A substituição pupilar, reflexo da primitiva preponderância do *paterfamilias,* era aquela em que o pai nomeava herdeiro para o filho, no caso em que este viesse a falecer sem prole e na menoridade. Já a substituição quase-pupilar,

---

3 SAN TIAGO DANTAS, F. C. *Direitos de família e das sucessões*, p. 543; MONTEIRO, Washington de Barros; PINTO, Ana Cristina de Barros Monteiro França. *Curso de direito civil*, p. 244.

4 OLIVEIRA, Arthur Vasco Itabaiana de. *Tratado de direito das sucessões*, p. 187.

5 NONATO, Orozimbo. *Estudos sobre sucessão testamentária*, p. 142.

ou exemplar, era a efetuada pelo ascendente, nomeando herdeiro ao descendente impedido de testar por insanidade ou deficiência mental. Ambas as modalidades, entretanto, tornaram-se obsoletas à luz do direito pátrio, que não concede ao ascendente o direito de dispor em testamento da herança do descendente incapaz, visto que o direito de testar constitui atributo personalíssimo e ninguém pode fazê-lo em nome do incapaz[6].

22.2.1. Substituição vulgar

A substituição vulgar, que foi assim chamada em virtude de sua frequência no direito romano, é uma instituição condicional, estabelecida para o caso em que o beneficiário não queira ou não possa recolher a herança ou o legado. Consiste na designação, pelo testador, da pessoa que deve ocupar o lugar do herdeiro, ou do legatário, instituídos em primeiro grau, que não quer ou não pode aceitar a herança ou o legado.

Tal forma de substituição é também chamada de direta, uma vez que nenhum intermediário se interpõe entre o testador e o substituto, como sucede, por exemplo, na substituição fideicomissária[7].

À luz do art. 1.947 do Código Civil, "o testador pode substituir outra pessoa ao herdeiro ou ao legatário nomeado, para o caso de um ou outro não querer ou não poder aceitar a herança ou o legado, presumindo-se que a substituição foi determinada para as duas alternativas, ainda que o testador só a uma se refira".

Neste caso, o testador institui como herdeiro universal A; na sua falta, B tornar-se-á sucessor. Quer dizer, B somente herdará se A, instituído em primeiro lugar, não aceitar a herança ou não puder herdar.

Assim, ao referir-se à substituição vulgar, vê-se que esta só se verifica quando o herdeiro, ou legatário, nomeado em primeiro lugar, não quer, ou não pode suceder, casos em que renuncia à herança ou é declarado indigno. Não se exige, entretanto, que o testador se refira especificamente a essas duas contingências ou alternativas.

---

6 SAN TIAGO DANTAS, F. C. *Direitos de família e das sucessões*, p. 544; OLIVEIRA, Arthur Vasco Itabaiana de. *Tratado de direito das sucessões*, p. 188; BEVILÁQUA, Clóvis. *Direito das sucessões*, p. 256 e 257.

7 BEVILÁQUA, Clóvis. *Direito das sucessões*, p. 255.

Trata-se, pois, de uma disposição alternativa submetida a uma condição: o não querer ou não poder o nomeado aceitar a herança ou legado.

Aduz Zeno Veloso que "não é lícita a nomeação de substituto para herdeiro necessário. Pelo princípio da intangibilidade da legítima, se um herdeiro necessário não quiser ou não puder aceitar a herança, esta se transfere às pessoas indicadas na lei"[8]. Ao herdeiro legítimo o testador pode nomear substituto. Enquanto o primeiro instituído denomina-se substituído, o segundo denomina-se substituto.

A substituição vulgar pode apresentar-se sob várias formas, indicadas no art. 1.948 do Código Civil: "Também é lícito ao testador substituir muitas pessoas por uma só, ou vice-versa, e ainda substituir com reciprocidade ou sem ela".

Assim sendo, tal como dispõe o referido artigo, a substituição pode ser simples ou singular, coletiva ou recíproca: será **simples ou singular** quando houver um só substituto para um ou muitos herdeiros ou legatários instituídos; **coletiva** quando existir mais de um substituto para o herdeiro ou legatário que faltar; e **recíproca** quando os contemplados no testamento se substituírem uns aos outros. Pode esta ser geral ou particular. Na primeira, todos substituem ao herdeiro ou legatário que não quis ou não pôde aceitar; na segunda, determinados herdeiros ou legatários substituem outros, também determinados e reciprocamente[9].

Não pode haver a substituição da substituição, pois esta não pode ir além do segundo grau.

É válido ressaltar que na substituição coletiva, a convocação dos substitutos é simultânea, mesmo porque, nos termos do art. 1.959 do Código Civil, não existe substituição além do segundo grau. Assim sendo, não pode o disponente dispor: "deixo minha casa a A; na sua falta, herdarão B, C e D, na ordem estabelecida, primeiro um e depois outro. O chamamento dos vários substitutos, na substituição coletiva, processar-se-á simultaneamente"[10].

---

8 VELOSO, Zeno. *Código Civil comentado*, p. 2159.

9 LEITE, Eduardo de Oliveira. *Comentários ao novo Código Civil*, p. 599; VELOSO, Zeno. *Código Civil comentado*, p. 2161.

10 MONTEIRO, Washington de Barros; PINTO, Ana Cristina de Barros Monteiro França. *Curso de direito civil*, p. 246.

Dispõe o art. 1.949 do Código Civil: "O substituto fica sujeito à condição ou encargo imposto ao substituído, quando não for diversa a intenção manifestada pelo testador, ou não resultar outra coisa da natureza da condição ou do encargo".

As condições e encargos impostos pelo disponente ficam fazendo parte integrante da herança ou do legado. Assim, com a transmissão dos bens ao herdeiro, ou legatário, para o substituto, passam igualmente todos os ônus, ficando este no lugar do substituído com todos os direitos e deveres.

Entretanto, os ônus não se estenderão ao substituto, se assim determinar o testador; não ocorrerá a extensão, se os encargos e condições impostos ao substituído são estritamente pessoais, como, por exemplo, a incumbência a um pintor de fazer determinado retrato/quadro. Tal encargo não se transmite do substituído para o substituto, dada a natureza personalíssima da disposição testamentária.

Estabelece o art. 1.950 do Código Civil: "Se, entre muitos coerdeiros ou legatários de partes desiguais, for estabelecida substituição recíproca, a proporção dos quinhões fixada na primeira disposição entender-se-á mantida na segunda; se, com as outras anteriormente nomeadas, for incluída mais alguma pessoa na substituição, o quinhão vago pertencerá em partes iguais aos substitutos".

Desta forma, se coerdeiros ou colegatários forem instituídos em partes iguais, no caso de substituição recíproca, faltando um deles, os substitutos recolherão em igualdade a quota vaga. Entretanto, se os quinhões dos coerdeiros ou colegatários forem desiguais, em caso de substituição, os substitutos exercerão seus direitos na mesma proporção estabelecida na nomeação daqueles[11].

A substituição vulgar caduca nos seguintes casos: quando o primeiro nomeado aceita a herança ou o legado; quando o substituto falece antes do instituído ou do testador; quando não se verifica a condição suspensiva imposta à substituição; quando o substituto se torna incapaz de receber por testamento, ou vem a renunciar à herança ou ao legado.

---

[11] VELOSO, Zeno. *Código Civil comentado*, p. 2162.

22.2.2. Substituição fideicomissária

Não se confundem a substituição vulgar e a fideicomissária. Diz-se substituição fideicomissária quando há dupla disposição testamentária visando ao recebimento dos bens deixados pelo *de cujus*, ou seja, uma após outra, em ordem sucessiva. Caso não exista essa dupla liberalidade, mas apenas uma, e em virtude desta, se um dos favorecidos recolhe o benefício no lugar de outro, a substituição é vulgar.

Define Itabaiana de Oliveira que "fideicomisso é a instituição de herdeiros ou legatários feita pelo testador, impondo a cada um deles a obrigação de por sua morte, a certo tempo, ou sob certa condição transmitir a outro, o fideicomissário, a herança ou o legado"[12].

O fideicomisso, dadas as suas peculiaridades, é um instituto que tem provocado muitas controvérsias. Numa visão histórica, foi utilizado em Roma, passando a ter existência jurídica com Augusto, e remodelado por Justiniano, adquirindo extraordinário relevo, posteriormente, durante a Idade Média, fosse para manter intacto o poder econômico das famílias abastadas nobres, fosse para conservar a força dos senhores feudais, assegurando-lhes por meio da preeminência econômica o exercício dos poderes públicos. Assim, recorria-se às substituições fideicomissárias, que tinham um caráter de perpetuidade e extensivas, muitas vezes, a coisas móveis de reduzida importância. Detinha, pois, um caráter aristocrático. Foi abolido após a Revolução Francesa, que acabou com toda a substituição.

"Em face de sua incomparável magnitude em reforçar economicamente o grupo familiar, ressurgiu na modernidade, figurando nas legislações contemporâneas como a alemã (art. 2.100), a suíça (art. 488) e a italiana (art. 692)"[13].

Sua importância evidencia-se na possibilidade de legar bens a pessoas ainda não concebidas ao tempo da morte do testador. E este, se desejar,

12 OLIVEIRA, Arthur Vasco Itabaiana de. *Tratado de direito das sucessões*, p. 193.

13 CRETELLA, JR., José. *Curso de direito romano*, p. 350; BEVILÁQUA, Clóvis. *Direito das sucessões*, p. 261-264; MONTEIRO, Washington de Barros; PINTO, Ana Cristina de Barros Monteiro França. *Curso de direito civil*, p. 248; PEREIRA, Caio Mário da Silva. *Instituições de direito civil*, p. 271.

contemplar a prole eventual de um de seus descendentes, ou filho seu no caso do art. 1.597, III a V, ou de outras pessoas de sua estima, sem prejudicar os herdeiros diretos, encontra no fideicomisso o veículo adequado à expressão de seu legítimo intento. Incluído estaria entre as hipóteses de substituição fideicomissária o fruto da filiação *post mortem*.

"Qualquer outro meio mostrar-se-ia deficiente ou inseguro. Nem com o usufruto, nem com a imposição de cláusula de inalienabilidade, alcançaria, de modo incontrastável, semelhante objetivo"[14].

Concorre tal hipótese na sucessão do embrião pré-implantatório. Previu Orozimbo Nonato uma hipótese de sucessão que se assemelha ao fideicomisso, denominada fideicomisso tácito, subordinada a uma condição, ao nascimento da prole[15].

Desta forma, ao se instituir o fideicomisso no ato de última vontade, o testador beneficiaria não só o fiduciário como também o fideicomissário, outorgando-lhes os mesmos direitos, embora em caráter sucessivo.

Dá-se a substituição fideicomissária quando, em ordem sucessiva, é chamado o fiduciário à propriedade da coisa, para transmiti-la ao fideicomissário depois de sua morte, no decurso de certo tempo ou sob certa condição.

Assim, à luz do art. 1.951 do Código Civil: "Pode o testador instituir herdeiros ou legatários, estabelecendo que, por ocasião de sua morte, a herança ou o legado se transmita ao fiduciário, resolvendo-se o direito deste, por sua morte, a certo tempo ou sob certa condição, em favor de outrem, que se qualifica de fideicomissário".

Os personagens do fideicomisso são três: o **fideicomitente**, que é aquele que institui o fideicomisso, no caso o testador; o **fiduciário**, que vem a ser o primeiro instituído, ou seja, é aquele que vai receber a herança ou o legado, transmitindo-o ao fideicomissário, por ocasião de sua morte; e o

---

14 MONTEIRO, Washington de Barros; PINTO, Ana Cristina de Barros Monteiro França. *Curso de direito civil*, p. 248; MALUF, Adriana Caldas do Rego Freitas Dabus. *Curso de bioética e biodireito*, p. 117; MAXIMILIANO, Carlos. *Direito das sucessões*, p. 495.

15 NONATO, Orozimbo. *Estudos sobre a sucessão testamentária*, p. 29 e 30.

fideicomissário, que é aquele instituído em segundo lugar, para ficar com a herança ou o legado.

Isso posto, vê-se que são três as características constitutivas da substituição fideicomissária: a dupla disposição testamentária; a obrigação de conservar e restituir os bens; a sucessividade, que leva à execução da obrigação no tempo da morte do fiduciário[16].

Pode-se aduzir que o fideicomisso pressupõe a existência de dois herdeiros: um de primeiro grau, que é o instituído, herda primeiro embora detenha o encargo de transmitir a herança à pessoa designada para recebê-la em segundo lugar, que deve receber a herança do instituído ou de seus herdeiros.

Pode ainda o fideicomisso ser **universal**, quando a instituição referir-se à totalidade da herança ou a quota ideal desta; ou **particular**, quando incidir sobre coisa certa e determinada do acervo hereditário, quando então assume o aspecto de um legado. Quaisquer bens podem ser objeto de fideicomisso, sejam eles móveis ou imóveis.

Aduz Caio Mário que "pode ainda haver fideicomisso: **vitalício**, quando a substituição se der por morte do fiduciário; **sob condição**, quando imposta como fator determinante da resolução do direito do fiduciário; ou **a tempo certo**, quando o fiduciário deva cumprir o encargo de transmitir no momento prefixado pelo disponente"[17].

Dispõe o art. 1.952 do Código Civil: "A substituição fideicomissária só se permite em favor dos não concebidos ao tempo da morte do testador. Parágrafo único. Se, ao tempo da morte do testador, já houver nascido o fideicomissário, adquirirá este a propriedade dos bens fideicometidos, convertendo-se em usufruto o direito do fiduciário".

O referido artigo traz uma inovação substancial à legislação cível; estabelecendo uma importante restrição à substituição fideicomissária. À luz do artigo em tela, o testador não pode eleger qualquer pessoa para recolher

---

16 LEITE, Eduardo de Oliveira. *Comentários ao novo Código Civil*, p. 609; AMORIM, Sebastião Luiz. *Código Civil comentado*, p. 248 e 249.

17 PEREIRA, Caio Mário da Silva. *Instituições de direito civil*, p. 271.

a herança após o fiduciário, mas esta deve ser alguém ainda não concebido ao tempo da sua morte[18].

Interessante conceito obtém-se sobre o que efetivamente vem a ser a concepção. Esta ocorre no momento posterior ao da fecundação, onde há a fertilização do óvulo, e representa o produto derivado da mistura do material genético dos genitores. Se, por outro lado, houver apenas o material genético conservado, não existe ainda a concepção[19].

Visto que o embrião pré-implantatório já foi concebido, pois houve a mistura do material genético, não poderia este ser fideicomissário, pois a lei civil impõe que o herdeiro ainda não tenha sido concebido.

Sugere Ana Claudia Scalquette que "o embrião não implantado seja uma exceção à regra da concepção prevista em lei, art. 1.952 do Código Civil, conferindo-lhe a possibilidade, a despeito da concepção, mas em respeito à não implantação, de ser fideicomissário"[20].

Diversa interpretação vem sendo dada pela Lei da Louisiana, quando trata da sucessão do embrião pré-implantatório, regulando em seu § 133 que o direito hereditário não pode ser reconhecido ao ovo fertilizado *in vitro*, mas apenas após a implantação[21].

Apresenta, pois, o fideicomisso importante recurso para, por exemplo, um avô contemplar com herança um futuro neto ainda não concebido, por ocasião de seu falecimento. Como exemplo podemos apontar: deixo minha casa da rua tal número tal a João, para que transmita a sua filha Maria.

Completa a regra do art. 1.959 do Código Civil: "São nulos os fideicomissos além do segundo grau".

Assim sendo, "em face dos referidos arts. 1.951 e 1.952 do Código Civil, quatro são os requisitos para que se caracterize a substituição fideicomissária:

---

18 VELOSO, Zeno. *Código Civil comentado*, p. 2164; GAMA, Guilherme Calmon Nogueira da. Substituição e fideicomisso. In: HIRONAKA, Giselda; PEREIRA, Rodrigo da Cunha (Coords.). *Direito das sucessões e o novo Código Civil*, Belo Horizonte: Del Rey, 2004, p. 345.

19 MALUF, Adriana Caldas do Rego Freitas Dabus. *Curso de bioética e biodireito*, p. 157; SCALQUETTE, Ana Claudia S. *Estatuto da reprodução assistida*, p. 224.

20 SCALQUETTE, Ana Claudia S. *Estatuto da reprodução assistida*, p. 224.

21 MALUF, Adriana Caldas do Rego Freitas Dabus. *Curso de bioética e biodireito*, p. 117.

a dupla vocação; *a* ordem sucessiva; a admissibilidade apenas para os não concebidos ao tempo da morte do testador; a obrigação de conservar para depois restituir"[22].

Ao fideicomitente assiste o direito de fixar a duração do fideicomisso: durante certo tempo, até que se verifique determinada condição, ou enquanto vivo for o fiduciário (*quum morietur*); e este, recebendo a liberalidade, comporta-se com todos os direitos e prerrogativas assegurados pelo art. 1.228 do Código Civil.

Interessante questão pode defluir do explanado: o que aconteceria se, ao tempo da morte do fiduciário, do advento do termo ou do implemento da condição, o fideicomissário ainda não estivesse concebido?

Entendemos preponderantemente que se daria a caducidade do fideicomisso, levando à consolidação da propriedade no fiduciário, no caso, de seus herdeiros, salvo expressa previsão testamentária no sentido de se estabelecer um prazo de espera para a concepção do fideicomissário, mesmo após ter-se operado a resolução do direito do fiduciário.

E que prazo seria esse? Em se tratando de embrião excedentário, os prazos legais se chocam: dois anos para ser concebido, como prole eventual, três anos para permanecer criopreservado, antes de ser destinado a pesquisas científicas, como dispõe o art. 5º da Lei n. 11.105/2005, denominada Lei de Biossegurança; qualquer tempo, para ser considerado filho, em face das presunções de paternidade.

Entendemos que melhor se aplicaria o prazo do art. 1.800, § 4º, do Código Civil, que é de dois anos a contar da abertura da sucessão.

Com essa concepção concordam Zeno Veloso, Caio Mário da Silva Pereira, Sílvio Venosa, Paulo Nader[23].

À luz do art. 1.953 do Código Civil: "O fiduciário tem a propriedade da herança ou legado, mas restrita e resolúvel. Parágrafo único. O fiduciário é obrigado a proceder ao inventário dos bens gravados, e a prestar caução de restituí-los se o exigir o fideicomissário".

---

22 MONTEIRO, Washington de Barros; PINTO, Ana Cristina de Barros Monteiro França. *Curso de direito civil*, p. 249.

23 VELOSO, Zeno. *Código Civil comentado*, p. 2165 e 2166.

O fiduciário é herdeiro ou legatário, mas seu direito é restrito, resolúvel, pois está na espera o fideicomissário, que tem um direito eventual de expectativa à herança, que nasce do negócio jurídico condicionado enquanto não implementada a condição[24].

A propriedade resolúvel ou revogável é aquela que se extingue com o implemento de uma condição ou termo[25].

Como leciona Carlos Alberto Dabus Maluf, "no fideicomisso a propriedade é resolúvel ou revogável. Assim, se em seu testamento dispõe o testador que a herança passe a determinada pessoa, chamada fiduciário, para por morte desta, ou dentro de um certo espaço de tempo, transmitir-se a outra, o fideicomissário. Nesse caso, a propriedade de primeiro beneficiado é revogável, e verificando-se o termo prefixado – morte ou vencimento do prazo, resolve-se a propriedade, a fim de transmitir-se ao fideicomissário"[26].

Desta forma, até que se opere a substituição, o fiduciário vem a ser proprietário sob condição resolutiva, enquanto o fideicomissário o é sob condição suspensiva. E ainda, para que se configure o fideicomisso, imprescindível se torna designação do fideicomissário, daquele que recebe a herança, ou o legado, num segundo grau. Trata-se de elemento essencial. Se não existe dupla vocação, não há fideicomisso. O fideicomissário recebe os bens fideicomitidos não do fiduciário, mas do próprio fideicomitente (*capit a gravante, non a gravato*), ou seja, do testador.

Nesse sentido, lecionam Washington de Barros Monteiro e Ana Cristina de Barros Monteiro França Pinto: "Eis a razão por que os direitos fiscais, devidos pela consolidação da propriedade, deveriam ser satisfeitos, não pelo valor contemporâneo à substituição, mas pela estimativa constante da liberalidade. Para o recolhimento do tributo deveria prevalecer o valor antigo e não o atual, porque a transmissão é uma só, embora desdobrada em duas fases: do fideicomitente para o fiduciário e do fideicomitente para o fideicomissário. Rigorosamente falando, nenhuma transmissão existe do fiduciário para o fideicomissário"[27].

---

24 VELOSO, Zeno. *Código Civil comentado*, p. 2166.

25 SAN TIAGO DANTAS, F. C. *Direitos de família e das sucessões*, p. 546.

26 MALUF, Carlos Alberto Dabus. *Curso de direito civil*, p. 335.

27 MONTEIRO, Washington de Barros; PINTO, Ana Cristina de Barros Monteiro França. *Curso de direito civil*, p. 250.

O segundo requisito da substituição fideicomissária é a ordem sucessiva da vocação, fixada pelo fideicomitente. Primeiro recebe o fiduciário, com a obrigação de transmitir, por sua morte, dentro de certo tempo, ou com o implemento de determinada condição, ao fideicomissário os bens testados. Enquanto perdure o direito do fiduciário, isto é, enquanto não se verifique a substituição, tem o fideicomissário um direito meramente eventual, contingente e hipotético, sobre os bens fideicomitidos. Assim, só com a abertura do fideicomisso entra o fideicomissário na posse dos bens. Só então lhe assiste o direito de reivindicar os bens caso alienados pelo fiduciário, como prevê a regra do art. 1.359 do Código Civil. Em consequência, enquanto não recebe os bens, não corre contra ele qualquer prescrição, porquanto não pode propor, até então, ação alguma. Sua intervenção em juízo só se legitimará para requerimento de medidas conservatórias, inclusive contra o próprio fiduciário. Mas operada a substituição, investe-se o substituto em todos os direitos e começam então a fluir os prazos prescritivos, podendo ajuizar as ações necessárias à defesa de seus direitos e interesses[28].

O terceiro requisito do fideicomisso é que o fiduciário não seja ainda concebido ao tempo da morte do autor da herança, visto que a substituição fideicomissária é prevista para beneficiar a descendência de pessoas ainda não concebidas quando da abertura da sucessão, como vimos. Por meio da substituição fideicomissária, podem ser chamados a suceder os filhos ou netos de pessoas designadas pelo testador, ainda não concebidos no momento da abertura da sucessão. Se o fideicomissário já houver nascido quando morrer o testador, adquirirá a propriedade dos bens fideicometidos, convertendo-se em usufruto o direito do fiduciário.

O quarto requisito do fideicomisso é a obrigação de conservar para depois restituir. De fato, repousa o fideicomisso na confiança, na *fidúcia*, que o testador deposita no fiduciário, a quem entrega os bens, com obrigação de transmiti-los ao fideicomissário. É válido ressaltar que a obrigação de restituir recai no mesmo objeto, embora se faculte a respectiva sub-rogação, na forma da lei.

---

28 MONTEIRO, Washington de Barros; PINTO, Ana Cristina de Barros Monteiro França. *Curso de direito civil*, p. 251; VELOSO, Zeno. *Código Civil comentado*, p. 2167.

Muito embora o fideicomisso consigne a obrigação de conservar o recebido, permite a lei civil a alienação pelo fiduciário, sob condição resolutiva, dos bens fideicomitidos. Surge aqui uma modalidade especial de substituição, a de resíduo, combatida pela doutrina, posto que o fiduciário pode alienar os bens fideicomitidos, transmitindo-se afinal ao fideicomissário apenas o que vier a remanescer no dia da abertura do fideicomisso. É válida tal disposição testamentária, embora aparentemente deixe ao arbítrio do gravado a quantidade da herança, ou do legado, a transmitir-se ao substituto. A extensão da cláusula constitui mera questão de interpretação da vontade do testador.

Aduz San Tiago Dantas que "pode o fiduciário perfeitamente alienar a coisa, pois sua propriedade contém o *jus fruendi, utendi* e *abutendi*, e ainda, pode haver a propriedade fiduciária clausulada, devida sua intenção de assegurar a finalidade alimentar"[29].

Assim, poderá o fiduciário alienar o bem fideicomitido, principalmente se obtiver a anuência do fideicomissário, que pode também recusá-la, sem declarar os motivos de sua negativa. Recusa que não pode ser contornada mediante suprimento judicial do consentimento. Entretanto, o fiduciário está obrigado a dar caução sempre que lhe exigir o fideicomissário.

Apesar da recusa, pode o fiduciário alienar o bem fideicomitido, como pode também hipotecá-lo ou empenhá-lo. Na ocorrência do falecimento, resolve-se o domínio do adquirente, que se transfere para o fideicomissário. O mesmo ocorre com os direitos reais de garantia, que não são do substituto. Desta forma, o terceiro que venha a adquirir bens sujeitos a fideicomisso, ou aceita garantias sobre imóveis assim onerados, ou se subordina à contingência de ver afinal resolvido seu direito. Extinto o fideicomisso, o fiduciário, ou seu sucessor, deixa de ser proprietário, transferindo-se a dita propriedade ao fideicomissário.

E assim, entendemos que, caso o fiduciário venda o bem, o terceiro adquirente assume o risco de eventualmente vir a perdê-lo, pois este foi adquirido não obstante a ocorrência do evento previsto no testamento idôneo a resolver a propriedade do fiduciário, bem como todos os direitos dela

---

29 SAN TIAGO DANTAS, F. C. *Direitos de família e das sucessões*, p. 546.

decorrentes, e é por essa razão que semelhantes transações são, via de regra, efetuadas a preço bem abaixo do mercado.

Por essa razão, Clóvis Beviláqua, valendo-se dos ensinamentos de Bigot de Préameneu, que em sua justificativa do Código Civil francês em abolir o instituto, dentre tantas salientou o fato de que no fideicomisso, além dos conflitos familiares oriundos de distorções econômicas, faz com que o fiduciário assuma uma posição aparentemente mais vantajosa do que realmente é, induzindo terceiros provavelmente a erro quando com ele tratam; além do fato de se impor uma considerável massa de bens a estar fora do comércio; prejudica-se o interesse coletivo e contraria-se a ordem da sucessão legal. Entretanto, apresenta grande utilidade para que se evite a dilapidação do patrimônio[30].

Como aduz Orozimbo Nonato, "o fideicomisso consistia num pedido, *rogatio*, ao herdeiro, *rogatus*, para levar a terceiro certo patrimônio entregue à sua lealeza e fidelidade"[31].

Para Itabaiana de Oliveira, "o fiduciário dispõe dos imóveis e dos direitos reais como se fosse um proprietário livre, mas sua disposição torna-se ineficaz; resolve-se quando se abrir a substituição, na porção em que diminuir o direito do fideicomissário, que a seu turno pode reivindicar a coisa em poder de quem a detenha"[32].

"Guarda o fideicomisso grande analogia com o direito real de usufruto. Neste, o domínio fragmenta-se, sendo a um dos titulares concedida a nua-propriedade e a outro a faculdade de retirar da coisa todos os frutos e utilidades que ela produz; já no fideicomisso, o domínio não se desintegra, a propriedade toca por inteiro, inicialmente, ao fiduciário, que tem uso, gozo e disposição da coisa fideicomitida, e, depois, ao fideicomissário, com os mesmos predicados; no usufruto, os dois titulares (nu-proprietário e usufrutuário) exercem simultaneamente seus direitos, cada um, naturalmente, em sua esfera de ação; no fideicomisso, como a propriedade é sucessiva e não simultânea, só pode agir, só pode usar,

---

30 BEVILÁQUA, Clóvis. *Direito das sucessões*, p. 264.

31 NONATO, Orozimbo. *Estudos sobre sucessão testamentária*, p. 169.

32 OLIVEIRA, Arthur Vasco Itabaiana de. *Tratado de direito das sucessões*, p. 197.

gozar e dispor da coisa aquele que efetivamente estiver na posse dos bens, isto é, o fiduciário antes da substituição, o fideicomissário depois"[33].

Leciona San Tiago Dantas que "o fideicomisso aparentemente se confunde com o usufruto, mas diferem-se entre si, a não ser pela sua função econômica, já que o usufruto tem a mesma finalidade, a finalidade alimentar. Assim, geralmente instituem-se fiduciários os indivíduos a quem se deseja deixar alguns bens para que vivam deles e depois passem às mãos de outros herdeiros que são os que na verdade desejam enriquecer, e esta é a mesma finalidade do usufruto"[34].

Em outras palavras, o fideicomisso caracteriza-se pela sucessividade dos respectivos titulares, e o usufruto, pela simultaneidade deles; além disso, no *jus in re aliena,* torna-se mister que, ao tempo de sua constituição, sejam conhecidos e já existentes os referidos titulares, ao passo que, no fideicomisso, só podem ser contempladas pessoas incertas, indefinidas e ainda sem existência, porque não concebidas.

Permite-se assim constituir fideicomisso, determinando o testador que os bens passem futuramente do gravado para os seus herdeiros legítimos ou necessários, conquanto não tenham ainda nascido, nem ao menos sido concebidos. No usufruto, resultaria impossível semelhante estipulação, porque nu-proprietário e usufrutuário devem obrigatoriamente coexistir ao tempo da constituição do direito real.

Uma regra prática de grande utilidade na interpretação da cláusula testamentária "é verificar se o testador determinou que os bens *passem* de uma para outra pessoa. O emprego desse verbo, bastante significativo, traduz, quase sempre, instituição do fideicomisso"; e, por outro lado, haverá usufruto toda vez que o disponente desmembrar o domínio, outorgando a um dos beneficiários a nua-propriedade, a substância da coisa, e a outro, a faculdade de retirar da coisa todos os frutos e utilidades. Assim, "se não existir semelhante fracionamento, se a instituição dos beneficiários vem a ser sucessiva e não simultânea, haverá fideicomisso, pouco importando que, impropriamente, se empregue o vocábulo usufruto. Na dúvida, porém, se

---

33 MONTEIRO, Washington de Barros; PINTO, Ana Cristina de Barros Monteiro França. *Curso de direito civil*, p. 252.

34 SAN TIAGO DANTAS, F. C. *Direitos de família e das sucessões*, p. 545.

os critérios mencionados anteriormente não permitem rigorosa identificação do instituto criado pelo testador, concluir-se-á pelo usufruto. De qualquer modo, não poderão coexistir os dois direitos, pois um exclui o outro"[35].

Questão bastante controvertida é a de saber se o fideicomisso pode constituir-se por negócio jurídico entre vivos, como a doação. Entendem que não Clóvis Beviláqua e Carlos Maximiliano. Entendem que sim, sustentando a perfeita compatibilidade de fideicomisso com os negócios jurídicos *inter vivos*, Washington de Barros Monteiro, Teixeira de Freitas, Orozimbo Nonato[36].

A substituição constituída por negócios dessa natureza não configura, entretanto, cláusula proibida, nem encerra pacto sucessório. Embora o Código Civil tenha se mostrado omisso, entendemos que o fideicomisso por negócio jurídico entre vivos se regerá pelos dispositivos do direito das obrigações.

Na maioria das vezes, quando, instituindo o fideicomisso, insere também o testador a cláusula de inalienabilidade, impõe ele o vínculo precisamente para assegurar a transferência dos bens ao fideicomissário. Estabelecida a cláusula, inadmissível se torna a prática de qualquer ato de alienação por parte do fiduciário. Nenhuma incompatibilidade existe entre a proibição de alienar e a constituição do fideicomisso[37].

Dispõe o art. 1.954 do Código Civil: "Salvo disposição em contrário do testador, se o fiduciário renunciar a herança ou o legado, defere-se ao fideicomissário o poder de aceitar".

Vê-se à luz do artigo em tela que, se o fiduciário renunciar à herança ou ao legado, e se outra coisa não tiver determinado o testador, defere-se ao fideicomissário o poder de aceitar. Com a renúncia do fiduciário, antecipa-se a vocação hereditária do fideicomissário[38].

Ainda assim, cumpre aceitar com muita cautela a renúncia do fiduciário, pois pode acontecer que não mais existam os fideicomissários ao tempo

---

35 MONTEIRO, Washington de Barros; PINTO, Ana Cristina de Barros Monteiro França. *Curso de direito civil*, p. 253.

36 BEVILÁQUA, Clóvis. *Direito das sucessões*, p. 265; NONATO, Orozimbo. *Estudos sobre sucessão testamentária*, p. 161-164.

37 MALUF, Carlos Alberto Dabus. *Cláusulas de inalienabilidade, incomunicabilidade e impenhorabilidade*, p. 100 e 101.

38 VELOSO, Zeno. *Código Civil comentado*, p. 2167.

da morte do fiduciário e estar caduco o fideicomisso pela inexistência de interessados. Torna-se evidente que os direitos dos herdeiros do fiduciário, assegurados pelo citado art. 1.958, não são atingidos pela renúncia.

Dispõe o art. 1.955 do Código Civil: "O fideicomissário pode renunciar a herança ou o legado, e, neste caso, o fideicomisso caduca, deixando de ser resolúvel a propriedade do fiduciário, se não houver disposição contrária do testador".

A renúncia do fideicomissário importa na caducidade do fideicomisso, assim desaparecendo a substituição. Os bens passam a pertencer então ao fiduciário, sem a menor limitação. Válida se torna a renúncia, ainda que em vida do fiduciário.

Tal como visto, a renúncia não pode ser tácita, mas expressa, por escritura pública ou termo judicial e realizada a qualquer tempo. Todavia, o testador pode estabelecer um substituto ao fideicomissário, para o caso de renúncia deste. Com a renúncia do fideicomissário, os bens passarão livres para o fiduciário. Entretanto, para que este os receba em propriedade pura, torna-se necessário que diversamente não haja disposto o testador; pois subsistem as cláusulas restritivas inicialmente impostas.

Uma questão que suscita muita controvérsia é saber se o fiduciário pode renunciar, possibilitando assim a consolidação da propriedade na pessoa do fideicomissário. Clóvis Beviláqua não inclui a renúncia entre os modos de extinção do fideicomisso, "pois ou ela intervém antes da devolução e o fideicomisso não se formará, ou se realiza no momento da abertura da substituição e então o fideicomisso já estará extinto" achando mesmo que ela corresponde a pacto sucessório, condenado pelo direito[39].

A doutrina e a jurisprudência têm admitido a renúncia do fiduciário desde que se conheçam todos os fideicomissários; haja a aquiescência destes; haja a impossibilidade da superveniência de outros fideicomissários; tenha havido ausência de proibição por parte do testador ou doador.

Conforme o disposto no art. 1.956 do Código Civil, "se o fideicomissário aceitar a herança ou o legado, terá direito à parte que, ao fiduciário, em qualquer tempo acrescer".

---

39 BEVILÁQUA, Clóvis. *Direito das sucessões*, p. 269.

Assim sendo, se a disposição era conjunta e o fiduciário exerceu o direito de acrescer, caso o fideicomissário venha a aceitar a herança ou o legado, terá direito à parte que ao fiduciário acrescer.

Como aduz Eduardo de Oliveira Leite, "o fideicomissário é herdeiro ou legatário desde a abertura da sucessão, e assim, pode desde logo aceitar ou renunciar à herança ou ao legado, não dependendo de nenhuma manifestação do fiduciário ou da data da substituição para pronunciar-se"[40].

À luz do art. 1.957 do Código Civil, "ao sobrevir a sucessão, o fideicomissário responde pelos encargos da herança que ainda restarem".

No fideicomisso, a herança ou o legado transmitem-se ao fiduciário e ao fideicomissário com as respectivas condições ou encargos, observadas as forças da liberalidade.

A regra é de que os encargos devem ser satisfeitos integralmente pelo instituído em primeiro grau, mas se por qualquer razão não o fez no momento da substituição, o fideicomissário passa a responder pelos encargos ainda não satisfeitos.

Assim, sujeitar-se-á ele à responsabilidade se, ao tempo em que a coisa vier a pertencer-lhe, ainda não se hajam liquidado as despesas feitas pelo fiduciário com a sua conservação.

Com relação ao fideicomissário, porém, nula será qualquer restrição à sua propriedade. Com a extinção do fideicomisso, ele recebe os bens em propriedade pura, livres de qualquer ônus, salvo o caso previsto no artigo em tela.

Dispõe o art. 1.958 do Código Civil: "Caduca o fideicomisso se o fideicomissário morrer antes do fiduciário, ou antes de realizar-se a condição resolutória do direito deste último; nesse caso, a propriedade consolida-se no fiduciário, nos termos do art. 1.955".

Parece óbvio que o fideicomissário precisa estar vivo para recolher a herança ou legado, quando chegar a hora. A premorte do fideicomissário, assim como sua renúncia, ou indignidade, faz caducar o fideicomisso. Seu direito expectativo findou-se e ele nada transmitirá aos seus herdeiros[41].

---

40 LEITE, Eduardo de Oliveira. *Comentários ao novo Código Civil*, p. 622.

41 VELOSO, Zeno. *Código Civil comentado*, p. 2169.

Salienta-se que se forem vários os substitutos e um deles falecer antes do fiduciário, caducará o fideicomisso na parte que lhe concerne, a respeito da qual se consolida a propriedade. Se a morte se verificar, porém, antes da do testador, sua parte não se consolida na pessoa do fiduciário, mas passa aos herdeiros legítimos do autor da herança, de cujo patrimônio não chega a sair.

Também caducará o fideicomisso se, devendo passar os bens aos herdeiros do fiduciário, vem este a falecer sem herdeiros legítimos ou testamentários.

Segundo o art. 1.959 do Código Civil, "são nulos os fideicomissos além do segundo grau".

Assim, não se permite ao testador determinar que o fideicomissário entregue os bens a terceira pessoa. Como, por exemplo: anular-se-á a seguinte disposição, visto incidir na proibição do referente artigo: deixo minha casa a Pedro, e, quando este falecer, passará a Paulo, o qual, por sua vez, a transmitirá a João.

O fideicomisso não pode ultrapassar o segundo grau. A passagem dos bens a terceira pessoa importa estabelecimento de novo grau, formalmente proscrito pelo direito. O fideicomissário pode assim alienar os bens fideicomitidos, como transmiti-los desembaraçados de quaisquer ônus aos seus herdeiros legítimos.

Tal como dispõe o art. 1.960 do Código Civil, "a nulidade da substituição ilegal não prejudica a instituição, que valerá sem o encargo resolutório".

A existência de novo grau, além dos admitidos, acarreta apenas a limitação do ônus. Como, por exemplo: valerá a instituição no tocante a Pedro e Paulo; a nulidade só atingirá a disposição na parte que ordene atribuição dos bens a João, beneficiário em terceiro grau.

Dispõe o art. 169, § 3º, da Lei n. 6.404, de 15 de dezembro de 1976: "As ações distribuídas de acordo com este artigo se estenderão, salvo cláusula em contrário dos instrumentos que os tenham constituído, o usufruto, o fideicomisso, a inalienabilidade e a incomunicabilidade que porventura gravarem as ações de que elas forem derivadas".

O processo de extinção do fideicomisso é regido pelos arts. 719 e s. do CPC/2015 (arts. 1.103 a 1.112 do CPC/73), objetivando a citação de todos os interessados, ainda que indiretos. Qualquer extinção que envolva matéria de fato ou de direito relevante, bem como interesses de terceiros, discutir-se-á pelos meios ordinários.

No que tange à possibilidade de **sub-rogação do fideicomisso**, nada obsta que esta seja feita em face de outros bens, subordinados evidentemente à prévia anuência dos fideicomissários. Todavia, a questão não é pacífica e já tem sido decidido de modo contrário. Processa-se a sub-rogação de acordo com o art. 725, II, do CPC/2015 (art. 1.112, II, do CPC/73), sendo competente para tanto o juízo do inventário[42].

22.2.2.1. *Direitos e deveres do fiduciário*

De forma sintética podemos aduzir que são direitos e deveres do fiduciário: a aquisição da propriedade e a posse da herança desde o início; perceber os frutos e rendimentos de que se utiliza sem nenhuma restrição; poder gravar ou alienar os bens fideicomitidos, sendo este direito, entretanto, resolúvel em decorrência do termo ou condição determinante para a transmissão ao fideicomissário, que implica necessariamente a resolução das alienações feitas a terceiros, e assim, conclui-se que todo o direito real constituído sobre os bens fideicomitidos resolvem-se pela sua restituição ao fideicomissário, como dispõe o art. 1.359 do Código Civil: "Resolvida a propriedade pelo implemento da condição ou pelo advento do termo, entendem-se também resolvidos os direitos reais concedidos na sua pendência, e o proprietário, em cujo favor se opera a resolução, pode reivindicar a coisa do poder de quem a possua ou detenha"[43].

É assim "da própria natureza desta instituição a inalienabilidade dos bens pelo fiduciário, sem o que não cumpre ele a finalidade básica da instituição que é a de conservar para restituir"[44].

---

[42] No anteprojeto original, Orlando Gomes procurou restringir o campo de incidência da sub-rogação de fideicomisso permitindo-a apenas em favor dos descendentes do testador não concebidos ao tempo de sua morte. O texto final, porém, não contém essa limitação, pertinente apenas aos não concebidos ao tempo da morte do testador, ainda que descendentes seus não sejam.

[43] MALUF, Carlos Alberto Dabus. *Código Civil comentado*, p. 1494; MALUF, Carlos Alberto Dabus. *Cláusulas de inalienabilidade, incomunicabilidade e impenhorabilidade*, p. 100 e 101.

[44] PEREIRA, Caio Mário da Silva. *Instituições de direito civil*, p. 277; NADER, Paulo. *Curso de direito civil*, p. 398; GAMA, Guilherme Calmon Nogueira da. *Substituições e fideicomisso*, p. 347 e 348.

Os bens do fideicomisso devem ser restituídos no estado em que se acham quando da substituição, não respondendo, pois, pelas deteriorações devidas ao uso regular, mas deverá o fiduciário indenizar as que advierem de sua culpa ou dolo, não lhe assistindo ainda o direito de reembolso das despesas de conservação dos bens enquanto se encontrarem sob sua guarda, mas, como aduz Itabaiana de Oliveira, pode reembolsar-se pelas benfeitorias necessárias e úteis que realizar[45].

Cabe ainda ao fiduciário inventariar os bens fideicomitidos e prestar caução de restituí-los, se assim o exigir o fideicomissário, sendo este por sua vez um meio de caracterizar o objeto do fideicomisso.

22.2.2.2. *Direitos e deveres do fideicomissário*

O fideicomissário é um proprietário eventual, proprietário sob condição suspensiva, e assim só adquire os bens fideicomitidos quando do implemento da condição, mas tem legitimidade para impetrar medidas cautelares.

Até o momento da substituição sucessória tem uma expectativa de direito que se transforma em direito com o advento do termo ou condição imposta pelo testador.

Deve, pois, cumprir os encargos que ainda restarem no bem quando da substituição; tem o direito de exigir caução; a realização do inventário; reclamar a entrega dos bens e a reparação dos danos devidos à culpa; receber, se aceitar a herança ou legado, a parte que ao fiduciário em qualquer tempo acrescer, como prevê o art. 1.956; responder pelos encargos da herança nos termos do art. 1.957; renunciar à herança ou legado, e com isso acarretar a caducidade do fideicomisso, como prevê o art. 1.955, e, ainda, aceitar a herança ou legado, se o fiduciário renunciá-los, salvo se houver disposição contrária do testador, nos termos do art. 1.954, todos do Código Civil.

Na ocorrência de desapropriação ou destruição oriunda de sinistro, sub-roga-se o bem fideicomitido no valor do seguro ou no preço aventado na expropriação, ocorrendo em algum deles a substituição.

---

45 OLIVEIRA, Arthur Vasco Itabaiana de. *Tratado de direito das sucessões*, p. 199 e s.; GAMA, Affonso Dionísio. *Tratado theorico e pratico dos testamentos*, p. 129.

Se o fiduciário premorrer ao testador, sem que este tenha nomeado um substituto vulgar, o fideicomissário, se já estiver vivo – ou seu representante legal – poderá reclamar a propriedade e a posse da herança imediatamente após a abertura da sucessão[46].

22.2.2.3. *Da extinção do fideicomisso*

O fideicomisso pode ser extinto: pela nulidade e pela caducidade.

Quanto à nulidade do fideicomisso, essa se dá pela sua instituição além do segundo grau, nos termos do art. 1.959 do Código Civil, já analisado.

Já no que tange à caducidade, esta pode se dar: pelo perecimento do objeto (sem culpa do fiduciário e desde que não ocorra a sub-rogação no valor do seguro estipulado sobre os bens); pela renúncia do fideicomissário; pela renúncia do fiduciário; pelo nascimento do fideicomissário antes da morte do testador; pela ilegitimidade sucessória do fideicomissário[47].

De forma conclusiva, podemos entender que a grande novidade do Código Civil de 2002 no que tange às substituições sucessórias, e notadamente em matéria de substituição fideicomissária, é o enrijecimento das hipóteses de instituição de fideicomisso, comprovando a nítida compressão da autonomia da vontade do testador em prol dos interesses sociais envolvidos no processo sucessório; levando pois num futuro, quiçá pelo desuso, ao desaparecimento, mesmo que tácito, do instituto como bem se ocupou Orlando Gomes.

22.2.3. Substituição compendiosa

A substituição compendiosa é assim chamada porque, sob compêndio de palavras, abrange várias substituições de natureza diferente (*sub compendio verborum, continebat plures substitutiones*). Ou seja, ela constitui misto de substituição vulgar e de substituição fideicomissária, formando um tipo de substituição híbrida[48].

---

46 GAMA, Guilherme Calmon Nogueira da. *Substituições e fideicomisso*, p. 348 e 349; PEREIRA, Caio Mário da Silva. *Instituições de direito civil*, p. 279; NADER, Paulo. *Curso de direito civil*, p. 400.

47 PEREIRA, Caio Mário da Silva. *Instituições de direito civil*, p. 280; NADER, Paulo. *Curso de direito civil*, p. 402 e 403.

48 MONTEIRO, Washington de Barros; PINTO, Ana Cristina de Barros Monteiro França. *Curso de direito civil*, p. 258 e 259.

Contemplam-se, nesse caso, duas substituições: uma vulgar e outra fideicomissária: o testador indica um substituto ao herdeiro instituído, só para o caso de premoriência, ou seja, se vier este a falecer antes da abertura da sucessão. Desta forma, primeiro há a substituição vulgar, e posteriormente a sucessão a substituição fideicomissária. Assim, pode o testador dizer: deixo minha casa para Paulo e quando de sua morte passará aos filhos de Isabela. Se Paulo falecer ou renunciar, nomeio em substituição André. Caso Isabela não tenha filhos, ou venha a renunciar à herança, nomeio em substituição os filhos de Pedro. Essa disposição não infringe o regra do art. 1.959 do Código Civil, que aduz serem nulos os fideicomissos além do segundo grau, pois não se trata de substituição fideicomissária de segundo grau. Trata-se, ao contrário, de uma substituição alternativa e não sucessiva[49].

É o que se verifica ainda na hipótese em que o testador dá substituto ao fiduciário ou ao fideicomissário, no caso em que um ou outro não possa ou não queira aceitar a herança, ou o legado. Não ocorre, nesse caso, violação ao disposto no art. 1.740 do Código Civil, visto que a substituição continua sendo do segundo grau[50].

---

49 DIAS, Maria Berenice. *Manual das sucessões*. 2. ed. São Paulo: Revista dos Tribunais, 2011, p. 426.

50 MONTEIRO, Washington de Barros; PINTO, Ana Cristina de Barros Monteiro França. *Curso de direito civil*, p. 259.

Capítulo 23

Da deserdação

23.1. Conceito

Na lição de Itabaiana de Oliveira "deserdação é o ato pelo qual o herdeiro necessário é privado de sua legítima, ficando excluído da sucessão". É, pois, ato unilateral pelo qual o testador retira a legítima do herdeiro necessário. Não se confunde com indignidade, embora coincidam seus efeitos e respectivas causas geradoras[1].

A essa concepção completa Carlos Maximiliano: "Não há deserdação de sucessor não necessário, relativo a este quer o testador declare os motivos por que o priva da herança, quer não o declare, prevalece a vontade soberana do disponente, e assim o parente nada recebe".

Deserdar, então, significa privar da herança, o que decorre até mesmo do silêncio a respeito dos sucessores colaterais. Na prática, o deserdado perde não só a reserva como também a sua cota na parte disponível do espólio[2].

---

1 OLIVEIRA, Arthur Vasco Itabaiana de. *Tratado de direito das sucessões*, p. 41.

2 MAXIMILIANO, Carlos. *Direito das sucessões*, p. 137.

Enquanto a indignidade é peculiar à sucessão legítima, a deserdação existe apenas na sucessão testamentária. Além disso, só se deserda herdeiro necessário, ao passo que a indignidade atinge qualquer herdeiro legítimo ou legatário.

A deserdação constitui instituto jurídico bastante discutido. Enquanto Clóvis Beviláqua tachava-o de odioso e inútil, uma vez que imprime a noção de castigo às últimas declarações do *de cujus*, Cunha Gonçalves entendia que a deserdação encontrava justificativa na necessidade de fortalecer a família, revigorar as noções de respeito, gratidão, solidariedade, reprimir os maus instintos e as suas explosões entre ascendentes e descendentes. Todavia, a deserdação se tornou bastante rara no direito brasileiro[3].

Como requisitos de eficácia para a deserdação podem-se apontar: a existência de herdeiros necessários, nos termos do art. 1.961 do Código Civil; testamento válido, como prevê o art. 1.964 do Código Civil; expressa declaração de causa prevista em lei, como dispõem os arts. 1.962 e 1.963 do Código Civil e a consequente propositura de ação ordinária, como prevê o art. 1.965 do mesmo diploma legal.

23.2. Origem histórica

A origem histórica da deserdação remonta ao Código de Hamurabi, de 2000 a.C., em cujas disposições encontrava-se o direito de deserdar o filho indigno após determinação judicial.

A moderna legislação sobre o tema, porém, advém do direito romano, sobretudo da *ex heredatio*, estabelecida pela Novela 115, de Justiniano.

Na atualidade, poucas legislações a contemplam, como a portuguesa, a espanhola, a alemã, a argentina e a chilena; enquanto a legislação francesa, belga ou italiana não a adotam, "por lhes parecer inconveniente abrir margem ao extravasamento da ira e/ou do ódio até depois da morte do ofendido pelos entes próximos"[4].

---

3 MONTEIRO, Washington de Barros; PINTO, Ana Cristina de Barros Monteiro França. *Curso de direito civil*, p. 260 e 261.

4 OLIVEIRA, Arthur Vasco Itabaiana de. *Tratado de direito das sucessões*, p. 42; MAXIMILIANO, Carlos. *Direito das sucessões*, p. 137.

23.3. Casos de deserdação

Leciona San Tiago Dantas que "a deserdação é difícil no direito brasileiro, em primeiro lugar porque ela deve ser expressa quanto à pessoa deserdada e quanto à causa da deserdação, que, por seu turno, deve ser provada quando da abertura da sucessão".

"Esta prova deve ser feita fora do juízo do inventário, uma vez que se trata de questão de alta indagação, que impõe que o herdeiro instituído faça a prova da causa *exheredationis*, visando, assim, que sejam evitadas as deserdações levianas em que os testadores elevem à categoria de causa meros ressentimentos domésticos"[5].

Os casos de deserdação vêm elencados nos arts. 1.961 a 1.965 do Código Civil. À luz do disposto no art. 1.961: "Os herdeiros necessários podem ser privados de sua legítima, ou deserdados, em todos os casos em que podem ser excluídos da sucessão".

Desta forma, na deserdação afasta-se da sucessão, através do testamento, um herdeiro necessário, tendo em vista a expressa declaração de sua causa.

Os herdeiros necessários podem ser deserdados nos mesmos casos em que podem ser excluídos da sucessão, tal como dispõe o art. 1.814 do Código Civil: se houverem sido autores, coautores ou partícipes de homicídio doloso, ou tentativa deste, contra a pessoa de cuja sucessão se tratar; seu cônjuge, companheiro, ascendente ou descendente; se houverem acusado caluniosamente em juízo o autor da herança, ou incorrerem em crime contra a sua honra, ou de seu cônjuge ou companheiro; se, por violência ou meios fraudulentos, inibirem ou obstarem o autor da herança de dispor livremente de seus bens por ato de última vontade.

O Código de 1916 previa causas de deserdação dos ascendentes pelos descendentes e dos descendentes pelos ascendentes. O Código Civil de 2002 manteve a mesma diretriz, em seus arts. 1.962 e 1.963.

Desta sorte, além das causas mencionadas no art. 1.814 do Código Civil, dispõe o art. 1.962 do mesmo diploma legal que, autorizam a **deserdação dos descendentes por seus ascendentes**: I – ofensa física; II – injúria grave; III – relações ilícitas com a madrasta ou o padrasto; IV – desamparo do ascendente em alienação mental ou grave enfermidade.

---

[5] SAN TIAGO DANTAS, F. C. *Direitos de família e das sucessões*, p. 528.

Dispõe o art. 1.963 do Código Civil que, "além das causas enumeradas no art. 1.814, autorizam a **deserdação dos ascendentes pelos descendentes**: I - ofensa física; II - injúria grave; III - relações ilícitas com a mulher ou companheira do filho ou a do neto, ou com o marido ou companheiro da filha ou o da neta; IV - desamparo do filho ou neto com deficiência mental ou grave enfermidade.

Nesse sentido, no que tange à ofensa física, mesmo que de natureza leve, autorizam a deserdação, visto que a sevícia demonstra desamor, falta de carinho e de respeito, legitimando a deserdação. Mas a cominação da pena civil não depende de prévia decisão da justiça.

Já em relação à injúria grave, é válido ressaltar que nem toda ofensa justifica a deserdação; é necessário que ela seja grave, intolerável, e marcada pelo *animus* de injuriar. Desta sorte, temos que a gravidade representa requisito basilar para que se caracterize a causa de exclusão, dependendo, pois, de prova e arbítrio judicial.

Não ensejam a deserdação: o pedido de interdição do testador, formulado pelo herdeiro, posto que não configura injúria grave; insurgir-se o herdeiro contra doação efetuada pelo testador e contra este proposto ação; ser o herdeiro de idade avançada, cego e portador de alienação mental; haver requerido destituição do testador do cargo de inventariante, bem como a entrega de certo legado. Entretanto, o concubinato em que viva o descendente pode constituir injúria grave aos seus ascendentes, capaz de justificar-lhe a exclusão; as relações ilícitas com a madrasta ou com o padrasto, que, por serem atos marcados pela falta de respeito à família, legitimam a deserdação.

"O legislador de 2002 não incluiu, porém, relações ilícitas do descendente com o companheiro ou companheira do ascendente como causa de deserdação, diferentemente do tratamento dispensado à deserdação do ascendente pelo descendente. Como se cuida de penalidade, e severa, o dispositivo não comporta interpretação extensiva, de modo que a hipótese há de ser excluída"[6].

---

[6] MONTEIRO, Washington de Barros; PINTO, Ana Cristina de Barros Monteiro França. *Curso de direito civil*, p. 262 e 263; PEREIRA, Caio Mário da Silva. *Instituições de direito civil*, p. 304 e s.

Legitima também a deserdação, o desamparo do testador em alienação mental ou grave enfermidade, tendo em vista a demonstração de egoísmo e desamor do herdeiro. Entretanto, já se decidiu que a internação do testador como indigente num hospital durante grave enfermidade não autoriza a deserdação, se não se prova que o filho tinha recursos para custear o tratamento.

O art. 1.962 do Código Civil utiliza a expressão "alienação mental", enquanto o art. 1.963 refere a "deficiência mental". Na prática, ambas as expressões se equivalem e será a medicina que definirá o conteúdo dos referidos estados mentais patológicos.

Anteriormente, sob a égide da legislação anterior, além das causas supraelencadas, outras também justificavam a deserdação, como o casamento do filho sem anuência paterna, a inimizade entre o testador e o herdeiro, o abandono da religião dos antepassados, as práticas de feitiçaria, as relações ilícitas do herdeiro com a concubina do testador, a desonestidade da filha que vivesse na residência paterna.

Como se obtém da análise dos artigos em tela, o legislador tratou de forma desigual as causas de deserdação dos ascendentes e dos descendentes: os primeiros podem ser deserdados se mantiverem relações ilícitas com o cônjuge ou companheiro do filho ou neto, ou da filha ou neta, indo, portanto, até o segundo grau na linha descendente; os segundos só o serão caso a referida relação ilícita se dê com o cônjuge do ascendente, excluído, assim, o companheiro do ascendente, e limitando-se ao primeiro grau, pois só se refere ao padrasto ou madrasta.

Em relação ao cônjuge supérstite, não previu o legislador nenhum caso especial que seja causa de deserdação. Assim, pode se entender que as causas ensejadoras da deserdação do cônjuge seriam aquelas elencadas no art. 1.814 do Código Civil já referido, que se referem à indignidade.

Pensamos, com Caio Mário, que deveria o legislador harmonizar os ditames referentes à deserdação do cônjuge com o art. 1.845 do Código Civil, como aliás, pretendia fazê-lo o Projeto de Lei n. 6.960/2002, atual Projeto de Lei n. 699/2011, de cuja aprovação teria resultado a inclusão de causas específicas para a deserdação do cônjuge, além daquelas que autorizem a exclusão por indignidade: a prática que importe grave violação dos deveres conjugais, ou que determine a perda do poder familiar; recusar-se injustificadamente à prestação alimentar em relação ao outro cônjuge ou aos filhos comuns; desamparar o outro cônjuge ou descendência comum com deficiência mental ou grave enfermidade.

Pode ainda, na ação de deserdação, o autor invocar mais de um dentre os fundamentos legais, bastando, porém, para a procedência do pedido que se prove a ocorrência de um deles[7].

A essa concepção, à luz do art. 1.830 do Código Civil, exige-se que, para ser reconhecido direito sucessório ao cônjuge sobrevivente, este não estivesse separado judicialmente, nem separados de fato há mais de dois anos, salvo prova, neste caso, de que essa convivência se tornara impossível sem culpa do sobrevivente. Se não verificadas essas hipóteses, não há deserdação do cônjuge supérstite. Difícil, tendo em vista os ditames do art. 1.814 do mesmo diploma legal.

Em relação ao companheiro sobrevivente, não sendo este herdeiro necessário, não cabe falar em deserdação, visto que esta ocorre somente em relação aos herdeiros necessários; mas pode ocorrer que o autor da herança venha a excluí-lo da sucessão, invocando os mesmos motivos que autorizam a deserdação, mas seria caso de indignidade, que afasta da sucessão tanto herdeiros legítimos quanto testamentários, necessários ou não.

23.4. Efeitos da deserdação

Quanto aos efeitos, como dispõe o art. 1.964 do Código Civil, "somente com expressa declaração de causa pode a deserdação ser ordenada em testamento".

Assim, a causa da deserdação tem de ser expressamente indicada no testamento, devido aos efeitos patrimoniais que produz.

E ainda, tal como elucida a regra do art. 1.965 do Código Civil: "Ao herdeiro instituído, ou àquele a quem aproveite a deserdação, incumbe provar a veracidade da causa alegada pelo testador. Parágrafo único. O direito de provar a causa da deserdação extingue-se no prazo de quatro anos, a contar da data da abertura do testamento".

---

7 PEREIRA, Caio Mário da Silva. *Instituições de direito civil*, p. 307; HIRONAKA, Giselda Maria Fernandes Novaes. Deserdação e exclusão da sucessão. In: HIRONAKA, Giselda Maria Fernandes Novaes; PEREIRA, Rodrigo da Cunha (Coords.). *Direito das sucessões e o novo Código Civil*, p. 366 e 367.

Tal como aduz Zeno Veloso, "para que a deserdação tenha eficácia, não basta que conste no testamento válido, com a expressa declaração de causa. É necessário, ainda, com a morte do autor da herança e a consequente abertura da sucessão, que o herdeiro instituído, ou aquele a quem aproveite a deserdação, prove a veracidade da causa alegada pelo testador, intentando a necessária ação judicial"[8].

Só por testamento pode se impor a deserdação, não só por se tratar de ato mais solene, como também por traduzir a última vontade do testador. Assim sendo, é inadmissível a imputação de tal sanção mediante escritura pública de outra natureza, ou ainda por termo judicial; é também inoperante a deserdação realizada por documento particular, ainda que autêntico.

A deserdação deve ainda observar os ditames legais dos arts. 1.814, 1.961 e 1.962 do Código Civil, já referidos[9].

Cabe ainda ao herdeiro instituído, ou àquele a quem aproveite a deserdação, provar a veracidade da causa alegada pelo testador e em que este se fundou para decretar a deserdação. Não basta, portanto, o ato isolado de deserdação no testamento; é imprescindível que se mova em face do deserdado ação ordinária, tendente a comprovar que realmente procede a motivação feita pelo disponente no ato de última vontade; não bastando, pois, a declaração unilateral do testador.

Essa declaração apenas autoriza o interessado a propor a ação competente, segundo o estatuído no art. 1.965 do Código Civil. O ônus da prova compete ao autor e o interesse que legitima o ingresso deste em juízo é o econômico e não o moral. O testamenteiro, a quem não aproveite a deserdação, não pode propor mencionada ação, embora lhe caiba propugnar a validade do testamento, com base na regra do art. 1.981 do mesmo Código.

Assim, se o herdeiro instituído, ou aquele a quem aproveite a deserdação, não ajuíza a ação, assiste ao próprio deserdado o direito de tomar a iniciativa, exigindo, por intermédio do procedimento adequado, a ação

---

8 VELOSO, Zeno. *Código Civil comentado*, p. 2175.

9 MONTEIRO, Washington de Barros; PINTO, Ana Cristina de Barros Monteiro França. *Curso de direito civil*, p. 265.

cominatória, que o interessado prove o fundamento da deserdação. Aliás, o parágrafo único do art. 1.965 do Código Civil alude à ação para provar a causa da deserdação, que cabe tanto ao herdeiro instituído como ao deserdado, estabelecendo que o direito de prová-la extingue-se em quatro anos, a contar da data da abertura do testamento. Ressalta-se, entretanto, que o exercício dessa ação não o sujeita, por outro lado, a comprovar a inexistência da causa em que a deserdação se funda.

Tal ação, numa ou noutra hipótese, deve ser proposta no prazo decadencial de quatro anos, contados da data da abertura do testamento. "Efetivamente, é razoável que o prazo tenha esse termo inicial, e não mais a abertura da sucessão, porque não são momentos coincidentes, e somente depois de aberto o testamento é que as partes tomarão conhecimento de seu conteúdo"[10].

Nesses termos, se não for provada a causa invocada para a deserdação, é nula a instituição, e nulas são também as disposições que prejudicarem a legítima do deserdado.

O Código de 2002 não contém dispositivo expresso a esse respeito, como ocorria com a legislação civil revogada, mas será a consequência lógica de tal desfecho. Sob a égide do Código Civil de 1916, se não fosse comprovada a causa de deserdação, anulava-se o testamento, vindo o então deserdado a fazer jus à sua quota legítima.

Assim sendo, tanto no direito revogado quanto no atual, se tiver havido instituição de herdeiro, tornar-se-á ineficaz; em se tratando de simples legado, cumprir-se-á a liberalidade, desde que não afete a legítima do deserdado.

É válido ressaltar que o tipo de deserdação, tratada pelos artigos em tela, é o referente aos herdeiros necessários, indicados pelo art. 1.845 do Código Civil. A deserdação destinada aos demais herdeiros legítimos, os colaterais, segundo o disposto no art. 1.850, não depende de expressa menção, bastando que o testador disponha de seu patrimônio, sem os contemplar, independentemente de qualquer causa ou justificação.

---

10 MONTEIRO, Washington de Barros; PINTO, Ana Cristina de Barros Monteiro França. *Curso de direito civil*, p. 266 e 267.

Com a condição adquirida pelo cônjuge de herdeiro necessário surge, como consequência, a possibilidade de ser privado da legítima nas mesmas hipóteses legais, no que lhe for aplicável. Deserdado, sua parte acrescerá à dos ascendentes ou descendentes, com quem estiver concorrendo, ou aos colaterais, ou ao Estado. Embora todos os motivos que autorizam a exclusão da herança sejam causa também de decretação de separação judicial, cuida-se de ação personalíssima, a ser intentada apenas pelo consorte. Se este não pode, ou preferiu não separar-se do ofensor, seu recurso é a deserdação para afastá-lo da sucessão[11].

E assim, em face da estrutura da família na pós-modernidade, a mesma disposição se aplica ao companheiro sobrevivente, que, embora não sendo herdeiro necessário, tem direito à participação na herança por força do disposto no art. 1.790 do Código Civil.

23.5. Substituição do deserdado na herança

Tal como prevê a regra do art. 1.816 do Código Civil, os efeitos da exclusão do herdeiro por indignidade são pessoais. Assim sendo, só atinge o culpado, não se transmitindo a seus herdeiros, que seriam penalizados por uma falta não cometida. Assim, excluído aquele, procede-se à sua substituição, como se morto fosse.

O Código Civil de 2002, ao disciplinar a deserdação, não traz qualquer dispositivo semelhante ao citado art. 1.816, que, no seu parágrafo único, também retira do indigno o direito ao usufruto, à administração e à eventual sucessão dos bens que em tal circunstância couberem a seus sucessores. Entretanto, é válido ressaltar que são pessoais os efeitos da deserdação, não podendo ir além da pessoa que procedeu de forma indigna. Deste modo, seus sucessores sucedem em seu lugar.

Se o deserdado for filho único, a herança tocará aos seus descendentes em virtude de direito próprio, decorrente da ordem de vocação hereditária, e não como representantes do excluído; porém, se deixou o *de cujus* dois ou mais descendentes, e entre eles o deserdado, este sem prole, a quota hereditária do

---

11 MONTEIRO, Washington de Barros; PINTO, Ana Cristina de Barros Monteiro França. *Curso de direito civil*, p. 267 e 268; MALUF, Adriana Caldas do Rego Freitas Dabus. *Direito das famílias*: amor e bioética, p. 403, 418 e s.

excluído deferir-se-á aos demais irmãos, filhos do extinto. Se, por outro lado, o deserdado for um dos ascendentes, sua exclusão não eliminará o direito sucessório do outro genitor, mesmo que o regime matrimonial de bens entre ambos seja o da comunhão universal.

Entende-se ainda que, se em testamento posterior não se reproduzir o anterior na parte relativa à deserdação, vige a presunção de que o testador desejou revogar o ato punitivo. Não tem esse efeito, porém, a simples reconciliação entre o testador e o deserdado, sem o expresso reconhecimento[12].

---

12 MONTEIRO, Washington de Barros; PINTO, Ana Cristina de Barros Monteiro França. *Curso de direito civil*, p. 268 e 269; PEREIRA, Caio Mário da Silva. *Instituições de direito civil*, p. 309.

Capítulo 24

Da redução das disposições testamentárias

24.1. Conceito

Não podem os herdeiros necessários ser privados de seu direito sucessório, visto que sucessores obrigatórios sucedem mesmo contra a vontade do autor da herança. Assegura-lhes o Código Civil a intangibilidade da legítima, sagrada e irredutível, quase um tabu em face do direito.

Assim, tendo em vista o princípio da liberdade relativa de testar, fica evidenciado que o testador somente poderá dispor integralmente de seus bens se não tiver herdeiros necessários para recebê-los. Por outro lado, havendo herdeiros necessários, o testador só poderá dispor da metade de seus bens, uma vez que a outra metade, então denominada legítima, será por direito destinada aos herdeiros necessários.

O que ocorrerá então caso a parte disponível do testador vier a ser ultrapassada, prejudicando os direitos dos herdeiros necessários? Terão estes, por seu turno, o direito de pleitear a redução das disposições testamentárias, e não a nulidade do testamento, até o montante que melhor recomponha a sua legítima.

Assim sendo, visando garantir-lhes a incolumidade, confere a lei aos interessados direito de redução das doações, à luz do que dispõe o art. 549

do Código Civil e das disposições testamentárias, previstas nos arts. 1.966 a 1.968 do mesmo diploma legal, pelo qual se cerceiam as liberalidades excessivas, efetuadas pelo testador em detrimento da legítima, restringindo-as aos limites legais, às suas justas proporções.

Desta forma, pode-se entender por redução das disposições testamentárias o direito que assiste aos herdeiros necessários de pleitearem a redução da liberalidade até que se recomponha a legítima, no caso de o testador ter excedido a sua metade disponível.

Na lição de Carlos Maximiliano, "a intangibilidade da legítima tem no direito à redução sua garantia eficiente, sua sanção lógica e indispensável. Testamento que contenha liberalidades *ultra vires* não se contamina, porém, de nulidade; ao inverso, é válido e continua a subsistir. O mesmo acontece quanto à doação. Aparam-se ou delimitam-se apenas os atos benéficos, a fim de que não excedam a porção disponível"[1].

Para Itabaiana de Oliveira, a redução das disposições testamentárias tem por finalidade a garantia da legítima dos herdeiros necessários, e isto se faz de acordo com a lei vigente no tempo da abertura da sucessão (e não a que vigorava na época da feitura do testamento, visto que este só produz efeitos após a morte do testador). Desta forma, as disposições que excederem a metade disponível reduzir-se-ão aos limites dela[2].

24.2. Origens históricas

O direito à redução testamentária tem suas origens no direito romano. Em Roma, a princípio, como já se acentuou, havia plena liberdade de testar. O testador podia deixar seus bens a quem melhor lhe aprouvesse, sem qualquer restrição. Mas, posteriormente, começaram a ser olhados com toda a severidade disponentes que, no ato de última vontade, preteriam parentes próximos. Testamento, em tais condições, reputava-se contra *officium pietatis* (contra os deveres morais), sendo, pois, considerado inoficioso – *inofficiosum*.

Admitiram-se então as *querella inofficiosi testamenti*, pelas quais se invalidavam atos de última vontade, que injustamente excluíam os parentes. Leciona José Cretella Jr. que o *paterfamilias* poderia, por meio de doações

1 MAXIMILIANO, Carlos. *Direito das sucessões*, p. 305.

2 OLIVEIRA, Arthur Vasco Itabaiana de. *Tratado de direito das sucessões*, p. 235.

inter vivos, ou de constituições exageradas de dote, vir a prejudicar parcial ou totalmente os herdeiros. Visou, portanto, a *querella inofficiosi* anular as liberalidades que porventura viessem a invadir a quarta parte dos legitimários[3].

Posteriormente, a Novela 115 de Justiniano proibiu a exclusão dos descendentes, a menos que houvesse razão plausível, expressamente indicada pelo testador no ato de disposição. Desta forma, surgiu a noção da legítima, de conteúdo mais amplo, aliás, que a do atual direito positivo brasileiro[4].

No direito pátrio, as Ordenações Filipinas, em seu Título LXXXIII, discriminavam as causas permissivas da deserdação, fora das quais os filhos não podiam ser preteridos. A legítima era constituída por dois terços do patrimônio, após o abatimento das dívidas. E assim, a intangibilidade da porção disponível implicava não apenas a proibição de seu desvio a favor de terceiros, como a sua oneração com encargos ou condições[5].

24.3. Disposições gerais

Concebe San Tiago Dantas que a lei indica uma classe de herdeiros a serem resguardados na sucessão hereditária: são os herdeiros necessários. "O legislador é quem tempera a prescrição da lei a vontade do testador, e o modo com que se atinge esse temperamento é a distribuição da herança em duas partes: a parte disponível, entregue à livre disposição do testador, e a legítima dos herdeiros necessários, que segue o critério da lei".

E assim, para que os herdeiros necessários não vejam suas expectativas frustradas, a lei estabelece parâmetros para as disposições testamentárias: poderá o testador dispor de metade de seus bens, salvaguardando o quinhão dos herdeiros necessários; a partir daí, abre-se a possibilidade então de se requerer a redução dos quinhões hereditários; quando as disposições testamentárias invadirem esse espaço disponível, uma terceira consequência deflui daí, ou seja, o dever de se igualar as legítimas dos referidos herdeiros necessários[6].

---

3 CRETELLA JR., José. *Direito romano*, p. 338; SAN TIAGO DANTAS, F. C. *Direitos de família e das sucessões*, p. 527.

4 MONTEIRO, Washington de Barros; PINTO, Ana Cristina de Barros Monteiro França. *Curso de direito civil*, p. 270 e 271.

5 NADER, Paulo. *Curso de direito civil*, p. 421.

6 SAN TIAGO DANTAS, F. C. *Direitos de família e das sucessões*, p. 518 e 519.

À luz do art. 1.966 do Código Civil, "o remanescente pertencerá aos herdeiros legítimos, quando o testador só em parte dispuser da quota hereditária disponível".

O testador que possuir herdeiros necessários deve respeitar a legítima desses herdeiros, podendo então dispor de metade de seu patrimônio. Poderá também dispor apenas de parte de sua quota hereditária disponível. Dessa forma, se não fizer o testador disposição de tudo o que poderia ter feito, o remanescente será destinado aos referidos herdeiros necessários.

Já o art. 1.967 do Código Civil dispõe: "As disposições que excederem a parte disponível reduzir-se-ão aos limites dela, de conformidade com o disposto nos parágrafos seguintes. § 1º "Em se verificando excederem as disposições testamentárias a porção disponível, serão proporcionalmente reduzidas as quotas do herdeiro ou herdeiros instituídos, até onde baste, e, não bastando, também os legados, na proporção do seu valor. § 2º Se o testador, prevenindo o caso, dispuser que se inteirem, de preferência, certos herdeiros e legatários, a redução far-se-á nos outros quinhões ou legados, observando-se a seu respeito a ordem estabelecida no parágrafo antecedente".

Prevê o artigo em tela dois critérios para a redução das disposições testamentárias: quando a liberdade do testador exceder a sua porção disponível, invadindo a legítima dos herdeiros necessários, estes poderão requerer em juízo a redução da disposição até que se atinja um equilíbrio entre a legítima e a parte disponível. Na eventualidade de não ser suficiente para restabelecer a legítima, serão reduzidos os legados na proporção de seu valor; e também quando o testador determinar que a redução seja suportada inicialmente pelos legatários e posteriormente pelos herdeiros; por ambos ao mesmo tempo ou, ainda, por determinado herdeiro ou legatário, impedindo que se atinjam os demais, salvo se ainda com esta medida for insuficiente a redução para recompor a legítima.

E assim, observa-se que, como dispõe a regra do artigo em tela, "não haverá redução se todas as liberalidades couberem, por inteiro, na porção disponível. Para esse fim, cumpre determinar, primeiramente, o valor do monte, a extensão da massa hereditária deixada pelo *de cujus*, a fim de que se fixem definitivamente o disponível e a legítima. Alcança-se tal *desideratum* pela avaliação efetuada no inventário".

Em suma, se a quota disponível não comportar todas as liberalidades, se ela vem a ser ultrapassada, impõe-se redução das disposições testamentárias, tanto quanto se torne necessário, até obter-se perfeito equilíbrio entre o disponível e a quota legitimária. Impõe-se a redução, seja esta da meação, seja da legítima.

Na lição de Itabaiana de Oliveira, "a regra da redução proporcional das disposições testamentárias tem por fundamento a presunção de que, no silêncio do testador, desejou este que todas elas fossem tratadas da mesma maneira, e assim, serem reduzidas proporcionalmente, independente do prazo de sua instituição, guarda apenas a ordem estabelecida na lei"[7].

Tal como aduz Zeno Veloso, "as disposições inoficiosas são reduzidas para se acomodarem quantitativamente ao que o testador estava legalmente autorizado a dispor", sendo, pois, o objetivo principal da norma, garantir a intangibilidade da legítima dos herdeiros necessários[8].

Interessante ponderação fazemos com Paulo Nader, visto que a referida "invasão da legítima dos reservatários não se caracteriza no momento da disposição testamentária, mas na abertura da sucessão, uma vez que o quadro patrimonial que se apresenta antes do óbito é provisório, não podendo por isso impor conclusões definitivas, pois pode bem ocorrer que no momento de efetivação da liberalidade a disposição se revelasse justa, mas na verificação da mesma quando da abertura da sucessão não se encontre equalizada com o patrimônio deixado ou vice-versa", ponderamos também a eventual existência de dívidas contraídas *a posteriori* que devem ser abatidas antes da divisão dos quinhões[9].

Para Washington de Barros Monteiro e Ana Cristina de Barros Monteiro França Pinto, "vários motivos podem conduzir à transposição pelo testador dos limites da sua quota disponível: pode ele, ao testar, deliberadamente ou não, dispor de mais do que se lhe permitia; se os bens deixados oscilarem de valor entre a data do testamento e a da abertura da sucessão, poderá dar margem ao desequilíbrio entre a referida quota

---

7 OLIVEIRA, Arthur Vasco Itabaiana de. *Tratado de direito das sucessões*, p. 236.

8 VELOSO, Zeno. *Código Civil comentado*, p. 2178.

9 NADER, Paulo. *Curso de direito civil*, p. 420.

disponível e a quota reservada aos herdeiros necessários; o testador assume obrigações que absorvem parcialmente seu ativo"[10].

Assim sendo, em quaisquer dessas hipóteses elencadas *supra*, impõe-se a redução das disposições testamentárias de modo a restabelecer o equilíbrio legal em matéria de sucessão.

24.4. Da ordem das reduções testamentárias

Como se dá a ordem das reduções testamentárias? Dispõe o § 1º do art. 1.967 do Código Civil que, inicialmente, sofrerá a redução o **herdeiro instituído**, cujo direito paulatinamente se restringe, até que se obtenha a recomposição da legítima.

Essa recomposição há de alcançar-se a qualquer preço, embora com sacrifício de toda a liberalidade, caso se torne preciso. Se forem vários os herdeiros instituídos, a redução far-se-á *pro rata*. A própria lei determina a redução proporcional das quotas dos mencionados herdeiros.

Se ainda não bastar a redução imposta ao herdeiro ou herdeiros instituídos, passar-se-á aos **legados**, também na proporção do seu valor. Os legatários experimentarão assim os cortes necessários até que se alcance ou se garanta a incolumidade da quota legitimária, pertencente aos herdeiros necessários.

Vê-se, assim, que os herdeiros são os primeiros a sofrer as reduções, visto que representam a pessoa do *de cujus*, cuja vontade devem cumprir, ao passo que os legatários constituem meros beneficiários por ato *causa mortis;* e nesse sentido, se desaparecerem os legados, nada restará aos beneficiários.

E ainda, caso as sucessivas reduções não sejam suficientes para recompor a legítima dos herdeiros necessários, recorrer-se-á à **redução das doações**, em conformidade com o art. 549 do Código Civil, segundo o qual "nula é também a doação quanto à parte que exceder à de que o doador, no momento da liberalidade, poderia dispor em testamento". Dentre as doações, sofrerão redução primeiro as mais recentes e posteriormente as mais antigas; se ambas forem feitas na mesma data, a redução será proporcional.

---

10 MONTEIRO, Washington de Barros; PINTO, Ana Cristina de Barros Monteiro França. *Curso de direito civil*, p. 271 e 272.

Conclui-se que diante das disposições testamentárias, no entanto, indiferente é a ordem pela qual os beneficiários tenham sido contemplados. Todos, sem exceção, suportarão os descontos, na proporção de seus quinhões, guardada a ordem legal.

É válido ressaltar que a determinação constante do art. 1.967 do Código Civil não é de ordem pública, de forma que é lícito ao testador estatuir de maneira diversa e assim estabelecer prioridade para as reduções, dispondo, por exemplo, que primeiro sofram os legatários, depois os herdeiros; que todos eles, sem distinção, suportem simultaneamente os descontos necessários, entre outros. Trata-se, portanto, de matéria em que predomina a vontade individual.

A redução testamentária poderá ser efetuada nos próprios autos de inventário, corrigindo na partilha a desigualdade das legítimas, quando essa desigualdade mostrar-se óbvia, e desde que exista acordo dos interessados. Essa anuência arreda a questão de alta indagação, cujo desate depende de ação apropriada.

Caso não se obtenha a convergência de vontades, cabe aos herdeiros necessários, ou do sub-rogado nos seus direitos por cessão, por aquisição ou por sucessão, então prejudicados, intentar ação ordinária, a fim de obterem a quota inoficiosa testada em excesso. Podem ainda promovê-la os credores do herdeiro lesado (mas não os do falecido). Tal ação, de natureza resolutiva, é *in rem scriptae:* deriva da obrigação, mas tem direção real, recaindo sobre coisa certa[11].

Ressalta-se que "qualquer herdeiro, que tenha aceitado a herança, pode promover a referida ação, embora isoladamente, porque ela é de natureza divisível, como em geral o são as ações hereditárias. Mas a sentença, se favorável, só beneficiará o autor. Ou seja, se são cinco os herdeiros, e apenas um intenta a ação, a redução das quotas inoficiosas só se fará em um quinto. Os demais herdeiros serão havidos como tendo acatado a vontade do testador"[12].

---

11 PEREIRA, Caio Mário da Silva. *Instituições de direito civil*, p. 322; NONATO, Orozimbo. *Estudos sobre sucessão testamentária*, v. II, p. 665.

12 MONTEIRO, Washington de Barros; PINTO, Ana Cristina de Barros Monteiro França. *Curso de direito civil*, p. 272-274.

A ação de redução das liberalidades inoficiosas pode ser intentada pelos herdeiros necessários, por seus sucessores, pelos credores dos herdeiros necessários. A redução pode ser feita no próprio processo de inventário.

Assim, podemos aduzir que, para que se efetuem as reduções testamentárias, requer-se inicialmente que o testamento seja válido, as liberalidades excessivas não sejam nulas, mas anuláveis, posto que podem ser reduzidas somente quando o interessado nesse sentido se manifestar.

24.5. Redução de legado de imóvel

A redução de legado de imóvel pode ser de dois tipos: de imóvel divisível e indivisível.

À luz do disposto no art. 1.968 do Código Civil, "quando consistir em prédio divisível o legado sujeito a redução, far-se-á esta dividindo-o proporcionalmente".

Assim, em se tratando de legado de imóvel que comporte divisão, a redução do legado será feita mediante a divisão proporcional do imóvel.

Já o § 1º do mesmo artigo prevê que, "se não for possível a divisão, e o excesso do legado montar a mais de um quarto do valor do prédio, o legatário deixará inteiro na herança o imóvel legado, ficando com o direito de pedir aos herdeiros o valor que couber na parte disponível; se o excesso não for de mais de um quarto, aos herdeiros fará tornar em dinheiro o legatário, que ficará com o prédio".

Assim, se não for possível a divisão do imóvel, e se o excesso do legado corresponder a mais de um quarto do valor do prédio, o legatário deixará inteiro na herança o imóvel legado, ficando com o direito de reclamar junto aos herdeiros o valor que couber na metade disponível. Entretanto, se o excesso for de menos de um quarto, poderá o legatário ficar com o imóvel, desde que entregue aos herdeiros a diferença em dinheiro.

Desta forma, com base nesse dispositivo legal, procura o Código evitar que se estabeleça um condomínio, que se sabe, desde a era romana, fonte perene de demandas.

Formulam, visando aclarar os conceitos, Washington de Barros Monteiro e Ana Cristina de Barros Monteiro França Pinto o seguinte exemplo: "em primeiro lugar, vislumbra-se a hipótese em que o prédio fica em poder do espólio, e não do legatário: o prédio indivisível, objetivado no legado, vale R$ 100.000,00, tendo havido excesso de R$ 40.000,00 sobre a legítima. Nesse caso, como ele monta a mais de um quarto do valor, o imóvel permanece na herança, e o legatário recebe do herdeiro, ou dos herdeiros, em dinheiro, a quantia de R$ 60.000,00; em outro exemplo o prédio fica para o legatário e não para a herança: no imóvel indivisível, do mesmo valor de R$ 100.000,00, o excesso sobre a legítima, sujeito a redução, foi de R$ 20.000,00 apenas, portanto, menos de um quarto do valor do imóvel. Fica este, em tal hipótese, para o legatário, que reporá aos herdeiros a parte inoficiosa, no valor de R$ 20.000,00".

O § 2º do mesmo artigo prevê a hipótese do direito de preferência do legatário que também for herdeiro necessário. Assim, "se o legatário for ao mesmo tempo herdeiro necessário, poderá inteirar sua legítima no mesmo imóvel, de preferência aos outros, sempre que ela e a parte subsistente do legado lhe absorverem o valor".

Na síntese de Itabaiana de Oliveira, "este é um meio de evitar a comunhão, atendendo-se à comodidade dos herdeiros, consoante a regra dos arts. 1.775 e 1.777 do Código Civil (de 1916). Neste caso o herdeiro necessário conserva o prédio legado, qualquer que seja a redução sofrida, desde que, somada a sua legítima com a parte subsistente do legado, fique absorvido o valor do prédio"[13].

Sendo assim, no caso de o legatário também ser herdeiro necessário, outorga-lhe o Código direito de conservar o imóvel, e assim, o seu direito de preferência será assegurado se a soma da legítima com a parte subsistente do legado for de quantia igual ou superior ao valor atribuído ao imóvel. Leva-se desta forma em conta o quinhão referente à sua legítima e o excesso apurado[14].

---

13 OLIVEIRA, Arthur Vasco Itabaiana de. *Tratado de direito das sucessões*, p. 238.

14 MONTEIRO, Washington de Barros; PINTO, Ana Cristina de Barros Monteiro França. *Curso de direito civil*, p. 274 e 275; VELOSO, Zeno. *Código Civil comentado*, p. 2180.

Capítulo 25

Da revogação dos testamentos

25.1. Conceito

O testamento caracteriza-se por ser ato personalíssimo, pela possibilidade de ser modificado a qualquer tempo e pela sua revogabilidade. Os arts. 1.858 e 1.969 do Código Civil incluem essas características como elementos essenciais. Enquanto vivo e capaz, pode o testador alterá-lo ou torná-lo sem efeito, pouco importando as razões que o levem a efetivar a mudança ou a revogação.

E assim, quer tenha justo motivo para fazê-lo, quer provenha de puro capricho sua determinação, assiste-lhe o direito de rever ou resilir o ato de última vontade, o que pode executar a todo tempo. De acordo com a máxima de Ulpiano, *ambulatoria est voluntas defuncti usque ad vitae supremum exitum.*

Desta sorte, é nula qualquer disposição em que o testador declare irreversível ou irrevogável o testamento, ou a si próprio se interdite a faculdade de invalidá-lo posteriormente (*nemo potest eam legem sibi dicere ut a priore ei recedere non liceat*)[1].

1 MONTEIRO, Washington de Barros; PINTO, Ana Cristina de Barros Monteiro

A revogação do testamento, portanto, é o ato pelo qual o testador exterioriza, por intermédio de outro testamento, a sua vontade, de maneira expressa ou tácita, de tornar o anterior ineficaz, total ou parcialmente.

E ainda, apenas quem possui capacidade testamentária ativa pode exercitar essa faculdade, de tornar sem efeito disposição de última vontade.

É válido ressaltar que, embora as consequências se confundam, revogação e nulidade do testamento são conceitos diferentes, uma vez que só se revoga testamento válido. A declaração formal de revogação de testamento nulo, como aduz Paulo Nader, "é desinfluente sob o aspecto jurídico, apenas pode evitar, na abertura da sucessão, eventual litígio em torno da validade do ato negocial"[2].

25.2. Espécies de revogação

A revogação do testamento pode ser classificada de duas formas: quanto à sua abrangência e quanto à sua forma.

25.2.1. Classificação quanto à abrangência da revogação

Dispõe o art. 1.970 do Código Civil: "A revogação do testamento pode ser total ou parcial. Parágrafo único. Se parcial, ou se o testamento posterior não contiver cláusula revogatória expressa, o anterior subsiste em tudo que não for contrário ao posterior".

O testamento posterior pode revogar, expressa e diretamente, o testamento anterior ou pode revogá-lo apenas em parte.

A revogação total é aquela em que o testador, em testamento posterior, torna integralmente ineficaz as cláusulas testamentárias patrimoniais ali existentes. E isto deve-se ao fato de que há uma hipótese em que o testamento é irrevogável: o reconhecimento da filiação; tal como prevê a regra contida no art. 1.610 do Código Civil, o reconhecimento do filho não pode ser revogado, nem mesmo por testamento, visto tratar-se este de direito da personalidade e, como tal, é indisponível.

França. *Curso de direito civil*, p. 276; PEREIRA, Caio Mário da Silva. *Instituições de direito civil*, p. 313; MAXIMILIANO, Carlos. *Direito das sucessões*, p. 160.

2 NADER, Paulo. *Curso de direito civil*, p. 431 e 432.

Na lição de Itabaiana de Oliveira, a revogação será total quando abranger todo o ato testamentário dando lugar à sucessão legítima, caso a nova disposição se limite a revogar a anterior, sem nomear herdeiros testamentários[3].

Nos casos de revogação total do testamento, proceder-se-á à sucessão legítima, obedecendo o estatuído no art. 1.829 do Código em vigor, que regula a ordem da vocação hereditária.

Ainda que não contenha a cláusula revogatória expressa, o testamento posterior terá revogado o anterior se for incompatível com ele. E assim, se a incompatibilidade for completa, a revogação será total, se for referente a algumas disposições, será parcial.

Já a revogação parcial é aquela em que o testamento posterior faz constar uma ou mais disposições existentes no testamente anterior, que só revoga parte das disposições ali existentes. Assim, permanecerá em vigor tudo o que não for contrário às disposições contidas na disposição de última vontade, visto que a ineficácia parcial de um ato não prejudicará a parte válida, se esta for separável[4].

Pode-se assim perceber que, "se forem compatíveis as disposições contidas no dois testamentos sucessivos, elas se somam, integram e completam, formando um todo e conjunto, uma disposição de última vontade que se formou em vários atos testamentários"[5].

25.2.2. Classificação quanto à forma da revogação

No que tange à forma da revogação, esta pode ser expressa ou tácita. A **revogação expressa ou direta** é o ato pelo qual o testador, em novo testamento, declara ser ineficaz o testamento anterior, parcial ou totalmente (*posteriore testamento, quod jure perfectum est, superius rompitur*).

À luz do art. 1.969 do Código Civil, "o testamento pode ser revogado pelo mesmo modo e forma como pode ser feito".

---

3 OLIVEIRA, Arthur Vasco Itabaiana de. *Tratado de sucessão testamentária*, p. 221.

4 OLIVEIRA, Arthur Vasco Itabaiana de. *Tratado de sucessão testamentária*, p. 221 e 222.

5 VELOSO, Zeno. *Código Civil comentado*, p. 2181.

"O testamento público revoga-se por um cerrado, ou particular, e vice-versa; o ato de resilição prevalece seja qual for a forma do testamento novo, ordinário ou especial. Assim, não se revoga testamento por simples escritura pública, declaração verbal ou escrito particular, nem se pode provar revogação por testemunha, a menos que, por essa prova, se demonstre que o testador tinha o firme propósito de tornar sem efeito o ato de última vontade, o que não chegou a fazer, todavia, por dolo ou violência de terceiros. Como esclarecem Aubry e Rau, tal prova pode ser feita por intermédio de testemunhas e, uma vez ministrada, induz revogação do testamento".

"Entretanto, não se permite invalidá-lo, por codicilo ou por testamento especial, lavrado fora das hipóteses legais. Da mesma forma, não vale como ato derrogatório, escrito em separado, e nem de autoria de terceiros, por se tratar de ato personalíssimo do testador. Também não vale declaração do testador, anexada ao seu testamento cerrado, de que o tinha por derrogado e que pretendia fazer outro"[6].

"Não é necessário que se utilize exatamente da mesma forma seguida para o testamento anterior. Assim, um testamento público pode ser revogado por um testamento particular, e vice-versa; um testamento ordinário pode ser revogado por um especial"[7].

Como aduz Eduardo de Oliveira Leite, "limita a lei a liberdade do testador impondo-lhe o recurso da revogação pelo mesmo modo e forma com que se fez o testamento, o que deixa claro que a revogação do testamento não pode ser feita por escritura pública, ou outra forma menos solene"[8].

E ainda, para que ocorra revogação é preciso que o novo testamento seja válido; se este for nulo ou anulável, não terá o poder de tornar ineficaz o testamento anterior. Neste caso, se o testamento vier a ser anulado, por exemplo, por incapacidade do testador decorrente de alienação mental,

---

6 MONTEIRO, Washington de Barros; PINTO, Ana Cristina de Barros Monteiro França. *Curso de direito civil*, p. 277; OLIVEIRA, Arthur Vasco Itabaiana de. *Tratado de direito das sucessões*, p. 222 e 223.

7 GAMA, Affonso Dionísio. *Tratado theorico e pratico de testamentos*, p. 137 e 138; VELOSO, Zeno. *Código Civil comentado*, p. 2181.

8 LEITE, Eduardo de Oliveira. *Comentários ao novo Código Civil*, p. 659.

subsistirá o precedente, com todas as suas disposições; não provada, porém, tal incapacidade, prevalecerá a revogação.

Revogadas, as disposições testamentárias só se restaurarão no caso de anulação da revogação, ou mediante a elaboração de novo testamento, nos moldes legais. É inviável o revigoramento do primitivo ato de última vontade por meio de simples revogação da revogação. Não há efeito repristinatório para tanto à luz do ordenamento legal pátrio.

A restauração do testamento primitivo efetua-se repetindo o testador, uma a uma, as antigas disposições, ou então, simplesmente, reportando-se a ele de modo sintético no novo[9].

A revogação do testamento também pode ser **tácita**, que por seu turno pode ser entendida como o ato pelo qual o testador, em novo testamento, embora não se manifeste pela revogação do anterior, torna-o eficaz, mediante a feitura de cláusulas que venham a contrariar as anteriores, parcial ou totalmente.

Verifica-se esta quando o disponente faz novas disposições que não se coadunam com as antigas. Assim, a incompatibilidade acarreta a revogação das primeiras. Por exemplo, num primeiro testamento, lego minha casa a César e, num segundo, a Alberto; dada a inconciliabilidade entre ambas as disposições, tem-se a primeira como revogada pela segunda. Verbas contraditórias num mesmo testamento anulam-se (*ubi pugnantia inter se testamento juberentur, neutrum ratum est*); em testamentos diversos, entende-se que a do mais moderno revoga a do mais remoto. Trata-se de presunção *juris et de jure* que não admite prova em contrário.

Entretanto, "se as disposições do mesmo testamento são conciliáveis, consideram-se como uma só manifestação de vontade, não se podendo reputar a subsequente como revogação da anterior"[10].

---

9 MONTEIRO, Washington de Barros; PINTO, Ana Cristina de Barros Monteiro França. *Curso de direito civil*, p. 278; PEREIRA, Caio Mário da Silva. *Instituições de direito civil*, p. 315.

10 Nesse sentido, "tem se decidido que uma vez decretada a separação judicial, fica sem efeito o testamento pelo qual um dos cônjuges institui o outro seu herdeiro. Da mesma forma, a reconciliação do casal afasta o testamento pelo qual o cônjuge excluiu o outro da sucessão" (MONTEIRO, Washington de Barros; PINTO, Ana Cristina de Barros Monteiro França. *Curso de direito civil*, p. 279).

Havendo dois testamentos na mesma data, sem fixação de hora em que foi ultimado cada um, prevalecem ambos, quando conciliáveis, ou caem os dois, quando resultar incompatibilidade entre as disposições de um e as de outro, como bem refere Carlos Maximiliano[11].

Dispõe o art. 1.972 do Código Civil: "O testamento cerrado que o testador abrir ou dilacerar, ou for aberto ou dilacerado com seu consentimento, haver-se-á como revogado".

Ocorre a revogação tácita se o testamento cerrado se encontrar aberto ou dilacerado, por ação do próprio testador ou de terceiro, mediante sua autorização; ou ainda, se o testamento particular se apresentar rasgado, riscado ou cancelado; e a também se o testador realizar a alienação voluntária da coisa legada, podendo, no entanto, esta ser considerada parcial se houver outras disposições além daquela correspondente ao legado.

"Há quem considere a dilaceração um *tertium genus* de revogação, ao lado da revogação expressa e da tácita. Mas, na verdade, como concebe Calogero Gangi, ela constitui uma modalidade de revogação tácita, porquanto, com esse gesto, manifesta o disponente, de modo implícito, vontade de torná-lo sem efeito".

Uma questão pode ser colocada: e se a dilaceração não for completa? Para que possa induzir a revogação, torna-se mister a possibilidade de ser ela equiparada à própria destruição. Para Gangi, trata-se de mera questão de fato, a resolver-se pelo juiz segundo as circunstâncias particulares do caso.

Da mesma forma, quando não se encontra o testamento cerrado, de cuja existência se tinha notícia, presume-se este revogado pelo testador, que, para fazê-lo, podia abri-lo, dilacerá-lo, inutilizá-lo ou rasgá-lo. Entretanto, não se inutiliza o testamento se é terceira pessoa que o abre, por descuido ou inadvertência. E assim, apurando-se o fato, com a citação de todos os interessados, cabe ao juiz determinar-lhe o cumprimento oportuno.

Da mesma forma, se não for encontrado o testamento particular, quer se cuide daquele indicado no art. 1.876 do Código Civil, quer se trate da modalidade elaborada nas circunstâncias excepcionais previstas

---

[11] MAXIMILIANO, Carlos. *Direito das sucessões*, p. 169.

no art. 1.879 do Código, não podendo ser apresentado em juízo, impossibilitada a comprovação de sua existência e não comportando execução, será tido como inexistente[12].

25.3. Efeitos da revogação

Dispõe o art. 1.971 do Código Civil que "a revogação produzirá seus efeitos, ainda quando o testamento, que a encerra, vier a caducar por exclusão, incapacidade, ou renúncia do herdeiro nele nomeado; não valerá, se o testamento revogatório for anulado por omissão ou infração de solenidades essenciais ou por vícios intrínsecos".

Um dos efeitos da revogação, de que trata o artigo em tela, é de que mesmo que o testamento caducar, devido à exclusão, incapacidade ou renúncia do herdeiro, continua ele intrinsecamente válido. Subsiste, pois, a revogação mesmo que o testamento posterior não tenha mais eficácia.

Diferente situação pode-se deduzir no caso de o testamento posterior ser inválido, tiver sido anulado por omissão ou infração das solenidades essenciais, ou ainda por vícios intrínsecos. Isto porque o testamento inválido não tem valor, visto que a invalidade "torna nenhum o testamento", suprimindo-se, assim, todos os seus efeitos, inclusive a revogação do testamento anterior, e desta forma, subsiste o testamento anterior[13].

Os efeitos da revogação e do testamento nulo não são absolutamente iguais, pois, como se sabe, por exemplo, a cláusula de reconhecimento de filiação é irrevogável, mas se constar em testamento nulo não se convalida (o que não lhe retira o caráter probatório na ação de investigação de paternidade ou de alimentos). Enquanto a revogação representa um ato livre de vontade, o ato nulo se impõe por força da lei. "E ainda, se o testador perde a sua capacidade testamentária ativa, a sua declaração de última vontade não terá o condão de revogar o testamento elaborado em condições regulares"[14].

---

12 MONTEIRO, Washington de Barros; PINTO, Ana Cristina de Barros Monteiro França. *Curso de direito civil*, p. 280 e 281.

13 VELOSO, Zeno. *Código Civil comentado*, p. 2182.

14 RODRIGUES, Silvio. *Direito civil*: direito das sucessões. 3. ed. São Paulo: Max Limonad, 1967, p. 255; NADER, Paulo. *Curso de direito civil*, p. 432; GAMA, Affonso Dionísio. *Tratado theorico e pratico dos testamentos*, p. 138 e 139.

25.4. Do rompimento do testamento

Inicialmente, diferenciam-se os conceitos de revogação, nulidade, caducidade e rompimento da declaração de última vontade.

A revogação pressupõe a existência prévia de testamento que se pretende tornar sem efeito mediante a elaboração de um outro; a nulidade emana da lei, e torna ineficaz disposição de última vontade que tenha nascido viciada, cabendo ao juiz decretá-la *ex officio*; a caducidade torna o ato de última vontade privado de eficácia, pois deriva de fato superveniente, como a premoriência do herdeiro instituído; o rompimento do testamento, ocorre quando surge herdeiro necessário desconhecido que torna inoperante as cláusulas testamentárias, levando à sua invalidade.

Não se confundem a revogação e o rompimento do testamento: enquanto a revogação pressupõe a mudança da vontade do testador, que não mais deseja prevaleçam as disposições testamentárias anteriormente prescritas, o rompimento independe da vontade do testador; é a lei que determina que "sobrevindo descendente sucessível ao testador, que não o tinha ou não o conhecia quando testou, rompe-se o testamento em todas as suas disposições, se esse descendente sobreviver ao testador", conforme dispõe o art. 1.973 do Código Civil.

Trata o referido dispositivo da revogação presumida, fundada na presunção de que o testador certamente não teria disposto de seus haveres, se tivesse descendentes sucessíveis, ou se conhecesse os existentes. Estariam incluídos nesta hipótese o nascimento posterior de filho ou outro descendente (neto ou bisneto); o aparecimento de descendente que o testador supunha falecido, ou cuja existência ignorava; o reconhecimento voluntário ou judicial do filho[15].

O testamento só se rompe com a superveniência de filhos, quando o testador não os tinha anteriormente; se os possuía, quando testou, o nascimento de outro não provoca a *ruptio testamenti*. E ainda, a superveniência de herdeiro sucessível só é causa do rompimento do testamento quando o testador não tinha outros descendentes[16].

---

15 PEREIRA, Caio Mário da Silva. *Instituições de direito civil*, p. 319; MONTEIRO, Washington de Barros; PINTO, Ana Cristina de Barros Monteiro França. *Curso de direito civil*, p. 281.

16 VELOSO, Zeno. *Código Civil comentado*, p. 2184.

O rompimento do ato de última vontade, pela superveniência de herdeiro necessário, não carece de ação especial. Pode ser declarado no próprio inventário.

Tema outrora controverso e atualmente pacificado era se o conhecimento posterior filho adotivo também ensejaria a ruptura do testamento. Pareceres contrários a essa tese foram, no passado, exarados por Silvio Portugal, Francisco Morato e Vicente Rao. Hoje em dia, com o panorama da família na pós-modernidade bastante alterado, preconizando-se, pois, a igualdade absoluta existente entre os filhos, não sustentar-se-á a exclusão do filho adotivo[17].

À luz do disposto no art. 1.974 do Código Civil, "rompe-se também o testamento feito na ignorância de existirem outros herdeiros necessários".

Tendo em vista que o artigo precedente tratou da existência dos descendentes, podemos concluir que estariam incluídos na inteligência deste a superveniência de ascendentes e/ou cônjuge.

Assim, o testamento se rompe se o testador distribuiu seus bens e não tinha conhecimento da existência de tais herdeiros necessários, imaginando, por exemplo, que estes já tivessem morrido.

Desta forma, "se o descendente, ao testar, ignorar que seu ascendente ainda está vivo, rompido estará o ato de última vontade, uma vez descoberto o erro. O rompimento representa uma homenagem prestada à vontade presumida do testador, que não excluiria o ascendente se soubera de sua sobrevivência. Se é o cônjuge que reaparece, após separação involuntária, não devida à vontade ou desentendimento do casal, rompe-se também o testamento, de acordo com mencionado dispositivo legal"[18].

É necessário, entretanto, para que haja o rompimento do testamento, que o herdeiro necessário sobreviva ao testador.

Segundo o art. 1.975 do Código Civil, "não se rompe o testamento, se o testador dispuser de sua metade, não contemplando os herdeiros necessários de cuja existência saiba, ou quando os exclua dessa parte".

---

17 MONTEIRO, Washington de Barros; PINTO, Ana Cristina de Barros Monteiro França. *Curso de direito civil*, p. 282; MALUF, Adriana Caldas do Rego Freitas Dabus. *Direito das famílias*: amor e bioética, p. 439 e s.

18 MONTEIRO, Washington de Barros; PINTO, Ana Cristina de Barros Monteiro França. *Curso de direito civil*, p. 282.

Assim, se o testador se atém unicamente à metade disponível, a exclusão de herdeiros necessários não implica ruptura do testamento; o mesmo acontece na hipótese em que os deserde sem menção da causa legal, como prevê o art. 1.964 do Código Civil. Trata-se de aplicação do princípio de direito, segundo o qual *utile per inutile non vitiatur.*

Tal como vimos no capítulo anterior, possuindo herdeiros necessários, se o testador extrapolar o quinhão de sua metade disponível, o remédio para tal caso é a redução das disposições testamentárias e não a ruptura do testamento.

Capítulo 26

Do testamenteiro

26.1. Da testamentaria

Pode-se entender por testamentaria o conjunto de poderes e atribuições conferidas pelo testador, pela lei ou pelo magistrado, para serem objeto de exercício após a sua morte.

Tal como definem Carlos Maximiliano e Itabaiana de Oliveira, "testamenteiro é a pessoa encarregada de realizar ou promover o cumprimento das disposições de última vontade do testador"[1].

Normalmente, a execução das disposições testamentárias deve caber aos próprios herdeiros. Entretanto, pode acontecer que o testador não tenha herdeiros, nestes não confie inteiramente, tenha dúvida sobre sua diligência e capacidade, ou ocorra colisão de interesse entre as várias disposições. Concede-lhe a lei, em face disso, o direito de nomear uma outra pessoa de sua exclusiva confiança, a quem defere a execução do testamento. Surge

[1] OLIVEIRA, Arthur Vasco Itabaiana de. *Tratado de direito das sucessões*, p. 262; MAXIMILIANO, Carlos. *Direito das sucessões*, p. 188.

assim a figura do testamenteiro, que pode ser herdeiro, legatário, cônjuge, parente ou pessoa estranha, e em outras legislações recebe a denominação de executor testamentário cuja missão é assegurar o cumprimento das disposições testamentárias.

Vemos, assim, que "a importância do testamenteiro é inconteste, mas não chega a ser imprescindível à garantia da execução do testamento, pois o juiz dispõe de amplos recursos para a aferição da verdadeira vontade do testador e para a fiscalização do andamento do feito e do cumprimento das disposições testamentárias"[2].

Pensamos que tem razão José da Silva Pacheco, quando aduz que "a prudência pode aconselhar a nomeação do testamenteiro, para evitar resistência do beneficiado em satisfazer disposições que muitas vezes podem colidir com seus interesses"[3].

26.2. Natureza jurídica da testamentaria

A natureza jurídica da testamentaria apresenta muitas divergências, e assim três teorias se apresentam: a do mandato, a da tutela e a do instituto *sui generis.*

Pela primeira teoria avençada, equipara-se a testamentaria ao **mandato**; o testamenteiro seria o representante ou mandatário do testador, mas um mandatário especial, *sui generis,* cujas funções só começam a vigorar quando se extinguem todos os demais mandatos pela morte do mandante. Seria, ainda, um mandatário imposto pelo testador aos seus sucessores, com o objetivo de realizar-lhe as últimas vontades. Entretanto, tendo em vista que o mandato cessa com a morte do mandante, como prevê o art. 682, II, do Código Civil, e é precisamente com o óbito do testador (suposto mandante) que se inicia o exercício da testamentaria, não apresentaria esta rigor técnico para vingar. Aventou-se também a hipótese de que se trataria de mandato *post mortem* ou de mandato sem representação, refutada por Degni, tendo em vista que o mandato só pode resultar de ato entre vivos.

---

2 NADER, Paulo. *Curso de direito civil*, p. 447.

3 PACHECO, José da Silva. *Inventários e partilhas na sucessão legítima e testamentária*. 18. ed. Rio de Janeiro: Forense, 2005, p. 424.

Dispõe Orozimbo Nonato que o testamenteiro não é mandatário do testador, muito menos o será dos herdeiros, uma vez que fiscaliza a conduta destes em relação ao espólio, aciona-os por dívidas e pela posse do acervo, e defende contra eles a validade do testamento. Trata-se, portanto, de um cargo de natureza especial[4].

Quanto à segunda teoria, que equipara a testamentaria à **tutela**, visto que se trata de um ofício a ser desempenhado, esta é a mais antiga delas, na concepção de Roguin, equiparando a figura do testamenteiro à do tutor. Esta teoria, entretanto, não procede, pois o testamenteiro não é tutor, mas exerce um ofício similar àquele[5].

A respeito desta manifesta-se Carlos Maximiliano, para quem "a testamentaria é uma função de amigo, não como a tutela um encargo público, posto que não é compulsória como aquela, e pode ser recusada, sem prejuízo nem para o herdeiro ou legatário que não queira ser testamenteiro"[6].

Entende-se melhor colocada a concepção de que a testamentaria constitui **instituto *sui generis***, regido por normas peculiares e próprias, tendo como traço característico a delimitação do testamenteiro pela vontade do testador[7].

26.3. Origens históricas da testamentaria

A origem histórica da testamentaria é controvertida, entendendo alguns autores que esta remontaria ao direito romano. Entretanto, tal como lecionam Ruggiero e Maroi, esta era desconhecida em Roma, surgindo-lhe os primeiros rudimentos sob a égide de Justiniano. Por outro lado, sob o magistério de Degni, filia-se este ao primitivo direito germânico; embora seja válido ressaltar que neste não existia o testamento, havia, por outro lado, a figura

4 NONATO, Orozimbo. *Estudos sobre a sucessão testamentária*, v. I, p. 298.

5 NONATO, Orozimbo. *Estudos sobre sucessão testamentária*, v. I, p. 288 e 289.

6 MAXIMILIANO, Carlos. *Direito das sucessões*, p. 191.

7 PEREIRA, Caio Mário da Silva. *Instituições de direito civil*, p. 289-291; MONTEIRO, Washington de Barros; PINTO, Ana Cristina de Barros Monteiro França. *Curso de direito civil*, p. 283 e 284; GAMA, Affonso Dionysio. *Tratado theorico e pratico de testamentos*, p. 144 e 145; OLIVEIRA, Arthur Vasco Itabaiana de. *Tratado de direito das sucessões*, p. 262.

do fiduciário, que tinha por encargo a distribuição do patrimônio do extinto entre pessoas diversas dos herdeiros[8].

Leciona Carlos Maximiliano que "o embrião da testamentaria encontra-se no Lácio, porquanto existia pessoa encarregada de atos piedosos. A Novela 68 do Imperador Leão o Filósofo (Novella Leonis), promulgada no século nono, proibia os monges e clérigos de aceitar a tutela de impúberes, mas facultava explicitamente a tutela da sucessão testamentária, isto é, o encargo de zelar pelo fiel cumprimento das disposições *causa mortis*".

A partir daí, Justiniano, desenvolvendo a ideia corporificada em lei por Leão e Antemius, instituiu uma espécie de executor das liberalidades feitas em favor dos pobres e escravos[9].

Para Troplong, entre outros, o instituto foi uma criação do direito intermédio, do direito costumeiro e de que se teria servido o direito canônico e o dos países regidos pelo direito romano. Da mesma forma concebem Planiol e Ripert, que lhe imputam o desenvolvimento no direito antigo[10].

A forma de execução testamentária que é conhecida atualmente provém da época medieval, basicamente das normas consuetudinárias germânicas. Posteriormente, a Igreja reivindicou o direito de inspecionar a execução dos testamentos, tendo em vista as disposições em favor dos pobres e das obras pias[11].

Cunha Gonçalves, no entanto, sintetizou a evolução histórica do instituto ao aduzir que a figura do testamenteiro existia no direito romano para certas funções, adquiriu alguns caracteres do direito germânico, desenvolveu-se sob o influxo do direito canônico, do qual passou para o direito consuetudinário francês e para seu *Code Civil*, servindo de inspiração para os Códigos modernos[12].

---

8 MONTEIRO, Washington de Barros; PINTO, Ana Cristina de Barros Monteiro França. *Curso de direito civil*, p. 284.

9 MAXIMILIANO, Carlos. *Direito das sucessões*, p. 188.

10 TROPLONG. *Des donations entre-vifs et per testament*, n. 1900; PLANIOL; RIPERT. *Traité élémentaire de droit civil*, n. 657.

11 NADER, Paulo. *Curso de direito civil*, p. 449.

12 CUNHA GONÇALVES, Luiz. *Tratado de direito civil*, v. X, t. I, § 1475, p. 234.

26.4. Da nomeação do testamenteiro

O testamenteiro é a pessoa nomeada pelo testador, mediante testamento ou codicilo, ou pela lei ou pelo juiz de direito, que, na hipótese da abertura da sucessão, será encarregada de cumprir as disposições de última vontade exaradas pelo testador.

Vê-se que a testamentaria é voluntária, uma vez que a pessoa designada não tem obrigação em aceitá-la. É também personalíssima, pois não há como delegá-la, embora possa vir a nomear um procurador para atuar em juízo. Trata-se ainda de um cargo de ordem privada e não uma função pública[13].

À luz do art. 1.976 do Código Civil, "o testador pode nomear um ou mais testamenteiros, conjuntos ou separados, para lhe darem cumprimento às disposições de última vontade".

Nomeando mais de um, deve indicar a ordem em que lhes cumpre servir; se não houver essa indicação, todos servem ao mesmo tempo. Normalmente, a nomeação é feita no próprio testamento; mas a nomeação pode efetivar-se igualmente através de codicilo, como prevê o art. 1.883 do Código Civil.

Pode, ainda, o testador conferir ao testamenteiro nomeado a faculdade de designar o próprio sucessor. Entretanto, se o testador omitiu a nomeação, ou se o nomeado estiver ausente ou falecido, ou não aceitar o encargo, cabe ao juiz nomear um testamenteiro dativo, recaindo a preferência em quem estiver em condições de ser inventariante, como dispõe o art. 735 do CPC/2015 (art. 1.127 do CPC/73).

No que tange a abertura, registro e cumprimento do testamento, estes vêm regidos pelos arts. 735 e 736 do CPC/2015 (arts. 1.125 a 1.128 do CPC/73).

De acordo com o disposto no art. 1.984 do Código Civil, "na falta de testamenteiro nomeado pelo testador, a execução testamentária compete a um dos cônjuges, e, em falta destes, ao herdeiro nomeado pelo juiz".

Em regra, o autor da herança tem o direito de indicar o executor de seu testamento, e assim, nomeia o testamenteiro, e na falta desta nomeação,

---

13 MAXIMILIANO, Carlos. *Direito das sucessões*, p. 198.

a execução testamentária caberá ao cônjuge sobrevivente, e na falta deste, designa o juiz para exercer tal função outro herdeiro, visto que as disposições de última vontade não podem ficar sem o executor testamentário, na falta de nomeação pelo próprio disponente[14].

Entendemos, ainda, que, em face da amplitude da família na pós-modernidade, deve-se admitir que a testamentaria seja confiada ao companheiro, caso o autor da herança vivesse em união estável.

Qualquer pessoa idônea, homem ou mulher, casada ou solteira, pode ser nomeada testamenteira, desde que se ache no pleno gozo de sua capacidade civil.

Desta forma, vê-se que, uma vez designado o testamenteiro em ato *causa mortis*, o juiz respeita e prestigia o que o *de cujus* estabeleceu. Somente a incapacidade ou outro motivo superveniente poderá lhe causar a sua destituição, seguida de nomeação de outro testamenteiro pelo juiz do inventário[15].

Por outro lado, **quanto à capacidade para ser testamenteiro**, não podem exercer a função de testamenteiro: o menor, o incapaz e os interditos, mesmo que assistidos pelos seus representantes legais; também a pessoa jurídica não preenche as condições legais de investidura, por ser personalíssima a execução da testamentaria. Entretanto, na hipótese de não ser a referente nomeação impugnada, poderá exercer o cargo, com todos os direitos e obrigações, inclusive percepção de vintena; da mesma forma, aquele que escreve o testamento a rogo do testador, bem como o seu descendente, ascendente, cônjuge e irmão, não pode desempenhar o encargo, a menos que renuncie a vintena. "A lei considera imoral que o indivíduo se gratifique a si mesmo com bens oriundos da herança, o que acontece com o testamenteiro, normalmente remunerado pelos seus serviços. Há quem opine, entretanto, que, embora renuncie a recompensa, não se admite a investidura, porque tolerá-la seria indiretamente sancionar a irregularidade da nomeação"; a pessoa que se encontra em débito com o espólio, por analogia ao disposto no art. 1.735, II, do Código Civil; aqueles que estiverem

---

14 LEITE, Eduardo de Oliveira. *Comentários ao novo Código Civil*, p. 698.

15 MAXIMILIANO, Carlos. *Direito das sucessões*, p. 199.

em litígio com os herdeiros, ou forem inimigos do testador ou de seus sucessores; o oficial perante o qual foi feita a declaração de última vontade[16].

Quanto à aceitação da testamentaria, esta deve constar de um termo, subscrito pelo juiz e pelo testamenteiro, de acordo com o disposto no art. 735, § 3º, do CPC/2015 (art. 1.127, parágrafo único, do CPC/73). Assim, registrado o testamento e assinado o termo de compromisso da testamentaria, o escrivão extrairá cópia autêntica do testamento, que será juntada aos autos de inventário para cumprimento das disposições de última vontade.

Quanto aos caracteres da testamentaria, esta abrange a função personalíssima, a voluntariedade, o emprego de regras supletivas e a onerosidade.

É personalíssima porque não comporta delegação de funções, nem se transmite aos sucessores do testamenteiro; é voluntária, uma vez que constitui mera faculdade do testador escolher alguém de sua confiança para executar suas disposições de última vontade; emprega regras supletivas, visto que só são destinadas ao testamenteiro a execução do testamento e não a indicação de herdeiro ou legatário, nem a escolha de deixas testamentárias; a onerosidade se caracteriza pelo prêmio que concede ao testamenteiro por sua atuação, podendo ser definido seu *quantum* no testamento ou por via judicial[17].

26.5. Dos direitos e obrigações do testamenteiro

É sabido que a principal função do testamenteiro é a execução das disposições testamentárias; para tanto possui direitos e deveres inerentes a ela.

Destacam-se como **direitos do testamenteiro**: ter a posse e a administração dos bens da herança, se não houver herdeiros necessários; ser citado para o inventário; requerer ao juiz que lhe conceda os meios necessários para cumprir as disposições testamentárias; nomear à execução os bens da herança, se os legatários o demandarem; requerer ao juiz que determine ao

16 OLIVEIRA, Arthur Vasco Itabaiana de. *Tratado de direito das sucessões*, p. 268 e s.; NONATO, Orozimbo. *Estudos sobre sucessão testamentária*, p. 306; MONTEIRO, Washington de Barros; PINTO, Ana Cristina de Barros Monteiro França. *Curso de direito civil*, p. 285.

17 NADER, Paulo. *Curso de direito civil*, p. 451-453.

detentor do testamento que o leve a registro; requerer ao magistrado que o detentor do testamento o exiba em juízo, para os fins legais, sob pena de busca e apreensão; receber a vintena; reembolsar-se das despesas feitas no exercício do cargo e desempenho das funções inerentes a ele; renunciar.

Destacam-se ainda como **obrigações do testamenteiro**: apresentar o testamento às autoridades judiciárias para dar cumprimento às disposições de última vontade do testador; fazer a publicação do testamento particular; prestar compromisso, assinando o termo; requerer o inventário dos bens da herança, se tiver sua posse e administração; fazer as primeiras e últimas declarações, se também for nomeado inventariante; nomear procurador com poderes especiais, defender a validade do testamento; responder ativa e passivamente pelo espólio em juízo; defender a posse dos bens da herança; cumprir o testamento no prazo estabelecido por lei; cumprir as disposições contidas no testamento, nos limites da lei; prestar contas de forma contábil no juízo do inventário; responder pelos danos eventualmente causados; não poder adquirir os bens da herança, mesmo em hasta pública[18].

É válido ressaltar que os deveres do testamenteiro prescreverão, à luz do que dispõe o art. 205 do Código Civil, no prazo de dez anos, contados da data em que cessar a testamentaria (prescrição legal).

E assim, para a maior facilidade no exercício de sua função, dispõe o art. 1.977 do Código Civil que "o testador pode conceder ao testamenteiro a posse e a administração da herança, ou de parte dela, não havendo cônjuge ou herdeiros necessários. Parágrafo único. Qualquer herdeiro pode requerer partilha imediata, ou devolução da herança, habilitando o testamenteiro com os meios necessários para o cumprimento dos legados, ou dando caução de prestá-los".

No caso de haver cônjuge supérstite ou herdeiros necessários, a posse e administração da herança tocarão a esses interessados, em decorrência ao direito de *saisine*, consoante o que dispõe o art. 1.797, I e II, do

---

[18] GAMA, Affonso Dionysio. *Tratado theorico e pratico de testamentos*, p. 153-156; MONTEIRO, Washington de Barros; PINTO, Ana Cristina de Barros Monteiro França. *Curso de direito civil*, p. 287 e s.; FUJITA, Jorge S. *Curso de direito civil*, p. 230-233.

Código Civil, em preferência ao testamenteiro. E assim, no caso de estes não detiverem a administração da herança, por exercê-la o testamenteiro, poderão fazer cessar a situação requerendo a partilha imediata, ou a entrega dos bens, a devolução da herança habilitando o testamenteiro com meios necessários para o cumprimento dos legados ou dando caução para prestá-los. Uma vez satisfeita a missão do testamenteiro, o herdeiro poderá pleitear a retirada do testamenteiro da posse dos bens da herança. E desta forma, afastado o testamenteiro, assume o herdeiro as funções do inventariante[19].

A faculdade de investir o testamenteiro na posse e administração dos bens não é ilimitada, mas, ao contrário, está sujeita a limitações, e uma delas é a existência de cônjuge ou herdeiro necessário, visto que a estes compete por exigência da lei a posse a administração dos bens, e "contra disposição cogente, não prevalece a vontade do indivíduo"[20].

Completa essa concepção Zeno Veloso, para quem "considerando a tendência à equiparação entre o casamento e a união estável, e diante do que estatui o art. 1.791, I, do Código Civil, entende-se que não pode o testador conceder a posse e a administração da herança ao testamenteiro, quando houver o companheiro supérstite, e que logicamente com este conviva ao tempo da abertura da sucessão"[21].

Na hipótese de inexistir cônjuge-meeiro, ou, se estiverem esses separados à época da abertura da sucessão, e ainda, na falta de herdeiro necessário, poderá o testador atribuir ao testamenteiro a posse e administração da herança.

Como determina a regra contida no parágrafo único do mesmo artigo, qualquer herdeiro, parentes colaterais do *de cujus*, ou instituídos no testamento, pode requerer partilha imediata, ou devolução da herança, habilitando o testamenteiro com os meios necessários para o cumprimento dos legados, ou dando caução de prestá-los.

---

19 GAMA, Affonso Dionysio. *Tratado theorico e pratico de testamentos*, p. 145 e 146.

20 LEITE, Eduardo de Oliveira. *Comentários ao novo Código Civil*, p. 687; GAMA, Affonso Dionysio. *Tratado theorico e pratico de testamentos*, p. 145.

21 VELOSO, Zeno. *Código Civil comentado*, p. 2187.

Dispõe o art. 1.978 do Código Civil, combinado com o art. 616, IV, do Código de Processo Civil de 2015: "Tendo o testamenteiro a posse e administração dos bens, incumbe-lhe requerer inventário e cumprir o testamento".

O testamenteiro que tem posse e administração da herança é chamado **universal**, em contraste com o que não dispõe de tais atributos, que se chama **particular** e cuja função se restringe à fiscalização da execução testamentária.

Compete-lhe assim, na dupla qualidade de inventariante, se também for nomeado para esse cargo e testamenteiro, iniciar o inventário, prestar primeiras e últimas declarações, cobrar dívidas ativas, propor ações em nome do espólio, pedir venda de bens, defender a validade do testamento, contratar advogado, pagar débitos, recolher impostos, entre outros.

À luz do disposto no art. 1.979 do Código Civil: "O testamenteiro nomeado, ou qualquer parte interessada, pode requerer, assim como o juiz pode ordenar, de ofício, ao detentor do testamento, que o leve a registro".

Assim, tem-se que não apenas o testamenteiro nomeado, que aceitou o encargo, mas também qualquer outro interessado pode requerer ao juiz que ordene que o detentor do testamento o leve a registro, que é uma formalidade preliminar, para que as disposições ali contidas sejam cumpridas como prevê o art. 735 do CPC/2015 (arts. 1.125 e s. do CPC/73)[22].

Dispõe o art. 1.980 do Código Civil: "O testamenteiro é obrigado a cumprir as disposições testamentárias no prazo marcado pelo testador, e a dar contas do que recebeu e despendeu, subsistindo sua responsabilidade enquanto durar a execução do testamento".

No âmbito do exercício da testamentaria, prestar contas é uma das principais atribuições do testamenteiro, e ele deve fazer isso no prazo legal. Mas pergunta-se que prazo é esse?

Estatui o art. 1.983 do Código Civil que, "não concedendo o testador prazo maior, cumprirá o testamenteiro o testamento e prestará contas em cento e oitenta dias, contados da aceitação da testamentaria", podendo, à luz de seu parágrafo único, ser dilatado esse prazo se houver motivo suficiente.

---

22 MONTEIRO, Washington de Barros; PINTO, Ana Cristina de Barros Monteiro França. *Curso de direito civil*, p. 287; VELOSO, Zeno. *Código Civil comentado*, p. 2187; GAMA, Affonso Dionysio. *Tratado theorico e pratico de testamentos*, p. 147.

Ou seja, torna-se claro que o mencionado prazo deverá ser dilatado no caso de surgirem litígios acerca da herança. E nesse caso, os seis meses começarão a fluir da data em que findar o pleito judicial. Pode ainda o juiz prorrogar o termo, desde que complexos os interesses ligados à herança e não tenha sido possível ao testamenteiro solucioná-los no prazo concedido.

Quanto à obrigação do testamenteiro em prestar contas do que recebeu e despendeu no exercício do cargo e execução do testamento, sua responsabilidade subsiste enquanto durar a execução do testamento, como prevê o art. 1.980 do Código Civil. Dispõem os arts. 735 e s. do CPC/2015 sobre a abertura, o registro e o cumprimento do testamento.

Desta forma, "enquanto durar o encargo, não pode o testamenteiro subtrair-se à satisfação desse dever legal e moral, inerente a todos quantos lidam com valores e interesses alheios. A responsabilidade apenas cessa com a definitiva aprovação das contas pelo juiz. Mas o testamenteiro não pode ser compelido a prestar contas relativas a eventual administração anteriormente exercida pelo testador"[23].

As contas devem ser prestadas no lapso de cento e oitenta dias, ou sempre que o juiz determinar, e ocorrendo motivo suficiente, pode esse prazo ser prorrogado. Processar-se-ão com observância do disposto no art. 551 do CPC/2015 (art. 917 do CPC/73), correndo perante o juízo do inventário, com obrigatória intervenção do representante do Ministério Público.

É válido ressaltar que todas as despesas decorrentes de atos efetuados *ratione muneris* ficarão a cargo do acervo hereditário. Nessas condições, terá direito de reembolsar-se dos honorários que pagou ao respectivo advogado contratado para intervir no processo, principalmente se teve de demandar em juízo a validade do testamento. Não é exato que tais dispêndios devam sair de sua vintena.

No caso de a prestação de contas acusar a existência de saldo contra o testamenteiro, será o mesmo reclamado nos próprios autos, como nas execuções de sentenças, nos termos do art. 552 do CPC/2015 (art. 918 do CPC/73): "A sentença apurará o saldo e constituirá título executivo judicial".

---

23 GAMA, Affonso Dionysio. *Tratado theorico e pratico de testamentos*, p. 147.

Dentre os múltiplos encargos do testamenteiro dispõe o art. 1.981 do Código Civil: "Compete ao testamenteiro, com ou sem o concurso do inventariante e dos herdeiros instituídos, defender a validade do testamento".

Ocorre que uma discussão se instala em virtude de o testamenteiro ser obrigado ou não a sustentar os atos de última vontade que se não revistam de validade, ou que encerrem cláusulas ilegais. Concebe Clóvis Beviláqua que "o homem probo não aceita a incumbência de executar uma falsidade". Pontes de Miranda posiciona-se no sentido de que não é lícito ao testamenteiro transigir acerca da validade do ato; devendo zelar pela sua subsistência e legitimidade; "não podendo, pois, confessar a nulidade do ato, nem transacionar sobre a sua validade".

E assim, "se o testamento contém disposições que possam chocar o testamenteiro, despertando-lhe escrúpulos ou criando-lhe problemas de consciência, cabe-lhe desistir do cargo e não trair a confiança nele depositada pelo testador, ou pela autoridade judiciária que o tenha investido nas questionadas funções"[24].

Estabelece o art. 1.982 do Código Civil: "Além das atribuições exaradas nos artigos antecedentes, terá o testamenteiro as que lhe conferir o testador, nos limites da lei".

Tal como prevê o art. 1.985 do diploma civil, "o encargo da testamentaria não se transmite aos herdeiros do testamenteiro, nem é delegável; mas o testamenteiro pode fazer-se representar em juízo e fora dele, mediante mandatário com poderes especiais".

A indicação para a testamentaria é personalíssima, devendo por isso o testamenteiro atuar pessoalmente em suas funções. Mas pode, entretanto, fazer-se representar em juízo e fora dele, mediante procurador com poderes especiais.

Menciona o art. 1.986 do Código Civil: "Havendo simultaneamente mais de um testamenteiro, que tenha aceitado o cargo, poderá cada qual exercê-lo, em falta dos outros; mas todos ficam solidariamente obrigados a dar conta dos bens que lhes forem confiados, salvo se cada um tiver, pelo testamento, funções distintas, e a elas se limitar".

---

24 MONTEIRO, Washington de Barros; PINTO, Ana Cristina de Barros Monteiro França. *Curso de direito civil*, p. 289 e 290.

Pode o autor da herança nomear um ou mais testamenteiros, como prevê o art. 1.976 do Código, já analisado, e não estabelecer a ordem em que exercerão a função. No caso de haver mais de um testamenteiro que tenha aceitado o cargo, deverão, em princípio, atuar conjuntamente, mas cada um poderá exercer a testamentaria isoladamente, na falta dos outros, ficando solidariamente obrigados a dar conta dos bens que lhes forem confiados, salvo se cada um tiver funções distintas estabelecidas pelo testamento[25].

Entretanto, a responsabilidade de um dos testamenteiros implicará responsabilidade dos outros, presumindo-se que todos se achem de acordo com o ato praticado. Desta sorte, tem-se que a responsabilidade solidária depende de dois requisitos basilares: que os testamenteiros sejam simultâneos e não sucessivos e que não haja entre eles discriminação de funções. Se houver essa discriminação, cada um deles se aterá aos próprios encargos, respondendo sozinho pelas suas consequências. "Assim, pode-se aduzir que existe a solidariedade entre os testamenteiros porque eles são escolhidos pelo testador e não pelos herdeiros. Quis a lei, prudentemente, que estes, obrigados a respeitar a vontade do *de cujus*, ficassem plenamente garantidos"[26].

26.6. Do direito à vintena

O exercício da testamentaria não é gratuito. O testamenteiro tem direito a um prêmio pelos serviços prestados, se não for herdeiro nem legatário, denominado *pro labore et administratione*.

Assim, determina o art. 1.987 do Código Civil: "Salvo disposição testamentária em contrário, o testamenteiro, que não seja herdeiro ou legatário, terá direito a um prêmio, que, se o testador não o houver fixado, será de um a cinco por cento, arbitrado pelo juiz, sobre a herança líquida, conforme a importância dela e maior ou menor dificuldade na execução do testamento. Parágrafo único. O prêmio arbitrado será pago à conta da parte disponível, quando houver herdeiro necessário".

---

25 VELOSO, Zeno. *Código Civil comentado*, p. 2190.

26 MONTEIRO, Washington de Barros; PINTO, Ana Cristina de Barros Monteiro França. *Curso de direito civil*, p. 291.

O testamenteiro, salvo disposição testamentária em contrário, fará jus a um prêmio, que significa uma remuneração pelos serviços prestados. Ocorre que se também for herdeiro ou legatário, ou cônjuge meeiro de herdeiro ou legatário, não terá direito a esse prêmio, denominado vintena. Entretanto, se houver uma pluralidade de testamenteiros, o valor desse prêmio será arbitrado na proporção das funções desempenhadas por cada um deles.

Em face disso, discute-se, ainda, que se a lei só se refere ao herdeiro testamentário ou instituído e legatário é porque os demais herdeiros, legítimos ou necessários, teriam direito à recompensa?

Carlos Maximiliano e Carvalho Santos entendem que não, sustentando que o herdeiro, legítimo ou testamentário, não recebe qualquer prêmio pelo exercício da testamentaria uma vez que, desempenhando essas funções, apenas satisfaria uma obrigação, não fazendo, pois, jus ao pagamento *pro labore*.

Tal como dispõe o art. 1.988 do Código Civil, "o herdeiro ou o legatário nomeado testamenteiro poderá preferir o prêmio à herança ou ao legado".

Não poderá, nesse sentido, o herdeiro cumular as duas disposições: ou receberá o prêmio ou será herdeiro ou legatário, salvo se determinação diferente expressamente deixar o testador.

Para o efetivo cálculo do prêmio, deve-se proceder a definição do *quantum* da herança líquida, na base de um a cinco por cento, mediante determinação judicial. Deduzem-se, portanto, do monte, para o cálculo respectivo, as dívidas do falecido, despesas funerárias e sufrágios pela sua alma; sobre o remanescente arbitrar-se-á o *quantum* devido, à luz do que estabelece o art. 1.847 do Código Civil, tendo sido revogado o art. 1.138, § 1º, do CPC/73. O prêmio é calculado sobre a herança líquida e deduzido somente da metade disponível quando houver herdeiros necessários, e de todo o acervo líquido nos demais casos. Havendo herdeiro necessário, estima-se a vintena apenas sobre a metade disponível, como prevê o parágrafo único do art. 1.987 do Código Civil.

Se o testador só dispôs de parte de sua quota disponível, calcular-se-á a vintena sobre a porção contemplada no testamento.

Interessante questão surge no caso de as dívidas do *de cujus* absorverem todo o acervo. Como será calculada a vintena, visto que a lei determina que esta recaia sobre a herança líquida? Em tal hipótese, a retribuição continua devida; arbitrá-la-á o juiz e o seu *quantum* tirar-se-á do monte, sendo paga excepcionalmente pelos credores. E assim, o prêmio deverá ser pago em dinheiro, não sendo lícito atribuírem-se bens do espólio ao testamenteiro, para a respectiva satisfação, salvo a hipótese de o testamenteiro ser meeiro[27].

26.7. Da destituição do testamenteiro

O testamenteiro poderá ser destituído de seu cargo. Assim, como prevê a regra contida no art. 1.989 do Código Civil, "reverterá à herança o prêmio que o testamenteiro perder, por ser removido, ou por não ter cumprido o testamento".

No mesmo sentido, se o testamento for anulado, perderá o testamenteiro o direito ao prêmio. E assim, pode-se aduzir que outros motivos concorrem para a destituição do testamenteiro: se forem glosadas as despesas por ilegais ou em discordância com o testamento; se não cumprir as disposições testamentárias; se promover interesses contrários aos do espólio, como, por exemplo, aceitando procuração e iniciando contra este ação de cobrança; por incapacidade superveniente, como a interdição. E assim, a remoção se dará com base no disposto no art. 1.989 do Código Civil, posto que revogado o art. 1.140 do CPC/73.

A destituição do testamenteiro, por sua vez, pode ser decretada *ex officio*, ou a requerimento dos interessados, inclusive do Ministério Público; da respectiva decisão cabe apelação fundada no art. 1.009 do CPC/2015 (art. 513 do CPC/73)[28].

Cessa a testamentaria: pela conclusão do encargo, que se comprova especificamente com a prestação de contas; pelo esgotamento do prazo, salvo prorrogação; pela morte do testamenteiro; pela renúncia, em ocorrendo justo motivo e aceito pela autoridade judiciária; pela ocorrência de motivo superveniente que impossibilite a testamentaria; pela destituição por decreto judicial; pela anulação do testamento e pela revogação do testamento[29].

---

27 PEREIRA, Caio Mário da Silva. *Instituições de direito civil*, p. 296 e 297; AMORIM, Sebastião Luiz. *Código Civil comentado*, p. 353.

28 VELOSO, Zeno. *Código Civil comentado*, p. 2190; MONTEIRO, Washington de Barros; PINTO, Ana Cristina de Barros Monteiro França. *Curso de direito civil*, p. 293 e 294; GAMA, Affonso Dionysio. *Tratado theorico e pratico de testamentos*, p. 149.

29 PEREIRA, Caio Mário da Silva. *Instituições de direito civil*, p. 298.

26.8. Outras disposições

À luz do disposto no art. 735 do CPC/2015 (art. 1.127 do CPC/73), o testamenteiro deve ser intimado para assinar o termo de testamentaria. Tal como prevê o seu § 4º, se não houver testamenteiro nomeado, ou se ele estiver ausente, ou não aceitar o encargo, o juiz nomeará testamenteiro dativo, observando-se as preferências legais, como prevê o art. 626 do CPC/2015. E assim, impõe-se sua audiência em todos os atos e termos do processo, sobretudo nos que disserem respeito à execução das disposições testamentárias, cujo juízo é o da provedoria.

Sob a égide do CPC de 1973, o testamenteiro que quiser demitir-se do encargo poderá requerer ao juiz a escusa, alegando causa legítima. Ouvidos os interessados e o órgão do Ministério Público, o juiz decidirá, como dispõe o art. 1.141. Esse dispositivo não encontra, entretanto, correspondência no CPC de 2015.

Nos termos do art. 168, § 1º, II, do Código Penal, constitui causa de aumento especial de pena ter sido o crime de apropriação indébita praticado pelo réu na qualidade de testamenteiro.

Determina o art. 1.990 do Código Civil que "se o testador tiver distribuído toda a herança em legados, exercerá o testamenteiro as funções de inventariante".

Nesse caso, a posse do acervo não passa imediatamente aos legatários porque eles não são continuadores da pessoa do defunto, prerrogativa atribuída aos herdeiros desde o direito romano. Assim, a administração do espólio caberá àquele que detém o cargo de inventariante.

Como aduz Sebastião Luiz Amorim, "evitam-se, desta forma, disputas infundadas sobre quem teria a melhor condição de exercer a inventariança"[30].

---

[30] AMORIM, Sebastião Luiz. *Código Civil comentado*, p. 358.

Capítulo 27

Do inventário

27.1. Conceito

O inventário pode ser entendido como o processo judicial tendente à relação, descrição, avaliação e liquidação de todos os bens pertencentes ao *de cujus* ao tempo de sua morte, para assim distribuí-los entre os seus sucessores.

A origem etimológica do termo decorre da palavra latina *inventarium*, que deriva do verbo *invenire*, que significa achar, encontrar, providenciar, "é o meio técnico de anotar e registrar o que for encontrado, pertencente ao morto, para ser atribuído aos seus sucessores"[1].

27.2. Disposições gerais

A morte do autor da herança faz com que seja aberta a sucessão de seus bens, para que estes sejam transmitidos a seus herdeiros. O caminho adotado pela lei é o processo de inventário, que por seu turno pode ser judicial ou extrajudicial.

1 PEREIRA, Caio Mário da Silva. *Instituições de direito civil*, p. 339.

Através do inventário, faz-se o levantamento do acervo hereditário para ser distribuído entre os herdeiros, fazendo assim, "que os direitos subjetivos dos herdeiros alcancem efetividade". Por meio deste, prepara-se a partilha, que constitui a divisão desses bens hereditários entre os herdeiros. Esse processo, pela sua natureza, apresenta uma íntima analogia com a velha *actio familiae erciscundae* do direito romano[2].

A lei estabelece que o inventário seja judicial, obrigatoriamente, quando houver interessado incapaz ou testamento, sendo seu procedimento disciplinado pelo Código de Processo Civil; quanto ao inventário extrajudicial, este pode ser efetuado quando todas as partes forem capazes e concordes e não houver testamento a se cumprir, realizando-se, assim, o inventário e a partilha por escritura pública, que constituirá título hábil para o registro imobiliário, nos termos dos arts. 610 e 611 do Código de Processo Civil de 2015. Vê-se, assim, que o inventário tem natureza eminentemente processual, embora venha regulado concomitantemente pelo Código Civil e pelo Código Processual.

27.3. Do inventário judicial

Inicialmente, leciona Arthur Vasco Itabaiana de Oliveira que o processo de inventário "é sumaríssimo e administrativo, posto que pode o julgador decidir de plano, ante a verdade sabida de qualquer modo; pode ser tratado durante as férias e exclui as questões de alta indagação, que devem ser tratadas em ação ordinária própria".

Pode, entretanto, o juiz tratar no processo de inventário de questões atinentes aos seguintes temas: sobre a colação das doações; bens compreendidos, ou não na disposição testamentária; momento da aquisição dos referidos bens – se adquiridos ou não na constância do casamento (e atualmente da união estável); sobre a propriedade de bens hereditários, entre outros[3].

Como aduz Carlos Maximiliano, "o inventário não é uma ação propriamente dita, constitui um processo mais administrativo do que contencioso, que visa extinguir o indesejável estado de comunhão"[4].

---

2 BEVILÁQUA, Clóvis. *Direito das sucessões*, p. 289; OLIVEIRA, Arthur Vasco Itabaiana de. *Tratado de direito das sucessões*, v. III, p. 9 e 10.

3 OLIVEIRA, Arthur Vasco Itabaiana de. *Tratado de direito das sucessões*, p. 12.

4 MAXIMILIANO, Carlos. *Direito das sucessões*, p. 252 e 253.

Questões de alta indagação nele não são enfrentadas, tais como: "questões relativas à nulidade do testamento, doação, partilha em vida, renúncia sobre a herança ou legado, aquisição ou perda de nacionalidade, indignidade, deserdação, perfilhação, adoção, reconhecimento de filiação, sonegados, venda disfarçada de imóvel feita por ascendente em favor de descendente, além de outras controvérsias relativas à propriedade de bens".

Por outro lado, resolvem-se no próprio inventário sem ser definida como questão de alta indagação: "as questões atinentes à interpretação dos testamentos, prazos, fideicomisso, doação inoficiosa, renúncia da herança pelo inventariante, divisão dos bens, descrição dos bens"[5].

Quanto ao **prazo para a abertura do inventário**, à luz do disposto no art. 611 do CPC/2015 (art. 983 do CPC/73), "o processo de inventário e partilha deve ser aberto dentro de 60 (sessenta) dias a contar da abertura da sucessão, ultimando-se nos 12 (doze) meses subsequentes, podendo o juiz prorrogar tais prazos, de ofício ou a requerimento de parte".

É válido ressaltar que, na prática, o prazo para conclusão do inventário não é fatal, ultrapassando a maioria dos processos o referido prazo. Por esse motivo, a própria lei permite a prorrogação de ambos os prazos, de ofício ou a requerimento da parte, nos termos do mencionado art. 611, *in fine*, do CPC/2015.

Entretanto, "é preciso haver motivo suficiente para tanto, como a expedição de precatória para avaliação, prevista no art. 1.006 do CPC/73 [art. 632 do CPC/2015], ou a necessidade de alienar bens para pagar credores ou tributos"[6].

"É bastante comum na prática forense o atraso de requerimento de inventário, mas o pedido a destempo não traz como consequência o indeferimento pelo juiz, embora fique o espólio sujeito a penalidades fiscais". Assim, se não for requerido dentro do prazo legal, contado do óbito do *de cujus*, o imposto será calculado com a multa de 10%, conforme dispõe o art. 27 da Lei Estadual n. 9.591/66, no caso de o atraso ser superior a cento e oitenta dias, a multa aplicada será de 20%, uma vez que a Súmula 542 entende que não é inconstitucional a referida multa[7].

---

5 MAXIMILIANO, Carlos. *Direito das sucessões*, p. 293 e 296.

6 ALVIM, Arruda; ASSIS, Araken de; ALVIM, Eduardo Arruda. *Comentários ao Código de Processo Civil*. Rio de Janeiro: GZ Editora, 2012, p. 1464.

7 VELOSO, Zeno. *Código Civil comentado*, p. 1610.

Quanto ao **foro competente para a abertura do inventário**, dispõe o art. 1.785 do Código Civil que "a sucessão abre-se no lugar do último domicílio do falecido"; assim, o inventário deve ser requerido no último domicílio do hereditando. Também o art. 48 do CPC/2015 (art. 96 do CPC/73) regula o tema, assim: "O foro do domicílio do autor da herança, no Brasil, é o competente para o inventário, a partilha, a arrecadação, o cumprimento de disposições de última vontade, a impugnação ou anulação de partilha extrajudicial e para todas as ações em que o espólio for réu, ainda que o óbito tenha ocorrido no estrangeiro".

"Parágrafo único. Se o autor da herança não possuía domicílio certo, é competente: I – o foro de situação dos bens imóveis; II – havendo bens imóveis em foros diferentes, qualquer destes; III – não havendo bens imóveis, o foro do local de qualquer dos bens do espólio."

No passado, sob o regime da Lei n. 3.232, de 22 de outubro de 1884, processava-se o inventário perante a repartição fiscal, desde que os herdeiros fossem capazes. E assim, "a legislação civil e processual posterior passou a considerar inadmissível o inventário de natureza particular, realizado sem a intervenção do poder público, incumbidos da tutela dos direitos individuais. Portanto, ainda que capazes todos os interessados, ou que imperasse entre eles a maior harmonia e se afigurasse por isso bastante fácil a partilha, não se prescindiria do inventário judicial. Nesses casos, o procedimento que era permitido por lei era o arrolamento seguido de celebração de partilha amigável, dependente de homologação judicial; como dispõe a regra do art. 659 do CPC/2015 (art. 1.031 do CPC/73).

Quanto à **legitimidade para requerer a abertura do inventário**, dispõe o art. 615 do CPC/2015: "o requerimento de inventário e partilha incumbe a quem estiver na posse e na administração do espólio no prazo estabelecido no art. 611. Parágrafo único: o requerimento será instruído com a certidão de óbito do autor da herança".

A instauração do inventário será efetuada preferencialmente pelo administrador provisório. O requerimento será instruído obrigatoriamente com certidão de óbito do *de cujus,* além da procuração outorgada ao advogado signatário da petição, sob pena de determinação de emenda da inicial, no prazo de dez dias, ou indeferimento, à luz do que determina o art. 321 do CPC/2015.

A intervenção de profissional, devidamente habilitado, nos processos de inventário, torna-se, por lei, necessária e indeclinável, providência necessária também no inventário por escritura pública. Só se abre exceção com referência à Fazenda Pública, geralmente representada, nas comarcas do interior, por funcionário administrativo, como o coletor.

E ainda, tal como dispõe o art. 616 do CPC/2015 (art. 988 do CPC), têm legitimidade concorrente para promover a abertura do inventário: "I - o cônjuge ou companheiro supérstite; II - o herdeiro; III - o legatário; IV - o testamenteiro; V - o cessionário do herdeiro ou do legatário; VI - o credor do herdeiro, do legatário ou do autor da herança; VII - o Ministério Público, havendo herdeiros incapazes; VIII - a Fazenda Pública, quando houver interesse; IX - o administrador judicial da falência do herdeiro, do legatário, do autor da herança ou do cônjuge ou companheiro supérstite".

Havia no CPC anterior (art. 989 do CPC/73) a disposição de que o próprio juiz determinará, de ofício, que se inicie o inventário, se nenhuma das pessoas mencionadas nos artigos antecedentes o requerer no prazo legal". Esse dispositivo não foi reproduzido no diploma processual de 2015.

Questiona-se quanto à **natureza jurídica do inventário judicial**: se jurisdição voluntária ou contenciosa. Pensamos com Sady Cardoso de Gusmão que se trata de um processo com natureza mista, pois, no que toca à apuração do acervo hereditário, apresenta feições do processo administrativo; na ocorrência de controvérsias entre os herdeiros, por outro lado, apresenta feição nitidamente contenciosa. Quanto ao inventário extrajudicial, dúvida não resta de que se trata de procedimento meramente administrativo[8].

27.3.1. Da nomeação do inventariante – do administrador provisório

O inventariante é a pessoa a quem se incumbe a administração dos bens da herança, sendo nomeado pelo juiz. Desta forma, ele representa o espólio, tanto ativa quanto passivamente. Assim, tem legitimidade para propor ações em nome do espólio, e deve ser citado nas ações intentadas contra o espólio.

---

[8] GUSMÃO, Sady Cardoso de. Inventário. In: *Repertório enciclopédico do direito brasileiro*. v. 29, p. 272. Apud NADER, Paulo. *Curso de direito civil*, p. 466.

Desempenha ainda um encargo público, sendo um auxiliar do juízo no inventário[9].

Entretanto, não possui direito à remuneração, com exceção do inventariante dativo, o qual, por ser estranho à herança, não lhe cabe a representação do espólio, devendo, assim, todos os herdeiros serem autores ou réus nas ações que envolverem o espólio, nos termos do art. 75 do CPC/2015 (art. 12 do CPC/73). Cabe ao juiz a nomeação de inventariante, que é o administrador e representante da herança, bem como o executor das deliberações judiciais, às quais não pode sobrepor-se[10].

O art. 617 do CPC/2015 (art. 990 do CPC/73) prevê a ordem de nomeação do inventariante: "O juiz nomeará inventariante na seguinte ordem: I – o cônjuge ou companheiro sobrevivente, desde que estivesse convivendo com o outro ao tempo da morte deste; II – o herdeiro que se achar na posse e na administração do espólio, se não houver cônjuge ou companheiro sobrevivente ou estes não puderem ser nomeados; III – qualquer herdeiro, quando nenhum deles estiver na posse e administração do espólio; IV – o herdeiro menor, por seu representante legal; V – o testamenteiro, se lhe tiver sido confiada a administração do espólio ou se toda a herança estiver distribuída em legados; VI – o cessionário do herdeiro ou do legatário; VII – o inventariante judicial, se houver; VIII – pessoa estranha idônea, quando não houver inventariante judicial".

"Parágrafo único. O inventariante, intimado da nomeação, prestará, dentro de 5 (cinco) dias, o compromisso de bem e fielmente desempenhar a função."

Assim, a configuração dos pressupostos da classe precedente exclui a investidura de alguém da classe subsequente. "A ordem do art. 990 é obrigatória, mas pode o juiz desrespeitá-la antevendo o dissenso do côn-

---

9 Devido ao fato de não ter o espólio personalidade jurídica, mas tem interesses a serem tutelados, houve a necessidade precípua de o ordenamento jurídico conferir a uma pessoa, o inventariante, o poder de representar o espólio ativa e passivamente.

10 É válido ressaltar que, embora os herdeiros possam defender os bens da herança, a função administrativa é conferida ao inventariante. No caso de ser premente a necessidade de promover-se ação contra o espólio quando ainda não houver inventário, ou mesmo na falta de inventariante nomeado, a demanda deverá ser feita contra todos os herdeiros.

juge ou companheiro supérstite com os herdeiros, nomeando um inventariante dativo"[11].

Pode ainda ocorrer a **administração provisória** dos bens do espólio. Assim, nos termos do art. 613 do CPC/2015 (art. 985 do CPC/73): "Até que o inventariante preste o compromisso (art. 990, parágrafo único), continuará o espólio na posse do administrador provisório".

E por força do disposto no art. 614 do CPC/2015 (art. 986 do CPC/73): "O administrador provisório representa ativa e passivamente o espólio, é obrigado a trazer ao acervo os frutos que desde a abertura da sucessão percebeu, tem direito ao reembolso das despesas necessárias e úteis que fez e responde pelo dano a que, por dolo ou culpa, der causa".

No mesmo sentido é a disposição do art. 1.797 do Código Civil: "Até o compromisso de inventariante, a administração da herança caberá, sucessivamente: I - ao cônjuge ou companheiro, se com o outro convivia ao tempo da abertura da sucessão; II - ao herdeiro que estiver na posse e administração dos bens, e, se houver mais de um nessas condições, ao mais velho; III - ao testamenteiro; IV - a pessoa de confiança do juiz, na falta ou escusa das indicadas nos incisos antecedentes, ou quando tiverem de ser afastadas por motivo grave levado ao conhecimento do juiz".

Assim, "iniciado no prazo de sessenta dias da abertura da sucessão, a requerimento de quem de direito, o inventariante prestará o compromisso, e fará a indicação dos herdeiros, apresentando suas devidas qualificações. Arrolará os bens da herança, com a menção de suas especificações"[12].

É válido ressaltar que a inventariança constitui função personalíssima. Desta forma, não pode esta ser exercida conjuntamente por duas ou mais pessoas, ainda que o inventário abranja mais de um espólio.

À luz do disposto no art. 1.991 do Código Civil, "desde a assinatura do compromisso de inventariante até a homologação da partilha, a administração da herança será exercida pelo inventariante".

---

11 ALVIM, Arruda; ASSIS, Araken de; ALVIM, Eduardo Arruda. *Comentários ao Código de Processo Civil*, p. 1469-1471.

12 PEREIRA, Caio Mário da Silva. *Instituições de direito civil*, p. 353; DINIZ, Maria Helena. *Curso de direito civil brasileiro*, p. 409 e 410.

O inventário tem por objetivo final a liquidação do acervo hereditário, após várias fases. É realizado para que se possa promover a partilha ou a adjudicação.

Quanto ao inventariante, este representa o espólio ativa e passivamente, em juízo e fora dele, administrando a herança, desde a assinatura do compromisso. É nomeado pelo juiz observada a ordem de preferência do art. 617 do CPC/2015 (art. 990 do CPC/73). O cargo e as funções do inventariante serão exercidos até a homologação da partilha[13].

A nomeação do inventariante, entretanto, pode ser impugnada no prazo de dez dias após a citação das partes, como prevê o art. 627, II, do CPC/2015 (art. 1.000, II, do CPC/73). E nesse sentido, no caso de acolher o pedido, o juiz deverá nomear outro inventariante, observada a preferência legal tal como prevê o art. 617 do CPC/2015 (art. 990 do CPC/73).

E assim o juiz nomeará inventariante em primeiro lugar, o cônjuge sobrevivente casado no regime da comunhão universal de bens, desde que estivesse convivendo com o outro ao tempo da morte deste; em face do direito à meação do cônjuge supérstite; quer se trate de comunhão universal, quer de comunhão parcial. Da mesma forma, se o cônjuge sobrevivente for casado pelo regime da separação legal de bens pode ainda ser nomeado inventariante em razão de eventual direito à meação nos bens adquiridos após o casamento[14].

---

13 VELOSO, Zeno. *Código Civil comentado*, p. 2193.

14 "A regra do art. 990, I do CPC, que atribui à viúva meeira a inventariança dos bens deixados pelo *de cujus*, tendo como pressuposto a convivência ao tempo do óbito, pode ser temperada se o Tribunal estadual, no exame da prova, concluir que a sua indicação atende aos interesses da grande maioria dos herdeiros e sucessores, porquanto, à exceção de uma única filha, todos os demais e até a ex-companheira do extinto concordam que seja àquela atribuído ao encargo. A pretensão de simples reexame de prova não enseja recurso especial – Súmula n. 7 – STJ. Recurso especial não conhecido" (REsp 357577/RJ, STJ, 4ª Turma, Rel. Min. Aldir Passarinho, j. 3-8-2004, *DJ* p. 232). "**Agravo de instrumento**. Inventário. União estável. Decisão que substituiu a agravante no cargo de inventariante por uma das filhas do *de cujus*. Documentos que não atestam verossimilhança acerca do relacionamento. Necessidade de as partes discutirem o reconhecimento da união estável pelas vias ordinárias. Decisão acertada. Recurso improvido" (AgI 0080446-73.2012.8.26.0000, 4ª Câm. Dir. Priv., Rel. Des. Maia da Cunha, j. 27-9-2012). "**Agravo de instrumento.** Inventário. Reconhecimento de união estável *post mortem*. Decisão que remeteu a questão às vias ordinárias. Possibilidade. O art. 984 do CPC somente autoriza, v. g., o reconhecimento da união estável nos mesmos autos do inventário se houver farta prova documental a respeito. Precedente desta Câmara. Questão que já foi objeto de outra ação ajuizada pela agravante. Docu-

Para Caio Mário da Silva Pereira, "tendo em vista a continuidade administrativa do patrimônio é de bom entendimento que o cônjuge supérstite seja o administrador provisório, uma vez que este conhecedor de todos os bens e encargos, direitos e deveres, assuma posteriormente a inventariança, da qual somente será afastado em caso de motivo relevante e grave".

No regime do Código Civil atual, já não mais prevalece a exigência relativa ao regime de bens para que se reconheça ao cônjuge sobrevivente a qualidade de administrador provisório da herança, bastando, para tanto, a convivência no momento do óbito do autor da herança, como prevê seu art. 1.797, I.

Atendendo aos ditames da doutrina civil e da orientação dos tribunais, deixou o legislador de condicionar o exercício da inventariança ao regime de bens, logo, no que tange à inventariança, admite-se que o cônjuge sobrevivente a exerça se casado sob o regime da comunhão de bens; no da comunhão parcial; ou mesmo no regime da separação legal, ou mesmo no regime da separação convencional de bens, como no caso de existir apenas herdeiro menor, filho do casal, e o cônjuge esteja na posse e administração do espólio, tendo em vista a sua condição de representante legal do menor sucessor[15].

Quanto ao companheiro, pode este também exercer a administração provisória da herança, observadas as mesmas condições que o cônjuge, ou mesmo ser nomeado inventariante, seja pela participação na herança, seja pela condição de condômino dos bens adquiridos a título oneroso na vigência da ligação estável, seja pela sua condição de herdeiro instituída pelo art. 1.790 do Código Civil, em concorrência ou não com os parentes do falecido.

Destarte, vemos que o cônjuge e o companheiro são os primeiros indicados para exercer a inventariança desde que convivam com o falecido no momento do óbito.

Aduz Maria Berenice Dias que "para o companheiro sobrevivente ser nomeado inventariante não é necessária a prova pré-constituída de união estável, basta que os herdeiros reconheçam a existência da união".

---

mentos que não dão segura conta da condição de companheira da parte. Frontal impugnação da alegação pela atual inventariante do feito. Questão que demanda discussão em ação própria. Decisão mantida. Agravo desprovido" (AgI 0121108-79.2012.8.26.0000, 7ª Câm. Dir. Priv., Rel. Des. Miguel Brandi, j. 26-9-2-2012).

15 PEREIRA, Caio Mário da Silva. *Instituições de direito civil*, p. 343.

Entretanto, "caso haja controvérsia sobre a existência da entidade familiar, descabe a referida nomeação, havendo a necessidade de o companheiro ajuizar ação de reconhecimento da união".

A demanda em questão não se sujeita ao juízo do inventário, no entanto, é possível proceder a reserva de bens. Acarreta, entretanto, importante desdobramento no que tange ao direito de meação. Desta forma, além da prova da união, é necessário identificar o seu período de vigência, pois somente com relação ao patrimônio amealhado durante esse lapso de tempo é que cabe ser calculada a meação e o direito de concorrência sucessória".

Portanto, "admitida a união homoafetiva como entidade familiar, reconhece a justiça a legitimidade do parceiro sobrevivente para o exercício da inventariança"[16].

E, em ambos os casos, uma vez reunidos os requisitos de administrador provisório da herança bem como de inventariante, nem o cônjuge, nem o companheiro serão destituídos do referido cargo no caso de contraírem novas núpcias[17].

Já no que tange aos herdeiros, não há distinção entre o legítimo e o testamentário; recairá a preferência da inventariança naquele que se achar em posse da herança ou for o mais idôneo, o menor não pode ser nomeado inventariante, tendo em vista as funções inerentes ao cargo, que requerem a capacidade civil do nomeado[18].

---

16 DIAS, Maria Berenice. *Manual das sucessões*, p. 545; MALUF, Adriana Caldas do Rego Freitas Dabus. *Direito das famílias*: amor e bioética, p. 296 e s.; MALUF, Adriana Caldas do Rego Freitas Dabus. *Novas modalidades de família na pós-modernidade*, p. 158. "Inventário. Inventariante. Sociedade de fato entre casal homossexual reconhecida por sentença transitada em julgado. Negativa, todavia, de reconhecimento da condição de herdeiro ao companheiro sobrevivo. Art. 226 § 3º CF e 1.723 do CC. Ainda que não se denomine a união homoafetiva de união estável, por obstáculo da lei, há de lhe reconhecer os mesmos direitos. Vedação de discriminação em razão da orientação sexual do indivíduo. Casal que manteve convivência pública, contínua e duradoura por 20 anos, extinta apenas com a morte de um deles. Ausência de parentes sucessíveis. Direito de herdeiro que se reconhece ao companheiro sobrevivo, nomeando-se o inventariante e prosseguindo-se no inventário. Recurso provido" (TJSP, AgI 633742-4/1-00, Rel. Des. Teixeira Leite, 4ª Câm. Dir. Priv., j. 25-6-2009).

17 DIAS, Maria Berenice. *Manual das sucessões*, p. 544; PEREIRA, Caio Mário da Silva. *Instituições de direito civil*, p. 344.

18 MONTEIRO, Washington de Barros; PINTO, Ana Cristina de Barros Monteiro França. *Curso de direito civil*, p. 299 e 300; PEREIRA, Caio Mário da Silva. *Instituições de direito civil*, p. 342 e s.

Desta forma, "no caso de inexistir pessoa que tenha condições legais de exercer o cargo de inventariante, ou se houver conveniência no afastamento, o juiz nomeará inventariante judicial, ou pessoa estranha idônea, denominada inventariante dativo, como prevê o art. 617, VIII, do CPC/2015" (art. 990, VI, do CPC/73)[19].

Ao inventariante compete a representação ativa e passiva do espólio, como preveem os arts. 75, VII, e 618, I, do CPC/2015 (arts 12, V, e 991, I, do CPC/73), administrando dessa forma os interesses da herança.

Nesse sentido, pode mover as ações que julgar necessárias, ou mesmo contestar as pretensões dirigidas contra o espólio, independentemente de autorização do juiz do inventário.

Isso não ocorre quando o inventariante for dativo, visto que não representa a herança e por isso não pode demandar, nem ser demandado, em nome do acervo hereditário, salvo nos casos relacionados com a sua qualidade de administrador dos bens, como medidas conservatórias, interrupção de prescrição, possessórias entre outras.

Excetuados tais casos, é indispensável a citação de todos os herdeiros, sob pena de nulidade. Da mesma forma, se o cargo se acha vago, impõe-se chamamento de todos, o mesmo sucedendo na hipótese de não ter sido ainda instaurado o inventário, a não ser que exista administrador provisório, que representará o espólio nos termos do art. 614 do CPC/2015 (art. 986 do CPC/73).

O art. 618 do CPC/2015 (art. 991 do CPC/73) trata das incumbências do inventariante, além da representação ativa e passiva do espólio e de suas funções no processo do inventário, devendo, pois, administrar o espólio, velando-lhe os bens com a mesma diligência como se seus fossem, bem como requerer a declaração de insolvência, nos termos do art. 1.052 do CPC/2015 (art. 748 do CPC/73).

Detém o inventariante todos os poderes de administração, podendo, nesse sentido, pagar impostos, requerer medidas conservatórias de direitos, receber dívidas sem transigir, comparecer às assembleias de acionistas,

---

19 PEREIRA, Caio Mário da Silva. *Instituições de direito civil*, p. 344.

concordar com sublocações e cessões de locação, alugar prédios pertencentes ao espólio, desde que não seja a prazo muito longo, vinculando assim os herdeiros a que os imóveis venham a ser atribuídos em partilha, solver débitos, admitir prepostos.

Os referidos atos de representação do espólio encontram-se sujeitos à fiscalização dos herdeiros, sob a superintendência do juiz.

Existem, por outro lado, atos outros que o inventariante não pode praticar, salvo se judicialmente autorizado.

Assim, dispõe o art. 619 do CPC/2015 (art. 992 do CPC/73) que o inventariante, após autorização judicial e audiência dos interessados, poderá alienar bens de qualquer espécie, transigir em juízo ou fora dele, pagar dívidas do espólio e fazer despesas necessárias com a conservação e melhoramento dos bens do espólio.

Excluem-se de suas atribuições todos os atos que refutam à simples administração. Desta forma, não pode este: transacionar com bens integrantes do acervo hereditário, como vender, permutar, compromissar, dar em pagamento, doar, hipotecar, empenhar, dividir, renunciar, constituir servidões, sob pena de nulidade do ato; obrigar-se cambialmente (aceitar, avalizar ou endossar), visto que o inventariante que aceita pessoalmente letra de câmbio sacada contra si não vincula o espólio; contratar honorários advocatícios, sem audiência e aprovação dos demais interessados, se capazes, ou sem autorização judicial, a fim de não sobrecarregar o espólio[20].

Também não pode o inventariante, por ato próprio e exclusivo, vincular o espólio sob sua administração; necessitando, pois, da prévia autorização dos interessados, se capazes, ou da autorização judicial, se incapazes; nem quitar dívida hipotecária sem prévia licença do juiz do inventário. Assim, "sempre que ele tiver necessidade de transigir, imprescindível se torna autorização judicial, outorgada em cada caso, não podendo ser ampla e geral, o que dificultaria a fiscalização"[21].

---

20 MONTEIRO, Washington de Barros; PINTO, Ana Cristina de Barros Monteiro França. *Curso de direito civil*, p. 311-313.

21 OLIVEIRA, Arthur Vasco Itabaiana de. *Tratado de direito das sucessões*, p. 29-33; MONTEIRO, Washington de Barros; PINTO, Ana Cristina de Barros Monteiro França. *Curso de direito civil*, p. 312-314.

27.3.2. Da remoção do inventariante

O inventariante poderá ser removido, a requerimento de qualquer interessado. Assim, tal como dispõe o art. 622 do CPC/2015 (art. 995 do CPC/73): "O inventariante será removido de ofício ou a requerimento: I - se não prestar, no prazo legal, as primeiras e as últimas declarações; II - se não der ao inventário andamento regular, se suscitar dúvidas infundadas ou se praticar atos meramente protelatórios; III - se, por culpa sua, bens do espólio se deteriorarem, forem dilapidados ou sofrerem dano; IV - se não defender o espólio nas ações em que for citado, se deixar de cobrar dívidas ativas ou não promover as medidas necessárias para evitar o perecimento de direitos; V - se não prestar contas ou se as que prestar não forem julgadas boas; VI - se sonegar, ocultar ou desviar bens do espólio"[22].

Entretanto, "a enumeração legal dos casos de remoção não exclui outros em que essa providência também se autorize. Assim, caso incorra em qualquer situação prevista no artigo antecedente, será o inventariante intimado para, no prazo de quinze dias (e não mais de cinco dias como previa o art. 996 do diploma anterior), defender-se e produzir provas nos termos do art. 623 do CPC/2015"[23].

Dispõe o art. 623, parágrafo único, do CPC/2015 (art. 996, parágrafo único, do CPC/73): "O incidente da remoção correrá em apenso aos autos do inventário". E desta forma, uma vez decorrido o prazo com a defesa do inventariante ou sem ela, o juiz decidirá. Se remover o inventariante, nomeará outro, observada a ordem estabelecida no art. 617 do CPC/2015

---

22 "Remoção de inventariante. Ausência de cerceamento de defesa. Não se configura o cerceamento de defesa no caso de remoção de inventariante quando está presente o contraditório, e pode o juiz, constatando qualquer dos vícios do art. 995 do CPC, promover de ofício a remoção. Recurso especial não conhecido" (REsp 539898/MA, STJ, 3ª Turma, Rel. Min. Carlos Alberto Menezes Direito, j. 29-3-2005, *DJ*, p. 318).

23 AGRAVO DE INSTRUMENTO - INCIDENTE DE REMOÇÃO DE INVENTARIANTE - ARROLAMENTO - Hipótese onde é incontroversa a animosidade entre os herdeiros, incluída a inventariante que, após dois anos da distribuição do inventário, não providenciou o pagamento das custas judiciais e os tributos ou apresentou plano de partilha. Nomeação de inventariante dativo, advogado de confiança do Juízo, que se revela não só salutar, mas necessária e extremamente benéfica aos próprios herdeiros. - AGRAVO DESPROVIDO. AGr. Instr. n. 0085675-14.2012.8.26.0000, TJSP, 7ª Câm. Dir. Priv., rel. Des. Gilberto Moreira, j. 3-10-12.

(art. 990 do CPC/73) supracitado, como prevê a regra do art. 624 do CPC/2015 (art. 997 do CPC/73). Desta forma, tem-se que não será suspenso o curso do inventário, e também não há nenhum impedimento para o julgamento da partilha[24].

Nesse sentido, à luz do disposto no art. 625 do CPC/2015 (art. 998 do CPC/73): "O inventariante removido entregará imediatamente ao substituto os bens de espólio e, caso deixe de fazê-lo, será compelido mediante mandado de busca e apreensão ou de imissão na posse, conforme se tratar de bem móvel ou imóvel, sem prejuízo da multa a ser fixada pelo juiz em montante não superior a três por cento do valor dos bens inventariados"[25].

27.3.3. Do termo de inventariança

Quando iniciado o inventário, prestará o inventariante, que for nomeado e compromissado, declarações preliminares, também chamadas **primeiras declarações.**

Assim sendo, à luz do disposto no art. 620 do CPC/2015 (art. 993 do CPC/73): "Dentro de 20 (vinte) dias contados da data em que prestou o compromisso, o inventariante fará as primeiras declarações, das quais se lavrará termo circunstanciado, assinado pelo juiz, pelo escrivão e pelo inventariante, no qual serão exarados: I – o nome, o estado, a idade e o domicílio do autor da herança, o dia e o lugar em que faleceu e se deixou testamento; II – o nome, o estado, a idade e a residência dos herdeiros e, havendo cônjuge ou companheiro supérstite, além dos respectivos dados pessoais, o regime de bens do casamento ou união estável; III – a qualidade dos herdeiros e o grau de parentesco com o inventariado; IV – a relação completa e individualizada de todos os bens do espólio, inclusive aqueles que devem ser conferidos à colação, e dos bens alheios que nele forem encontrados, descrevendo-se: *a*) os imóveis, com as suas especificações, nomeadamente local em que se encontram, extensão da área, limites, confrontações, benfeitorias, origem dos títulos, números das matrículas e ônus que os gravam; *b*) os móveis, com os

---

24 ALVIM, Arruda; ASSIS, Araken de; ALVIM, Eduardo de Arruda. *Comentários ao Código de Processo Civil*, p. 1479 e 1480.

25 MONTEIRO, Washington de Barros; PINTO, Ana Cristina de Barros Monteiro França. *Curso de direito civil*, p. 300.

sinais característicos; *c*) os semoventes, seu número, suas espécies, suas marcas e seus sinais distintivos; *d*) o dinheiro, as joias, os objetos de ouro e prata e as pedras preciosas, declarando-se-lhes especificamente a qualidade, o peso e a importância; *e*) os títulos da dívida pública, bem como as ações, as cotas e os títulos de sociedades, mencionando-se-lhes o número, o valor e a data; *f*) as dívidas ativas e passivas, indicando-se-lhes as datas, os títulos, a origem da obrigação e os nomes dos credores e dos devedores; *g*) direitos e ações; *h*) o valor corrente de cada um dos bens do espólio".

Pode o juiz exigir qualquer elemento de prova quanto ao nome do inventariado, se ele usava mais de um, bem como reclamar certidão de seu casamento, além da prova de filiação dos herdeiros incluídos no título respectivo e comprovação da união estável.

Nas primeiras declarações deverá constar a relação completa e individuada de todos os bens do acervo hereditário, que estavam no domínio e posse do autor da herança ao tempo de seu óbito, sejam estes situados no Brasil ou no exterior, e dos alheios que nele forem encontrados, designando seus proprietários se forem estes conhecidos.

Nesse sentido, os bens alheios ficam excluídos do inventário, descrevendo-se: "os imóveis, com suas intrínsecas especificações; os móveis, com seus sinais característicos; os semoventes, indicando seu número, espécies, marcas e sinais distintivos; o dinheiro e as joias, declarando-se-lhes especificadamente os detalhes referentes à sua qualidade, peso e importância; os títulos da dívida pública, assim como as ações e quotas e títulos de sociedade, devendo ser mencionado o número, o valor e a data; as dívidas ativas e passivas, devendo ser indicado a data de origem da obrigação, assim como o nome dos credores e devedores; os direitos e ações, assim como o valor corrente de cada um dos bens do espólio"[26]

À luz do disposto no art. 620, IV, do CPC/2015, os imóveis serão descritos com as suas especificações, nomeadamente local em que se encontram, extensão da área, limites, confrontações, benfeitorias, origem dos títulos, números das matrículas ou transcrições aquisitivas e ônus que os gravam.

---

[26] FUJITA, Jorge Shiguemitsu. *Curso de direito civil*: direito das sucessões, p. 244 e 245; NADER, Paulo. *Curso de direito civil*, p. 470-473.

A Lei n. 6.015, de 31 de dezembro de 1973, Lei dos Registros Públicos, em seu art. 222, acrescenta que "em todas as escrituras e em todos os atos relativos a imóveis, bem como nas cartas de sentença e formais de partilha, o tabelião ou escrivão deve fazer referência à matrícula ou ao registro anterior, seu número e cartório". Ainda que não registrados em nome do *de cujus,* urge se descrevam no inventário os imóveis que lhe pertenciam e constituíam parte integrante de seu patrimônio. É de regra, porém, que somente se inventariam bens que, na época da morte, estavam na posse do defunto, em conformidade com a regra *quale te invenio, talem te judico.*

E assim, quando o regime de bens adotado pelo casal for o da comunhão de bens, os bens adquiridos por um dos cônjuges, embora em seu nome exclusivo e com economias próprias, pertencem ao casal e ficam sujeitos a inventário, quando do falecimento de um dos consortes. Da mesma forma, incluem-se os bens situados no exterior.

Quanto aos títulos referentes às dívidas ativas e aos imóveis, estes serão exibidos pelo inventariante, quando qualquer interessado o exigir, para esclarecimento ou para ser-lhe passada certidão. Assim, uma vez feita a exibição, os títulos serão restituídos ao inventariante ficando traslado nos autos, se requerido, como dispõe o art. 618, IV, do CPC/2015 (art. 991, IV, do CPC/73). No caso de recusa, pode o interessado recorrer à ação *ad exhibendum.*

O inventariante deverá descrever também os bens alheios que se acharem no espólio, com a designação dos seus proprietários, quando conhecidos, e mencionará também as penhoras, os sequestros, os litígios e os ônus a que os bens da herança estejam sujeitos.

Da mesma forma, os pertencentes a terceiros, que se encontrem em poder do *de cujus,* deverão ser mencionados nas primeiras declarações, mas excluídos do inventário[27].

À luz do art. 620, § 1º, do CPC/2015 (art. 993, parágrafo único, do CPC/73): "O juiz determinará que se proceda: I – ao balanço do estabelecimento, se o autor da herança era empresário individual; II – à apuração de haveres, se o autor da herança era sócio de sociedade que não anônima".

---

27 PEREIRA, Caio Mário da Silva. *Instituições de direito civil*, p. 353 a 356; MONTEIRO, Washington de Barros; PINTO, Ana Cristina de Barros Monteiro França. *Curso de direito civil*, p. 301 e 302; NADER, Paulo. *Curso de direito civil*, p. 470 a 474.

Desta forma, vê-se que é necessário ter um pleno conhecimento da vida econômica e financeira do falecido, pois, caso contrário, o inventariante não logrará apresentar a relação completa dos bens deixados.

Dispõe o art. 1.028 do Código Civil: "No caso de morte do sócio, liquidar-se-á sua quota, salvo: I – se o contrato dispuser diferentemente; II – se os sócios remanescentes optarem pela dissolução da sociedade; III – se, por acordo com os herdeiros, regular-se a substituição do sócio falecido".

E assim, se o *de cujus* fazia parte de sociedade, sua quota nos haveres sociais deverá ser previamente apurada, para trazer-se em seguida a inventário. Via de regra, o contrato social costuma determinar expressamente a forma pela qual se processará a mencionada apuração, que será efetuada pelo contador, e também como se solverá a quota do sócio falecido.

Caberá ao juiz do inventário indicar como será processado o levantamento contábil especialmente se houver interesses de incapaz envolvidos.

Desta forma, o disposto no contrato social quanto ao destino da sociedade no caso de falecimento do sócio, ou no caso de inexistir previsão a respeito, deverá prevalecer, nos termos do art. 1.028 do Código Civil: "No caso de morte de sócio, liquidar-se-á sua quota, salvo: I – se o contrato dispuser diferentemente; II – se os sócios remanescentes optarem pela dissolução da sociedade; III – se, por acordo com os herdeiros, regular-se a substituição do sócio falecido".

Assim, "se o mesmo determinar que a liquidação da quota social do extinto, terá por base o último balanço; havendo incapazes, cumpre ao perito nomeado pelo juiz, com assistência do curador especial, levantá-lo e trazê-lo para os autos de inventário, ouvindo-se os sócios sobreviventes sobre a sua exatidão e modo de pagamento da quota do extinto; se por outro lado for omisso o contrato, ou caduco, cabe ao perito proceder ao balanço geral do estabelecimento, enumerando e avaliando todos os efeitos móveis e imóveis, relacionando fielmente ativo e passivo. Seus valores devem, contudo, ser atualizados, não podendo prevalecer estimativa constante de balanços anteriores, efetuados em vida do *de cujus*, tendo em vista a desvalorização monetária".

Por outro lado, salvo se houver expressa disposição em contrário, não se computarão: o *nome comercial*, que, embora dotado de valor econômico, decorrente de seu conceito junto à clientela, é inestimável, inauferível, puramente imaginário; a *freguesia*, o *crédito* e a *reputação* comercial do estabelecimento; o *ponto* e o *contrato* de locação do respectivo prédio. Tais efeitos não entram em balanço e por isso não se incluem entre os haveres do sócio falecido.

Da mesma forma, não são inventariadas as *reservas sociais*. Devem computar-se não só as operações comerciais já findas, mas também aquelas iniciadas em vida do sócio, liquidadas após a sua morte[28].

Dispõe o art. 1.032 do Código Civil que "a retirada, exclusão ou morte do sócio não o exime, ou a seus herdeiros, da responsabilidade pelas obrigações sociais anteriores, até dois anos após averbada a resolução da sociedade; nem nos dois primeiros casos, pelas posteriores e em igual prazo, enquanto não se requerer a averbação".

Assim sendo, pode-se aduzir que a referida apuração contábil somente será efetuada no próprio juízo do inventário se a sociedade comercial estiver de acordo e não tenha sido avençada a sua dissolução. "Caso contrário, cumpre ao inventariante, devidamente autorizado pelo juízo do inventário, recorrer ao juiz competente, com o procedimento judicial adequado, a fim de obter a entrega da quota do sócio falecido, para trazê-la depois a inventário, partilhando-se, então, como de direito".

"No caso se existirem herdeiros incapazes ou ausentes, o balanço será levantado mediante assistência de seu representante legal, bem como de curador especial, nomeado como prevê o art. 1.042 do CPC/73 [art. 671 do CPC/2015], de modo a não serem prejudicados os interesses do incapaz".

Já na hipótese de a inventariada ser mulher de sócio de firma comercial, "a apuração dos haveres que devam entrar no inventário serão feitos de acordo com o último balanço realizado pelo estabelecimento. Entretanto, no caso de a sociedade impugnar o exame dos livros respectivos, a matéria assumirá caráter de alta indagação; hipótese na qual os haveres, sujeitos a inventário e partilha, deverão ser apurados pelas vias regulares de direito".

"As declarações do inventariante poderão ser prestadas por procurador com poderes especiais, e serão acreditadas em juízo até prova em contrário. E assim, prestadas as primeiras declarações, o juiz determinará que se junte ao inventário a cópia autêntica do testamento que tenha sido deixado pelo *de cujus*, nos termos do art. 735, §§ 3º e 4º do CPC de 2015 (art. 1.127, § único do CPC/73)."[29].

---

[28] MONTEIRO, Washington de Barros; PINTO, Ana Cristina de Barros Monteiro França. *Curso de direito civil*, p. 303 e 304.

[29] MONTEIRO, Washington de Barros; PINTO, Ana Cristina de Barros Monteiro França. *Curso de direito civil*, p. 305; NADER, Paulo. *Curso de direito civil*, p. 471-474; DIAS, Maria Berenice. *Manual das sucessões*, p. 555 e 556.

Uma vez feitas as primeiras declarações, passa-se à **fase de citação**, quando então o juiz ordenará que seja feita a citação de todos os interessados para os termos de inventário e partilha.

Assim, como prevê o art. 626 do CPC/2015 (art. 999 do CPC/73): "Feitas as primeiras declarações, o juiz mandará citar, para os termos do inventário e partilha, o cônjuge, o companheiro, os herdeiros e os legatários e intimar a Fazenda Pública, o Ministério Público, se houver herdeiro incapaz ou ausente, e o testamenteiro, se houver testamento".

Ressalta-se que o representante legal do incapaz ou ausente será ouvido em todos os termos do processo, sob pena de nulidade; sendo esta, porém, dispensada, no caso de os interessados estarem representados nos autos, devendo ao respectivo advogado ser remetida cópia das primeiras declarações.

"§ 1º O cônjuge ou o companheiro, os herdeiros ou legatários serão citados pelo correio, observado o disposto no art. 247, sendo, ainda, publicado edital, nos termos do inciso III do art. 259."

A citação é indispensável, mas prescinde-se, todavia, da citação do cônjuge do herdeiro; embora deva este ter ciência do processo de inventário, uma vez que se trata de procedimento que afeta o patrimônio do casal, além do fato de que o direito à sucessão aberta é considerado um bem imóvel, nos termos do art. 80, II, do Código Civil. O cônjuge, os herdeiros, legatários e o testamenteiro que se apresentem espontaneamente nos autos do processo já se têm por citados. Também o fideicomissário e o cessionário devem ser citados para o inventário.

Da mesma forma, "dispensa a citação do herdeiro ou cônjuge/companheiro sobrevivente que requereu a abertura do inventário ou do próprio inventariante. Os que já ingressaram no feito, fazendo-se representar por advogado são apenas intimados do conteúdo das primeiras declarações, recebendo-lhe a cópia".

"Também os credores do falecido não precisam ser chamados, cabendo-lhes habilitar o crédito, convindo-lhes o interesse"[30].

---

30 ALVIM, Arruda; ASSIS, Araken de; ALVIM, Eduardo Arruda. *Comentários ao Código de Processo Civil*, p. 1481-1483.

27.3.4. Das impugnações

Terminadas as respectivas citações, tal como prevê o art. 627 do CPC/2015 (art. 1.000 do CPC/73), devem os interessados pronunciar-se sobre as primeiras declarações no prazo de quinze dias, arguindo eventuais erros, omissões e sonegação de bens, reclamando contra a nomeação do inventariante, ou mesmo contestando a qualidade de herdeiro.

"§ 1º Julgando procedente a impugnação referida no inciso I, o juiz mandará retificar as primeiras declarações. § 2º Se acolher o pedido de que trata o inciso II, o juiz nomeará outro inventariante, observada a preferência legal. § 3º Verificando que a disputa sobre a qualidade de herdeiro a que alude o inciso III demanda produção de provas que não a documental, o juiz remeterá a parte às vias ordinárias e sobrestará, até o julgamento da ação, a entrega do quinhão que na partilha couber ao herdeiro admitido."

Diversas questões podem derivar desse processo, tais como: quanto à validade do casamento do *de cujus* com o cônjuge sobrevivente; sobre o regime de bens adotado; a qualidade do herdeiro que reclama a sucessão; se pertencem ou não ao espólio certos bens, contra cuja omissão se insurge o herdeiro; se determinados valores foram ou não adquiridos pelo esforço comum de ambos os cônjuges; se é válido o testamento apresentado; se o companheiro que assim se intitula realmente o é e tem direito de participar da herança, entre outros.

Nesse sentido, pode-se ver que a primeira fase do inventário é a ocasião oportuna para impugnar a qualidade do herdeiro, não podendo esta ser efetuada posteriormente, ao tempo da partilha.

Por outro lado, se o juiz dispuser de elementos suficientes de convicção, poderá decidir de plano a impugnação suscitada, após ouvir todos os interessados, como prevê o art. 612 do CPC/2015 (art. 984 do CPC); se for verificado que a disputa sobre a qualidade de herdeiro constitui matéria de alta indagação, remeterá as partes para os meios ordinários e sobrestará, até o julgamento da ação, na entrega do quinhão que na partilha couber ao herdeiro admitido, como prevê o art. 627 do CPC/2015 (art. 1.000, parágrafo único, do CPC/73)[31].

---

[31] MONTEIRO, Washington de Barros; PINTO, Ana Cristina de Barros Monteiro França. *Curso de direito civil*, p. 306 e 307; GONÇALVES, Carlos Roberto. *Direito civil brasileiro*, p. 502 e 503; NADER, Paulo. Curso de direito civil, p. 473.

27.3.5. Da avaliação dos bens inventariados

Finda a primeira fase do inventário, com decisão das questões que então se suscitaram, referente à fase das impugnações, ou com envio dos interessados para as vias ordinárias, segue-se a avaliação dos bens inventariados, como prevê o art. 630 do CPC/2015 (art. 1.003 do CPC/73), dispondo seu parágrafo único: "Na hipótese prevista no art. 620, § 1º, o juiz nomeará perito para avaliação das quotas sociais ou apuração dos haveres".

Assim, o perito judicial, ou o nomeado pelo juiz, examinará os bens descritos e consignados no mandado, atribuindo-lhes o valor que lhe parecer razoável. Em se tratando de imóveis, tomará em consideração os lançamentos fiscais dos três últimos anos e quaisquer outras circunstâncias que possam influir na sua estimação.

Quanto às regras mais importantes desta avaliação, destacam-se: que deve esta regular-se pelo preço médio dos bens, e não pelo mais alto que possam alcançar no mercado; a estimativa deve ser contemporânea aos valores correntes ao tempo da abertura da sucessão, e não aos do tempo do inventário, a menos que se torne impossível a obtenção daqueles dados; a avaliação não se repete, devendo as partes se manifestar no prazo de quinze dias sobre o valor aventado no laudo de avaliação, como prevê o art. 635 do CPC/2015, estando revogado o art. 1.010 do CPC/73, que previa a possibilidade de ser efetuada nova avaliação quando se provasse erro ou dolo do avaliador, ou se se verificasse, posteriormente à avaliação, que houve diminuição do valor dos bens[32].

À luz do disposto no § 1º do art. 635 do CPC/2015: "Versando a impugnação sobre o valor dado pelo perito, o juiz decidirá de plano, à vista do que constar nos autos"; e do § 2º do mesmo artigo: "Julgando procedente a impugnação, o juiz determinará que o perito retifique a avaliação, observando os fundamentos da decisão".

Revogado está o art. 1.005 do CPC/73, que previa que a presença do juiz no lugar da situação dos bens poderia ser solicitada; os bens existentes em jurisdição diversa seriam avaliados mediante precatória, exceto nas hipóteses previstas no art. 632 do CPC/2015 (art. 1.006 do CPC/73); teriam

---

32 MONTEIRO, Washington de Barros; PINTO, Ana Cristina de Barros Monteiro França. *Curso de direito civil*, p. 310.

as partes direito de indicar assistentes técnicos, que acompanhassem as diligências; a avaliação constituía termo essencial e só se dispensa se houver plena concordância de todos os interessados[33].

Dispõe o art. 633 do CPC/2015 (art. 1.007 do CPC/73): "Sendo capazes todas as partes, não se procederá à avaliação se a Fazenda Pública, intimada pessoalmente, concordar de forma expressa com o valor atribuído, nas primeiras declarações, aos bens do espólio".

Não será necessária a avaliação se todos os interessados forem maiores, capazes e estiverem de acordo com os valores avençados e com a futura partilha, e ainda, se o Fisco anuir os valores atribuídos nas primeiras declarações.

Anuindo a Fazenda Pública no prazo de 15 dias, previsto no art. 629 do CPC/2015, informará ao juízo, de acordo com os dados que constam de seu cadastro imobiliário, o valor dos bens de raiz descritos nas primeiras declarações.

Assim, à luz do art. 635 do CPC/2015 (art. 1009 do CPC/73): "Entregue o laudo de avaliação, o juiz mandará que as partes se manifestem no prazo de 15 (quinze) dias, que correrá em cartório".

"§ 1º Versando a impugnação sobre o valor dado pelo perito, o juiz a decidirá de plano, à vista do que constar dos autos."

"§ 2º Julgando procedente a impugnação, o juiz determinará que o perito retifique a avaliação, observando os fundamentos da decisão."

Assim, feita a avaliação, poderão as partes impugná-la no prazo de quinze dias, e se a impugnação for procedente, o juiz determinará que o perito retifique a avaliação.

Existem, entretanto, bens que são excluídos do processo de inventário. Excluem-se do inventario os bens adquiridos por prescrição aquisitiva em favor dos possuidores dos bens, sejam estes herdeiros ou pessoas estranhas à sucessão; o bem de família convencional ou voluntário, previsto nos arts. 1.711 a 1.722 do Código Civil; os valores referentes ao FGTS e do Fundo de Participação PIS-PASEP, não recebidos em vida pelos titulares, como prevê a Lei n. 6.858, de 24 de novembro de 1980[34].

---

[33] MONTEIRO, Washington de Barros; PINTO, Ana Cristina de Barros Monteiro França. *Curso de direito civil*, p. 310.

[34] NADER, Paulo. *Curso de direito civil*, p. 469; GONÇALVES, Carlos Roberto. *Direito civil brasileiro*, p. 504 e 505.

27.3.6. Das últimas declarações

Dispõe o art. 636 do CPC/2015 (art. 1.011 do CPC/73): "Aceito o laudo ou resolvidas as impugnações suscitadas a seu respeito, lavrar-se-á em seguida o termo de últimas declarações, no qual o inventariante poderá emendar, aditar ou completar as primeiras".

E nesse sentido, tal como dispõe o art. 621 do CPC/2015 (art. 994 do CPC/73): "Só se pode arguir sonegação ao inventariante depois de encerrada a descrição dos bens, com a declaração, por ele feita, de não existirem outros por inventariar".

Nesse momento, deve o inventariante incluir outros bens omitidos nas primeiras declarações, completando a descrição dos bens inventariados, declarando ainda os frutos percebidos desde a abertura da sucessão, e mencionando as despesas que efetuou com a última enfermidade e sepultamento do *de cujus*, a fim de ser oportunamente reembolsado. Presta, então, todos os esclarecimentos necessários ao bom andamento do inventário, visto que a este cabe a administração da herança desde a assinatura do compromisso, nos termos do art. 1.991 do Código Civil.

Desta forma, uma vez aceito o laudo avaliatório dos bens ou resolvidas as impugnações suscitadas a seu respeito, o juiz fixará o prazo ao inventariante para oferecer as últimas declarações, nas quais poderá aditar as primeiras declarações.

E assim, tal como prevê a regra do art. 637 do CPC/2015 (art. 1.012 do CPC/73): "Ouvidas as partes sobre as últimas declarações no prazo comum de 15 (quinze) dias, proceder-se-á ao cálculo do imposto"; pronunciam-se igualmente o órgão do Ministério Público e o representante da Fazenda.

27.3.7. Do cálculo dos impostos

A base de cálculo do imposto é em regra conhecido como o valor venal atribuido ao imóvel pelo Fisco. Para efeitos de sucessão *causa mortis*, estes são dois: o imposto *causa mortis* e o imposto *inter vivos;* instituídos pela Constituição de 1988, que repartiu a competência para cobrá-los entre os Estados e os Municípios, conforme a causa de transmissão dos bens[35].

---

[35] "Inventário. Decisão que determinou a realização de perícia, a fim de apurar o real valor de mercado dos imóveis e proceder à correção da base de cálculo e eventual complementação do ITCMD. Avaliação que é desnecessária. Fazenda Pública que

O imposto sobre transmissão *causa mortis* e doação de quaisquer bens ou direitos é um imposto da esfera estadual, cabendo assim a cada Estado da Federação e ao Distrito Federal definir as incidências desse tributo, as respectivas alíquotas, a base de cálculo, os prazos de recolhimento, sendo válido ressaltar que a incidência do respectivo imposto efetua-se em relação a todos os bens indiscriminadamente, assim como direitos e valores, como prevê o art. 155, I, *a*, da Constituição Federal.

Já os impostos sobre transmissão *inter vivos*, a qualquer título, por ato oneroso, de bens imóveis, por natureza ou acessão física, e de direitos reais sobre imóveis, exceto de garantia, bem como cessão de direitos a sua aquisição, competem aos Municípios, como dispõe o art. 156, II, da Constituição Federal.

E assim, "na sucessão hereditária, a previsão de incidência fiscal é para todos os bens ou direitos, abrangendo bens móveis e imóveis, e cabe ao estado regular a sua arrecadação".

As normas gerais relativas ao imposto sobre transmissão de bens imóveis e de direitos a ele relativos encontram-se elencadas nos arts. 35 a 42 do Código Tributário Nacional; além das leis estaduais específicas sobre o tema[36].

À luz do art. 638 do CPC/2015 (art. 1.013 do CPC/73): "Feito o cálculo, sobre ele serão ouvidas todas as partes no prazo comum de 5 (cinco) dias, que correrá em cartório, e, em seguida, a Fazenda Pública. § 1º Se acolher eventual impugnação, o juiz ordenará nova remessa dos autos ao contador,

---

concordou expressamente com os valores conferidos aos imóveis nas primeiras declarações. Incidência do art. 1.007 do CPC. Inventariante que, ademais, atribuiu aos imóveis valores superiores àqueles constantes do lançamento do IPTU, atendendo à legislação de regência. Recurso provido" (AgI 0183029-39.2012.8.26.0000, 4ª Câm. Dir. Priv., Rel. Des. Maia da Cunha, j. 27-9-2012).

36 "No estado de São Paulo vigora a lei n. 10.705/2000, que revoga a legislação anterior e adota uma mais ampla base de incidência do chamado ITCMD, imposto de transmissão *causa mortis* e doação, regulando a transmissão de bens móveis e imóveis. Posteriormente a lei n. 10.992/01 altera alguns dispositivos da legislação anterior basicamente no que toca aos limites de isenção, alíquota e forma de recolhimento de imposto. Já o imposto de transmissão *inter vivos*, de competência municipal, é regulado pela lei n. 11.154/91, com as modificações da lei n. 13.107/00 e da lei n. 13.402/02. Seu artigo 2º, VI, inclui na incidência do imposto o valor dos imóveis que na partilha forem atribuídos ao cônjuge sobrevivente ou qualquer herdeiro acima da respectiva meação ou quinhão" (AMORIM, Sebastião; OLIVEIRA, Euclides. *Inventários e partilhas*, p. 397 e 398).

determinando as alterações que devam ser feitas no cálculo. § 2º Cumprido o despacho, o juiz julgará o cálculo do tributo".

Nesse sentido, uma vez resolvidas outras questões incidentes, realiza-se o cálculo dos impostos devidos em razão da transmissão hereditária. E a partir daí, os autos são remetidos ao contador do juízo, que observará o que dispuser a respeito à legislação fiscal.

Ouvidos os interessados no prazo comum de cinco dias, e o representante da Fazenda Pública, o juiz julgará por sentença a liquidação e mandará expedir guias para o pagamento do imposto.

Ressalta-se que, "à luz do disposto na Súmula 112 do STF, a alíquota aplicável é aquela vigente à época da morte do *de cujus;* da Súmula 113 do STF, o imposto de transmissão é calculado sobre o valor dos bens na data da avaliação; e quanto ao que dispõe a Súmula 114 também do STF, não é devido o imposto antes da homologação do cálculo".

Dispõe o art. 883, parágrafo único, do Decreto n. 3.000, de 26 de março de 1999, que introduziu o Regulamento do Imposto de Renda, que o Ministério da Fazenda, por intermédio da Secretaria da Receita Federal, prestará ao juízo as informações que forem solicitadas, para efeito do julgamento de partilha ou de adjudicação, relativamente aos bens do espólio ou às suas rendas, podendo ainda ser feita a apresentação da certidão pelo próprio interessado diretamente ao juízo.

Uma vez efetuado o pagamento do imposto seguem-se os pedidos de quinhões, o despacho de deliberação da partilha, de natureza irrecorrível, e, finalmente, ocorre a partilha dos bens deixados pelo *de cujus*[37].

É válido ressaltar que, no que tange à meação do cônjuge sobrevivente, não incidirá o imposto de transmissão, posto que não haverá a transmissão dos bens *causa mortis*, e sim meação; e quanto aos bens imóveis situados em outras circunscrições, o recolhimento do imposto *causa mortis* obedecerá à regulamentação legal da situação do bem, havendo para tanto a expedição de carta precatória visando à consecução de tal fim.

---

37 MONTEIRO, Washington de Barros; PINTO, Ana Cristina de Barros Monteiro França. *Curso de direito civil*, p. 311; NADER, Paulo. *Curso de direito civil*, p. 474 e 475.

Entretanto, haverá a incidência de imposto *inter vivos*, que por seu turno é imposto de natureza municipal que será devido nos casos em que haja meação ou transmissão de bens entre os herdeiros.

27.3.8. Da prestação de contas

O inventariante sujeita-se à prestação de contas, que corresponde a um dever ético e jurídico de todos que têm a seu cargo a gestão de valores alheios.

E assim, as prestações de contas podem ser administrativas ou contenciosas. É administrativa quando existe acordo entre os interessados; se, no entanto, forem impugnadas, assumem um caráter contencioso, regendo-se, nesse caso, pelo disposto nos arts. 550 a 553 do CPC/2015 (arts. 916 a 919 do CPC/73).

As contas são prestadas ou organizadas em forma mercantil. "Na discriminação do ativo, em se tratando de quantias cujo recebimento é acusado pelo inventariante, a título de receita, não há necessidade de documentos justificativos. Desta forma, não se pode responsabilizar o inventariante pelos rendimentos que ele aduz não ter recebido, salvo prova em contrário. Quanto às despesas, devem estas estar devidamente comprovadas. Entretanto, quando se tratar de pequenos gastos, podem estes eximir-se dessa comprovação, devendo o inventariante ser crido, quanto aos pequenos pagamentos que alega ter feito, mesmo sem recibo".

Por outro lado, como prevê o art. 622 do CPC/2015 (art. 995 do CPC/73), a não aprovação das contas, ou a falta de prestação no tempo devido, a não apresentação no prazo legal das primeiras declarações ou mesmo se não der ao inventário andamento regular, constitui causa legal de remoção do inventariante faltoso.

A obrigação de prestar contas transmite-se aos herdeiros do inventariante, cabendo ao espólio tal obrigação. Da sentença que julga prestação de contas o recurso cabível é o da apelação, não se legitimando a interposição de recurso especial[38].

Poderão ainda os credores do espólio, antes da partilha, requerer ao juízo do inventário o pagamento das dívidas vencidas e exigíveis.

---

[38] MONTEIRO, Washington de Barros; PINTO, Ana Cristina de Barros Monteiro França. *Curso de direito civil*, p. 314.

Responde o espólio pelas dívidas do falecido, antes da partilha, nos termos do art. 1.997 do Código Civil e do art. 796 do CPC/2015 (art. 597 do CPC/73); após a realização desta, caberá a cada herdeiro por elas responder nos limites de sua herança; e assim, somente haverá herança a ser partilhada após o pagamento das dívidas do espólio.

Poderá ainda haver a necessidade do levantamento de alguma importância em dinheiro ou a venda de algum bem do espólio, independentemente do inventário. Busca-se, desta forma, o recebimento de pequenas quantias deixadas pelo falecido por meio de alvará.

Tal como prevê o art. 1.793, § 3º, do Código Civil a venda de bem do espólio depende de prévia autorização judicial; e assim sendo, na eventualidade de haver a necessidade da venda de algum bem para atender as despesas do inventário e pagamento dos tributos, é necessária a anuência dos demais herdeiros.

"O pedido de venda antecipada pode ser levado a efeito por meio de procedimento autônomo, quando não existirem bens a inventariar. Pode também ser pleiteado de forma incidental nos autos do inventário, quando justificada a necessidade".

É válido ressaltar que "a expedição de alvará não impede que os herdeiros optem pela via extrajudicial para a realização do inventário".

E ainda, "caso inexistam outros bens, os créditos previdenciários, trabalhistas, do FGTS e PIS-PASEP, não recebidos em vida pelos seus titulares, assim como os saldos de caderneta de poupança, restituição de tributos e saldos bancários ou mesmo investimentos de pequeno valor podem ser levantados administrativamente, como prevê a lei n. 6.858/80"[39].

---

[39] DIAS, Maria Berenice. *Manual das sucessões*, p. 538; AMORIM, Sebastião; OLIVEIRA, Euclides. *Inventários e partilhas*, p. 482 e 483. "Inventário. Venda de bens do espólio para pagamento de dívidas e despesas do espólio. Alvará. Desnecessidade de aquiescência de todos os herdeiros. Inteligência do art. 992, I do CPC. Recurso desprovido. Pelo que se extrai do art. 992, I do CPC, para a alienação de bens pertencentes ao espólio, exige-se apenas a oitiva de todos os herdeiros, cabendo ao magistrado analisar a real necessidade da alienação, mesmo que haja discordância sobre a venda" (TJPB, AgI 001.2003.013817-4/001, Rel. Des. João Alves da Silva, 4ª Câm. Civ., j. 20-5-2010).

Tal como lecionam Sebastião Luiz Amorim e Euclides de Oliveira, "a lei visou facilitar os pagamentos, sobrepondo à ordem de vocação hereditária os dependentes do falecido, antes que aos sucessores, mandando pagar essas verbas aos beneficiários da pensão previdenciária"[40].

27.3.9. Do inventário negativo

O inventário negativo é o modo judicial de se provar, para certo fim, a inexistência de bens do casal.

Embora o inventário negativo pareça um paradoxo, há situações que é primaz que se demonstre a inexistência de bens.

Desta forma, à luz do disposto no art. 1.641, I e II, combinado com o art. 1.523, I a III, ambos do Código Civil, é obrigatório o regime da separação de bens no casamento do viúvo, ou da viúva, que tenha filhos do cônjuge falecido, salvo se fez inventário e deu partilha aos herdeiros. Em situação idêntica encontra-se o divorciado que se casar antes de homologar ou decidir a partilha dos bens do casal. Portanto, para que se celebrem as novas núpcias no regime da comunhão, não basta o simples inventário. Torna-se mister se homologue a respectiva partilha.

Se o casal não possuísse bens de qualquer espécie, nada obstaria à comunhão pretendida, nos casos referidos do art. 1.523 do Código Civil, que vigorará no segundo matrimônio, salvo pacto antenupcial em contrário.

Nesse caso, há a realização de inventário negativo. E assim, promovendo-o, o viúvo, ou a viúva, deixa ressaltar a inexistência de bens, ou a absorção do ativo pelo passivo. Após a oitiva dos interessados e estando estes concordes, proferirá o juiz a decisão, que determina a negatividade do inventário, a qual se trasladará, mediante certidão, para os autos de habilitação matrimonial[41].

A lei não exige a realização do inventário negativo. Justifica-se este, entretanto, também na hipótese em que o débito deixado pelo falecido for

---

[40] AMORIM, Sebastião; OLIVEIRA, Euclides. *Inventários e partilhas*, p. 491 e s.

[41] MONTEIRO, Washington de Barros; PINTO, Ana Cristina de Barros Monteiro França. *Curso de direito civil*, p. 315; PEREIRA, Caio Mário da Silva. *Instituições de direito civil*, p. 358; AMORIM, Sebastião; OLIVEIRA, Euclides. *Inventários e partilhas*, p. 318 e 319.

objeto de cobrança por parte de credores em face dos herdeiros, e este for maior do que as forças da herança, devendo prevalecer a regra geral de que os herdeiros não respondem pelos encargos superiores às forças da herança, como prevê a regra do art. 1.792 do Código Civil.

É também possível realizar o inventário negativo pela via extrajudicial, por meio de escritura pública[42].

27.3.10. Do inventário conjunto

Existem situações, previstas na lei, em que, mesmo que o patrimônio e o acervo hereditário sejam individuais, é possível processar em conjunto o inventário de duas pessoas. Esta disposição legal deriva do princípio da economia processual.

O art. 672 do CPC/2015 (art. 1.043, tendo sido revogado o art. 1.044 do CPC/73) estabelece os casos em que se processam inventários conjuntos: "É lícita a cumulação de inventários para a partilha de heranças de pessoas diversas quando houver: I – identidade de pessoas entre as quais devam ser repartidos os bens; II – heranças deixadas pelos dois cônjuges ou companheiros; III – dependência de uma das partilhas em relação à outra".

"Parágrafo único. No caso previsto no inciso III, se a dependência for parcial, por haver outros bens, o juiz pode ordenar a tramitação separada, se melhor convier ao interesse das partes ou à celeridade processual."

Assim, falecendo o cônjuge meeiro antes da partilha dos bens do cônjuge premorto, inicia-se novo processo de inventário, mas ambos podem ter a tramitação conjunta. E, desta forma, as duas heranças serão inventariadas e partilhadas cumulativamente, desde que os herdeiros do casal sejam os mesmos. Processar-se-á da mesma forma, quando se tratar de união estável.

No caso de cumulação de inventários, dispõe o art. 673 do CPC/2015: "No caso previsto no art. 672, inciso II, prevalecerão as primeiras declarações, assim como o laudo de avaliação, salvo se alterado o valor dos bens".

Desta forma, estando em andamento o processo, e falecendo um dos herdeiros, cujo único patrimônio é o quinhão hereditário ainda não recebido, é possível seguir juntos os dois inventários, perante o mesmo juízo.

---

42 DIAS, Maria Berenice. *Manual das sucessões*, p. 536.

Ressalta-se que a exigência legal para tanto é que o inventário esteja tramitando e o quinhão hereditário do herdeiro falecido componha o seu acervo sucessório[43].

Apesar de não ser previsto de modo expresso, nos casos em que há duas mortes simultâneas, comoriência, prevista no art. 8º do Código Civil, pode-se admitir o inventário conjunto. "Nada justificaria o processamento de inventários autônomos, principalmente na hipótese de haver bens comuns dos que morreram simultaneamente", como aduz Maria Berenice Dias.

Entretanto, tal como lecionam Sebastião Amorim e Euclides de Oliveira, "se o herdeiro falecido no curso do inventário deixar outros bens além do seu quinhão na herança, deverá ser aberto outro processo de inventário, em virtude da diversidade de bens a partilhar"[44].

Em quaisquer dessas hipóteses a distribuição é feita por dependência. Os processos são apensados, mas prosseguem nos autos do primeiro. O inventariante é o mesmo, e aproveitam-se no mesmo sentido as primeiras declarações apresentadas e as avaliações feitas, como prevê a regra do art. 673 do CPC/2015 (art. 1.045 do CPC/73)[45].

---

43 DIAS, Maria Berenice. *Manual das sucessões*, p. 536.

44 AMORIM, Sebastião; OLIVEIRA, Euclides. *Inventários e partilhas*, p. 317 e 318. "AGRAVO DE INSTRUMENTO. Inventário. Processamento conjunto. Base de cálculo que consiste no monte-mor, que representa o conteúdo econômico da demanda (art. 4º, § 7º, da Lei Estadual n. 11.608/03). Processamento de duas sucessões. Bens e herdeiros comuns. Taxa que deve incidir de forma simples. Prestação jurisdicional única. Cobrança dobrada que implica enriquecimento sem causa do Estado. Precedentes deste E. Tribunal. Recurso provido" (AgI 0058602-67.2012.8.26.0000, TJSP, 4ª Câm. Dir. Priv., Rel. Des. Milton Carvalho, j. 27-9-2012). "Inventário – Falecimento de herdeiro – Cumulação – Processamento conjunto de inventários – Cabimento – Heranças constituídas por um único imóvel – Herdeiro falecido que não possui outros bens além do seu quinhão – Inteligência do art. 1.044 do CPC, que visa preservar a ideia de economia e celeridade processual – Apresentação de cópias simples para conferência em cartório com os respectivos originais – Admissibilidade – Art. 365, III, do CPC – Recurso provido" (AgI 0164306-69.2012.8.26.0000, 7ª Câm. Dir. Priv., Rel. Des. Mendes Pereira, j. 5-9-2012).

45 AMORIM, Sebastião; OLIVEIRA, Euclides. *Inventários e partilhas*, p. 317 e 318; DIAS, Maria Berenice. *Manual das sucessões*, p. 536 e 537; ALVIM, Arruda; ASSIS, Araken de; ALVIM, Eduardo de Arruda. *Comentários ao Código de Processo Civil*, p. 1521.

Leciona Itabaiana de Oliveira que "não se deve acumular inventários de bens de duas ou mais gerações, porque a diversidade de gerações supõe a diversidade de partilha e até de herdeiros. Assim, a herança dos avós e dos pais não deve ser partilhada conjuntamente, mesmo que todos houvessem morrido no mesmo juízo"[46].

27.3.11. Da natureza do processo de inventário

De forma sintética podemos aduzir que o processo de inventário destina-se à apuração dos bens e valores que serão transmitidos aos sucessores. Desta forma, não se discutem no processo de inventário questões relativas à validade do casamento e /ou reconhecimento de filiação ilegítima, que devem ser resolvidas nas vias ordinárias.

Em se tratando de alegação de sonegação de bens, urge que se apure no juízo competente, mediante ação regular.

No entanto, diversas questões de direito podem ser resolvidas de plano, nos autos de inventário. Até mesmo matéria de fato, quando instruída por documentos inequívocos, pode ser igualmente dirimida nesse processo.

Assim sendo, à luz do que dispõe o art. 612 do CPC/2015 (art. 984 do CPC/73): "O juiz decidirá todas as questões de direito desde que os fatos relevantes estejam provados por documentos, só remetendo para as vias ordinárias as questões que dependerem de outras provas".

"Não é, portanto, lícito ao juiz transformar em contencioso o processo, de inventário de natureza tipicamente administrativa. Assim, terceiros interessados podem sempre impugnar o que neste processo ficou resolvido. A solução de incidentes sobre matéria de fato basear-se-á exclusivamente em prova documental. Não se toleram, pois, neste processo, inquirições de testemunhas, vistorias e depoimentos pessoais"[47].

---

46 OLIVEIRA, Arthur Vasco Itabaiana de. *Tratado de direito das sucessões*, p. 40.

47 MONTEIRO, Washington de Barros; PINTO, Ana Cristina de Barros Monteiro França. *Curso de direito civil*, p. 308; AMORIM, Sebastião; OLIVEIRA, Euclides. *Inventários e partilhas*, p. 325 e 326.

27.3.12. Do arrolamento

O arrolamento pode ser entendido como um procedimento mais simplificado e mais célere que substitui o inventário, onde existe a redução dos atos formais ou solenidades deste, sem, entretanto, perder o caráter judicial que o caracteriza; visa, pois, à rapidez e à economia processual.

Vem disciplinado pelos arts. 659 a 667 do CPC/2015 (arts. 1.031 a 1.038 do CPC/73), que prevê duas hipóteses básicas de arrolamento: a *partilha amigável celebrada entre partes capazes*, na forma preconizada no art. 2.015 do Código Civil de 2002, e o arrolamento *em função do valor dos bens inventariados*. A primeira hipótese é disciplinada pelos arts. 659 a 663 do CPC/2015 (arts. 1.031 a 1.035 do CPC/73), e a segunda, pelo art. 664 do mesmo diploma legal (art. 1.036 do CPC/73). Sendo, pois, o **arrolamento sumário** e o **arrolamento ordinário**[48].

O **arrolamento sumário** é aquele em que todos os herdeiros são maiores e capazes e considera-se conveniente realizar a partilha amigável dos bens deixados pelo *de cujus*.

Assim, no arrolamento sumário os herdeiros requererão ao juiz a nomeação de inventariante por eles indicado, declararão os títulos dos herdeiros e os bens do espólio, em conformidade com o disposto nos arts. 620 e 660 do CPC/2015 (arts. 993 e 1.032 do CPC/73), e atribuirão o valor de cada um dos bens do espólio, visando à realização da partilha. Caso haja um herdeiro único, basta o pedido de adjudicação.

À luz do que dispõe o art. 659 do CPC/2015: "A partilha amigável, celebrada entre partes capazes, nos termos da lei, será homologada de plano pelo juiz, com observância dos arts. 660 e 663".

---

[48] MONTEIRO, Washington de Barros; PINTO, Ana Cristina de Barros Monteiro França. *Curso de direito civil*, p. 315. "O STJ, interpretando o art. 1.034 do CPC firmou entendimento de que não é possível a discussão de questões relativas a lançamento, pagamento e quitação de tributos no âmbito do arrolamento sumário. A teor do que dispõe o art. 1.031 § 2º do CPC, somente após a juntada aos autos da prova do pagamento dos tributos é que o juiz homologará e expedirá o formal de partilha" (REsp 434483/SP, STJ, 2ª Turma, Rel. Min. João Otávio de Noronha, j. 3-8-2006, *DJ*, p. 362).

"§ 1º O disposto neste artigo aplica-se, também, ao pedido de adjudicação, quando houver herdeiro único."

"§ 2º Transitada em julgado a sentença de homologação de partilha ou adjudicação, será lavrado o formal de partilha ou elaborada a carta de adjudicação e, em seguida, serão expedidos os alvarás referentes aos bens e às rendas por ele abrangidos, intimando-se o fisco para o lançamento administrativo do imposto de transmissão e de outros tributos porventura incidentes, conforme dispuser a legislação tributária, nos termos do § 2º do art. 662."

É válido ressaltar que "a partilha amigável em juízo e a consequente homologação judicial transformaram-se em faculdade das partes, quando inexistir testamento, e passaram a ser mal vistas pelo judiciário"[49].

Dispõe o art. 660 do CPC/2015 (art. 1.032 do CPC/73): "Na petição de inventário, que se processará na forma de arrolamento sumário, independentemente da lavratura de termos de qualquer espécie, os herdeiros: I - requererão ao juiz a nomeação do inventariante que designarem; II - declararão os títulos dos herdeiros e os bens do espólio, observado o disposto no art. 630; III - atribuirão valor aos bens do espólio, para fins de partilha"; e ainda, à luz do disposto no art. 663 do CPC/2015 (art. 1.035 do CPC/73): "A existência de credores do espólio não impedirá a homologação da partilha ou da adjudicação, se forem reservados bens suficientes para o pagamento da dívida".

Desta forma, ressalvada a hipótese de impugnação por parte de algum credor do espólio, não será feita a avaliação dos bens do espólio, nem serão objeto de apreciação as questões referentes ao lançamento, pagamento ou quitação de taxas judiciárias e de tributos incidentes sobre a transmissão da propriedade dos bens do espólio, como dispõem os arts. 661 e 662 do CPC/2015 (arts. 1.033 e 1.034 do CPC/73).

E ainda, tal como prevê o art. 663 do CPC/2015 (art. 1.035 do CPC/73), "a existência de credores do espólio não impedirá a homologação da partilha ou da adjudicação, se forem reservados bens suficientes para o pagamento da dívida".

---

[49] ALVIM, Arruda; ASSIS, Araken de; ALVIM, Eduardo de Arruda. *Comentários ao Código de Processo Civil*, p. 1509.

A atividade do juiz é meramente homologatória, e assim, uma vez homologada a partilha ou a adjudicação, proceder-se-á à arrecadação dos tributos, cabendo ao Fisco, apurar em processo administrativo valor diverso do estimado e exigir então a eventual diferença[50].

Já o **arrolamento ordinário** é aquele que se processa quando o valor dos bens do espólio for igual ou inferior a 2.000 (duas mil) Obrigações do Tesouro Nacional – OTN, ou seja, é destinado às pequenas heranças.

O inventário processar-se-á, obrigatoriamente, na forma de arrolamento, cabendo ao inventariante nomeado, independentemente da assinatura de termo de compromisso, apresentar, com suas declarações, a atribuição do valor dos bens do espólio e o plano de partilha como prevê a regra do 664 do CPC/2015 e seus parágrafos (art. 1.036 do CPC/73 e seus parágrafos).

"§ 1º Se qualquer das partes ou o Ministério Público impugnar a estimativa, o juiz nomeará avaliador, que oferecerá laudo em 10 (dez) dias."

"§ 2º Apresentado o laudo, o juiz, em audiência que designar, deliberará sobre a partilha, decidindo de plano todas as reclamações e mandando pagar as dívidas não impugnadas."

"§ 3º Lavrar-se-á de tudo um só termo, assinado pelo juiz, pelo inventariante e pelas partes presentes ou por seus advogados."

"§ 4º Aplicam-se a essa espécie de arrolamento, no que couberem, as disposições do art. 672, relativamente ao lançamento, ao pagamento e à quitação da taxa judiciária e do imposto sobre a transmissão da propriedade dos bens do espólio."

"§ 5º Provada a quitação dos tributos relativos aos bens do espólio e às suas rendas, o juiz julgará a partilha."

Dispõe o art. 666 do CPC/2015 (art. 1.037 do CPC/73): "Independerá de inventário ou de arrolamento o pagamento dos valores previstos na Lei n. 6.858, de 24 de novembro de 1980"; e o art. 667 do CPC/2015 (art. 1.038 do CPC/73): "Aplicam-se subsidiariamente a esta Seção as disposições das Seções VII e VIII deste Capítulo".

Assim sendo, tem-se que, à luz do disposto no art. 659 do CPC/2015 (art. 1.031, § 2º, do CPC/73), uma vez transitada em julgado a sentença de

---

50 PEREIRA, Caio Mário da Silva. *Instituições de direito civil*, p. 357.

homologação de partilha ou adjudicação, o respectivo formal, bem como os alvarás referentes aos bens por ele abrangidos, só serão expedidos e entregues às partes após a comprovação, verificada pela Fazenda Pública, de pagamento de todos os tributos.

A adoção do arrolamento ordinário, ou comum, é de natureza cogente, mesmo que não estejam representados todos os herdeiros, ou haja ausentes, incapazes ou testamento, quando então deve intervir o Ministério Público.

Na petição de abertura do arrolamento deverá haver a indicação do inventariante, cuja nomeação independe do compromisso. Desta forma, ao prestar as declarações, este deve atribuir valor aos bens e apresentar o plano de partilha. Após a citação dos herdeiros, e havendo impugnação de qualquer das partes, deverá ocorrer a avaliação dos bens. É dispensável a realização de audiência para que o juiz delibere sobre a partilha e determine o pagamento das dívidas, e finalmente, após a comprovação do pagamento dos encargos fiscais e do imposto de transmissão, o juiz julgará a partilha; e a partir daí serão expedidos os formais de partilha[51].

27.4. Do inventário extrajudicial

27.4.1. Introdução

A entrada em vigor da Lei n. 11.441, de 4 de janeiro de 2007, deu nova redação aos arts. 982 e 983 do Código de Processo Civil - atuais arts. 610 e 611 do CPC/2015 - e permitiu a realização de inventário e partilha sem processo judicial, formalizada por escritura pública lavrada em cartório de notas[52].

Entretanto, essa forma de inventário só é possível de ser realizada se não houver testamento a cumprir e também se as partes forem maiores, capazes e concordes.

Desta forma, em ato único, celebrado perante o notário, procede-se ao inventário dos bens herdados e partilha entre os sucessores legítimos, sem

51 DIAS, Maria Berenice. *Manual das sucessões*, p. 561.

52 A referida lei, tem origem no Projeto de Lei do Senado n. 155, de 2004, que teve por objetivo principal permitir a desburocatização do procedimento de inventário, tornando o procedimento mais célere e reduzindo-lhe os custos.

qualquer participação da autoridade judiciária; nele se exaurem as formalidades de arrecadação e distribuição da herança.

Entretanto, o Colégio Notarial do Brasil aprovou em 2014 um Enunciado em seu XIX Congresso Brasileiro, realizado entre 14 e 18 de maio, estabelecendo que é possível o inventário extrajudicial ainda que haja testamento desde que previamente registrado em juízo ou homologado posteriormente perante o juízo competente.

Na VII Jornada de Direito Civil de 2015, foi aprovado enunciado prevendo que após registrado judicialmente o testamento e todos os interessados capazes e concordes com seus termos, e não havendo conflitos de interesses, é possível que se faça inventário extrajudicial (Enunciado n. 600).

Em 2016, o Provimento 37 da Corregedoria Geral do Tribunal de Justiça de São Paulo passou a aplicar o teor do Enunciado n. 600 da VII Jornada de Direito Civil.

Em 2017, durante a I Jornada de Direito Processual Civil, promovida pelo CNJ, aprovou o Enunciado n. 51: "havendo registro judicial ou autorização expressa do juízo sucessório competente, nos autos do procedimento de abertura, registro e cumprimento de testamento, sendo todos os interessados capazes e concordes, poderão ser feitos o inventário e a partilha por escritura pública".

No mesmo ano, o TJRJ seguiu o mesmo rumo e passou a admitir o inventário extrajudicial nos referidos termos.

Em 18-10-2019, a Quarta Turma do STJ (REsp 1.808.767/RJ) decidiu que o inventário extrajudicial é cabível ainda que exista testamento, desde que os interessados sejam maiores, capazes e concordes.

Isto posto, visa-se a redução da burocracia e as formalidades dos atos de transmissão hereditária.

27.4.2. Do inventário e partilha por escritura pública

Dispõe o art. 610 do CPC/2015 (art. 982 do CPC/73): "Havendo testamento ou interessado incapaz, proceder-se-á ao inventário judicial. § 1º Se todos forem capazes e concordes, poderá fazer-se o inventário e a partilha por escritura pública, a qual constituirá título hábil para o registro imobiliário, bem como para o levantamento de importâncias depositadas em instituições financeiras".

"§ 2º O tabelião somente lavrará a escritura pública se todas as partes interessadas estiverem assistidas por advogado comum ou advogados de cada uma delas, cuja qualificação e assinatura constarão do ato notarial."

Assim sendo, uma vez que todos os interessados forem capazes e concordarem entre si quanto à partilha dos bens, podem optar pela via judicial ou extrajudicial; e, ainda que escolham a primeira via, podem a qualquer tempo dela desistir e a partir daí optar pela via extrajudicial. No caso de herdeiro único, capaz, com direito à totalidade da herança, lavrar-se-á escritura pública de inventário e adjudicação dos bens[53].

Questiona-se, entretanto, se seria obrigatória a adoção da via extrajudicial, quando estiverem presentes os requisitos para tanto, alegando faltar o interesse jurídico para a adoção da via judicial. Entendemos que a adoção da via extrajudicial não é obrigatória, e sim facultativa, permanecendo para os sucessores o direito de adotar o procedimento judicial.

27.4.3. Requisitos para a realização de inventário extrajudicial

Podem os interessados dispensar o procedimento judicial e valer-se da escritura pública para proceder ao inventário e partilha dos bens da herança, observados os seguintes requisitos: a inexistência de testamento (salvo se sua abertura tenha sido inicialmente feita em juízo, conforme disposição contida no REsp 1.808.767/RJ, Rel. Min. Luis Felipe Salomão, j. 15-8-2019); a inexistência de interessado incapaz; a capacidade de todas as partes; a concordância de todos; a participação de advogado comum ou de cada parte, cuja qualificação e assinatura deverá constar do ato notarial, a quitação de tributos incidentes, ser o Brasil o último domicílio do falecido.

No caso de o autor da herança ter deixado testamento (sem que sua abertura tenha sido feita anteriormente em juízo), ou que algum dos interessados ser incapaz, é obrigatória a realização de inventário judicial dos bens[54].

Nesse sentido, entendemos que não há possibilidade de a viúva grávida realizar o inventário extrajudicial, visto que, à luz do art. 1.798 do

---

53 MONTEIRO, Washington de Barros; PINTO, Ana Cristina de Barros Monteiro França. *Curso de direito civil*, p. 320.

54 CASSETTARI, Christiano. *Separação, divórcio e inventário por escritura pública*. 4. ed. São Paulo: Gen/Método, 2010, p. 110-119.

Código Civil, apresenta o nascituro capacidade sucessória, sendo, entretanto, herdeiro incapaz.

Além da capacidade das partes, depende o inventário por escritura pública da expressa anuência de todos os herdeiros, manifestada pelo consenso geral, pela unanimidade de sufrágios, não lhe bastando maioria, ainda que absoluta. Se apenas um dos herdeiros não concordar com o pleito, forçosamente dever-se-á realizar o inventário e a partilha judiciais.

Também o companheiro que tenha direito à sucessão é parte, podendo, assim, promover o inventário extrajudicial; para tanto, como dispõem as normas do CNJ, devem existir outros herdeiros e que todos reconheçam a união, pois caso contrário é necessário que haja prévia ação de reconhecimento da união de fato[55].

Pensamos com Berenice Dias que a exigência de outros herdeiros é formalismo exagerado, requisito que não deveria ser levado a feito, uma vez que "sem outros herdeiros nem há quem represente o espólio na ação de reconhecimento de união estável".

Da mesma forma, se não houver unanimidade dos herdeiros, não poderão valer-se da escritura pública de inventário e partilha.

Inexistem para o inventário judicial outros requisitos. E assim, "qualquer que seja o valor ou a natureza dos bens a partilhar, qualquer que seja o tempo decorrido da abertura da sucessão, nada obsta a concretização da partilha por escritura pública".

Não há exigência de inventariante no inventário judicial, mas é recomendável a sua nomeação. O CNJ tornou obrigatória a nomeação de um dos herdeiros para representar o espólio. Essa indicação não precisa obedecer à regra do art. 617 do CPC/2015 (art. 990 do CPC/73), podendo nesse sentido ser escolhida pessoa estranha à sucessão para tal feito.

27.4.4. Da escritura de inventário e partilha

Ao contrário do que acontece com o procedimento judicial, cuja competência é determinada pelas normas processuais, em razão do domicílio do falecido, para a realização de escritura pública de inventário e partilha,

---

55 DIAS, Maria Berenice. *Manual de direito das sucessões*, p. 566.

a escolha do cartório de notas onde o inventário vai ser realizado é de livre escolha dos interessados em todo o território nacional, devendo, entretanto, o imposto de transmissão sobre os bens imóveis ser recolhido no local onde se situam os bens, enquanto o imposto sobre os bens móveis é pago na sede do tabelionato escolhido para realizar o inventário, como dispõe o art. 155, § 1º, da Constituição Federal.

E assim deve o tabelião verificar o atendimento dos requisitos formais de celebração da escritura pública, como o comparecimento de todos os interessados, a capacidade das partes, a presença de advogado comum ou de cada interessado, a inexistência de débitos fiscais e o recolhimento dos tributos devidos, entre outros.

É também sua função instruir a formalização da escritura, a certidão de óbito do autor da herança e os documentos comprobatórios da condição sucessória de cada participante, como certidão de casamento do cônjuge sobrevivente e a certidão de nascimento dos herdeiros, além da documentação exigível em atos notariais quanto aos bens imóveis, com os comprovantes fiscais respectivos. Os interessados são livres para partilhar os bens herdados como bem entenderem, em correspondência com os quinhões hereditários, devendo, entretanto, recolher previamente os tributos devidos.

É facultada a opção pela via judicial ou extrajudicial, podendo ser solicitada, a qualquer momento, a desistência da via judicial para promoção da via extrajudicial.

Nem mesmo a prévia existência de credores impede a realização de inventário e partilha por escritura pública; mas esta deverá conter a nomeação de representante do espólio para cumprimento de obrigações ativas e passivas, à luz do que recomenda a Resolução n. 35, de 24 de abril de 2007, do Conselho Nacional de Justiça, que teve como escopo basilar, como elucida Christiano Cassettari, "tentar uniformizar os procedimentos em todos os Estados do país, respeitando as recomendações gerais do Colégio Notarial do Brasil, bem como do provimento dos Tribunais"[56].

---

[56] CASSETTARI, Christiano. *Separação, divórcio e inventário por escritura pública*, p. 29.

Deve ainda a escritura pública de inventário e partilha conter a qualificação completa do autor da herança, o regime de bens do casamento, o pacto antenupcial e seu registro imobiliário; o dia e lugar em que faleceu o autor da herança, a certidão de óbito e a declaração dos herdeiros de que não há testamento a cumprir nem outros herdeiros.

Dispõe o art. 620 do CPC/2015 (art. 993 do CPC/73) sobre a apresentação das primeiras declarações do inventário judicial, requisitos que devem também ser observados quando da realização da escritura pública de inventário e partilha (qualificação das partes, qualidade de herdeiros, individuação dos bens a inventariar, dívidas do monte, entre outros).

Devem ainda as partes comparecer pessoalmente, ou representadas por mandatário constituído por instrumento público com poderes especiais; estar assistidas por advogado comum ou advogados de cada uma delas, devendo ainda constar da escritura a qualificação e assinatura desses profissionais.

Concluída a escritura, representa esta um instrumento hábil para os registros imobiliários subsequentes, não sendo necessário qualquer formalidade judicial. É ainda o documento hábil para a transferência de todos os bens partilhados, não havendo necessidade de qualquer outra providência para esse fim. Nesse sentido, havendo dívidas do espólio, o objeto da partilha deverá ser o saldo existente do mesmo.

E assim, "levado a efeito o inventário extrajudicialmente, a escritura substitui o formal de partilha, não havendo necessidade da homologação judicial para qualquer efeito"[57].

Poderá ainda, mediante a conveniência dos interessados, ser realizada a partilha de parte do patrimônio, permanecendo a outra parte em condomínio. No caso de haver necessidade da realização de uma sobrepartilha, poderão os herdeiros da mesma forma recorrer à sua realização mediante escritura pública como prevê a regra do art. 610 do CPC/2015 (art. 982 do CPC/73)[58].

---

57 DIAS, Maria Berenice. *Manual de direito das sucessões*, p. 563.

58 MONTEIRO, Washington de Barros; PINTO, Ana Cristina de Barros Monteiro França. *Curso de direito civil*, p. 320 e 321; NADER, Paulo. *Curso de direito civil*, p. 512.

27.4.5. Questões diversas

Diversas questões são atinentes ao inventário extrajudicial, que em muitos pontos assemelha-se ao próprio inventário realizado judicialmente.

Um primeiro ponto diz respeito à realização de inventário conjunto: a lei nada regula. Assim, diante da omissão legal, pode-se entender que possa ser levado a efeito o inventário realizado em uma única escritura.

Desnecessária é a homologação judicial da escritura pública de inventário, visto visar a Lei n. 11.441/2007 facilitar o procedimento; da mesma forma, quanto à realização de inventário por escritura pública por herdeiros analfabetos, poderão estes assinar a rogo, não sendo este também um impedimento para a realização do dito procedimento[59].

A existência de dívidas prévias não obsta o inventário extrajudicial, mas é devido o pagamento dos tributos aos bens do espólio e suas rendas, cabendo ao tabelião exigir certidões negativas de débito tributário, como prevê o art. 30, XI, da Lei n. 8.935/94. Da mesma forma, deve o imposto de transmissão ser recolhido antes da lavratura da escritura. Daí deflui uma interessante questão de ordem prática: na ausência de condições econômicas para o pagamento do referido imposto, não há como proceder a venda de algum bem para honrar o referido pagamento, como ocorre no inventário judicial. O que pode acontecer é obter-se o alvará autorizando a venda em sede judicial e posteriormente optar-se pela via extrajudicial.

É cabível a assistência gratuita aos inventários extrajudiciais, como prevê a Lei n. 11.441/2007; pode-se formalizar a renúncia do quinhão hereditário por escritura pública, como prevê o art. 1.806 do Código Civil, e ainda, caso existam credores do herdeiro renunciante, esse também será o instrumento mediante o qual podem os credores habilitar-se, visando ao recebimento de sua quota hereditária.

No caso do inventário extrajudicial, pode-se ainda proceder à cessão de direitos hereditários, como prevê a regra do art. 1.793 do Código Civil; da mesma forma há de ser realizada a colação dos bens recebidos a título de

---

59 CASSETTARI, Christiano. *Separação, divórcio e inventário por escritura pública*, p. 151.

adiantamento de legítima; pode ser realizada também a sobrepartilha dos bens, mesmo que o inventário tenha sido realizado sob a via judicial.

É válido ressaltar que, no caso de inobservância expressa dos requisitos determinados para a realização de inventário judicial, este se revestirá de nulidade absoluta, que pode ser arguida a qualquer tempo por qualquer interessado. A propositura de ação de petição de herança conduz à nulidade da escritura quando a partilha for elaborada excluindo algum herdeiro necessário[60].

Os efeitos patrimoniais decorrentes do inventário extrajudicial sujeitam-se ao prazo prescricional de dez anos à luz do art. 205 do Código Civil, sendo ainda possível a desconstituição da escritura em virtude de vícios que contiver, observado o prazo prescricional de quatro anos previsto no art. 178 do Código Civil[61].

Com o escopo de disciplinar essa modalidade de ato notarial, que se aplica também às separações consensuais e divórcios consensuais, foram baixados a Resolução n. 35, de 24 de abril de 2007, do Conselho Nacional de Justiça, já referida; o Provimento n. 19/2007 da Corregedoria Geral de Justiça do Estado de São Paulo e o Provimento de 7 de maio de 2007 do Conselho Federal da Ordem dos Advogados do Brasil[62].

---

60 DIAS, Maria Berenice. *Manual de direito das sucessões*, p. 568 e 569.

61 MALUF, Carlos Alberto Dabus. *Código Civil comentado*: prescrição, decadência e prova, v. III, p. 85 e s.

62 MONTEIRO, Washington de Barros; PINTO, Ana Cristina de Barros Monteiro França. *Curso de direito civil*, p. 320 e 321.

Capítulo 28

Dos sonegados

28.1. Conceito

Na definição de Carlos Maximiliano, "sonegado é tudo aquilo que deveria entrar em partilha, porém foi omitido conscientemente na descrição de bens pelo inventariante, não foi restituído pelo mesmo ou por seu sucessor universal ou foi doado a herdeiro e não trazido à colação pelo beneficiado. A falta propositada constitui ato de má-fé e, por isso, a lei a fulmina com especial penalidade"[1].

Tendo em vista que cumpre ao inventariante e aos demais herdeiros proceder à declaração de todos os bens que constituem o acervo da herança, para poder instruir o processo de inventário e efetuar a consequente partilha de bens, podemos aduzir que a sonegação pode ser entendida como a ocultação intencional de bens que devam ser inventariados ou levados à colação.

1 MAXIMILIANO, Carlos. *Direito das sucessões*, p. 373.

28.2. Evolução histórica

As raízes dos sonegados encontram-se já no direito romano. Era punido com a perda do benefício de se abster o herdeiro que desviasse coisas da sucessão. Como pena, o faltoso era privado do benefício de repelir a qualidade de herdeiro e, assim, livrar-se eventualmente das dívidas que compusessem o acervo hereditário a ser transmitido.

As penalidades para a prática de sonegados continuam a viger no direito contemporâneo[2].

28.3. Generalidades

Iniciado o inventário, cabe ao inventariante prestar declarações preliminares, em que apresentará relação completa dos bens da herança e que oportunamente se partilharão entre os herdeiros. Da mesma forma, devem estes restituir bens do espólio que porventura se achem em seu poder, assim como indicar terceiras pessoas que se tenham tornado detentoras de efeitos componentes do acervo. Devem, também, trazer à colação o valor das doações que em vida receberam, na forma da lei[3].

Tratando-se de inventário ou partilha mediante escritura pública, sem homologação judicial, a sonegação é passível de se caracterizar quando, intencionalmente, o herdeiro oculta ou não declara, no instrumento público, bens que devam constar do acervo hereditário[4].

À luz do disposto no art. 1.992 do Código Civil, "o herdeiro que sonegar bens da herança, não os descrevendo no inventário quando estejam em seu poder, ou, com o seu conhecimento, no de outrem, ou que os omitir na colação, a que os deva levar, ou que deixar de restituí-los, perderá o direito que sobre eles lhe cabia".

E ainda, tal como prevê o art. 1.993 do mesmo diploma legal, "além da pena cominada no artigo antecedente, se o sonegador for o próprio inven-

---

2 MAXIMILIANO, Carlos. *Direito das sucessões*, p. 373 e 374.

3 MONTEIRO, Washington de Barros; PINTO, Ana Cristina de Barros Monteiro França. *Curso de direito civil*, p. 322.

4 NADER, Paulo. *Curso de direito civil*, p. 481.

tariante, remover-se-á, em se provando a sonegação, ou negando ele a existência dos bens, quando indicados".

Tal como vimos, a função principal do inventariante é zelar pelo cumprimento das disposições testamentárias, e nesse sentido, se o inventariante omite, intencionalmente, ou não descreve qualquer bem ou valor, desfalcando o ativo do espólio; se o herdeiro não indica bens em seu poder, ou detidos por terceira pessoa, ou se nega a conferi-los, em obediência às disposições legais, pratica sonegação, sujeitando-se às penas previstas nos artigos em tela.

28.4. Elementos caracterizadores da sonegação

Caracteriza-se a sonegação com a ocorrência de duas classes de elementos: os objetivos e os subjetivos.

Assim como **elementos objetivos** da sonegação podemos apontar: que este consiste na ocultação voluntária dos bens, compreende a falta de descrição dos bens da herança no inventário, à omissão de colação das doações recebidas anteriormente e, ainda, caracteriza-se pela recusa em restituir os bens à herança.

Já no que tange aos **elementos subjetivos**, estes consistem na vocação maliciosa, na ma-fé ou dolo. Assim sendo, o sonegador demonstra a intenção dolosa de subtrair os bens do inventário, visando acarretar prejuízo a alguém.

Entretanto, os elementos subjetivos do dolo precisam ser objeto de prova por parte do acusador, "não valendo, pois, a posição de que a má-fé é ínsita, entendendo que compete ao réu demonstrar que não agiu maliciosamente"[5].

28.5. Quem está sujeito à pena de sonegados

Estão sujeitos à pena de sonegados: o herdeiro que sonega bens da herança, não os descrevendo no inventário, quando em seu poder; o herdeiro que não denuncia a existência de bens do acervo, que, com ciência sua,

---

5 MONTEIRO, Washington de Barros; PINTO, Ana Cristina de Barros Monteiro França. *Curso de direito civil*, p. 324 e 325; FUJITA, Jorge S. *Curso de direito civil*: direito das sucessões, p. 260.

se encontrem em poder de outrem; o herdeiro que deixa de conferir no inventário bens sujeitos à colação; o inventariante que não inclui ou omite, nas declarações prestadas, efeitos pertencentes ao espólio; o cessionário do herdeiro, quando declara que não possui bens hereditários.

A partir daí, podem surgir várias situações: a sonegação é praticada pelo inventariante, que reúne também a qualidade de herdeiro; a sonegação é cometida por inventariante não herdeiro, como, por exemplo, pelo cônjuge meeiro; a sonegação é perpetrada por um herdeiro, ou pelo seu cessionário. Também o testamenteiro sujeita-se a incorrer na pena de sonegados se exercer também a inventariança.

Assim, se o sonegador for um dos herdeiros, a pena de sonegados, que tem caráter civil, consistirá na perda do direito que lhe caiba sobre os bens omitidos ou não colacionados. Se for inventariante, incidirá não só nessa pena como na de destituição do cargo, à luz do disposto no art. 622, VI, do CPC/2015 (art. 995, VI, do CPC/73), e do art. 1.993 do Código Civil.

"Pouco importa que o inventariante não seja herdeiro; sucessor ou não do *de cujus*, ele incorrerá sempre, cumulativamente, nas duas penalidades: remoção do cargo e privação dos direitos relativos aos bens sonegados"[6].

Esta questão, entretanto, encontra alguma controvérsia doutrinária. Uma primeira corrente, atendo-se à interpretação isolada do art. 1.992 do Código Civil, sustenta que a perda do direito sobre os bens sonegados constitui sanção que só se comina a herdeiro, porque o dispositivo alude exclusivamente a ele. Ora, lei que estabelece pena é necessariamente de interpretação restritiva. Logo, não pode aplicar-se a quem não possua qualidade de herdeiro, como o cônjuge-meeiro. Entretanto, uma segunda corrente posiciona-se no sentido de que a interpretação conjunta dos arts. 1.992 e 1.993, do Código Civil, vê-se que a figura do inventariante também está elencada, sem distinguir a figura do inventariante-herdeiro e do inventariante-administrador (como, em alguns casos, cabe ao cônjuge sobrevivente).

---

6 MONTEIRO, Washington de Barros; PINTO, Ana Cristina de Barros Monteiro França. *Curso de direito civil*, p. 323.

Como aduz Paulo Nader, "o cônjuge meeiro ainda que não figure como herdeiro, deve informar nos autos a existência de bens em seu poder. Ao se omitir ou negar a posse, pratica o ilícito. Os cessionários, cometem o ilícito ao contestar a posse de bens adquiridos de herdeiro antes da partilha".

Isto posto, temos que "o dever de declarar os bens sujeitos a inventário compete também ao cônjuge ou companheiro sobrevivente, uma vez que podem acumular os direitos de meação e de herança. Entretanto, caso haja apenas o direito de meação do viúvo, a sonegação de bens em seu poder apresentará uma conotação jurídica diversa, ensejando, desta forma, o emprego de medidas próprias de caráter possessório ou reivindicatório por parte dos demais interessados, sem a incidência da pena de sonegados, prevista no art. 1.992 do Código Civil, uma vez que essa pena de caráter patrimonial limita-se à perda de direito hereditário, só cabível a quem detenha legitimação sucessória no processo".

Da mesma forma, como aduz Euclides de Oliveira, "cabe distinguir a retenção indevida de bens por herdeiro excluído da sucessão por indignidade ou deserdação ou ainda por herdeiro renunciante, pois com a perda da qualidade de herdeiro, tais pessoas passam a ser consideradas estranhas, em posse indevida de bens do espólio, sujeitando-se às penas próprias para a restituição, uma vez que lhes é inaplicável a pena de sonegados"[7].

"A lei não se refere aos legatários, mas estes podem ser agentes do ilícito, quando beneficiados apenas com a nua propriedade dos bens ocultados. Neste caso, o seu objetivo é de se beneficiar com a posse em detrimento do usufrutuário instituído. A penalidade que se lhes aplica é a perda do direito que lhes foi deixado"[8].

E assim sendo, tal como é sabido, onde a lei não distingue, não é lícito ao intérprete fazê-lo. Portanto, a pena de sonegados, no seu duplo aspecto, que pode abranger tanto a remoção da inventariança quanto a perda do direito sobre os bens sonegados, tem toda aplicação ao inventariante que

---

7 OLIVEIRA, Euclides Benedito de. Colação e sonegados. In: HIRONAKA, Giselda; PEREIRA, Rodrigo da Cunha (Coords.). *Direito das sucessões e o novo Código Civil*. Belo Horizonte: IBDFam/Del Rey, 2004, p. 382 e 383.

8 NADER, Paulo. *Curso de direito civil*, p. 483.

não seja herdeiro. A simples destituição do cargo não constituiria penalidade à altura da gravidade da infração. A mesma conclusão se aplica ao companheiro que participe da herança ou exerça o cargo de inventariante.

Por outro lado, os herdeiros de quem exerceu o referido cargo não se acham sujeitos à penalidade.

Os artigos referentes à execução dos testamentos – arts. 1.135 a 1.141 do Código Civil de 1973 – encontram-se revogados no diploma processual de 2015.

Sinteticamente podemos aduzir que as pessoas sujeitas à pena de sonegados são: o herdeiro ou seu cessionário; o inventariante que também for herdeiro; o inventariante não herdeiro; o testamenteiro que exercer a inventariança.

28.6. Do requisito do dolo na sonegação

Uma questão bastante controvertida diz respeito à prova do dolo para a configuração dos sonegados e a consequente imposição da pena respectiva. Entendem uns que só mediante prova plena da ocorrência desse elemento ético-jurídico, por parte do sonegador, seria possível a imposição das sanções legais.

Assim, não existiria sonegação se não houvesse propósito malicioso de ocultar ou desviar os bens. Qualquer explicação plausível do inventariante, ou do herdeiro, bastará para isentá-lo de pena. Outra corrente de pensamento, entretanto, sustenta, com mais acerto, que o dolo na sonegação existe *in re ipsa*, no próprio ato de ocultar, desviar, omitir. Aliás, sonegar não quer dizer outra coisa senão ocultar dolosamente, ou seja, com intenção de prejudicar os demais interessados. A má-fé, presente em toda sonegação, é-lhe ínsita e imanente. Comprovada a sonegação, cominam-se ao sonegador as penalidades; e assim, competirá ao sonegador provar que não agiu com malícia, com intenção fraudulenta e que, por outro lado, procedeu por motivo justo e escusável[9].

---

9 MONTEIRO, Washington de Barros; PINTO, Ana Cristina de Barros Monteiro França. *Curso de direito civil*, p. 324 e 325.

28.7. Da ação de sonegados

Na lição de Clóvis Beviláqua, "a ação de sonegados é a via judicial destinada a obrigar o inventariante ou herdeiro a apresentar os bens que dolosamente ocultar, e nesse sentido o dolo não deve nunca ser presumido, mas provado, e na falta dessa prova, concluir-se-á que a ocultação é fruto da ignorância do agente"[10].

A referida prova resultará do fato da ocultação, se o inventariante for intimado a apresentar a coisa sonegada e não o fizer, podendo ainda presumir-se o propósito de se apropriar da coisa, salvo se o acusado, justificando a causa de seu procedimento demonstrar a boa-fé[11].

À luz do disposto no art. 1.994 do Código Civil, "a pena de sonegados só se pode requerer e impor em ação movida pelos herdeiros ou pelos credores da herança".

A perda do direito que lhe caberia sobre os bens ocultados, denominada pena de sonegados, depende de ação própria, fora do processo de inventário e da condenação judicial. Estão legitimados para requerê-la os herdeiros e os credores da herança. Entretanto, a sentença proferida aproveita aos demais interessados[12].

Nesse sentido, os bens sonegados revertem-se ao monte, e devem ser restituídos ao espólio, para a sobrepartilha, nos termos do art. 2.022 do Código Civil.

A simples destituição do inventariante, arguido de sonegador, pode ser decretada nos próprios autos de inventário, como dispõem os arts. 622, VI, e 623 do CPC/2015 (art. 995, VI, combinado com o art. 996 do CPC/73).

Entretanto, a perda do direito que couber ao inventariante e aos herdeiros sobre os bens sonegados só pode ser cominada por sentença

---

10 BEVILÁQUA, Clóvis. *Direito das sucessões*, § 111.

11 MAXIMILIANO, Carlos. *Direito das sucessões*, v. III, n. 1549.

12 Quanto à Fazenda Pública, tendo direitos fiscais a recolher, concernentes aos bens sonegados, assiste-lhe a faculdade de reclamar no inventário e de propor a ação; não se aplicando, porém, a pena de sonegados, quando não se descrevem os bens, com o fim de diminuir o montante do imposto *causa mortis*. MONTEIRO, Washington de Barros; PINTO, Ana Cristina de Barros Monteiro França. *Curso de direito civil*, p. 324; PEREIRA, Caio Mário da Silva. *Instituições de direito civil*, p. 364.

proferida em ação ajuizada para esse fim, em que o sonegador seja convencido da improbidade. Tal questão, por ser de alta indagação, não se decide em inventário[13].

A referida ação deve ser intentada após as últimas declarações prestadas no inventário, no sentido de não existirem mais bens a inventariar. Sem haver tal declaração, falta à ação de sonegados uma das condições, o interesse processual[14].

---

13 REsp 54519/SP, STJ, 4ª Turma, Min. Aldir Passarinho Jr.: "os herdeiros têm legitimidade ativa para propor ação declaratória de nulidade de ato processual praticada pela inventariante e viúva meeira em detrimento dos seus direitos no espólio de seu pai, consubstanciado pela venda a terceiros de ações ao portador de sociedade comercial a todos pertencentes, ante o princípio da universalidade que rege os bens deixados pelo *de cujus*, até a sua partilha. Ilegitimidade passiva, de outro lado, da sociedade anônima cujas ações foram negociadas, por não haver praticado qualquer ato atinente à controvérsia jurídica *sub judice*. A venda de bens sonegados a terceiros e o direito às perdas e danos dos lesados em relação ao inventariante, prevista no art. 1.783 do Código Civil anterior (hoje art. 1.995), não exclui a pretensão de nulificação da venda a terceiros e a recomposição do patrimônio do espólio, se esta foi a via legal escolhida pelos herdeiros. Recurso Especial conhecido em parte e parcialmente provido" (j. em 14-6-2005, *DJ*, p. 274). "SONEGADOS. INVENTARIANTE QUE DEIXA DE REFERIR NO PROCESSO DE INVENTÁRIO BENS EXISTENTES QUANDO DA ABERTURA DA SUCESSÃO. 1. Sonegados são os bens ocultados ao inventário ou que não tenham sido levados à colação. 2. Se os próprios demandados admitem o conhecimento da existência de direitos hereditários adquiridos pelo *de cujus*, correta a decisão que os condenou restituírem o valor correspondente às cessões de direitos. 3. Se os herdeiros demandados não usufruíram dos bens ocultados e não obtiveram proveito algum desse fato, descabe estabelecer indenização. Recursos desprovidos" (Ap. Cív. 70049957913, 7ª Câm. Cív., TJRS, Rel. Des. Sérgio de Vasconcellos Chaves, j. 26-9-2012). "SONEGADOS. INVENTARIANTE QUE SE APROPRIA DE VALORES QUE PERTENCIAM AO *DE CUJUS*, DEIXANDO DE PROCEDER O ARROLAMENTO DELES NO PROCESSO DE INVENTÁRIO. 1. Há sonegação quando a inventariante saca valor da conta conjunta que mantinha com o *de cujus* e resgata uma nota promissória, um dia antes do óbito, bem como saca valor da mesma conta após o falecimento, deixando de trazer tais dados ao processo de inventário. 2. Sonegados são os bens ocultados ao inventário ou que não tenham sido levados à colação, ensejando imposição da sanção civil de perda do direito sobre as coisas ocultadas. Recurso desprovido" (Ap. Cív. 70032048092, 7ª Câm. Cív., TJRS, Rel. Des. Sérgio de Vasconcellos Chaves, j. 25-5-2011).

14 O STJ vem entendendo que a sonegação se caracteriza após as últimas declarações, consoante acórdão relatado pelo E. Ministro Sálvio de Figueiredo Teixeira: "a ação de sonegados deve ser intentada após as últimas declarações prestadas no inventário, no sentido de não haver mais bens a inventariar, falta à ação de sonegados uma das condições, o interesse processual, em face da desnecessidade de utilização do procedimento" (REsp 265859/SP, 4ª Turma, j. 20-3-2003, *DJ*, p. 290).

A ação de sonegados prescreve em dez anos nos termos do art. 205 do Código Civil e deverá ser ajuizada no mesmo foro do inventário. Não impede a propositura da ação eventual acordo firmado entre os interessados quanto à partilha. Do mesmo modo que a simples promessa de conferência dos bens por ocasião da partilha não tolhe o uso da ação. A concordância do herdeiro com as primeiras declarações não lhe retira o direito de propô-la.

Não cabe a pena de sonegados fora do inventário por morte. Trata-se de instituto peculiar ao direito das sucessões.

Não pode servir de testemunha, na ação de sonegados, pessoa que se encontre no rol do art. 228, V, do Código Civil – "os cônjuges, os ascendentes, os descendentes e os colaterais, até o terceiro grau de alguma das partes, por consanguinidade, ou afinidade" –, embora parente de ambas as partes.

Para que se decrete a procedência de ação de sonegados, em relação a determinado crédito, necessária se torna a prova deste, sendo inadmissível a exclusivamente testemunhal, se de valor superior ao legal.

Como determina o art. 1.995 do Código Civil, "se não se restituírem os bens sonegados, por já não os ter o sonegador em seu poder, pagará ele a importância dos valores que ocultou, mais as perdas e danos".

Uma vez julgada procedente a ação de sonegados, cumpre ao sonegador efetuar a apresentação e a restituição dos bens, com os respectivos acréscimos e rendimentos que integram o monte da herança a partilhar.

"A restituição tem a finalidade de preservar os direitos dos interessados na herança, sejam eles herdeiros ou o cônjuge e/ou o companheiro sobrevivente, sejam os credores com justa expectativa de serem ressarcidos com os bens do espólio"[15].

Caso o sonegador, com a renda do espólio, adquira para si bem móvel, deve repor a quantia desviada, e não a coisa adquirida. Se a sonegação diz respeito a compromisso de compra e venda, descrever-se-ão no inventário não as prestações pagas, mas os direitos decorrentes do compromisso, pois justo é que os herdeiros participem da valorização dos bens compromissados[16].

---

15 OLIVEIRA, Euclides Benedito de. Colação e sonegados. In: HIRONAKA, Giselda; PEREIRA, Rodrigo da Cunha (Coords.). *Direito das sucessões e o novo Código Civil*, p. 386.

16 MONTEIRO, Washington de Barros; PINTO, Ana Cristina de Barros Monteiro França. *Curso de direito civil*, p. 326; LEITE, Eduardo de Oliveira. *Comentários ao novo Código Civil*, p. 725 e 726.

No caso de não se restituírem os próprios bens sonegados, por não os ter mais o sonegador, pagará ele a importância dos valores, que ocultou, mais as perdas e danos. Reconhece-se assim o dano causado aos outros condôminos que viram restituído o valor em dinheiro e não a coisa. Mais adiante vai Zeno Veloso ao aduzir que "mesmo que o sonegador tenha restituído o bem que ocultou, sofrendo a pena prevista nos arts. 1.992 e 1.994, se com seu ato ilícito causou danos, terá de indenizá-los, aplicando-se as regras gerais da responsabilidade civil, disposta nos arts. 186 e 927 do Código Civil"[17].

Isto posto, tem-se que não é possível, em sede de ação de sonegados, pronunciar a nulidade da venda feita pelo sonegador. Reconhecida a sonegação, a sentença condenatória limitar-se-á a impor ao réu a obrigação de dar em partilha o preço da alienação[18].

A ação de sonegados tem natureza declaratória. Aplicam-se ao sonegador as penas previstas no diploma civil. O espólio não tem legitimidade passiva para figurar na relação processual, devendo por isso, o pretenso sonegador, ocupar o polo passivo da relação processual[19].

Tem, pois, a ação de sonegados a finalidade precípua de "obrigar o inventariante, o testamenteiro inventariante, o herdeiro – legítimo ou testamentário –, o cessionário da herança ou o cônjuge meeiro nas funções de administrador da herança, a trazer ao acervo do espólio os bens deixados pelo *de cujus* que estão em seu poder ou de terceiros, com sua ciência ou não, não declarados ou não conferidos, por haverem sido ocultados dolosamente".

Encontra seu fundamento nos arts. 1.992 a 1.996 do Código Civil, tendo legitimidade ativa o herdeiro, o legatário, o inventariante, o cessionário e o credor, quando a sonegação lhe acarretar prejuízo, devendo a ação correr no juízo do inventário e partilha, dada a natureza universal da sucessão.

---

17 VELOSO, Zeno. *Código Civil comentado*, p. 2195.

18 MONTEIRO, Washington de Barros; PINTO, Ana Cristina de Barros Monteiro França. *Curso de direito civil*, p. 325 e 326.

19 NADER, Paulo. *Curso de direito civil*, p. 487.

28.8. Caracterização da sonegação

Dispõe o art. 1.996 do Código Civil que "só se pode arguir de sonegação o inventariante depois de encerrada a descrição dos bens, com a declaração, por ele feita, de não existirem outros por inventariar e partir, assim como arguir o herdeiro, depois de declarar no inventário que não os possui".

Embora a sonegação ocorra com a falta de declaração dos bens no processo de inventário, sua apuração para efeito de aplicação das penas previstas na lei exige que se esgote a fase descritiva, o que se dá com as últimas declarações. É só nesse momento que a ação de sonegados tem cabimento.

Disposição análoga encontra-se no art. 994 do CPC/73, atual art. 621 do CPC/2015, cujo teor não foi alterado. E assim, em princípio, só se admite alegação depois das últimas declarações, quando então pode-se constatar que os bens a serem relacionados não foram mencionados na descrição do inventário. É válido ressaltar que tanto a omissão quanto a ocultação dos referidos bens têm de ser dolosas.

Existem, entretanto, decisões que permitem que até o momento da partilha seja lícito ao herdeiro ou ao inventariante pedir a inclusão de bens e assim evitar a pena de sonegação. De modo geral, porém, com a prestação das últimas declarações, configura-se a dita sonegação, uma vez que nesse ato final do inventário cabe ao inventariante dizer, de modo categórico, se existem ou não outros bens; "contudo, nem sempre se exige o termo de declarações finais para que se caracterize a sonegação, uma vez que o inventariante tenha afirmado que os bens reclamados não pertencem ao espólio"[20].

Para Carlos Maximiliano, constitui sonegado: falsificar escrita, para diminuir o ativo; ocultar créditos e aquisições; disfarçar doação; encobrir dívida de herdeiro para com o espólio; realizar venda fictícia ou compra fraudulenta; extraviar ou ocultar títulos de propriedade. Entretanto, a apre-

---

20 LEITE, Eduardo de Oliveira. *Comentários ao novo Código Civil*, p. 728 e 729; MONTEIRO, Washington de Barros; PINTO, Ana Cristina de Barros Monteiro França. *Curso de direito civil*, p. 327 e 328.

sentação de um testamento falso não constitui sonegado, mas sim prática de delito cível e criminal[21].

De maneira sintética podemos aduzir que a finalidade principal do instituto dos sonegados são a garantia da exatidão do inventário e a perfeita igualdade da partilha.

---

[21] MAXIMILIANO, Carlos. *Direito das sucessões*, p. 381.

Capítulo 29

Do pagamento das dívidas da herança

29.1. Conceito

Na lição de Itabaiana de Oliveira, as dívidas da herança podem ser de duas espécies: as dívidas do falecido e as dívidas póstumas. Da mesma forma os credores da herança também podem ser de duas espécies: os credores do falecido e os credores póstumos.

Quanto às dívidas do falecido, estas são as obrigações contraídas em vida pelo falecido, e transmitidas aos herdeiros por ocasião de sua morte; quanto às dívidas póstumas, estas se originam com o falecimento do autor da herança e abrangem substancialmente as despesas com o funeral do devedor, as custas judiciais e as despesas com a herança[1]

A herança pode apresentar um saldo positivo, o ativo, formado por bens móveis e imóveis e também um saldo negativo, o passivo, quando apresentar dívidas.

O pagamento das referidas dívidas vem regulado nos arts. 1.997 a 2.001 do Código Civil, e também nos arts. 642 a 646 do CPC/2015 (arts. 1.017 a 1.021 do CPC/73).

---

1 OLIVEIRA, Arthur Vasco Itabaiana de. *Tratado de direito das sucessões*, p. 45.

29.2. Habilitação de crédito

As obrigações contraídas pelo *de cujus* e por ele não adimplidas devem ser honradas pelo espólio, e assim a herança responde pelo pagamento das dívidas do falecido. Dentro de seus recursos, deve ela suportar a solução do passivo existente. Só haverá herança, suscetível de partilha, depois de atendidos todos os credores do extinto. Se os débitos lhe excederem as forças, os herdeiros não responderão pelo excesso, sabido que, no direito pátrio, prevalece o princípio da irresponsabilidade *ultra vires hereditatis*, consagrado pelo art. 1.792 do Código Civil. Feita a partilha, só respondem os herdeiros, cada qual em proporção da parte que na herança lhe coube.

Esta responderá, ainda, pelas despesas funerárias, pela vintena do testamenteiro, pelas despesas judiciais e pelo cumprimento dos legados.

O pagamento dos débitos depende da habilitação do credor no inventário, que é processada de acordo com o disposto no art. 642 e parágrafos do CPC/2015 (art. 1.017 e parágrafos do CPC/73). Na atualidade, não mais existe processo de habilitação; assim, os interessados se manifestam no próprio requerimento, devidamente instruído, e, junto aos autos de inventário, será deferido, se houver concordância de todos, ou indeferido, no caso contrário. Entende-se, desta maneira, que a formação de autos de habilitação em separado deixará vulneráveis as disposições contidas no diploma processual, além de abrir ensejo a despesas inúteis com termos e diligências[2].

---

2 "AGRAVO DE INSTRUMENTO. HABILITAÇÃO DE CRÉDITO. CREDOR DE HERDEIRO. DESCABIMENTO. O procedimento de habilitação de crédito previsto nos artigos 1.017 e 1.019 do Código de Processo Civil destina-se aos credores do autor da herança, não aos credores dos herdeiros. Contudo, estando a dívida dos herdeiros lastreada em título extrajudicial que guarda estreita relação com o valor do quinhão hereditário dos devedores, há legitimidade por parte dos credores para postular cautelarmente a reserva de crédito e habilitarem-se no inventário. Agravo provido. Em monocrática" (AgI 70032111783, 8ª Câm. Cív., TJRS, Rel. Des. Rui Portanova, j. 8-9-2009). "INVENTÁRIO. HABILITAÇÃO DE CRÉDITO E PEDIDO DE RESERVA DE BENS. OPOSIÇÃO DOS HERDEIROS. REMESSA À VIA ORDINÁRIA. Buscada a habilitação de crédito em inventário é razoável a decisão que remete as partes à via ordinária, quando os herdeiros não assentem com a estimativa da dívida e seus indexadores, embora determinada a reserva de bens, pois a controvérsia não diz com a quitação. Apelação desprovida" (Ap. Cív. 70006361802, 7ª Câm. Cív., TJRS, Des. Rel. José Carlos Teixeira Giorgis, j. 18-6-2003).

Nesse sentido, "a habilitação deve ser requerida antes da liquidação, a fim de que, acolhida, se inclua o crédito no passivo do espólio, deduzindo-se-lhe o *quantum* no cálculo do imposto de transmissão *causa mortis* e permitindo a definição do cálculo da legítima, nos termos do art. 1.847 do Código Civil"[3].

O credor, por sua vez, não é obrigado a habilitar-se no inventário, podendo, desde logo, recorrer às vias regulares de direito, por meio de ação ordinária ou de execução contra devedor solvente, conforme a natureza do crédito, para ter sua pretensão satisfeita. Por outro lado, pode ainda ocorrer que diversos credores se reúnam e juntos se habilitem num só requerimento[4].

Há credores em que o débito é pago independentemente de habilitação, como a Fazenda Pública, notadamente em relação ao pagamento de tributos. Ressalta-se que não se julga a partilha sem o oferecimento das certidões negativas fiscais, como prevê o art. 2º do Decreto n. 22.957, de 19 de julho de 1933; e do art. 127 do Decreto-Lei n. 5.844, de 23 de setembro de 1943; da mesma forma que não se expede ou se entrega às partes o formal de partilha ou carta de adjudicação, ou mesmo os alvarás referentes a bens por eles abrangidos, sem a comprovação de quitação dos débitos fiscais, federais, estaduais e municipais.

---

3 MAXIMILIANO, Carlos. *Direito das sucessões*, p. 333; MONTEIRO, Washington de Barros; PINTO, Ana Cristina de Barros Monteiro França. *Curso de direito civil*, p. 330; NADER, Paulo. *Curso de direito civil*, p. 489.

4 "EMBARGOS À EXECUÇÃO. Empresa executada. Arresto de conta de sócio falecido. Desnecessidade de habilitação de crédito no juízo do inventário. Faculdade concedida ao credor, que pode livremente optar por cobrar o crédito por meio de ação de execução. Inventariante do espólio intimado pessoalmente do arresto, não existindo impedimento para o prosseguimento da execução contra o espólio. Sentença mantida pelos próprios fundamentos. Art. 252 do Regimento Interno do E. Tribunal. Recurso improvido" (Ap. 9113859-60.2008.8.26.0000, TJSP, 17ª Câm. Dir. Priv., Rel. Des. Erson T Oliveira, j. 10-10-2012). "EXECUÇÃO POR QUANTIA CERTA CONTRA DEVEDOR SOLVENTE. Termo de confissão de dívida? Inércia do credor na habilitação do espólio do falecido executado para integrar o polo passivo da lide. Falta de pressuposto de constituição e de desenvolvimento válido e regular do processo. Extinção do feito sem julgamento do mérito (art. 267, III e IV, CPC) tão somente em relação ao devedor. Confirmação da solução singular, inclusive com aplicação do art. 252 do RITJSP. Recurso improvido" (Ap. 0021809 – 36.2001.8.26. 0576, 16ª Câm. Dir. Priv., Rel. Des. Jovino de Sylos, j. 10-10-2012).

O credor hipotecário não depende da prévia habilitação da dívida, tendo em vista que as garantias reais inerentes ao crédito lhe asseguram direito de sequela.

Ocorre, ainda, que "nas habilitações de crédito em inventário não se exige uma documentação rigorosa, podendo esta ser deficiente, ou mesmo ser dispensada, se os interessados se acham de acordo. Prescinde-se da apresentação do documento original, se constar de outro processo, em que deverá figurar obrigatoriamente. No entanto, deverá o requerimento ser acompanhado de prova literal da dívida, como prevê o art. 642, § 1º, do CPC/2015 (art. 1.017, § 1º, do CPC/73); mas por outro lado, também aparecem exigências relativas à formalização do pedido, como reconhecimento de firma nos quirógrafos, verificação contábil no crédito resultante de conta corrente, entre outros. E a partir daí, para ser atendido, o interessado tem de sujeitar-se a tais imposições".

Tal como lecionam Washington de Barros Monteiro e Ana Cristina de Barros Monteiro França Pinto, "somente admite-se o pagamento das dívidas na forma prevista no art. 1.017 e parágrafos do CPC/73 [art. 642 do CPC/2015], quando houver expresso acordo de todos os interessados, sejam eles, o inventariante, o cônjuge ou companheiro, os herdeiros, o representante fiscal, o curador especial (que defende os interesses dos incapazes), o curador de resíduos (se houver testamento) e o curador à lide (nos casos do art. 5º, I). Até a partilha, faculta-se a esses interessados a retirada de seu consentimento".

"Em relação à Fazenda Pública, como o seu interesse no inventário se limita ao recolhimento dos tributos a que faz jus, a discordância dela relativamente à habilitação não impede o pagamento, desde que, em tempo oportuno, se recolha o imposto correspondente à dívida"[5].

Sob a égide do Código Civil anterior, não era necessária a fundamentação da impugnação, tampouco a sua comprovação, nem os interessados necessitavam aduzir as razões que os levavam a discordar do pagamento requerido. Na falta dessa concordância, impunha-se o indeferimento do

---

5 MONTEIRO, Washington de Barros; PINTO, Ana Cristina de Barros Monteiro França. *Curso de direito civil*, p. 330 e 331.

pedido, não sendo possível entrar no mérito das alegações. A faculdade que o juiz tinha de decidir todas as questões de direito e de fato, fundadas em prova documental inequívoca, não o autorizava a determinar pagamento de créditos impugnados pelos interessados[6].

O Código Civil atual, por outro lado, mostra-se mais rigoroso, visto que as dívidas devem ser comprovadas documentalmente, revestidas de formalidades legais, que constituam prova bastante da obrigação, como prevê o art. 1.997, § 1º. Nesse sentido, exige-se que a impugnação, desde que não se funde em pagamento comprovado, seja convincente, não bastando a mera discordância dos interessados. Assim, uma vez acolhida a impugnação, tendo ocorrido a separação dos bens que sejam suficientes para a solução do débito, os quais ficarão em poder do inventariante, estará asssegurada a eventual satisfação da dívida.

O credor deverá propor ação de cobrança no prazo de trinta dias, sob pena de perder a eficácia a *separatio bonorum*. E assim, se concordarem estes com a habilitação requerida, não poderá o juiz repeli-la, seja a pretexto de que não basta para demonstrar a prova do crédito, seja por motivo diverso.

Por outro lado, se o juiz não acolher a habilitação do credor no processo de inventário, deverá este promover a cobrança pelos meios regulares, como prevê a regra do art. 643 do CPC/2015 (art. 1.018 do CPC/73). E assim, uma vez reconhecido o débito em sua maior parte, não há motivo para recusar-lhe a habilitação no inventário, até o limite da quantia admitida pelos interessados.

No caso de as dívidas habilitadas excederem as forças da herança, caberá ao inventariante requerer a declaração de insolvência do espólio, e o processo transcorrerá nos termos do processo de execução, tal como dispõe o Livro II, Título IV, do CPC/73, que se refere à execução por quantia certa contra devedor insolvente, como dispõem os arts. 1.052 e seguintes do Código de Processo Civil de 2015.

E assim, quando finalmente for organizando o esboço da partilha, o partidor levará em conta, em primeiro lugar, as dívidas atendidas, tal como

6 BEVILÁQUA, Clóvis. *Código Civil dos Estados Unidos do Brasil comentado*, p. 298.

dispõe o art. 651, I, do CPC/2015 (art. 1.023, I, do CPC/73) e, desta forma, não deverá o juiz proferir decisão final sem antes ouvir o credor admitido, que ainda não teve solucionado o seu crédito[7].

De forma sintética, podemos aduzir que a partilha da herança deve ser procedida após o pagamento das dívidas, sendo, portanto, o seu objeto, a herança líquida. Havendo créditos apresentados após a partilha, as quitações ficarão a cargo dos herdeiros na proporção dos seus quinhões.

Enquanto não prescrever o direito de ação, os interessados poderão requerer a satisfação de seus créditos: antes da partilha, em face do espólio; após a partilha junto aos herdeiros, na proporção de seus quinhões.

29.3. Separação de bens no inventário

À luz do disposto no art. 1.997 do Código Civil: "A herança responde pelo pagamento das dívidas do falecido; mas, feita a partilha, só respondem os herdeiros, cada qual em proporção da parte que na herança lhe coube".

"§ 1º Quando, antes da partilha, for requerido no inventário o pagamento de dívidas constantes de documentos, revestidos de formalidades legais, constituindo prova bastante da obrigação, e houver impugnação, que não se funde na alegação de pagamento, acompanhada de prova valiosa, o juiz mandará reservar, em poder do inventariante, bens suficientes para solução do débito, sobre os quais venha a recair oportunamente a execução."

"§ 2º No caso previsto no parágrafo antecedente, o credor será obrigado a iniciar a ação de cobrança no prazo de trinta dias, sob pena de se tornar de nenhum efeito a providência indicada."

No mesmo sentido é a disposição do art. 796 do CPC/2015 (art. 597 do CPC/73): "O espólio responde pelas dívidas do falecido, mas, feita a partilha, cada herdeiro responde por elas dentro das forças da herança e na proporção da parte que na herança lhe coube".

À luz do disposto no art. 391 do Código Civil, tem-se que pelo inadimplemento das obrigações respondem todos os bens do devedor; idêntica disposição tem lugar no art. 789 do CPC/2015 (art. 591 do CPC/73).

---

7 MONTEIRO, Washington de Barros; PINTO, Ana Cristina de Barros Monteiro França. *Curso de direito civil*, p. 332.

Assim sendo, a morte do devedor, por si só, não é suficiente para quitar seus débitos anteriores, e desta forma poderão os credores acionar o espólio para ter resolvida a sua pretensão.

É sabido que a responsabilidade da herança pelas dívidas do falecido limita-se às forças desta, não respondendo, portanto, os herdeiros, além de suas possibilidades hereditárias. Caso as dívidas da herança absorvam todo o seu ativo, os herdeiros, infelizmente, nada receberão. São os chamados herdeiros sem herança.

A herança, tida como um todo unitário, representa uma universalidade de direitos, e assim engloba tanto o ativo quanto o passivo do *de cujus*.

A partir daí, enquanto não ocorrer a divisão dos bens entre os herdeiros, a massa dos bens hereditários responderá pelas dívidas do hereditando, como preveem os arts. 642 e 646 do CPC/2015 (art. 1.017 e 1.021 do CPC/73). A partir do momento em que a partilha é efetuada, passarão os herdeiros a responder individualmente na proporção de seu quinhão hereditário.

No que tange ao pagamento das dívidas, se os credores antes da partilha requererem ao juízo do inventário o pagamento de dívidas vencidas e exigíveis, formalmente documentadas, e houver impugnação, alegando-se o anterior pagamento, deverá o juiz, como medida cautelar, mandar reservar em poder do inventariante um *quantum* suficiente de bens hereditários para quitar o débito, sobre os quais recairá oportunamente a execução. O credor, então, através das vias ordinárias, poderá fazer valer sua pretensão e a medida cautelar, a reserva de bens, perderá a eficácia se não apresentar a ação de cobrança em trinta dias nos termos do § 2º do artigo em tela, e do art. 668, I, do CPC/15 (art. 1.039, I, do CPC/73).

O art. 643, parágrafo único, do CPC/2015 dispõe: "Não havendo concordância de todas as partes sobre o pedido de pagamento feito pelo credor, será o pedido remetido às vias ordinárias".

"Parágrafo único. O juiz mandará, porém, reservar, em poder do inventariante, bens suficientes para pagar o credor quando a dívida constar de documento que comprove suficientemente a obrigação e a impugnação não se fundar em quitação."

Ambos os dispositivos determinam a separação de bens que oportunamente assegurarão a execução do credor.

Numa perspectiva histórica, sendo de origem romana, *separatio bonorum*, a separação de bens só se legitima se concorrerem os dois requisitos: se os títulos comprobatórios da dívida se acharem revestidos das formalidades legais, constituindo prova bastante da obrigação, e se a impugnação dos interessados à habilitação não se fundar na alegação de pagamento, acompanhada de prova valiosa ou quitação.

Na atualidade, poderá haver a separação de bens para pagamento de credor de dívida líquida e certa, ainda não vencida, mediante a respectiva habilitação e concordância de todos os interessados, como prevê o art. 644 do CPC/2015. E assim, uma vez deferido o pedido, os bens ficarão reservados para pagamento no vencimento da dívida.

Apenas a impugnação acompanhada de prova cabal de pagamento impede a separação de bens em inventário, a requerimento de credor enviado para as vias ordinárias. Não constitui obstáculo o fato de estar o espólio pleiteando os favores da moratória e reajustamento concedidos pelo governo.

Uma vez ordenada a reserva, o credor será obrigado a iniciar a ação de cobrança no prazo de trinta dias, sob pena de se tornar de nenhum efeito a providência indicada, como prevê o § 2º do citado art. 1.997 do Código Civil combinado com o art. 668 do CPC/2015 (art. 1.039, I, do CPC/73)[8].

Dispõe o art. 2.000 do Código Civil: "Os legatários e credores da herança podem exigir que do patrimônio do falecido se discrimine o do herdeiro, e, em concurso com os credores deste, ser-lhes-ão preferidos no pagamento".

Leciona Caio Mário que "o princípio dominante em matéria de sucessão, é que se supõe prosseguir na morte, em relação aos credores, a mesma situação patrimonial que vigoraria em vida, ou seja, os credores detinham sobre os bens do devedor um direito genérico de garantia, e assim, exercem-no sobre o acervo que ele deixar".

Como é sabido, com a morte do autor da herança, o herdeiro se torna titular da herança desde a abertura da sucessão, tendo em vista o

---

8 VELOSO, Zeno. *Código Civil comentado*, p. 2197; DIAS, Maria Berenice. *Manual de direito das sucessões*, p. 578.

princípio da *saisine*, e assim pode haver dúvida com relação ao que é de seu patrimônio particular e o que faz parte do monte-mor, sobre o qual incidirão os direitos dos credores da herança e do qual devem ser retirados os legados.

Questiona-se, pois: a quem cabe promover o pagamento dos débitos? "Excluídos os legatários, que como sucessores singulares recebem coisa certa e determinada, cabe aos herdeiros solver as dívidas do espólio, porém sob as forças da herança. Entretanto, se o monte não comportar as liberalidades testamentárias, sofrem os legatários a diminuição ou a perda dos legados, pois *não há como ser liberal se não houver patrimônio livre*"[9].

Desta forma, visou o legislador acautelar a situação dos legatários e credores da herança, dando-lhes meios para evitar confusão entre o seu patrimônio e o do *de cujus*, confusão que se tornaria prejudicial, na hipótese de insolvência deste último.

Estabelece o artigo em questão a preferência em favor do credor do *de cujus* sobre o credor do herdeiro, que tem direito apenas às eventuais sobras. Idêntico benefício se outorga ao legatário de somas em dinheiro, ou de coisas indeterminadas.

"Entretanto, tendo em vista que os credores se habilitam no inventário, e a herança se apura após serem deduzidas as dívidas, é de se reconhecer um direito de preferência aos credores do falecido, e somente depois de pagas as dívidas deste é que os débitos dos herdeiros serão solvidos. *E por tal motivo de ordem prática é que o princípio da separação dos patrimônios perdeu muito de sua importância em nosso direito*"[10].

29.4. Despesas funerárias

Determina o art. 1.998 do Código Civil: "As despesas funerárias, haja ou não herdeiros legítimos, sairão do monte da herança; mas as de sufrágios por alma do falecido só obrigarão a herança quando ordenadas em testamento ou codicilo".

---

9 PEREIRA, Caio Mário da Silva. *Instituições de direito civil*, p. 359 e 360.

10 NADER, Paulo. *Curso de direito civil*, p. 492; PEREIRA, Caio Mário da Silva. *Instituições de direito civil*, p. 360.

São elas ainda computadas para o cálculo da legítima, nos termos do art. 1.847 do Código Civil.

As despesas funerárias, embora não tenham sido contraídas pelo *de cujus*, decorrem de seu óbito e consequente sepultamento, dentro das circunstâncias normais; e devem, nesse sentido, ser pagas pelo monte hereditário.

Podem também assim ser considerados: os dispêndios com o tratamento médico e hospitalar, concernentes à última enfermidade do falecido; as despesas com a obtenção do terreno para inumação; os gastos com o enterro propriamente dito, inclusive publicações e convites; as despesas com a edificação de túmulo, desde que não excessivas, faustosas ou suspeitas, assim como os gastos com aquisição de terreno ou jazigo em cemitério; as parcelas despendidas com o luto, desde que moderadas; os honorários do advogado do procurador do inventariante sobre os quais não incide o imposto de transmissão *causa mortis*, como prevê a Sumula 115 do STF[11].

As despesas de sufrágio pela alma do falecido, que consistem em atos religiosos em sua memória, como a celebração de missas ou cultos, somente poderão sair do monte da herança se isto for estabelecido em testamento ou codicilo[12].

Entretanto, "não se consideram despesas funerárias as realizadas com a formolização do cadáver, nem as quantias desembolsadas para sufrágios por alma do finado, a menos que por este ordenadas em testamento ou codicilo, como dispõe o referido art. 1.998 do Código Civil. É válido ressaltar que as despesas aludidas, uma vez pagas pelo inventariante, incluem-se no passivo do monte para oportuno reembolso, sem dependência de habilitação"[13].

---

[11] "AGRAVO DE INSTRUMENTO – Pedido de alvará judicial para levantamento de quantia do FGTS do *de cujus* para reembolsar valor despendido com o funeral – As despesas com o funeral são dívidas da herança, de modo que não há necessidade da anuência dos herdeiros – Expedição de alvará judicial independentemente de inventário ou arrolamento – Possibilidade, desde que comprovada a qualidade de herdeira – Lei n. 6.858/80 – Recurso provido" (AgI 0023574-38.2012.8.26.0000, TJSP, 7ª Câm. Dir. Priv., Rel. Des. Walter Barone, j. 7-3-2012).

[12] BEVILÁQUA, Clóvis. *Código Civil dos Estados Unidos do Brasil comentado*, p. 300 e 301.

[13] MONTEIRO, Washington de Barros; PINTO, Ana Cristina de Barros Monteiro França. *Curso de direito civil*, p. 335; MAXIMILIANO, Carlos. *Direito das sucessões*, p. 350 e 351.

29.5. Outras disposições

Estabelece o art. 1.999 do Código Civil: "Sempre que houver ação regressiva de uns contra outros herdeiros, a parte do coerdeiro insolvente dividir-se-á em proporção entre os demais".

A ação regressiva de um herdeiro contra os outros terá lugar quando o primeiro pagar uma dívida que teria de ser resolvida por todos, visto que se trata de débito do espólio.

Assim, toda vez que o herdeiro pagar dívida da herança, seja esta indivisível, seja porque havia ônus real gravando bem incluído em seu quinhão hereditário, assiste-lhe o direito de cobrar dos demais, por intermédio da competente ação regressiva, a quota de cada um, no débito pago. No caso de existir, entre os coerdeiros, um insolvente, sua parte deverá ser dividida proporcionalmente entre os demais.

Dispõe o art. 2.001 do Código Civil: "Se o herdeiro for devedor ao espólio, sua dívida será partilhada igualmente entre todos, salvo se a maioria consentir que o débito seja imputado inteiramente no quinhão do devedor".

A dívida do herdeiro em relação ao espólio representa um crédito da herança, que deve ser partilhado igualmente entre todos os herdeiros. Poderá, entretanto, ser imputado o débito inteiramente no quinhão do devedor, se este quiser e os demais anuírem.

Desta forma, não é possível incluir a dívida no respectivo quinhão hereditário, contra a vontade real do devedor, visto que tal procedimento atinge o princípio fundamental da igualdade na partilha. Ainda que os outros herdeiros desejassem tal imputação, não poderiam impô-la ao obrigado. Da mesma forma, a imputação da dívida inteira no quinhão do devedor requer anuência dos demais coerdeiros[14].

O art. 645 do CPC/2015 (art. 1.020 do CPC/73) atribui ao legatário legitimidade para manifestar-se sobre as dívidas do espólio em duas hipóteses basilares: quando toda a herança for dividida em legados; e quando o reconhecimento das dívidas importar na redução dos legados.

---

14 VELOSO, Zeno. *Código Civil comentado*, p. 2199; MONTEIRO, Washington de Barros; PINTO, Ana Cristina de Barros Monteiro França. *Curso de direito civil*, p. 336; NADER, Paulo. *Curso de direito civil*, p. 494.

No que tange aos legatários e às dívidas da herança, tem-se que uma vez preservada a legítima dos herdeiros necessários, pode o testador dispor livremente sobre o pagamento das dívidas, liberando ou não os legatários. Desta forma, se o espólio for insolvente, todos os bens responderão pelas obrigações, inclusive os legados por quotas e os referentes a bens determinados.

Por outro lado, se solvente o espólio, "apenas os legatários de coisas certas livrar-se-ão das dívidas que onerarem a herança, ressalvados os gravames incidentes sobre as deixas testamentárias e das quais não foram liberados. Já os legatários por quotas são afetados pelas obrigações que recaírem sobre o espólio, pois sua deixa é fixada em percentual sobre o patrimônio líquido"[15].

---

[15] NADER, Paulo. *Curso de direito civil*, p. 495 e 496.

Capítulo 30

Da colação

30.1. Conceito

Colação é o ato pelo qual os descendentes e o cônjuge sobrevivente promovem a devolução ao acervo hereditário dos valores recebidos junto ao seu ascendente falecido, a título de doação, para subsequente inclusão na partilha, a fim de que esta se realize com igualdade. Tem por finalidade igualar as legítimas dos herdeiros necessários[1].

Nesse afã de reunir ao monte partível as liberalidades diretas e indiretas, claras ou dissimuladas recebidas do inventariado, por herdeiro descendente antes da abertura da sucessão, pode-se aduzir que, caso não ocorra a devolução por parte destes e/ou do cônjuge sobrevivente, serão estes considerados sonegadores.

Presume-se com a colação que o autor da herança tinha o desejo de dar um tratamento isonômico a todos os descendentes e ao cônjuge supérstite. Nesse sentido, recebe o donatário uma antecipação da herança,

---

1 OLIVEIRA, Arthur Vasco Itabaiana de. *Tratado de direito das sucessões*, p. 52 e 53.

com a condição de trazê-la ao monte partível, ou de descontá-la de sua quota hereditária na abertura da sucessão.

Assim, a colação será feita em favor da legítima dos herdeiros necessários, devendo o valor dos bens colacionados ser destinado à parte indisponível do *de cujus*, sem aumentar a parte disponível, como preveem os arts. 1.846 e 1.847 do Código Civil.

Nesse sentido, toda vez que o ascendente beneficiar um descendente, seja com uma doação, seja com a constituição de um dote, seja com a provisão de fundos para quitação de suas dívidas, mesmo com a melhor das intenções, estará rompendo com a isonomia e desfalcando o monte em detrimento dos demais herdeiros, mesmo que não tenha ultrapassado a metade a estes assegurada. Assim, presume-se que a dita liberalidade teve caráter de antecipação de seu quinhão, salvo declaração expressa em contrário por parte do doador[2].

30.2. Espécies de colação

A colação poderá ser efetuada ***in natura/em substância*** e **por imputação**. Em relação à primeira, o bem doado vem a integrar-se à herança deixada pelo *de cujus*, de tal sorte que deixa de pertencer ao herdeiro donatário, desde a data do falecimento deste, como se ainda a este pertencesse por ocasião de sua morte; repõe-se à massa geral da herança para serem partilhados os mesmos bens que anteriormente foram doados.

Quanto à segunda espécie, o herdeiro donatário deverá promover a restituição em dinheiro do valor correspondente ao bem doado à época da liberalidade, que não mais se encontra em seu poder[3].

---

2 MAXIMILIANO, Carlos. *Direito das sucessões*, p. 392; PEREIRA, Caio Mário da Silva. *Instituições de direito civil*, p. 372. "AGRAVO REGIMENTAL. AGRAVO EM RECURSO ESPECIAL. COLAÇÃO DE BENS DOADOS POR ASCENDENTES A DESCENDENTES. ISONOMIA DA PARTILHA. ITCD. REEXAME DE MATÉRIA FÁTICO-PROBATÓRIA. 1. A necessidade de se colacionar bens recebidos do *de cujus* só se impõe quando necessária para assegurar a igualdade dos quinhões da partilha. 2. No caso concreto o Acórdão recorrido afirmou expressamente que, para se igualar os quinhões devidos a cada herdeiro, não haveria necessidade de colacionar o bem recebido por doação. 3. Os dispositivos do Código Civil apontados como violados nas razões do Recurso Especial não tratam da necessidade de colação de bens para efeito de incidência do ITCD. 4. Agravo Regimental a que se nega provimento" (AgRg no REsp 48685/RS, 3ª Turma, Min. Sidnei Beneti, j. 15-5-2012).

3 OLIVEIRA, Arthur Vasco Itabaiana de. *Tratado de direito das sucessões*, p. 61 e s.

30.3. Evolução histórica

Numa visão histórica, o fundamento básico da colação é a equidade, a igualdade das legítimas, obedecendo a vontade presumida do de *cujus*, no sentido de manter entre os filhos uma perfeita igualdade de tratamento.

Esse mesmo princípio integra a legislação moderna, cuja origem se situa na *collatio bonorum* e na *collatio dotis* do direito romano. Divergem estas, entretanto, na forma como se opera a colação: se em substância; se por estimação. No primeiro caso, como negócio real, os bens doados retornam *em espécie* à massa da herança, para ulterior partilha; no segundo, volta apenas o *valor* adotado pelos doadores por ocasião da liberalidade.

Sob as luzes do direito romano, na fase pretoriana, a *collatio bonorum* processava-se, não *in natura*, pela concreta devolução dos próprios bens doados, mas por meio de contrato verbal, denominado *cautione*, segundo o qual o beneficiado prometia, mediante caução, compartilhar com os demais herdeiros seu patrimônio. O direito imperial transformou, todavia, a teoria da *collatio*, que veio a constituir a base do instituto moderno. E assim, o contrato verbal, até então instrumento regular da antiga *collatio*, foi substituído pela entrega *in natura* dos bens, operada durante a partilha[4].

No regime das Ordenações do Reino, a colação se fazia em substância, porém alterou-se o conceito e assim diversas são as visões do tema presentes nas legislações modernas: o antigo direito português, em seu art. 2.108, estatuía que a colação se fazia sempre por estimação; no direito italiano, encontra-se a previsão para duas formas de colação, cabendo a escolha ao obrigado, em se tratando de imóveis, como prevê o art. 746 do Código Civil; em se tratando de móveis, só cabe a colação por imputação, como prevê o art. 750 do mesmo diploma legal. O Código Napoleão, inspirado no direito consuetudinário, considera como regra a colação *in natura* em seu art. 859. Também o faz o Código alemão em seu art. 2.050.

Constitui a colação um negócio real que *re perficitur*. A verdadeira colação é positiva, concreta e consiste na resolução consensual da coisa dada. No direito positivo brasileiro, a matéria vem regulada pelos arts. 2.002 e seguintes do Código Civil[5].

---

4 PEREIRA, Caio Mário da Silva. *Instituições de direito civil*, p. 372.

5 MONTEIRO, Washington de Barros; PINTO, Ana Cristina de Barros Monteiro França. *Curso de direito civil*, p. 337 e 338.

30.4. Dos obrigados à colação

O instituto da colação é peculiar à sucessão legítima. Assim, o dever de colação visa igualar as legítimas dos herdeiros necessários. Os herdeiros facultativos agraciados com doações não se sujeitam a exigência da colação, uma vez que não fazem jus à legítima. Também não são obrigados a colacionar os herdeiros testamentários e os legatários, mesmo que tenham recebido outras liberalidades do testador[6].

Dispõe o art. 2.002 do Código Civil: "Os descendentes que concorrerem à sucessão do ascendente comum são obrigados, para igualar as legítimas, a conferir o valor das doações que dele em vida receberam, sob pena de sonegação. Parágrafo único. Para cálculo da legítima, o valor dos bens conferidos será computado na parte indisponível, sem aumentar a disponível".

No mesmo sentido vem a regra do art. 544 do Código Civil: "A doação de ascendentes a descendentes, ou de um cônjuge a outro, importa adiantamento do que lhes cabe por herança".

Embora tenha por finalidade assegurar a igualdade entre os quinhões dos herdeiros necessários, o Código Civil obriga à colação apenas os descendentes em relação às doações recebidas dos ascendentes. Os ascendentes, e o cônjuge sobrevivente, estão dispensados de conferir os bens que receberam em vida dos descendentes.

Tal como aduz Zeno Veloso, "a regra de que a doação é feita como adiantamento da legítima não é absoluta, pois o ascendente doador pode dispensar da colação as doações feitas a descendente, seu herdeiro necessário, determinando que saiam de sua metade disponível, conquanto não a excedam, e computado o seu valor no tempo da doação. Se o ascendente, todavia, silenciar, e se não fizer expressamente a dispensa da colação, mandando embutir o que foi doado na sua parte disponível, a regra do art. 544 incidirá"[7].

A inclusão do cônjuge sobrevivente entre os herdeiros necessários, em concorrência com descendentes e ascendentes, traz novos problemas, mesmo porque o citado art. 544 do Código Civil assevera que a doação de um

---

6 DIAS, Maria Berenice. *Manual de direito das sucessões*, p. 593.

7 VELOSO, Zeno. *Código Civil comentado*, p. 2199.

cônjuge a outro importa em adiantamento do que lhe couber na herança. Nada refere, porém, a lei, quanto à colação de bens recebidos pelo cônjuge, ou pelos ascendentes, liberalidades que podem influir decisivamente no quinhão hereditário que lhes cabe.

Em relação ao cônjuge, não há dúvida de que está obrigado à colação, à vista do que dispõe o aludido art. 544 do Código que qualifica como adiantamento de legítima a doação que um cônjuge fizer ao outro, e assim subsiste a obrigação legal de trazer ao monte partível o valor do bem doado, nas mesmas condições dos descendentes.

Quanto aos ascendentes, mostra-se omissa a lei civil. Entretanto, o cônjuge sobrevivente, enquanto herdeiro necessário, é chamado a suceder em concorrência com os ascendentes, e poderá ter seu quinhão desfalcado em decorrência de liberalidade que aos sogros tenha sido feita. Assim sendo, parece que também ascendentes estão obrigados a conferir as doações recebidas.

Dúvida não há de que as disposições contidas nos arts. 544 e 2.002 do Código Civil são contraditórias!

Ressalta-se inclusive, à luz do presente artigo, que se devem colacionar as doações, mas o termo deve ser recebido em sentido amplo, ou seja, também as doações indiretas devem ser colacionadas.

Distingue Pontes de Miranda a doação direta da indireta: enquanto a primeira refere-se àquela feita em benefício de alguém volitivamente; na segunda, a doação é disfarçada, ou seja, o doador renuncia a algum direito, ou paga a dívida do beneficiado. Assim, a doação é disfarçada, sob o véu de outro negócio jurídico[8].

A doutrina civil aponta outros casos de doação simulada: a simples compra de algum bem em nome do filho; a construção realizada em terreno do filho; a constituição de sociedade em nome do filho; o aumento do capital do filho nas sociedades comerciais; a remissão de dívida do filho; o adimplemento de obrigação alheia; a assunção de dívida de terceiros.

---

[8] PONTES DE MIRANDA, F. C. *Tratado de direito privado.* 3. ed. São Paulo: Revista dos Tribunais, 1984, t. 55, § 5640, p. 350.

Nesse sentido, vemos que o descendente deve trazer à colação o valor da doação direta e o da doação indireta, uma vez que a colação é figura típica da sucessão legítima[9].

Não se sujeitam à colação os legados, ainda que destinados aos descendentes, sendo estes pois submetidos à redução, caso exorbitem a sua parte disponível, visto que estes ainda se encontram no acervo hereditário quando da abertura da sucessão[10].

Quanto ao cálculo da legítima, como prevê o parágrafo único do artigo em tela, o valor dos bens conferidos será computado na parte indisponível, sem aumentar a disponível. Assim, o valor dos bens colacionados não aumentará a quota disponível, sendo, pois, computado na parte indisponível, ou seja, acrescenta-se na legítima.

"Tendo em vista que a colação visa igualar as legítimas dos herdeiros necessários, **estas serão fixadas em observância do valor dos bens existentes à época do autor da herança**, abatidas as dívidas e as despesas do funeral,

---

9 VELOSO, Zeno. *Código Civil comentado*, p. 2200; PEREIRA, Caio Mário da Silva. *Instituições de direito civil*, p. 373 e 377. "AGRAVO DE INSTRUMENTO. INVENTÁRIO. DOAÇÕES. COLAÇÃO. A escritura pública de doação feita pelos pais ao filho/agravado descreveu o bem doado como sendo composto por um terreno e uma casa. A matrícula do bem já mostrava a averbação da casa, antes mesmo de averbada a doação. E o instrumento de doação referiu expressamente que a doação estava sendo feita a título de adiantamento de legítima, com dever de colacionar. Hipótese na qual não se mostra possível liberar o agravado da colação, aqui no inventário, restando para ele, se assim quiser, buscar a via ordinária para deduzir o que entende de direito. Os pais fizeram outra doação, mas para a aqui agravante, através de escritura pública, na qual dispuseram expressamente que o bem doado saía de sua parte disponível, com liberação do dever de colacionar. Em não se falando e nem sequer se cogitando em excesso, mostra-se de rigor liberar a agravante do dever de colacionar. Agravo provido. Em monocrática" (AgI 70049551229, 8ª Câm. Cív., TJRS, Rel. Des. Rui Portanova, j. 20-6-2012). "APELAÇÃO CÍVEL. SUCESSÕES. AÇÃO DE COLAÇÃO. INDEFERIMENTO DA INICIAL. A circunstância de, em ação anteriormente julgada, já ter sido parcialmente anulada a doação, com relação a metade do bem, com fundamento no art. 1.176 c/c 1.576 do CCB/16, em nada torna prejudicada a pretensão posta aqui, pois o fundamento lá adotado foi outro, qual seja, a nulidade da doação por exceder a parte disponível, dispositivo que se aplica independentemente de quem tenha sido o donatário (herdeiro ou não). Aqui, ao revés, se busca trazer para o inventário o bem doado, para igualar as legítimas. Não há, pois, que falar em coisa julgada. Merece acolher o recurso para que tenha seguimento o feito. Deram provimento. Unânime" (Ap. Cív. 70042225888, 8ª Câm. Cív., TJRS, Rel. Des. Luiz Felipe Brasil Santos, j. 1º-9-2011).

10 MAXIMILIANO, Carlos. *Direito das sucessões*, p. 399.

adicionando-se, em seguida, o valor dos bens sujeitos à colação, como prevê o art. 1.847 do Código Civil, em razão do que a metade disponível pode ser menor do que a legítima dos herdeiros necessários"[11].

"Na vigência do Código Civil anterior, vigorava o princípio da conferência em substância, devendo o herdeiro colacionar o próprio bem doado; excepcionalmente, se já não mais o possuísse, traria o valor correspondente para o acervo hereditário. O Código Civil de 2002, por outro lado, adota a colação pelo valor do bem, constante do ato de liberalidade, ou, na sua falta, pelo valor da época em que se realizou a doação"[12].

Interessante questão se apresenta em face da necessidade, ou não, de colacionar a doação feita em favor do genro ou da nora em lugar dos descendentes. Tal questão encontra resposta em face do regime de bens adotado: se este for o da comunhão universal, a colação é devida, em face do espírito da lei; se o regime for o da comunhão parcial, estaria excluída a colação, visto que não se mostra justo imputar, na legítima do herdeiro, o que não entrou para o seu patrimônio, nem lhe criou vantagem pessoal[13].

---

11 VELOSO, Zeno. *Código Civil comentado*, p. 2200. "Agravo de Instrumento. Inventário. Herdeiro reconhecido como filho do *de cujus*. Pedido de colação de bens doados em vida pelo falecido aos demais filhos. Insurgência contra decisão que julgou descabida a avaliação dos bens já alienados e trazidos à colação, entendendo necessária, apenas, a atualização dos valores constantes do instrumento. Preclusão, em virtude do decidido anteriormente no mesmo inventário. Ademais, observância do princípio da igualdade das heranças. Bens objeto de colação em inventário devem ter seu valor calculado ao tempo da abertura da sucessão (§ único do art. 1.014 do CPC), quando sua estimação à época da liberalidade (art. 2.004 do Código Civil) importar em grave distorção. Decisão reformada. Recurso provido" (AgI 0298522-98.2011.8.26.0000, TJSP, 10ª Câm. Dir. Priv., Rel. Des. César Ciampolini, j. 5-6-2012). "Agravo de instrumento. Inventário. Discussão a respeito da necessidade de colação de bens, realização de perícia avaliatória e critérios de apuração dos valores. Colação de todos os bens recebidos em doação do *de cujus* pelas irmãs litigantes. Questão superada. Preclusão da matéria atinente à avaliação imobiliária por perito, apreciada inclusive no AgIn. n. 570.391-4/0-00, julgado em 24.07.2008. Fixação do valor considerado ao tempo da abertura da sucessão. Garantia de apuração equitativa das quotas hereditárias. Aplicação do art. 1.014 do CPC, em virtude do falecimento do doador ter ocorrido em novembro de 2001. Manutenção integral da decisão. Não provimento" (AgI 0047799-25.2012.8.26.0000, TJSP, Rel. Des. Enio Zuliani, 4ª Câm. Dir. Priv., j. 14-6-2012).

12 MONTEIRO, Washington de Barros; PINTO, Ana Cristina de Barros Monteiro França. *Curso de direito civil*, p. 339.

13 MAXIMILIANO, Carlos. *Direito das sucessões*, p. 402 e 403.

Dispõe o art. 2.003 do Código Civil: "A colação tem por fim igualar, na proporção estabelecida neste Código, as legítimas dos descendentes e do cônjuge sobrevivente, obrigando também os donatários que, ao tempo do falecimento do doador, já não possuírem os bens doados. Parágrafo único. Se, computados os valores das doações feitas em adiantamento de legítima, não houver no acervo bens suficientes para igualar as legítimas dos descendentes e do cônjuge, os bens assim doados serão conferidos em espécie, ou, quando deles já não disponha o donatário, pelo seu valor ao tempo da liberalidade".

Assim sendo, tem-se que a fim de não se verificar qualquer disparidade entre as legítimas dos descendentes e do cônjuge, todos os donatários estão obrigados a colacionar os valores recebidos em vida do autor da herança. E ainda se, ao se computarem os valores das doações feitas a título de adiantamento de legítima, não houver bens suficientes para estabelecer a igualdade entre as legítimas, deverão os bens doados nessas condições ser conferidos em substância, salvo no caso de o donatário não mais dispuser dos bens, quando então deverá trazer a inventário o respectivo valor conferido ao tempo da liberalidade.

Apenas no caso de haver insuficiência de bens para assegurar a igualdade das legítimas é que os bens doados deverão ser colacionados em espécie; entretanto, se estes não mais estiverem em propriedade do beneficiário, deverá o valor avençado à época da liberalidade ser trazido a inventário[14].

Para Carlos Maximiliano, "a finalidade da colação é reconstituir o patrimônio hereditário, mediante resolução do ato benéfico. Verificado o óbito do doador, a massa hereditária deste é acrescida dos bens entregues à prole, em vida do genitor. Entram esses bens no inventário, como se ainda fizessem parte do patrimônio do doador. Fica o acervo como se não tivesse ocorrido a dádiva. A doação antecipa o gozo, mas não o domínio definitivo

---

14 "INVENTÁRIO. DOAÇÃO DE BEM IMÓVEL. PRETENSÃO DE NÃO TRAZER À COLAÇÃO BEM IMÓVEL DOADO. DOAÇÃO SEM DISPENSA DE COLAÇÃO. REPRESENTAÇÃO PROCESSUAL COLIDENTE. 1. Havendo manifesto conflito de interesses, deve ser regularizada a representação processual da herdeira incapaz, sendo-lhe nomeado curador especial. 2. A doação de bem feita aos herdeiros necessários constitui negócio jurídico válido e eficaz, quando revestido da forma legal e sem vício de vontade. 3. Se a doação foi feita sem a expressa dispensa de colação, então constitui mera antecipação da legítima. Recurso desprovido" (AgI 70040825598, 7ª Câm. Cív., TJRS, Rel. Des. Sérgio Fernando de Vasconcellos Chaves, j. 27-4-2011).

dos bens. E assim, o beneficiado, recebendo a liberalidade, se obriga a devolvê-la ao acervo, por ocasião do inventário do doador"[15].

O Código Civil de 1916 adotava como regra a colação em substância; excepcionalmente, admitia também a ideal, por imputação, ou estimação, se o donatário já tivesse alienado os bens doados. Reforçando esse entendimento, o Código de Processo Civil de 2015, no art. 639, dispôs expressamente que o herdeiro obrigado à colação conferirá por termo nos autos os bens que recebeu ou, se já os não possuir, trar-lhes-á o valor.

Nesse sentido, "se o legislador houvesse acolhido como norma o princípio da conferência por estimação, teria, inquestionavelmente, aberto a porta a tratamento desigual dos herdeiros, permitindo preferências entre descendentes, o que a lei não tolera, salvo por testamento, pela outorga da porção disponível. A lei deseja que haja por parte do doador, com relação à sua descendência, igualdade de afetos e equivalência de tratamento".

E assim, prevendo predileções, conhecendo "as fraquezas do coração paterno", como se expressa Troplong, inerentes ao afeto e à inclinação pessoal próprios das relações entre pais e filhos, visando à proteção dos interesses da prole, não podia o legislador deixar de preocupar-se com o tema. Daí a obrigatoriedade da colação, que, realizada *in natura*, melhor assegura a *mens legis*, com equitativa distribuição da herança[16].

Contudo, não foi essa a posição do legislador de 2002, que deu primazia à colação pelo valor do bem à época da liberalidade, trazendo, no art. 2.004, importante modificação ao art. 639, parágrafo único, do Código de Processo Civil, que dispunha que os bens a serem conferidos na partilha, assim como as acessões e benfeitorias que o donatário tivesse feito, calcular-se-iam pelo valor que tivessem ao tempo da abertura da sucessão.

Dispõe o art. 2.004 do Código Civil: "O valor de colação dos bens doados será aquele, certo ou estimativo, que lhes atribuir o ato de liberalidade. § 1º Se do ato de doação não constar valor certo, nem houver estimação feita naquela

15 MAXIMILIANO, Carlos. *Direito das sucessões*, p. 392.

16 MONTEIRO, Washington de Barros; PINTO, Ana Cristina de Barros Monteiro França. *Curso de direito civil*, p. 340 e 341; MALUF, Adriana Caldas do Rego Freitas Dabus. *Direito das famílias*: amor e bioética, p. 436.

época, os bens serão conferidos na partilha pelo que então se calcular valessem ao tempo da liberalidade. § 2º Só o valor dos bens doados entrará em colação; não assim o das benfeitorias acrescidas, as quais pertencerão ao herdeiro donatário, correndo também à conta deste os rendimentos ou lucros, assim como os danos e perdas que eles sofrerem".

A questão do valor a ser colacionado consigna grande controvérsia. O Código Civil anterior, em seu art. 1.792, determinava que os bens doados seriam conferidos pelo valor certo, ou pela estimação, que deles houver sido feita na data da doação, observando-se tal como aduz Clóvis Beviláqua que "se as doações de pais para filhos importassem em adiantamento das legítimas, e estas são quotas hereditárias, nada mais natural que o valor dos bens colacionados deveria obedecer àquele do tempo da abertura da sucessão".

Por outro lado, em se considerando a instabilidade econômica da moeda, permeada pelos surtos inflacionários, a jurisprudência moderou o art. 1.792 do referido diploma legal estabelecendo que o valor do bem colacionado devia ser atualizado com o correspondente à data da abertura da sucessão. O art. 639 do Código de Processo Civil estatuiu, em seu parágrafo único, que os bens devem ser conferidos na partilha pelo valor que apresentarem no tempo da abertura da sucessão.

O Código Civil atual recepciona o que dispunha o Código anterior: "o valor da colação dos bens doados será aquele, certo ou estimativo, que lhes atribuir o ato de liberalidade", ou seja, deverá ser colacionado o valor que tinha o imóvel na época em que foi feita a doação.

Como bem lembra Zeno Veloso, "pode ocorrer de o valor do bem doado que constar no ato de liberalidade ser exíguo, e até mesmo ridículo, desproporcional, e assim, não terão de ficar sujeitos os coerdeiros ao valor assim consignado, que não corresponder à verdade, podendo impugnar esse valor em juízo, requerendo a avaliação do imóvel, para estabelecer o que realmente valia o bem doado na data da doação"[17].

Entretanto, não é trazido à colação o valor das benfeitorias acrescidas, que pertencem ao herdeiro donatário, tampouco se colacionam os frutos e rendimentos dos bens que foram objeto da liberalidade ou os bens móveis ou imóveis adquiridos com a renda dos bens doados.

---

[17] VELOSO, Zeno. *Código Civil comentado*, p. 2206.

Dispõe o art. 2.009 do Código Civil: "Quando os netos, representando os seus pais, sucederem aos avós, serão obrigados a trazer à colação, ainda que não o hajam herdado, o que os pais teriam de conferir".

À luz do art. 2.002 do Código Civil, já analisado, só estarão obrigados a colacionar os descendentes que ao tempo da doação seriam chamados à sucessão na qualidade de herdeiros necessários. Seria este o caso da doação feita ao neto enquanto o pai ainda vivia. Entretanto, se os netos vêm à herança do avô em virtude do direito de representação, serão estes obrigados a trazer à colação, ainda que não tenham herdado, o que os pais teriam de conferir.

De acordo com o disposto no art. 2.012 do Código Civil, "sendo feita a doação por ambos os cônjuges, no inventário de cada um se conferirá por metade".

Se a doação ao descendente for efetuada por só um dos cônjuges, apenas em seu inventário se deverá conferir a doação; entretanto, se for feita por ambos os cônjuges ao descendente comum, presume-se que que cada doador efetuou a liberalidade com relação à metade do bem, e por isso no inventário de cada um dos cônjuges se conferirá o que for doado por metade[18].

Assim, se a doação se efetuar a um casal, a conferência abrangerá toda a liberalidade, e não apenas a metade, a pretexto de que o cônjuge do herdeiro, não sendo descendente, não estaria sujeito à colação.

Nesse sentido, tal como prevê a regra do art. 551, parágrafo único, do Código Civil, segundo o qual, salvo declaração em contrário, a doação em comum a mais de uma pessoa entende-se distribuída entre elas por igual. No caso de os donatários serem marido e mulher, subsistirá na totalidade a doação para o cônjuge sobrevivo.

É válido ressaltar que os bens conferidos não se acham sujeitos ao pagamento do imposto de transmissão *causa mortis*. O donatário poderá escolher, dos bens doados, tantos quantos bastem para perfazer a legítima e a metade disponível, entrando na partilha o excedente para ser dividido entre os demais herdeiros, como prevê o art. 649 do CPC/2015 (art. 1.015,

---

18 OLIVEIRA, Arthur Vasco Itabaiana de. *Tratado de direito das sucessões*, p. 59; PEREIRA, Caio Mário da Silva. *Instituições de direito civil*, p. 380; VELOSO, Zeno. *Código Civil comentado*, p. 2214; LEITE, Eduardo de Oliveira. *Comentários ao novo Código Civil*, p. 785 e 786.

§ 1º, do CPC/73). E ainda, à luz de seu § 2º, recaindo a parte inoficiosa sobre bem imóvel que não comporte divisão cômoda, proceder-se-á à licitação entre os herdeiros, tendo o donatário preferência em igualdade de condições.

Assim, quando for efetuada a partilha, os bens conferidos serão imputados de preferência no quinhão do herdeiro colacionante, desde que não atingido o princípio de igualdade da partilha. Da mesma forma, impõe-se a conferência ainda que, por morte do doador, inexistam outros bens suscetíveis de inventário.

De forma sintética podemos aduzir que **quanto aos bens que estão sujeitos à colação**, em princípio devem ser trazidos à colação os valores de todas as liberalidades recebidas pelo herdeiro ou por quem o represente, podendo ser pois: as doações feitas pelo ascendente ao descendente; as quantias que os pais tiverem usado no pagamento das dívidas dos filhos; os haveres do filho, adquiridos com recursos paternos; dinheiro posto a juros pelo pai em nome do filho; a quantia correspondente ao total de empréstimos feitos pelo ascendente ao descendente, sem haver o pedido de reembolso; as doações verbais de coisas de pequeno valor; as doações obtidas pelos pais, na hipótese de estes terem falecido antes do doador, e, assim, terem sido representados por seu descendente; as doações feitas dos avós para os netos, na hipótese de estes concorrerem à herança com tios e primos; o dinheiro aplicado a juros pelo ascendente em nome do descendente; o valor do débito do descendente remitido pelos pais; os gastos de sustento realizados com filhos; a venda ou doação de bens levada a efeito por interposta pessoa, visando lesar a legítima dos herdeiros; os recursos oferecidos ao descendente pelo ascendente objetivando a aquisição de bens; as doações indiretas.

No caso de os bens objeto da doação não mais se encontrarem em poder do donatário no momento da abertura da sucessão, deverá ser reposto ou restituído o valor correspondente ao bem doado. Uma dificuldade que se enfrenta nesses casos é a realização da prova[19].

---

[19] "Arrolamento. Pedido de produção de prova pericial para apuração de movimentação de contas bancárias do falecido e sua companheira, além de eventual recebimento de aluguéis por ela não trazidos à colação. Decisão que remete as partes às vias ordinárias. Questão discutida que depende de prova. Remessa das partes às vias ordinárias. Inteligência do artigo 984 do Código de Processo Civil. Recurso não provido" (AgI 0017295-36.2012.8.26.0000, TJSP, 5ª Câm. Civ., Rel. Des. Edson Luiz de Queiroz, j. 18-7-2012).

30.4.1. Do prazo da colação

Quanto ao prazo para colacionar, tem-se que o herdeiro obrigado a proceder à colação deverá conferir por termo nos autos os bens que recebeu, ou, no caso de não mais os possuir, restituir o valor correspondente, dentro do prazo de quinze dias a partir de sua citação, para manifestar-se sobre as primeiras declarações, como dispõem o art. 649 do CPC/2015 (art. 1.015, § 1º, do CPC/73).

30.5. Da dispensa da colação

Da mesma forma que o testador pode dispor livremente de seu patrimônio, pode também o doador, nos mesmos limites, dispensar a colação.

Dispõe o art. 2.005 do Código Civil: "São dispensadas da colação as doações que o doador determinar saiam da parte disponível, contanto que não a excedam, computado o seu valor ao tempo da doação. Parágrafo único. Presume-se imputada na parte disponível a liberalidade feita a descendente que, ao tempo do ato, não seria chamado à sucessão na qualidade de herdeiro necessário".

A colação, via de regra, é compulsória. Nesse sentido, todo descendente que tenha sido beneficiado em vida pelo ascendente está obrigado a conferir o que recebeu, quando falecer o autor da liberalidade. Pode este, entretanto, dispensar a conferência, desde que determine, em termos claros e explícitos, que as doações saiam de sua metade disponível.

Da mesma forma, "se a doação for feita a descendente que, ao tempo do ato, não seria chamado à sucessão na qualidade de herdeiro necessário, presume-se imputada na parte disponível do doador. Assim, o neto cujo pai é vivo no momento da liberalidade não tem de trazer à colação o bem que lhe doou o avô. Nem o filho precisa trazer na sucessão do pai, o que tiver doado ao neto"[20].

Determina o art. 2.006 do Código Civil: "A dispensa da colação pode ser outorgada pelo doador em testamento, ou no próprio título de liberalidade".

---

20 MAXIMILIANO, Carlos. *Direito das sucessões*, p. 409; LEITE, Eduardo de Oliveira. *Comentários ao novo Código Civil*, p. 769 e 770; VELOSO, Zeno. *Código Civil comentado*, p. 2207.

A dispensa da colação deve ser expressa e constar do próprio título da liberalidade (como na escritura de doação) ou do testamento. Não tem valor se inserida em escritura posterior ou mesmo se for feita oralmente; e ainda, deve-se ter em mente que a dispensa da colação só produz efeito se interposta no limite da quota disponível do doador[21].

Estabelece o art. 2.010 do Código Civil: "Não virão à colação os gastos ordinários do ascendente com o descendente, enquanto menor, na sua educação, estudos, sustento, vestuário, tratamento nas enfermidades, enxoval, assim como as despesas de casamento, ou as feitas no interesse de sua defesa em processo-crime".

"Tais dispêndios não constituem liberalidade, mas o cumprimento de um dever, uma obrigação natural que o ascendente tem de cumprir; e assim, não se acham sujeitos a colação. Entretanto, a dispensa só se verificará na hipótese em que o beneficiado for menor, uma vez que tenha atingido a maioridade, o ato configurará uma verdadeira doação, suscetível, de oportuna conferência"; salvo, entretanto, eventuais despesas que este deve fazer enquanto estudante universitário, ou mesmo se for incapaz[22].

Segundo o art. 2.011 do Código Civil, "as doações remuneratórias de serviços feitos ao ascendente também não estão sujeitas a colação".

As doações dessa natureza não constituem uma liberalidade propriamente dita, mas a retribuição de serviços prestados ao doador. Assim como não se revogam por ingratidão do donatário, como prevê o art. 564, I, do Código Civil, também isentam o beneficiário da colação respectiva.

Nesse sentido, tal como aduz Caio Mário, "eventual seguro instituído em favor de herdeiro necessário não está sujeito à colação. Constitui estipulação em favor de terceiro contratada com o segurador. O valor do seguro não constitui um bem que saiu do patrimônio do doador, e desta forma, não se deve entender como rompida a paridade das legítimas".

Do mesmo modo, não está sujeita à colação a coisa que tenha perecido sem culpa do beneficiário; entretanto, se culposa a perda, subsiste a obrigação de colacionar o valor da coisa ou sua estimativa pecuniária.

---

21 A Novela 18 de Justiniano já previa em seu capítulo VI a dispensa expressa da colação feita pelo testador.

22 MONTEIRO, Washington de Barros; PINTO, Ana Cristina de Barros Monteiro França. *Curso de direito civil*, p. 344.

E ainda questiona-se, na hipótese de a coisa ter sido segurada, se o valor pago a título de indenização se colaciona. Argumenta-se, por um lado, que a indenização se sub-rogaria em seu lugar e se sujeitaria ao mesmo destino dela, a colação; ou se, por outro lado, tendo em vista que o valor pago entrou para o patrimônio do beneficiado por uma causa diversa da liberalidade, e para a herança, como a causa do perecimento foi casual, isenta-se da colação. "Não se deve agravar a situação do herdeiro que foi cauteloso e prudente"[23].

30.6. Da redução das doações

Quando a liberalidade exceder em valor a parte disponível do seu autor, haverá a redução. O excesso deverá ser calculado com base no *quantum* dos bens, à época da doação.

Não se confunde, entretanto, a colação com a redução das liberalidades. "Enquanto a colação visa restabelecer a igualdade das legítimas dos herdeiros necessários, ainda que as liberalidades se compreendam no âmbito da meação disponível do doador, a redução tem a finalidade de fazer com que as liberalidades se contenham dentro de um limite, a metade disponível, quer beneficie algum herdeiro específico, quer beneficie algum estranho"[24].

Dispõe o art. 2.007 do Código Civil: "São sujeitas à redução as doações em que se apurar excesso quanto ao que o doador poderia dispor, no momento da liberalidade. § 1º O excesso será apurado com base no valor que os bens doados tinham, no momento da liberalidade. § 2º A redução da liberalidade far-se-á pela restituição ao monte do excesso assim apurado; a restituição será em espécie, ou, se não mais existir o bem em poder do donatário, em dinheiro, segundo o seu valor ao tempo da abertura da sucessão, observadas, no que forem aplicáveis, as regras deste Código sobre a redução das disposições testamentárias. § 3º Sujeita-se a redução, nos termos do parágrafo antecedente, a parte da doação feita a herdeiros necessários que exceder a legítima e mais a quota disponível. § 4º Sendo várias as doações a herdeiros necessários, feitas em diferentes datas, serão elas reduzidas a partir da última, até a eliminação do excesso".

---

23 PEREIRA, Caio Mário da Silva. *Instituições de direito civil*, p. 378.

24 PEREIRA, Caio Mário da Silva. *Instituições de direito civil*, p. 372 e 373.

Considera-se inoficiosa a parte da doação que exceder a legítima e/ou a metade disponível. Pode o testador regular as liberalidades como lhe convier, mas não pode, com a sua simples manifestação da vontade, causar prejuízo a outrem, avançando em sua legítima. Nesse sentido, estão sujeitas à redução as doações em que se apurar excesso quanto ao que o doador poderia dispor, no momento da liberalidade, podendo estas ocorrer mediante restituição em espécie ou em dinheiro, se o bem não se encontrar mais nas mãos do donatário. Serão assim observadas as regras relativas à redução das disposições testamentárias previstas nos arts. 1.966 a 1.968 do Código Civil.

Quanto à renúncia da herança, à luz do disposto no art. 2.008 do Código Civil (com igual disposição no art. 1.015 do CPC/73 e art. 640 do CPC/2015), "aquele que renunciou a herança ou dela foi excluído, deve, não obstante, conferir as doações recebidas, para o fim de repor o que exceder o disponível".

Aquele que não sucede nos bens deixados, tanto por ter renunciado à herança quanto por ter sido excluído por indignidade, não está obrigado a colacionar. Entretanto, não se eximem da redução da doação inoficiosa, visto exceder esta a legítima dos herdeiros necessários mais a metade disponível.

30.7. Das normas processuais

Enquanto a lei civil impõe o dever de conferir as doações, o Código de Processo Civil de 2015, determina o procedimento para a conferência, e assim dispõe sobre a colação nos arts. 639 a 641 (arts. 1.014 a 1.016 do CPC/73).

Dispõe o art. 1.014 que, "no prazo concedido às partes para falarem sobre as primeiras declarações, o herdeiro obrigado à colação conferirá por termo nos autos os bens que recebeu ou, se já os não possuir, trar-lhes-á o valor"; prazo este previsto no art. 1.000 do mesmo diploma legal.

À luz do art. 1.016: "Se o herdeiro negar o recebimento dos bens ou a obrigação de os conferir, o juiz, ouvidas as partes no prazo comum de cinco dias, decidirá à vista das alegações e provas produzidas. § 1º Declarada improcedente a oposição, se o herdeiro, no prazo improrrogável de 5 (cinco) dias, não proceder à conferência, o juiz mandará sequestrar-lhe, para serem inventariados e partilhados, os bens sujeitos à colação, ou imputar ao seu quinhão hereditário o valor deles, se já os não possuir. § 2º Se a matéria for de alta indagação, o juiz remeterá as partes para os meios ordinários, não podendo o herdeiro receber o seu quinhão hereditário, enquanto pender a demanda, sem prestar caução correspondente ao valor dos bens sobre que versar a conferência"[25].

E assim, se julgar procedente o pedido de colação, o juiz mandará sequestrar os bens para serem inventariados e partilhados, ou imputará no quinhão do beneficiado o valor respectivo, se o bem não estiver mais em sua posse.

É ao espólio que cabe propor a ação de colação, e não se nega ao herdeiro interessado que figure como assistente na causa, podendo ainda a parte propor ação declaratória negativa, para que fixe seu direito de não colacionar, nos termos do art. 4º, I, do Código de Processo Civil.

No caso de o inventariante omitir-se quanto ao pedido de colação, qualquer interessado pode pedir sua remoção por faltar este com seus deveres inerentes.

O herdeiro que não apresentar espontaneamente o bem, tendo sido intimado a fazê-lo, incorrerá na pena de sonegados.

Finalmente, "quando colacionado o bem, é lavrado um termo no inventário, devendo as partes interessadas concordar com o valor apresentado, dispensando-se a avaliação, se todos forem capazes. Em qualquer tempo, enquanto não prescrever a ação de petição de herança, poderá ser proposta a ação para o herdeiro colacionar, acertando-se então a partilha"; e assim, depois de findo o inventário, os bens não colacionados e devolvidos ao acervo sucessório a título de sonegados sujeitam-se a uma sobrepartilha, nos termos do art. 669 do CPC/2015 (art. 1.040 do CPC/73)[26].

---

25 MONTEIRO, Washington de Barros; PINTO, Ana Cristina de Barros Monteiro França. *Curso de direito civil*, p. 346 e 347; AMORIM, Sebastião; OLIVEIRA, Euclides de. *Inventários e partilhas*: direito das sucessões – teoria e prática. 16. ed. São Paulo: LEUD, 2003, p. 377.

26 VENOSA, Sílvio de Salvo. *Direito civil*: direito das sucessões, p. 388 e 389; DIAS, Maria Berenice. *Manual de direito das sucessões*, p. 609 e 610.

Capítulo 31

Da partilha

A partir do encerramento do inventário, quando então já existe um panorama completo do monte sucessório, segue-se a partilha dos bens. Desta forma, podemos aduzir que a partilha é sucessiva ao inventário, correndo, pois, nos mesmos autos.

31.1. Conceito

A partilha pode ser entendida como o fato jurídico de repartição dos bens da herança ou a distribuição do acervo hereditário entre os herdeiros e legatários e a meação do cônjuge, quando houver, individualizando-os.

Na concepção de Clóvis Beviláqua, "a partilha consiste na divisão dos bens da herança segundo o direito hereditário dos que sucedem, e na consequente e imediata adjudicação dos quocientes assim obtidos aos diferentes herdeiros"[1].

Assim, após apurar-se o monte líquido, no inventário, chega-se ao fim natural e objetivo principal de todo o processo: a partilha da herança. Nesse sentido, a partilha corresponde à divisão oficial do monte líquido

---

1 BEVILÁQUA, Clóvis. *Direito das sucessões*, p. 290.

apurado no processo de inventário entre os sucessores do *de cujus*, a fim de que os respectivos quinhões hereditários possam ser-lhes adjudicados. E ainda, à luz do que dispõe o art. 647 do CPC/2015 (art. 1.022 do CPC/73), a partilha terá início após a separação dos bens necessários à satisfação dos credores habilitados[2].

Com a partilha opera-se o desaparecimento do espólio, surgindo o direito individualizado de cada herdeiro ou legatário em relação ao seu bem então herdado. Discriminam-se e especificam-se os quinhões hereditários. "Fixa-se também o momento em que o acervo deixa de ser uma *res communis* dos herdeiros, operando a mutação em coisas particulares de cada um"[3].

Como aduz Paulo Nader, "é apenas com a partilha que se definem os bens patrimoniais de cada herdeiro, havendo, antes desta, apenas a expectativa que pode ser correspondida ou não. Para que se efetive a repartição dos bens devem estar cumpridas as diversas fases do procedimento de inventário, apurando-se o monte-mor líquido. A partilha é necessária quando houver a pluralidade de herdeiros, e nesse caso, é imprescindível à plena eficácia da herança"[4].

Enquanto no direito romano a partilha era um ato translativo de propriedade, tornando-se o herdeiro proprietário do quinhão respectivo que lhe era destinado, no momento da partilha, como se nesse instante o tivesse adquirido aos demais coerdeiros, na atualidade, a partilha é meramente declarativa e não atributiva de direitos; o herdeiro adquire a propriedade, não em virtude da partilha, mas no momento da abertura da sucessão, pois o próprio *de cujus*, por ficção, investe seu sucessor no domínio e posse da herança, através do princípio da *saisine*, previsto no art. 1.784 do Código Civil, muito antes, portanto, de se efetuar a divisão do acervo[5].

---

2 OLIVEIRA, Arthur Vasco Itabaiana de. *Tratado de direito das sucessões*, v. III, p. 101; VELOSO, Zeno. *Código Civil comentado*, p. 2214.

3 PEREIRA, Caio Mário da Silva. *Instituições de direito civil*, p. 370.

4 NADER, Paulo. *Curso de direito civil*, p. 511.

5 MAXIMILIANO, Carlos. *Direito das sucessões*, p. 297; BEVILÁQUA, Clóvis. *Direito das sucessões*, p. 290; MONTEIRO, Washington de Barros; PINTO, Ana Cristina de Barros Monteiro França. *Curso de direito civil*, p. 348 e 349.

É válido ressaltar que, embora seja a partilha meramente declarativa de domínio, a sentença que homologa a partilha deve determinar sua inscrição no registro de imóveis, tendo em vista o princípio da publicidade, que favorece a identificação dos aquinhoados com os bens do espólio[6].

Assim sendo, o direito de *saisine* opera a transferência da herança ao herdeiro no momento da morte do autor da herança, transformando o herdeiro em proprietário desde o momento da abertura da sucessão, podendo então este, mesmo antes da partilha, ceder seus direitos hereditários, oferecendo-os, primeiramente, aos demais herdeiros, já que a herança, até a partilha, é administrada de acordo com as regras que regem o condomínio, como prevê o parágrafo único do art. 1.791 do Código Civil. Por outro lado, em face do princípio da indivisibilidade da herança, constante no referido art. 1.791 do Código Civil, ele não pode alienar ou ceder a outrem parte determinada da herança, mas sim quota ideal. Se acaso transferir parte certa sobre qualquer bem da herança, é ineficaz a cessão, como prevê o art. 1.793, § 2º, do Código Civil.

Dispõe o art. 2.013 do Código Civil: "O herdeiro pode sempre requerer a partilha, ainda que o testador o proíba, cabendo igual faculdade aos seus cessionários e credores".

A herança transmite-se do *de cujus* para seus herdeiros legítimos e/ou testamentários nos termos da lei civil. Nesse sentido, a abertura da sucessão atribui-lhes desde logo a posse e a propriedade da herança. Tendo em vista a universalidade da herança, os herdeiros têm a sua parte indicada por uma fração ideal do todo, como quota ideal. E assim os elementos do patrimônio do autor da herança, ao passarem aos seus herdeiros, comporão um acervo uno e indiviso que pertencerá a todos conjuntamente, e nesse sentido, sobre a massa, terão direitos iguais, aplicando-se, pois, as regras atinentes ao condomínio, tal como dispõe o art. 1.791 do Código Civil.

---

6 "Registro de imóveis. Aplicação do art. 214 da Lei de Registros Públicos. Nulidade de pleno direito. Comprovada a nulidade de pleno direito não pode o imóvel constante do formal oriundo de partilha amigável ser registrado porque subtrairia direito decorrente de cadeia registral, lesando indevidamente terceiro. Cabível, portanto, o seu cancelamento, garantindo que foi o contraditório sem necessidade de anulação prévia da partilha. Recurso especial não conhecido" (REsp 691456/MG, STJ, 3ª Turma, Rel. Min. Carlos Alberto Menezes Direito, j. 12-5-2005).

Por outro lado, **o direito de requerer a partilha** dos referidos bens é atribuído aos herdeiros, em qualquer momento, para que o estado de comunhão termine, tendo em vista que este é um estado eminentemente transitório, mesmo que o testador diversamente o institua, pois cada herdeiro é detentor de uma parte ideal da herança, e, nesse sentido, é natural que o herdeiro, bem como seus cessionários e credores almejem concretizar a partilha, de modo que seu direito recaia sobre bem certo e individuado, terminando o estado de comunhão.

Diferentemente da legislação alienígena, que prevê prazos mais elásticos para pôr fim ao estado de comunhão (a lei italiana prevê o prazo de dez anos para tal, a lei francesa prevê cinco anos passíveis de prorrogação, o direito alemão não estipula um prazo para o término da indivisibilidade), o estado de indivisão, à luz do disposto no art. 1.320, § 1º, do Código Civil, pode perdurar pelo prazo de cinco anos, podendo assim o herdeiro, a qualquer tempo, visto tratar-se de um direito imprescritível e irrenunciável, requerer a partilha dos bens, ponto culminante da liquidação da herança[7].

31.2. Espécies de partilha

O instrumento de partilha poderá ser de duas formas: amigável, à luz do art. 2.015, ou judicial, como dispõe o art. 2.016, ambos do Código Civil. Pode ainda ocorrer a partilha em vida do ascendente, como prevê o art. 2.018 do mesmo diploma legal.

---

7 PEREIRA, Caio Mário da Silva. *Instituições de direito civil*, p. 369 e 370; VELOSO, Zeno. *Código Civil comentado*, p. 2214 e 2215; BEVILÁQUA, Clóvis. *Direito das sucessões*, p. 296. "OBRIGAÇÃO DE FAZER. INSTRUMENTO DE CESSÃO DE DIREITO DE USO DE BEM MÓVEL CELEBRADO EM NOME DO AUTOR DA HERANÇA. INVENTÁRIO QUE NÃO SE ACHA FINDO. ILEGITIMIDADE DA INVENTARIANTE PARA FIGURAR NO POLO PASSIVO. EXTINÇÃO DO FEITO SEM JULGAMENTO DE MÉRITO. Não tendo ocorrido a partilha dos bens do falecido, não podem os herdeiros responder individualmente pelas dívidas ou pelas obrigações que recaiam sobre os bens que integram o patrimônio, em condição de indivisibilidade até a efetiva partilha" (Ap. 9181310-05.2008.8.26.0000, TJSP, Rel. Des. Márcia Tessitore, 31ª Câm. Dir. Priv., j. 18-9-2012).

31.2.1. Da partilha determinada pelo autor da herança

A partilha pode ser deliberada pelo próprio autor da herança ou pelos herdeiros.

Se é o **autor da herança** quem a determina, pode fazê-lo por testamento ou por ato entre vivos, como prevê a regra contida no art. 2.014 do Código Civil: "Pode o testador indicar os bens e valores que devem compor os quinhões hereditários, deliberando ele próprio a partilha, que prevalecerá, salvo se o valor dos bens não corresponder às quotas estabelecidas".

31.2.2. Da partilha realizada por ato *inter vivos* e *causa mortis*

A partilha pode ser realizada por **ato entre vivos ou *causa mortis***, à luz do que dispõe o art. 2.018 do Código Civil: "É válida a partilha feita por ascendente, por ato entre vivos ou de última vontade, contanto que não prejudique a legítima dos herdeiros necessários".

É chamada **partilha em vida** a possibilidade legal de o autor da herança efetuar a divisão **da parte disponível** de seus bens, por ato *inter vivos* ou por meio de testamento a favor dos herdeiros necessários ou mesmo de pessoas estranhas à sucessão.

Dispõe Itabaiana de Oliveira que "sua origem é remotíssima, conhecida nos direitos egípcio, hindu e hebreu. Em nosso direito sua origem se assenta no direito romano, cujas modalidades ainda vigem: partilha por via de doação e por meio de testamento, cujas origens se encontram nas Novelas 18, capítulo VII, e 107, Título VIII, capítulo 1º".

A doutrina civilista lhe fazia restrições, mas o Código Civil de 1916 a autorizou no art. 1.776, produzindo esta efeitos desde logo[8].

A partilha em vida permite aos filhos o gozo imediato dos bens durante a vida do genitor; no entanto, esta modalidade de partilha não observou grande acolhida no direito pátrio devido à fragilidade que consigna, podendo levar, em alguns casos, ao abandono do genitor pela prole após a doação dos bens. Em todo caso, opta-se pela partilha em vida com escopo

---

[8] OLIVEIRA, Arthur Vasco Itabaiana de. *Tratado de direito das sucessões*, p. 117; PEREIRA, Caio Mário da Silva. *Instituições de direito civil*, p. 384 e 385.

fundamental de se evitarem discórdia e a contestação dos parentes próximos, por morte de ascendente comum.

É válida, ainda, a indicação em testamento dos bens e valores que deverão compor os quinhões hereditários, deliberando o próprio ascendente a partilha, que prevalecerá, salvo se o valor dos bens não corresponder às quotas estabelecidas, como dispõe o art. 2.014 do Código Civil.

Entretanto, quando a partilha é levada a efeito pela via testamentária, tratar-se-ia de mera instituição de herdeiros testamentários, não podendo desta sorte atingir a parte indisponível do acervo patrimonial, tampouco lhe é permitido estabelecer diferenças que atinjam a legítima, salvo se o excedente estiver na porção disponível. Feita a partilha pelo autor da herança, impõe-se seja acatada pelos herdeiros.

Nesse sentido, a partilha realizada por ato *inter vivos* é denominada partilha doação – *divisio parentum inter líberos* – e a realizada por ato *causa mortis* é a partilha testamento – *testamentum parentum inter liberus;* pode ainda alcançar filhos e netos, desde que no caso haja pelo menos um filho vivo, e assim os netos representem os genitores premortos[9].

Vê-se assim que, no primeiro caso, quando realizada por ato *inter vivos*, deve obedecer aos requisitos ínsitos às doações, e assim, a divisão de bens entre os herdeiros instituídos tem efeito imediato, antecipando-lhe, pois, o quinhão que iriam receber quando do falecimento do ascendente; no segundo, quando realizada por ato *causa mortis*, só tem eficácia após o falecimento do ascendente, momento em que se procederá à repartição do *quantum* hereditário nos termos da disposição testamentária. Representa, portanto, um ato *sui generis* ou complexo, no qual se encontram elementos do instituto da doação e da partilha.

De qualquer maneira, à luz do instituído pela lei, deve a partilha obedecer à legítima do herdeiro necessário[10].

A partilha quando feita pelo ascendente mediante testamento, representa uma forma mais segura de dispor dos bens, resguardando-se o autor

---

9 MAXIMILIANO, Carlos. *Direitos das sucessões*, p. 315; DIAS, Maria Berenice. *Manual das sucessões*, p. 580; VELOSO, Zeno. *Código Civil comentado*, p. 2221.

10 WALD, Arnoldo. O regime jurídico da partilha em vida. *Revista dos Tribunais*, ano 76, v. 622, p. 10 e 11, ago. 1987.

da liberalidade do desgosto do abandono pelo herdeiro. Entretanto, deve-se observar a porção indisponível dos herdeiros necessários, sob pena de nulidade da partilha. Poderá esta, ainda, abranger parte apenas dos bens do ascendente, sendo válido ressaltar a imposição da reserva de bens suficientes para assegurar a sobrevivência do autor da herança, nos termos do art. 548 do Código Civil.

Para Maria Berenice Dias, "quando decorrer de atos *inter vivos*, configura-se doação e pode ser feita por escritura pública, escrito particular ou verbalmente, a depender do que é transmitido. Em se tratando de bem imóvel é indispensável a forma pública e a outorga uxória do cônjuge do doador"[11].

Estes atos de liberalidade, entretanto, obedecem a um limite especificado na lei: não pode o doador dispor da totalidade de seus bens! É necessária a reserva de bens suficientes à sua sobrevivência como bem dispõe o art. 548 do Código Civil; além disso, deve respeitar a legítima dos herdeiros necessários, como dispõe o art. 1.846 do Código Civil, e, nesse sentido, se a doação ultrapassar a parte disponível, é nula, denominada doação inoficiosa, como dispõe o art. 549 do mesmo diploma legal[12].

Quando a **partilha em vida for feita em favor de herdeiros necessários**, configura-se uma sucessão antecipada, pois trata-se de um adiantamento de legítima, tal como dispõe o art. 544 do Código Civil: "A doação de ascendentes a descendentes, ou de um cônjuge a outro, importa adiantamento do que lhes cabe por herança". Desta forma, para que isso não ocorra, é necessário que o doador dispense o beneficiário de trazer o bem doado à colação, como prevê a regra do art. 2.005 do Código Civil.

Os bens transferidos por meio de partilha em vida não entram no inventário do doador, mas necessitam ser trazidos à conferência para se verificar se não houve excesso além do limite legal, mesmo que correspondam à parte disponível do testador.

Concebe Arnoldo Wald que os bens partilhados em vida não estão sujeitos a inventário, pois a partilha em vida representa, em si, "um inven-

---

11 DIAS, Maria Berenice. *Manual das sucessões*, p. 580.

12 "A doação naquilo que ultrapassa a parte de que poderia o doador dispor em testamento é de que se qualifica inoficiosa e portanto nula" (REsp 86518/MS, STJ, 4ª Turma, Rel. Min. Sálvio de Figueiredo, *DJU*, 3-11-1998).

tário antecipado", assim, não são trazidos à colação no momento da morte do hereditando, podendo haver, entretanto, a redução dos quinhões no caso de não ter sido atendida a legítima de algum herdeiro[13].

Na doação, considera-se o valor dos bens aquele previsto no momento da liberalidade, como prevê a regra do art. 2.004, § 2º, do Código Civil; entretanto, quando feita por testamento, o valor a ser considerado é o do momento da abertura da sucessão, e assim, "se os contemplados em excesso forem os herdeiros, trazidos os bens à colação, cabe ser feita a devida compensação, como dispõe o art. 2.002 do Código Civil; se forem terceiros, estranhos à sucessão, é necessário reduzir o ato de liberalidade, conforme estabelece o art. 1.967 do mesmo diploma legal"[14].

No entanto, quando a partilha for realizada entre os herdeiros e corresponder à **parte disponível dos bens**, podem ser aquinhoados alguns herdeiros ou todos os herdeiros, não sendo, pois, necessário que se respeite a igualdade dos quinhões.

Como prevê Carlos Maximiliano "a partilha realizada entre vivos só abrange bens presentes, sendo, pois, considerada não escrita a parte referente a bens futuros". Pode ser total ou parcial, dependendo do montante do acervo hereditário a que se refira, não devendo ainda prejudicar a legítima dos herdeiros necessários"[15].

A partilha em vida não entrou pacificamente no ordenamento jurídico pátrio. Inicialmente Beviláqua a definia como "exótica" e que tal prática não deveria subsistir em nosso ordenamento. Subsistiu. Entretanto, não pode ser entendida como doação, devendo ser entendida como um negócio jurídico *sui generis*, onde, tal como elucida Carlos Maximiliano, "não existe dádiva, mas inventário antecipado em vida; não se dá colação; rescinde-se ou corrige-se a partilha, quando ilegal ou errada"[16].

Por via de consequência, a presença da autoridade judiciária é imprescindível na partilha *causa mortis*, não o é na partilha em vida, facultada pelo citado art. 2.018 do Código Civil, nem na modalidade de partilha referida

---

13 WALD, Arnoldo. *O regime jurídico da partilha em vida*, p. 10.

14 DIAS, Maria Berenice. *Manual das sucessões*, p. 581.

15 MAXIMILIANO, Carlos. *Direito das sucessões*, p. 315.

16 BEVILÁQUA, Clóvis. *Direito das sucessões*, p. 290 e s.; MAXIMILIANO, Carlos. *Direito das sucessões*, v. III, p. 23.

no art. 2.014 do mesmo diploma legal, onde os bens são indicados pelo testador, em vida, por escritura pública ou testamento, visto que o próprio autor procede à distribuição de seus bens, à luz do disposto em lei[17].

31.2.3. Da partilha amigável e da partilha judicial

Pode a partilha ainda ser **amigável** ou **judicial.** A amigável consta do art. 2.015 do Código Civil: "Se os herdeiros forem capazes, poderão fazer partilha amigável, por escritura pública, termo nos autos do inventário, ou escrito particular, homologado pelo juiz". Da mesma forma dispõe o art. 657 do CPC/2015 (art. 1.029 do CPC/73).

Assim, a partilha amigável é um acordo de vontades entre os coerdeiros celebrado por escritura particular ou pública, ou por termos judiciais. É uma forma mais conveniente do que a judicial, devido ao fato de que permite uma maior flexibilidade na escolha dos bens que comporão os diferentes quinhões – tanto atendendo às preferências dos interessados quanto evitando-se o desgaste da comunhão e evitando-se a fragmentação da propriedade. Entretanto, para que a partilha possa ser efetuada pela via amigável, é necessário que os herdeiros estejam presentes, sejam concordes e gozem de capacidade jurídica, ou seja, não sejam menores nem interditos[18].

E assim, a **partilha amigável**, ou extrajudicial, pode ser feita mediante escritura pública, termos nos autos de inventário ou escrito particular homologado pelo juiz, onde todos os herdeiros, maiores e capazes, sejam eles cônjuge sobrevivente ou companheiro e herdeiros, devem ser concordes quanto ao seu teor, realizando, pois, a assinatura do instrumento, sendo nula a partilha realizada por incapazes. Para realizar-se por intermédio de procurador, é indispensável que a este se outorguem poderes especiais e expressos, visto que o ato importa em transação.

Essa partilha pode ser feita por escritura pública, por termo nos autos de inventário ou escrito particular, homologado pelo juiz, como prevê a regra do art. 644 do CPC/2015 (art. 1.019 do CPC/73).

---

17 MONTEIRO, Washington de Barros; PINTO, Ana Cristina de Barros Monteiro França. *Curso de direito civil*, p. 349 e 350.

18 BEVILÁQUA, Clóvis. *Direito das sucessões*, p. 291.

A existência de testamento não constitui obstáculo à partilha amigável realizada na forma prevista no art. 2.015 do Código Civil. Assim, serão ouvidos o testamenteiro e o curador de resíduos, que intervirão na escritura, a fim de se pronunciar sobre o cumprimento das disposições testamentárias, inclusive cabimento de imposição de cláusulas restritivas.

Não constitui impedimento a existência de penhora no rosto dos autos, incidindo sobre direitos de um dos herdeiros, desde que o quinhão deste garanta a execução; nem a existência de dívida do próprio inventariado, desde que sejam reservados bens suficientes para o pagamento, como dispõe o art. 1.035 do Código de Processo Civil, com a redação dada pela Lei n. 7.019, de 1982.

Será esta homologada de plano pelo juiz, mediante a prova da quitação dos tributos relativos aos bens do espólio e às suas rendas, com observância dos arts. 660 a 663 do CPC/2015 como prevê o art. 659 do mesmo diploma legal (arts. 1.032 a 1.035, como prevê o art. 1.031 do CPC, com a redação que lhe deu a Lei n. 11.441, de 4-1-2007). O disposto nesse artigo aplica-se também ao pedido de adjudicação, quando houver herdeiro único, tal como disposto no art. 1.031, § 1º[19].

A referida lei "introduziu uma reforma profunda no tema, com o objetivo de estabelecer uma menor intervenção do Estado na vida privada do homem, com o escopo de assim facilitar a vida do cidadão, simplificando e desburocratizando o procedimento, desafogando o judiciário"[20].

À luz no disposto no art. 660 do CPC/2015 (art. 1.032 do CPC/73), na petição de inventário, que se processará na forma de arrolamento sumário, independentemente da lavratura de termos de qualquer espécie, os herdeiros: I – requererão ao juiz a nomeação de inventariante que designarem; II – declararão os títulos dos herdeiros e os bens do espólio, observado o disposto no art. 630; III – atribuirão o valor dos bens, para fins de partilha.

---

19 PEREIRA, Caio Mário da Silva. *Instituições de direito civil*, p. 381 e 382; MONTEIRO, Washington de Barros; PINTO, Ana Cristina de Barros Monteiro França. *Curso de direito civil*, p. 351.

20 VELOSO, Zeno. *Código Civil comentado*, p. 2216.

É vital, no entanto, que haja a concordância de todos os herdeiros quanto ao tipo de procedimento escolhido; qualquer divergência imporá a necessidade de partilha judicial, tal como determinam o art. 2.016 do Código Civil – "será sempre judicial a partilha, se os autores divergirem, assim como se algum deles for incapaz" – e o art. 1.022 do Código de Processo Civil.

Acrescenta o art. 661 do Código de Processo Civil de 2015 (art. 1.033 do CPC/73) que, "ressalvada a hipótese prevista no parágrafo único do art. 1.035, não se procederá à avaliação dos bens do espólio para qualquer finalidade".

No art. 662 (art. 1.034 do CPC/73) e em seus parágrafos 1º e 2º do CPC/2015 encontram-se preceitos relativos à taxa judiciária e ao lançamento do imposto de transmissão. E no art. 663 do CPC/2015 (art. 1.035 e seu parágrafo único) há disposições sobre reserva de bens para pagamento de credores.

O instrumento particular de partilha amigável não tem valor antes de homologado pelo juiz. Essa homologação tem por escopo verificar se observadas foram todas as formalidades legais. E assim, o formal de partilha só será expedido, bem como os alvarás referentes aos bens por ele abrangidos, após a comprovação, verificada pela Fazenda Pública, de pagamento de todos os tributos, nos termos do art. 659 do CPC/2015 (art. 1.031, § 2º, do CPC/73).

A partilha amigável apresenta inúmeras vantagens: poupa despesas inúteis; reparte os bens em conformidade com as preferências dos herdeiros; evita a divisão dos imóveis ou a dispersão de empreendimentos comerciais ou industriais[21].

Pode também a **partilha ser judicial**, como prevê a regra do art. 2.016 do Código Civil: "Será sempre judicial a partilha, se os herdeiros divergirem, assim como se algum deles for incapaz".

Procede-se à partilha judicial toda vez em que houver um impedimento para que seja feita pela via amigável, ou seja, quando os herdeiros não puderem ou não quiserem acordar sobre os termos da partilha ou mesmo

21 MONTEIRO, Washington de Barros; PINTO, Ana Cristina de Barros Monteiro França. *Curso de direito civil*, p. 351 e 352; VELOSO, Zeno. *Código Civil comentado*, p. 2217.

quando não apresentarem a capacidade necessária para para firmar convenções juridicamente válidas, como leciona Beviláqua[22].

Desde que existam incapazes entre os sucessores impor-se-á obrigatoriamente a partilha judicial, que exige a intervenção do juiz, e do Ministério Público, que velará pelos interesses desses incapazes, e também dos ausentes, impedindo sejam eles prejudicados na divisão dos bens, como prevê a regra do art. 178 do CPC/2015 (art. 82 do CPC/73).

Dispõe o art. 2.017 do Código Civil: "No partilhar os bens, observar-se-á, quanto ao seu valor, natureza e qualidade, a maior igualdade possível".

Tem-se, assim, que o princípio básico da sucessão legítima é a igualdade da partilha. Na sucessão testamentária, observa-se a vontade do testador nos limites da legítima dos herdeiros necessários.

E ainda, tal como dispõe o art. 2.018 do Código Civil: "É válida a partilha feita por ascendente, por ato entre vivos ou de última vontade, contanto que não prejudique a legítima dos herdeiros necessários".

E assim, uma vez pago o imposto de transmissão *causa mortis* e separados os bens necessários para o pagamento dos credores habilitados, como prevê a regra do art. 642 do CPC/2015 (art. 1.017, § 3º, do CPC/73), o cônjuge sobrevivente, se concorrendo com os demais herdeiros necessários, assim como o companheiro que participe da herança, e os herdeiros formulam os pedidos de quinhões, sendo a partilha, em seguida, deliberada pelo juiz por despacho nos autos, como prevê a regra do art. 647 do CPC/2015 (art. 1.022 do CPC/73). Desta decisão não é cabível recurso.

Também os cessionários e credores do herdeiro podem recorrer à partilha. Deliberada a partilha, compete ao partidor organizar-lhe o esboço, observando, nos pagamentos, a regra dos arts. 651 a 653 do CPC/2015 (arts. 1.023 e 1.025 do CPC/73). A partir daí, ouvirá o juiz os interessados dentro do prazo de cinco dias, julgando em seguida a partilha, depois de feitas as emendas reclamadas, como prevê a regra do art. 652 do CPC/2015 (e não mais cinco dias como previa o art. 1.024 do CPC/73). Dispensa-se também a lavratura de auto específico. A própria lei prescinde desse elemento, ao dispor que se julgue a partilha constante do esboço, independentemente de

---

22 BEVILÁQUA, Clóvis. *Direito das sucessões*, p. 293.

novo auto. E assim, passando em julgado referida decisão, entregar-se-á ao herdeiro o competente formal, para registro no Registro Imobiliário, como prevê o art. 167, I, n. 25, da Lei n. 6.015, de 31 de dezembro de 1973, e do art. 655 do CPC/2015 (art. 1.027 do CPC/73)[23].

Assim, sintetiza Carlos Maximiliano que, "enquanto a partilha amigável é efetuada pelos próprios herdeiros ou por indivíduo por eles eleito, a partilha judicial é realizada pelos partidores oficiais"[24].

31.2.4. Da partilha por escritura pública

A Lei n. 11.441, de 4 de janeiro de 2007, deu nova redação ao art. 982 do CPC/73, instituindo a realização de inventário e partilha sem a intervenção da autoridade judicial. Essa regra veio reproduzida no art. 610 do diploma processual atual. Assim, quando os interessados forem capazes e concordes e não exista testamento a cumprir, poderão estes valer-se de escritura pública para a realização do inventário.

Nesse sentido, a escritura pública de partilha será o instrumento hábil para o registro imobiliário e demais transferências que forem necessárias. É indispensável para essa forma de partilha a capacidade e concordância de todas as partes quanto à via eleita e quanto à distribuição dos bens, impondo-se, assim, que sejam estas assistidas por advogado comum a todas ou de cada uma.

31.3. Regras a serem observadas na partilha

A herança pode estar onerada de encargos, e estes têm de ser pagos à custa do monte, *intra vires hereditatis*. Devem ser solvidos, com a separação dos bens quanto bastem. "Aos herdeiros tocará o líquido, pois onde ainda há dívidas, não há herança." (Caio Mário, p. 370 e 371)

Antes da deliberação da partilha propriamente dita, devem os herdeiros trazer à colação os bens recebidos em vida do *de cujus*, os quais são avaliados também; os credores apresentam as suas contas e documentos, e

---

23 MONTEIRO, Washington de Barros; PINTO, Ana Cristina de Barros Monteiro França. *Curso de direito civil*, p. 352 e 353.

24 MAXIMILIANO, Carlos. *Direito das sucessões*, p. 303.

se os interessados concordarem com o pagamento, separam-se os valores suficientes para a liquidação dos referidos débitos.

Tal como aduz Carlos Maximiliano, "constituem requisitos de partilha benfeita: justiça, igualdade, equidade". Nesse sentido, considera-se uma boa partilha quando os quinhões dos herdeiros do mesmo grau, mais ou menos se equivalerem, não apenas quanto ao valor, mas também quanto ao gênero, espécie e qualidade dos referidos bens, recebendo, pois, cada um deles uma parte igual em móveis, imóveis e semoventes, coisas certas, duvidosas ou litigiosas, direitos e créditos, conciliando-se os interesses e as diferenças entre os bens que compõem o acervo hereditário[25].

Dispõe o art. 2.017 do Código Civil: "No partilhar os bens, observar-se-á, quanto ao seu valor, natureza e qualidade, a maior igualdade possível".

Enquanto na sucessão testamentária prevalece a vontade do testador, e os bens distribuem-se segundo a disposição testamentária, desde que observada a lei, na sucessão legítima impõe-se a máxima igualdade entre os herdeiros.

Deve-se evitar, sempre que possível, a partilha de bens que imponha aos herdeiros um estado condominial, visto ser este uma fonte perene de demandas, como bem ensinavam os romanos. E assim, "não se recomenda uma partilha que atribua parte ideal nos imóveis a cada herdeiro, permanecendo todos *pro indiviso.* A partilha nessas condições se revela viciosa, porque, mantendo desaconselhável comunhão, encerra germe de futuras e inevitáveis discórdias".

Mesmo não sendo ideal, existem casos em que a realidade dos fatos impõe aos herdeiros que permaneçam em condomínio; é o caso de herança que comporta imóveis indivisíveis. Recebem, desta forma, os herdeiros partes ideais do quinhão hereditário. E assim, as regras atinentes ao condomínio podem ser aplicadas à administração da herança e à partilha, como prevê o parágrafo único do art. 1.791 do Código Civil.

Dispõe o art. 2.019 do Código Civil: "Os bens insuscetíveis de divisão cômoda, que não couberem na meação do cônjuge sobrevivente ou no quinhão de um só herdeiro, serão vendidos judicialmente, partilhando-se o valor apurado, a não ser que haja acordo para serem adjudicados a todos. § 1º Não se fará a venda judicial se o cônjuge sobrevivente ou um ou mais

---

25 MAXIMILIANO, Carlos. *Direito das sucessões*, p. 303-305.

herdeiros requererem lhes seja adjudicado o bem, repondo aos outros, em dinheiro, a diferença, após avaliação atualizada. § 2º Se a adjudicação for requerida por mais de um herdeiro, observar-se-á o processo da licitação".

A adjudicação ao herdeiro, ao cessionário ou ao cônjuge sobrevivente prefere à venda judicial no condomínio derivado da herança. Pode ela ser requerida a qualquer tempo; enquanto não realizada a praça, assiste ao interessado direito de pleiteá-la para si, não podendo, a respeito, falar em preclusão. Para essa adjudicação, torna-se desnecessário o assentimento dos demais herdeiros. Todavia, se mais de um a pleitear, impor-se-á a licitação.

Não constitui obstáculo à adjudicação a existência de herdeiro menor ou interdito. Nesse caso, porém, determina-se nova avaliação, que atribua aos bens valor real ou venal. Estimativa, para fins de inventário, baseando-se geralmente no preço médio, não serve de suporte a tal ato. A nova estimação, tendo por base valor exato e à sombra do qual se lavra a adjudicação, acautela convenientemente os interesses dos incapazes. Julgados existem, não obstante, preconizando a realização de hasta pública, em tal conjuntura, como único meio de resguardar a perfeita lisura do ato.

Pode assim qualquer sucessor universal requerer e pagar, ainda que o imóvel tenha um valor muito superior ao seu quinhão hereditário correspondente[26].

Impor-se-á a licitação quando o pedido de adjudicação venha a ser formulado por dois ou mais interessados com iguais direitos, tornando-se impossível qualquer acomodação entre eles. Nessa licitação, efetuada em presença do juiz, trava-se a disputa, exclusivamente, entre herdeiros, cessionários e cônjuge sobrevivente. Ninguém mais a ela pode concorrer.

A licitação representa, no entanto, providência extrema, encarada com a maior prevenção, porque favorece o herdeiro abastado, que, no ato, disponha de maiores recursos. Por isso mesmo, só deve realizar-se nos estritos termos da lei, vale dizer, quando requerida a adjudicação ao mesmo tempo por dois ou mais interessados, quando os bens não forem suscetíveis de divisão cômoda e não houver possibilidade de acordo entre os herdeiros em questão.

Feita a licitação, os bens licitados incluir-se-ão no quinhão de quem oferecer o maior lance. O legislador de 2002, porém, incluiu a licitação como meio de solucionar a partilha.

---

[26] MAXIMILIANO, Carlos. *Direito das sucessões*, p. 309.

Dispõe o art. 2.020 do Código Civil: "Os herdeiros em posse dos bens da herança, o cônjuge sobrevivente e o inventariante são obrigados a trazer ao acervo os frutos que perceberam, desde a abertura da sucessão; têm direito ao reembolso das despesas necessárias e úteis que fizeram, e respondem pelo dano a que, por dolo ou culpa, deram causa".

Os frutos e rendimentos dos bens da herança são de propriedade dos herdeiros, tendo em vista o princípio de que o acessório segue o principal. Entretanto, os herdeiros em posse desses bens, ou mesmo o inventariante ou o cônjuge sobrevivente são obrigados a trazer ao acervo o que perceberam desde a abertura da sucessão. E, da mesma forma que têm direito ao reembolso das despesas necessárias e úteis que fizeram, respondem pelos danos que deram causa, seja com dolo ou culpa[27].

Assim sendo, "a partilha uma vez julgada fica exequível contra o inventariante e os herdeiros; não contra terceiros. Sendo em relação a estes é *res inter alios acta*, e assim não lhes aproveita nem lhes prejudica, *aliis nec nocet, nec prodest,* salvo se os terceiros recebem em virtude da sentença coisa do espólio, ou ainda, se forem cessionários ou sucessores de herdeiro. E ainda, quando o quinhão for atribuído a quem não tem direito à mesma, resta ao então prejudicado, intentar a ação de petição de herança"[28].

31.4. Da sobrepartilha

A sobrepartilha ou partilha adicional é uma partilha posterior, e assim, representa uma nova partilha de bens deixados pelo *de cujus*, que não puderam ser divididos entre os herdeiros, seja porque não foram descritos no inventário, seja porque não foram partilhados na partilha geral[29].

---

27 MONTEIRO, Washington de Barros; PINTO, Ana Cristina de Barros Monteiro França. *Curso de direito civil*, p. 355 e 356.

28 MAXIMILIANO, Carlos. *Direito das sucessões*, p. 312.

29 OLIVEIRA, Arthur Vasco Itabaiana de. *Tratado de direito das sucessões*, p. 127. "Inventário – A discussão sobre o crédito está, corretamente, sendo feita em outro processo, conforme determinação do ilustre Juiz agravado. Mas a reserva de bens é determinação do artigo 1.018 parágrafo único do Código de Processo Civil. Nada obsta a partilha dos demais bens, ficando reservada a parcela de bens guerreada, que servirá adiante para pagamento do credor, em caso de sucesso na ação de cobrança, ou para sobrepartilha, na hipótese de revés do suposto credor. Recurso provido" (AgI 0144830-79.2011.8.26.0000, TJSP, 9ª Câm. Dir. Priv., Rel. Des. José Luiz Gavião de Almeida, j. 24-8-2012).

À luz do disposto no art. 670 do CPC/2015 (art. 1.041 do CPC/73): "Na sobrepartilha dos bens, observar-se-á o processo de inventário e de partilha. Parágrafo único. A sobrepartilha correrá nos autos do inventário do autor da herança".

Dispõe o art. 2.021 do Código Civil: "Quando parte da herança consistir em bens remotos do lugar do inventário, litigiosos, ou de liquidação morosa ou difícil, poderá proceder-se, no prazo legal, à partilha dos outros, reservando-se aqueles para uma ou mais sobrepartilhas, sob a guarda e a administração do mesmo ou diverso inventariante, e consentimento da maioria dos herdeiros"[30].

É evidente que a existência de bens remotos do lugar do inventário, litigiosos ou de liquidação morosa ou difícil pode comprometer o bom andamento e a finalização da partilha. Procede-se então, no prazo previsto em lei, à partilha dos outros bens do acervo, reservando para os primeiros uma ou mais sobrepartilhas, adiando-se assim a divisão dos bens que apresentam liquidação complicada, devendo estes permanecer sob a guarda e a administração do inventariante, seja do mesmo ou de outro a ser nomeado, além do consentimento da maioria dos herdeiros[31].

A sobrepartilha poderá realizar-se muito tempo depois da primeira partilha, quando efetivamente termine a ação ou a liquidação, ou ainda que desapareça o motivo impeditivo de se proceder à divisão do acervo.

Tal como aduz Carlos Maximiliano, "a sobrepartilha rege-se pelos mesmos princípios da partilha: igualdade, equidade e justiça, podendo por sua vez ser realizada de forma amigável ou judicial"[32].

Assim, no caso de estes bens serem deixados para sobrepartilha, nesta ocasião se recolherá o imposto de transmissão *causa mortis*; entendendo-se, pois, não ser razoável coagir os herdeiros ao pagamento do tributo, enquanto não puderem apurar os valores respectivos.

Pode ocorrer que, antes de concretizar-se a partilha, os interessados já tenham a posse de bens determinados; nessa hipótese, o que receberam e o

---

30 Disposição semelhante existe no art. 1.040 do CPC.

31 VELOSO, Zeno. *Código Civil comentado*, p. 2223.

32 MAXIMILIANO, Carlos. *Direito das sucessões*, p. 310.

que gastaram com esses bens devem ser trazidos ao monte, para ser computados na partilha, assim como eventual pagamento de dano que tenham causado ao bem, por dolo ou culpa.

À luz do art. 2.022 do Código Civil, "ficam sujeitos a sobrepartilha os bens sonegados e quaisquer outros bens da herança de que se tiver ciência após a partilha".

Assim sendo, além dos bens inseridos na disposição do artigo anterior, também os bens que não foram descritos, ou que foram omitidos por sonegação, tal como prevê o art. 1.992 do Código Civil, ou ainda os bens cuja existência se desconhecia por ocasião da partilha, ficam sujeitos a uma nova partilha.

Como exemplo, pode-se apontar a hipótese em que se mostrem inexatas as declarações do inventariante sobre a área de imóvel inventariado. Uma vez que se determine ulteriormente que tal área real era maior do que a anteriormente descrita, proceder-se-á à correção, realizando assim a sobrepartilha do excesso apurado.

Desta sorte, na eventualidade de haver bens a sobrepartilhar, pode o inventariante continuar no desempenho de seu cargo, representando a herança em juízo, ativa e passivamente. Entretanto, não estará o juiz obrigado a manter na sobrepartilha o mesmo inventariante que atuara por ocasião da realização da partilha.

E assim, uma vez reaberto o inventário para a realização da sobrepartilha, poderá o inventariante, como representante legal do espólio, cobrar as dívidas respectivas. Entretanto, não se sobrepartilharão bens que se não encontrem sob domínio do espólio. Nesse caso, do despacho que em processo de inventário deixe bens para sobrepartilha não é cabível apelação. No entanto, da decisão interlocutória que denega sobrepartilha, por falta de domínio, dado o seu caráter definitivo, cabe recurso de apelação, devendo ser citados os herdeiros, como dispõe o art. 626 do CPC/2015 (art. 999, § 1º, do CPC/73), admitindo-se a citação por edital nas hipóteses nele previstas[33].

---

33 MONTEIRO, Washington de Barros; PINTO, Ana Cristina de Barros Monteiro França. *Curso de direito civil*, p. 360.

31.5. Do formal de partilha e da execução da partilha

Com o trânsito em julgado da sentença que julgou a partilha, expede-se o formal de partilha, que é o título de domínio dos bens adquiridos *mortis causa*. Na ocorrência de bens imóveis, o formal de partilha é o documento hábil para o registro imobiliário. Na partilha amigável, efetuada nos moldes da Lei n. 11.441/2007, a escritura pública é o título hábil para o registro imobiliário.

Na lição de Itabaiana de Oliveira, "o formal de partilha é uma carta de sentença extraída dos autos do inventário com as formalidades legais, para título e conservação do direito do interessado, a favor de quem ela foi passada"[34].

À luz do disposto no art. 655 do CPC/2015 (art. 1.027 do CPC/73), constarão no formal de partilha: o termo de inventariante e título de herdeiros; a avaliação dos bens que constituíram o quinhão hereditário; o pagamento do quinhão hereditário; a quitação dos impostos e a sentença.

Eventuais erros materiais constantes do formal de partilha, sendo os mais comuns eventuais erros gráficos no nome de algum herdeiro ou a descrição dos bens, notadamente quando da confrontação dos imóveis, podem ser suscetíveis de correção mediante petição ao juízo do inventário, advindo daí as emendas à partilha, e consequentemente ao formal.

Quanto à **execução da partilha**, o formal constitui título aquisitivo de domínio, podendo o herdeiro dele valer-se junto ao inventariante ou demais sucessores, obrigando-os à entrega dos bens correspondentes ao seu quinhão, podendo ainda promover a execução da partilha, mediante petição autuada em apenso ao processo de inventário. Entretanto, não constitui o formal de partilha prova suficiente perante terceiros, devendo-se ainda apresentar os títulos de propriedade do autor da sucessão[35].

O juiz do inventário é o competente para a execução do formal de partilha expedido pelo seu juízo; sendo que a execução da sentença de partilha

---

34 OLIVEIRA, Arthur Vasco Itabaiana de. *Tratado de direito das sucessões*, p. 131.

35 NADER, Paulo. *Curso de direito civil*, p. 522; AMORIM, Sebastião; OLIVEIRA, Euclides. *Inventários e partilhas*: direito das sucessões – teoria e prática. 16. ed. São Paulo: LEUD, 2003, p. 442 e 443.

tem lugar quando o herdeiro encontrar oposição por parte do inventariante ou dos coerdeiros na entrega dos bens a que tiver direito.

Assim, tal como prevê Itabaiana de Oliveira, "a execução é instaurada por meio de simples requerimento, por apenso ao inventário e com referência a ele, autuando-se cada um em separado. Em regra, no inventário só se executa a sentença de partilhas nele feitas. Desta forma, se um indivíduo for condenado por sentença proferida em ação e a entregar a outro, que foi preterido no inventário, a parte na herança que por direito lhe competir e, em execução se liquidar essa sentença, deve executar-se no processo da ação e não no do inventário"[36].

---

36 OLIVEIRA, Arthur Vasco Itabaiana de. *Tratado de direito das sucessões*, p. 133.

Capítulo 32

DA GARANTIA DOS QUINHÕES HEREDITÁRIOS

32.1. Efeito declarativo da partilha

É sabido que a posse e a propriedade dos bens hereditários se transmitem aos herdeiros com a abertura da sucessão, estabelecendo, assim, um condomínio provisório entre os herdeiros em relação ao patrimônio deixado pelo *de cujus*. Com a partilha, esse condomínio se desfaz e cada herdeiro deixa de exercer direitos sobre quotas ideais e passa a assumir a titularidade de determinados bens, os quais lhe couberam na sucessão. Desta forma, enquanto no direito romano a partilha possuía uma natureza translativa da propriedade, o direito moderno brasileiro entende-a meramente declaratória.

Assim, os credores individuais de um sucessor universal não podem fazer recair a penhora em bens do acervo determinados. "Cumpre a eles aguardar o termo da divisão e, como medida acautelatória, requerer a penhora no rosto dos autos do inventário sobre o direito e ação que tenha o devedor"[1].

---

1 MAXIMILIANO, Carlos. *Direito das sucessões*, p. 437.

À luz do art. 2.023 do Código Civil, "julgada a partilha, fica o direito de cada um dos herdeiros circunscrito aos bens do seu quinhão".

Tal como aduz Zeno Veloso, "o principal efeito da partilha é extinguir a indivisão dissolvendo a comunhão hereditária, e assim, cada herdeiro passa a receber o quinhão que efetivamente lhe cabia desde a abertura da sucessão"[2].

Na qualidade de condômino do patrimônio do *de cujus* até efetuar-se a partilha, cabe a cada herdeiro um direito indivisível que não se exerce em relação a uma parte determinada do espólio, mas em relação a todo o seu montante. Como a partilha tem um efeito meramente declarativo, as eventuais alienações realizadas além de outros atos de disposição praticados pelos herdeiros só prevalecerão em parte, ficando dependentes da divisão, a qual se atribui efeito resolutivo[3].

Esse dispositivo repete o art. 796 do CPC/2015 (art. 597 do CPC/73). Aquela decisão é declarativa e não atributiva ou translativa de direitos. Adquirem-se estes desde o momento da abertura da sucessão, concretizando-se com o *direito de saisine*, presente no art. 1.784 do Código Civil.

Em relação ao efeito declaratório da partilha, apresentam-se duas teorias: a da condição resolutiva e a da ficção da lei.

À luz da primeira teoria, mais antiga, admite-se que cada herdeiro tenha um direito condicional que recai sobre todos os bens componentes do acervo hereditário. A condição é a de que os bens se incluam em seu quinhão. Finda a divisão, o herdeiro torna-se único proprietário dos efeitos que lhe foram atribuídos, com exclusão dos demais sucessores. Em relação aos bens imputados nos quinhões dos coerdeiros, o direito do primeiro desaparece pelo inadimplemento da condição.

De acordo com a segunda teoria, atribui-se à ficção da lei o efeito declarativo da partilha: realizada esta, supõe-se que o herdeiro recebeu seu quinhão, tal como ficou constituído, diretamente do *de cujus*, sem que haja a menor ingerência por parte dos demais coerdeiros. É a teoria da *ficção da lei*, que faz retroagir os efeitos da divisão ao momento da abertura da sucessão.

---

2 VELOSO, Zeno. *Código Civil comentado*, p. 2224.

3 MAXIMILIANO, Carlos. *Direito das sucessões*, p. 437.

Na visão de Washington de Barros Monteiro e Ana Cristina de Barros Monteiro França Pinto, "a primeira teoria melhor se afeiçoa à nossa sistemática jurídica, uma vez que, com o julgamento da partilha, cada herdeiro se investe no quinhão respectivo, ficando assim definido, circunscrito e corporificado seu direito"[4].

Nesse sentido, tem-se que o art. 1.791 do Código Civil reforça tal ponto de vista, quando edita que "a herança defere-se como um todo unitário, ainda que vários sejam os herdeiros". E de acordo com o seu parágrafo único: "Até a partilha, o direito dos coerdeiros, quanto à propriedade e posse da herança, será indivisível, e regular-se-á pelas normas relativas ao condomínio". Isto posto, podemos entender que, antes da partilha, o herdeiro é dono apenas de uma parte ideal da herança, que por seu turno só vem a corporificar-se com a efetiva repartição dos bens entre os sucessores.

Desta forma, derivam do efeito meramente declarativo da partilha: o herdeiro não precisa permanecer à espera da divisão para outrem ceder seus direitos. Só pode fazê-lo, porém, de modo abstrato e ideal, sem especialização dos direitos cedidos. Mas não necessita, em compensação, da aquiescência dos demais herdeiros, que terão primazia, porém, na respectiva aquisição; a alienação de determinado bem, concretamente individuado e indicado, é ineficaz; caso o herdeiro, antes da partilha, constituir hipoteca sobre um dos imóveis do espólio, tornar-se-á sem efeito a garantia se o bem gravado for atribuído a outro herdeiro.

A cada um dos herdeiros aquinhoados na partilha entrega-se o respectivo formal, constituído pelas peças mencionadas no art. 1.027 do Código de Processo Civil, e que tem força executiva contra o inventariante, os demais herdeiros e seus sucessores, a título universal ou singular, à luz do que dispõe o art. 475-N, VII, do mesmo diploma legal.

Assim, dispõe o art. 655 do CPC/2015 (art. 1.027, parágrafo único, do CPC/73) que "quando o quinhão hereditário não exceder cinco vezes o salário mínimo vigente na sede do juízo do inventário, poderá o formal de partilha ser substituído por certidão de partilha".

---

[4] MONTEIRO, Washington de Barros; PINTO, Ana Cristina de Barros Monteiro França. *Curso de direito civil*, p. 361; PLANIOL. *Traité élémentaire de droit civil*, v. 3, n. 2379.

Desta forma, "a sentença que julgar a partilha, enquanto não rescindida ou anulada, faz direito entre os interessados e deve prevalecer contra eles, ou seus sucessores em relação aos bens inventariados. Tais decisões devem ser registradas no Registro Imobiliário competente, conforme disposição emanada do art. 167, I, n. 23, da Lei n. 6.015, de 31-12-1973, denominada Lei dos Registros Públicos"[5].

32.2. Da responsabilidade pela evicção

Dispõe o art. 2.024 do Código Civil: "Os coerdeiros são reciprocamente obrigados a indenizar-se no caso de evicção dos bens aquinhoados".

Trata-se de providência que visa a acautelar a observância da igualdade na partilha. Assim, no caso de um dos herdeiros, em virtude de sentença, vir a perder bens que lhe haviam sido adjudicados na divisão, justo se torna que reclame a composição de seu prejuízo junto aos demais compartilhantes, a fim de que se não prejudique a igualdade preconizada pelo art. 2.017 do Código Civil, já referida.

Trata-se de um caso em que a evicção atinge uma relação jurídica de natureza não onerosa, como é a partilha, e isto se dá em virtude da vontade do legislador, inspirado no princípio da equidade, em tornar efetiva a regra da igualdade, posto que todos os herdeiros participam igualmente dos prejuízos decorrentes da evicção que recair sobre o direito de um deles. Há, portanto, a obrigação legal de os demais herdeiros indenizarem o evicto.

É válido ressaltar, entretanto, que a garantia prevista favorece apenas os herdeiros e não o legatário, uma vez que a deixa testamentária lhe é transmitida no estado e condições em que se encontra na abertura da sucessão, inclusive com eventuais acessórios e encargos. Caso inexista o bem no momento do óbito, opera-se apenas a caducidade do legado.

E assim, como corrobora Maria Helena Diniz, "o legatário não terá direito algum de ser indenizado na hipótese de evicção, porque o fundamento

5 MONTEIRO, Washington de Barros; PINTO, Ana Cristina de Barros Monteiro França. *Curso de direito civil*, p. 362 e 363.

dessa garantia reside no princípio da igualdade de partilha, que impõe somente aos coerdeiros o dever de restabelecê-la, quando um deles sofrer evicção no bem que lhe foi aquinhoado"[6].

Visando à apuração dos prejuízos resultantes da evicção, tomar-se-á por base o valor da coisa ao tempo da sentença que julgou a partilha, e não o da época em que o herdeiro se vê privado da coisa evicta. E assim, o Código Civil, ao disciplinar a evicção parcial em seu art. 450, parágrafo único, determina o valor da indenização pelo valor contemporâneo ao tempo em que a coisa se evenceu[7].

Tal como dispõe Sílvio Venosa, "o herdeiro que perde a coisa, mesmo que não denuncie a lide, não está obstado de pedir a indenização proporcional aos demais herdeiros, porque a evicção não é sua e sim do espólio"[8].

Dispõe o art. 2.025 do Código Civil: "Cessa a obrigação mútua estabelecida no artigo antecedente, havendo convenção em contrário, e bem assim dando-se evicção por culpa do evicto, ou por fato posterior à partilha".

Pode-se assim concluir, à luz do dispositivo em tela, que a obrigação mútua de indenização da evicção pode extinguir-se: com a existência na partilha de convenção em contrário ou se a evicção ocorrer por culpa do herdeiro evicto ou ocorra a evicção por fato subsequente à partilha.

Vê-se, assim, que a condição primordial para que haja o ressarcimento é de que o evicto não tenha contribuído, seja culposamente, seja dolosamente, para a perda total da propriedade, posse ou uso do bem que lhe coube na partilha, e que caracteriza a evicção.

No primeiro caso, não se exige cláusula expressa. A dispensa pelos riscos da evicção pode constar da própria partilha, como também de documento separado; já na segunda hipótese, o culpado padece da própria inépcia ou incúria. Se ele pode, por exemplo, invocar usucapião e não o faz, vindo a perder por isso o bem herdado, não tem direito de reclamar dos demais condôminos o ressarcimento dos prejuízos que sofreu; e, finalmente,

---

6 DINIZ, Maria Helena. *Curso de direito civil*, p. 471.

7 MONTEIRO, Washington de Barros; PINTO, Ana Cristina de Barros Monteiro França. *Curso de direito civil*, p. 363.

8 VENOSA, Sílvio de Salvo. *Direito civil*, p. 408.

no terceiro caso, cuidando-se de fatos posteriores à partilha, como força maior, apresamento, falência, apreensão por motivos sanitários ou fiscais, não se legitima a ação de evicção.

A ação cabível, por ser de natureza pessoal, prescreve em dez anos, como prevê a regra do art. 205 do Código Civil. Conta-se o início do prazo prescritivo do julgado que deu afinal pela evicção.

Conforme o disposto no art. 2.026 do Código Civil, "o evicto será indenizado pelos coerdeiros na proporção de suas quotas hereditárias, mas, se algum deles se achar insolvente, responderão os demais na mesma proporção, pela parte desse, menos a quota que corresponderia ao indenizado".

Assim, pode-se observar que a proporcionalidade com que os demais compartilhantes comporão o prejuízo do evicto obedecerá a suas respectivas quotas hereditárias; e ainda, na hipótese de insolvência de um deles, proceder-se-á ao rateio de sua quota entre os demais, excluindo-se a parcela que tocaria ao indenizado.

Capítulo 33

Da anulação da partilha

Como bem leciona Clóvis Beviláqua, quando preparados os lotes para os diferentes herdeiros é a ocasião oportuna para que os interessados apresentem suas reclamações, impugnando a partilha, porque, seja ela judicial ou amigável, depois de legalmente efetuada e concluída com a sentença que a julga ou homologa, só é anulável por vícios e defeitos que em geral invalidam os negócios jurídicos"[1].

As nulidades, entretanto, podem existir não só na partilha como também no inventário a qual esta pertença, e por isso inutilizar o processo divisório final. Assim sendo, a partilha, uma vez feita e julgada, só pela ação de nulidade, absoluta ou relativa, ou rescisória, intentada dentro do prazo respectivo, comporta invalidação[2].

Como lecionam Washington de Barros Monteiro e Ana Cristina de Barros Monteiro França Pinto, "nessa matéria, tratou o Código Civil de 2002 em reparar a falta de técnica com que se houve o legislador de 1916, o qual, sem embargo da rubrica da *nulidade da partilha*, abrangente da nulidade

---

1 BEVILÁQUA, Clóvis. *Direito das sucessões*, p. 308.

2 MAXIMILIANO, Carlos. *Direito das sucessões*, p. 451.

absoluta e da nulidade relativa, aludiu apenas a hipóteses em que se verificava a segunda. O atual diploma civil refere-se, apropriadamente, a anulação da partilha"[3].

Dispõe o art. 2.027 do Código Civil: "A partilha, uma vez feita e julgada, só é anulável pelos vícios e defeitos que invalidam, em geral, os negócios jurídicos. Parágrafo único. Extingue-se em um ano o direito de anular a partilha".

A partilha deve obedecer aos requisitos de validade dos negócios jurídicos em geral, e assim, nela incidem as regras sobre anulabilidade dos negócios jurídicos[4].

Segundo a lição de San Tiago Dantas, "os atos jurídicos determinam a aquisição, modificação, ou extinção de direitos. Para que produzam efeito, é indispensável que reúnam um certo número de requisitos que se costumam apresentar como os da validade. Se, entretanto, lhes faltar alguns desses requisitos, o ato é inválido, não produz o efeito jurídico em questão e é nulo ou anulável"[5].

---

3 MONTEIRO, Washington de Barros; PINTO, Ana Cristina de Barros Monteiro França. *Curso de direito civil*, p. 365.

4 "EXCLUSÃO DE HERDEIRO C/C ANULATÓRIA DE PARTILHA. Ação proposta por não herdeiro. Ilegitimidade de parte ativa. A condição de herdeiro é requisito para que se possa pleitear em juízo exclusão da sucessão ou deserdação. Inteligência do art. 1.965, do CC. Admitir o contrário levaria à possibilidade de qualquer um demandar deserdação de herdeiros o que seria um verdadeiro absurdo, ainda mais quando, mesmo tendo havido possibilidade irrestrita de o fazer, o próprio morto, por testamento, não o fez. Recurso não provido" (Ap. 0010085-75.2010.8.26.0008, TJSP, Rel. Des. João Batista Vilhena, 10ª Câm. Dir. Priv., j. 11-9-2012). "Agravo de Instrumento. Inventário. Ação de petição de herança. Anulação de partilha homologada, com determinação de realização de nova partilha com a inclusão de herdeira não considerada anteriormente. Decisão que restou irrecorrida. Realização de acordo sobre a forma de partilha após a prolação da sentença. Pleito de homologação de acordo não analisado pelo MM. Juízo *a quo*, que remeteu as partes às vias próprias. Decisão agravada que está correta. Na ação proposta, já houve completa prestação da função jurisdicional. Acordo sobre partilha, se caso, deve ser formalizado nos autos do inventário, até porque o acordo é genérico e possui cláusula de perda de eficácia. Nega-se provimento ao recurso" (AgI 0254105-60.2011.8.26.0000, TJSP, Rel. Des. Christine Santini, 5ª Câm. Dir. Priv., j. 29-2-2012).

5 SAN TIAGO DANTAS, F. C. *Programa de direito civil*, Rio de Janeiro: Ed. Rio, 1979, p. 269.

Para Itabaiana de Oliveira, "os efeitos da sentença de nulidade da partilha são diversos: quando a partilha é nula de pleno direito, os efeitos da decretação da nulidade começam *ex tunc*, isto é, desde o ato nulo; quando a partilha for anulável, isto é, dependente de rescisão, os efeitos da decretação da nulidade começam *ex nunc*, isto é, desde a sentença que a invalida".

E assim, é nula a partilha quando: for ilícito ou impossível o seu objeto; quando não se revestir da forma prescrita em lei; quando for preterida alguma solenidade que a lei considere essencial para sua validade; quando a lei taxativamente a declarar nula ou lhe negar efeito.

É anulável a partilha quando presentes os vícios e defeitos que invalidem, em geral, os atos jurídicos[6].

Os vícios e defeitos, capazes de acarretar a anulação da partilha, são o erro de fato e de direito, a ignorância, o dolo, a coação, a lesão, o estado de perigo e a fraude contra credores, definidos na Parte Geral do Código Civil[7].

A simulação, que constituía vício que contaminava e anulava a declaração de vontade, posto que consiste numa discordância entre a vontade e a declaração, foi incluída nos defeitos que tornam nulo o negócio jurídico, como dispõe o art. 167 do mesmo diploma legal.

Uma vez contaminada por um desses fatores, pode ser anulada a partilha, devendo a respectiva ação ajuizar-se dentro no prazo de um ano, findo o qual se extingue o direito de propô-la, como se depreende do parágrafo único do citado art. 2.027 do Código Civil.

Concordamos com Zeno Veloso quando aduz que o Código Civil não tratou da partilha nula de pleno direito, e assim, em se tratando de nulidade, a doutrina ainda diverge, em face da questão de ser esta imprescritível, ou não, sendo que, em caso negativo, deveria prescrever no prazo máximo de direito comum[8].

---

6 OLIVEIRA, Arthur Vasco Itabaiana de. *Tratado de direito das sucessões*, p. 139 a 142.

7 MAXIMILIANO, Carlos. *Direito das sucessões*, p. 453; VELOSO, Zeno. *Código Civil comentado*, p. 2225.

8 VELOSO, Zeno. *Código Civil comentado*, p. 2226.

À luz do art. 657 do CPC/2015 (art. 1.029 do CPC/73): "A partilha amigável, lavrada em instrumento público, reduzida a termo nos autos do inventário ou constante de escrito particular homologado pelo juiz, pode ser anulada por dolo, coação, erro essencial ou intervenção de incapaz, observado o disposto no § 4º do art. 966". E à luz de seu parágrafo único: "O direito à anulação de partilha amigável extingue-se em 1 (um) ano, contado esse prazo: I - no caso de coação, do dia em que ela cessou; II - no caso de erro ou dolo, do dia em que se realizou o ato; III - quanto ao incapaz, do dia em que cessar a incapacidade".

Assim, na hipótese de a partilha ser realizada com a participação de incapaz, esta estaria situada no campo dos negócios jurídicos anuláveis somente se cuidasse de incapacidade relativa do agente, como dispõe a regra do art. 171, I, do Código Civil; já no caso de incapacidade absoluta, a partilha será nula, como dispõe o art. 166, I, do mesmo diploma legal.

Pode a partilha, por sua vez, estar marcada de nulidade absoluta, como indica o art. 166 do Código Civil, já indicado, desde que tenha sido celebrado por pessoa absolutamente incapaz, sem intervenção de seu representante legal; ou que tenha abrangido objeto ilícito, impossível ou indeterminável; em que o motivo determinante, comum a ambas as partes, for ilícito; não revestir a forma prescrita em lei, como no caso de ser suprimida alguma das solenidades requeridas para a sua validade; tiver por objetivo fraudar lei imperativa; a lei taxativamente declarar nulo o negócio jurídico, ou proibir-lhe a prática, sem cominar sanção, assim como a partilha em que ocorreu simulação, ou faltou a participação de herdeiro necessário.

De forma sintética, podemos aduzir que a nulidade é a sanção imposta pela lei privando de efeitos jurídicos o ato negocial realizado em desobediência ao que prescreve.

Ocorrendo simulação, à luz do disposto no art. 167 do Código Civil, é nula a partilha, mas subsistirá o que se dissimulou, se válido for na substância e na forma.

Tal como aduz Maria Helena Diniz, "não há que confundir a simulação com a dissimulação. A primeira provoca a falsa crença num estado não real; quer enganar sobre a existência de uma situação não verdadeira, tornando nulo o negócio. A segunda, oculta ao conhecimento de outrem uma situação existente, pretendendo, portanto, incutir no espírito de alguém a inexistência de uma situação real. No negócio jurídico subsistirá o que se dissimulou se válido for na substância e na forma"[9].

Distingue Paulo Nader as formas de anulação da partilha: se amigável ou judicial. "A partilha amigável constitui negócio jurídico entre particulares e sua natureza jurídica é de contrato plurilateral. Sujeita-se, pois, à nulidade absoluta ou relativa, além de poder ser qualificada também como negócio jurídico inexistente".

Quanto à sua anulabilidade, ou nulidade relativa, esta se caracteriza pela presença de vícios do consentimento, excluindo-se a hipótese de simulação que acarreta a nulidade absoluta, e assim, em vez de anulável, a partilha amigável pode ser nula, caso não sejam atendidos os requisitos do art. 104 do Código Civil, referente à validade do negócio jurídico. Assim, o agente precisa ser capaz, a forma precisa ser prescrita em lei e o objeto deve ser lícito, possível ou determinável.

Pode ainda ser vista como negócio jurídico inexistente quando lhe faltar algum elemento essencial ao ato, como a declaração da vontade.

Já a partilha judicial, a esta não se aplica a teoria dos negócios jurídicos, pois a extinção de condomínio se opera por sentença judicial e não mediante contrato. E assim seria incabível a nulidade ou a anulabilidade da partilha judicial, visto não se constituir esta de ato negocial[10].

Sintetiza, pois, Caio Mário da Silva Pereira que "a partilha é ato material e formal, estando assim sujeita a requisitos de forma e de substância. Quando amigável, requer a capacidade dos outorgantes; quando judicial, a obediência aos trâmites do processo, e em ambos os casos, a homologação e o julgamento pela autoridade judiciária competente"[11].

33.1. Prazos prescritivos

O prazo para se operar a prescrição é de um ano, como dispõe o parágrafo único do art. 2.027 do Código Civil.

---

9 DINIZ, Maria Helena. *Código Civil comentado*, p. 228.

10 NADER, Paulo. *Curso de direito civil*, p. 531.

11 PEREIRA, Caio Mário da Silva. *Instituições de direito civil*, p. 395.

Advertiu Clóvis Beviláqua que "o prazo prescricional da partilha prescreve em um ano contado da data em que a sentença que a julgou ou que a homologou passou em julgado como estatui o art. 178 § 6º, V, do Código Civil de 1916, dispositivo que trata da anulabilidade da partilha. Entretanto se a partilha for absolutamente nula, não é admissível que convalesça num prazo tão curto", devendo, pois, o prazo prescricional ser o previsto para a ação rescisória, que era de cinco anos, como inicialmente previa o Código Civil de 1916, posteriormente reduzido para dois anos pelo Código de Processo Civil[12].

Leciona Carlos Maximiliano que, no tocante à instituição do prazo prescricional, nenhuma diferença se operaria quanto à natureza da partilha: se nula ou anulável, uma vez que ambas se encontram subordinadas aos mesmos preceitos legais e, assim, a idêntico prazo prescritivo[13].

Grande diversidade doutrinária derivou dessas considerações, e assim, enquanto Carvalho Santos e Itabaiana de Oliveira filiaram-se ao pensamento de Beviláqua, Carpenter e Astolfo Resende filiaram-se ao pensamento de Maximiliano[14].

Refletiu-se no entendimento jurisprudencial tal divergência doutrinária, tanto que reconheceu-se a existência de três prazos prescritivos: "I. nos casos de simples anulabilidade (erro ou ignorância, dolo, coação e simulação), aquele prazo era de um ano apenas, de acordo com o art. 178, § 6º, V, complementar do art. 1.805 do Código de 1916; II. nos casos de violação de direito expresso (infração ao princípio da igualdade da partilha, realização de partilha amigável com a presença de herdeiro incapaz, partilha promovida por quem não tivesse legitimação para a causa etc.), o lapso prescricional era de cinco anos, como nas ações rescisórias, com o prazo que então vigorava e que, como se adiantou, foi reduzido para dois anos; III. nos casos de nulidade absoluta, porém, o prazo seria de vinte anos (art. 177 do Cód. Civil de 1916)"[15].

---

12 BEVILÁQUA, Clóvis. *Código Civil dos Estados Unidos do Brasil*, p. 315.

13 MAXIMILIANO, Carlos. *Direito das sucessões*, p. 784.

14 MONTEIRO, Washington de Barros; PINTO, Ana Cristina de Barros Monteiro França. *Curso de direito civil*, p. 367.

15 PEREIRA, Caio Mário da Silva. *Instituições de direito civil*, p. 398 e 399; MONTEIRO, Washington de Barros; PINTO, Ana Cristina de Barros Monteiro França. *Curso de direito civil*, p. 367.

Assim, encontravam-se nessas condições: a partilha em que não interviesse herdeiro com direito à sucessão; a partilha que contemplasse pessoa que não seria herdeira; a partilha que compreendesse bens que não pertencessem ao *de cujus*.

Tal como leciona Barros Monteiro, "para aplicação dos mencionados prazos não se distinguiam as partilhas amigáveis das judiciais. Outrossim, era de se ter em vista que o prazo de um ano, de que tratava o art. 178, § 6º, n. V, do Código de 1916, referia-se às partilhas judiciais ou amigáveis de acervos hereditários, e não às subsequentes à terminação de sociedade conjugal pelo desquite"[16].

Como preleciona Caio Mário, "é preciso conjugar, porém, o novo art. 2.027 do Código Civil com a disciplina contida nos artigos 1.029 e 1.030 do Código de Processo Civil, que enunciam hipóteses de anulação da partilha amigável e de rescisão de partilha judicial"[17].

Entretanto, o art. 657 do CPC/2015 (art. 1.029 do CPC/73) inovou a matéria prescricional: "A partilha amigável, lavrada em instrumento público, reduzida a termo nos autos do inventário ou constante de escrito particular homologado pelo juiz, pode ser anulada por dolo, coação, erro essencial ou intervenção de incapaz, observado o disposto no § 4º do art. 966"; e à luz de seu parágrafo único: "O direito à anulação de partilha amigável extingue-se em 1 (um) ano, contado esse prazo: I – no caso de coação, do dia em que ela cessou; II – no caso de erro ou dolo, do dia em que se realizou o ato; III – quanto ao incapaz, do dia em que cessar a incapacidade".

O objeto da referida ação é o negócio jurídico celebrado pelos sucessores ou cessionários, e não a subsequente sentença homologatória; entretanto, uma vez anulado aquele, a sentença não prevalecerá.

E, em se tratando de partilha julgada por sentença, prevê o art. 658 do CPC/2015 (art. 1.030 do CPC/73): "É rescindível a partilha julgada por sentença: I – nos casos mencionados no art. 657; II – se feita com preterição de formalidades legais; III – se preteriu herdeiro ou incluiu quem não o seja".

---

16 MONTEIRO, Washington de Barros; PINTO, Ana Cristina de Barros Monteiro França. *Curso de direito civil*, p. 368.

17 PEREIRA, Caio Mário da Silva. *Instituições de direito civil*, p. 397.

Neste caso, o objeto da ação é o próprio ato jurisdicional. Seus requisitos, apresentados nos três incisos, fundem-se aos apresentados no 975 do CPC/2015 (art. 485 do CPC/73), como a incompetência do juiz, ofensa à coisa julgada, literal disposição da lei.

Dispõe o art. 975 do CPC/2015 (art. 495 do CPC/73): "O direito à rescisão se extingue em 2 (dois) anos contados do trânsito em julgado da última decisão proferida no processo"; de onde se pode abstrair que subsistem dois prazos prescritivos: o de um ano, previsto no art. 657 do CPC/2015 (art. 1.029 do CPC), e o de dois anos, como prevê o art. 658 do CPC/15 (art. 1.930 do CPC)[18].

Pode-se, entretanto, concluir que o parágrafo único do art. 2.027 do Código Civil estabeleceu o prazo de um ano para anular a partilha, e que esta, por sua vez, só pode ser anulada se contiver vícios e defeitos que invalidam, em geral, os negócios jurídicos.

Como leciona Caio Mário da Silva Pereira, "a ação rescisória do art. 658 do CPC/2015 (art. 1.030 do CPC/73) não se confunde com a ação de anulação de partilha do art. 2.027 do CC, pois diferem-se estas quer quanto ao objeto, que na primeira é sempre a sentença; quer quanto ao procedimento, quer quanto à competência para o respectivo julgamento. Assim, são também diversos os prazos para a propositura de uma e de outra ação".

Assim, completa Caio Mário, "não pode haver dúvida quanto à sobrevivência do art. 1.030 do CPC, atual art. 658 do CPC/2015, de nenhum modo atingido pelo advento do novo Código Civil"[19].

Para Maria Helena Diniz, existem atualmente dois prazos de decadência para invalidar a partilha: o de um ano, previsto no art. 2.027 do Código Civil e no art. 657 do CPC/2015 (art. 1.029 do CPC/73), para partilhas amigáveis, tendo como termo inicial do prazo o evento previsto em cada caso pelo legislador conforme a natureza do vício; e o prazo de dois anos, previsto no art. 658 do CPC/2015 (art. 1.030 do CPC/73) para ação rescisória de partilha judicial, contados do trânsito em julgado da respectiva sentença[20].

---

18 MONTEIRO, Washington de Barros; PINTO, Ana Cristina de Barros Monteiro França. *Curso de direito civil*, p. 368.

19 PEREIRA, Caio Mário da Silva. *Instituições de direito civil*, p. 398.

20 DINIZ, Maria Helena. *Curso de direito civil brasileiro*, p. 472.

Concebe Barros Monteiro que "o problema que aflige a jurisprudência é a contagem do prazo de um ano previsto no art. 2.027 do Código Civil e no art. 657 do CPC/2015 (art. 1.029 do CPC/73), pois o legislador não indica o termo inicial de contagem do referido prazo, que não é, assim, tão claramente aludido o trânsito em julgado da sentença homologatória da partilha". Isto se dá porque não há uma solução única para todas as hipóteses indicadas nos aludidos dispositivos legais, que fixam como termo inicial da contagem do prazo eventos diferentes para fatos diferentes. Ou seja, no caso de coação, o dia em que ela cessou; no de erro, dolo, fraude contra credores, estado de perigo, ou lesão, o dia em que se realizou o negócio jurídico; no de atos de incapazes, o dia em que cessar a incapacidade, tal como dispõe o art. 178 do Código Civil[21].

Para Zeno Veloso, "a jurisprudência já se pacificou no entendimento de que, independentemente da forma em que a partilha foi feita, amigável ou judicial, se houver exclusão do herdeiro, que não participou do inventário, está a partilha eivada de nulidade absoluta, e assim, o herdeiro prejudicado não fica adstrito à ação de anulação, nem à rescisória, e seus respectivos prazos de decadência, podendo se utilizar da *querela nullitatis*, da ação de nulidade ou da ação de petição de herança, sujeitas a prazos de prescrição de vinte anos, conforme decisões do STF e do STJ. Deve-se ainda observar que o prazo máximo de prescrição previsto no Código Civil é de dez anos, à luz do disposto no art. 205 do Código Civil"[22].

---

21 "Assim é que, na vigência do Código anterior, mas perfeitamente aplicável ao Código de 2002, julgou o Superior Tribunal de Justiça (*RSTJ*, 89/325) que 'o direito de promover anulação de partilha amigável é da espécie dos direitos formativos extintivos e sofre o efeito do tempo pela decadência. O prazo anual previsto pelo art. 1.029 do CPC, na hipótese de escrito particular homologado pelo juiz, viciado por erro ou dolo, conta-se da homologação da partilha, não da data da petição com a proposta de partilha em juízo'. Dessa decisão, entretanto, divergiu o Tribunal de Justiça do Estado de São Paulo entendendo que a ação de anulação de partilha por erro ou dolo prescreve em um ano a contar da data em que as partes manifestaram nos autos acordo quanto à partilha, independendo da data da homologação. Agravo de Instrumento 238.932.4/9-00, 10ª Câmara de Direito Privado, rel. Des. Roberto Stucchi, j. em 1º-10-2002" (MONTEIRO, Washington de Barros; PINTO, Ana Cristina de Barros Monteiro França. *Curso de direito civil*, p. 369).

22 VELOSO, Zeno. *Código Civil comentado*, p. 2226.

No caso de exclusão de herdeiro, ou de ação de sonegados, considerando também a hipótese do ausente, o prazo deve ser aquele de dez anos, previsto no art. 205 do Código Civil, como já salientado.

Uma vez anulada a partilha, devem os herdeiros repor frutos e rendimentos que hajam auferido desde a data do ato anulado até o dia da anulação, a fim de que sejam incluídos na nova partilha.

Por fim, a ação de nulidade ou de rescisão constitui processo oriundo do de inventário e, como tal, nos termos do art. 48 do CPC/2015 (art. 96 do CPC/73), deve ser ajuizada no foro respectivo[23].

De forma sintética, pode-se aduzir que os prazos para os procedimentos que levam à desconstituição da partilha são: **um ano,** para a anulação da decisão homologatória da partilha amigável, nos termos dos art. 657 do CPC/2015 (art. 1.029 do CPC/73); **dois anos**, para a ação rescisória da sentença de partilha judicial, nos termos do art. 658 do CPC/2015 (art. 1.030 do CPC/73); **dez anos**, para a ação de petição de herança de herdeiro preterido do inventário.

33.2. Emenda das incorreções constantes da partilha

Em se tratando de simples incorreções ou de inexatidões materiais, que não afetem a partilha propriamente dita, tais como as verificadas na nomenclatura dos imóveis partilhados, menção de áreas e confrontações, designação errônea de rua e número e outras do mesmo teor, podem elas corrigir-se ou emendar-se a todo tempo, mediante requerimento dos interessados, seguido de termo de retificação e ratificação, lavrado nos autos de inventário e por eles assinado, complementado pela audiência de todos quantos intervieram no feito, homologação pelo juiz e averbação no registro imobiliário competente.

Nesse sentido é a regra do art. 656 do CPC/2015 (art. 1.028 do CPC/73): "A partilha, mesmo depois de transitar em julgado a sentença, pode ser emendada nos mesmos autos do inventário, convindo todas as partes, quando tenha havido erro de fato na descrição dos bens, podendo o juiz, de

---

23 MONTEIRO, Washington de Barros; PINTO, Ana Cristina de Barros Monteiro França. *Curso de direito civil*, p. 369 e 370.

ofício ou a requerimento da parte, poderá, a qualquer tempo, corrigir-lhe as inexatidões materiais".

No direito anterior, admitiu-se mesmo a confecção de novo auto de partilha, com permuta de quinhões entre os compartilhantes, desde que houvesse acordo entre as partes. Foi inclusive utilizada essa prática, para a inclusão de herdeiro injustamente excluído ou omitido, evitando-se por essa forma a propositura da ação de petição de herança, embora, muitas vezes, prevalecessem decisões em sentido contrário.

À luz do direito atual, semelhantes alterações não são mais toleradas como meras incorreções a serem emendadas. Entretanto, saliente-se que, se existirem incapazes, só através da ação de nulidade se poderá invalidar partilha. A retificação, acima referida, exige anuência de interessados capazes e só se admite naturalmente se não houver prejuízo de terceiros[24].

---

[24] MONTEIRO, Washington de Barros; PINTO, Ana Cristina de Barros Monteiro França. *Curso de direito civil*, p. 370 e 371.

Capítulo 34

Do planejamento sucessório

34.1. Conceito

O planejamento sucessório é um instrumento jurídico que permite a adoção de uma estratégia voltada para a transferência eficaz e eficiente do patrimônio de uma pessoa após a sua morte.

Diferente dos romanos para quem era vergonhoso morrer *ab intestato*, não é muito comum na realidade brasileira o ato de testar, seja pelo temor de tratar sobre o tema morte, seja por não se importarem antecipadamente pelo destino dos bens a serem transmitidos. Assim, ao abster-se de dispor de suas vontades, acabam deixando para seus herdeiros o árduo trabalho de realizar a divisão do patrimônio amealhado durante suas vidas.

Quanto ao momento que pensamos seja propício para instituir o planejamento sucessório, este deve ser pensado a partir do momento em que o autor da herança passa a desenvolver uma atividade lucrativa e assim a amealhar patrimônio.

Trata-se, pois, de um instrumento jurídico que envolve diversas áreas do direito, que interagem entre si para garantir o máximo de eficiência, agilidade e segurança na transferência do patrimônio de uma pessoa após a sua morte.

Para sua realização, deve o operador do direito valer-se de instrumentos do direito das sucessões, do direito de família, das obrigações, dos contratos, do direito empresarial e do direito tributário.

O planejamento sucessório torna-se um instituto complexo, uma vez que diversas são as naturezas de bens a se transmitir – que não se esgotam na propriedade imobiliária –, como também plúrima é a formação da família contemporânea.

34.2. Da instituição do planejamento sucessório

No que tange à **instituição do planejamento sucessório da pessoa física**, vários elementos devem ser sopesados: a identificação do autor da herança; a identificação do patrimônio a ser transmitido; a análise da ordem da vocação hereditária (cônjuge, companheiro, ascendentes e prole); a análise do regime de bens instituído; a presença ou não de pacto antenupcial; a presença de testamento; o estabelecimento das cláusulas restritivas nas doações e nos testamentos; a instituição de legados e condições; a colação de bens; a realização de doação em vida, a criação de *holding* familiar, entre outros.

Entendemos previamente que os dois itens básicos a se valorizar no planejamento sucessório são a preservação da legítima dos herdeiros necessários e a vedação dos pactos sucesórios (*pacta corvina*), segundo os quais não pode ser objeto de transação a herança de pessoa viva, tal como preconiza o art. 426 do CC.

O planejamento sucessório propicia, no plano da pessoa física, a possibilidade de dispor de seus bens como lhe convier, observadas as limitações estabelecidas pelo direito pátrio. Além disso, evita que os herdeiros se eternizem em discussões em processo de inventário poupando tempo e patrimônio.

No que tange à **instituição do planejamento sucessório da pessoa jurídica**, é possível estabelecer parâmetros administrativos para a sua sustentabilidade.

Desta forma, podemos concluir que o planejamento facilita a sucessão hereditária, especialmente em relação ao processo judicial de inventário. Este, que além do alto custo, pode tornar a partilha lenta, refletindo uma situação, negativamente no desenvolvimento das empresas operacionais.

Para efetuar-se um planejamento sucessório empresarial, diversos fatores deverão ser analisados: em primeiro lugar, por óbvio, identificar o patrimônio existente, o organograma familiar, o regime de casamento dos acionistas, os processos judiciais em curso, as dívidas existentes, os negócios e empresas operacionais, os conflitos entre familiares, entre outros. Com base nesta análise, é necessário observar as disposições com os ditames da lei civil.

34.3. Instrumentos para a realização do planejamento sucessório

Diversos são os instrumentos para a realização do planejamento sucessório, entre eles podemos elencar: o testamento.

34.3.1. O Testamento

O testamento, peça fulcral no planejamento sucessório, é um ato jurídico unilateral e gratuito, de natureza solene e revogável, que representa uma declaração de vontade de uma pessoa no que tange a algumas disposições de caráter patrimonial e não patrimonial que passarão a ter vigência após a sua morte.

No que tange ao planejamento sucessório, temos que em suas disposições, quando houver herdeiros necessários, pode o autor da herança dispor apenas de metade de seu patrimônio, sendo que a outra parte corresponde à legítima dos herdeiros necessários, na qual podem ainda recair o gravame das cláusulas restritivas de incomunicabilidade, impenhorabilidade e inalienabilidade.

A cláusula de incomunicabilidade visa impedir a comunicação dos bens da herança em relação ao cônjuge ou ao companheiro do herdeiro, tendo em vista o regime de bens adotado.

Assim, quando o regime de bens adotado for o da comunhão universal de bens, não há comunicação por força do gravame. Se o regime adotado for o da comunhão parcial de bens ou o da participação final nos aquestos, as heranças e doações são, por força de lei, incomunicáveis, a não ser que, expressamente, tenham sido destinadas a ambos os cônjuges ou companheiros. Se o regime adotado for o da separação total de bens – convencional ou obrigatória (por força de lei), a comunicabilidade dos bens também não ocorre.

No entanto, prevê a lei civil expressamente quanto à comunicabilidade dos frutos e rendimentos advindos de bens particulares, no regime da comunhão parcial, em seu art. 1.660: "Entram na comunhão: (...) V – os frutos dos bens comuns, ou dos particulares de cada cônjuge, percebidos na constância do casamento, ou pendentes ao tempo de cessar a comunhão", e art. 1.669: "A incomunicabilidade dos bens enumerados no artigo antecedente não se estende aos frutos, quando se percebam ou vençam durante o casamento".

A cláusula de impenhorabilidade tem por objetivo evitar que a herança seja objeto de penhora.

A cláusula de inalienabilidade importa a incomunicabilidade e impede o herdeiro de alienar ou gravar de ônus real o patrimônio recebido, ressalvada a execução por dívidas provenientes de impostos relativos ao imóvel vinculado.

Tendo em vista as modificações trazidas pela Lei Civil de 2002, em seu art. 1.848, as cláusulas somente poderão ser estabelecidas, no que tange à legítima, se houver justa causa declarada no testamento. E assim, se o testador deixar de justificar as razões que o motivaram, as cláusulas ficam despidas de qualquer eficácia, recebendo os herdeiros os bens completamente livres de gravames.

No testamento podem também ser instituídos os legados, que na lição de Itabaiana de Oliveira vêm a ser "a porção certa e determinada da herança deixada pelo testador a alguém por título singular"[1].

Para a sua instituição respeita-se também a existência de herdeiros necessários e observa-se o regime de bens adotado.

Pode ainda o testador, que tenha armazenado previamente seu material genético, reservar parte do patrimônio a seu herdeiro *post mortem* a ser concebido em dois anos após o seu falecimento, na denominada prole eventual, prevista no art. 1.798 do Código Civil; expirado esse prazo sem a concepção do novo herdeiro, os bens a ele reservados caberão aos herdeiros legítimos.

---

1 OLIVEIRA, Arthur Vasco Itabaiana de. *Tratado de direito das sucessões*, p. 143.

Entendemos que o embrião pré-implantatório não pode ser considerado prole eventual, posto que já está concebido, faltando-lhe apenas o *starter* vital advindo da nidação[2].

Poderá, ainda, o testador reconhecer por testamento cônjuge ou companheiro, caso haja decisão judicial que o afaste da sucessão, o que pode acontecer nos casos em que as relações patrimoniais advindas do casamento ou da união estável sejam regidas pelas normas da separação total de bens, da comunhão parcial ou da participação final nos aquestos e, para as duas últimas hipóteses, o falecido deixe bens particulares.

Entretanto, "o STF não esclareceu todas as questões relativas à sucessão do companheiro, especialmente se o companheiro deve ou não ser tido como herdeiro necessário e qual deve ser o tratamento relativo ao seu direito real de habitação"[3].

Assim, pendente posicionamento sobre o companheiro ser herdeiro necessário, poderá o testador excluí-lo, bastando que tome o cuidado de mencionar que, em havendo o reconhecimento como tal, a cláusula surtirá efeito, apenas e tão somente, em relação à metade que pode ser destinada nos moldes desejados, o que é possível pela redução de disposições testamentárias.

Pode ainda por testamento ser excluído o colateral e ser dispensado de colacionar o herdeiro necessário se provado que a doação tenha saído da legítima do testador.

Também podem ser excluídos da sucessão aqueles que atentarem contra a vida, a honra do autor da herança, seu cônjuge, companheiro, descendente ou ascendente; houverem acusado caluniosamente o autor da herança ou que através de atos violentos ou fraudulentos obstarem ao autor da herança a livre disposição de seus bens. Atende a indignidade o herdeiro legítimo e o legatário como dispõe o art. 1.814 do CC.

Pode ainda haver a deserdação, que é utilizada pelo testador para afastar de sua sucessão os herdeiros necessários[4].

---

2 MALUF, Adriana Caldas do Rego Freitas Dabus. *Curso de bioética e biodireito*. 3. ed. São Paulo: Gen/Atlas, 2015, p. 166 e s.

3 TARTUCE, Flavio. *Direito civil – direito das sucessões*. 12. ed. Rio de Janeiro: Gen/Forense, 2019, p. 350.

4 POLETTO, Carlos Eduardo Minozzo. *Indignidade sucessória e deserdação*. São Paulo: Saraiva, 2013, p. 366.

A reabilitação do indigno pode ocorrer por via testamentária, como prevê a regra do art. 1.818 do CC.

34.3.2. Da doação em vida

Outra forma de planejamento sucessório é a doação em vida dos bens, A doação é um ato de liberalidade por excelência, previsto no art. 538 do CC que a define como "o contrato em que uma pessoa por liberalidade transfere do seu patrimônio bens ou vantagens para outra".

Assim, esse mecanismo viabiliza a concretização da partilha em vida, facilitando a divisão dos bens, sendo adotada a forma legal de partilha com reserva de usufruto – utilizado em casos de vasto patrimônio imobiliário; a doação com cláusula de reversão, nos termos do art. 547 do CC e a doação conjuntiva, que à luz do disposto no art. 551 do CC permite seja estabelecida a doação em favor de dois filhos ou de um filho e o cônjuge, estando por força de lei os quinhões de ambos os beneficiários estabelecidos em partes iguais. Vedando a lei a doação inoficiosa, que avança na legítima dos herdeiros necessários como prevê a regra do art, 549 do CC e a doação da totalidade dos bens do doador, sem reserva de parte ou renda nos termos do art. 548 do CC[5].

Como dispõe o art. 2.018 do CC: "é válida a partilha feita por ascendente, por ato entre vivos ou de última vontade, contanto que não prejudique a legítima dos herdeiros necessários".

Cuida-se, tal partilha em vida, da forma pela qual o detentor do patrimônio procede à respectiva doação, podendo fazê-lo em relação à nua-propriedade, com reserva de usufruto, o que permitirá que possa usar e fruir do bem ou dos bens, mas sempre respeitando as disposições legais, sendo vedada a doação da totalidade dos bens sem reserva de parte ou reserva suficiente para a subsistência do doador, como prevê o art. 548 do CC; ou a legítima dos herdeiros necessários, que é de 50% à luz do disposto no art. 1.846 do CC[6].

---

5 MONTEIRO, Washington de Barros; MALUF, Carlos Alberto Dabus. *Curso de direito civil – direito das obrigações,* 2ª parte, v. 5, p.188 e s.

6 Ainda que a doação se circunscreva à nua-propriedade, com reserva de usufruto para o doador, o respectivo cancelamento, quando do óbito, tem custo reduzido.

A doação permite que o autor da herança proteja os interesses financeiros de seus herdeiros em face do risco de aumento da alíquota do imposto *causa mortis*, além dos 8% já fixados pelo Senado Federal (dependendo do Estado da Federação, São Paulo 4%, Rio de Janeiro e Santa Catarina 8%); do pagamento de custas processuais no caso de processo de inventário ou despesas de escritura, no caso de inventário extrajudicial; além do pagamento de honorários advocatícios.

"O ITCMD tem por hipótese de incidência tributária a transmissão não onerosa de bens e direitos. Relaciona-se em sua essência com o direito das coisas, que regula as relações jurídicas que se estabelecem entre o homem e as coisas que são suscetíveis de apropriação"[7].

A doação também pode ser realizada com cláusula de reversão, que é de enorme valia para o doador, para quem o patrimônio retornará, caso o donatário faleça antes dele, o que permite que, por exemplo, se a doação houver sido feita pelo ascendente a um descendente, cujo falecimento se dá enquanto casado, sob o regime da separação total, sem descendentes, os bens não façam parte do monte-mor.

Pode ainda nas doações haver a imposição das cláusulas restritivas, visando a proteção do bem. Estas podem ser revogadas, desde que haja expresso consentimento do donatário[8].

Pode ainda haver a revogação da doação no todo ou em parte, que deve ocorrer de forma bilateral, não valendo, pois, a revogação unilateral, já aceita pelo donatário, sendo devido o imposto *inter vivos*[9].

---

7 PERES, Eduardo Moreira;VALENTIM, Jefferson. *Manual do ITCMD - SP*, 2017, p. 85 e 86. Na atualidade, em meio à pandemia de coronavírus, os deputados Paulo Fiorillo e José Americo (PT) propuserm o PL n. 250 que introduz alterações na legislação estadual de ITCMD, visando uma alteração da atual alíquota de 4% para alíquotas progressivas de até 8%.

8 MALUF, Carlos Alberto Dabus. *Cláusulas de inalienabilidade, incomunicabilidade e impenhorabilidade*. 4. ed. São Paulo: Revista dos Tribunais, 2006, p. 88.

9 MONTEIRO, Washington de Barros; MALUF, Carlos Alberto Dabus. *Curso de direito civil - direito das obrigações*, 2ª parte, 41. ed., São Paulo: Saraiva, 2014, v. 5, p. 193.

Pode também conter o planejamento sucessório a doação do ascendente para descendente. Para tanto, há que se observar certos requisitos como a capacidade, a aceitação, o respeito à legítima dos herdeiros necessários, a abrangência dos bens atuais a serem partilhados, a impossibilidade de se doar a totalidade dos bens do doador salvo a reserva de usufruto, a observância do instituto da colação dos valores doados por constituírem estes uma verdadeira antecipação da legítima.

Prevê o art. 2.006 do CC que pode haver a dispensa da colação quando autorizada pelo doador no testamento ou no ato de liberalidade, ou seja, no contrato de doação.

Também devem ser colacionados os bens recebidos pelos netos, quando herdarem por representação, como prevê o art. 2.009 do CC.

Não há necessidade de haver anuência dos demais herdeiros de doação feita a descendente; essa restrição negocial subsiste apenas nos casos de compra e venda nos termos do art. 496 do CC.

Prevê o art. 1.647, IV, do CC que o cônjuge não poderá, sem autorização do outro, realizar doação de bens comuns ou que possam integrar futura meação, exceto se casados no regime da separação absoluta de bens e aquela for de natureza remuneratória.

34.3.3. Instrumentos societários no planejamento sucessório

O recurso aos instrumentos societários como constituição de sociedade de participação ou *holding*, alterações em estatutos sociais, acordos de sócio, pactos parassociais (referentes a acordos antecipados entre acionistas e sócios tendo em vista a contratualização do direito societário), ocorrido nos últimos anos, é bastante comum quando se trata do planejamento sucessório.

Assim, é possível, a partir da constituição de uma ou mais empresas em que haja a integralização do patrimônio e que as respectivas quotas/ações sejam doadas na integralidade, ou, apenas, a nua-propriedade a aqueles que o detentor dos bens deseja beneficiar, resguardada a legítima dos herdeiros necessários.

Nesse sentido, "a depender do contrato social/estatuto, será possível evitar que, por exemplo, os cônjuges/companheiros de herdeiros participem, quando do falecimento dos consortes, da pessoa jurídica, devendo a sua cota-parte ser paga com base em balanço especial a ser elaborado com tal finalidade, sendo possível prever o adimplemento parcelado"[10].

As diversas ferramentas utilizadas nas operações de planejamento patrimonial e familiar em geral são capazes de fornecer respostas mais adequadas aos conflitos entre herdeiros do que as do Direito de Família e das Sucessões.

"A constituição de uma *holding* familiar, por exemplo, permite que se atribuam regras convivenciais mínimas, à medida em que os herdeiros são submetidos ao ambiente societário, estando obrigados a se comportar não mais como parentes, mas como sócios, respeitando as cláusulas de um contrato social e jungidos a resolverem seus conflitos pelas balizas do Direito Empresarial, nas quais estão previstos e disciplinados os procedimentos e as técnicas de composição de conflitos (autocomposição e heterocomposição)"[11].

Também é possível fazer o planejamento sucessório por meio de uma ***holding* familiar** - uma empresa que detém o patrimônio da família ou grupo de pessoas. A sucessão pela *holding* familiar faz a transferência de bens entre os sócios da forma como foi anteriormente estabelecida e assegura a permanência do patrimônio dentro daquele grupo[12].

Nas palavras de Rodrigo Toscanos de Brito: "A *holding* familiar poderia ser entendida como uma sociedade ou empresa individual de sociedade limitada (EIRELI) que detém participação societária em outra pessoa jurídica com a finalidade de controlar o patrimônio da família para fins de organização patrimonial, diminuição de custo tributário e planejamento sucessório"[13].

---

10 VIEIRA, Claudia Stein. *Planejamento sucessório*. Trabalho apresentado para a conclusão de crédito na disciplina O Código Civil de 2002: proposta de Emendas e Revisões II, ministrado pelos Professores Titulares Carlos Alberto Dabus Maluf e Rui Geraldo Camargo Viana, 2017, p. 25 – não publicado.

11 DELGADO, Mario. *Planejamento sucessório como elemento de prevenção de litígios*. Disponível em: <www.conjur.com.br>. Acesso em: 25-4-2020.

12 Aproximadamente 70% das empresas familiares se extinguem quando sua administração passa para a segunda geração, aumentando para 88% quando passa para a terceira geração e 97% quando passa para a quarta geração. Disponível em: <http: www.familybusinessinstitute.com/index.php/succession-planning>. Acesso em: 24-4-2020.

13 BRITO, Rodrigo Toscano de. Planejamento sucessório por meio de *holdings*: limites e suas principais funções. In. PEREIRA, Rodrigo da Cunha; DIAS, Maria Berenice (Coords.). *Família e sucessões: polêmicas, tendências e inovações*. Belo Horizonte: IBDFAM, 2018, p. 672.

Sua constituição pode se dar por meio de uma sociedade simples ou empresária, o que é definido pelos próprios membros da familia.

E assim, dentre suas funções e utilidades práticas, destaca-se uma maior possibilidade de se conter os conflitos familiares sem afetar a sociedade que continua atuando e produzindo suas riquezas, mantendo seus funcionários e pagando os devidos tributos.

Para Flavio Tartuce, "a categoria esbarra na vedação dos *pacta corvina*, posto que não pode ser objeto de contrato herança de pessoa viva". Entendo, ainda, que tais negócios seriam nulos à luz da lei civil brasileira, por afrontar disposição legal contida no art. 426 do CC[14].

Na lição de Fabio Pereira da Silva e Alexandre Alves Rossi, "a instituição da *holding* familiar se fundamenta para garantir a manutenção do patrimônio conquistado por seus membros, inclusive o sucesso de eventuais empresas pertencentes à familia perpassando a geração atual".

Para tanto, "o planejamento societário é indispensável para suprir as necessidades familiares, visando o sucesso da estratégia empresarial, especialmente quando envolve questões relativas ao controle societário"[15].

"Através da criação da *holding* familiar, opera-se uma separação patrimonial. Desta forma, os sócios e acionistas – pessoas físicas – passam a deter em seu patrimônio as cotas ou ações de emissão da sociedade *holding*, enquanto os bens propriamente ditos, móveis ou imóveis, cotas ou ações de sociedade(s) controlada(s) passam a ser de propriedade da *holding*"[16].

Assim sendo, posicionamo-nos no sentido da viabilização da instituição da *holding* familiar, apesar dos entraves que apresenta e das possibildades de fraude que congrega, posto que não se trata de herança, mas sim de administração patrimonial de direitos disponíveis dos cotistas ou acionistas a depender do tipo societário.

---

14 TARTUCE, Flavio. *Direito civil – direito das sucessões*. 13. ed. Rio de Janeiro: Gen/Forense, 2020, p. 700 e 701.

15 SILVA, Fabio Pereira da; ROSSI, Alexandre Alves. *Holding familiar*. 2. ed., 2017, p. 16 e 17.

16 PRADO, Roberta Nioac; COSTALUNGA, Karime; KIRSHBAUM, Deborah. Sucessão familiar e planejamento sucessório II. In: PRADO, Roberta Nioac; PEIXOTO, Daniel Monteiro; DE SANTI, Eurico Marcos Diniz (Coords.). *Direito societário*. São Paulo: Saraiva, FGV Direito São Paulo, 2015, p. 271.

Isto posto, atemo-nos ao fato de que a herança possui um caráter de involuntariedade – o evento morte, ao passo que o planejamento sucessório congrega em seu seio a *affectio societatis*, ou seja, pressupõe a vontade expressa das partes. Lembrando que a pessoa jurídica é constituída para ter vida indeterminada, não relacionada à vida útil do indivíduo.

34.3.4. Instrumentos financeiros no planejamento sucessório (*trusts*, fundações, planos de previdência complementar e seguros de vida)

O termo *trust* tem dois significados. O primeiro deles refere-se a fusão de várias empresas de modo a formar um monopólio com o intuito de dominar determinada oferta de produtos e/ou serviços.

O segundo significado, previsto na Convenção de Haia "sobre a lei aplicável ao *trust* e a seu reconhecimento", realizada em 1º-7-1985 com entrada em vigor em 1º-1-1992, do qual o Brasil não é signatário.

No art. 2º da referida Convenção temos que o termo *trust* se refere a relações jurídicas criadas *inter vivos* ou *post mortem* por alguém, determinado outorgante, quando os bens forem colocados sob o controle de um curador para o benefício de um beneficiário ou para alguma finalidade específica.

Vê-se então que o *trust* é um fundo estabelecido por meio de contrato e pode ser entendido como a terceirização da administração de bens e direitos mediante a transferência da titularidade destes. Envolve três partes, a saber: o *settlor* (forador, outorgante ou instituidor) que é quem fornece seu patrimônio para a constituição do *trust*; o *trustee* (curador ou administrador) do *trust*; e o beneficiário, que receberá os frutos, os benefícios advindos da administração do *trust*.

É essa transferência de propriedade que fornece ao *trust* muitos de seus benefícios legais. Quando o instituidor deposita patrimônios em um *trust*, ele normalmente irá definir os termos deste *trust* em um acordo formal denominado *Trust Deed*[17].

Nesse sentido, dependendo se os aforados têm controle total ou parcial da gestão do *trust*, o instituidor deverá ter algum grau de influência sobre a

17 CREPALDI, Silvio. *Planejamento tributário*. 2. ed. São Paulo: Saraiva, 2017, p. 276.

forma de como o *trust* será administrado, por meio dos termos do *Trust Deed* ou por meio de Cartas de Desejos (denominadas *Letters of wishes*).

O aforado é uma pessoa física ou jurídica que tenha recebido a propriedade do patrimônio do *trust* de seu instituidor. Em outras palavras, o administrador passa a ser proprietário legal do patrimônio. De acordo com a lei fiduciária, os aforados são responsáveis perante os beneficiários pela boa administração do fundo.

O beneficiário pode ser a pessoa ou outras entidades que se beneficiarão do *Trust Deed*.

Há, nesse sentido, a possibilidade de as pessoas planejarem sua sucessão, a partir da constituição de um *trust*, o que na pós-modernidade acabou sendo contemplado também no testamento criônico, descrito no corpo desta obra, onde o criogenado separa parte do seu capital para ser fruído posteriormente quando de sua ressuscitação. Podem ser depositados em um *trust* dinheiro, ações, carteiras de crédito, depósitos bancários, propriedades ou empresas.

Com a instituição do *trust* torna-se possível realizar a transferência de bens para herdeiros e outros beneficiários com custos tributários mais reduzidos e de forma mais simplificada.

O instituto do *trust* não está presente na legislação brasileira. No entanto, pode ser considerado um veículo ideal de planejamento fiscal que pode ser usado para uma série de atividades, como proteção patrimonial, planejamento imobiliário, *holding* de investimentos e gestão financeira. Permite a propriedade legal ou propriedade distinta e separada dos direitos adquiridos de uso e gozo dos bens, como aduz Silvio Crepaldi[18].

Os *trustees* são instituições financeiras, a quem é *doado* o patrimônio do instituidor, razão pela qual, quando da contratação, por um brasileiro, haverá o pagamento de tributo que incide sobre a doação, tal como prevê o art. 155, I, da Constituição Federal.

Os brasileiros contratam *trusts* em face da proibição, pelo direito pátrio, de a herança ser recebida de maneira paulatina, e não no todo, por seus herdeiros necessários, que só podem ser afastados da sucessão em casos expressamente previstos em lei.

---

[18] CREPALDI, Silvio. *Planejamento tributário*. 2. ed. São Paulo: Saraiva, 2017, p. 276.

Como vantagens do *trust* podemos apontar a possibilidade de realização de um planejamento tributário quando da sucessão reduzindo muito os tributos; possibilidade de realização do planejamento sucessório garantindo a transferência do patrimônio a pessoas que por incapacidade legal não estiverem em condições de administrar seus bens; tornar os inventários desnecessários; garantir a privacidade e o sigilo; o registro não é obrigatório perante as autoridades fiscais ou governamentais[19].

O *trust* permite que, por exemplo, o instituidor determine ao *trustee* que destine, ao seu filho, 25% (vinte e cinco por cento) do patrimônio, no momento do respectivo falecimento; 25% (vinte e cinco por cento), quando esse filho completar 25 (vinte e cinco) anos de idade; 25% (vinte e cinco por cento) quando casar; e 25% (vinte e cinco por cento) quando completar 50 (cinquenta) anos de idade.

Pode, entretanto, o *trust* ser impugnado no caso de restar comprovado que, quando da respectiva contratação, houve violação à *legítima do herdeiro necessário*, uma vez que a entrega do capital, ao administrador, consiste em ato de doação.

De forma sintética podemos aduzir que o objetivo principal do *trust* é receber rendimentos e redistribuí-los aos beneficiários com o mínimo de tributação possível e assegurar o sucesso do constituinte nas condições que ele determinou para dar continuidade à gestão patrimonial.

Quando se cuida de uma **fundação**, o que se encontra é a transferência de ativos, levada a efeito pelo *fundador* – o proprietário dos bens –, os quais deverão ser por ela administrados em benefício dos *beneficiários*, que podem ser pessoas físicas ou jurídicas.

As principais vantagens da *fundação* consistem na liberdade para o regramento da sucessão e a administração do patrimônio, por um Conselho, que poderá servir como um *locus* de decisões familiares, o que inexiste no *trust*.

Em ambas as estruturas, no entanto, há a figura do *protector*, que figurará como protetor da estrutura e dos beneficiários, visando a preservação dos ativos, a fim de que estes possam ser recebidos intactos pelos beneficiários. Por meio do *By-Laws*, documento privado, a que ninguém

---

19 CREPALDI, Silvio. *Planejamento tributário*. 2. ed. São Paulo: Saraiva, 2017, p. 278.

tem acesso, o *fundador* manifesta seus desejos quanto aos bens e à administração da fundação.

Entretanto, "da mesma forma do que acontece no *trust*, se ficar comprovado que o *fundador* superou a parte de que poderia dispor, há o risco de desconsideração dos negócios celebrados, posto que o primado fundamental do planejamento sucessório é o respeito à legítima dos herdeiros instituídos"[20].

Quanto à **previdência privada**, esta representa uma outra opção de fazer o planejamento sucessório.

Assim, por meio de um plano – Vida Gerador de Benefício Livre – a chamada VGBL, uma modalidade de plano previdenciário privado adotado no Brasil, os herdeiros recebem automaticamente os valores que foram aportados no plano VGBL.

Tem natureza securitária como prevê o disposto no art. 749 do Código Civil e, assim, não entram no espólio como herança a ser partilhada (um ponto positivo é que, como os planos não entram como herança, não estão sujeitos à cobrança de ITCMD).

No entanto, devem ser obedecidas as normas sucessórias previstas na lei civil para se definir os beneficários do plano, e o período pelo qual os herdeiros iriam receber uma renda mensal podendo atender até o máximo de trinta anos, ou podendo resgatar a totalidade do benefício de uma vez só de acordo com o disposto no art. 79 da Lei n 11.196/2005.

Desta forma, em processos de inventário, o plano pode ser uma ferramenta importante para os herdeiros se manterem antes da efetiva divisão da herança.

Assim sendo, através da previdência privada, pode-se indicar beneficiários para receberem os recursos (que podem ser pessoas da família ou não) sendo também livre o porcentual disposto para cada um deles.

O conflito surge quando herdeiros não beneficiados sentem-se prejudicados em seus direitos e movem ações judiciais requerendo ser contem-

---

20 VIEIRA, Claudia Stein. *Planejamento sucessório*. Trabalho apresentado para a conclusão de crédito na disciplina O Código Civil de 2002: proposta de Emendas e Revisões II, ministrado pelos Professores Titulares Carlos Alberto Dabus Maluf e Rui Geraldo Camargo Viana em 2017, p. 27 – não publicado.

plados com o benefício, posto que entendem que os referidos seguros seriam meras aplicações financeiras, e, portanto, seriam bens que compõem o patrimônio do espólio.

Descendentes e cônjuges podem questionar a configuração de um plano de previdência privada, tendo em vista a sua natureza jurídica - se seguro ou investimento -, e assim se estaria eventualmente ferindo a legítima dos herdeiros necessários a disposição de *quantum* patrimonial para a sua instituição.

No entanto, mesmo com a previdência privada garantindo uma maior tranquilidade no processo sucessório, a escolha do plano deve ser feita de forma cautelosa, analisando o melhor para o perfil sucessório do autor da herança: se PGBL (Plano Gerador de Benefícios Livres) ou VGBL (Vida Gerador de Benefícios Livres) e quais as taxas de administração cobradas, devendo para tanto ser considerada e priorizada uma visão de longo prazo, dada a tributação diferenciada para o participante[21].

---

21 "AGRAVO DE INSTRUMENTO. INVENTÁRIO. I. Partilha de fundos de previdência privada ostentados pela *de cujus*. Questão que foi definitivamente decidida por esta E. Corte em demanda autônoma, entabulada entre os sucessores do espólio. Aporte que exibe feição de mero ativo financeiro do acervo hereditário, sendo passível de partilha entre os herdeiros (Apelação Cível n. 0022280-94.2012.8.26.0114, desta Relatoria, j. 28-9-2016). Proibição de revisão do quanto decidido, dada a eficácia de preclusão máxima decorrente da coisa julgada. Inteligência do art. 506 do Código de Processo Civil. II. Tutela de urgência. Pedido de levantamento, pela herdeira, da parte que lhe cabe dos depósitos de previdência privada da falecida. Indeferimento mantido. Pedido de expedição de alvará judicial para levantamento de valores objeto de inventário que constitui medida de exceção. Precedente. Carência de relevância na espécie. Providência demanda desta E. Corte que representaria indevido julgamento antecipado do mérito do feito, em clara supressão do grau de jurisdição. DECISÃO REFORMADA EM PARTE. APELO PARCIALMENTE PROVIDO" (TJSP, Terceira Câmara de Direito Privado, Agravo de Instrumento n. 2146875-12.2017.8.26.0000, Rel. Des. Donegá Morandini, j. 17-11-17); "AGRAVO DE INSTRUMENTO. INVENTÁRIO. I. Fundos de previdência privada. Ausência de feição securitária a franquear a aplicação do disposto no art. 794 do CC. Inexistência de risco que empresta lastro aos contratos de seguro. Doutrina. II. Valores depositados em Fundos de Previdência Privada que exibem feição de aplicação financeira. Inteligência do art. 202 da Constituição Federal, de acordo com a EC n. 20/98. Sujeição desses valores à colação no inventário e partilha nos termos da lei civil. Precedentes desta Câmara e do E. Tribunal. DECISÃO REFORMADA. AGRAVO PROVIDO (Tribunal de Justiça do Estado de São Paulo, Terceira Câmara de Direito Privado, Agravo de Instrumento n. 2154811-88.2017.8.26.0000, Rel. Des. Donegá Morandini, j.14-11-17).

No PGBL, modalidade de plano indicada para quem declara o Imposto de Renda (IR) pelo formulário completo, o participante pode deduzir anualmente da base de cálculo do tributo o valor total das contribuições por ele efetuadas durante o exercício social até o limite de 12% da sua renda bruta, reduzindo o imposto a pagar ou, até mesmo, podendo ter direito à restituição.

No VGBL, modalidade de plano indicada para quem declara o IR pelo formulário simplificado, para quem se encontra na faixa de isenção do IR ou para quem já atingiu o limite de dedução previsto para a previdência complementar (12% da renda bruta), não é possível deduzir da base de cálculo do IR os valores dos aportes realizados ao plano. No entanto, no momento do resgate ou do recebimento do benefício, o IR incide apenas sobre o valor dos rendimentos auferidos e não sobre o valor total do resgate ou do benefício recebido, como ocorre no PGBL.

"O investidor tem o direito de mudar o plano contratado ou trocar de instituição. Para isso, é necessário observar o período de carência definido pelo fundo"[22].

No que tange à polêmica travada em torno da natureza jurídica do plano de previdência privada, leciona Mauro Fiterman que: "como os capitais decorrentes de seguros, os valores que restam 'aplicados' em contratos de previdência privada não integram a herança porque as entidades abertas de previdência privada são reguladas pela mesma legislação que se aplica as sociedades seguradoras, normatizadas como seguros de vida, e o art. 794 do CC/2002 brasileiro exclui expressamente essas verbas da condição de herança"[23].

Assim, "se um indivíduo, em vida, aportar valores em contratos de previdência privada, esses valores, no futuro, quando de sua morte, não integrarão a sua herança".

No entanto, os contratos de previdência privada têm mostrado um caráter multifacetário: "Essas facetas todas acabam por retirar desses con-

---

[22] BASTOS, Frederico. Previdência privada fica fora do espólio. In: *OESP*. Finanças Mais, 13 jun. 2019. Acesso em: 26-4-2020.

[23] FITERMAN, Mauro. Os complexos contratos de previdência privada e a colação: por um exame da teoria do abuso do direito. *Revista dos Tribunais*, ano 104, v. 953, março 2015, p. 107-110.

tratos a essência daquilo que os afastou da condição herança, com base em um exame do conteúdo material do tema, podendo, por vezes, servir a violação dos direitos decorrentes da necessariedade como princípio, violando o instituto da colação"[24].

Na prática, "observa-se que um indivíduo poderia transferir um valor superior à metade de seus bens, indicando como beneficiário desse valor um dos seus herdeiros necessários ou até mesmo terceiros. Desta forma, por se tratar de uma previdência privada, o referido valor recebido pelo herdeiro não estaria sujeito a colação, o que a seu turno romperia com a finalidade principal do instituto da colação violando a boa-fé objetiva como princípio, consagrando-se o abuso do direito nos termos do disposto no art. 187 do CC/2002".

A questão já foi mote de discussão na seara familista, tendo sido reconhecida sua natureza mista e agora aporta na seara sucessória, "em respeito ao direito dos herdeiros necessários e da isonomia de tratamento que a eles deve ser dispensada, caberá ao intérprete reprimir tal conduta, determinando que esse valor venha a colação", para que assim evitem-se as fraudes e os abusos de direito[25].

---

[24] FITERMAN, Mauro. Os complexos contratos de previdência privada e a colação: por um exame da teoria do abuso do direito. *Revista dos Tribunais*, ano 104, v. 953, março 2015, p. 107-110.

[25] "AGRAVO DE INSTRUMENTO – **Inventário – Planos de previdência privada VGBL – Inclusão em partilha – Contratação se deu quando a falecida já contava com mais de oitenta anos de idade – Valores depositados que, no caso, possui feição de ativo financeiro** – Saldo dos planos que devem integrar a partilha – Colação de doações efetuadas aos herdeiros-agravados – Necessidade – Inexistência de cláusula de dispensa de colação seja no testamento, seja no ato de liberalidade – Obrigatoriedade da colação nos termos do art. 2.002 e s. do CC – Valor da colação que deverá observar o disposto no art. 2.004 e deve ser atualizado até a data da abertura da sucessão – Decisão reformada nesse ponto, mantendo-se, contudo, o indeferimento no que toca à realização de avaliações judicial e contábil a fim de se apurar o valor atribuído pela inventariante ao bem imóvel e ao crédito que aludem as primeiras declarações – Recurso parcialmente provido" (TJSP, Sexta Câmara de Direito Privado, Agravo de Instrumento n. 2011776-70.2017.8.26.0000, Rel. Des. José Roberto Furquim Cabella, j. 28-9-17).

"APELAÇÃO CÍVEL. Direito de sucessão. Pretensão das filhas do *de cujus* de obrigar a companheira do falecido, beneficiária de plano de previdência privada, a restituir a metade do valor recebido, sob alegação de prejuízo à legítima. Sentença de improcedência. Inconformismo das autoras. Acolhimento. **Valores depositados**

Nesse sentido, "ocorrida a contratação de previdência privada, tendo como beneficiário herdeiro, haverá de se vislumbrar se não se trata de forma de abuso de direito nos termos do art. 187 do CC, de modo que seja determinado que os valores que lá forem aportados devam ser colacionados, respeitando-se a finalidade do instituto da colação, ao menos enquanto se entender que ele ainda integra o sistema jurídico brasileiro"[26].

Entendemos, para tanto, que deve o *quantum* do patrimônio destinado à contratação da VGBL referir-se à quota disponível do contratante, de modo assim a não ferir direito legítimo de nenhum herdeiro e evitar que a questão venha acabar na justiça, o que retardaria a transmissão hereditária, indo na contramão do interesse do contratante.

O Novo Código de Processo Civil prevê, no art. 926, que: "Os tribunais devem uniformizar sua jurisprudência e mantê-la estável, íntegra e coerente", o que, nas questões concernentes ao VGBL, é fundamental para que o contratante tenha a certeza de que o valor aplicado será destinado aos beneficiários por ele indicados, sem quaisquer ônus ou futuras demandas judiciais. A questão, entretanto, não está totalmente pacificada.

Podemos perceber que o planejamento sucessório deve ser efetuado nos limites legais, respeitando a legítima dos herdeiros necessários e a sua intangibilidade. Só assim o planejamento será capaz de trazer uma razoável segurança jurídica para o autor da herança e seus herdeiros, prevenindo e evitando conflitos futuros.

---

em conta destinada à previdência privada (VGBL) que, no caso, possui feição de mero ativo financeiro, o qual integra o acervo hereditário. Falecido que transferiu grande parcela de seu patrimônio para referido fundo de investimento quando já contava com avançada idade e indicou a ré como exclusiva beneficiária. Impossibilidade de se atribuir, no caso, caráter de previdência privada ou de seguro de vida. Ausência de risco e de capital segurado. Ré que, na condição de beneficiária, levantou o valor consistente na soma dos aportes realizados pelo falecido. Feição de mero investimento que impõe a procedência do pedido, sob pena de se possibilitar fraude à sucessão legítima. Ônus da sucumbência carreado à ré. Procedência da ação. Sentença reformada. Recurso provido" (TJSP, Apelação n. 1015490-23.2014.8.26.0562, Rel. Des. Viviani Nicolau, Terceira Câmara de Direito Privado, j. 19-5-15).

26 FITERMAN, Mauro. Os complexos contratos de previdência privada e a colação: por um exame da teoria do abuso do direito. *Revista dos Tribunais*, ano 104, v. 953, março 2015, p. 107-110.

Referências Bibliográficas

ALMEIDA, Silmara Juny de Abreu Chinelato e. *A tutela civil do nascituro*. São Paulo: Saraiva, 2000.

______. Estatuto jurídico do nascituro: a evolução do direito do nascituro. In: CAMPOS, Diogo Leite de; ALMEIDA, Silmara J. A. Chinellato e (Coords.). *A pessoa humana e o direito*. Coimbra: Almedina, 2009.

ALMEIDA COSTA, Julio. *História do direito português*. 3. ed. Coimbra: Almedina, 1999.

ALTAVILA, Jayme. *A origem dos direitos e dos povos*. São Paulo: Ícone, 2001.

ALVES, José Carlos Moreira. *Direito romano*. 6. ed. Rio de Janeiro: Forense, 2003, v. II.

ALVIM, Arruda; ASSIS, Araken de; ALVIM, Eduardo de Arruda. *Comentários ao Código de Processo Civil*. Rio de Janeiro: GZ Editora, 2012.

AMORIM, Sebastião; OLIVEIRA, Euclides. *Inventários e partilhas*: direito das sucessões - teoria e prática. 16. ed. São Paulo: LEUD, 2003.

______. A ordem de vocação hereditária pelo Código Civil de 2002. In: NUNES, João Batista Amorim de Vilhena (Coord.). *Família e sucessões*: reflexões atuais. Curitiba: Juruá, 2005.

______. *Código Civil comentado*. Coord. Álvaro Villaça Azevedo. São Paulo: Atlas, 2004. v. XIX.

ARANGIO-RUIZ. *Instituciones de derecho romano*. Buenos Aires: ARG Ediciones de Palma, 1986.

BARROS, Hermenegildo de. Manual do Código Civil brasileiro - Do direito das sucessões. In: *Manual Paulo de Lacerda*. Rio de Janeiro: Jacintho Ribeiro dos Santos, 1929. v. XVIII, n. 354.

BASTOS, Frederico. Previdência privada fica fora do espólio. In: *OESP*. Finanças Mais, 13 jun. 2019. Acesso em: 26-4-2020.

BEVILÁQUA, Clóvis. *Direito das sucessões*. 5. ed. Rio de Janeiro: Francisco Alves, 1956.

______. *Código Civil dos Estados Unidos do Brasil comentado*. 3. ed. Rio de Janeiro: Francisco Alves, 1935. v. 6.

BIANCA, Massimo. *Diritto civile*. 4. ed. Milano: Giuffrè, 2005. v. 2.

BONAVIDES, Paulo; PAES DE ANDRADE. *História constitucional do Brasil*. 9. ed. Brasília: OAB Editora, 2008.

BONFANTE, Pietro. *Instituciones de derecho romano*. Madrid: Instituto Editorial Reus, 1925.

BRAHINSKY, Corinne Renault. *Droit des successions*. 6. ed. Paris: Gualino, 2011.

______. *L'essentiel du droit des successions*. 6. ed. Paris: Gualino, 2012.

BRITO, Rodrigo Toscano de. Planejamento sucessório por meio de *holdings*: limites e suas principais funções. In: PEREIRA, Rodrigo da Cunha; DIAS, Maria Berenice (Coords.). *Família e sucessões: polêmicas, tendências e inovações*. Belo Horizonte: IBDFAM, 2018.

CÂMARA, José Gomes Bezerra. *Estudos jurídicos e de história*. Rio de Janeiro: Barrister's Editores, 1987.

CARTAXO, Fernando Antonio da Silva. *Teoria e prática das ações de herança*. São Paulo: LEUD, 2009.

CARVALHO SANTOS, J. M. *Código Civil brasileiro interpretado*. 2. ed. Rio de Janeiro: Freitas Bastos, 1938. v. 23 e 24.

CASSETTARI, Christiano. *Separação, divórcio e inventário por escritura pública*. 4. ed. São Paulo: Gen/Método, 2010.

CICU, Antonio. *Le successioni per causa di morte*. Milano: Giuffrè, 1954. v. 1.

CÓDIGO DE HAMURABI – Código de Manu e Lei das XII Tábuas. 2. ed. São Paulo: Edipro, 2002.

COELHO, Fábio Ulhoa. *Curso de direito civil*. São Paulo: Saraiva, 2006. v. 5.

COLLANA&TIMONE. *Ordinamento sanitário – disciplina del servizio sanitário nazionale*. Napoli: Edizione Simone, 2010.

COLIN, Ambroise; CAPITAIN, Henri. *Cours élémentaire de droit civil français*. 9. ed. Paris: Dalloz, 1945. v. III.

COLTRO, Antonio Carlos Mathias. Transmissão do acervo hereditário. In: HIRONAKA, Giselda Maria Fernandes Novaes; PEREIRA, Rodrigo da Cunha (Coords.). *Direito das sucessões e o novo Código Civil*. Belo Horizonte: Del Rey/IBDFam, 2004.

CORREIA, Alexandre; SCIASCIA, Gaetano. *Direito romano*. São Paulo: Saraiva, 1949. v. 1.

COSTALUNGA, Karime. O art. 1.829 do Código Civil e a Constituição: proposta de uma análise estrutural e axiológica. In: ALVES, Jones Figueiredo; DELGADO, Mário Luiz (Coords.). *O novo Código Civil*: questões controvertidas. São Paulo: Método, 2005. v. 3.

COULANGES, Fustel de. *A cidade antiga*. São Paulo: Martins Fontes, 2000.

CREPALDI, Silvio. *Planejamento tributário*. 2. ed. São Paulo: Saraiva, 2017.

CRETELLA JR., José. *Curso de direito romano*. 4. ed. Rio de Janeiro: Forense, 1970.

CUNHA GONÇALVES, Luis da. *Tratado de direito civil*: comentários ao Código Civil português. Coimbra: Coimbra Ed., 1936. v. 11, t. 1.

______. *Tratado de direito civil*. 1. ed. bras. São Paulo: Max Limonad, s/d. v. X, t. I.

DADALTO, Luciana. *Testamento vital*. 4. ed. São Paulo: Foco, 2018.

D'AGUANNO, José. *La génesis y la evolucion del derecho civil*: según los resultados de las ciencias antropológicas e historico-sociales. Madrid: La España Moderna, 1893.

DEGNI, Francesco. *Lezioni di diritto civile*. Padova: CEDAM, 1937. v. 3, t. II.

DEJACE, A. *Les règles de la dévolution sucessorale sous la révolution (1789--1794)*. Bruxelles: Émile Bruylant, 1957.

DELGADO, Mário Luiz. Controvérsias na sucessão do cônjuge e do convivente. In: ALVES, Jones Figueiredo; DELGADO, Mario (Coords.). *Novo Código Civil*: questões controvertidas. São Paulo: Método, 2005. v. 3.

DELGADO, Mario. *Planejamento sucessório como elemento de prevenção de litígios*. Disponível em: <www.conjur.com.br>. Acesso em: 25-4-2020.

DIAS, Maria Berenice. *Manual das sucessões*. 2. ed. São Paulo: Revista dos Tribunais, 2011.

DINIZ, Maria Helena. *Curso de direito civil brasileiro*. 25. ed. São Paulo: Saraiva, 2011. v. 6.

______. *Código Civil comentado*. Coord. Regina Beatriz Tavares da Silva. 8. ed. São Paulo: Saraiva, 2012.

DOMINGUES, Claudia do Nascimento. *A prole futura e o registro de imóveis*: transmissão da propriedade imobiliária ao concepturo na sucessão testamentária. Dissertação de Mestrado apresentada ao Departamento de Direito Civil da FADUSP em 2012.

ENGELS, Friedrich. *A origem da família, da propriedade privada e do Estado*. Trad. Leandro Konder. 17. ed. Rio de Janeiro: Bertrand Brasil, 2005.

ENNECCERUS, Ludwig; KIPP, Theodor; WOLFF, Martin. *Tratado de derecho civil*: derecho de sucesiones. 8. ed. Barcelona: Bosch, 1951, v. I a III.

FARIAS, Cristiano Chaves de. Incidentes à transmissão da herança: aceitação, renúncia, cessão de direitos hereditários e petição de herança. In: HIRONAKA, Giselda; PEREIRA, Rodrigo da Cunha (Coords.). *Direito das sucessões e o novo Código Civil*. Belo Horizonte: Del Rey/IBDFam, 2004.

FERRI, Luigi. *Commentario del Codice Civile*: delle sucessioni. Bologna/Roma: Nicola Zanichelli Editore – Soc. Ed. Del Foro Italiano, 1964.

FITERMAN, Mauro. Os complexos contratos de previdência privada e a colação: por um exame da teoria do abuso do direito. *Revista dos Tribunais*, ano 104, v. 953, março 2015.

FRANÇA, Rubens Limongi. *Instituições de direito civil*. São Paulo: Saraiva, 1988.

FUJITA, Jorge Shiguemitsu. *Curso de direito civil*: direito das sucessões. 2. ed. São Paulo: Ed. Juarez de Oliveira, 2003.

GAMA, Affonso Dionysio. *Tratado theorico e prático do testamento*. Rio de Janeiro: Leite Ribeiro e Maurillo, 1920.

GAMA, Guilherme Calmon Nogueira da. Capacidade para testar, para testemunhar e para adquirir por testamento. In: HIRONAKA, Giselda; PEREIRA, Rodrigo da Cunha (Coords.). *Direito das sucessões e o novo Código Civil*. Belo Horizonte: Del Rey/IBDFam, 2004.

______. Substituição e fideicomisso. In: HIRONAKA, Giselda; PEREIRA, Rodrigo da Cunha (Coords.). *Direito das sucessões e o novo Código Civil*. Belo Horizonte: Del Rey/IBDFam, 2004.

GILISSEN, John. Introdução histórica ao direito. 2. ed. Lisboa: Fundação Calouste Gulbenkian, 1995.

GIMENO, Juan A.; REPULLO, José R.; RUBIO, Santiago. *Manuales de dirección médica y gestión clínica - derecho sanitario y sociedade*. Madrid: Edicciones Diaz Santos, 2006.

GOMES, Luiz Roldão de Freitas. O estatuto da propriedade perante o novo ordenamento constitucional brasileiro. *Revista Forense*, Rio de Janeiro, ano 86, n. 309.

GOMES, Orlando. *Sucessão*. 7. ed. Rio de Janeiro: Forense, 1997.

GONÇALVES, Carlos Roberto. *Principais inovações no Código Civil de 2002*. São Paulo: Saraiva, 2002.

______. *Direito civil brasileiro*. 5. ed. São Paulo: Saraiva, 2011.

GRIMALDI, Michel. Sucession et contract. In: FENOUILLET, Dominique; SOMMIÈRES, Pascal Vareilles (Dir.). *La contractualisation de la famille*. Paris: Economica, 2001.

HIRONAKA, Giselda Maria Fernandes Novaes. Direito das sucessões: introdução. In: HIRONAKA, Giselda Maria Fernandes Novaes; PEREIRA, Rodrigo da Cunha (Coords.). *Direito das sucessões e o novo Código Civil*. Belo Horizonte: Del Rey/IBDFam, 2004.

______. Deserdação e exclusão da sucessão. In: HIRONAKA, Giselda Maria Fernandes Novaes; PEREIRA, Rodrigo da Cunha (Coords.). *Direito das sucessões e o novo Código Civil*. Belo Horizonte: Del Rey/IBDFam, 2004.

______. *Morrer e suceder*: passado e presente da transmissão sucessória concorrente. Tese apresentada para concurso público de Professor Titular junto ao Departamento de Direito Civil da FADUSP, São Paulo, 2010.

______. Concorrência do companheiro e do cônjuge, na sucessão dos descendentes. Disponível em: < www.professorsimao.com.br>. Acesso em: 20 set. 2012.

______. *Comentários ao Código Civil*: parte especial do direito das sucessões. São Paulo: Saraiva, 2003. v. 20.

______; CAHALI, Francisco. *Curso avançado de direito civil*. São Paulo: Revista dos Tribunais, 2000. v. 6.

HUBRECHT, Georges; VERMELLE, Georges. *Droit civil*. 15. ed. Paris: Sirey, 1993.

LACERDA DE ALMEIDA, Francisco de Paula. *Sucessões*. Rio de Janeiro: J. Ribeiro dos Santos, 1915.

LE GOFF, Jacques. *The birth of Europe*. USA: Blackell Publishing, 2005.

LEITE, Eduardo de Oliveira. *Comentários ao Código Civil*. 2. ed. Rio de Janeiro: Forense, 2003. v. XXI.

______. A nova ordem de vocação hereditária e a sucessão dos cônjuges. In: ALVES, Jones Figueiredo; DELGADO, Mário Luiz. *Novo Código Civil*: questões controvertidas. São Paulo: Método, 2003. v. 1.

LEITE, Glauber Salomão. *Sucessão do cônjuge sobrevivente*: concorrência com parentes do falecido. Rio de Janeiro: Lumen Juris, 2008.

LEITE, Gonçalo Rollemberg. Contratos imorais. *Revista Forense*, n. 193.

LOPES, José Reinaldo de Lima. *O direito na história*. 3.ed. São Paulo: Atlas, 2011.

MADALENO, Rolf. Legados e direito de acrescer entre herdeiros e legatários. In. HIRONAKA, Giselda; PEREIRA, Rodrigo da Cunha (Coords.). *Direito das sucessões e o novo Código Civil*. Belo Horizonte: Del Rey/IBDFam, 2004.

MALET, Isaac. *L'histoire*. Paris: Marabout,1995.

MALUF, Adriana Caldas do Rego Freitas Dabus. *Limitações urbanas ao direito de propriedade*. São Paulo: Atlas, 2010.

______. *Direito das famílias*: amor e bioética. Rio de Janeiro: Campus/Elsevier, 2012.

______. *Novas modalidades de família na pós-modernidade*. São Paulo: Atlas, 2010.

______. *Curso de bioética e biodireito*. 3. ed. São Paulo: Gen/Atlas, 2015.

MALUF, Carlos Alberto Dabus. *Limitações ao direito de propriedade*. 3. ed. São Paulo: Revista dos Tribunais, 2011.

______. *Teoria e prática da desapropriação*. 2. ed. São Paulo: Saraiva, 1999.

______. *As condições no direito civil*. 3. ed. São Paulo: Saraiva, 2011.

______. *Cláusulas de inalienabilidade, incomunicabilidade e impenhorabilidade*. São Paulo: Revista dos tribunais, 2006.

______. *A inexistência na teoria das nulidades*. Tese apresentada para concurso público de Professor Titular junto ao Departamento de Direito Civil da FADUSP, São Paulo, 2007.

______. Prescrição, decadência e prova. In: AZEVEDO, Álvaro Villaça (Coord.). *Código Civil comentado*. São Paulo: Atlas. v. III.

______. *Código Civil comentado*. Coord. Regina Beatriz Tavares da Silva. 8. ed. São Paulo: Saraiva, 2012.

______. A sucessão do cônjuge sobrevivente casado no regime da separação convencional de bens. In: NUNES, João Batista Amorim de Vilhena (Coord.). *Família e sucessões*: reflexões atuais. Curitiba: Juruá, 2009.

MARSEILLE, Jacques. *Histoire*. Paris: Nathan, 1992. v. 2.

MAXIMILIANO, Carlos. *Direito das sucessões*. 5. ed. Rio de Janeiro: Freitas Bastos, 1964. v. I a III.

MAZEAUD, Henri; MAZEAUD, Leon et al. *Leçons de droit civil*: successions - liberalités. 5. ed. Paris: Montchrestien, 1999. v. 2, t. IV.

MESSINEO, Francesco. *Manual de derecho civil y comercial*. 8. ed. Buenos Aires: Ediciones Jurídicas Europa-América, 1979. t. VII.

MIGLIORE, Alfredo Domingues Barbosa. *Direito além da vida*: um ensaio sobre os direitos da personalidade *post mortem*. São Paulo: LTr, 2009.

MIRANDA, Francisco Cavalcanti Pontes de. *Tratado de direito privado*. 3. ed. Rio de Janeiro: Borsoi, 1973. t. 59.

______. *Tratado de direito privado*. 3. ed. São Paulo: Revista dos Tribunais, 1984. t. 55.

MONTEIRO, Washington de Barros; PINTO, Ana Cristina de Barros Monteiro França. *Curso de direito civil*. 37. ed. São Paulo: Saraiva, 2009. v. 6.

MONTENEGRO Filho, Misael. *Código de Processo Civil comentado e interpretado*. São Paulo: Atlas, 2008.

MORÁN, Luis Gonzales. *De la bioética al bioderecho – libertad, vida y muerte*. Madrid: Dykinson SL, 2006.

MORATO, Francisco. Das cláusulas de inalienabilidade, incomunicabilidade e impenhorabilidade. *Revista da Faculdade de Direito*, ano 4, v. 20, 1943.

NADER, Paulo. *Curso de direito civil.* 4. ed. Rio de Janeiro: Gen/Forense, 2010. v. 6.

NALINI, José Renato. *Reflexões jurídico filosóficas sobre a morte*: pronto para partir? São Paulo: Revista dos Tribunais, 2011.

NONATO, Orozimbo. *Estudos sobre a sucessão testamentária*. Rio de Janeiro: Forense, 1957. v. 3.

OLIVEIRA, Arthur Vasco Itabaiana de. *Tratado de direito das sucessões*. 3. ed. Rio de Janeiro: Livraria Jacintho, 1936. v. I a III.

OLIVEIRA, Euclides Benedito de. *Direito de herança*: a nova ordem da sucessão. São Paulo: Saraiva, 2005.

______. Colação e sonegados. In: HIRONAKA, Giselda; PEREIRA, Rodrigo da Cunha (Coords.). *Direito das sucessões e o novo Código Civil*. Belo Horizonte: Del Rey/IBDFam, 2004.

OLIVEIRA, Maria Fernanda Cesar Las Casas Oliveira; TOLEDO, Renata Maria Silveira. A criônica humana e o direito: uma discussão sobre a vida na espera. In: VELLOZO, Julio Cesar de Oliveira; ISHIKAWA, Lauro; FLORENCIO Filho, Marco Aurelio (Orgs.). *Direitos humanos: diálogos ibero-americanos*. Minas Gerais: Editora Plácido, 2019.

OLIVEIRA, Reinaldo Ayer de. Terminalidade da vida: dignidade da pessoa humana. In: MIGLIORE, Alfredo; SCALQUETTE, Ana Claudia; LIMA, Cíntia Rosa Pereira de; BERGSTEIN, Gilberto (Orgs.). *Dignidade da pessoa humana*. São Paulo: LTr, 2010.

PACHECO, José da Silva. *Inventários e partilhas na sucessão legítima e testamentária*. 18. ed. Rio de Janeiro: Forense, 2005.

PEREIRA, Caio Mário da Silva. *Instituições de direito civil.* 17. ed. rev. e atual. Carlos Roberto Barbosa Moreira. Rio de Janeiro: Gen/Forense, 2009. v. VI.

PERES, Eduardo Moreira; VALENTIM, Jefferson. *Manual do ITCMD – SP*, 2017.

PESSINI, Leo. Distanásia: algumas reflexões bioéticas a partir da realidade brasileira. *Bioética*, Brasília: Conselho Federal de Medicina, v. 12, n. 1, 2004.

______. Vida e morte: uma questão de dignidade. In: MIGLIORE, Alfredo Domingues Barbosa; SCALQUETTE, Ana Claudia; LIMA, Cíntia Rosa Pereira de; BERGSTEIN, Gilberto (Coords.). *Dignidade humana*. São Paulo: LTr, 2010.

PICAZO, Luis Diez; GULLON, Antonio. *Sistema de derecho civil*. 10. ed. Madrid: Tecnos, 2006. v. IV.

PLANIOL, Marcel. *Traité élémentaire de droit civil*. 4. ed. Paris: LGDJ, 1948. t. I e III.

POLETTO, Carlos Eduardo Minozzo. *Indignidade sucessória e deserdação*. São Paulo: Saraiva, 2013.

PRADO, Roberta Nioac; COSTALUNGA, Karime; KIRSHBAUM, Deborah. Sucessão familiar e planejamento sucessório II. In: PRADO, Roberta Nioac; PEIXOTO, Daniel Monteiro; DE SANTI, Eurico Marcos Diniz (Coords.). *Direito societário*. São Paulo: Saraiva, FGV Direito São Paulo, 2015.

RIPERT, Georges; BOULANGER, Jean. *Tratado de derecho civil segun el tratado de Planiol*. Buenos Aires: La Ley, 1963. v. 1, t. II.

RODRIGUES, Silvio. *Direito civil*. 32. ed. São Paulo: Saraiva, 2002.

______. *Direito civil*: direito das sucessões. 3. ed. São Paulo: Max Limonad, 1967.

SAN TIAGO DANTAS, Francisco Clementino de. *Direitos de família e das sucessões*. Rio de Janeiro: Forense, 1991.

SCALQUETTE, Ana Claudia. *Estatuto da reprodução assistida*. São Paulo: Saraiva, 2010.

SCURLOCK, R. G. *A matter of degrees: a brief history of cryogenics*, vol 30, Issue 6, jun. 1990, p. 483 e s. Disponível em: <http://doi.org/10.1016/0011-2275(90)90048-H>. Acesso em: 21-4-2020.

SILVA, Clóvis do Couto. Direito patrimonial de família. *Revista da Faculdade de Direito de Porto Alegre*, ano 5, n. 1, 1971.

SILVA, Fabio Pereira da; ROSSI, Alexandre Alves. *Holding familiar.* 2. ed., 2017.

SILVA, José Afonso da. *Curso de direito constitucional positivo.* 22. ed. São Paulo: Revista dos Tribunais, 2003.

SOUZA, José Ulpiano Pinto de. *Das cláusulas restritivas da propriedade.* São Paulo: Salesianas, 1910.

TARTUCE, Flavio. *Direito civil. Direito das sucessões.* 13. ed. Rio de Janeiro: Gen/Forense, 2020.

TARTUCE, Flavio; SIMÃO, José Fernando. *Direito civil.* 3. ed. São Paulo: Gen/ Método, 2010. v. 6.

TELLES, Inocêncio Galvão. *Direito das sucessões*: noções fundamentais. 6. ed., reimpr. Coimbra; Coimbra Ed., 1996.

THOUVENIN, Dominique. La loi n. 2005-370 du 22-4-2005, dite loi leonetti: la médicalisation de la fin de vie. In: FERRY, Jean Marc (Coord.). *Fin(s) de vi ele débat.* Paris: Puf, 2011.

TRAMONTANO, Luigi. *Il Códice Civile spiegato.* 3. ed. Piacenza: CELT, 2004.

TROPLONG, Raymond Théodore. *Commentaires du titre II du livre III du Code Civil*: des donations entre-vifs et des testaments. 2. ed. Paris: Administration du Journal des notaires et des avocats, 1862.

VELOSO, Zeno. *Código Civil comentado.* Coord. Regina Beatriz Tavares da Silva. 8. ed. São Paulo: Saraiva, 2012.

______. Testamentos – noções gerais, formas especiais, codicilos, formas especiais. In: HIRONAKA, Giselda; PEREIRA, Rodrigo da Cunha (Coords.). *Direito das sucessões e o novo Código Civil.* Belo Horizonte: Del Rey/IBDFam, 2004.

______. *Direito hereditário do cônjuge e do companheiro.* São Paulo: Saraiva, 2010.

VENOSA, Sílvio de Salvo. *Curso de direito civil.* 10. ed. São Paulo: Atlas, 2010. v. VII.

VIEIRA, Claudia Stein. Planejamento sucessório. Trabalho apresentado para a conclusão de crédito na disciplina O Código Civil de 2002: proposta de Emendas e Revisões II, ministrado pelos Professores Titulares Carlos Alberto Dabus Maluf e Rui Geraldo Camargo Viana em 2017.

VOLTERRA, Edoardo. *Istituzioni di diritto privato romano*. Roma: Edizioni Ricerche Edition, 1961.

WALD, Arnoldo. O regime jurídico da partilha em vida. *Revista dos Tribunais*, ano 76, v. 622, ago. 1987.

WHETSTINE, L.; STREAT, S.; DARWIN, M.; CRIPPEN, D. Pro/com ethics debate: when is dead really dead? *Critical Care*, 9(6):538-42. Acesso em: 24-4-2020.